U0165546

租稅法

| 增訂第三版 |

黃源浩 著

五南圖書出版公司 印行

三版序

自從納稅者權利保護法施行，司法實務上設置稅務專業法庭以來，國內稅法制度的變化可謂明顯且迅速。特別是在基本稅法法理的論辯上，諸如正當程序在稅捐稽徵程序的適用、救濟實效性爭訟案件中的考慮、 租稅裁罰措施與本稅的分離、租稅規避案件的進一步類型化發展等領域，均存在有令人矚目的實務見解。且此等實務見解，並不以過往的司法院大法官、最高行政法院在個案中展現的看法為限，下級審的高等行政法院甚至地方行政訴訟庭，也經常可見重要的稅法論理作為裁判依據的情形。顯見過往我國稅法發展，過度受到稅捐稽徵及會計實務的影響少見法理推論的情形，冰山已經開始有消融的跡象。本稿作為法律學者的稅法觀察記錄，與時俱進地填補這些發展歷程，當屬必要。此外，這段時間拙稿從學術及實務先進間所獲取的若干意見，也可以有個機會呈現出來。這些意見對作者而言，都是刺激思考的重要養分，也值得在三版改訂之際，特別表達作者的感謝。

黃源浩

輔大羅耀拉大樓330室

2024年8月30日

一、本稿為作者自2010年返國以來，在天主教輔仁大學財經法律系以及其他場域講授「租稅法」此一學科的上課講義，經過增補而成。出版的原意並不是要對於這個學科樹立作者自成一格的學說體系，而比較傾向是免除學生上課時抄寫筆記的麻煩。所以，若干在實務上及學理上適用範圍較為有限的稅目，並沒有進行討論。同時，也沒有對稅法制度在未來可能的發展、常用稅目若干技術性的範圍（尤其指的是所得稅查核準則等領域）著墨太多。不過，以大學法律系稅法總論、稅法各論兩門課、上下學期總共四學分的授課分量來看，應當是足夠的。特別是近年來我國律師高考制度改革，引入了財稅法作為選考科目。其中主要的考試範圍，均在本稿有基本的說明。因此，整體而言，這是一本寫給法律系學生及司法相關實務工作者建立體系用的入門教材。

二、當然，前面這樣的說法，就必須回歸到一個稅法領域更加重要的問題，也就是在相當多國家的學術環境中，稅法教材都可以明顯地區分出寫作的目標群體，也就是「寫給唸會計的人看的」、和「寫給唸法律的人看的」兩種不同類型的材料。雖然這樣的區分也只能說是相對的區分，但在國內，很明顯地比較欠缺寫給法律人看的稅法書。這特別指的是透過法學方法、建立在行政法總論的基礎之上，同時圍繞著司法裁判的制度發展為主要考慮的基礎教材。當然國內也有法學先進有相當完整的著作，但是畢竟與法學其他領域所呈現出來的蓬勃發展樣貌，尚有距離。因此，雖然本稿距離充分完備的體系化教材這樣的目標仍遠，但是對於建立思考體系而言，仍然有著「一枝草、一點露」的價值。

三、作者自1999年在台大獲得法學碩士學位以來，一直投身於稅法的研究及實務工作。近年來，親眼目睹我國稅法學在諸多前輩努力耕耘之下，漸漸有開花結果的趨勢。不僅是在法律制度中，納稅者權利保護法等重要法律漸受重視，同樣地也有越來越多的法律人投入稅法的研究行列。也因此，為了提醒初次投入稅法領域的初學者，本稿特別收入了若干考題及作者的思考方向，以幫助其建立立體化的思考體系。同時對於學術性較強的爭議問題，即便作者有自己的意見，也傾向於介紹通說或者多數見解。也因此，本稿之主要功能，仍在於基本體系。日後讀者能受本稿啓發，進而自行發展出完備的思辨能力，則本稿的目的就可以稱得上是功德圓滿了。

四、最後，在本稿的寫作過程中，以及整個稅法學研究的歷程中，經常受到諸多學術界前輩學者的幫助、督促及鼓勵。作者雖未在此點名，但一直銘記於心。另外，本稿的校對等行政事宜，有勞輔大碩士班學生曾子揚、黃傳勝等諸先生協助，也值得在此表達作者的謝意。

黃源浩

輔大羅耀拉大樓330室

2020年8月30日

目　次

CHAPTER

1

租稅與租稅法

- 第一節　租稅之概念
- 第二節　租稅特徵及稅法與其他法律的關係
- 第三節　稅法之發展及納稅者權利保護

第一節　租稅之概念

壹、「租稅」概念明確化之必要

「租稅」或「稅」、「稅捐」（Steuer; Impôt ou Taxe）於吾人日常生活中乃一經常使用之法律概念，亦爲討論租稅法相關問題之前提。惟發生問題者，乃在於此一概念所指涉之對象並未被精準地使用，導致在日常生活中所可見到的「稅」未必盡然具有法律意義[1]。在此一前提之下，對於租稅在法律上的意義，不可避免即有深究之必要。誠然，國家機關行使公共權力、履行統治職能，必存在一定程度的財政收入加以支持。但是，此等財政收入並非均得以被稱作「租稅」。例如，**國家機關以提供特定人特定行政給付所收取之對價，經常被稱作「規費」；在若干領域特別是社會財政領域，國家出於社會連帶的安全考量收取的費用，經常被稱作所謂「分擔金」等**，這樣的公共財政收入，雖然和稅捐相類似，但也都不是嚴格意義的稅捐[2]。在這一意義之下，欲探討各項租稅法律上所發生的問題，乃不可避免地，應先由租稅的法律概念開始談起。

---

1 例如，在地方稅制法制化以前，地方團體所自行針對特定對象徵收之公負擔，經常有被稱作「鎮長稅」者。其實所謂鎮長稅根本並非租稅，充其量在體系上可能被歸類為特別公課之一種。

2 大法官釋字第473號解釋前段指出：「全民健康保險法第十八條規定同法第八條所定第一類至第四類被保險人及其眷屬之保險費，依被保險人之投保金額及其保險費率計算之。此項保險費係為確保全民健康保險制度之運作而向被保險人強制收取之費用，**屬於公法上金錢給付之一種，具分擔金之性質**。」將全民健康保險法上所收保費稱作分擔金，乃我國實務上首見此一概念之例。大法官在該號解釋中亦指出，雖然名稱並非稅捐，但分擔金亦有量能負擔原則之適用。另外在法國法上，分擔金（Contribution）可大體分成個別性之分擔金（較類似我國全民健保法上的個人應納保費）以及「一般社會捐」（La Cotisation Générale Socilale; CSG）兩類。其中後者雖然亦非以稅捐為名，但在本質上亦屬稅捐之一種，乃為法國憲法委員會所承認。

貳、「租稅」作爲法律與經濟學上概念

所謂「租稅」，在我國稅法實務中可以被指出有不同的名稱，其在背後所代表的意義亦稱複雜。而在討論上，租稅之概念可簡單區分爲法律上之租稅概念及經濟學上之租稅概念[3]：

一、經濟學上之租稅概念

在經濟學或者財政學的面向上，租稅泛指任何一切由國家公權力強制所收取的公法上經濟利益或金錢給付。這樣的經濟利益，主要雖然以金錢或者貨幣之形式出現，但是實際上並不以金錢爲限，勞力甚至人命都可能被當作是最廣義的租稅[4]。**例如我國以前實施菸酒公賣制度的年代，對菸、酒、鹽等產品所收的專賣利益或公賣收益，也可以因其具有公權力強制收取的性質，被解釋爲一種特殊性質的租稅**。經濟上所討論的租稅概念，著眼於幾個特徵。首先，租稅是由國家公權力（無論中央或地方政府）以單方力量、針對人民經濟活動之成果強制收取的金錢給付。其次，租稅特別被強調是一種「無對價」的金錢給付，至多僅能以稅收之課徵作爲國家機關提供公共服務的概括對價。在這樣的意義之中，重點著重在稅收相對於私法關係的強制性，因此無論是什麼樣的名目，只要由國家等公共團體以強制力量、依據公法關係所收取之金錢給付，均可視作租稅。

二、法律上之租稅概念

在眾多國家法制中，租稅均爲具有明確意義之法律概念。例如，德國租稅通則（Abgabenordnung; AO）第 3 條即爲對租稅之直接定義：**「稱**

---

3 相近的分類方式，見 Deruel / de Lanzainghein / de Millis, Droit fiscal, Dalloz, 2002, p. 1. et après。

4 在相關文獻中常被稱作「血稅」，或者如我國古代有所謂「徭役」，乃與「兵役」相類之概念。此等勞役制度，乃在貨幣制度成熟以後，逐漸被支付貨幣之稅收所取代。

租稅者，乃公法上團體針對合乎義務之人所徵收之無對待給付的金錢負擔[5]。」即爲德國法律關於租稅概念之明確規定。我國法上，則並未對於「租稅」或「稅」的意義做明文的法律上描述。不過，這雖然並不妨礙租稅此一概念在實際生活或稽徵實務之運用，但在問題的討論上，不可避免針對較爲深入的討論，即顯困難[6]。是故對於租稅特徵的描述，在此即不得不借用其他國家法制研究之結果，來討論其特徵。在一般性的基礎上，國家在法律上所得以強制力量徵收的公共財政負擔，有下列幾種：

（一）租稅

或者稱「稅捐」，係指基於公法上的原因，由納稅義務人所負擔的，以金錢給付爲主要內容的強制性、無對價的負擔。在我國，過去曾有一般性徵收之稅賦以「租」（如：佃租）稱之者。現在已無使用「租」這個名稱。反而現在有使用「捐」這個名稱，例如「教育捐」（已經停徵）[7]、「勞軍捐」（已經停徵）。近幾年則有「健康捐[8]」的徵收。所以學者有謂，租

5 R. Seer, in Tipke / Lang, Steuerrecht, 23 Aufl. §2, Rz. 2. 另外，接近之定義亦可參見O. Négrin, Une légende fiscale : la définition de l'impôt de Gaston Jèze, RDP 2008, p. 139-151。

6 其中，針對「租稅」法律概念的深入討論，國內尚且存有深入探究的專門著作，值得參考。見黃俊杰，憲法稅概念與稅條款，元照出版，1998年。

7 可參考釋字第346號解釋文：「憲法第十九條規定人民有依法律納稅之義務，係指有關納稅之義務應以法律定之，並未限制其應規定於何種法律。法律基於特定目的，而以內容具體、範圍明確之方式，就徵收稅捐所為之授權規定，並非憲法所不許。國民教育法第十六條第一項第三款及財政收支劃分法第十八條第一項關於徵收教育捐之授權規定，依上開說明，與憲法尚無牴觸。」進一步來說，這些名稱叫做「捐」的強制性公共財政負擔，和特別公課的屬性事實上比較接近。因此，解釋上也不能夠輕易地將這號解釋套用到其他的稅目。

8 其法律依據主要為菸害防制法第4條第1項規定：「菸品應徵健康福利捐，其金額如下：一、紙菸：每千支新臺幣一千元。二、菸絲：每公斤新臺幣一千元。三、雪茄：每公斤新臺幣一千元。四、其他菸品：每公斤新臺幣一千元。」以及菸酒稅法第22條規定：「菸品依菸害防制法規定應徵之健康福利捐，由菸酒稅稽徵機關於徵收菸酒稅時代徵之。」

稅法這一學科在我國宜稱爲「稅捐法」，亦即以「稅」和「捐」在我國實務上有實際存在之收入名目爲主要考量。

（二）規費

所謂規費，係指在特定的公法關係中，出於提供行政給付之相對人特定行政服務，因而所收取的、以對價爲原則的公法上金錢負擔[9]。例如申請戶籍謄本、行車執照所繳交之費用、高速公路通行費等。**一般在學理上，規費尚可以有不同種類之區分。主要包括了行政規費、使用規費以及特許規費**[10]。規費之徵收，在正常情形下係以行政成本，也就是「使用者付費」來作爲計算基礎。不過這並不表示規費一定和行政成本完全一致。若干規費在徵收上，可能負有特定之行政目的，甚至「寓禁於徵」的功能。例如「特許規費」，就未必以行政給付的價值作爲計算基礎。

9 參見規費法第7條規定：「各機關學校為特定對象之權益辦理下列事項，應徵收行政規費。但因公務需要辦理者，不適用之：一、審查、審定、檢查、稽查、稽核、查核、勘查、履勘、認證、公證、驗證、審驗、檢驗、查驗、試驗、化驗、校驗、校正、測試、測量、指定、測定、評定、鑑定、檢定、檢疫、丈量、複丈、鑑價、監證、監視、加封、押運、審議、認可、評鑑、特許及許可。二、登記、權利註冊及設定。三、身分證、證明、證明書、證書、權狀、執照、證照、護照、簽證、牌照、戶口名簿、門牌、許可證、特許證、登記證及使用證之核發。四、考試、考驗、檢覈、甄選、甄試、測驗。五、為公共利益而對其特定行為或活動所為之管制或許可。六、配額、頻率或其他限量、定額之特許。七、依其他法律規定應徵收行政規費之事項。」

10 這三種規費的區分，前兩種在規費法第10條第1項設有規定：「業務主管機關應依下列原則，訂定或調整收費基準，並檢附成本資料，洽商該級政府規費主管機關同意，並送該級民意機關備查後公告之：一、行政規費：依直接材（物）料、人工及其他成本，並審酌間接費用定之。二、使用規費：依興建、購置、營運、維護、改良、管理及其他相關成本，並考量市場因素定之。」至於第三種特許規費，僅有學理上之定義。進一步討論參見陳敏，稅法總論，2019年，頁4-5。

Q：本年（民國 93 年）7 月 1 日起，金管會開始運作。依照行政院金融監督管理委員會組織法第 6 條之規定，金管會得收取監理年費（第 1 項）及檢查費（第 2 項）。試問此二項所規定之「費」，其法律性質為何，與「稅」有無不同？（93 檢事官）

A：

（一）公共財政收入之名稱：「費」

1. 我國公法上強制收取的金錢給付，名稱相對混亂。稱為「稅」者固無問題。但稱為「費」者，解釋上有可能是規費、受益費，甚至特別公課。本題情形，即為此類名稱問題所造成之疑義。
2. 又按，「規費」係指在特定的公法關係中，出於提供行政給付之相對人特定行政服務，因而所收取的、以對價為原則的公法上金錢負擔。本件情形，所涉及者即為規費之分類問題。

（二）金管會所收取之監理年費及檢查費，屬何種性質規費？

1. 首按金融監督管理委員會組織法第 6 條規定：「（第一項）本會為辦理監督及管理業務，得向受監理之機構收取監理年費，其中保險機構依實質營業收入，其他機構依年度營業收入之萬分之三至萬分之八計收；監理年費之計繳標準，由本會定之。（第二項）本會為辦理金融檢查業務，得參照專門職業及技術人員之收費標準，向受檢機構收取檢查費；其計繳標準，由本會定之。」其中「監理年費」，並未有特定之明確對待給付，應屬特許規費之性質。
2. 至於檢查費，既明定根據「專門職業及技術人員之收費標準」，則有相當之對價性質，解釋上應屬規費中的行政規費。

（三）受益費

所謂受益費，係指各級政府因從事各種公共建設，因而直接受益之私人所被要求分擔之建設費用[11]。由於受益費乃是受益人參加分擔公共設施的費用，因此其判斷基準亦是對待給付的觀點，亦即所謂「使用者付費」的邏輯。受益費乃爲滿足或減少建立公共設施等之費用而對於該公共設施所給予特別利益之人加以課徵，並不考慮該受益費義務人實際上是否願意享受該項利益。目前我國有「工程受益費徵收條例」規範。另外，財政收支劃分法第 22 條第 1 項亦規定：「各級政府於該管區內對於因道路、堤防、溝渠、碼頭、港口或其他土地改良之水陸工程而直接享受利益之不動產或受益之船舶，得徵收工程受益費。」**受益費的制度，很顯然是以「使用者付費」的邏輯，套用到公共工程的實現上面，並以公共團體所得以行使之強制力收取**。這筆金錢雖然也是公法上金錢之債，但是特別被強調其對價性，和稅捐並不相同。

（四）特別公課

所謂特別公課，係指行政機關（通常不是稅捐稽徵機關）基於特定之行政目的，向固定對象徵收特定費用，不納入國庫一般收支範圍，而以預算法上特種基金形式存在，支應特定行政事務之公法上強制性金錢負擔[12]。在我國法制中，最早引入此一概念的是大法官釋字第 426 號解釋：「**空氣污染防制費**收費辦法係主管機關根據空氣污染防制法第十條授權訂定，依此徵收之空氣污染防制費，性質上屬於特別公課，與稅捐有別。」

---

11 參見司法院大法官釋字第212號：「各級政府興辦公共工程，由直接受益者分擔費用，始符公平之原則，工程受益費徵收條例本此意旨，於第二條就符合徵收工程受益費要件之工程，明定其工程受益費為應徵收，並規定其徵收之最低限額，自係應徵收。惟各級地方民意機關依同條例第五條審定工程受益費徵收計畫書時，就該項工程受益費之徵收，是否符合徵收要件，得併予審查。至財政收支劃分法第二十二條第一項係指得以工程受益費作為一種財政收入，而為徵收工程受益費之相關立法，不能因此而解為上開條例規定之工程受益費係得徵收而非應徵收。」

12 R. Seer, in Tipke / Lang, Steuerrecht, 23 Aufl. §2, Rz. 25. 中文文獻參見張嫺安，環境使用費之法律性質：從西德聯邦行政法院的一則判決說起，收錄於「公法問題研究」，作者自版，1991年6月，頁133以下。

另外，最高行政法院98年12月份第2次庭長法官聯席會議，也認爲**依據「土石採取法」第48條收取之環境維護費**，亦爲特別公課之一種類型[13]。作爲現代國家財政收入常見的名目，特別公課在一般性之基礎上，具有下列幾個判斷的特徵：

1. 徵收對象通常爲特定之成員，並非如稅捐一般係針對多數不特定國民爲一般性之課徵。因此如「空氣污染防制費」、「健康捐」、「台電睦鄰基金」等，均非以全體國民爲課徵之對象。

2. 特別公課通常在收入以後，也不納入一般的政府年度總預算中，而係以基金專戶之形式存在。**此等專戶編入附屬預算，僅得從事特定之用途，不得支應一般性之公務支出**[14]。例如隨由徵收的空氣污染防制費，累積進入「空氣污染防制基金」，原則上僅得用以從事相關空氣污染改善工作[15]。

---

13 該決議第一段指出：「憲法增修條文第10條第2項規定：『經濟及科學技術發展，應與環境及生態保護兼籌並顧』，係課國家以維護生活環境及自然生態之義務，維護環境為上述義務中重要項目之一。92年2月6日制定公布之土石採取法第48條規定：『（第一項）直轄市、縣（市）主管機關於核發土石採取許可證時，應收取環境維護費，作為直轄市、縣（市）政府之水土保持、環境保護及道路交通等公共設施建設經費之財源。（第二項）前項環境維護費，得依其許可採取量收取；其收取基準，由中央主管機關定之。』依該法徵收之環境維護費，係本於土石採取人付費之原則，依其許可採取量，收取一定之費用，俾經由此種付費制度，達成合理開發土石資源，維護自然環境，健全管理制度，防止不當土石採取造成相關災害，以達致國家永續發展之目的（土石採取法第1條規定參照）；並以徵收所得之金錢，專供水土保持、環境保護及道路交通等公共設施建設經費之用途，符合上開憲法意旨。**此項維護費既係國家為一定政策目標之需要，對於土石採取人所課徵之公法上負擔，並限定其課徵費用之用途，在學理上稱為特別公課**，乃現代工業先進國家執行環境維護之措施（司法院釋字第426號解釋理由書參照）。」

14 至於附屬預算在整體預算法制中的意義，參見黃源浩，論預算單一性原則，臺大法學論叢，第44卷第1期，頁71以下。

15 而此等基金，在財政預算法制中通常列入附屬預算，而構成所謂「預算單一性原則」之例外。見黃源浩，論預算單一性原則，國立臺灣大學法學論叢，第44卷第1期，頁131以下。

3. 特別公課，通常僅被運用於特定之目的，不得支應一般之財政支出或公務需求[16]。在另方面，原則上也僅有受益對象得作爲特別公課之課徵對象。因此，使用者付費或量益原則在此一類型之公共財政負擔，亦有所適用，而與稅收強調量能課稅不同。

Q：特別公課和稅捐有何差異？

A：

（一）通常而言，**特別公課在理論上所要求法律保留[17]之密度較一般稅捐為低**。大法官釋字第 426 號解釋理由書：「特別公課與稅捐不同，稅捐係以支應國家普通或特別施政支出為目的，以一般國民為對象，課稅構成要件須由法律明確規定，凡合乎要件者，一律由稅捐稽徵機關徵收，並以之歸入公庫，其支出則按通常預算程序辦理；特別公課之性質雖與稅捐有異，**惟特別公課既係對義務人課予繳納金錢之負擔，故其徵收目的、對象、用途應由法律予以規定，其由法律授權命令訂定者，如授權符合具體明確之標準，亦為憲法之所許**[18]。」

---

16 R. Seer, in Tipke / Lang, Steuerrecht, 23 Aufl. §2, Rz. 25.

17 有關法律保留之意義，參見蕭文生，行政法：基礎理論與實務，五南圖書，2017年，頁50以下。

18 在若干國家的公法體系中，特別公課之徵收依據甚至可以是行政命令。例如在法國財政史上，二十世紀第五共和以後所被普遍適用的「附加稅」（la parafiscalité），性質上即與德國法制中所稱的特別公課接近，而在法國法制中原則上即容許以行政命令作為徵收之基礎。不過，近年來因歐盟法制整合的考量，法國的附加稅制也面臨了限縮其徵收基礎為國會立法的問題。參見黃源浩，法國稅法規範基本問題，財稅研究雜誌，第36卷第3期，2004年5月，頁170以下。此一爭議，在近年又由司法院大法官作成釋字第788號解釋，其中理由書首段即指出：「廢棄物清理法第十六條第一項中段所定之回收清除處理費，係國家對人民所課徵之金錢負擔，人民受憲法第十五條保障之財產權因此受有限制。其課徵目的、對象、費率、用途，應以法律定之。考量其所追求之政策目標、不同材質廢棄物對環境之影響、回收、清除、處理之技術及成本等各項因素，涉及高度專業性及技術性，立法者就課徵之對象、

（二）特別公課，通常不與國庫總預算相混淆，列入特種基金。此可參見空氣污染防制基金收支保管及運用辦法第 2 條規定：「本基金為預算法第四條第一項第二款所定之特種基金，編製附屬單位預算，以行政院環境保護署（以下簡稱本署）為主管機關。」

（三）特別之預算科目，通常僅能使用於特定之行政事務。例如，以防制空氣污染為目的之「空氣污染防制基金」即不得使用於無關空氣污染防制事項。倘若行政機關違法使用，得由審計機關依審計程序追回該等違法支出。

Q：試說明何謂「非稅公課」，並分析其憲法基礎是否與「稅捐」相同？司法院大法官針對「非稅公課」之相關解釋，是否均僅以「量能原則」為指導原則？（106 律師）

A：

（一）非稅公課之概念

所謂非稅公課，係指稅收以外，足以滿足國家機關財政需求之強制性公共財政收入。就我國目前制度而言，包括了規費、受益費、特別公課以及分擔金等不同類型。

（二）各種公課的憲法基礎

又在我國憲法體制中，「稅」可謂具有最明確地位之公共負擔，如憲法第 19 條所規定，稅捐之徵收乃以租稅法律主義為原則，同時亦以量能課稅、平等負擔作為稅制之建置基礎。但是，非稅公課之憲法基礎即非如此，詳言之：

1. 以使用者付費作為憲法基礎者：如規範、工程受益費，均以國家權力提供特定行政服務之對價，作為徵收之正當性基礎。另就特別公

費率，非不得授予中央主管機關一定之決定空間。故如由法律授權以命令訂定，且其授權符合具體明確之要求者，亦為憲法所許。」

課而言，經常有學說將之當作一種「環境使用費」，亦在一定程度上具有使用者付費的性質。

2. 以量能原則作為非稅公課之憲法基礎。若干非稅公課，雖然並非以「稅收」之名目收取，但是因其徵收之普遍性，亦被認為有量能負擔原則的適用。例如針對全民保之分擔金，司法院大法官釋字第473號即指出：「全民健康保險法第十八條規定同法第八條所定第一類至第四類被保險人及其眷屬之保險費，依被保險人之投保金額及其保險費率計算之。此項保險費係為確保全民健康保險制度之運作而向被保險人強制收取之費用，屬於公法上金錢給付之一種，具分擔金之性質，保險費率係依預期損失率，經精算予以核計。其衡酌之原則以填補國家提供保險給付支出之一切費用為度，鑑於全民健康保險為社會保險，對於不同所得者，收取不同保險費，以符量能負擔之公平性，並以類型化方式合理計算投保金額，俾收簡化之功能。」

Q：臺灣肥胖人口問題日趨嚴重，也間接造成健保財務負擔，有立法委員提出「國民健康飲食法」草案，擬針對可能造成肥胖、影響國民健康之高糖飲料等消費行為，課徵「高糖飲食健康捐」，並專款專用於提升國民健康飲食計畫上。試分析「高糖飲食健康捐」此一公法上金錢給付義務在財政法上之法律性質為何？（108律師）

A：

一、在我國公共財政收入法制中，題示「高糖飲食健康捐」係針對特定消費活動、專款專用於提升國民健康飲食計畫。首先，這樣的金錢收入雖然具有附隨消費活動課徵的強制性，但並非納入國庫一般性收支範圍，主管機關亦非財政部或地方自治團體之財政稅收機關。就此而言，並非稅捐。

二、其次，「高糖飲食健康捐」在徵收關係中，係按照高糖飲料之消費，從量徵收，並不考慮消費者個人的經濟能力或給付能力。就此而言，並非分擔金。

三、整體而言，「高糖飲食健康捐」係針對特定之經濟行為，收入與國庫一般收支相區分，應用於特定之行政目的，又不考慮徵收對象之經濟能力。其性質應當較為接近特別公課。

（五）分擔金

在我國法制之中，另外應該特別被舉出討論的是所謂「分擔金」（la cotisation financière）[19]。司法院大法官釋字第473號解釋，針對全民健保之保險金指出：「全民健康保險法第十八條規定同法第八條所定第一類至第四類被保險人及其眷屬之保險費，依被保險人之投保金額及其保險費率計算之。此項保險費係爲確保全民健康保險制度之運作而向被保險人強制收取之費用，**屬於公法上金錢給付之一種，具分擔金之性質**，保險費率係依預期損失率，經精算予以核計。其衡酌之原則以塡補國家提供保險給付支出之一切費用爲度，鑑於全民健康保險爲社會保險，對於不同所得者，收取不同保險費，以符量能負擔之公平性，並以類型化方式合理計算投保金額，俾收簡化之功能……。」乃明文承認分擔金此一公共財政負擔的類型。在其他國家也經常可見分擔金的例子，例如法國法制中就將這類分擔金分成個別的分擔金以及「一般社會捐」（la cotisation sociale généralisée; CSG）兩大類型[20]。「分擔金」這類公共金錢負擔的特徵如下：

1. **不適用「使用者付費」原則或「量益原則」**，而適用量能課徵原則。這已經爲司法院大法官釋字第473號所承認。以全民健保之保費而論，年輕人使用之醫療資源少，老年人使用之醫療資源多，但保費基本上

19 參見黃源浩，論量能課稅，收錄於「租稅正義與人權保障：葛克昌教授祝壽論文集」，新學林，頁612。

20 關於法國稅制中「分擔金」性質之討論，參見黃源浩，法國稅法規範基本問題，財稅研究雜誌，第36卷第3期，2004年5月，頁170以下。

不是依據年紀及健康情形徵收，而是依據繳納義務人的經濟能力徵收。

2. 分擔金之收取，雖然與人民間經常締結有契約，但不一定得以直接適用民法債務不履行之規定。亦即，在當事人經濟上無支付能力時，出於生存權保證之國家義務，不一定能夠拒絕提供醫療給付。這使得分擔金的徵收，具有明顯的公法屬性。

3. 分擔金的收入通常用於特定之社會目的，而不支應總預算中一般性的公共支出，例如醫療支出、社會福利支出等。收支項目也不列在總預算中，通常以附屬預算中的特種基金預算呈現。

在我國法制中，具有分擔金性質的公法上金錢給付，近年來在制度設計上特別值得關注者，包括全民健康保險的「補充保費」。所謂「補充保費」與一般根據全民健保契約關係所徵收保費不同。後者乃本於量能課徵之原則，以被保險人之薪資所得、營利所得或執行業務所得爲基礎（參見全民健康保險法第 20 條以下之規定）。補充保費，則通常發生於被保險人投保金額以外的其他金錢收入項目，通常在作爲投保基礎的經常性之給付（例如薪資）以外的金錢收入實際發生時徵收（例如銀行存款利息、股票股利超過一定金額時課徵）[21]。全民健康保險的補充保費，解釋上亦爲分擔金的一種類型，因此在推論上亦應受到量能原則的支配，但事實上不然。首先，全民健康保險法第 31 條的規定，有若干類型係出於防杜規避保費或者貼近收入結構現實的考慮，例如「所屬投保單位給付全年累計逾當月投保金額四倍部分之獎金」、「非所屬投保單位給付之薪資所得」

21 進一步來看，根據全民健康保險法第31條之規定，第一類至第四類及第六類保險對象（排除第五類的「合於社會救助法規定之低收入戶成員」）有下列各類所得，應依規定之補充保險費率計收補充保險費，包括：一、所屬投保單位給付全年累計逾當月投保金額四倍部分之獎金；二、非所屬投保單位給付之薪資所得。但第二類被保險人之薪資所得，不在此限；三、執行業務收入。但依第二十條規定以執行業務所得為投保金額者之執行業務收入，不在此限；四、股利所得。但已列入投保金額計算保險費部分，不在此限；五、利息所得；六、租金收入等等，幾乎涵蓋了日常生活常見的各種小額收入。

等。但有若干類型的課徵對象，則有進一步深思的空間。例如利息所得與租金收入所得，在我國實務中有相當比例的收入者，其實有代替定期給付退休金的意義。特別是我國法制中尤其在國民年金制度推出以前，得以領取定額每月給付退休金的國民比例並不高。一般的工薪階級，領取一次性退休給付後，購置不動產透過收租或者銀行存款收取定期利息，以作爲保障退休後基本生活之手段，實爲社會生活之常態。就此類（非軍公教或較有規模的民營企業）退休族群賴以爲生的小額金錢給付加徵「補充保費」，而未採取類似所得稅法第 14 條第 1 項第 9 類的規範方式，解釋上不易體現出此等金錢給付所表彰的給付能力，恐與量能原則有悖。

參、「租稅」作爲憲法概念

一、憲法與稅捐

租稅不僅爲法律概念，同時亦爲憲法概念。在憲法條文中，多處提及「稅」、「納稅」等用語。其中最爲主要的規定，見諸憲法第 19 條：「人**民有依法律納稅之義務**[22]。」在憲法上，「租稅」或者「稅捐」即成爲國家與人民間公共財務負擔的重要概念。換言之，在憲法上，租稅之課徵構成人民之基本義務，與服兵役、遵守法律共同構成法治國家中人民義務之主要內容。

二、憲法稅概念與法律稅概念

在憲法與稅捐的討論中，經常不可避免應當一併討論的，闕在於憲法上所稱之「稅捐」或「租稅」，和法律上所稱的「稅捐」或者「租稅」是否相同[23]。大體上，我國憲法制憲時，稅捐種類較現在簡化許多，亦不

---

22 此一規定，經常在學理上被稱作所謂「租稅法律主義」，或又被稱作「無代表不納稅」原則。參見黃源浩，論量能課稅，收錄於「租稅正義與人權保障：葛克昌教授祝壽論文集」，新學林，2015年，頁581。

23 R. Seer, in Tipke / Lang, Steuerrecht, 23 Aufl. § 2, Rz. 9. 中文文獻，參見黃俊杰，憲法

包括特別公課等新興財政工具。因此，我國憲法所稱之稅捐，似與法律上所經常使用之「稅捐」一詞，概念略有出入。整體觀察，我國憲法中涉及稅之規定，除中央地方關係中有關「省稅」、「縣市稅」等地方稅之規範外，主要即爲第19條「租稅法律主義」之規定。

三、課徵稅收的憲法上意義

在憲法上，稅捐徵收的主要意義，在於所謂「**稅收是自由的對價**」。換言之，現代國家與古代國家不同，除了稅捐徵收以外，國家不向人民徵收傜役，也不向人民直接徵用財產。換言之，不以人力提供直接之公共服務。因此人民繳納稅捐，係爲換得免除勞務或其他財物之提供，進而達到人民人身自由及經濟活動自由的目的。另一方面，稅捐之提供亦作爲國家權力維持之前提，因此稅收之存在目的，當在於維持社會之共同生活。特別是維持治安、軍隊所必需之開支，原則上由國家機關以稅捐收入支應。當然，除了這樣的功能之外，稅法上面經常可見透過稅捐制度來達到社會目的之功能。例如爲扶助弱勢，給予其租稅優惠等，這也和憲法的價值相一致。因此，稅法制度與憲法規範之關係，可謂相當密切。

肆、租稅法

一、租稅法之意義

在瞭解了租稅之意義及基礎法制後，針對「租稅法」之意義，吾人即可將之定義如下：**租稅法，係有關稅捐要件及其課徵和救濟程序的國內法律規範總稱**。在我國法制之中，這主要指的是各種立法機關通過之稅法（所得稅法、加值型及非加值型營業稅法、稅捐稽徵法等）之規定。不過，這個定義基本上是指法制中法律的分類。倘若將「租稅法」當作一個學科來看待，租稅法作爲行政法的一個分支，可分成「租稅法總論」以及

稅概念與稅條款，元照出版，1998年。

「租稅法各論」兩個領域。其中的租稅法總論，大體上可包含下列幾個領域：

（一）租稅法基本原則

這部分所討論的項目，包括租稅的概念、稅法所應當遵守的基本原則（例如租稅法律主義、量能課稅、核實課徵、實質課稅、租稅中立等）、租稅法與其他法律之關係、稅法和會計之間的關係，以及租稅法之效力等部分的問題。這一部分的問題，涉及的是稅法基本價值，特別是稅法解釋和適用的基本原理。

（二）稅捐債務法

這是租稅法最核心的部分，主要包括了**租稅主體、客體、稅目、稅基和稅率、稅捐債務之成立、確定及清償等面向的法律問題**[24]。當然，債權債務關係的基本概念，與民法特別是債法的關係相當密切。不過由於稅捐債務作爲公法之債，雙方當事人所享有的處分權不若民法廣泛，亦爲稅捐債務法之重要原則。稅捐債務法在討論上最重要的內容之一，在於稅捐債務的幾個特徵。首先是稅捐債權債務的優先性。換言之，在稅法領域中，作爲公法之債的租稅債權債務關係，有優先受清償的地位。其次，作爲一種以金錢給付爲主要內涵的義務，稅法上出於稽徵經濟的考量，廣泛地賦予納稅義務人配合調查、揭露資訊的義務，這些義務被統稱爲稅法上的「協力義務」。在協力義務違反的情形下，**稅捐稽徵機關通常可以採取所謂「推計課稅」（Besteuerung nach Schätzung）的方法來認定課稅構成要件事實**[25]，例如，以「同業利潤標準」來判斷納稅義務人所進行營業活動之營業額等[26]。

[24] R. Seer, in Tipke / Lang, Steuerrecht, 23 Aufl. §6, Rz. 1.

[25] J. Hey / R. Seer, in Tipke / Lang, Steuerrecht, 23 Aufl. §8, Rz. 204.

[26] 參見行政法院62年判字第635號判例：「原告五十七年度營利事業所得稅結算申

Q：推計課稅在我國稅法上是否被許可？

A：

參見司法院大法官釋字第218號：「人民有依法律納稅之義務，憲法第十九條定有明文。國家依課徵所得稅時，納稅義務人應自行申報，並提示各種證明所得額之帳簿、文據，以便稽徵機關查核。凡未自行申報或提示證明文件者，稽徵機關得依查得之資料或同業利潤標準，核定其所得額。**此項推計核定方法，與憲法首開規定之本旨並不牴觸**。惟依此項推計核定方法估計所得額時，應力求客觀、合理，使與納稅義務人之實際所得相當，以維租稅公平原則。至於個人出售房屋，未能提出交易時實際成交價格及原始取得之實際成本之證明文件者。財政部於六十七年四月七日所發(67)臺財稅字第三二二五二號及於六十九年五月二日所發(69)臺財稅字第三三五二三號等函釋示：『一律以出售年度房屋評定價格之百分之二十計算財產交易所得』，不問年度、地區、**經濟情況如何不同，概按房屋評定價格，以固定不變之百分比，推計納稅義務人之所得額自難切近實際，有失公平合理，且與所得稅法所定推計核定之意旨未盡相符，應自本解釋公布之日起六個月內停止適用**。」

報，於被告官署進行復查時，雖曾提出直接原料明細表及單位成本分析表，但未設置存貨帳及服裝加工製造有關成本之紀錄。且在直接原料明細表內並無產品、名稱、規格，又未能補提製表之原始資料，以致無從勾稽進銷之情況，原告既自承並無法定證明所得額之帳簿記載，則被告官署分為買賣布料、成衣製造、買賣服裝業來料及買賣業自料等四類，依照同業利潤標準核定其所得額，據以補徵所得稅，按之所得稅法第八十三條第一項規定，非無根據。」以及行政法院63年判字第84號判例：「按所得稅法施行細則第七十三條明文規定同業利潤標準由各省或直轄市稽徵機關擬訂係授權各省市稽徵機關，視該省市之社會經濟、生活程度等情狀，自行擬訂報請財政部『核備』，並無須經財政部『核定』。至同施行細則第七十五條所定之徵詢同業公會意見，亦僅供參考，並無拘束稽徵機關之效力。」另關於推計課稅的進一步討論，參見黃源浩，推計課稅法律概念及一般性界限探討，財稅研究，第51卷第1期，頁46以下。

（三）租稅程序法

租稅程序法，所涉及的主要規範事項乃稅捐稽徵程序。由於稅捐稽徵係屬所謂的「大量行政」，在行政程序中通常存在有若干與普通行政程序不同之規定。因此在法制之中，稅捐稽徵之行政程序，包括租稅調查、課稅行政處分之作成、送達乃至於強制執行等，均有成為稅法一部分發展趨勢。這當中特別是稅捐裁罰之關係，在各種行政處罰之中特別複雜。就我國制度而言，租稅程序法主要見諸稅捐稽徵法各規定，以及各稅法中所存在的個別程序規範。

（四）租稅救濟法

與一般之行政上法律關係相同，在稅捐稽徵關係中倘若因為國家機關違法行政行為導致人民自由權利遭受侵害者，經過一定程序使當事人得以回復受到侵害之權利。稅捐救濟因屬大量性行政，因此在救濟程序中基本被區分為復查（由原處分機關重新查核）、訴願（由上級行政機關查核）、行政訴訟等幾個階段[27]。

二、租稅法之立法體例

（一）總合立法

在全世界主要國家的立法體例中，稅法的立法方式有兩種主要模式，其一稱為總合立法，其二稱為分稅立法。所謂總合立法，係指將全國主要之稅捐（特別指中央稅）均立在同一部法典之中。這樣的好處是所有和稅捐債權債務關係有關的基本設計，不必另外參考其他法典，以租稅總法典之形式即可解決大部分的稅法問題。主要採取的國家有美國「內地稅法典」（Internal Revenue Code）以及法國「租稅總法典」（Code Général

27 針對租稅救濟制度的進一步討論，參見黃源浩，論稅務訴訟之改革：納稅者權利保護法遺漏的一章，法學叢刊，第62卷第4期，2017年，頁6-8。

de l'Impôt; CGI）兩部主要的法典。其中不同的稅目基本上是以不同的章節加以規定，也有可能另外針對程序性事項規定，如法國的「租稅程序法典」（Livre de Procédure Fiscale; LPF）即是[28]。總合立法的好處是，稅法典之外別無稅法規定，較易於評估交易活動之整體稅捐負擔。壞處是，涉及稅法規範之法律條文經常多達千條以上，解釋適用益增困難。

（二）分稅立法

所謂分稅立法，係指在立法上，不同之稅目即以不同的法律加以規定，通常一稅目即有一單獨的法典之外，另外還針對程序事項有特別規定。例如德國基本上即採取分稅立法，所得稅即以所得稅法典（Einkommensteuergesetz）規定，銷售稅（Umsatzsteuer）則另外有銷售稅法典等。此外，就統一的程序性事項，尚規定有「租稅通則」來作爲統一的程序性規定。

（三）我國目前的稅法立法體例

我國的租稅立法，基本上比較傾向於分稅立法。這樣的說法原因當然是因爲，我國有「**稅捐稽徵法**」這部統一的程序性質的法典[29]，也有「所得稅法」、「加值型及非加值型營業稅法」、「遺產及贈與稅法」、「菸酒稅法」等分稅的立法。不過事實上在分稅立法的狀況中，我國偶爾也會將兩個以上的稅目規定在同一部法典中。例如「遺產及贈與稅法」，同時規定遺產稅及贈與稅兩種稅目[30]。而我國的營業稅也是在同一部法典中規

28 T. Lambert, Procédures fiscales, 2e, LGDJ, Paris 2015, p. 31 et suivantes.

29 不過應該特別留意，稅捐稽徵法所稱稅捐，係指一切法定之國、省（市）及縣（市）稅捐，但不包括關稅及礦稅。因此在稅捐稽徵的行政程序上，並非所有國稅均一體適用稅捐稽徵法。

30 當然，在學理上「遺產稅」與「贈與稅」的關係，並不容易說明清楚。參見黃源浩，遺贈與死因贈與在遺產及贈與稅法上的區別，月旦財稅實務評釋，第31期，2022年，頁8以下。

定了「加值型營業稅」與「非加值型營業稅」兩種稅捐。因此，與分稅立法原則上係「單一稅目各由一部法典規定」的情形，仍有細微之差異。其中，我國所得稅法之在體例上亦屬相對特別者。蓋我國所得稅區分爲「個人綜合所得稅」以及「營利事業所得稅」，並且規定在同一部法典（所得稅法）中。這樣的做法，和德國、日本均不相同。

伍、我國現行稅捐之稅目以及其租稅客體

一、國稅

我國法制之中，稅捐主要可以區分爲國稅及地方稅。這樣的分類主要是根據財政收支劃分法來進行的。該法第 8 條第 1 項規定：「下列各稅爲國稅：一、所得稅。二、遺產及贈與稅。三、關稅。四、營業稅。五、貨物稅。六、菸酒稅。七、證券交易稅。八、期貨交易稅。九、礦區稅。」此外，新近立法增加的「特種貨物及勞務稅」，亦被劃分爲國稅。

（一）關稅

所謂關稅，係以進口貨物之價值作爲稅捐客體所課徵的進口稅。關稅法第 2 條規定：「本法所稱關稅，指對國外進口貨物所課徵之進口稅。」關稅事務有關之主要法律規範，除關稅法外，尚包括「海關進口稅則」以及「海關緝私條例」等法律規範。徵收機關爲財政部關務署以及各地海關[31]。

31 關稅雖然亦為稅捐的一種，但在現代國家的財政收入體系中，已經漸次喪失其單純的財政收入工具功能，進而轉變為具有濃厚的國際貿易管制功能的財政工具，其制度邏輯亦與一般以財政目的為主的內地稅收並不相同。參見C. Wrazen, Fiscalité et réciprocité vers une mutation des relations entre l'administration fiscal et le contribuable, Thèse à l'université de Lyon III, 2011, p. 31. 不過，我國納稅者權利保護法施行細則第2條第1項規定：「本法所稱稅捐稽徵機關，指財政部各地區國稅局、地方稅稽徵機關及關務機關。」亦將海關之關務行政納入納保法之規制範疇。

（二）礦區稅

「礦區稅」係針對地下開採礦藏按礦產經濟價值所課徵之稅捐。分別對礦區面積和礦產作課稅對象。原本礦業法中尚將礦業稅區分爲「礦區稅」以及「礦產稅」，目前礦產稅在台灣地區是停繳的，礦區稅採定額稅率，以取得採礦權的人爲納稅義務人。另外在稽徵程序中，礦區稅係委託由經濟部礦業局代收。

（三）所得稅

所得稅，**尚可區分以自然人爲對象的「個人綜合所得稅」以及以營業性法人（公司）爲對象的「營利事業所得稅」兩大類型**。主要之法律依據爲「所得稅法」，徵收機關爲財政部各地國稅局。所得稅法的租稅客體是「所得」，大體上，我國不採取所謂的「分類所得制」，而採取「綜合所得制[32]」。此外，亦僅有個人綜合所得稅採取累進稅率，營利事業所得稅仍爲固定稅率。

32 **所謂的分類所得制，係指將不同性質的所得，例如薪資所得、利息、財產收益、機會中獎等所得在稅法分別規定並且就不同的所得性質，適用不同的稅率加以徵收。**採取分類所得的國家，主要是二次大戰以前的歐洲各國。不過在二次大戰以後，歐洲各國的所得稅制多半放棄了分類所得制度，採取以個人或者家戶（le foyer fiscal）為中心的「個人綜合所得制」或「家戶綜合所得制」。例如奧地利所得稅法第1條第2項即規定：「任何在國內有住所或居所之自然人，均負有無限制的納稅義務（unbeschränkte Steuerpflicht）。此一無限制之納稅義務，延伸至所有在國內與國外所發生之收益。」以奧地利稅法為例，目前奧國所得稅法總共有七類所得（指EStG第2條第3項所稱之：1.農林所得；2.獨立營業者之所得；3.工商業營業所得；4.受薪者所得；5.資產利得；6.租賃所得；7.其他一般所得）。倘若資產之增加不屬於這七個項目時，則其並非所得稅法所適用之對象。此處所謂的收益（Einkünft）係指淨收益，亦即扣除了成本費用之後的所得。「收入」（Einnahmen）則指所有金錢或金錢價值增加之情形。不過，在現行法之下對於這兩個概念的運用並非全然一致。例如，在租稅減免的領域之中就經常拿收益來代替收入。針對綜合所得稅與分類所得稅的進一步討論，參見黃源浩，綜合所得、分類所得與量能課稅：評司法院大法官釋字第745號，月旦裁判時報，第59期，2017年5月，頁19以下。

（四）貨物稅

所謂貨物稅，係針對特定貨物之產製及消費、進口，所課徵之稅捐。其稅基主要爲「消費」，尤其是奢侈性的消費。主要之徵收依據爲「貨物稅條例」。徵收對象爲下列貨物，於出場（廠）時徵收之：

1. 橡膠輪胎，但內胎、實心橡膠輪胎、人力與獸力車輛及農耕機用之橡膠輪胎則免稅（貨物稅條例第 6 條）。

2. 水泥及代水泥（貨物稅條例第 7 條）。

3. 飲料品[33]：凡設廠機製之清涼飲料品均屬之[34]。但合於國家標準之純天然果汁[35]、果漿、濃糖果漿、濃縮果汁、純天然蔬菜汁、還原果汁、營

---

33 財政部107年11月21日台財稅字第10704591360號令：「貨物稅條例第8條第1項第2款所稱其他飲料品，指酒精成分未超過0.5%且內含固形量總量未達內容量18%，以稀釋或不加稀釋後供人飲用之下列產品：（一）以植物為主要成分製成之植物性飲料。（二）添加二氧化碳氣體之碳酸飲料。（三）具可調解人體電解質功能之運動飲料。（四）具有保健概念之機能性飲料。但產品標示有使用劑量限制者不包括在內。（五）含糖、甜味劑、香料、色素或其他食品添加物之飲用水。（六）乳製品成分未超過50%之含乳飲料。」

34 而所謂設廠機製，根據貨物稅條例第8條第3項規定，包括：1.設有固定製造場所，使用電動或非電動之機具製造裝瓶（盒、罐、桶）固封者；2.設有固定製造場所，使用電動或非電動機具製造飲料品之原料或半成品裝入自動混合販賣機製造銷售者。

35 符合國家標準之濃縮健康醋，非屬貨物稅課稅範圍。參見財政部107年11月14日台財稅字第10704653280號令：「一、由國外進口或國內產製之濃縮健康醋，其品質符合CNS14834食用醋國家標準釀造食醋項下之穀物醋、果實醋、其他釀造食醋、高酸度醋或調理食醋等5種中任1種國家標準者，非屬貨物稅條例第8條規定之應稅飲料品範圍，不課徵貨物稅。二、廠商進口前點濃縮健康醋相同貨品達5批以上，經進口地海關取樣送驗均符合國家標準者，得檢具相關報關資料，向進口地海關切結並申請嗣後進口相同貨品（生產國別、品牌、成分均同一者）時，免再逐案取樣送驗且不課徵貨物稅放行。進口地海關受理申請並審查符合規定者，應函轉本部賦稅署核定；廠商進口經核定之貨物報關時，應檢附核准函以供查核。三、進口地海關對於前開經核准廠商進口符合CNS14834食用醋國家標準之濃縮健康醋，應不定期機動抽驗；經抽驗結果不合國家標準者，除依貨物稅條例規定補稅處罰外，應函知本部賦稅署取消該廠商免逐案取樣送驗之資格，並對其嗣後進口之相同貨物恢復逐案取樣送驗，該廠商1年內不得再申請適用免逐案取樣送驗規定。」

養強化還原果汁、還原蔬菜汁及營養強化還原蔬菜汁[36]則免稅（貨物稅條例第 8 條）。

4. 平板玻璃：凡磨光或磨砂、有色或無色、有花或有隱紋、磋邊或未磋邊、捲邊或不捲邊之各種平板玻璃及玻璃條均屬之，從價徵收百分之十。但導電玻璃及供生產模具用之強化玻璃免稅（貨物稅條例第 9 條）。

5. 油氣類：包括汽油、柴油、煤油、航空燃油、燃料油、溶劑油、液化石油氣（貨物稅條例第 10 條）。

6. 電器類：包括電冰箱、彩色電視機、冷暖氣機、除濕機、錄影機、電唱機、錄音機、音響組合、電烤箱（貨物稅條例第 11 條）。

7. 車輛類：如機車、汽車，但供研究發展用之進口車輛、附有特殊裝置專供公共安全及公共衛生目的使用之特種車輛[37]、郵政供郵件運送之車輛、裝有農業工具之牽引車、符合政府規定規格之農地搬運車，以及不行駛公共道路之各種工程車[38]則免稅（貨物稅條例第 12 條）。

Q：何謂貨物稅？試舉三個以上例子說明我國現行課徵貨物稅之法律賦予政府開徵貨物稅之優點與缺點？（104 高考租稅各論）

A：

（一）貨物稅之概念

所謂貨物稅，係針對特定貨物之產製及消費、進口，所課徵之稅

---

36 財政部99年6月7日台財稅字第09904068410號令。

37 包括防災用機車。參見財政部108年1月24日台財稅字第10704637640號令：「專供執行狹窄通道、隧道及特殊地形區域救災使用之消防救災機車，附有內政部訂定『直轄市縣市消防車輛裝備及其人力配置標準第三條附表二』之應備裝置者，比照貨物稅條例第12條第1項第1款第3目及第3項第1款規定專供公共安全目的使用之消防車，免徵貨物稅。」

38 參見財政部107年9月28日台財稅字第10704625670號令：「航空站空側作業之機坪驅動式空橋，經交通部認定可視同靠機地面裝備車輛，僅在機場使用及不行駛於公共道路，核屬貨物稅條例第12條第1項第1款第3目及貨物稅稽徵規則第7條第3項第2款規定免徵貨物稅之工程車，安裝於該車之冷氣設備屬工程車之一部分，免徵貨物稅。」

捐。此一貨物為一般性的消費稅，其主要課徵對象並不以普遍的民生消費品為對象，而係以特定之消費品、其消費足以展現消費者所具有的特殊經濟上能力為基礎，因此在一定範圍內具有奢侈性稅捐之屬性。

（二）貨物稅課徵之優缺點

1. 優點

(1) 首先在於財政收入。並且透過不同貨物之消費，展現其經濟能力。例如貨物稅條例規定橡膠輪胎，但內胎、實心橡膠輪胎、人力與獸力車輛及農耕機用之橡膠輪胎則免稅。

(2) 其次在於鼓勵生產特定貨物。例如平板玻璃應課徵貨物稅，但導電玻璃、供生產模具用之強化玻璃及厚度在 1.1 公釐以下之微薄玻璃專供生產觸控面板用則免稅，但其目的在於後者與科技產業有關。

(3) 最後在於環境保護。例如油氣類製品要課貨物稅，其目的顯然在於抑制石油製品之消費，具有環境目的。

2. 缺點

(1) 首先在於判斷稅基之指標老舊造成不公。例如同樣是消費飲料，罐裝之可口可樂出廠時應徵貨物稅、在咖啡店喝現煮咖啡不課，即非公平。

(2) 其次在於對奢侈消費的定義不符時代變化。例如購買汽車、機車，其中機車已經在現在社會中難謂奢侈性消費，仍被課徵。

(3) 最後，在於特定類型之貨物稅已經成為普遍性之稅捐，失去其針對特定貨物奢侈性消費課稅之本質。例如水泥及代水泥，現代建築難以想像完全不加使用。

（五）證券交易稅

證券交易稅是對買賣有價證券，除各級政府發行之債券外，依「證券交易稅條例」規定所課徵的稅捐。依據證券交易稅條例第 1 條規定，凡買賣公司發行之股票及經政府核准得公開募銷之其他有價證券，悉依規定徵收證券交易稅[39]。因此，證券交易稅所適用之交易對象，主要爲資本市場中最爲常見的股票交易[40]。雖然「證券」在定義上不限於股票，不過在我國法律制度中，爲活絡債券市場，協助企業籌資及促進資本市場之發展，在證券交易稅條例第 2 條之 1 設有特定類型證券停徵規定[41]。

（六）期貨交易稅

根據「期貨交易稅條例」之規定，納稅義務人在我國從事期貨交易，應徵收期貨交易稅。此一稅捐係針對期貨交易課徵之流通稅，課徵之原因，基本上與證券交易稅相同[42]。

39 買賣公開募集及發行之外幣計價外國政府債券暫停徵證券交易稅。參見財政部108年1月24日台財稅字第10700680800號令：「買賣經主管機關核定於中華民國境內公開募集及發行之外幣計價外國政府債券，比照證券交易稅條例第2條之1第1項規定，自107年4月3日起至115年12月31日止暫停徵證券交易稅。」

40 另參見證券交易稅條例第2條規定：「證券交易稅向出賣有價證券人按每次交易成交價格依左列稅率課徵之：一、公司發行之股票及表明股票權利之證書或憑證徵千分之三。二、公司債及其他經政府核准之有價證券徵千分之一。」

41 證券交易稅條例第2條之1：「（第一項）為活絡債券市場，協助企業籌資及促進資本市場之發展，自中華民國九十九年一月一日起至一百十五年十二月三十一日止暫停徵公司債及金融債券之證券交易稅。（第二項）為促進國內上市及上櫃債券指數股票型基金之發展，自中華民國一百零六年一月一日起至一百十五年十二月三十一日止暫停徵證券投資信託事業募集發行以債券為主要投資標的之上市及上櫃指數股票型基金受益憑證之證券交易稅。但槓桿型及反向型之債券指數股票型基金受益憑證，不適用之。（第三項）前項債券指數股票型基金之投資標的，限於國內外政府公債、普通公司債、金融債券、債券附條件交易、銀行存款及債券期貨交易之契約。」

42 期貨交易稅條例第2條第1項規定：「期貨交易稅向買賣雙方交易人各依下列規定課徵之：一、股價類期貨契約：按每次交易之契約金額課徵，稅率最低不得少於百萬分之零點一二五，最高不得超過千分之零點六。二、利率類期貨契約：按每次交易之契約金額課徵，稅率最低不得少於百萬分之零點一二五，最高不得超過百萬分之二點五。三、選擇權契約或期貨選擇權契約：按每次交易之權利金金額課徵，稅率最低不得少於千分之一，最高不得超過千分之六。四、其他期貨交易契約：按每次交易之契約金額課徵，稅率最低不得少於百萬分之零點一二五，最高不得超過千分之零點六。」

（七）營業稅

營業稅（Umsatzsteuer; TVA）之課徵，依據「加值型及非加值型營業稅法」第 1 條規定，包括下列兩種經濟活動：1. 在中華民國境內銷售貨物或勞務（包括向國外購買而在我國境內提供或使用的勞務）；2. 進口貨物。營業人銷售貨物或勞務時，對於應稅貨物或勞務之定價，應內含營業稅；而對於統一發票之開立，除依法免開立統一發票者外，應依「營業人開立銷售憑證時限表」所定時限開立統一發票交付買受人。買受人爲營業人者，稅額應與銷售額於統一發票上分別載明之；買受人爲非營業人者，應以定價開立統一發票。與所得稅法不同，營業稅法上關於所得概念之討論並不重視。這是因爲所得稅之法律關係中係以所得作爲可稅之基礎，而營業稅卻係對於營業之行爲（Betrieb）加以徵收[43]，其稅收基礎（Steuersgrundlage）並不相同[44]。我國法制中，營業稅可以區分爲加值型營業稅以及非加值型營業稅兩類：

1. 加值型營業稅

加值型營業稅，係就企業在產銷過程中之加值額課徵之租稅，即在各階段之銷售行爲，對其銷項稅額超過可扣抵進項稅額之差額部分課稅。

2. 非加值型營業稅

課徵非加值型營業稅之範圍包含：銀行業、保險業、信託投資業、證券業、期貨業、票券業、典當業、特種飲食業、農產品批發市場之承銷人、銷售農產品之小規模營業人、小規模營業人、依法取得從事按摩資格之視覺功能障礙者經營，且全部由視覺功能障礙者提供按摩勞務之按摩業，及其他經財政部規定免予申報銷售額之營業人等，按其銷售總額課稅。

---

43 J. Englisch, in Tipke / Lang, Steuerrecht, 23 Aufl. §17, Rz. 10 ff.

44 尤其在歐洲聯盟法制中，營業稅已經被確立為一般性的消費稅。參見黃源浩，歐洲加值稅之形成及發展，月旦法學雜誌，第118期，頁90以下。J. Englisch, in Tipke / Lang, Steuerrecht, 23 Aufl. §17, Rz. 4.

（八）遺產及贈與稅

1. 遺產稅

根據「遺產及贈與稅法」第一章第 1 條，凡經常居住中華民國境內之中華民國國民死亡時遺有財產者，應就其在中華民國境內境外全部遺產，依本法規定，課徵遺產稅。經常居住中華民國境外之中華民國國民，及非中華民國國民，死亡時在中華民國境內遺有財產者，應就其在中華民國境內之遺產，依本法規定，課徵遺產稅。

2. 贈與稅

根據「遺產及贈與稅法」第一章第 3 條，凡經常居住中華民國境內之中華民國國民，就其在中華民國境內或境外之財產爲贈與者，應依本法規定，課徵贈與稅。經常居住中華民國境外之中華民國國民，及非中華民國國民，就其在中華民國境內之財產爲贈與者，應依本法規定，課徵贈與稅。

（九）菸酒稅

菸酒稅是以酒類及菸品銷售及消費活動爲課徵對象的稅捐。菸酒稅法第 1 條規定：「本法規定之菸酒，不論在國內產製或自國外進口，應依本法規定徵收菸酒稅。」又現行菸酒稅之性質雖爲菸酒消費的特殊消費稅，不過在我國早期制度中並非稅捐，此項稅捐係用以代替原本徵收的公賣利益。

（十）奢侈稅

我國中央政府有權徵收之國稅，依據財政收支劃分法之規定，原本僅包含上述九種稅捐。不過近期我國法制中又引入了所謂「奢侈稅」，也就是立法院通過了「**特種貨物及勞務稅條例**[45]」，當中第 24 條第 1 項規定：

45 參見該條例第2條規定：「（第一項）本條例規定之特種貨物，項目如下：一、房

「特種貨物及勞務稅爲國稅，由財政部主管稽徵機關稽徵之。」亦使得此種稅捐成爲國稅之一種。不過此種稅捐當中的不動產買賣稅，因係因應特殊經濟環境所設，目前已經停徵。

> **Q**：我國自民國 100 年 6 月 1 日起開徵之特種貨物及勞務稅，又被稱作奢侈稅。試依此新稅制內容，詳細說明其原因。自民國 105 年 1 月 1 日起，課稅客體有何異動，並說明異動原因。（104 調查局）

A：

（一）特銷稅（奢侈稅）之概念

為促進租稅公平，健全房屋市場及營造優質租稅環境，以符合社會期待，故對不動產短期交易、高額消費貨物及勞務，我國自 100 年 6 月起予以課徵「特種貨物及勞務稅」，並將稅收之用途用於社會福利支出，照顧弱勢。

（二）特銷稅之課徵對象：奢侈性之消費

此一稅目經常被稱作「奢侈稅」因在本稅所課徵之對象均屬奢侈性之貨物或勞務。特種貨物及勞物稅條例第 2 條規定：「（第一項）本條例規定之特種貨物，項目如下：一、房屋、土地：持有期間在二年以內之房屋及其坐落基地或依法得核發建造執照之都市土地及非都市土地之工業區土地。二、小客車：包括駕駛人座位在內，座

屋、土地：持有期間在二年以內之房屋及其坐落基地或依法得核發建造執照之都市土地及非都市土地之工業區土地。二、小客車：包括駕駛人座位在內，座位在九座以下之載人汽車且每輛銷售價格或完稅價格達新臺幣三百萬元者。三、遊艇：每艘船身全長達三十點四八公尺者。四、飛機、直昇機及超輕型載具：每架銷售價格或完稅價格達新臺幣三百萬元者。五、龜殼、玳瑁、珊瑚、象牙、毛皮及其產製品：每件銷售價格或完稅價格達新臺幣五十萬元者。但非屬野生動物保育法規定之保育類野生動物及其產製品，不包括之。六、家具：每件銷售價格或完稅價格達新臺幣五十萬元者。（第二項）本條例所稱特種勞務，指每次銷售價格達新臺幣五十萬元之入會權利，屬可退還之保證金性質者，不包括之。」

位在九座以下之載人汽車且每輛銷售價格或完稅價格達新臺幣三百萬元者。三、遊艇：每艘船身全長達三十點四八公尺者。四、飛機、直昇機及超輕型載具：每架銷售價格或完稅價格達新臺幣三百萬元者。五、龜殼、玳瑁、珊瑚、象牙、毛皮及其產製品：每件銷售價格或完稅價格達新臺幣五十萬元者。但非屬野生動物保育法規定之保育類野生動物及其產製品，不包括之。六、家具：每件銷售價格或完稅價格達新臺幣五十萬元者。（第二項）本條例所稱特種勞務，指每次銷售價格達新臺幣五十萬元之入會權利，屬可退還之保證金性質者，不包括之。」

（三）特銷稅課徵範圍之變動

特種貨物及勞物稅條例第 6 條之 1 規定：「自中華民國一百零五年一月一日起，訂定銷售契約銷售第二條第一項第一款規定之特種貨物，停止課徵特種貨物及勞務稅。」**因此目前不動產買賣之奢侈稅，已經停徵**。其異動原因，在於我國不動產交易稅制改採所謂「房地合一稅」，已可以相當程度降低不動產短期炒作問題。

（四）奢侈稅與重複課稅

針對奢侈性的消費活動進行課稅，末了尚且應當特別留意者，在於此等稅收多半會發生除課徵外的問題。以我國目前特銷稅制為例，納稅義務人從事高價之消費活動，除了一般性的消費稅（加值型營業稅）以外，尚且有特殊消費稅（貨物稅）。在此之外另針對特定消費活動課徵稅捐，解釋上恐難以脫免重複課稅的嫌疑。

二、地方稅

在我國法制中，除中央政府所徵收之國稅外，另外還存在著地方稅。亦即若干稅目之徵收主體係由地方政府擔當，且其收入主要亦以支應地方政府之財政需求爲主。地方稅之課徵，原則上亦由地方之稅捐稽徵機關爲之，與國稅係由各地區國稅局課徵，有所不同。

（一）印花稅

各種地方稅中，首先應當予以說明的是「印花稅」。所謂印花稅，係指以貼用印花稅票爲課徵手段，以特定商業、憑證或交易活動爲客體之稅捐。印花稅制度雖然歷時久遠，但事實上一直存在著檢討的呼籲[46]。其課徵方法根據印花稅法第 1 條規定，「本法規定之各種憑證，在中華民國領域內書立者，均應依本法納印花稅」。其中應當貼用印花者包括：

1. 銀錢收據：指收到銀錢所立之單據、簿、摺。凡收受或代收銀錢收據、收款回執、解款條、取租簿、取租摺及付款簿等屬之。但兼具營業發票性質之銀錢收據及兼具銀錢收據性質之營業發票不包括在內。如係書立收到票據（包括：支票、匯票、本票）所出具之收據，非屬銀錢收據，免用印花稅票。

2. 買賣動產契據：指買賣動產所立之契據，包括汽車讓渡書。

3. 承攬契據：指一方爲他方完成一定工作之契據；如承包各種工程契約、承印印刷品契約及代理加工契據等屬之。

4. 典賣、讓受及分割不動產契據：指設定典權及買賣、交換、贈與、分割不動產所立憑以向主管機關申請物權登記之契據。

（二）使用牌照稅

使用牌照稅，係以車輛使用監理機關發給牌照所課徵之稅捐，具有相當濃厚的規費性質。使用牌照稅法第 3 條第 1 項規定：「使用公共水陸道路之交通工具，無論公用、私用或軍用，除依照其他有關法律，領用證照，並繳納規費外，交通工具所有人或使用人應向所在地主管稽徵機關請領使用牌照，繳納使用牌照稅。」

46 洪東煒，現行印花稅稅制存廢之探討，稅務旬刊，第1935期，頁12以下。進一步來說，印花稅雖然在整體稅制中歷史相對久遠，但是因為稅額收入相對有限，對於納稅義務人反而會造成相當之不便。因此，我國目前的印花稅制度，朝向廢止的方向發展。

（三）地價稅

在我國地方財政稅收制度中，構成地方稅收主力者，爲各種涉及不動產之持有、使用、收益之稅捐。具體言之，我國土地稅法規定有三種土地稅，包括地價稅、田賦以及土地增值稅。其中所謂地價稅，乃以土地之持有作爲稅基的年度性財產稅[47]。依據土地稅法第 15 條規定：「（第一項）地價稅按每一土地所有權人在每一直轄市或縣（市）轄區內之地價總額計徵之。（第二項）前項所稱地價總額，指每一土地所有權人依法定程序辦理規定地價或重新規定地價，經核列歸戶冊之地價總額。」

（四）土地增值稅

所謂土地增值稅，係依據土地交易之增加價值爲對象課徵之稅捐。我國土地稅法第 28 條規定：「**已規定地價之土地，於土地所有權移轉時，應按其土地漲價總數額徵收土地增值稅。但因繼承而移轉之土地，各級政府出售或依法贈與之公有土地，及受贈之私有土地，免徵土地增值稅。**」其計算係依據下列兩種方式爲之：

1. 公告土地現值：爲每年 1 月 1 日地政機關公告之每平方公尺土地現值乘以移轉土地面積。

2. 雙方當事人合意之價格，例如，買賣雙方簽訂之契約價格，即實際交易價格。但申報人申報之移轉現值，經審核低於公告土地現值者，得由主管機關照其自行申報之移轉現值收買或照公告土地現值徵收土地增值稅。

（五）房屋稅

房屋稅，係以不動產之建築改良物之價值作爲課徵對象之財產稅[48]。房屋稅條例第 3 條規定：「房屋稅，以附著於土地之各種房屋，及有關增

---

47 參見黃源浩，地價稅之憲法基礎與界限，台灣法學雜誌，第312期，頁28以下。

48 參見陳清秀，房屋稅法制之檢討與展望（上），稅務旬刊，第2350期，頁7以下。

加該房屋使用價值之建築物，爲課徵對象。」房屋稅係我國目前最重要的財產稅之一，其課徵之原因在於單純的「持有財產」所表現出的給付能力，和所得稅、營業稅係以「所得」、「交易流通」爲課稅基礎，並不相同。

（六）契稅

所謂契稅，係以不動產交易之標的價格爲對象之交易稅。契稅條例第2條規定：「不動產之買賣、承典、交換、贈與、分割或因占有而取得所有權者，均應申報繳納契稅。但在開徵土地增值稅區域之土地，免徵契稅。」就一般性之制度目的而言，契稅可謂係介於稅捐與規費之間的特殊稅目，其存在目的主要在於維持土地不動產的登記制度[49]。計課契稅之契價，以當地不動產評價委員會評定之標準價格爲準。但依法領買或標購公產及向法院標購拍賣之不動產者，取得不動產之移轉價格低於評定標準價格者，從其移轉價格。

（七）娛樂稅

所謂娛樂稅，係指以**從事娛樂活動之納稅義務人爲徵收對象之交易稅。娛樂稅係向消費之顧客按其門票價格或其收費額課徵之**，屬特種銷售稅，又以其課徵之時機稍縱即逝，故在學理上被認爲屬於「機會稅」的一種。娛樂稅較其他各稅不同者，其納稅義務人爲出價娛樂之人，由娛樂場所、娛樂設施或娛樂活動之提供人或舉辦人代徵之。娛樂稅一開始的制度目的原爲維持社會風氣，抑制奢靡，如對於舞廳、撞球業課以重稅，以達到所謂「寓禁於徵」之目的。然而因時代與環境變遷，民眾生活品質日益

---

49 在法國稅制中，類似我國契稅之稅目被稱作「土地登記及公示稅」（Droit d'enregistrement et taxe de publicité foncière）。這一名稱雖然較為繁瑣，但是相對而言比較能夠顯現出契稅的法律意義。參見黃源浩，法國不動產稅制簡介，財稅研究雜誌，第44卷第1期，頁113。

提升，對於正當休閒娛樂之要求提高，課徵種類及稅率均有下降趨勢[50]。其正當性基礎，亦轉變在於「透過娛樂活動所展現出的經濟上較強給付能力」。目前在我國稅法制度之中，娛樂稅之課徵可以參見娛樂稅法第 2 條規定：「（第一項）娛樂稅，就下列娛樂場所、娛樂設施或娛樂活動所收票價或收費額徵收之：一、電影。二、職業性歌唱、說書、舞蹈、馬戲、魔術、技藝表演及夜總會之各種表演。三、戲劇、音樂演奏及非職業性歌唱、舞蹈等表演。四、各種競技比賽。五、舞廳或舞場。六、高爾夫球場及其他提供娛樂設施供人娛樂者。（第二項）前項各種娛樂場所、娛樂設施或娛樂活動不售票券，另以其他飲料品或娛樂設施供應娛樂人者，按其收費額課徵娛樂稅。」

Q：大學校慶由學生會舉辦售票演唱會，要否徵收娛樂稅？

A：

（一）按「娛樂稅，就下列娛樂場所、娛樂設施或娛樂活動所收票價或收費額徵收之：一、電影。二、職業性歌唱、說書、舞蹈、馬戲、魔術、技藝表演及夜總會之各種表演。三、戲劇、音樂演奏及非職業性歌唱、舞蹈等表演。四、各種競技比賽。五、舞廳或舞場。……」「凡臨時舉辦娛樂活動，對外售票、收取費用者，應於舉辦前向主管稽徵機關辦理登記及娛樂稅徵免手續。……」「違反第八條第一項規定者，處新臺幣一千五百元以上一萬五千元以下罰鍰；其係機關、團體、公營機構或學校，通知其主管機關依法懲處其負責人」及「娛樂稅代徵人不為代徵或短徵、短報、匿報娛樂稅者，除追繳外，按應納稅額處五倍至十倍罰鍰……」分別為娛樂稅法第 2 條、第 8 條第 1 項、第 13 條及第 14 條第 1 項所明定。

50 也因此，對於娛樂稅之檢討呼聲，並非少見。參見曾廣誼，與時代脫節的娛樂稅，稅務旬刊，第2079期，頁12。

（二）次按「關於學生團體於校內辦理收費之相關活動，是否可免徵娛樂稅乙案。說明：二、查依現行娛樂稅法第 2 條規定，電影、演唱會及舞會均屬課徵娛樂稅範圍。故學生團體於校園內舉辦之電影欣賞、演唱會或舞會，如有售票或收取費用者，依現行娛樂稅法第 8 條之規定，均應於舉辦前向主管稽徵機關辦理登記及娛樂稅徵免等手續。……」為財政部 88 年 1 月 22 日台財稅第 881896982 號函所規定。

（三）**學校或學生團體舉辦前揭規定之娛樂活動，如有售票或收取費用情形者，不論是否符合免稅條件，均應於舉辦前依法向主管稽徵機關辦理登記及娛樂稅徵免手續**。違反規定者，處新臺幣 1,500 元以上 1 萬 5,000 元以下罰鍰，並通知其主管機關依法懲處其負責人。

三、依據「地方稅法通則」，由地方團體所立法徵收之地方稅

我國原本在稅捐制度中，依據財政收支劃分法之規定，設有地方稅。但是地方稅歷經長期變革波折，事實上僅剩下若干稅源有欠豐沛的類目，例如房屋稅、土地增值稅等。爲平衡中央地方間財政收入差距，近年來立法院乃通過有「地方稅法通則」，授權予地方以地方立法機關之同意爲基礎，開徵稅捐。此等地方稅，種類相當繁多，且各地方政府均不一致，亦屬地方稅之一種[51]。此等稅捐，通常以「臨時稅」名義徵收，例如目前桃園市即有「土石採取臨時稅」等稅目。其權力依據，可參見地方稅法通則第 2 條規定：「本通則所稱地方稅，指下列各稅：一、財政收支劃分法所稱直轄市及縣（市）稅、臨時稅課。二、地方制度法所稱直轄市及縣（市）特別稅課、臨時稅課及附加稅課。三、地方制度法所稱鄉（鎮、市）臨時稅課。」

在我國整體財稅法制中，由地方自治團體根據地方稅法通則所徵收的

51 陳敏，稅法總論，2019年，頁40-41。

地方稅，事實上是一個法制整備不甚充分、實務上容易造成相當問題的稅收。這可以由我國近年所發生的花蓮縣礦石開採特別稅的行政爭訟案例可知梗概[52]。進一步來看，我國地方稅法通則所授權地方團體決定稅基收取的地方稅，有以下諸特徵：

（一）有限的稅收類別

地方自治團體，根據地方稅法通則的規定所得以透過地方自治規範創設租稅構成要件而徵收的地方稅，在地方稅法通則中首先受到類別的限制。地方稅法通則第 3 條第 1 項前段規定：「直轄市政府、（市）政府、鄉（鎮、市）公所得視自治財政需要，依前條規定，開徵特別稅課、臨

52 這主要指的是最高行政法院110年度上字第331號判決所涉及的爭議。本件之爭議經過，略以地方稅法通則第4條第1項規定：「直轄市政府、縣（市）政府為辦理自治事項，充裕財源，除印花稅、土地增值稅外，得就其地方稅原規定稅率（額）上限，於百分之三十範圍內，予以調高，訂定徵收率（額）。但原規定稅率為累進稅率者，各級距稅率應同時調高，級距數目不得變更。」花蓮縣制頒之「花蓮縣礦石開採特別稅自治條例」，原本針對花蓮縣境內開採之土石每公噸徵收4元（民國98年）。嗣後調整至每公噸5.2元（100年）。至101年，重新制定該條例，廢除原本之「花蓮縣礦石開採特別稅自治條例」改制定「花蓮縣礦石開採景觀維護特別稅自治條例」，每噸徵收10元、施行期限四年。迄至105年，又復重新制定「花蓮縣礦石開採特別稅自治條例」，施行期限四年，每公噸徵收70元。至109年，又重新制定「花蓮縣礦石開採景觀維護特別稅自治條例」施行期限一年，每噸徵收70元。最後，今年度重新制定「花蓮縣礦石開採特別稅自治條例」採取累進稅率：自50公噸起，採取三個級距的累進稅率。本件行政訴訟原告乃礦石業者，針對前述花蓮縣一連串將「花蓮縣礦石開採特別稅自治條例」來回改廢成「花蓮縣礦石開採景觀維護特別稅自治條例」之措施，特別是以「特別稅」、「景觀維護特別稅」為名義，其目的乃在於規避前述地方稅法通則所規定，地方團體調整稅率30%上限 。原告因此認為本於此等自治規定所作成之課稅處分為違法，因而提起行政訴訟。最高行政法院亦認為花蓮縣該等行為，使此一稅目（無論名稱為「特別稅」或「景觀維護特別稅」）從101年每噸10元調漲至70元，明顯逾越地方稅法通則第4條第1項調整稅率30%上限之規定，判決花蓮縣敗訴 。本件訴訟案件特殊之處，除在於花蓮縣所從事的一連串制定、改廢地方自治法規的措施是否違法以外，尚且在於地方團體的財政稅收自主權力，能否在地方稅法通則這樣的限縮立法框架之下實現？這事實上存在有深入討論空間。

時稅課或附加稅課[53]。」這當中，可以被推導出幾個重要的制度特徵。首先，就是地方自治團體根據地方稅法通則、以地方自治規範爲基礎所課徵之稅捐，原則上包括三個基本類型：「特別稅課」、「臨時稅課」以及「附加稅課」，並且在整體的稅收稽徵及財政用途上，受到相當之限制：

(1) 特別稅課

所謂「特別稅課」，在地方稅法通則中並不存在定義性的規定。而這樣的稅目也不能夠僅由地方稅法通則觀察，反而是存於財政收支劃分法當中。根據財政收支劃分法第 12 條第 6 項規定，特別稅課者係指「因地方自治事業之需要，經地方議會立法課徵之稅」。原則上，法律並未特別限制特別稅課之稅基，僅要求不得對已課徵之貨物稅或菸酒稅之貨物爲課徵對象[54]。這樣的地方稅稅收形式，在地方稅法通則的規定內容看來似乎被期待作爲地方自治團體根據地方稅法通則、以地方自治立法權所課徵的地方稅的主力稅種。所謂「特別稅課」，理論上應該是相對於「普通稅課」而言的一種不爲現行各種稅捐的稅基所涵蓋的稅捐。解釋上，這樣的稅目似乎有使得地方自治團體建立長期的、得再生循環財政資源的意義。不過事實上並非如此，蓋根據地方稅法通則第 3 條第 2 項明確規定各地方稅之年限，特別稅課與後述的臨時稅課都是徵收期限有限的稅課，差別僅在於年限長短不同。如此一來，不僅使得「特別稅課」與「臨時稅課」根本沒

53 同時參見同法第6條第1項規定：「直轄市政府、縣（市）政府、鄉（鎮、市）公所開徵地方稅，應擬具地方稅自治條例，經直轄市議會、縣（市）議會、鄉（鎮、市）民代表會完成三讀立法程序後公布實施。」

54 該項規定：「第一項第七款之特別稅課，指適應地方自治之需要，經議會立法課徵之稅。但不得以已徵貨物稅或菸酒稅之貨物為課徵對象。」不過，在我國法制中事實上曾經存在著「特別稅課」這個名詞。這裡指的是民國46年所制頒的「台灣省內中央及地方各項稅捐統一稽徵條例」（已廢止），其中的第4條第13款規定：「台灣省內中央及地方各項稅捐之稽徵稅目，除關鹽兩稅由中央直接徵收及菸酒兩項實行專賣外暫定如左：十三、特別稅課之戶稅。」（新式標點符號為本文作者所加）此處所稱「戶稅」，為現行房屋稅之前身。

有區別，也失去了地方稅法通則設置此一制度的本意。

(2) 臨時稅課

根據地方稅法通則第 3 條第 1 項規定，地方自治團體的直轄市政府、（市）政府、鄉（鎮、市）公所得視自治財政需要財政，開徵「臨時稅課」。所謂的「臨時稅課」，地方稅法通則未設有定義性的規定，不過在我國稅制經驗中，其實也曾經有過開徵臨時稅課的例子。特別稅與臨時稅的不同，首先在於開徵主體。根據地方稅通則第 2 條第 3 款規定：「本通則所稱地方稅，指下列各稅：三、地方制度法所稱鄉（鎮、市）臨時稅課[55]。」解釋上，直轄市政府、縣（市）政府得以課徵特別稅課、臨時稅課與附加稅課三種類型的稅收，但是鄉（鎮、市）僅得開徵臨時稅課，這就構成了在徵收主體上的差異。其次，臨時稅課在制度設計上面，似乎可以被確定為一種「指定用途稅」。這主要是因為地方稅法通則第 3 條第 3 項後段的規定：「臨時稅課應指明課徵該稅課之目的，並應對所開徵之臨時稅課指定用途，並開立專款帳戶[56]。」最後，在我國法制中「特別稅課」

---

55 而這樣的臨時稅課，本來在財政收支劃分法第19條即已經設有規定：「各級政府為適應特別需要，得經各該級民意機關之立法，舉辦臨時性質之稅課。」不過，收支劃分法第19條規定，係概括承認各級議會之課稅立法權，是為該法中較為符合憲法中央與地方分權及保障地方自治之精神之規定。不過，財政收支劃分法第19條規定之文義，未就稅捐客體為限制，僅概括授權各級政府之課稅立法權，可謂由中央立法劃分所為最概括之規定。惟在該條文中承認各級議會有課稅立法權，其中是否有包括鄉（鎮、市）議會則似有疑義。肯定者以目前鄉（鎮、市）為憲法上所承認之地方自治團體，且有完整之地方政府（公所）及議會，似同財政收支劃分法所概括授權臨時稅課立法權之範圍之內。否定者論以，憲法第107條第1項第7款賦予中央課稅權之劃分權（國稅、省稅及縣稅），尚不及於鄉、鎮、市，故無法直接肯認憲法有欲授權予財政收支劃分法有權使鄉（鎮、市）議會得享有課稅立法權；且從財政收支劃分法第6條文意觀之，似與憲法並無不同規定，且尚難認得以與憲法有不同解釋。就此而言，地方稅法通則似有明確指明鄉（鎮、市）亦得以成為地方稅稅收主體的意義，只是受到較多的法律限制。

56 因此，雖然整體法律規範對於臨時稅課的指定用途性質未有進一步明言，特別是倘若未設置專戶或者未指明課徵目的，是否即足以發生審計或公共會計上的責任？但與「臨時稅課」的區別，尚且包括預定存續的徵收期間並不一致。地方稅法通則所規定的臨時稅課，根據該通則第 3 條第 2 項規定：「特別稅課及附加稅課之課徵年限至多四年，臨時稅課至多二年，年限屆滿仍需繼續課徵者，應依本通則之規定重行辦理。」其所得以存續之期間僅二年[57]。

(3) 附加稅課

地方稅法通則所規定，得以由地方自治團體透過地方自治規範之稅收之三，為所謂「附加課稅」。就此，地方稅法通則第 4 條第 1 項規定：「直轄市政府、縣（市）政府為辦理自治事項，充裕財源，除印花稅、土地增值稅外，得就其地方稅原規定稅率（額）上限，於百分之三十範圍內，予以調高，訂定徵收率（額）。但原規定稅率為累進稅率者，各級距稅率應同時調高，級距數目不得變更。」同時在該法第 5 條第 1 項規定，得附加之對象僅為國稅（財政收支劃分法第 8 條），附加稅雖然也是一種在地方稅法通則中被明文規範的、容許地方自治團體所課徵的稅捐種類，不過實際上看起來內容成謎。在若干國家法制中，附加稅是一種獨立的稅種，與國家機關課徵的稅捐彼此平行，某種程度可以被理解為具有特別公課性質的非稅金錢負擔[58]。不過單純就我國地方稅法通則的規定看來，附

整體而言，特別稅可以作為地方政府一般性的自治財源，但臨時稅則只能專款專用支應於特定政事，應當是比較沒有問題的說法。

57 認真嚴格言之，「臨時稅課」與前述的「特別稅課」相同，並非由地方稅法通則所創設出來的新興稅目種類，而係在財政收支劃分法當中已經存在的既存制度。其中「臨時稅課」根據財政收支劃分法第19條規定，得以徵收者不只地方自治團體，中央政府亦有權為之。我國賦稅制度史上，臨時稅課在過去多半係以特別限時法為之，例如民國57年制頒有「香蕉洋菇蘆筍外銷臨時捐徵收條例」，施行期間一年。近期之臨時稅課則以桃園市政府於民國104年6月2日所頒布之桃園市營建剩餘土石方臨時稅自治條例為代表。

58 這裡特別指的是法國現行財政稅收法制中所存在的附加稅（parafiscalité）。這是一種得以授權由國家以外的團體收取的、按照特定受益對象來課徵的稅捐，與國稅被要求必須由法律規定其構成要件並不相同。參見黃源浩，法國稅法規範基本問題，財稅研究，第36卷第3期，頁170以下。不過，我國法制中所出現的「附加稅課」明

加稅似乎不是一種獨立的稅收類別，只是一種稽徵技術上附帶徵收特定稅捐的行政措施[59]。整體而言，這樣的名稱雖然被列為地方稅法通則第 2 條第 2 款的範圍內，但應該不是一種獨立的地方稅類型。

（二）限時法性質的徵收規範，非常態的財政收入

在前述有關地方稅法通則賦予地方自治團體自主課稅權力所得以開徵之稅收類別說明，吾人可以知悉者，乃無論是特別稅課、臨時稅課或者附加稅課，均屬於限時法性質的徵收規範，亦非容許地方自行徵稅成為常態的財政收入。首先，雖然地方稅法通則容許地方自治團體在一定條件下開徵「特別稅課」，但認眞言之，這一權限並非新設，過去財政收支劃分法制之下即已有之，也有先例。另方面，地方稅法通則第 3 條第 3 項規定針對臨時稅課設立之「目的」及「用途」應為明確訂立，亦須為專款帳戶為之。此條訂立目的係因「臨時稅課」蓋一不確定法律概念，並無法直接以文意觀之其內涵，對於人民之財產權影響上，似為一大隱憂。故有必要已指明目的、用途及開立專款帳戶，以符法明確性原則要求外，亦避免地方政府巧立名目稅捐向地方居民徵收不當之稅賦，造成人口及資源不當流動以致各地區發展不均，妨害國家整體發展。相對地，這樣的思考也意味著對於課稅權力、特別是創設新稅目相關聯的地方課稅立法權，立法者通過的條文並不放心。在這樣的戒備心態之下，終致地方稅法通則對於地方課徵稅收普遍性的限時要求。地方稅法通則第 3 條第 2 項明確規定各地方稅之年限為：特別稅課：至多四年；附加稅課：至多四年；臨時稅課：至多二年。於期限屆滿時，有繼續徵收之需要者，應依地方稅法通則之規定，

顯和這個不一樣，但具體內容是什麼？啟人疑竇。

59 就此而言，與「特別稅課」和「臨時稅課」不同，財政收支劃分法也沒有對於附加稅課進行定義。同時根據該法第12條規定，直轄市及縣（市）稅的類目中也沒有「附加稅課」這一項。僅在該法第18條第1項規定：「各級政府對他級或同級政府之稅課，不得重徵或附加。但直轄市政府、縣（市）政府為辦理自治事項，籌措所需財源，依地方稅法通則規定附加徵收者，不在此限。」

重新辦理。總體而言，地方稅法通則這些有關限制地方自治團體立法課稅的規定，乃使得所謂的「地方稅」，呈現出一種高度的非常態性質，與賦予地方自治團體課稅權力之目的，在於建立穩定可再生的財政利益收入，難謂一致。

（三）固有意義的地方稅得以具有有限之調整率

地方稅法通則在整體制度設計上的特徵，不僅在於所容許地方自治團體以地方自治立法權行使的課稅權力，更在於這樣本來就得以透過中央立法的非由地方自治團體行使立法權之稅目，亦就其稅率得以相當的調整。這特別指的是地方稅法通則第 4 條規定：「（第一項）直轄市政府、縣（市）政府爲辦理自治事項，充裕財源，除印花稅、土地增值稅外，得就其地方稅原規定稅率（額）上限，於百分之三十範圍內，予以調高，訂定徵收率（額）。但原規定稅率爲累進稅率者，各級距稅率應同時調高，級距數目不得變更。（第二項）前項稅率（額）調整實施後，除因中央原規定稅率（額）上限調整而隨之調整外，二年內不得調高。」

（四）受到中央行政機關的高密度監督

在我國地方稅法通則賦予給地方自治團體透過自治規範得以創設租稅構成要件，進而就地域性之社會經濟活動自行開徵地方稅以後，在制度設計上最重要的特徵之一，當在於此一權力事實上並未完整地賦予地方自治團體。相反地，地方稅法通則就此設有事前監督機制，亦即僅有在預先經過中央政府的一定審核之下，方得以通過。按就地方自治涉及中央地方權限劃分的相關事務而言，中央對於地方所爲之各種決定，可能以「核定」監督之，可能以「備查」監督之。其中「核定」係爲一種事前審查制度[60]、備查則爲一種事後審查制度。一般而言，倘若地方事務爲自治事務

60 參見地方制度法第2條第4款規定：「核定：指上級政府或主管機關，對於下級政府或機關所陳報之事項，加以審查，並作成決定，以完成該事項之法定效力之謂。」

者，其生效之方式通常係以自治團體之機關作成決定、生效後報由上級備查爲原則。不過，弔詭的是雖然根據地方制度法的規定，直轄市、縣（市）、鄉（鎮、市）之稅捐均爲自治事項，但是涉及地方稅徵收的自治規範，卻是採取實際上的事前審查制度，而非事後審查。這首先可以參見地方稅法通則第 6 條的規定：「（第一項）直轄市政府、縣（市）政府、鄉（鎮、市）公所開徵地方稅，應擬具地方稅自治條例，經直轄市議會、縣（市）議會、鄉（鎮、市）民代表會完成三讀立法程序後公布實施。（第二項）地方稅自治條例公布前，應報請各該自治監督機關、財政部及行政院主計處備查。」而此處所謂的「備查」意義爲何？在一般性的基礎上，「備查」意味著下級受監督機關已完成之法律行爲在生效後報請上級知悉的侍候監督措施[61]。地方制度法第 2 條第 5 款亦規定：「備查：指下級政府或機關間就其得全權處理之業務，依法完成法定效力後，陳報上級政府或主管機關知悉之謂。」但是既然地方稅法通則第 6 條第 2 項所規定的「備查」爲（課稅的）地方自治條例，應當適用事後備查之程序而非一般地方權限所適用的「核定」程序，這事實上就足以使得「備查」實際上成爲「核定」，並且使得自治稅捐監督機關得以透過「不予核備」實際上拒絕了地方自治團體開徵地方稅的決定[62]。總體而言，地方稅法通則雖然賦予了地方自治團體一定程度的稅收立法權，但是出於監督及避免其他法律爭議的考慮，不僅將地方自治團體課稅規範設計成事先監督的制度，同時在該通

61 參見法務部102年法律字第10200220480號函：「行政程序法第92條規定參照，行政處分係指中央或地方機關就公法上具體事件所為決定或其他公權力措施而對外直接發生法律效果之單方行政行為，故行政機關所為單純事實敘述或理由說明，非行政處分；另『備查』係指對上級機關或主管機關有所陳報或通知，使該上級機關或主管機關對於其指揮、監督或主管事項有所知悉已足，無庸進行審查或作成決定，故該備查非屬所報事項生效要件。」

62 參見尤重道，地方稅立法權與爭議問題之探討，全國律師雜誌，第21卷第11期，頁61以下。這當中應當特別指出者，乃在於此處所設計之「備查」有其管制監督地方稅收權力行使之意義，亦可為係我國地方稅制的特徵之一。

則中亦設有禁止限制課稅之範圍。首先，在該通則中第 3 條第 1 項但書規定：「直轄市政府、縣（市）政府、鄉（鎮、市）公所得視自治財政需要，依前條規定，開徵特別稅課、臨時稅課或附加稅課。但對下列事項不得開徵：一、轄區外之交易。二、流通至轄區外之天然資源或礦產品等。三、經營範圍跨越轄區之公用事業。四、損及國家整體利益或其他地方公共利益之事項。」此外，特別稅課不得以已課徵貨物稅或菸酒稅之貨物爲課徵對象亦爲該通則第 3 條第 3 項所明定，呈現出對地方課稅權力高度設限的狀態。

（五）租稅優先權

最後，在地方稅法通則所設之地方稅相關規範中，仍呈現出若干與地方稅制度有正面助益的制度，亦即在租稅優先權的面向上，賦予地方稅較中央稅收的優先地位。這特別指的是地方稅法通則第 7 條的規定：「各稅之受償，依下列規定：一、地方稅優先於國稅。二、鄉（鎮、市）稅優先於縣（市）稅。」誠然，這樣的規定在邏輯上確實合於地方稅法通則的制度本旨：越是在財政收入上沒有穩固地位的團體，越是應當受到法律的優先保障。只不過，租稅優先權的存在，很明顯地不是稅法及財政制度中主要面對的資源分配手段問題。即便享有較優先的受償地位，也只能說是一種立法者的善意或優待，不太能夠與地方自治團體在租稅立法上面對的困境相比擬。

第二節　租稅特徵及稅法與其他法律的關係

壹、租稅在法律上之特徵

在比較法制中，對於「租稅」試圖下一定義者，首見於德國舊帝國租稅通則（Reichsabgabenordnung; RAO）第 1 條第 1 項，亦即現行德國租稅通則第 3 條第 1 項之規定：「稱租稅者，謂公法團體以獲取金錢收入為目的，對所有該當於租稅構成要件之人所課徵之無對價關係之金錢給付。收入亦得為附帶目的。」（Steuern sind Geldleistungen, die nicht eine Gegenleistung für eine besondere Leistung darstellen und von einem öffentlich-rechtlichen Gemeinwesen zur Erzielung von Einnahmen allen auferlegt werden, bei denen der Tatbestand zutrifft, an den das Gesetz die Leistungspflicht knüpft; die Erzielung von Einnahmen kann Nebenzweck sein.）一般言之，租稅在法律上可以導引出下列特徵[63]：

一、租稅之內容，為金錢給付

租稅在最基礎的內容上，為一種以金錢給付（Geldleistung; prenstation）為媒介以履行債之關係所要求之給付內涵。因此，租稅的法律關係倘若以民法債之關係來理解，首先表現之特徵即為：租稅之債為貨幣之債的一種。租稅法上以金錢或貨幣之給付作為債之關係之內容，並非純然屬於技術性之規定，或者純然為與民法上債之關係作同步理解而生。蓋在憲法秩序之下，國家權力對人民自由權利之拘束，除應以法律為之，亦即有法律保留（Gesetzvorbehalt）之要求外，更應在合乎比例原則（Verhältnismäßigkeitsprinzip）、對人民侵害最小之前提之下方得為之。以金錢給付作為租稅之債之內容，使人民免除負擔其他勞役之可能[64]，合乎比例原則，亦即對人民之侵害達到最小。

但在法律制度之操作上，應注意者乃在我國法制上有二個例外情形，容許不以貨幣之給付，而由納稅義務人以實物給付之方式履行租稅債之關係：

63 R. Seer, in Tipke / Lang, Steuerrecht, 23 Aufl. § 2, Rz. 25.

64 所謂其他勞役，即所謂「勞務給付」（Dienstleistungen），例如徵調民工修築萬里長城一類。金錢媒介之存在亦使實物給付（Naturallcistungcn）成為例外。Vgl. H W. Arndt, Steuerrecht, 3. Aufl., C.F.Müller, S. 5.

（一）遺產及贈與稅法中關於以實物抵繳之規定

在遺產及贈與稅法中，爲避免納稅義務人因繼承遺產或受贈財產負擔遺產及贈與稅之繳納義務，卻欠缺現金致使無力履行納稅義務之情形發生，故在例外之情形下，容許納稅義務人以所繼承遺產或受贈標的物中之實物，甚至是其他易於變價之財產實物作爲繳納之標的，並不以貨幣作爲繳納遺產及贈與稅之唯一方式。此主要規定在該法第 30 條第 4 項：「遺產稅或贈與稅應納稅額在三十萬元以上，納稅義務人確有困難，不能一次繳納現金時，得於納稅期限內，就現金不足繳納部分申請以在中華民國境內之課徵標的物或納稅義務人所有易於變價及保管之實物一次抵繳。中華民國境內之課徵標的物屬不易變價或保管，或申請抵繳日之時價較死亡或贈與日之時價爲低者，其得抵繳之稅額，以該項財產價值占全部課徵標的物價值比例計算之應納稅額爲限。」

（二）所得稅法中容許以實物捐獻政府以計入列舉扣除額

在我國所得稅法中，個人綜合所得稅淨額之計算乃以個人綜合所得之總額減除免稅額及扣除額（包括標準扣除額及列舉扣除額二類，得擇一扣除）後之餘額作爲基礎。其中列舉扣除額之部分規定，即使實物作爲納稅媒介成爲可能。此即爲所得稅法第 17 條第 1 項第 2 款第 2 目第 1 點但書之規定：「二、扣除額：納稅義務人就下列標準扣除額或列舉扣除額擇一減除外，並得減除特別扣除額：（二）**列舉扣除額：1. 捐贈：……對於教育、文化、公益、慈善機構或團體之捐贈總額最高不超過綜合所得總額百分之二十爲限。但有關國防、勞軍之捐贈及對政府之捐獻，不受金額之限制。**」是以在我國稅捐稽徵實務中，即出現納稅義務人以**捐獻既成道路**或公共設施保留地等實物與政府，從而就其捐獻物之價值列舉扣除其原本應納稅額之情形。在實際之操作上，這其實也是一種以實物納稅之方式[65]。

---

65 會有如此現象發生，主要與我國其他法律制度之存在有不可分之關係。例如，以公

二、租稅之債，為強制性之金錢給付之債

租稅在法律制度上所表現的第二個特徵，在於租稅係強制性之金錢給付關係。所謂強制，有二方面之意義：一則在於倘若納稅義務人對於應納稅捐債務，有逃漏情事或其他違反義務之情形時，通常在稅法上有處罰之規定，此即爲「租稅罰」（Steuerstrafe），內容包括行政罰甚至刑罰。另一方面，所謂的強制係指租稅之債給付的強制，當納稅義務人拒不履行租稅上之給付義務時，**稅捐稽徵機關得經由行政執行之程序，強制納稅義務人加以履行**。此外，遲延租稅之債之納稅義務人，亦可能面臨滯納金、怠報金等性質上屬公法之債之利息等之追究，均足加強其強制性。租稅債權債務關係之強制性，在稅法實務中所造成的問題並不僅止於國家機關作爲公法上債權人，得以經過行政上強制執行之程序強制實現稅捐債權債務關係[66]。這樣的推理，更強調的是，稅捐債務本身（不包括稅法的附隨債務，如利息、滯納金、罰鍰）係屬羈束之法律關係，而非裁量之法律關係。這樣的推論在稅法學說中甚爲重要，蓋其涉及之主要問題，在於稅捐稽徵機關得否享有稅捐債務的處分權，以及稅捐債務能否和解的問題。特別是租稅債權債務關係的和解，在不同國家法制之中有不同之見解。

共設施保留地捐獻政府以作為「節稅」手段，在經濟上之所以有其誘因，主要與土地之「公告地價」與實際交易價格不一、國家任意發布行政計畫劃定公共設施保留地卻遲不辦理徵收有關。此間之問題雖多，惟限於教科書之篇幅，權作從略。另外在其他國家法制中，類似我國這類以實物捐贈政府抵繳應納稅款的制度，並非少見。例如在法國稅法上，即容許以具文化藝術價值之藝術品作為抵稅品。這主要見諸於租稅總法典第1716bis條之規定，得以作為抵繳標的物者包括「藝術作品，書籍、蒐藏品，具有高度歷史或藝術價值之文件」（d'oeuvres d'art, de livres, d'objets de collection, de documents de haute valeur artistique ou historique）等實物。其得以主張抵償之稅目亦有限制，僅及於遺產稅（droit de succession）及財富連帶稅（ISF）此二稅目。參見黃源浩，法國債務清償基本問題，財稅研究，第39卷第5期，頁201以下。

66 陳敏，稅法總論，2019年，頁25。

Q：稅捐債權債務關係，得否成為和解之標的？

A：

（一）德國稅法與和解債務

在德國稅法上，出於稅捐債權債務關係係屬公法上強制之債，且其法律關係屬羈束關係，行政機關不得任意處分之考量，在傳統學說上一直認為稅捐債權債務關係不得成為和解之標的。是故，在租稅課徵係屬羈束關係之前提下，所適用者乃租稅課徵之合法性原則（Legalitätsprinzip）。租稅債之關係之前提事實一旦合致，其債權債務關係即當然發生，稅捐稽徵機關即因此負有依法徵收之義務，不得行使裁量之權力任意加以免除，故德國租稅通則第 85 條規定：「稅捐稽徵機關應依法律規定之標準，平等核定及徵收租稅。稅捐稽徵機關尤應確保無不法短漏徵收租稅，或不法給與或拒絕退還及租稅退給」。不過，這樣的說法在近期的稅法制度中，開始受到質疑。目前德國稅法實務中，**承認所謂的「事實認知之合意」（die tatsächliche Verständigung）**[67]。在 1985 年 12 月 11 日一項判決當中，德國聯邦財務法院指出，納稅義務人與稅捐稽徵機關之間針對課稅案件中作為前提事實的若干事實關係所進行之處理（Sachbehandlung），得以透過雙方之合意，以提升稅捐稽徵的效能（Effektivität der Besteuerung），並有效解決稽徵程序中所面臨的爭議問題。這事實上即為一種和解之關係。

（二）法國法上的租稅和解

在法國法制中，和解在法國民法典第 2044 條設有定義性規定：「稱和解者，係爭議之雙方用以解決既存爭議，或者用以防止將來爭議之契約。」（la transaction est un contrat par lequel les parties

67 參見李介民，稅務行政「事實認知之合意」與行政契約，台灣法學雜誌，第51期，頁191以下。

terminent une contestation née, ou préviennent une contestation à naître.）此外，在法國行政爭訟程序中，法國行政爭訟法典第 211-4 條亦容許行政爭訟的雙方在行政訴訟程序中進行和解。

（三）我國法上的租稅和解

1. 租稅協談

所謂租稅協談，在我國稅捐稽徵實務中行之有年，主要之目的在於透過徵納雙方一定程度之溝通，以達到稅捐稽徵程序經濟之效果[68]。就此，財政部訂頒有「稅捐稽徵機關稅務案件協談作業要點」，其中第 1 條明定謂：「為暢通納稅義務人申訴管道，增進徵納雙方意見溝通，以減少爭議，提昇為民服務績效，特訂定本要點，以供稽徵機關執行之參考。」

2. 行政程序法上所定之行政和解契約

臺北高等行政法院 98 年度訴字第 1118 號判決中即曾指出：「行政機關對於行政處分所依據之事實或法律關係，經依職權調查仍不能確定者，為有效達成行政目的，並解決爭執，得與人民和解，締結行政契約，以代替行政處分，行政程序法第 136 條有明文規定[69]；其立法目的係為兼顧行政效能與人民權益，容許行政機關於不牴觸法規規定及已盡職權調查能事之前提下，與人民就尚不能確定之事項互相讓步而達成約定，並**締結行政契約，以代替行政處分**。我國訴訟實務，就租稅行政救濟之訴訟標的係採爭點主義，不採總額主義（最高行政法院 62 年判字第 96 號判例參照），課稅處分對應於各個課稅基礎，具有可分性。縱令**原告就 89 年度債券前手息扣繳稅款與被告達成和解，依上述課稅處分之爭點主義訴訟標的理論，**

68 參見黃源浩，論租稅和解制度在我國稅制中之建立，財稅研究雜誌，第45卷第3期，頁129以下。

69 以行政程序法第136條作為稅法上和解制度之基礎，相近見解參見陳敏，稅法總論，2019年，頁43。

僅能認兩造就債券前手息之爭點達成和解，尚難認兩造就債券前手息以外之其他爭議，亦達成和解。是原告此部分之主張，尚非可採。」[70]

Q：稅捐罰鍰得否列為和解客體？

A：

稅捐債權債務關係，其中僅有部分之內容得以作為和解之標的；針對稅法上之附帶給付以及罰鍰，我國實務傾向採取否定見解。此可參見：「營利事業依破產法規定向商會聲請和解，罰鍰不得列為和解債權。說明：二、本案經本部轉准法務部78年5月9日法78律決9463號函復『查破產法對於和解債權，未明文規定其範圍，關於破產法第103條第4款規定財務罰鍰不得列為破產債權，於和解程序中得否準用乙節，亦未見有明文規定，學說上對此有正反不同意見，其主張可以準用者認為和解債權與破產債權二者在範圍上宜求其一致，且按罰鍰為公法上之處罰，性質上亦不宜與私法上債權同視。參酌外國立法例（如德國和議法第29條第3項、日本和議法第44條均明文規定罰鍰不得列為和解債權），採取罰鍰不得列為和解債權之見解，似較適宜』。」（財政部78/06/06台財稅第780179619號函）。

三、租稅之債，為無對價之強制性金錢給付

租稅之債，相對於其他公法上債之關係，爲無對價之金錢給付，國家機關並不因租稅之課徵而負擔特定之對待給付之義務（keine Gegenleistungen haben）。是以納稅義務人並不得因行政機關之相關給付

70 整體而言，針對稅法制中和解之諸多問題，仍存有不少深入探究空間。進一步討論，參見張芷芸，論租稅和解與稅務協談，天主教輔仁大學法律學研究所碩士論文，2018年。

有瑕疵而主張同時履行抗辯（Leistungs Zug und Zug）[71]。此與其他公法之債，尤其規費（Gebühren; Redevance）及受益費（Beitrag）之債並不相同，規費乃以提供一定之行政服務或特定給付作爲徵收之前提，例如公共博物館門票之價金、行政申請之手續費、工本費等均屬之。受益費則指因一定之公共設施而受有利益或具有受益之可能性之人所負擔之費用。這幾種公共財務負擔都受到塡補原則，也就是「使用者付費」的基本原則支配[72]。

四、租稅課徵，以滿足國庫一般性的財政目的為主要目的

稅捐之課徵，在一般之基礎被強調係屬「無對價」之公法上金錢給付。因此和公法上有對價的金錢給付（如規費、受益費）不同，所支應的是國家機關整體的財政需求，而非個別化、具體化的國家行爲。是故國家財政之整體收入係爲擔保整體的財政支出，此一原則，被稱作財政法上的「非結合關係」（non-Affectation）[73]。因此，所謂的「指定用途稅」或者「目的稅」，在稅法領域中僅屬例外。所謂指定用途稅，例如我國最近通過的「特種貨物及勞務稅條例」第 24 條第 2 項規定：「前項稅課收入，循預算程序用於社會福利支出；其分配及運用辦法，由中央主管機關及社會福利主管機關定之。」

71 具體以言，納稅義務人不得主張其居住所在地路燈不亮、水溝不通，或者國家之國防、經濟、教育政策荒腔走板為理由而拒絕納稅。

72 當然，隨著人類社會結構的變遷，「使用者付費」作為公共財政收取的正當性基礎，事實上正在變遷當中。以法國能源稅制為例，過去法制之設計主要本於與使用者付費同一邏輯的「污染者付費」原則，對於消耗能源及造成環境污染的能源消費活動，採取以量計稅的原則。但這樣的原則開始轉變，在2005年修憲引入「環境保護憲章」的制度後，以環境連帶及生存權為基礎的能源稅制，正在引入法國稅制之中。參見黃源浩，法國能源稅制的憲法基礎與界限，月旦財經法雜誌，第43期，頁101以下。

73 黃源浩，預算權力之法律規制：以法國法為中心，月旦法學雜誌，第150期，頁63以下。

貳、租稅在經濟學與社會學上之特徵

一、經濟學中的稅捐

在經濟學的領域中，對於租稅的概念比較不強調不同名目間的金錢給付性質的差異。凡是由國家動用公權力強制收取的金錢費用，不管名目上是稅、捐、費、規費、特別公課、受益費甚至公賣利益，均沒有區分之必要。進一步來說，在經濟學上租稅作爲國家機關主要之財政收入來源，除了提供行政服務所必要的費用以外，尙有調節景氣的功能。亦即，在景氣過熱時以增稅降低市場之流動性；在景氣衰退時以退稅（包括發放「消費券」、直接退稅或者增加大規模的公共支出等）刺激景氣[74]。

二、社會學上的租稅

在社會學的領域中，租稅經常被認爲是一種有效的社會工具，在促進社會流動上有其無法取代的功能。例如遺產贈與稅之課徵，一方面提高了不勞而獲的遺產繼承關係所可能支付的租稅成本，二方面也透過財政稅收的再分配功能，促進社會正義之實現。而在實際的功能方面，社會學也較著重稅捐的實際面向，而非法律上是否以稅捐爲名。例如公益彩券、公辦樂透等，經常就被稱作「窮人稅」，乃因其事實上吸引到較多經濟狀況欠佳者所貢獻之金錢。在社會學上，租稅之最重要功能莫過於財富之再分配。亦即透過累進稅率，使富人繳納高額稅捐，而透過社會福利機制使國家得以提供窮人基本的生活必需資源[75]。

三、租稅之功能

國家公權力課徵稅捐，對於納稅義務人所從事之經濟活動加以介入，其目的甚多，未必僅在於獲取維持公共財政支出所必要之金錢資源。特別

---

74 金子宏，租稅法，13版，東京弘文堂，頁6-7。

75 M. Leroy, La sociologie de l’impôt, PUF, Paris 2002, p. 12.

是現代國家，透過稅捐手段作爲介入調控經濟情事之情形，並非少見。整體而言，租稅制度的功能可以簡略地歸納出下面幾點：

（一）租稅之財政收入功能

稅捐課徵之目的，首先當然在於財政收入之目的，也就是爲國家提供維持公共服務所必須之財源。雖然在國家財政的工具上，得以採取的工具相當多[76]，但是就整體而言，稅收之徵收只要不逾越憲法的界限，通常造成的附隨效果不會像其他財政工具般複雜。因此，財政收入以稅收爲主要手段，可謂係現代國家普遍存在的現象。

（二）租稅之社會功能

租稅制度的社會功能，可以展現在幾個方面。首先，租稅制度在某一程度上具有財富重分配的效果，同時也可以透過稅捐之課徵達到確保納稅義務人生存權以及促進社會安全之目的[77]。這其中尤其以所得稅，透過免稅額及扣除額制度確保基本生活費用不課稅之原則，最爲直接。也因此，所得稅，特別是個人綜合所得稅之計徵，也被認爲具有濃厚之社會色彩[78]。

（三）租稅之政策調控功能

租稅作爲國家公權力行使之一環，以稅捐手段達成其他經濟或社會、環境政策，並非少見。在我國稅制之中，特別是透過租稅優惠之給

---

76 例如國家可以變賣公有財產、舉債、發行貨幣、設立主權基金在國際市場進行金融操作，或者經營公企業、開設賭場、出賣行政許可，甚至廣泛使用行政罰鍰來支應國庫需求，但這類手段的副作用通常也很多。相形之下，稅捐徵收可謂其中比較和緩之手段。R. Seer, in Tipke / Lang, Steuerrecht, 23 Aufl. §2, Rz. 62.

77 陳敏，稅法總論，2019年，頁78。

78 J. Hey, in Tipke / Lang, Steuerrecht, 23 Aufl. §8, Rz. 72 ff.

予，以達成各種產業或社會目的[79]。例如「產業創新條例」等對於特定產業政策得以租稅手段促使其實現。同樣地，政策調控功能亦可能透過開徵稅捐來實現。在這樣的意義之下，稅捐亦經常可以被區分爲財政目的之稅捐與管制誘導性稅捐（Lenkungsteuer）[80]等不同類型。

參、租稅法與其他法律的關係

一、租稅法與憲法之關係

租稅法與憲法，毫無疑問，關係密切。我國憲法第19條被認爲是人民納稅義務之主要依據，而在這一個意義之上，所謂「租稅法律主義」也構成了憲法對課稅權力最重要的規範。此外，憲法規範亦被認爲在諸多面向上，對課稅權力構成限制，例如出於比例原則之考量、避免課稅對人民財產權造成過度侵害，因而在德、法財稅法學說上向來有所謂**「絞殺性租稅」**（**Erdrosselungssteuer**）[81]或者**「具沒收效果租稅」**（**les impositions confiscatoires**[82]）之禁止。而在另一方面，所得稅中的「扣除額」和「免稅額」規定，亦可謂係體現憲法上所保障的「最低生存界限」禁止課稅之原則。另外，近年學說上有學者提出所謂「負所得稅」的概念，也是憲法

79 在我國稅捐稽徵實務中，租稅優惠主要包括了租稅之減免、加速折舊以及投資抵減等不同方法。因此，此處所謂之「優惠」，當然包括這幾種情形，而不以減免為唯一手段。

80 R. Seer, in Tipke / Lang, Steuerrecht, 23 Aufl. §2, Rz. 10.

81 所謂「絞殺性租稅禁止」乃要求租稅課徵權力之行為，不得造成窒殺經濟活動動機之「絞殺」效果。而所課的「絞殺效果」，特別著重者為經濟上之意義，當租稅課徵所造成之效果，足以扼殺市場生機、使私領域中經濟陷於停滯時，即屬違反適當性及必要性之要求，構成對財產權利之絞殺。亦即，若課徵過重之稅賦使得納稅義務人對於租稅之義務履行陷於客觀上不可能等，均屬「絞殺」標準之典型。黃源浩，從絞殺禁止到半數原則—比例原則在稅法領域之適用，財稅研究，第36卷第1期，2004年1月，頁151-170。

82 P.-M. Gaudemet, Les protections constitutionnelles et légales contre les impositions confiscatoires, RIDC Vol. 42, pp. 807-810.

上生存權保障在稅法上的重要體現。

Q：負所得稅之概念？

A：

所謂「負所得稅」制度，是美國經濟學家 M. Friedmann 於西元 1962 年在其著作《資本主義與自由》一書中所提出的，主要之內容是由政府規劃一定的收入保障額數，根據納稅義務人實際收入，對不足者予以補助，收入越高，補助越少，直到收入達到所得稅的起徵點為止。所謂負所得稅主旨在於根據社會整體經濟情況制定「貧窮線」，例如一年是 30 萬元，只要一個家庭的收入一年低於 30 萬，差多少政府就給予補貼，以維持其最基本的生活所需。

二、租稅法與法律之關係

在前述「租稅法律主義」之制度中，稅捐債權債務關係固然應當以立法院通過、總統公布、定名爲「法、律、條例、通則」之成文法規範爲主要之依據。不過，在論述租稅法與法律之關係之際，不可避免地應當先指出，在不同法律部門之間，和稅法的關係重點並不相同。大體上，稅法是行政法各論的一部分，行政法上的基本原理原則，可以沒有困難地直接適用在稅法領域，例如誠實信用原則[83]。而稅捐救濟程序，除復查程序外，原則上亦可直接適用一般行政案件所適用之訴願法以及行政訴訟法。但是，在另一方面，稅捐債權債務關係作爲公法上債權債務關係，與民法上債權債務關係相當近似。在此一意義之下，稅法的法律概念究竟具有獨立之法律性質，亦或僅能夠作爲民法概念之補充，在法國稅法學中向來有「稅法從屬性」以及「稅法獨立性」兩種學說的對峙。

83 參見最高行政法院88年判字第392號判例。不過應特別留意，現行土地稅法制度已有變化，在此一範圍內本號判例已不再為法院所援用。

（一）稅法從屬性

首先，以民法爲基礎之學者，基本否認稅法相較於民法存在任何獨立之可能性。此一看法的代表性人物，爲法國民法重要學者 F. Gény。氏認爲，所謂「稅法獨立性」，基本上是不能接受的說法。蓋以民法既然在體系上得以作爲稅法當中稅捐債權債務關係之基本規範，這即表示公法債權與私法債權基本並無本質上的重大差異[84]。因此，稅法領域至多僅能被承認一定程度的特殊性（la spécifité），至於要說是獨立性，未免言過其實。因此，在這樣的學說之中，稅法的獨立性事實上並不存在，即使在稅法領域中遇見了若干經濟活動解釋上和適用上的困難，也應該以民法的立場解決。

（二）稅法獨立性

稅法相對於民法所存在之解釋適用上的特殊屬性，大體上爲法國稅法學說及實務界較普遍接受[85]。其中代表性的學者，當係 L. Trotabas 教授。氏認爲，稅法之適用與解釋，在一定程度上雖然與民法上的權利與義務關係有不可分的密切關係。不過，這並不意味著稅法體系對於民事法的原理原則均應當照章抄襲，全盤接受。民事法律關係所追求的正義，主要是交換的正義，亦即在契約領域中透過意思自主之雙方當事人自由意志之決定以形成法律上的權利義務關係。但是稅法作爲公法的一個分支，所追求的正義主要在於分配的正義，亦即國家權力透過垂直的權力行使達到交易關係中的正義，並透過國家權力實現社會資源的再分配以及社會連帶關係的維護。[86]因此，稅法既然在基本的制度設計和邏輯與民法有著根本性的差

---

84 F. Gény, Le particularisme du droit fiscal, Mélanges Carré de Malberg, p. 196.

85 J.-P. Le Gall, L'autonomie du droit fiscal, in: «Clés pour le siècle», Dalloz, Paris 2000, p. 556 et suivantes.

86 特別是透過量能課稅原則，達到社會資源的重新分配。就此可參見法國1789年人權宣言第13條所揭示的課稅原則：「為維持公共武力及行政支出，公共租稅不可或缺。公共租稅須由公民依其財力平等分擔之。」（Pour l'entretien de la

異，當然不可避免在稅法領域中得以面臨與稅法規範解釋上不一致之情形。

三、租稅法與商業會計規範的關係

在探究租稅法相關法源之際，最後尚且剩下一個重要的法律領域問題，也就是租稅法與商業會計規範之間的關係。所謂商業會計規範，有若干制度已經在我國法律中被明文規定，例如商業會計法、公司法或所得稅法中有關會計制度之相關規定。但是商業會計所遵循的規範，並不僅有成文之法律規範，尚且包括若干一般公認之會計原則。其中例如由中華民國會計研究發展基金會所制定之「財務會計準則公報」，事實上亦爲稅法領域之重要法源[87]。就此而言，這些會計規範雖然沒有直接的成文法地位，亦不失爲稅法上重要之法源。

第三節　稅法之發展及納稅者權利保護

壹、我國稅法學之教學研究

在我國司法及行政實務中，稅法的教學及研究長期以來處於相對尷尬的情形。一方面，行政法院百分之六十以上的訴訟案件，均屬稅法案件，但事實上在法律人養成的過程中，稅法學並非必修，亦非國家考試（特別指律師司法官）科目。因此，長期以來稅務訴訟均由會計師包攬，我國也因此成爲全世界少見的、許可會計師在行政法院擔任訴訟代理人的國家。另方面，**會計師考試中雖然有「稅務法規」這個科目，但所偏重的是個別**

force publique, et pour les dépenses d'administration, une contribution commune est indispensable: elle doit être également répartie entre tous les citoyens, en raison de leurs facultés.）

87 參見黃俊杰，財務會計準則公報及解釋作為稅務行政法之法源，月旦法學教室，第191期，頁10以下。

稅收的計算以及行政實務、解釋函令之操作，基本上並不從法律之基本原理探討稅法之解釋適用。不過，這樣的現象近年已經慢慢有所改變，一方面，高等行政法院訴訟程序中必要言詞辯論的採行，已使得未受有法律，特別是程序法專門訓練的會計師很難獨力完成稅務訴訟。二方面，人民權利意識之高漲，亦使稅捐稽徵不再被看作是單純的財政技術問題，而是與公民自由權利密切相關的權利義務問題。在這樣的意義之下，我國近年修正了稅捐稽徵法、增訂「納稅人權利保護」專章，可謂係我國稅法制度及教學研究上，又一轉捩點之出現。

貳、納稅者權利保護之制度

一、稅捐稽徵法中的「納稅人權利保護」專章

我國稅法制度，從國民政府遷台以來，歷經土地改革、所得稅施行、營業稅施行，已經在實務運作中展現稅捐稽徵行政特殊的面貌，並且透過稅捐稽徵法及行政救濟制度，形式上提供給納稅義務人相當之救濟管道。然而，此等救濟管道的實效性，一直受到相當的詬病。爲漸次改善稅法制度與納稅義務人之間的緊張關係，我國近年來在稅法學界展開了納稅者權利保護運動，首先出現者，即爲民國 99 年，稅捐稽徵法設置有「納稅人權利保護」專章。

二、納稅者權利保護法

在前述納稅人權利保護專章施行未久，立法院即認爲應當提升納稅者權利保護制度的位階，至專門之獨立立法。因此，在我國法制中方有「納稅者權利保護法」（以下於本節稱「納保法」或「本法」）之設置。本法總計 23 條，其目的如第 1 條所指出：「（第一項）**爲落實憲法生存權、工作權、財產權及其他相關基本權利之保障，確保納稅者權利，實現課稅公平及貫徹正當法律程序，特制定本法**。（第二項）關於納稅者權利之保護，於本法有特別規定時，優先適用本法之規定。」爲此，不僅於司法機

關要求設置專庭，同時也在各稅捐稽徵機關要求設置專門組織。本法第19條規定中央設置「納稅者權利保護諮詢會」、各稽徵機關應以任務編組設置「納稅者保護官」，辦理下列業務：1. 協助納稅者進行稅捐爭議之溝通與協調；2. 受理納稅者之申訴或陳情，並提出改善建議；3. 於納稅者依法尋求救濟時，提供必要之諮詢與協助；4. 每年提出納稅者權利保護之工作成果報告（第20條）。

> **Q**：納稅者權利保護法第20條第1項前段明定：「稅捐稽徵機關應主動提供納稅者妥適必要之協助，並以任務編組方式指定專人為納稅者權利保護官。」試問：
>
> （一）何以各國多有納稅者權利保護官之設置？
>
> （二）我國納稅者權利保護官與先進法治國家之組織，任務有何異同之處？將來應如何建置始能發揮其功能？（106東吳）

A：

（一）何以各國多有納稅者權利保護官之設置？

1. 稅法制度，原則上係建立在自行主動申報、適用法律而機關保留稽核權力的制度上。這樣的制度好處在於節省稽徵成本。壞處在於，未受過稅法訓練的納稅人，甚難瞭解複雜多端的稅法制度。因不諳稅法遭稽徵機關處罰，致使納稅義務人與稽徵機關之間關係緊張，時有所聞。
2. 為解決前述制度困境，若干國家法制乃設有所謂納稅者權利保護官（The Taxpayer Advocate）。例如美國即在各國稅局設有此一職務，以協助納稅義務人正確適用稅法。我國納保法亦有此一設置。

（二）我國納保官與其他國家納保官之組織、任務異同以及改進之道？

1. 我國納保法第20條規定，各稽徵機關應設置納稅者保護官，同法第19條則在中央財政部設置「納稅者權利保護諮詢會」。納保官之工作為辦理下列業務：(1) 協助納稅者進行稅捐爭議之溝通與協調；(2) 受理納稅者之申訴或陳情，並提出改善建議；(3) 於納稅者依法尋求救濟時，提供必要之諮詢與協助；(4) 每年提出納稅者權利保護之工作成果報告。

2. 我國法制雖有納保官之設置，但事實上納保官均係由現職公務員兼任，無法直接受理稅捐救濟案件，以致於其成效似乎相對有限。因此，為徹底發揮此一職位之功能，應可以考慮下列制度變革方向：
   (1) 納保官人員外部化。亦即以公正之專門職業技術人員，律師、會計師等任命，採專任而非兼任，使其得以有獨行使權限之空間。
   (2) 考慮賦予其受理行政救濟案件之權限，或至少使納保官強制出席復查審議程序。

三、納稅者受到保護之權利

（一）依法律納稅之權利與義務

稅法制度在世界各國的法制中，傳統上向來重視稅捐構成要件的法律保留，也就是所謂「租稅法律主義」的要求[88]。這一規範在我國稅捐稽徵實務中，事實上並未在所有領域均受到貫徹，同時在稅捐稽徵行政上，亦經常可見對於法律規範內容的忽略。因此，爲重申租稅法律主義的憲法價值，本法第3條乃規定：「（第一項）納稅者有依法律納稅之權利與義務。（第二項）前項法律，在直轄市、縣（市）政府及鄉（鎮、市）公所，包括自治條例。（第三項）主管機關所發布之行政規則及解釋函令，僅得解釋法律原意、規範執行法律所必要之技術性、細節性事項，不得增加法律所未明定之納稅義務或減免稅捐[89]。」

88 參見陳清秀，稅法總論，增訂11版，元照出版，頁47。

89 對於「非細節性、技術性」之重要事項，應當以法律規範，亦可參見司法院大法官釋字第657號：「所得稅法施行細則第八十二條第三項規定：『營利事業帳載應付未付之費用或損失，逾二年而尚未給付者，應轉列其他收入科目，俟實際給付時，

（二）基本生活費不課稅之權利

稅法制度，尤其在所得稅的領域，乃以確保納稅人用以維持基本生活領域之必要費用不受課徵，也就是維持所謂「課稅禁區」的基本制度[90]。爲此，本法第 4 條規定：「（第一項）納稅者爲維持自己及受扶養親屬享有符合人性尊嚴之基本生活所需之費用，不得加以課稅[91]。（第二項）前項所稱維持基本生活所需之費用，由中央主管機關參照中央主計機關所公布最近一年全國每人可支配所得中位數百分之六十定之，並於每二年定期檢討。（第三項）中央主管機關於公告基本生活所需費用時，應一併公布其決定基準及判斷資料。」

（三）公平負擔之權利

稅捐制度，乃以量能課徵爲其正當性基礎，非有正當理由不得任意給予納稅義務人差別待遇。爲重申此一目的，本法第 5 條乃規定：「納稅者依其實質負擔能力負擔稅捐，無合理之政策目的不得爲差別待遇。」

（四）課稅資訊公開之權利

納保法第 8 條、第 9 條、第 13 條，涉及者爲稅捐稽徵程序資訊公開之權利。首先，稅捐行政機關應當在網站主動公開重要之稅捐資訊（包括

再以營業外支出列帳。』營利事業所得稅查核準則第一百零八條之一規定：『營利事業機構帳載應付未付之費用或損失，逾二年而尚未給付者，應轉列『其他收入』科目，俟實際給付時再以營業外支出列帳。』上開規定關於營利事業應將帳載逾二年仍未給付之應付費用轉列其他收入，增加營利事業當年度之所得及應納稅額，顯非執行法律之細節性或技術性事項，且逾越所得稅法之授權，違反憲法第十九條租稅法律主義，應自本解釋公布之日起至遲於一年內失其效力。」

90 參見黃士洲，稅課禁區與納稅人權利保障，月旦財經法雜誌，第23期，頁77以下。

91 同時，納稅者權利保護法施行細則第3條第1項規定：「本法第四條第一項所稱維持基本生活所需之費用，不得加以課稅，指納稅者按中央主管機關公告當年度每人基本生活所需之費用乘以納稅者本人、配偶及受扶養親屬人數計算之基本生活所需費用總額，超過其依所得稅法規定得自綜合所得總額減除之本人、配偶及受扶養親屬免稅額及扣除額合計數之金額部分，得自納稅者當年度綜合所得總額中減除。」

全體國民之所得分配級距與其相應之稅捐負擔比例及持有之不動產筆數、稅式支出情形以及其他有利於促進稅捐公平之資訊；納保法第 8 條）。其次，對於稅捐稽徵行政相關資訊，尤其是解釋函令，應當以公開爲原則、不公開爲例外[92]。此外，納稅者與稅捐稽徵行政程序中亦享有閱覽卷宗之權利，此可參見納保法第 13 條第 1 項所規定：「納稅者申請復查或提起訴願後，得向稅捐稽徵機關或受理訴願機關申請閱覽、抄寫、複印或攝影與核課、裁罰有關資料。但以主張或維護其法律上利益有必要者爲限。」機關就此等資訊提供，負有相當之義務[93]。

（五）合法之行政請求權

納稅者權利保護法，不僅涉及納稅者受到稅收公平課徵之相關制度，同時也針對納稅者在稅捐稽徵行政程序中所享有的權利，設置有普遍性的規定。首先，本法第 10 條規定擴張了一般行政程序中所經常適用的職權原則，賦予機關更積極主動之地位，以確保正當程序原則之實現：「主管機關應主動提供納稅者妥適必要之協助，並確保其在稅捐稽徵程序上受到正當程序保障。」同時，本法第 11 條亦規定了職權調查原則以及比例原則的遵守，該條第 1 項規定爲：「稅捐稽徵機關或財政部賦稅署指定之人員應依職權調查證據，對當事人有利及不利事項一律注意，其調查方法須合法、必要並以對納稅者基本權利侵害最小之方法爲之。」針對裁罰性等不利益決定，應當比照行政程序法之立法例，給予當事人針對不利

92 納稅者權利保護法第9條：「（第一項）主管機關就稅捐事項所作成之解釋函令及其他行政規則，除涉及公務機密、營業秘密，或個人隱私外，均應公開。（第二項）**解釋函令未依行政程序法第一百六十條第二項、政府資訊公開法第八條或其他適當方式公開者，稅捐稽徵機關不得作為他案援用。**（第三項）中央主管機關應每四年檢視解釋函令有無違反法律之規定、意旨，或增加法律所無之納稅義務，並得委託外部研究單位辦理。」

93 納稅者權利保護法第13條第2項：「稅捐稽徵機關或受理訴願機關對前項之申請，除有行政程序法第四十六條第二項或訴願法第五十一條所定情形之一，並具體敘明理由者外，不得拒絕或為不完全提供。」

益決定陳述意見之機會，亦規定於本法第 11 條第 4 項：**「稅捐稽徵機關爲稅捐核課或處罰前，應給予納稅者事先說明之機會。但有行政程序法第一百零三條或行政罰法第四十二條但書所定情形者，不在此限。」並應當在課稅決定中說明理由**[94]。

Q：我國稅捐稽徵法於民國 99 年新增「納稅義務人權利之保護」專章，試說明其具體內容及相關意義。（100 稅特）

A：

（一）稅捐稽徵法「納稅人權利保護」專章與納稅者權利保護法

按我國憲政體制中，對於納稅義務人之相關權利保護，原本即相當重視。憲法本文中有關財產權保障、平等原則以及憲法第 19 條「租稅法律主義」之規範，均在實踐之過程中針對納稅義務人之各種權利有所涉及。不過，行憲既久，納稅義務人實際上所受到的憲法保護，日益鬆弛。為達到憲政制度中有效保護之目的，於是我國陸續增訂了稅捐稽徵法的「納稅人權利保護」專章[95]，並在民國 106 年度時發展成現行的「納稅者權利保護法」，合先述明。

（二）納稅者權利保護法所保障之具體權利

1. 依法律納稅之權利與義務。
2. 基本生活費不課稅之權利。
3. 公平負擔之權利。
4. 課稅資訊公開之權利。

94 本法第11條第5項及第6項：「（第五項）稅捐稽徵機關所為課稅或處罰，除符合行政程序法第九十七條所定各款情形之一者，得不記明理由外，應以書面敘明理由及法律依據。（第六項）前項處分未以書面或公告為之者，無效。未敘明理由者，僅得於訴願程序終結前補正之；得不經訴願程序者，僅得於向行政法院起訴前為之。」

95 此一專章立法，實際上已經為納稅者權利保護法所取代，於110年底稅捐稽徵法之修正過程中，已因重複規定遭刪除。

5. 合法之行政請求權。

（三）納稅者權利保護法之具體制度，不僅及於納稅者權利保護，更及於稅捐稽徵機關課稅權力之行使，例如稅捐規避行為之法制化、推計課稅之明確規範以及稅務訴訟採取總額主義等。其整體目的，在於期望稅捐稽徵行政能與其他行政領域一般，受到依法行政原則較高密度之規範。

參、納稅者權利保護法與稅捐規避

一、實質課稅的概念

實質課稅原則是指稅捐機關對於某種經濟活動，不能單憑其外觀或形式，決定應否課稅。將實質課稅原則適用在稅法上，在課稅要件的「外觀和實體」或「形式與實質」不一致時，只能依照其實體或實質，作爲應否課稅的依據[96]。實質課稅入法的目的，在追求公平、合理及有效的課稅原則。這樣的做法乃要求稅捐稽徵機關探求經濟活動之眞實面貌，作爲行使稅捐課徵權力的基本前提，並且避免納稅義務人進行違反稅法目的的稅捐規避行爲。相對而言，實質課稅原則所調整的對象，亦即所謂「脫法避稅」行爲，與稅法上經常被指出的「稅捐逃漏」並不相同。前者係指運用形式上或外觀上合法之行爲所從事之迂迴安排；後者則指以虛僞或其他不正之行爲以圖脫免納稅義務。例如使用僞造或變造（包括虛設行號）之憑證作爲交易憑證、對於稅捐稽徵機關爲隱匿不實之申報、區分內帳外帳之帳簿、無交易事實卻登入帳簿、故意對申報數量減縮等。

二、實質課稅原則與租稅規避調整的成文化

實質課稅原則係稅法上特殊之課稅原則，賦予稽徵機關於課稅要件之事實認定上，得依實際上之經濟事實關係，而非外觀上之交易形式爲準，

96 參見陳清秀，稅法總論，增訂11版，元照出版，頁201以下。

惟實質課稅原則之定義及適用範圍於明文化前，並不明確，造成納稅義務人經常質疑稽徵機關有濫用實質課稅原則課徵稅捐，並導致稽徵機關援引實質課稅原則課稅所衍生之爭議案件，成為稅務行政訴訟之主要案源。為解決此類問題，**我國納稅者權利保護法第7條第1項至第5項乃規定：「（第一項）涉及租稅事項之法律，其解釋應本於租稅法律主義之精神，依各該法律之立法目的，衡酌經濟上之意義及實質課稅之公平原則為之。（第二項）稅捐稽徵機關認定課徵租稅之構成要件事實時，應以實質經濟事實關係及其所生實質經濟利益之歸屬與享有為依據。（第三項）納稅者基於獲得租稅利益，違背稅法之立法目的，濫用法律形式，以非常規交易規避租稅構成要件之該當，以達成與交易常規相當之經濟效果，為租稅規避。稅捐稽徵機關仍根據與實質上經濟利益相當之法律形式，成立租稅上請求權，並加徵滯納金及利息。（第四項）前項租稅規避及第二項課徵租稅構成要件事實之認定，稅捐稽徵機關就其事實有舉證之責任。（第五項）納稅者依本法及稅法規定所負之協力義務，不因前項規定而免除[97]。」**

肆、納稅者權利保護法與推計課稅

一、協力義務之概念

協力義務在稅法規範中作為租稅之債之附隨義務，乃具有高度之合目的性考量，係以事實之闡明（Aufklärung）亦即便利稅捐稽徵機關對於應稅事實之掌握作為其制度目的。作為行政制度之一環，在一般性之基礎之上當受法治國家原則之拘束，其一為法律保留之要求，故稅法上協力義務之發生，原則上乃以法律有明文規定者為限，非如民法所稱之協力義務，係於債權債務關係履行過程中因誠實信用原則之作用而發生，不以契約明定者為限。其目的乃在促進實現主給付義務，使公法上債務關係之債權人

97 針對納稅者權利保護法所規定租稅規避相關討論，參見葛克昌，納稅者權利保護法析論，元照出版，2018年，頁81以下。

之給付利益實現，並且合致於法治國家行爲明確性之要求。其二則爲比例原則之規制，乃課予人民以協力忍受配合等義務，亦國家行爲之一環，應審查手段與目的間有無正當合理關聯，並排除不合成本、無法達到目的之侵害行爲。納保法第 7 條第 5 項規定：「納稅者依本法及稅法規定所負之協力義務，不因前項規定而免除。」第 14 條：「（第一項）稅捐稽徵機關對於課稅基礎，經調查仍不能確定或調查費用過鉅時，爲維護課稅公平原則，得推計課稅，並應以書面敘明推計依據及計算資料。（第二項）稅捐稽徵機關推計課稅，應斟酌與推計具有關聯性之一切重要事項，依合理客觀之程序及適切之方法爲之。（第三項）推計，有二種以上之方法時，應依最能切近實額之方法爲之。（第四項）納稅者已依稅法規定履行協力義務者，稅捐稽徵機關不得依推計結果處罰。」

二、協力義務違反與推計課稅

協力義務作爲稅法上義務之一，與其他義務或者稅法上之主給付義務之不同者，乃在於違反義務所導致之法律效果並不相同。原則上除不具制裁之特性外，主要即在於爲輔助事實關係之闡明，在稅法上得以容忍推計課稅（Schätzung）之使用，尤其應忍受因推計所導致之對於課稅構成要件事實無法完全掌握及調查清楚。蓋納稅義務人就租稅事實闡明之協力義務一旦有所違反，又難以期待機關得依其他具有效能之手段探知租稅法上有意義之課稅事實時，在稅法上要求稅捐稽徵機關進行完整而無遺漏之闡明，勢不可能。因此，使用有欠精確之事實認定手段即成爲稽徵目的實現所必要[98]。德國租稅通則第 162 條規定：「稅捐稽徵機關於課稅基礎（Besteuerungsgrundlagen）無法爲完全之調查時，得進行推計。推計之實施，並應斟酌一切於推計有意義之情形決定之。納稅義務人針

98 參見黃源浩，推計課稅法律概念及一般性界限探討，財稅研究，第56卷第1期，2022年，頁46以下。

對其申報之事項未能為完全之闡明（ausreichenden Aufklärungen），或未能為進一步之陳述（weitere Auskunft），拒絕提出代替宣誓之保證（eine Versicherung an Eides Statt verweigert）或違反本法第 90 條第 2 句所定之協力義務時，尤應進行推計。納稅義務人依稅法之規定，應製作帳冊或會計紀錄（Bücher oder Aufzeichnungen）而未能提出，或該帳冊或會計紀錄未依第 158 條之規定作為課稅之依據者，亦同。」推計課稅之本旨，乃在於課稅事實之認定過程中，闡明事實之協力義務未被履踐，由稅捐稽徵機關依蓋然性之衡量，透過類型化之標準（如同業利潤標準、當地一般租金標準等）認定租稅構成要件事實之存在。故就協力義務之制度目的而言，在納稅義務人已盡其協助闡明事實之義務、帳證等課稅事實相關證據方法均已提出，而稅捐稽徵機關猶未能依納稅義務人之協力闡明事實之情形下，則回復職權原則之適用，由稽徵機關逕行調查課稅構成要件事實、作成課稅處分。

三、推計課稅與裁罰

本法第 14 條第 4 項規定：「納稅者已依稅法規定履行協力義務者，稅捐稽徵機關不得依推計結果處罰。」在例外之情形下，納稅義務人違反協力義務亦可能受行政制裁。協力義務作為稅法上附隨義務之一，其功能主要在於填補職權調查之不足，並非眞正之義務，故在違反時原則上不生裁罰問題。惟發生問題者，乃在於納稅義務人係以違反租稅義務作為手段以逃漏稅捐，或在違反協力義務致使機關無法依他法經職權原則探知課稅事實時，此時協力義務已喪失其補充之本質，應由行政目的思考其有無獨立受裁罰之可能。況行政罰之課處，係具備高度目的考量之行為，乃以不法構成要件之行為在法律上所受保護之法益作為決定裁罰之要素。尤其經職權原則之分配，在行政程序上機關常負擔有事實闡明之責任，為使舉證責任分配之法則不至成為逃漏稅捐之庇護所，推理上當對協力義務之違反作不同之處理。

Q：A 公司辦理營利事業所得稅之結算申報時，列報外銷佣金支出一筆為營業費用，雖有匯款紀錄供查，但未提出支付佣金之原始憑證，以為證明。稅捐稽徵機關認為該筆款項，是否確實用於支付佣金尚有疑義，於依職權調查相關證據，並踐行相關程序後，仍難以認定 A 公司確有支付該筆佣金之事實，故剔除該筆營業費用，並依經剔除後相應增加之金額，核定補徵營利事業所得稅。試問：稅捐稽徵機關得否逕依所得**稅法**第 110 條第 1 項之規定，按上開補稅金額，對 A 公司處以罰鍰？理由何在？請自 A 公司上開補稅金額是否即等同於所漏稅額以及上開行為是否具備主觀責任要件之觀點，分別立論（107 律師）。

A：

本題 A 公司申報其營業費用，無法完整舉證以實其說，雖得以剔除，但此一被剔除之金額是否相當於其「所得」？就處罰事項，應當具有更直接之證明方可謂合法。此可以參見最高行政法院 98 年度 8 月份第 2 次庭長法官聯席會議決議：「本件稽徵機關舉證證明納稅義務人有故意漏報所得額並造成漏稅結果之違法情事，應依所得稅法第一百十條第一項規定對之處以罰鍰，已如前述。其罰鍰金額，法律明定為所漏稅額兩倍以下。至個人綜合所得稅漏稅額之計算，依現行所得稅法規定，係以個人綜合所得總額（包括稽徵機關核定之個人財產交易所得）為計算基礎，並不因所得核定方式之不同而有不同。是稽徵機關如依查得之資料按財政部頒定財產交易所得標準推計核定財產交易所得，該核定所得額之行政處分未經依法單獨或併隨相關行政處分撤銷或變更，且其所核定之所得額已得作為核定補徵稅額之計算基礎者，則於稽徵機關證實納稅義務人違反所得稅法第一百十條第一項規定而應對之處以罰鍰時，自亦得以該核定之財產交易所得，作為核定其漏稅額之計算基礎，並無針對漏稅額之計算，應另行舉證證明該筆財產交易有無所得或所得多寡之法律或法理依據。」請自行練習作答。

CHAPTER

2

租稅之種類

第一節 傳統學說上的租稅種類

壹、直接稅與間接稅

在租稅分類之體系中，首先最常被提出之分類，乃將租稅區別爲直接稅與間接稅。其區分之標準，乃在於作爲國家課徵權力行使對象之租稅債務人與在經濟上直接負擔支出租稅之人是否同一爲標準。**更精確言之，當租稅債務人即爲負擔租稅支出之人，而不存在轉嫁之現象者，爲直接稅。**例如所得稅、遺產及贈與稅等稅目屬之。當租稅債之關係中租稅債務人與經濟上負擔租稅支出之主體不一，而透過轉嫁之方式將租稅負擔移轉於他人者，爲間接稅，例如營業稅、貨物稅、菸酒稅等稅目屬之。區別直接稅與間接稅的實益，可謂是多方面的。首先，直接稅與間接稅係基於不同之稅基而課徵，故在直接稅之領域，某一特定之經濟活動是否構成可稅之基礎即有討論及規範之必要，而間接稅中乃以特定經濟活動作爲課徵基礎，與此等經濟活動是否造成收益之效果，並無關聯。

貳、對收益課稅、對消費課稅、對財產課稅以及對流動（通）課稅

在財政稅收之領域中，傳統上會針對稅 捐客體亦即所謂的「稅基」區分爲三種不同之稅收，即對收益課稅、對消費課稅、對財產課稅三種主要的類型。對收益課稅，乃以所得稅作爲代表[1]，蓋納稅義務人之所以有納稅能力，乃因其財產有所增益之故。對消費課稅，乃因納稅義務人透過消費行爲，展現其經濟能力，因而成爲課稅對象，例如加值型營業稅、貨物稅等。對財產課稅，係指納稅義務人因持有特定財產，被認爲展現出經濟上之給付能力，因而加以課徵，例如房屋稅、地價稅等。至於對流動課

1 陳敏，稅法總論，2019年，頁21。

稅，係指單純針對資金或貨物之流動行爲課徵，例如關稅、貨物稅等。對於收益、消費和對財產、流動課稅之區別實益，在於不同之稅基，在稅法上之解釋適用有所不同。舉例而言，「營業稅」究竟是對消費課稅，或者對於交易流通中各階段課稅，學說上即存在著不同看法[2]。

Q：我國加值型營業稅，係屬「消費稅」抑或「銷售稅」？

A：

最高行政法院87年度7月庭長法官聯席會議決議：「按『營業人左列進項稅額，不得扣抵銷項稅額：一、購進之貨物或勞務未依規定取得並保存第三十三條所列之憑證者。』『營業人以進項稅額扣抵銷項稅額者，應具有載明其名稱、地址及統一編號之左列憑證：一、購進貨物或勞務時，所取得載有營業稅額之統一發票。』營業稅法第十九條第一項第一款及第三十三條第一款定有明文。營業人雖有進貨事實，惟不依規定取得交易對象開立之進項憑證，而取得非交易對象開立之進項憑證，申報扣抵銷項稅額時，該項已申報扣抵之銷項營業稅額顯未依法繳納，仍應依營業稅法第十九條第一項第一款規定，就其取得不得扣抵憑證扣抵銷項稅額部分，追補該項不得扣抵之銷項稅款。**又我國現行加值型營業稅係就各個銷售階段之加值額分別予以課稅之多階段銷售稅，各銷售階段之營業人皆為營業稅之納稅義務人**。故該非交易對象之人是否已按其開立發票之金額報繳營業稅額，並不影響本件營業人補繳營業稅之義務」。此外，**大法官釋字第685號解釋**亦同此意旨：「加值型營業稅係對貨物或勞務在生產、提供或流通之各階段，就銷售金額扣抵進項金額後之餘額（即附加價值）所課徵之稅（本院釋字第三九七號解釋參照）。依營業稅法第十四條、第十五條、第十六條、第十九條、第三十三條及第三十五條規定，加值型營業稅採稅額相減法，並採按期申報銷售額及統一發票明細表暨依法申報進項稅額憑證，據以計算當期之應納或溢付

2 參見黃源浩，論進項稅額扣抵權，收錄於「稅法學說與判例研究（一）」，翰蘆出版，頁82。

營業稅額（本院釋字第六六○號解釋、同法施行細則第二十九條規定參照）。是我國現行加值型營業稅制，係就各個銷售階段之加值額分別予以課稅之多階段銷售稅，各銷售階段之營業人皆為營業稅之納稅義務人。」

參、國稅與地方稅

在我國稅法制度中，稅捐尙可區分爲國稅與地方稅[3]。所謂國稅，或稱地方稅，係指由中央政府立法、中央政府徵收，其收入亦以支應中央政府之財政需求爲主要目的之稅收。依前述財政收支劃分法之規定，我國目前之國稅包括：一、所得稅；二、遺產及贈與稅；三、關稅；四、營業稅；五、貨物稅；六、菸酒稅；七、證券交易稅；八、期貨交易稅；九、礦區稅等九種稅目。此外，新近通過之「特種貨物及勞務稅條例」，亦將俗稱「奢侈稅」的特種貨物及勞務稅劃歸國稅。例外，地方稅係指由地方政府徵收、支應地方財政需要爲主要目的之稅捐，包括前述印花稅、使用牌照稅、地價稅、土地增值稅、房屋稅、契稅、娛樂稅等項目。

肆、內地稅與關稅

所謂內地稅，係指以國家境內所進行之交易活動爲主要課徵範圍之稅捐，無論中央稅或地方稅，**前述「關稅」以外的稅捐。都可以稱作內地稅**。而關稅，則係以進口貨物之價值按等值比例課徵之稅捐。這兩種稅捐的徵收機關並不相同，內地稅主要係由財政部國稅局以及各地方政府之稅捐稽徵處（或地方稅務局）徵收，關稅則交由財政部關稅總局及其各地分局徵收。關稅和內地稅在概念上雖然可以以徵收機關加以區分，不過二者仍然有若干劃分不明的情形。例如我國目前加值型及非加值型營業稅法中，課徵營業稅之行爲包括「進口貨物」。換言之，以進口商品之價格徵

3 顏慶章、薛明玲、顏慧欣，租稅法，作者自版，2010年，頁29。

收者，未必均爲關稅，而目前在實務中，進口貨物的營業稅、貨物稅，也是由海關代收。所以事實上，海關不僅只徵收關稅，營業稅及貨物稅這兩項內地稅，也有可能由海關徵收[4]。

伍、財政目的租稅與管制誘導性租稅

租稅在學理上，尚可依照其課徵目的，區分爲財政目的租稅（Finanzsteuer）與管制誘導性租稅（Lenkungssteuern）。所謂管制誘導性租稅，係指稅捐之課徵，除了滿足國庫目的的傳統功能以外，尚附帶有調控社會、經濟、文化目的的附帶目的（Nebenzweck）[5]，例如出於獎勵出口之產業，對於輸出貨品之廠商在加值型營業稅中給予零稅率之待遇是。財政目的之租稅，則指滿足一般性之財政需求的稅捐。當然，這樣的分類是相對的，財政目的之租稅有時也含有相對明顯的社會經濟目的，例如個人綜合所得稅准許減除撫養親屬之費用是。在稅法學說中，財政目的租稅與管制誘導性租稅的主要區別實益，在於有無比例原則之適用。在管制誘導之關係中，特定租稅措施應當通過「適當性、必要性、狹義比例原則」三個層面的審查。反之，財政目的租稅，最多只有必要性問題，不生手段是否足以達到目的的問題。

Q：租稅優惠之概念？與租稅減免有無不同？

A：

（一）租稅優惠之意義及特徵

「租稅優惠」（Steuervergünstigung）此一概念在法律上之使用。租稅優惠之措施於我國稅法制度中並非少見，惟常被討論者，乃具有

4　不僅海關，營業稅及貨物稅亦有可能由交通部郵政總局代徵。這在跨國的網路交易或郵購課稅關係中十分常見。

5　J. Lang, in: Tipke/Lang , Steuerrecht, §3, Rn. 11.

經濟、社會或環境目的之優惠措施，例如為獎勵引進新技術、投資於研究發展、購置環保設備而設置之各種具有補貼性質之租稅減免獎勵措施。按於實際之稅捐稽徵制度中，稅捐優惠之措施相當繁瑣，舉凡租稅減免、緩繳、稅額記帳、分期繳納稅款、租稅假期之賦予、加速折舊、投資抵減、不計入課稅總額等。就此，國內學說有將其定義為「**國家基於特定的社會目的，透過稅制上之例外或特別規定，給予納稅義務人減輕租稅債務之利益之措施**[6]」亦有在學說討論上，逕將租稅優惠與租稅減免等同而視者[7]。然雖未有明確之法律上定義，然其係基於特定之行政目的，以租稅債務關係之減免作為實現目的之手段則無二致。故在概念特徵上，租稅優惠至少得推導出下列特性：

1. 租稅優惠，乃出於特定之行政目的

所謂基於特定之行政目的，乃相較於租稅之財政目的（Fiscalzweck）而言。按國家發動課稅權力，其主要之功能在於透過租稅滿足財政用度之需求，乃租稅國原則之本旨。惟無法否認的是，租稅雖以國庫目的亦即滿足國家財政需求作為其主要之功能，但自有租稅制度以來，多多少少均有附租稅以附帶目的之情形[8]，「**租稅在現代的工業社會毫無疑問地亦成為國家所習慣使用的管制誘導工具**」[9]。是故時至今日，稅法學說早已揚棄租稅僅具財政目的之見解，而承認租

6 參見陳昭華，論租稅優惠制度及其在憲法原則之限制，輔仁學誌，法／管理學院之部，第30期，頁99。另簡良夙，公益團體租稅優惠問題之研究，私立中原大學財經法律研究所碩士論文，2001年5月，頁49，亦採同一定義。

7 胡子仁，我國租稅獎勵措施對營利事業有效稅率影響之實證研究，國立政治大學會計學研究所碩士論文，2000年9月，頁23。

8 Vogel, Grundzüge des Finanzrechts des Grundgesetzes, HdStR, Bd.IV, §87, Rn. 100. auch BVerfGE 50, 217(227); Tipke / Lang, Steuerrecht, 17 Aufl., §3, Rn. 11.

9 BVerfGE 67, 256. 就此，法國稅法學者L. Trotabas / J.-M.Cotteret亦指出，此一現象之存在乃使得現代國家法秩序中租稅之定義成為一附合性之定義。L. Trotabas / J.-M. Cotteret, Droit fiscal, pp. 5-10.

稅制度得以在特定之條件之下，作為具經濟或社會目的之管制誘導性財政工具，僅需遵守憲法上一定之界限為已足[10]。

2. 租稅優惠，以租稅債務之減免為主要內容

就租稅優惠一般性之效果而言，納稅義務人所負擔之公法上債務之減免，為主要之效果[11]。此所包含者，包括已確定債務免除，及未確定之構成要件事項之排除二方面之可能性。故在實際之內容上，租稅優惠之主要內容均以特定額度之公法債權債務關係之減讓為內容。然在制度設計中，當稅法制度所賦予納稅義務人之優惠地位不僅止於租稅債務之免除，而包括有其餘程序上以及經營上之利益事項時，此等優惠措施尚能否續被視作「優惠」，則容有進一步之討論空間矣。為解決此一問題，推論上實不得不將租稅優惠為類型化之處理，俾以掌握其概念之要素。

（二）租稅優惠之種類

1. 具備管制誘導性質之租稅優惠（wirtschaftslenkende Steuervergünstigungen）

在學說上，對於租稅優惠所提出之各種分類中，首先應予討論者，乃構成租稅優惠措施之核心類型，亦即具備管制誘導性質之租稅優惠。而在探討管制誘導租稅優惠措施之前，復應對於國家所實施

10 就此，可參見黃源浩，從「絞殺禁止」到「半數原則」：比例原則在稅法領域之適用，財稅研究，第36卷第1期，頁151以下之討論。

11 租稅優惠，雖以租稅債務之減免（Steuerbefreiung）作為最主要之內涵，甚至在早期德國相關稅法文獻中，均將二者逕為同視。惟自舊德國租稅調整法（Steueranpassungsgesetz; StAnpG，即德國租稅通則之前身）立法完成以來，其第4條第1項之規定將二者清楚區辨，故爾**德國現今學說，多以為租稅減免係租稅優惠之下位概念**。Lang, Systematisierung der Steuervergünstigungen, S. 26. 至於法國稅法學說就租稅優惠，則可參見法國中央行政法院於CE 3 février 1984, Bilger Gillet, (RJF 1984, 4, 255)一案所提出之討論。**不過，在實際的財政稅收領域中，會被當作租稅優惠的措施，除了租稅減免以外，尚且包括「加速折舊」以及「投資抵減」等類型。因此，租稅減免並非租稅優惠之唯一手段，乃屬無疑。**

之管制誘導措施（Lenkung）為一基礎之界定。管制誘導措施者，乃「對整體之社會經濟文化生活，以擬定計畫及發給補助等行政措施，予以廣泛之獎勵及輔導。」在推論上，此等優惠措施乃以形成補貼或管制誘導效果為務，經常又被稱作「補貼性之租稅優惠」（subventive Steuervergünstigung）。此等租稅優惠，可謂為稅法上各項優惠措施之典型。其所造成之效果主要亦以達成特定目的之下所賦予納稅義務人之租稅金錢債務減免權利。

2. 福利增進之租稅優惠

租稅優惠之主要類型之二，尚在於存在所謂增進福利式之租稅優惠（Wohlstandsmehrende Steuervergünstigung）。此等租稅優惠規定屬於社會目的規範中之重分配規範（Umverteilungsnormen），其目的在於修正福利，以調節社會利益。主要之例如土地稅法中對於自用住宅土地所納土地稅之優惠、促進產業升級條例所規定，針對資源貧瘠或發展遲緩地區之產業投資者，得適用投資抵減之規定或其他福利性質之考量等。

3. 技術性之租稅優惠：不真正優惠

租稅優惠之制度雖在一般性之基礎上，乃以減除納稅義務人所應負擔之稅捐債務為其主要之內容。然亦不得否認者，乃在推理上，其亦可能容有若干程度之例外案型存在，亦即 Dieter Birk 氏所謂之「技術性租稅優惠」（technische Steuervergünstigung）或所謂「不真正之租稅優惠」（unechte Steuervergünstigung）。其固不提供傳統意義之下所稱之優惠減免，然而就稅法上負擔正義之達成而言，仍有其一定程度之效果。然亦必須承認者，乃技術性之租稅優惠作為稅法上之概念尚有進一步釐清概念之空間。蓋倘若將租稅優惠措施主要以租稅債務減免面向加以觀察，技術性之租稅優惠並未提供納稅義務人相對應之直接減稅利益。然就納稅義務人整體之經營活動及廣義上之商業利益加以觀察，稅法提供誠實申報、帳證齊全之納稅義務人相當之便利，亦無礙於作為租稅優惠措施之一種。

陸、屬人稅與屬物稅

租稅依其課徵時考慮之條件著重於主觀之經濟情況或者客觀之經濟情況，尚可區分爲屬人稅（Personensteuer）及屬物稅（Realsteuer）[12]。所謂屬人稅或稱個人稅，係指於課徵時應考慮及於納稅義務人一身之事由（例如家庭狀況、幼兒之扶養、老病之照顧）之稅賦，特別指的是能夠反映出不同納稅人的經濟能力的不同，例如個人綜合所得稅、對個人課徵之財產稅是[13]。後者一般不考慮個人的經濟或生活情況，僅以單純的財產關係或物權關係作爲判斷標準，例如遺產贈與稅、房屋稅等。

柒、獨立稅與附加稅

稅捐之分類，在稽徵技術上尚可分類出「獨立稅」（selbständige Steuern）以及「附加稅」（abhängige Steuern）兩種類目。前者係指其稅捐稽徵係以獨立之稅捐名目收取，例如所得稅，發單稽徵之際必定會表明其稅目，並不與其他金錢給付相混淆。而附加稅並不相同，主要係附著在其他金錢給付上，隨同徵收。例如我國以前舊制中，在宴席稅[14]以及娛樂稅中，附帶有「勞軍捐」的徵收，基本即以附加方式徵收。而舊制營業稅

12 顏慶章、薛明玲、顏慧欣，租稅法，作者自版，2010年，頁30。

13 Tipke / Lang, Steuerrecht, §8, Rn. 21.

14 我國早期對經營筵席及娛樂業者徵收的一種稅捐。民國以後，沿用清末的飯館捐、戲藝捐或戲捐等，且章則捐率各異，各地徵收制度混亂。1941年6月，第三次全國財政會議制定「筵席及娛樂稅通則」，後經立法院改為「筵席及娛樂稅法」，於1942年在全國統一執行。筵席稅率為10%；娛樂稅率為30%，由館商、場商代徵。1943年稅法再作修改。規定不對日常飲食徵收筵席稅，筵席稅額不得超過原價的20%。娛樂稅徵收範圍是以營利為目的的電影、戲劇、書場、球房等行業，稅額不得超過票價的50%。1946年再次修訂為：筵席價格不滿起徵額5倍的，稅額不得超過原價的10%；滿5倍的，稅額不得超過原價的20%；起徵額由市、縣政府依當地物價情形酌定。娛樂業可分等級課徵，最高不得超過票價的25%。筵席及娛樂稅由業主代徵，向當地財政局或稽徵處報繳。

中，亦附帶徵收「教育捐[15]」，均爲適例。獨立稅與附加稅的眞正區分，並不僅止於徵收手續的附加，而是在預算編列項目上，附加稅通常和特別公課相同，以專戶方式列帳。

捌、期間稅與即時稅

租稅之種類，在傳統學說中尚可以進一步區分爲「期間稅」和「即時稅」。所謂期間稅，係指稅捐之計算以特定之期間爲準，課稅之對象乃以此一期間中各項影響經濟活動之要素綜合判斷後之結果。例如營利事業所得稅，乃以一營業年度中各月份分別實現之收入總額減去各月份發生之成本費用之後，就該一年度中之淨所得課徵之。而所謂即時稅，係以稅捐債權債務關係發生之際所存在之事項爲考量之稅捐，例如遺產稅，即以遺產發生之時點之財產經濟價值作爲課稅基礎，並不考量時間因素。

玖、申報稅與職權課徵稅

租稅之課徵在分類上，倘若依據稽徵技術而言，尚可能被區分爲「申報稅」與「職權課徵稅」。所謂申報稅，係指稅捐之稽徵程序之發動，乃以納稅義務人對機關提出申報爲前提：此際納稅義務人對於發生在其生活領域內之經濟事實，通常會因之負有向稅捐稽徵機關申報、闡明之義務，例如所得稅即以納稅義務人之租稅申報作爲課稅之前提是。職權課徵稅，則指通常由稅捐稽徵機關依職權主動核課稅捐或者依課稅底冊、檔案資料

15 參見（舊）國民教育法，為支應辦理國民教育所需經費，於其第16條第1項第3款規定：「省（市）政府就省（市）、縣（市）地方稅部分，在稅法及財政收支劃分法規定限額內籌措財源，逕報行政院核定實施，不受財政收支劃分法第十八條第一項但書之限制。」（舊）財政收支劃分法第18條第1項但書規定：「但直轄市、縣（市）（局）為籌措教育科學文化支出財源，得報經行政院核准，在第十六條所列縣（市）（局）稅課中不超過原稅捐率百分之三十徵收地方教育捐。」

發單課徵，無須申報，例如使用牌照稅，係由稽徵機關主動依職權發單稽徵。

拾、獨分稅、共分稅及統籌分配稅

在稅收之分類上，最後尚可以根據稅收之財政功能，區分爲獨分稅、共分稅及統籌分配稅三種基本類型。獨分稅或稱獨占稅，係指特定稅捐收入，單獨由某公共團體支用。共分稅，則指不同層級地方團體與中央政府依比例分配使用之稅款。而統籌分配稅，是指依財政收支劃分法第 8 條、第 12 條及第 16 條之 1 等相關規定，由中央直接撥給直轄市、縣市、鄉鎮市的款項。這幾種稅目的區分實益，主要在於財政制度的功能維持，特別是中央與地方財政關係，推理上與個別納稅義務人之權利保障關係較爲間接。

第二節　新興領域的租稅類別

壹、國際稅與內國稅

在二十世紀中葉以後，稅法領域中關於國際稅（fiscalité internationale）的討論開始增加，也構成了租稅法在實務上和學理上的新興領域。所謂國際稅，係相對於單純的內國稅而來的說法，主要係指在一國境內針對涉及外國的交易活動或經濟活動所進行課稅。例如，在一國稅法之中，涉及到外國企業或外國人的地位、支付關係，都可謂係國際稅領域的重要議題。

國際稅法制度的發展，一開始是爲避免雙重課稅，也就是在跨國交易關係中因爲國與國之間課稅權力的不協調導致的稅捐重複支付的避免所展開。不過隨著所謂「全球化」趨勢的發展，各國從事經營商業活動之廠商經常利用所謂「避稅港」（tax haven）或「租稅天堂」（fiscal paradaise）

作爲規避內國稅捐的手段[16]，乃使得跨國境的稅捐徵收甚至國家間的財政稅收分配正義，成爲重要的議題。目前雖然在國際稅法中，並沒有專職的國際組織行使類似內國法上政府之權力，不過在若干領域中，已經存在有不少規範文本。例如聯合國和 OECD 均制定有避免雙重課稅之國際條約或協定範本，廣爲各國所使用，可謂已在國際稅法領域中，發展出若干共通之基本規定。

貳、財政稅與社會稅

所謂「財政稅」和「社會稅」的分類，來自於稅捐收入所支應的支出範圍：當稅捐所支應者，爲一般性的財政支出時，稱爲財政稅。反之，特定稅捐收入係專門使用於社會福利支出者，稱作「社會稅」。這樣的分類，毫無疑問係基於日益膨脹的社會福利支出所致。而在不同國家制度中，名目不一樣，但專門支應社會福利支出之公共性強制金錢負擔，到處可見。例如我國目前廣泛收取的全民健康保險保費，基本上即有社會稅之性質。

參、奢侈稅或富人稅

除了傳統意義的稅捐分類經常將稅基區分爲對收入課稅、對財產課稅以外，在二十世紀的中後期，若干國家開始針對持有高價動產或不動產之納稅義務人課稅，即爲所謂的「奢侈稅」或「富人稅」。這類稅捐在全世界各國實際的表現不一，但最經常被引用的例子，當爲法國稅法中的「財富連帶稅」。此一稅目之出現，直接來自於 1981 年密特朗與季斯卡（Valéry Giscard d'Estaing）二位總統候選人在總統競選時之政策主張。

16 參見黃源浩，租稅天堂、不合常規交易與行政程序之瑕疵補正：評最高行政法院96年判字第1369號判決，收錄於「稅法學說與判例研究（一）」，翰蘆出版，2012年，頁159以下。

1981 年法國總統選舉在社會福利的政策中，季斯卡主張增加一個百分點的加值稅以支應日漸高漲之社會福利支出，社會黨候選人密特朗認爲季斯卡的主張將加重經濟弱勢者的負擔，就此提出法國 6,000 萬人口中前 10 萬個最富有的人繳交「巨富稅」的想法[17]。此一稅目之要旨乃本於社會連帶[18]的制度精神，課徵年度性之財產稅，針對持有鉅額高價財產之納稅義務人而課徵：凡在法國境內有住居所之自然人，以每年 1 月 1 日爲納稅基準日，在該日在法國境內所擁有之財產（包括動產、不動產合併計算）其整體價值逾越 72 萬歐元者，均應繳納，採取累進稅率，共分七個級距，所徵稅額最高可至總體財產價值之百分之一點八。

肆、能源稅及碳排放稅

在近年稅法制度之發展歷程中，特別受到矚目的是若干國家在原本的稅收之外，加徵「能源稅」及「碳排放稅」等新類型稅捐作爲環境管制之工具。前者以能源之消費爲客體，如石油稅等。後者以熱動力產生之碳排放爲課徵對象[19]。能源稅之制度引入，不僅在於課徵技術上以何種能源之消費爲對象之考慮，更在於除了一般的貨物稅外另就能源消費課徵此等

---

17 密特朗氏亦將巨富稅或財產連帶稅當作其最主要之租稅政策之一，並試圖透過此一稅制之推行，重新喚起右派經濟政策過度傾斜之法國稅制對於租稅正義之重視。在1988年競選連任總統之際，其提出「告法蘭西國民書」（Lettre à tous les Français）一文，明確宣告此一稅目於法國稅制中之意義：「巨富稅制在立法上的恢復，其所欲針對的對象，如同在1985年一般，係最富有的一批人，而這些人卻在整體財政貢獻上，付出最少，反而使得受薪階級成為新貧階級（les nouveaux pauvres）。」

18 社會連帶為法國公法大家L. Duguit最重要之學說，長期以來影響法國公法思想甚鉅，乃將國家視為人類社會行連帶生活之產物，並以此為基礎影響了後世的R. Bonnard、E. Durkheim等人。F. Moderne, Préface pour la réédition de, L'tat, le droit objectif, et la loi positive, L'tat, le droit objectif, et la loi positive, Dalloz, Paris 2003, V-XII. 中文文獻，參見張訓嘉，狄驥：法國社會實證主義法學大師，月旦法學雜誌，第78期，頁195以下。

19 其中有關法國近年稅制中能源稅的變遷，參見黃源浩，法國能源稅制的憲法基礎與界限，月旦財經法學雜誌，第43期，頁101以下。

稅捐，有否發生重複課稅之問題[20]。因此，相關制度在租稅學說理論上，尚且在爲其課徵正當性有所爭論。就法國近年能源稅制之發展而言，已經逐漸揚棄原本採取的「污染者付費」或者「使用者付費」原則，可供參考[21]。

伍、最低稅負制和應納稅額上限

一、最低稅負制之基本概念

最低稅負制係爲使適用租稅減免規定而繳納較低之稅負，甚至不用繳稅的公司或高所得個人，都能繳納最基本稅額的一種稅制。目的在於使有能力納稅者，對國家財政均有基本的貢獻，以維護租稅公平，確保國家稅收。

二、最低稅負制之制度起源

最低稅負制最早在 1969 年由美國提出，當時美國財政部發現 155 位所得超過 20 萬美元（約當現今 110 萬美元）之高所得個人不用繳納所得稅，主要因爲原先制定之租稅減免、租稅扣抵等被過度使用。爲了確保高所得者繳納一定稅負，1969 年的租稅改革法案中初次引進最低稅負制，針對一些常被用到的租稅減免項目另外加徵一定比率的稅負。國際間，實施最低稅負制的國家主要有美國、加拿大、韓國及印度等國。依照國外實施經驗顯示，最低稅負制主要適用對象爲高所得者或大幅享受租稅優惠的公司，以有效改善高所得者或若干公司沒有繳稅的不公平情形，並降低高所得者或企業以租稅減免規定規劃減輕稅負的誘因，及避免租稅減免的過

---

20 特別是從租稅正義、有無對相同稅基重複課徵的角度，理解整體能源財稅制度在憲政國家中的地位，至為重要。相關論述，參見M. Forsé / M. Parodi, Les Français et la justice fiscale, Revue de l'OFCE, 2015/1 (N° 137), p. 105。

21 黃源浩，法國能源稅制的憲法基礎與界限，月旦財經法學雜誌，第43期，頁117-122。

度適用，有助於提升民眾對於稅制公平的認同。

三、最低稅負制與我國稅法

（一）長期以來，我國爲達成特定經濟、社會目的，採行各項租稅減免措施。實施結果，減免範圍逐漸擴增，而減免利益並有集中少數納稅義務人之情形，使租稅的公平性受到質疑。

（二）但是，倘若要全面檢討修正不合時宜的租稅減免規定，係解決問題的根本之道。但因所得稅減免規定分散於 30 餘種法律當中，欲在短期內全面檢討修正，有其困難。

（三）因此在我國所得稅法制度中，乃參考國際經驗，如美國、韓國、加拿大等國的做法，制定**最低稅負制度**（**Alternative Minimum Tax**），使適用租稅減免規定而繳納較低所得稅負或甚至免稅之法人或個人，至少負擔一定比例之所得稅，可兼顧既有產業或社會政策，並適度減緩過度適用租稅減免規定造成的不公平，彌補現制的不足。

（四）最低稅負制的實施預計可以達成下列目標：

1. 個人或企業至少須繳納基本稅額，適度達成所得稅之公平性，蓄積未來擴大稅基降低稅率的租稅改革動能。

2. 適度調和不同產業與部門間之租稅負擔失衡現象。

3. 降低高所得者或企業利用租稅減免優惠規劃減輕稅負的誘因，避免租稅優惠及其他稅法上扣除項目的不當擴大。

四、個人（家庭）應納稅額上限之實施

爲因應現代國家稅制偏重將租稅負擔增加於一般受薪階級，法國租稅總法典第 1 條乃在 2005 年至 2012 年之間增加了「應納稅額上限」（bouclier fiscal）之制度：「單一納稅人所繳納之各種直接稅，不得超越其整體收入之百分之五十」（Les impôts directs payés par un contribuable ne peuvent être supérieurs à 50% de ses revenus）的上限。不過，此一制度因爲引起相當大之憲法爭議，後於 2013 年又遭法國國會刪除。但無論如

何，近年來財稅領域中，爲因應現代社會的財富重分配不均問題，這類討論一直在學說上存在，亦不容否認。

陸、金融稅與網路交易稅

近年稅法制度之變革，所面對的問題在於現代社會及產業的結構變遷，所可能出現的稅制問題尚且包括是否開徵金融稅以及網路交易稅等問題。其中所謂金融稅，係指針對貨幣市場之金融交易，尤其是外匯交易，課徵獨立之稅捐。課徵之正當性基礎一方面在於這類交易的稅源豐沛，二方面在於國際金融及外匯炒作者經常利用這一交易機制獲取暴利，但卻又需要由現實的國際社會網路負擔其炒作的後遺症，殊屬不公[22]。另外，所謂「網路交易稅」（Fiscalité du numérique），則指專門針對網路交易活動之經營所課徵之稅捐。由於網路交易之隱匿特性，使得這類交易活動之稅捐依照現有的所得稅以及營業稅等稅目的稽徵程序不易徵收，因此有必要針對此類交易另行課徵稅捐，以維持稅制之中立。

柒、扁平稅

所謂扁平稅，係指針對現代國家稅捐稽徵制度的一種反省和整合之後所出現的單一稅目。由於現代國家稅制，單一納稅義務人所應當繳納之稅捐經常疊床架屋、相互重疊。因此不僅造成稅捐稽徵行政的困難，也使得租稅及會計管理的成本日益增高。因此「扁平稅」（la flat tax）的說法就開始被提出：針對單一之納稅義務人，只需繳納單一稅率的一種稅捐，就代替了其他稅捐收入。又或如針對特定稅收項目（如資本利得），以稅率

22 金融稅概念的提出，主要是由瑞士財政學者James Tobin所提出。因此在諸多文獻中又經常被稱作「拖賓稅」（Tobin Tax）。進一步說明，參見 G. Melis, Financial crisis and tax strategy: general trends in Europe and the Italian case, Droit fiscal n° 9, 1er Mars 2012, p. 153。

單一之單一稅收取多種稅捐等[23]。

[23] H. HOVASSE, Vive la flat tax sur les revenus du capital, Droit des sociétés n° 7, Juillet 2017, repère 7. 此一稅種，除了出現在東歐國家為了吸引外國直接投資而設置之外，法國近年也開始研議針對資本利得課徵單一的扁平稅，不採累進稅率。

CHAPTER

3

租稅法之原理與原則

第一節 租稅法律主義

壹、基本問題：「人民有依法律納稅之義務」

我國憲法第 19 條明文規定：「人民有依法律納稅之義務。」此為我國憲法條文中對國家行使課稅權力所作成之最主要的規範。所規定者，並非僅要求人民負擔納稅義務，或者將納稅義務「基本義務化」。其眞正之內涵，更在要求國家權力唯有在有法律明文依據的前提之下，方得行使課稅權力。是以在學說及實務上，憲法第 19 條之規定經常被稱作「租稅法律主義」（Prinzip des Gesetzmäßigkeit der Besteuerung）[1]，甚或經常被用來與「罪刑法定主義」相比擬。尤其在我國稅法實務上，租稅法律主義或者憲法第 19 條之規定，更經常被當作大法官解釋中，人民一方聲請釋憲之理由；稅法規範是否合憲，大法官解釋亦最常以憲法第 19 條之規定作為判斷之標準。是故，若要以此一原則支配、主導我國租稅法律實務之發展，實亦不嫌誇張。例如司法院**大法官釋字第 693 號解釋即指出**：「憲法第十九條規定，人民有依法律納稅之義務，係指國家課人民以繳納稅捐之義務或給予人民減免稅捐之優惠時，應就租稅主體、租稅客體、租稅客體對租稅主體之歸屬、稅基、稅率、納稅方法及納稅期間等租稅構成要件，以法律定之。惟**主管機關於職權範圍內適用之法律條文，本於法定職權就相關規定予以闡釋，如係秉持憲法原則及相關之立法意旨，遵守一般法律解釋方法為之，即與租稅法律主義無違**（本院釋字第六二二號、第六六〇號、第六八五號解釋參照）。」

1 P. Kirchhof, Besteuerung nach Gesetz, Festschrift für H. W. Kruse, S. 17.

貳、租稅法律主義之內容

一、租稅構成要件之法律保留

租稅法律主義在內容上，首先被普遍承認的，乃在於透過憲法第 19 條之規定，使得租稅規範之構成要件被要求應以法律爲之，亦即應具有國會法（Parliamentgesetz; Loi parlementaire）之依據。就實際之內容而言，此實爲法律保留原則在租稅領域的展現。蓋憲法第 23 條首先明文要求，對人民之自由權利加以拘束限制，應有法律依據。國家行使租稅課徵權力，不可避免對人民自由權利產生限制拘束，是以在憲法上所要求之法律保留，在租稅之領域自亦有其適用。因此，涉及租稅債權債務關係之成立有關事項，應當由國會立法加以規範。在這樣的意義之下，**無國會法依據的稅捐，誠如 P. Kirchof 所言，在法律上不存在**（eine ungesetzliche Steuer ist rechtlich nicht existent）[2]。

Q：租稅法律主義與法律保留原則，是否相同？

A：

國內學說有採取否定見解者，參見司法院大法官釋字第 700 號解釋，蘇永欽大法官所提協同意見書第二段：「簡言之，憲法第十九條宣示的租稅法律主義，規範的是租稅基本義務具體化的法律保留，本席過去已一再說明，稅法的相關規定既為基本義務的具體化，邏輯上即不構成基本權的限制，因此也不能用憲法第二十三條規範基本權限制的比例原則來審查（請參照本席於釋字第六八八號及第六九三號解釋所提意見書），同條宣示的法律保留原則同樣以基本權受到限制為其前提，當然也無適用餘地。這裡受到規範的是租稅法律主義，也就是有關具體形成租稅義務的法律保留原則，本件解釋理由書對憲法第十九條的規範範圍沿用

2 P. Kirchhof, Besteuerung nach Gesetz, Festschrift für H. W. Kruse, S. 17.

過去一貫論述說得非常清楚：『憲法第十九條規定，人民有依法律納稅之義務，係指國家課人民以繳納稅捐之義務或給予人民減免稅捐之優惠時，應就租稅主體、租稅客體、租稅客體對租稅主體之歸屬、稅基、稅率等租稅構成要件，以法律定之。惟法律之規定不能鉅細靡遺，有關課稅之技術性及細節性事項，尚非不得以行政命令為必要之釋示。』無關租稅義務內容的稅法規定，顯然不在該原則的規範範圍。故如因漏稅而補徵應納稅額的規定，性質上為原始租稅義務的延長，當然在租稅法律主義的涵蓋範圍，但因漏稅而設的處罰規定，就和租稅義務的具體化完全無關了。這時候依漏稅罰的性質，可先確認是否涉及何種基本權的限制，比如最常見的罰鍰，即涉憲法第十五條財產權的限制，再回到憲法第二十三條的法律保留原則，看看是否符合其基本要求。足見從是否屬於租稅義務形成的觀點，兩項原則的規範領域，應該是可以釐清的。」

（一）司法院大法官解釋與租稅構成要件的法定

在我國法制上，租稅法律主義在實務中並非僅如憲法第 19 條所要求單以課稅權力具備法律依據爲已足，尤其是大法官解釋，針對憲法第 19 條之內容不斷提出其一定之說理、劃定其範疇、明確其要件，故在討論及於課稅權力之法律依據時，尚應注意其在司法院大法官解釋上之發展。此可以有下列幾個方向值得觀察：

1. 釋字第217號解釋

大法官解釋以「租稅法律主義」一詞形容憲法第 19 條之規定久矣[3]，

3 例如釋字第151號解釋：「依『租稅法律主義』，稅務機關自不得比照貨物稅稽徵規則第一百二十八條關於遺失查驗證之規定補徵稅款。」釋字第198號解釋謂：「所得稅法第七條第二項，係明定同法所稱『中華民國境內居住之個人』之意義，以便利納稅義務人依法自行辦理結算申報，符合『租稅法律主義』，與憲法第十九條並無牴觸。」釋字第210號解釋謂：「財政部（七十）台財稅字第三七九三〇號函並認『不包括私人間借款之利息』縱符獎勵投資之目的，惟逕以命令訂定，仍與當時有效之首述法條『各種利息』之明文規定不合，有違憲法第十九條『租稅法律惟就其具體內容如何，尤其在法律保留之保留範圍中，究竟何等與租稅義務有關之事項應以法律定之，早期並未明確加以釐清。直至大法官釋字第217號解釋，方明確指陳「**納稅主體、稅目、稅率、納稅方法及納稅期間**[4]」，爲租稅法律主義中所主要要求應以法律規範之項目。因此，在稅法中至少可以確定者，乃涉及稅捐債權債務關係的成立要件等事項，也就是「納稅主體、稅目、稅率、納稅方法及納稅期間」，應當受到嚴格的法律保留原則的拘束，換言之，應當有法律的直接依據。

2. 釋字第385號解釋

「憲法第十九條規定人民有依法律納稅之義務，**固係指人民有依據法律所定之納稅主體、稅目、稅率、納稅方法及納稅期間等項**[5]**而負納稅義務之意**，然課人民以繳納租稅之法律，於適用時，該法律所定之事項若權利義務相關聯者，本於法律適用之整體性及權利義務之平衡，當不得任意割裂適用。」

3. 釋字第420號解釋

「**涉及租稅事項之法律，其解釋應本於租稅法律主義之精神：依各該法律之立法目的，衡酌經濟上之意義及實質課稅之公平原則爲之**。行政法院中華民國八十一年十月十四日庭長、評事聯席會議所爲：『獎勵投資條例第二十七條所指『非以有價證券買賣爲專業者』，應就營利事業實際

主義』之本旨。」均屬適例。

4 我國大法官對於租稅法律主義所下的這一註腳，在比較法上和法國憲法制度中所要求的租稅合法性原則相當類似。法國1789年人權宣言第14條針對租稅法規範的國會同意，指出：「所有公民都有權親身或由其代表來確定賦稅的必要性，依據其用途自由地表達同意，決定稅額、稅率、客體、徵收方式和時期。」（Tous les Citoyens ont le droit de constater, par eux-mêmes ou par leurs représentants, la nécessité de la contribution publique, de la consentir librement, d'en suivre l'emploi, et d'en déterminer la quotité, l'assiette, le recouvrement et la durée.）可供參考。

5 在司法院大法官釋字第674號解釋中，又增加了「租稅客體對租稅主體之歸屬」，參見陳敏，稅法總論，2019年，頁40。

營業情形，核實認定。公司登記或商業登記之營業項目，雖未包括投資或其所登記投資範圍未包括有價證券買賣，然其實際上從事龐大有價證券買賣，其非營業收入遠超過營業收入時，足證其係以買賣有價證券為主要營業，即難謂非以有價證券買賣為專業』不在停徵證券交易所得稅之範圍之決議，符合首開原則，與獎勵投資條例第二十七條之規定並無不符，尚難謂與憲法第十九條租稅法律主義有何牴觸。」

Q：捐地節稅之標準由稽徵機關訂之，是否合憲？

A：

釋字第 705 號：「財政部中華民國九十二年六月三日、九十三年五月二十一日、九十四年二月十八日、九十五年二月十五日、九十六年二月七日、九十七年一月三十日發布之台財稅字第〇九二〇四五二四六四號、第〇九三〇四五一四三二號、第〇九四〇四五〇〇〇七〇號、第〇九五〇四五〇七六八〇號、第〇九六〇四五〇四八五〇號、第〇九七〇四五一〇五三〇號令，所釋示之捐贈列舉扣除額金額之計算依財政部核定之標準認定，以及非屬公共設施保留地且情形特殊得專案報部核定，或依土地公告現值之百分之十六計算部分，與憲法第十九條租稅法律主義不符，均應自本解釋公布之日起不予援用。」[6]

6 所謂「捐地節稅」，係指利用我國土地稅制中，若干土地的形式上價格（公告地價）與實際上交易價格或市場價格不一致，所造成的現象。原則上，土地的公告地價應該是低於市場價格的。但在若干特例中，因為土地無法作正常之使用收益（例如，既成道路用地、公共設施保留地等），以致於該土地之市場價格例外地較公告地價為低。這就給了納稅義務人相當的套利空間。納稅義務人以低價購買此等土地捐贈給各級政府，可以享受以較高的公告價格計算列入個人綜合所得稅的列舉扣除額。為防堵此等稅法上的投機活動，稽徵機關才會制頒土地捐贈的解釋函令。關於捐地節稅的進一步討論，參見李惠宗，稅法方法論，元照出版，2021年，頁47-50。

（二）稅法的成文法優位傳統

租稅法律主義在法律保留的面向上，不僅要求涉及稅捐權利義務關係之要件應當以法律定之，且在具體面向上，尚有下列問題。首先，稅捐構成要件應當以成文法規定，這就意味著習慣法在稅法之中，僅能夠作爲補充性之法源：至多僅得在稅捐稽徵機關認定事實之際，補充其事實認定有無與一般性的習慣或經驗法則相出入。例如**最高行政法院 100 年度判字第 280 號判決**即指出：「所得稅法第三十七條第一項規定所謂『業務上直接支付』係在強調交際費必須與經營之業務直接相關，並非在規範款項支付之方式，是交際費之支付方式並不以『交易時現時支付』或『成交時直接支付』爲限，**尚包括商業習慣上事後請款或以支票付款之情形**。又相對於交際費係爲建立企業良好公共關係對特定人所支出之費用，廣告費則係爲建立企業及商品良好形象對不特定人所支付之費用，兩者之對象性質上自有特定及不特定之差異，原判決對於交際費及廣告費之解釋，並無違所得稅法第三十七條第一項及營利事業所得稅查核準則第七十八條第一款規定之意旨，**亦無違商業上之經驗法則**。」其次，在「稅目、稅基、稅率、納稅期間及方法」均爲租稅法律主義核心範圍的情形下，即表示稅捐債權債務關係之決定，應當以成文法，特別是國會立法爲之，基本上禁止以行政規定創設租稅構成要件。

在稅法領域中，課稅構成要件被要求應當以法律加以規定，特別是涉及稅捐的納稅主體、客體、納稅期間及納稅方法等項目，更有國會保留之適用[7]。不過，這並不意味著行政法上所謂的「**層級化法律保留**」可以直接且完全地套用在稅法領域之中[8]。換言之，在法律保留之領域中，基本上係以基本權受到侵害的程度以及事物的重要程度來決定應否由國會立法，或

7　陳敏，稅法總論，2019年，頁39。

8　有關層級化法律保留之討論，參見林明鏘，行政法講義，修訂4版，新學林，2018年，頁21。

是可以容許授權給行政機關用命令來補充稅法規範的不足。這當中就課稅義務而言，創設課稅義務固然應當以國會立法，但是創設原本不存在的稅捐優惠或者免除納稅人既存的稅捐債務，應不應當也要求國會立法的依據呢？德國目前多數學說以及憲法法院的看法，傾向認爲出於量能課稅、平等負擔的考量，即使是創設租稅優惠之規定，亦應當有國會立法之依據，可謂層級化法律保留在稅法領域中較應被特別留意的見解[9]。

（三）稅法構成要件，得否以授權之行政命令加以補充？

按稅捐法律關係所牽涉之事項，經常爲納稅義務人重要基本權之侵害或限制措施。依據重要性理論所發展而成的層級化保留，稅捐構成要件應當屬於國會保留之適用範圍，解釋上似乎沒有容許立法機關在法律中授權給行政機關以行政命令補充或規定稅捐構成要件之空間。不過，在我國實務上存在著反對見解。這主要可以參見司法院大法官釋字第 346 號解釋謂：「憲法第十九條規定人民有依法律納稅之義務，係指有關納稅之義務應以法律定之，並未限制其應規定於何種法律。**法律基於特定目的，而以內容具體、範圍明確之方式，就徵收稅捐所爲之授權規定，並非憲法所不許**。國民教育法第十六條第一項第三款及財政收支劃分法第十八條第一項關於徵收教育捐之授權規定，依上開說明，與憲法尚無牴觸[10]。」雖然曾

---

9 BVerfGE 93 121.147, Kirchhof, Besteuerung nach Gesetz, Festschrift für H. W. Kruse, S. 18.租稅優惠雖於我國法制上大量運用，**然就此一法律概念並未有明確之界定，致使有將非屬優惠事項誤為租稅優惠者**。其最著之例莫過大法官釋字第415號謂：「所得稅法有關個人綜合所得『免稅額』之規定，其目的在以租稅之優惠使納稅義務人對特定親屬或家屬盡其法定扶養義務。」早經學者指摘既為法定義務之履行，乃為排除不具可稅性之收入而設，邏輯上根本於租稅優惠無涉。見葛克昌，綜合所得稅與憲法，收錄於「所得稅與憲法」（增訂版），瀚蘆出版，2003年，頁97。

10 雖然如此，但仍特別留意司法院大法官曾經出現過的較為保守見解，參諸司法院大法官釋字第210號解釋理由書第一段：「**按人民有依法律納稅之義務，為憲法第十九條所明定，所謂依法律納稅，兼指納稅及免稅之範圍，均應依法律之明文**。至主管機關訂定之施行細則，僅能就實施母法有關事項而為規定，如涉及納稅及免稅

經存在著不同看法，不過釋字第346號解釋事實上存在著一個有問題的前提，也就是所謂「教育捐」，性質可能比較接近特別公課，未必適宜用以判斷稅法構成要件的法律保留問題。因此整體而言，解釋上仍應認爲租稅構成要件，特別是涉及租稅債之關係的基本要素，不應由授權之命令加以補充。

二、租稅規範明確性之要求

在法制上，法治國家對立法權力之拘束首先即爲立法明確性或所謂規範明確性之要求。就德國法制而言，對於國會立法的規範明確性要求（Bestimmtheitsanforderungen an Parlamentgesetz）被認爲雖無明文規定，但可由法治國家之原則直接推導而出[11]。在另一方面，法治國家之要求亦被認爲行使租稅課徵權力時所應遵守之界限。在我國法制之中，雖如德國法一般，在憲法條文本文並未明確要求規範之制定應具備明確性之要素，惟大法官解釋透過釋憲權力之行使，亦漸次建立我國法制中關於規範明確之一般性要求。具體而言，要求稅捐稽徵機關所行使權力之法律依據，應當具備明確可以理解之特徵，也構成了稅法制度對於其他基本權利限制之憲法前提，因此在稅捐立法實務上，甚爲重要[12]。

之範圍，仍當依法律之規定，方符上開憲法所示租稅法律主義之本旨。」因此，整體而言，稅法制度應當並不容許以行政命令構成新徵稅目或者減稅之要件。同時，釋字第346號解釋的客體「教育捐」其實比較傾向特別公課的性質，難以擴張解釋於稅收的領域亦有適用。就此，近年司法院大法官在釋憲實務中，似亦意識到「租稅」與「特別公課」在構成要件得否授權以行政命令加以補充的不同，因而在近年作成的釋字第788號解釋中，又傾向強調特別公課得以用命令填補租稅構成要件。

11 Vgl. BVerfGE 33, 358 / 364ff.; 224 / 228ff. 在此德國聯邦憲法法院更進一步指出，明確性之要求更可直接在權力分立之憲法原則中找到依據。故除了德國基本法第103條第2句關於罪刑明確之要求、第104條第1句關於人身自由拘束要件之明確外，更可謂已在法治國原則中發展出一般性的對於立法者明確立法的要求。進一步討論，參見黃源浩，稅法上的類型化方法——以合憲性為中心，國立台灣大學法律學研究所碩士論文，1999年，頁75以下。

12 針對稅法規範明確性之要求，可以參見歐洲人權法院CEDH, 30 juin 2011, n° 8916/05,

租稅法律主義內涵之二，來自於法治國家對於國家行爲明確性之要求。是以租稅規範，應清楚明確，使納稅義務人就租稅權利義務關係之發生，具備可預見性。另一方面，租稅構成要件，應以國會制定之法律爲明確規定，亦不得容許以授權方式規範租稅構成要件[13]。因此，稅捐稽徵機

Assoc. Les Témoins de Jéhovah c/ France一案判決。該案涉及事實略為：耶和華見證人會（L'Association Les Témoins de Jéhovah），是一個在法國註冊登記，取得有社團法人資格的宗教性團體。其主要的活動及傳教經費來源，均係依靠信眾小額捐款而來。1997年度，該會被稅捐稽徵機關要求申報自1993年至1996年度信眾捐款之明細。這類小額捐款，經常是在宗教聚會例如彌撒或者禮拜之後以半匿名的方式點滴蒐集而來，因此實際上收入明細從來沒辦法記帳，只能總額判斷。該會主張，根據法國租稅總法典第795條第10點（CGI, art. 795, 10°）所規定：「下列無償所得，免納贈與稅：10.贈與文化團體、文化社團聯合會及其他經核准組織之贈與或遺贈。」（Sont exonérés des droits de mutation à titre gratuit: 10° Les dons et legs faits aux associations cultuelles, aux unions d›associations cultuelles et aux congrégations autorisées.）根本不存在納稅義務，自然也沒有申報義務。於是法國稅捐稽徵機關乃根據法國租稅總法典第757條：「贈與稅，應由受贈人或其代表人，或者法律上之承認人申報之。」（Les actes renfermant soit la déclaration par le donataire ou ses représentants, soit la reconnaissance judiciaire d'un don manuel, sont sujets au droit de donation.）認為該會沒有盡到申報稅捐的協力義務，於是依職權作成課稅處分（補稅帶遲延利息）總計4,500萬歐元。該會不服，向歐洲人權法院提出訴訟，在該案判決中，歐洲人權法院首先指出，向這類宗教文化性的組織要求小額捐款明細的申報，是一種對歐洲人權公約第9條所規定的「思想、良心和宗教自由」造成一定程度的妨礙。當然，這類自由權利並不是完全不能容許拘束限制，但是應該由法律事先為之，而且這些限制自由權利的法律在這種時候被要求應該要足夠明確到可以預見（suffisamment de précision pour être prévisible）。在此一前提之下，法國租稅總法典第757條所規定的「受贈人」（le donataire）這個詞彙，看不出來包不包括法人在內。因此這條規定欠缺必要的明確，和歐洲人權公約第9條所保障的「思想、良心和宗教自由」有所不合。進一步討論，參見黃源浩，歐洲人權公約與納稅人權利保護，財稅研究，第47卷第6期，頁143以下。

13 在我國法上，司法院大法官釋字第346號解釋似構成例外。依該號解釋：「憲法第十九條規定人民有依法律納稅之義務，係指有關納稅之義務應以法律定之，並未限制其應規定於何種法律。法律基於特定目的，而以內容具體、範圍明確之方式，就徵收稅捐所為之授權規定，並非憲法所不許。國民教育法第十六條第一項第三款及財政收支劃分法第十八條第一項關於徵收教育捐之授權規定，依上開說明，與憲法尚無牴觸。」不過此號解釋涉及者正如本書前文所述，乃教育捐，屬附加稅之一

關僅得在有限之情形下適用法規命令，**且此等事項基本上亦不得涉及創設法律所未曾規定的新的課稅構成要件**。不過，事實上稅法規範在面對複雜萬端的經濟社會生活事實之際，沒有辦法要求稅法規範能夠發展出如同刑法一般的明確性要求。也因此，在一定範圍內容許稅捐稽徵機關或者司法機關等有權機關對課稅要件作一定程度的解釋，亦非稅法所不許[14]。當然，稅法規範之解釋，亦僅有在未逾越法律規定之情形下，得以被容許。

Q：扶養就讀大陸地區學校子女費用在申報個人綜合所得稅時不得扣除，與租稅法律主義是否相符？

A：

大法官釋字第 692 號解釋：「中華民國九十年一月三日及九十二年六月二十五日修正公布之所得稅法第十七條第一項第一款第二目均規定，納稅義務人之子女滿二十歲以上，而因在校就學受納稅義務人扶養者，納稅義務人依該法規定計算個人綜合所得淨額時，得減除此項扶養親屬免稅額。惟迄今仍繼續援用之財政部八十四年十一月十五日台財稅第八四一六五七八九六號函釋：『現階段臺灣地區人民年滿二十歲，就讀學歷未經教育部認可之大陸地區學校，納稅義務人於辦理綜合所得稅結算申報時，不得列報扶養親屬免稅額。』限縮上開所得稅法之適用，增

種，性質上比較接近特別公課，應當屬例外情形。

14 參見司法院大法官釋字第697號解釋，針對貨物稅條例規定，委託代製貨物由受託產製廠商為納稅義務人；凡設廠機製之清涼飲料品應課徵貨物稅，是否違憲之爭議，在解釋理由書第三段如此說明稅法規範明確性之要旨：「本條例第八條第一項規定：『飲料品：凡設廠機製之清涼飲料品均屬之。其稅率如左：一、稀釋天然果蔬汁從價徵收百分之八。二、其他飲料品從價徵收百分之十五。』同條第三項雖就『設廠機製』為明文之定義，而未就『清涼飲料品』予以定義。惟所謂『清涼』者，乃相對之概念，並非與溫度有絕對關聯，而市售此類飲料種類眾多，立法者實無從預先鉅細靡遺悉加以規定。**消費者於購買飲料品後，開封即可飲用，凡符合此一特性者，即屬於清涼飲料品，此非受規範者所不能預見，與法律明確性原則尚無不合。**」

加法律所無之租稅義務，違反憲法第十九條租稅法律主義，應自本解釋公布之日起不再援用。」

三、租稅規範不得溯及既往

租稅法律主義的派生原則，就稅法被要求較高的法安定性來觀察，可以引導出「稅法不得溯及既往適用」這樣的結論出來。亦即在稅法領域中，原則上稅法僅得對其公布生效之後的法律有所適用，不得對其公布生效前的事項有所適用。不過，法律不溯既往的基本要求，在稅法領域中實際上的表現遠比此一原則的字面複雜許多。在另一方面，要讓稅法完全「不溯既往」其實也只是想像。畢竟稅捐申報之進行，主要均係針對過去年度已經發生的交易活動而為，因此稅法的適用，先天上就很難完全避免回溯效果的存在。進一步而言，稅法領域中的法律規範回溯適用，有下列兩個特殊的領域應當留意：

（一）裁罰性領域禁止回溯適用

在稅法領域中，本於法安定性之原則，稅法規範的回溯適用，不得出現在裁罰有關領域。這樣的要求意味著在裁罰規定有變動的情形下，應當優先選擇對人民有利之法律而適用。因此，涉及到租稅裁罰之事項，基本上應當不容許回溯適用。

（二）解釋性法規範，得以具備有限之回溯效力

在稅法領域中，因稅法規範與社會生活事實間經常存在著落差，因此稅法規範需要解釋，並非不能理解[15]。在這樣的意義之下，實務上稅捐稽徵機關使用位階較低的行政規定，對既存之稅法規範加以解釋，並在一定程度上使其發生溯及效果，亦非不能理解。

---

[15] G. Dedeurwaerder, Théorie de l'interprétation et droit fiscal, Dalloz, Paris 2010, p. 111 et suivantes.

1. 大法官釋字第287號解釋

在我國法制中，承認解釋性法規範（特別是解釋函令）可以有回溯效力者，首推司法院大法官釋字第 287 號解釋：「**行政主管機關就行政法規所為之釋示，係闡明法規之原意，固應自法規生效之日起有其適用**。惟在後之釋示如與在前之釋示不一致時，在前之釋示並非當然錯誤，於後釋示發布前，依前釋示所為之行政處分已確定者，除前釋示確有違法之情形外，為維持法律秩序之安定，應不受後釋示之影響。財政部中華民國七十五年三月二十一日臺財稅字第七五三〇四四七號函說明四：『本函發布前之案件，已繳納營利事業所得稅確定者，不再變更；尚未確定或已確定而未繳納或未開徵之案件，應依本函規定予以補稅免罰』，符合上述意旨，與憲法並無牴觸。」以及該解釋理由書第一段：「行政機關基於法定職權，就行政法規所為之釋示，係闡明法規之原意，性質上並非獨立之行政命令，固應自法規生效之日起有其適用。惟對同一法規條文，先後之釋示不一致時，非謂前釋示當然錯誤，於後釋示發布前，主管機關依前釋示所為之行政處分，其經行政訴訟判決而確定者，僅得於具有法定再審原因時依再審程序辦理；其未經訴訟程序而確定者，除前釋示確屬違法，致原處分損害人民權益，由主管機關予以變更外，為維持法律秩序之安定，應不受後釋示之影響。」

2. 稅捐稽徵法對於稅法上解釋函令溯及效力之特別規定

本於解釋函令在制度上的特殊性，我國稅捐稽徵法針對其溯及效力，又復設有與司法院大法官釋字第 287 號不同之設計。此可參見稅捐稽徵法第 1 條之 1 規定：「（第一項）財政部依本法或稅法所發布之解釋函令，對於據以申請之案件發生效力。但有利於納稅義務人者，對於尚未核課確定之案件適用之。（第二項）財政部發布解釋函令，變更已發布解釋函令之法令見解，如不利於納稅義務人者，自發布日起或財政部指定之將來一定期日起，發生效力；於發布日或財政部指定之將來一定期日前，應核課而未核課之稅捐及未確定案件，不適用該變更後之解釋函令。（第二項）本條中華民國一百年十一月八日修正施行前，財政部發布解釋函令，變更已發布解釋函令之法令見解且不利於納稅義務人，經稅捐稽徵機關依財政部變更法令見解後之解釋函令核課稅捐，於本條中華民國一百年十一月八日修正施行日尚未確定案件，適用前項規定。（第四項）財政部發布之稅務違章案件裁罰金額或倍數參考表變更時，有利於納稅義務人者，對於尚未核課確定之案件適用之[16]。」

四、稽徵程序的合法性

（一）程序合法性原則

租稅法律主義不僅在實體法上表現出構成要件之國會保留要求，甚且在租稅稽徵程序上，亦要求國家僅在合乎法定程序的前提下，方得課徵稅捐，此即爲程序上的合法性原則（Verfahrensrechtliches Legalitätsprinzip）。程序合法性的要求，係出諸於依法行政原則的程序法層面觀點，強調的是稅捐稽徵機關對於租稅的依法課徵，不僅有權利，同時更負有義務（nicht nur berechtigt; sondern auch verpflichtet）。因此，稅捐課徵原則上爲一種羈束關係，並非裁量關係[17]。法律規範對於行政機關而言，非僅爲限制其不得爲一定行爲之拘束，同時亦爲推促其積極作爲之動力[18]。在德國租稅通則中，第 85 條之規定即明白揭示此一合法原則：「**稅捐稽徵機關應依照法律所規定之標準，平等核定及徵收租稅。**

16 參見財政部61年8月2日台財稅第36510號令：「行政主管機關就行政法規所為之解釋，應以法條固有之效力為其範圍，自法律生效之日有其適用。惟解釋令發布前已確定之行政處分所持見解縱與解釋令不符，除經上級行政機關對該特定處分明白糾正者外，亦不受解釋令影響而變更；但經行政訴訟判決確定之處分，行政機關不得再為變更，以維持行政處分已確定之法律秩序。」

17 陳敏，稅法總論，2019年，頁46。陳敏教授就此亦指出，僅有在法律明文規定的例外，方得存在機關有限的裁量權限。例如根據勘報災歉條例（已廢除）第8條規定之租稅免除、減輕；稅捐稽徵法所規定之延展分期等。

18 O. Bühler, Lehrbuch des Steuerrecht, Bd. I, 1927, S.70ff. Z.v. K. Tipke, ebenda.

稅捐稽徵機關尤應確保其無短收、不法徵收、或不法給與或拒絕退稅之情事。」另外，在德國帝國租稅通則第 201 條第 1 項，亦有相同之規定。程序上合法性原則所指明者，乃稅捐稽徵機關須依法定程序發動並行使其行政權力，尤其是稅務之調查，不許其漫無目的的行使調查權力（Ermittlung ins Blaue hinein）[19]。這也使得其所據以行使課稅權力的任何根據（Anhaltspunkte）有所瑕疵時，即會導致調查措施不合法的結果。調查或稽徵程序之發起及進行，因之不得隨心所欲，而須根據某一適當的具體時機（konkreter Momente）或出於合於一般經驗之要求（例如，稅捐稽徵機關多次命納稅義務人提出帳冊而不能，且無正當理由時，方得許可稅捐稽徵機關進行實地調查），且若一項具體的懷疑，僅足以知悉稅捐有短徵之虞而尚未造成其他稅法上義務之違反時，尚不得據以發動調查權力[20]。就我國制度而言，程序合法性之原則亦在稅捐稽徵法及納稅者權利保護法中被特別強調。

課徵稅捐應當遵守正當程序的要求，雖然在抽象的層面上被各種文獻普遍承認，但事實上在我國過去的稅法實務中並未貫徹。例如違反法律所明文規定之手續，即便進入行政法院的爭訟程序，亦經常未被法院指摘其瑕疵。例如，國稅局根據所得稅法第 43 條之 1 調整納稅人之稅捐申報，根據所得稅法規定應當經過上級機關核准之手續，法院卻在國稅局未履踐此一程序之際爲法條文義所惑，認爲這是一個裁量關係，國稅局可以選擇不要報請上級核准[21]。這樣的見解明顯有進一步討論的空間。不過，在納稅者權利保護法施行、行政法院設有稅法專庭的情形下，近年的司法判決越來越傾向對於機關稽徵程序的瑕疵明確指出並予以糾正。這特別要

[19] FH BStBl. 87,484; 88,359. Z.v. Klein / Orlopp, AO, S. 260.

[20] BFH BStBl. 68,365; 396. Z.v. Klein / Orlopp, AO, S. 260.

[21] 參見最高行政法院102年度判字第662號判決：「又所得稅法第43條之1並非強制規定，被上訴人仍有裁量是否報財政部核准之餘地。上訴人主張應先行取得財政部之核准，始可否准認列損失云云，亦無可採。」

指出的是最高行政法院在112年度上字第119號裁定的見解。本件涉及的是貨物稅：格○電器產製應課予貨物稅之「吊隱式冷氣機室內機」，銷售予訴外人萬○益家電股份有限公司，應報繳貨物稅未報繳。行為時貨物稅條例第17條規定：「（第一項）產製廠商申報應稅貨物之銷售價格及完稅價格，主管稽徵機關於進行調查時，發現有不合第十三條至第十六條之情事，應予調整者，應敘明事實，檢附有關資料，送請『財政部賦稅署貨物稅評價委員會』評定。（第二項）前項貨物稅評價委員會之組織規程及評定規則，由財政部定之。」但該一規定在104年時刪除，也從此不存在「財政部賦稅署貨物稅評價委員會」這個組織。這個程序瑕疵被稅捐稽徵機關認為，既然組織已經不存在，理所當然地不必履行法律規定的要求。但最高行政法院112年度上字第119號裁定：「本件事實之產製商即被上訴人、銷貨對象萬○益公司、應予補徵貨物稅乃因產製系爭貨品未依規定辦理貨物稅產品登記，及漏未報繳貨物稅，經上訴人以推計課稅方式獲得應補徵稅額，所應適用之行為時法為86年5月7日修正之貨物稅條例第17條，雖104年2月4日修正貨物稅條例第17條已刪除原條文送請貨評會規定部分，且為配合貨物稅條例修正，財政部雖亦於104年7月14日以台財稅字第10400610750號令廢止財政部賦稅署貨物稅評價委員會組織規程，現行稽徵實務上已廢止貨評會之運作，但在本件稅捐債權成立之時點，即行為時貨物稅條例第17條第1項，明顯有貨評會調整評定等推計課稅實體事項規定存在，該條文係經立法機關通過，總統公布施行之法律，亦無經釋憲機關宣告不予適用情事，就該行為時貨物稅條例第17條第1項規定，亦核無違憲情事，則該合憲存在之法律，上訴人自應遵循之，否則即為違法，殊不得以現行貨物稅條例第17條已刪除貨評會規定或貨評會從未運作為由拒不適用。」很明顯地，行政法院對於課稅程序正當的要求，已經日漸縮緊司法審查權的寬容程度，值得重視。

（二）程序合法與比例原則

程序上合法性原則所適用之對象，為具體課稅個案中程序進行之合法，尤其在個案中因行使調查權力而進行合義務之裁量（pflichtgemäben Ermessenausübumg）時，不得違反比例原則之憲法上要求，而這也使得在個案中進行的租稅確定程序成爲比例原則所規制的對象[22]。而在合法性原則之下，一般在行政法上所承認之便宜原則（Opportunitätssgrundsatz）亦遭排除。尤其在租稅稽徵（而非調查權力行使）方面，亦被認爲得例外地不必考慮比例原則的問題。就此，德國租稅通則第86條第1項雖謂：「稅捐稽徵機關應依合義務之裁量，決定是否以及何時實施行政程序。」但在德國法上之多數見解則認爲，本項所規範之對象應僅及於行政調查權力，亦即租稅調查權力之行使，並不及於租稅之課徵。蓋以合法與平等之課徵租稅，在實際內容上與便宜原則並不相容，基於程序合法與平等負擔之要求，在此處例外地容許稽徵機關得不必考慮比例原則之適用。

（三）我國司法實務中程序正當與租稅法律主義之關係

就我國法制而言，憲法第19條所稱之「租稅法律主義」，是否包括程序事項？原本在學理上容有相當爭議，但在司法院大法官釋字第640號解釋第一段，對此一問題採取肯定見解：「憲法第十九條規定，人民有依法律納稅之義務，係指國家課人民以繳納稅捐之義務或給予人民減免稅捐之優惠時，**應就租稅主體、租稅客體、稅基、稅率、納稅方法、納稅期間等租稅構成要件及租稅稽徵程序，以法律定之。是有關稅捐稽徵之程序，除有法律明確授權外，不得以命令爲不同規定，或逾越法律，增加人民之**

[22] Klein / Orlopp, AO, S. 261. 這也意味著租稅調查權力之行使，直接地受到了比例原則的拘束。按在德國法上，法治國家之原則可謂貫穿至國家權力在任何層面之行使，即令查稅此等向來被認為屬行政上事實行為之國家權力行使，亦被認為需受法治國原則之拘束。Vgl. K. Tipke, Steuerliche Betriebsprüfung im Rechtsstaat, S. 9ff. G. Michel / H. Schnell, Die Außenprüfung bleibt verfassungsrechtlich geboten, BB 1998, S. 1562f. 此一領域之問題，在我國稅法實務上尤屬應予解決卻無法解決之難題，蓋非出於財政目的或不合比例原則之租稅調查，在我國法上並非陌生。因制度上之缺陷所導致之紛爭或不平，恐非行政機關一味強調「愛心查稅」所能解決。參見盧欽滄，如何「愛心查稅」，稅務調查與間接證明法，頁1-37以下。

租稅程序上負擔，否則即有違租稅法律主義。」換言之，租稅法律主義不僅要求在實體之稅捐債權債務關係中遵守法律保留之原則，同時也在程序上課予稅捐稽徵機關遵守程序規範之義務。

> **Q**：甲申報 97 年度綜合所得稅中執行業務所得，占業務收入比率達 35.12%，超過稽徵機關核定之各業所得標準，經依申報核定。嗣後，該機關又依「財政部臺灣省北區國稅局書面審核綜合所得稅執行業務者及補習班幼稚園托兒所簡化查核要點」進行抽查，重行核定並補稅。甲不服，提起訴願，訴願機關逾三月未作決定，於 98 年 2 月 1 日提起行政訴訟。試問甲得為何種主張？（98 台大稅法）

A：

（一）「財政部臺灣省北區國稅局書面審核綜合所得稅執行業務者及補習班幼稚園托兒所簡化查核要點」之法律性質

1. 按稅法規範中，除作為稅捐債權債務關係主要依據、足以對納稅義務人課以稅法上權利、減除其稅法上義務之規範，主要為各種稅法規範。在憲法第 19 條「租稅法律主義」之規範體系中，特別指的是各種經國會立法之稅法規範。
2. 然在稅捐稽徵實務中，為稽徵程序之便利，原則上稅捐稽徵機關得以行政規範為之。然則，倘若此等程序規範實際影響及於納稅人稅法上權利義務者，仍被要求應具有法律依據或法律之授權。此乃司法院大法官釋字第 640 號解釋理由書第二段所謂：「稅捐稽徵程序之規範，不僅可能影響納稅義務人之作業成本與費用等負擔，且足以變動人民納稅義務之內容，故有關稅捐稽徵程序，應以法律定之，如有必要授權行政機關以命令補充者，其授權之法律應具體明確，始符合憲法第十九條租稅法律主義之意旨。」
3. 因此，本件「財政部臺灣省北區國稅局書面審核綜合所得稅執行業務者及補習班幼稚園托兒所簡化查核要點」（以下稱查核要點）至多僅具有行政程序規範之性質，並非法律當無可疑。

（二）稅捐稽徵機關重行核定補稅並補稅，程序是否合法？

1.「查核要點」與稅法規範

又按前述查核要點雖賦予行政機關相當查核權力，然此等權力仍應遵守法律規定。就此，納稅義務主動申報之收入，既較稽徵機關核定之各類所得標準，依據中華民國 52 年 1 月 29 日修正公布之所得稅法第 80 條第 3 項前段應當以其原申報額為準。

2. 因此，稽徵機關就此一超過範圍之抽查，恐與所得稅法第 80 條第 3 項規定有所出入。司法院大法官釋字第 640 號亦指出：「中華民國五十二年一月二十九日修正公布之所得稅法第八十條第三項前段所定，納稅義務人申報之所得額如在稽徵機關依同條第二項核定各該業所得額之標準以上者，即以其原申報額為準，係指以原申報資料作為進行書面審查所得額之基準，稽徵機關自不得逕以命令另訂查核程序，調閱帳簿、文據及有關資料，調查核定之。財政部臺灣省北區國稅局於八十六年五月二十三日訂定之財政部臺灣省北區國稅局書面審核綜合所得稅執行業務者及補習班幼稚園托兒所簡化查核要點第七點：『適用書面審查案件每年得抽查百分之十，並就其帳簿文據等有關資料查核認定之。』對申報之所得額在主管機關核定之各該業所得額之標準以上者，仍可實施抽查，再予個別查核認定，與所得稅法第八十條第三項前段規定顯不相符，增加人民法律所未規定之租稅程序上負擔，自有違憲法第十九條租稅法律主義，應自本解釋公布之日起至遲一年內失效。本院釋字第二四七號解釋應予補充。」

五、類推禁止（Analogieverbot）

（一）類推禁止之意義

在租稅法律主義的內容之中，除了要求稅捐構成要件，特別是租稅主體、客體、稅率等事項應當以法律直接規定而不得以法律授權由行政命令加以補充規定外，**在學理上最引起爭執之問題之一，當在於稅捐構成要件，得否容許類推適用的問題**[23]。所謂「類推適用」，指的是法律規範在發生漏洞的情況之下，以其他性質接近的法律規範直接適用在這個相類似案件的情形。例如，刑法上假設僅規定竊取動產構成竊盜罪，未規定偷電是否要處罰。此際以竊取動產之相關規定套用在偷電案件中，就構成所謂的「類推適用[24]」。

（二）其他法律領域中的類推

類推適用在不同的法律領域中，價值並不相同。例如在民法中，對於法規範的要求比較寬鬆，不僅習慣、法理可以直接成爲民法的法源，即令在法律規範有所欠缺而構成法律漏洞（Rechtslücken）的情況下，亦無礙於以其他性質相接近的法律填補個案中所發現的漏洞。但在另一方面，刑法領域中涉及人民的處罰，就被要求應當嚴守禁止類推之原則：任何行爲，無論造成多麼嚴重的法益侵害，只要刑事法律構成要件的文義無法涵攝進這個行爲，就不能夠拿類似的規定作爲處罰依據。相對而言，在稅法以外的行政法領域，在法規範發生漏洞的情形中，類推適用其他法律甚至民法之規定，並非完全遭到排斥[25]。例如大法官釋字第583號解釋即曾指出：「公務人員經其服務機關依中華民國七十九年十二月二十八日修正公布之公務人員考績法第十二條第一項第二款規定所爲免職之懲處處分，實質上屬於懲戒處分，爲限制人民服公職之權利，未設懲處權行使期間，有違前開意旨。爲貫徹憲法上對公務員權益之保障，有關公務員懲處權之行使期間，應類推適用公務員懲戒法相關規定。」足見在行政法領域中，類推適用並非完全被禁絕。

23 參見陳敏，稅法總論，2019年，頁58以下。

24 關於類推適用的進一步討論，參見黃建輝，民法上之類推適用，台大法研所碩士論文，1988年。

25 當然，大法官對於公法類推私法規範，仍然指出應當先盡力尋求相接近之法律規範。此可參見司法院大法官釋字第474號解釋。

（三）稅法實務有無禁止類推

大體上在稅法領域中，不少學說支持稅法禁止類推的看法。不過在我國實務中[26]，最關鍵的問題仍然在於司法院大法官對於稅法規範類推適用所採取之態度。在這當中，大法官釋字第 257 號解釋，事實上所牽涉的問題，即爲稅法能否類推適用的問題。在這號解釋中，大法官指出：「貨物稅條例修正前第四條第一項第十六款（三），係就『凡用電力調節氣溫之各種冷氣機、熱氣機等』電器類課徵貨物稅之規定。行政院於中華民國六十四年七月二十一日修正發布之貨物稅稽徵規則第一百零三條之一第二項第六款規定，**對於國外進口裝配汽車冷暖氣機用之壓縮機，按冷暖氣機類徵收貨物稅**，固與貨物稅條例首開條文之用語未盡相符。惟該規則係以此種壓縮機不僅爲冷暖氣機之主要機件，且祇能供裝配汽車冷暖氣機之用，仍屬上開條例所規定之電器類範圍，而於冷暖氣機裝配完成後，並不再課徵貨物稅，無加重人民納稅義務之虞。上述規則將汽車冷暖氣機用之壓縮機，依冷暖氣機類課徵貨物稅，亦爲簡化稽徵手續，防止逃漏稅捐及維持課稅公平所必要，與憲法第十九條尚無牴觸。」法條只規定「冷氣機、熱氣機」應當課徵貨物稅，並未明文規定「壓縮機」。但是，**壓縮機如果僅能夠用在冷氣機、熱氣機的用途上，表示在物權關係中，它至少是冷、熱氣機的「重要成分」。在這樣的意義之下，將「壓縮機」按照「冷、熱氣機」來課稅，事實上就是一種類推適用。**

不過，這樣的案例並不能表示我國司法院大法官對於類推適用這件事情，從此採取了寬鬆的態度。事實上與釋字第 257 號相近的釋字第 698 號解釋中，大法官採取了不同的見解。因此，在我國法制中，類推適用是否在稅法中繼續被否認，尚有爭議空間。

26 在實務見解中，行政機關對於禁止類推其實也沒有嚴格貫徹，非常多領域可以看見類推的實例。例如所得稅法第39條規定的盈虧互抵，以條文本身規定而言僅有公司得以適用，實際上卻為稽徵機關以解釋函令擴張及於合作社（財政部84年台財稅第841607554號函）以及財團法人（財政部83年台財稅第831601175號函）。

Q：彩色顯示器未課徵貨物稅，是否有違平等原則？

A：

大法官釋字第 698 號解釋：「貨物稅條例第十一條第一項第二款規定：『電器類之課稅項目及稅率如左：……二、彩色電視機：從價徵收百分之十三。』與憲法第七條平等原則並無牴觸。財政部中華民國九十六年六月十四日台財稅字第〇九六〇四五〇一八七〇號令：『一、貨物稅條例第十一條第一項第二款規定之彩色電視機須同時具備彩色顯示器及電視調諧器二大主要部分。二、廠商產製（或進口）之彩色顯示器，本體不具有電視調諧器（TV Tuner）裝置，且產品名稱、功能型錄及外包裝未標示有電視字樣，亦未併同具有電視調諧器功能之機具出廠（或進口）者，因無法直接接收電視視頻訊號及播放電視節目，核非屬彩色電視機之範圍，免於出廠（或進口）時課徵貨物稅。三、廠商產製（或進口）電視調諧器或具有電視調諧器功能之機具，本體不具有影像顯示功能，且未併同彩色顯示器出廠（或進口）者，亦免於出廠（或進口）時課徵貨物稅。』部分，與租稅法律主義及平等原則尚屬無違。」

（四）最高行政法院對稅法禁止類推的態度

實務上，在最高行政法院的相關判決中，類推禁止並沒有嚴格地受到遵守。例如最高行政法院 94 年度判字第 2033 號判決：「按公法上不當得利，行政法規中，如行政程序法第一百二十七條關於授益處分之受益人返還所受領之給付，或稅捐稽徵法第二十八條關於納稅義務人申請退還溢繳稅款等規定屬之，無非就不同之態樣而爲規定，尙無統一的不當得利法之明文。適用之際，**除有特別規定者外，應類推適用民法關於不當得利之規定，須無法律上之原因而受利益，致他人受損害者始足當之**，其受領人因而有返還不當得利之義務。本件被上訴人在原審起訴請求返還不當得利，主張上訴人計徵登記費違法，致其有溢繳部分，因而請求退還。然而上訴人徵收登記規費之決定，爲行政處分，縱其所依據之土地登記規費及其罰鍰計徵補充規定第三點第一款事後經本院判例認與法律規定有牴觸之情事，惟該處分其違法尚非屬行政程序法第一百十一條第一至第六款規定之例示或第七款有重大而明顯瑕疵之無效情形，充其量僅能由當事人循行政救濟程序請求為撤銷，而並非無效。」

另外，針對「不利益變更禁止[27]」之原則有無可能類推於其他未設有明文規定的救濟領域，最高行政法院 90 年度判字第 231 號判決亦曾經認為：「稅捐稽徵法第二十八條規定：『納稅義務人對於因適用法令錯誤或計算錯誤溢繳之稅款，得自繳納之日起五年內提出具體證明，申請退還；逾期未申請者，不得再行申請。』係法律明定納稅義務人對依法已不得提起行政救濟之行政處分，得請求稽徵機關重新審查行政處分之適法性及正確性，進而予以申請人補救之程序。**上開規定，與行政程序法第一百二十八條所定於法定救濟期間經過後另設受處分人或利害關係人得申請程序再開，並進而獲得撤銷、廢止或變更原處分之規定相當，屬於廣義行政救濟程序之一環，應可類推適用上開規定，於再開行政程序中，納稅義務人對於原核定之項目表示不服之範圍內，稽徵機關不得為更不利益之變更或處分。**」

（五）學理上的看法

稅法上類推禁止之爭論，主要原因仍然基於傳統意義之下，租稅法律主義對於法條文義的嚴格遵守，也就是本於嚴格文義的固守，對於最大文義可能射程（mögliche Wortsinn）的逾越，採取明確禁止的態度[28]。E.

27 所謂「不利益變更禁止原則」，係指受理行政救濟之機關或法院，就行政救濟案件為變更原處分之決定或判決時，不得較原處分更加不利益於救濟提起人。參見蕭文生，行政法：基礎理論與實務，五南圖書，頁651。

28 一般在法律解釋及適用中，「解釋」以及「類推」的界限，在於有無逾越最大文義可能射程範圍。參見碧海純一（著）、邱聰智（譯），法律之解釋與適用，法學叢刊，第16卷第1期，頁83以下。

Becker即曾指出[29]，要求實定法的高密度規範固然是稅法上存在已久的事實，但稅法上法律漏洞之存在對於實質正義之追求實有妨礙，而在稅法上承認以形式意義之外的觀點來評價事實，亦即經濟觀察法（wirtschaftliche Betrachtungsweise）正足以說明稅法上法律漏洞之普遍。因此，類推適用在促進稅收公平方面看來，並非絕無建樹。

在戰後德國稅法方法論的討論上，最引人注意者毋寧爲類推適用在稅法上由被禁止到被接受所發生的轉變，對此一問題著墨最多、討論最深入者，爲K. Tipke氏[30]。Tipke指出，在個案的推論過程中，法律的漏洞——無論是有意識的或無意識的——都是存在的，且均有必要被填補，但填補活動的許容性正如前述，容有爭議。無意識的法律漏洞係爲規範目的出發，因違反規範計畫所造成法律條文的不圓滿性（Unvollständigkeiten des Gesetzestextes）。亦即立法者對於稅法規範本即有其個別所欲達成之規範目的，因漏洞之存在導致該等目的之不達。Tipke認爲，在稅法上進行漏洞填補，使用類推的手段，因之有其必要性。**在稅法上類推，並非意味著稅法容忍法律適用者執法權力的擴張**，此與憲法秩序不合。但類推與不確定法律概念（unbestimmte Begriffen）、概括條款（Generalklauseln）般，只是法律規範具體化的手段，於稅法上乃屬必要。對於租稅法律主義之下，是否存在著類推禁止的要求，Tipke亦持否定看法。蓋對於類推禁止的支持，或質疑稅法具有類推能力（Analogiefähigkeit）的看法，均係由避免增加納稅人負擔、依法行政與民主、分權原則出發，而類推的結果倘

---

29 E. Becker, Steuerrecht und BGB, 1934, XXXVII. 按在此舉出Becker的觀點，實具有特殊之意義。一方面固然是由於Becker曾主導德國RAO的起草，在早期的稅法學界負有盛名，另方面更重要的是，在稅法上強調法律條文的嚴格、僵固性價值以及國會保留，一般均認為學說之體系化始於Becker, Vgl. L. Osterloh, aaO., S. 93. 另外，關於「經濟觀察法」（我國多稱作實質課稅原則）在德國法上之發展史，可參見F. Rittner, Die sogenannte wirtschaftliche Betrachtungsweise in der Rechtsprechung des Bundesgerichtshofs, 1975, S. 9ff.

30 Klein / Orlopp, AO, S. 33. K. Tipke, Die Steuerrechtsordung, Bd. III, S. 1297.

造成納稅義務人負擔義務的增加，亦與法安定性和憲法上預見可能性的要求不符。法安定性之要求，更係出諸於法律的適用者對於最大可能文義射程範圍的遵守。是以法律的適用者，包括司法者和行政機關對於規範具體化的活動，僅及於法律的解釋，超出解釋範圍以外的法律發現，在稅法上並不被允許。

1. 稅法與刑法不能等量齊觀

針對反對在稅法領域中進行類推適用的看法，K. Tipke 一一提出反駁。首先，K. Tipke 指出：法無明文，無稅，以及稅法在傳統上強調實定法至上的說法，其來源是值得懷疑的。認爲須有實定法的明文依據，方得課徵租稅，這樣的觀點實際上是出於將稅法與刑法等量齊觀，認爲二者均需受到高密度的法定性，尤其是法律保留及國會保留之拘束。但是稅法和刑法，到底是不能放在一起比較的，因此，經由德國基本法第 107 條第 2 項之規定試圖直接推論出課稅也非要有國會法之法律明文不可，也是說不通、完全沒有根據的。稅法和刑法之目的，並不相同，**刑法之目的，在於立法者希望透過刑法規範，使得可罰行爲被禁絕而不致出現，是以立法者必須清楚地使受規範者（Gesetzesunterworfenen）預先且明白地瞭解到，哪些行爲會導致可罰的後果，是不能做的。除此之外，刑法並無其他更進一步的目的。但這和租稅法這種經濟干涉法（Steuergesetzlichen Wirtschaftsinterventionsrecht）完全是兩回事**。立法者在稅法規範中所追求的目標是多樣的：例如透過所得稅法增加關於私人房屋支出之費用之扣減，作爲解決住屋欠缺或刺激建築業景氣，而採用的減稅手段。而出於財政目的所課徵的租稅，目的又更不同於此：**立法者不會想要去禁止可稅行爲（steuerbare Handlungen）的出現，甚至會爲了租稅收益而忽略了可稅行爲**。稅法立法者眞正有興趣的是，租稅構成要件如何被實現，而不是如何被防止，吾人或許可以期待刑罰制度之存在是出於「刑期無刑」的終極理想，但對於租稅，除非是無政府主義者，否則不會有人去期待「稅期無稅」。是以才會有對租稅規避以及逃漏稅防杜的規範出現，以擴大租稅構成要件的合致可能性。在此種意義之下，租稅負擔雖有可能導致納稅義務人投資、儲蓄、消費活動之限制，但此僅爲各種稅法規範目的的附帶效果，亦非納稅義務人所關心之重點，納稅義務人所關心者，還是到底要繳多少稅，乃至於稅課之稽徵，是否公平。

2. 稅法上類推與民主原則及法安定性無礙

在稅法上支持類推禁止的論述，說理的基礎來自於法安定性，尤其是其進一步的價值：民主原則的維持。民主原則要求的是人民經由選舉產生代表，而來決定自己要繳什麼稅、繳多少稅。而在另外一方面，司法和行政等法律的適用者亦受到人民代表意志的限制，這也是憲法上建立權力分立機制的基礎。但是，Tipke 在此明確地指出，在稅法上容許類推，並不會與此有所牴觸，類推適用之功能，乃在於塡補法律上各種有意識的和無意識的漏洞。其中有意識的漏洞正如前述，因違反計畫而造成規範的不完整性。而立法者在立法時，均有其既存的規範計畫與規範目的，試圖利用法律加以實現，卻因漏洞之存在而未能成功。故法律漏洞的存在，實則是立法者用文字描述的、規範的構成要件在功能上的故障，意味著立法者對於生活事實關係的無法完全察覺，所導致的法規範欠缺實效性的現象。這樣的現象需要被防杜，**亦即法內漏洞（Lückenintra legem）應被消除，乃是立法者在憲法上所受的要求**。而立法者確實也使用了不確定法律概念及概括條款等方法，來防止其在個案中發生不合於規範計畫的情形。在如此的認識之下，K. Tipke 明確地指出，藉由類推適用之許容來貫徹立法的目的，與民主之原則根本無牴觸之可言。況在另外一方面言，民主原則表現在稅法上的另一層意義，即爲負擔之平等，當法律漏洞之存在將導致侵害平等權之結果時，爲保障平等課稅此一在稅法上特別被強調之價值時，容許以類推適用對於稅法漏洞進行塡補，反而是維持民主價值所必須。而在另一方面，法安定性的考慮亦不至於影響在稅法上進行類推適用的許容性，法安定性的要求，雖然已成爲法體系中的基本價值，但法律文本是否能與法安定性直接劃上等號，並非無疑。對此，K. Tipke 進一步指出：在稅法實務上，對於有利於人民的類推適用，被認爲並不會影響法安定性的保障，是一個已經被確定的說法。但問題是，具體來說，到底什麼才是法安定性呢？認爲只有法律文本，甚或清楚、明確的法律文本才足以維持法律在適用上的安定性，明顯是一個有問題的看法。法律是一種具有目的的創作物（Zweckschöpfung），是用來達成既定目的的手段。而立法者只是用語言文字，將其所欲達成的特定目的表現出來，但語言文字的表達力，卻是有限的。除了數字概念之外，所有的概念或多或少都是多義的，而語言文字的功能則是象徵的、構成印象的乃至於形象式的，**立法者在法律條文中所運用的文字，其實也只能就其所欲規範的事物，作一個大概的、近似的描述（annähernde Beschreibung）**。這也就是爲什麼在立法的權限之下，還要承認法律中存在著被詮釋的根本權限。是故，法律的解釋必須照應到「法律是一種具有目的性的創作物」的本質，在解釋時，須時時指向法律的規範目的，即立法者之眞意。

Q：試分析租稅法律主義之內涵，並分析最高行政法院（庭長法官聯席會議）決議能否作為稅法之法源？（107 律師）

A：

（一）租稅法律主義之意義

1. 所謂租稅法律主義，又稱為稅捐合法性原則，或又有稱為「無代表則不納稅」之原則者。其意涵正如我國憲法第 19 條所明文揭示：「人民有依法律納稅之義務。」納稅義務既來自法律，亦僅有嚴格意義之法律（國會法）得以作為稅捐徵收之依據，合先述明。

2. 租稅法律主義之派生內容

   毫無疑問，租稅法律主義可謂係現代法治國家稅收制度最重要的基本原則之一。就我國實際的司法及行政實踐而言，此一原則亦展現出多種不同面向，得以被引導出若干派生原則。此包括：

   (1) 租稅構成要件之法定以及法律保留（參見司法院大法官釋字第 217 號解釋）。特別指稅捐債權債務關係之構成要件，包括主體、客體、稅目、稅率、期間及方法等，應由國會立法定之。

(2) 租稅規範明確性之要求。

(3) 租稅規範不得溯及既往。特別是在裁罰領域。倘若係在稅捐解釋領域，得以容許解釋函令有限之溯及效力（參見釋字第 287 號）。

(4) 稽徵程序的合法性（參見釋字第 663 號解釋）。

(5) 類推禁止等。

（二）最高行政法院庭長法官聯席會議決議能否作為稅法之法源？

1. 按在前述「租稅法律主義」之體制之下，我國稅法制度乃顯現出相當濃厚的成文法、國會法優位傳統。但事實上，稅捐稽徵行政所要考慮的法律關係至為複雜，稅捐稽徵行政又復為大量行政，實際上以行政命令填補租稅規範之不足，在世界各國稅制中均非少見。

2. 又其中「最高行政法院庭長法官聯席會議」於我國法制中雖非國會立法，但在實際之司法審判中仍對於法院見解有相當之拘束力。兼以我國實務上亦賦予其一定之地位，因此廣義而言難謂非稅法之法源[31]。

3. 只不過，即便可以成為稅法之法源，亦僅得對稅捐稽徵機關或法院產生實質上之影響，無法成為租稅債權債務關係構成要件之基礎，乃屬當然。

---

31 此可參見司法院大法官釋字第620號解釋理由書首段所指出：「**最高行政法院在具體個案之外，表示其適用法律見解之決議，原僅供院內法官辦案之參考，並無必然之拘束力，雖不能與判例等量齊觀，惟決議之製作既有法令依據（行政法院組織法第三十條及最高行政法院處務規程第二十八條），又為代表最高行政法院之法律見解，如經法官於裁判上援用時，自亦應認與命令相當**，許人民依司法院大法官審理案件法第五條第一項第二款之規定，聲請本院解釋，業經本院釋字第三七四號解釋闡釋有案，合先說明。」

第二節　量能課稅原則

壹、基本概念：平等原則在租稅領域之展現

一、量能課稅之意義

量能課稅之原則於稅法領域中具有決定性之重要地位，乃各國稅法制度及司法實務上不可否認之事實[32]。其在整體稅法秩序中所發揮之功能，甚且被認爲已非單純之稅法上一般性原理原則，而係在租稅公平原則中所蘊含不容減損之道德信條（ethisches Axiom）[33]或者首要原則（Primärgrundsatz des Steuerrecht）[34]。**所謂量能課稅原則（Prinzip der Besteuerung nach Leistungsfähißkeit / Principe de la faculté contributive），係指租稅負擔之輕重，係依照納稅義務人經濟上之負擔能力加以決定，而非依照國家所提供之服務給付作爲決定之基礎**。換言之，在稅捐稽徵的法律制度中，國家機關應當「**就相同之負擔能力者，課徵相同之稅賦；不同之負擔能力者，課徵不同之稅賦。**」（DaßgleichLeistungsfähigegleich, unterschiedlichLeistungsfähigeunterschiedlichbesteuertwer

[32] Trotabas / Cotteret, Droit Fiscal, Dalloz, Paris 1999, p. 111. 乃指出：「稅法學之研究在特定前提上面臨一即刻發生之困難，乃在於其係植基於共通語彙之使用。例如，當吾人所稱之『稅』（impôts）、『所得』（revenues）在不同國家均有不同意義之時，將如何從事法律之比較研究？而在特定國家中，稅法所涉及之概念字彙已難以明確說明：『稅』的本身即為一複雜且變動之概念，吾人僅能以此一概念在不同法制中展現之一致特徵來定義此一共同語彙，此乃從事稅法比較研究所不可或缺者。……吾人可由租稅的定義出發，以展現租稅在諸種公法上資源間之特徵，乃在於其係一受到量能原則支配之公共負擔。在此一基礎上，主要國家稅法制度均展現了其依據負擔能力作成之選擇，……統一地展現在不同國家之稅制中。」Trotabas / Cotteret 將量能課稅當作不同稅法制度間之「共通語彙」（vocabulaire commun），適足以說明此一原則在主要國家租稅法制間被採行之情形。

[33] P. Kirchhof, StuW 1985, S. 322.

[34] K. Tipke / J. Lang, Steuerrecht, 17 völlig überarbeitete Auflage, Köln 2002, §4, Rz. 83.

denmüßen.）[35] 這樣的稅法上原則，最主要的表現方式即在於所得稅法上所常見的「累進稅率」制度。所謂累進稅率，係指在所得稅的課徵關係中，收入（所得）越高者，其適用之稅率級距亦越高。此一制度在稅法，尤其是個人綜合所得稅的制度設計中，特別被強調有所適用。

Q：我國所得稅法中個人綜合所得稅之累進級距？

A：

以 2022 年度（2023 年申報）為例，個人綜合所得稅之級距如下表：

	稅率	課稅級距（單位：新臺幣元）
1	5%	0-560,000
2	12%	560,001-1,260,000
3	20%	126,001-2,520,000
4	30%	2,520,001-4,720,000
5	40%	4,720,001-以上

二、量能課稅原則之發展史

於租稅制度發展史上，量能課稅之原則提出起始於 1776 年 Adam Smith對租稅正義所提出之最初標準[36]，亦被指出其興起乃相對於報償原則（Entgeltlichkeit）之式微而發生[37]。而所謂報償原則或稱等價原則、量益原

35 D. Birk, Steuerrecht, Rdnr. 35.

36 K. Tipke / J. Lang, Steuerrecht, §4, Rz. 82. 進一步來說，這涉及的問題是稅法領域中究竟怎樣達到「公平」這樣的制度考慮。大體上，在財政稅收領域所可能被用以判斷特定金錢給付的徵收是否公平，可能有三個標準：1.量能原則，根據納稅人的經濟能力決定稅額高低；2.量益原則，根據納稅人所享受的行政給付多寡決定應納稅額；3.人頭稅原則，根據每人一票、票票等值的原則課徵。在現代國家稅制中，後二者僅有在例外情形中會出現。

37 P. Kirchhof, StuW 1985, S. 320. 另就租稅制度引入現代社會之歷程及「財稅」（fiscal）之語源，參見L. Agron, Histoire du vocabulaire fiscal, LGDJ, Paris 2000, p. 98

則，意味著人民所繳納之各種稅捐乃享受國家提供行政服務之對價，租稅負擔當亦由人民所享有之行政服務之多寡而定。然則隨著租稅作爲法律概念於稅法體系中之確定，以及租稅無對價性之特徵得到確認[38]，納稅義務人所應納之稅額與其所接受之行政給付之間，不具對待關係，俾確保國家對每一國民無偏私之平等對待（Unbefangenheit），乃成爲普受承認之基礎原則[39]。在此一演變過程中，量能課稅原則之意義漸次演變爲自**公共負擔**角度出發之思考，乃要求國家行使租稅課徵權力即由納稅義務人分擔不可免除之公共支出，當應「**依納稅義務人之經濟上負擔能力決定所負擔之應納稅額，其目的乃在實現租稅之公平（Steuergleichheit）**」[40]；或「**根據個人之負擔能力，亦即就其可支配之累積所得中課稅**」[41]或「**其係指根據納**

et suivant. 另針對量能課稅與國家所提供之行政給付間之關係，最高行政法院91年度判字第1875號裁判曾指出：「所謂量能課稅係基於課稅公平原則而來，即課稅基於平等原則，其衡量標準為個人之負擔能力，而非依國家對國民之利益；至上訴人所舉其營運情形欠佳仍被課徵鉅額稅款云云，核與是否量能課稅無關，故上訴人據此為爭執，自無可採。」亦**明示我國稅法制度不採行使用者付費之報償原則**。

38 D. Birk, aaO., Rdnr. 107. 而法國學者G. Jèze於1936年提出之租稅定義：「為支應公共支出（les charges publiques）之必要，由國家等特定主體依特定名義（à titre définitive）經由強制力量徵收（une prélèvement obligatoire effectué par voie d'autorité）之無對價（sans contrepartie）金錢負擔（prélèvement pécuniaire）。」亦以無對價性作為租稅之概念特徵。G. Jèze, Cours de Finances Publiques, LGDJ Paris 1936. cité par M. Bouvier, Introduction au droit fiscal général et à la théorie de l'impôt, p. 19 à 21. 需留意者，乃以無對價性作為租稅概念之要素，當係於十九世紀中葉以後漸次形成，蓋Esquirou de Parieu氏於1866年出版之著作中，指出：「租稅可以被簡要地定義為，出於支應公共支出之目的，由國家執行對於工作及財產所為之徵收。」其並認為「在本質上，租稅不必然以金錢方式而徵收。」（Il n'est pas de l'essence de l'impôt qu'il soit nécessairement acquitté en argent.），足見十九世紀中期時學說對租稅之定義與現今文獻所採行者之迥異。Esquirou de Parieu, Traité des impôts , p. 5.

39 J. Isensee, Steuerstaat als Staatsform,in Rolf Stodter / Werner Thieme (Hrsg.), FS für Hans Peter Ipsen, Mohr Verlage, Tübingen 1977, S. 409ff. P. Kirchhof, StuW 1985, S. 320.

40 Tipke / Lang, Steuerrecht, 17. völlig überarbeitete Auflage, Dr. Otto Schmidt Verlage, Köln 2002, §1, Rz. 12.

41 K. Tipke, Die Steuerrechtsordnung, Bd. I, 2.völlig überarbeitete Auflage, Dr. Otto Schmidt

稅義務人之負擔能力以分配公共支出之負擔（la réparatition de ces charges aux facultéscontributives），**亦即租稅課徵額當經由納稅義務人之經濟上地位而分配，以支持租稅之存在**（le poids de l'impôtdoitêtredéterminé par l'aptitude du contribuable à supporter cetimpôt）。**這也在租稅之概念中引入了租稅正義的考量，使得量能課稅之原則主要即構成了租稅之前的平等**（l'égalitédevantl'impôt）**此一要求。**[42]」，使得國家機關「**就相同之負擔能力者，課徵相同之稅賦；不同之負擔能力者，課徵不同之稅賦**」（DaßgleichLeistungsfähigegleich, unterschiedlichLeistungsfähigeunterschiedlichbesteuertwerdenmüßen）[43]，俾以達成租稅公平負擔之效果。

貳、量能課稅作爲稅法之正當性基礎

一、稅法之正當性基礎

德國著名稅法學者 P. Kirchhof 教授的一段話，乃可發現量能課稅原則在整體稅法制度中之地位：「**稅法並非僅由政治決定或者立法程序，即可取得其正當性。相反地，稅法應在道德上具有基礎、經由科學的制度設計導向正義之實現。而此一道德之基礎，在稅法領域中即爲根據經濟上負擔能力來課稅此一信條**[44]。」因此，國家權力向人民課徵稅捐之正當理由，並不在於單純的財政需求，更在於透過稅捐課徵，達到公共支出依據經濟能力平等負擔的效果。

Verlag, Köln 2000, S. 481. 尚須留意者，乃K. Tipke教授於同書第496頁亦指出負擔能力尚可區分為經濟上（wirtschaftliche）之負擔能力與租稅上（steuerliche）之負擔能力。

42 Trotabas / Cotteret, Droit Fiscal, Dalloz 1999, p. 9.

43 D. Birk, Steuerrecht, Rdnr. 35.

44 P. Kirchhof, StuW 1985, S. 319.

二、量能課稅與憲法權利間之關聯

量能課稅在憲法制度中，不僅提供了國家權力徵收稅捐的正當性基礎，同時亦被認爲係協調憲法上公平原則與財產權保障的重要原則。此可參見最高行政法院 93 年度判字第 59 號判決：「復按量能課稅原則雖然無憲法明文，亦缺乏法定定義，惟在學理上自憲法第十五條、第二十三條及第七條出發，認爲租稅負擔之衡量應就個人爲之（人稅），應負擔之對象爲供私人使用之經濟財（租稅客體），**所課者應爲收益部分而不及於財產本體**，稅後仍留有可供私人使用之經濟財（稅基），易言之，量能課稅原則在憲法上任務，爲其負擔之衡量應以個人爲準，課稅時應保障財產權且平等課徵，……」乃認爲量能課稅並不僅提供租稅正義之判斷標準，同時亦爲憲法基本權協調之結果。

參、量能課稅原則之適用範疇

一、量能課稅與間接稅

在稅法領域中，量能課稅原則所引起的諸多爭執之一，乃在於量能課稅究竟能否適用在間接稅（例如加值型營業稅中）。一言以蔽之，**傳統的稅法或財政學說會傾向認爲，量能課稅原則事實上僅有在直接稅，特別是個人綜合所得稅的領域中，才能透過累進稅率的方式，展現「經濟上給付能力高者，負擔稅捐較重」的基本精神**[45]。而加值型營業稅，在交易的每個環節中不問交易人的經濟能力如何，一律以單一之稅率加以課徵，無法顯現出個人經濟能力。因此，若干重要的學者，例如德國聯邦憲法法院前法官 P. Kirchof 教授，即認爲德國的銷售稅（相當於我國的加值型營業稅）

---

[45] X. Prétot, Proportionnalité et progressivité des prélèvements obligatoires à propos de l'article 13 de la Déclaration des droits de l'homme et du citoyen, in: R. Pellet (dir.), Finances publiques et redistribution sociale. XXe anniversaire de la SFFP, Economica, Paris 2006, p. 98.

僅能展現出競爭關係的中立，無法展現出納稅人的經濟上能力。因此，間接稅這類稅捐既無法以累進稅率展現納稅人之經濟實力，課徵客體又與成本費用無關，似不屬量能課稅適用之範疇。不過，國內學者對於此一說法，並不完全同意。司法院釋字第 688 號黃茂榮大法官協同意見書亦謂：「……現代實質法治國家要求：國家課稅應遵守**量能課稅原則**，不可自滿於有形式意義之稅捐法，可引用爲課徵依據。把國家的課稅權導入稅捐客體顯然不存在的對象，由於其不合理所產生之去精存蕪的逆選擇反淘汰機制，將有害於國家競爭力的提高，長期而論對於國家合理財經秩序的建立、稅收的增加有害無益。營業稅是間接稅，因此在制度的設計上及執行上，其轉嫁可能性應予保障的道理即在此。**不予保障則與營業稅之建制原則及量能課稅原則皆有不符**。」因此，在我國法制中，似可認爲間接稅亦有量能課稅原則之適用。

二、量能課稅與營利事業所得稅：客觀淨所得原則之適用

量能課稅原則之主要表現，在個人綜合所得稅之領域中係以所得稅之級距或累進稅率來展現「經濟能力越強、負擔越重」的基本精神[46]。不過在其他稅法領域，特別是不採取累進稅率的營利事業所得稅領域中，量能課稅原則還能不能有效展現，在學理上就難免有所爭議。目前在我國稅法學說實務中，多半認爲量能課稅原則在營利事業所得稅領域中係以**客觀淨所得原則之形式存在，亦即僅有總收入減除無法支配的成本、費用及其他稅捐以後之餘額，方爲課稅對象**。就此可參見最高行政法院 71 年判字第 1242 號判例：「按所得稅係量能課稅，所得增加，其負擔租稅能力當然增加，自應據以課稅；至於費用及損失部分，依租稅公平之原則，應以合理及必要者爲限，營業人倘一方面借入款項支付利息，一方面貸出款項並

46 司法院大法官釋字第506號解釋則指出：「所得稅法關於營利事業所得稅之課徵客體，係採概括規定，凡營利事業之營業收益及其他收益，除具有法定減免事由外，均應予以課稅，俾實現租稅公平負擔之原則。」

不收取利息，對於該相當於該貸出款項支付之利息支出，當然係不合理及不必要之費用，稽徵機關自無從准予認列。」

> **Q**：司法院釋字第 597 號解釋，明示各稅法之內容「應符合量能課稅及公平原則」。試問：
> 一、規範非財政目的租稅之法律，是否應符合量能課稅原則？
> 二、推計課稅是否符合量能課稅原則？
> 三、所謂「量能原則」，係指個人之負擔能力？或團體之負擔能力？（96 台大稅法）

A：

（一）非財政目的稅收與量能課稅

1. 按稅捐收入依其目的，可以大體分類為「財政目的稅」與「管制誘導性租稅」。前者以滿足財政收入為目的，後者主要指依據各種優惠或減免措施，促使特定行政目的（如環境、交通目的等）之達成。其中最要緊之手段，在於提供稅捐優惠。
2. 所謂稅捐優惠，國內學說有將其定義為「國家基於特定的社會目的，透過稅制上之例外或特別規定，給予納稅義務人減輕租稅債務之利益之措施」。此種優惠措施，原則上並非量能課稅之適用範圍，而主要考慮優惠措施與行政目的達成之關聯性。例如給予廠商購置防治污染設備之租稅抵減優惠，雖納稅義務人擁有強大之給付能力，亦無礙享有此等抵減是。

（二）推計課稅與量能課稅

1. 所謂推計課稅（Besteuerung nach Schätzung），係指在納稅義務人協力義務違反的情形下，稅捐稽徵機關通常採取間接方法推估稅捐構成要件事實的方法來認定課稅構成要件事實，例如，以「同業利潤標準」來判斷納稅義務人所進行營業活動之營業額等。
2. 推計課稅僅有在與課稅事實盡可能客觀上接近的情形下，方被認為得以接受。此可參酌司法院大法官釋字第 218 號解釋理由書中段：

「此項推計核定方法，與憲法首開規定之本旨並不牴觸。惟依此項推計核定方法估計所得額時，應力求客觀、合理，使與納稅義務人之實際所得相當，以維租稅公平原則。」

（三）量能課稅之負擔能力

1. 量能課稅原則反映在所得稅之建制中，主要為「客觀淨所得」原則以及「主觀淨所得」原則。其中就個人綜合所得稅而言，主要指主觀淨所得而言。

2. 所謂「主觀淨所得」原則，係指只有超過生存所需之最低標準（Existenzminimum）之所得，才具有給付能力或給付適格。目前在我國所得稅法中，乃以個人年度總收入，減除免稅額及扣除額後，方得以成為課稅對象。也因此，免稅額及扣除額之設置，就意味著這類生活必要費用，是個人生存最低標準所必需。

3. 不過，主觀淨所得之判斷，並非完全依據個人為之。在所得稅係家戶連帶（la solidarité）的情形下，給付能力應當依據家庭受撫養親屬計算之，並非單獨之個人。就此，我國實務存在有不同見解，見諸司法院大法官釋字第 694 號陳大法官春生、池大法官啓明及黃大法官璽君共同提出之不同意見書第三段：「我國立法者對於所得課稅，究竟是以個人，或以家戶為課稅單位？此影響對免稅額之定位，亦即論者對受扶養之親屬或家屬角度，從生存權角度論述，似隱含從納稅義務人以及其親屬家屬整體成員為單位論述之，然則，系爭規定並非生存權之適用對象，亦即，若以個人為課稅對象，生存權指的只有納稅義務人，而不及於其親屬及家屬。亦即基本權利之保障對象，原則上須具有主觀公權利者，系爭規定中，即使論及基本權利保護，也只及於納稅義務人。反之若課稅對象兼及於納稅義務人與其親屬家屬整體成員，則或許類似集體權，但亦與生存權之保障不同。如納稅義務人之親屬或家屬依法自行申報個人之綜合所得稅者，方有憲法保障生存權之問題。」

三、量能課稅與個人綜合所得稅：主觀淨所得原則

量能課稅原則在所得稅法，特別是個人綜合所得稅法中之展現，主要爲主觀淨所得原則。主觀淨所得（subjektives Nettoprinzip），係指以家戶總所得爲基礎，扣除了生存必須、無法支配的基本生活費用之後，剩下的餘額方爲課稅權力得以行使之範圍[47]。此等給付能力或經濟能力之判斷，乃以稅法上免稅額以及扣除額之形式存在。

Q：個人綜合所得稅法中的免稅額規定，是否構成租稅優惠？

A：

（一）否定見解

1. 個人綜合所得稅，本於主觀淨所得原則，乃以家戶總所得中超出生存界限所必要之範圍，作為課稅權力行使之對象。因此，個人綜合所得稅之計算，應當先減除不具給付能力之生存必要費用。
2. 準此，個人綜合所得稅中「免稅額」之設置，僅係用於計算個人綜合所得稅納稅義務人最低生存費用，並非嚴格意義之租稅優惠。

（二）肯定見解

司法院大法官釋字第 415 號解釋理由書前段：「憲法第十九條規定人民有依法律納稅之義務，係指稅捐主體、稅捐客體、稅基及稅率等稅捐構成要件，均應以法律明定之。主管機關基於法律概括授權而訂定之施行細則，僅得就實施母法有關之事項予以規範，對納稅義務及其要件不得另為增減或創設。所得稅法有關個人綜合所得稅『免稅額』之規定，其目的在使納稅義務人對特定親屬或家屬善盡其法定扶養義務，此亦為盡此扶養義務之納稅義務人應享之優惠，若施行細則得任意增減『免稅額』之要件，即與租稅法律主義之意旨不符。」

---

47 J. Hey, in Tipke / Lang, Steuerrecht, 23 Aufl. § 8, Rz. 55.

Q：甲乙二人年收入均為 120 萬元，甲為受僱律師乙為合夥律師，甲另有母親一人（年75歲）須扶養，乙收入中有30萬為證券交易所得。試問：甲乙年度所得稅負擔有何不同？如依量能負擔觀點，二人負擔是否符合平等原則？（94 台大稅法）

A：

本題涉及我國法制中各種免稅規定與量能原則牴觸之問題，請自行練習。

Q：何謂「淨額所得原則」？所得稅法第 17 條「醫藥費列舉扣除額」是否屬「租稅優惠」？（105 律師）

A：

（一）淨額所得原則之概念

1. 所謂淨額所得原則，係指所得之課徵，以課稅主體之收入淨額為其前提。我國所得區分為個人綜合所得稅以及營利事業所得稅，二者所主要適用的淨額所得原則亦有若干差異。
2. 就個人綜合所得稅制而言，主要適用者為主觀淨所得原則。主觀淨所得，係指以家戶總所得為基礎，扣除了生存必須、無法支配的基本生活費用之後，剩下的餘額方為課稅權力得以行使之範圍。此等給付能力或經濟能力之判斷，乃以稅法上免稅額以及扣除額之形式存在。
3. 而營利事業，所主要適用者為客觀淨所得原則。亦即僅有總收入減除無法支配的成本、費用及其他稅捐以後之餘額，方為課稅對象，其成本費用之考核，亦以合乎客觀市場行者為限。

（二）所得稅法第 17 條「醫藥費列舉扣除額」是否為租稅優惠？

1. 又按所謂租稅優惠，係指針對原本負有納稅義務者，因特定政策給予其本不應存在之稅法上利益。就此而言，所得稅法第 17 條「醫藥費列舉扣除額」既得列舉扣除，應認係本於生存權而不能支配之欠缺給付能力的收入減除。並非租稅優惠。

2. 不過我國實務見解有不同看法。司法院大法官釋字第 701 號解釋理由書第三段指出：「憲法第十五條規定，人民之生存權應予保障。又憲法第一百五十五條規定，人民之老弱殘廢，無力生活，及受非常災害者，國家應予以適當之扶助與救濟。國家所採取保障人民生存與生活之扶助措施原有多端，租稅優惠亦屬其中之一環。依系爭規定，納稅義務人就受長期照護者所支付之醫藥費，一律以付與上開醫療院所為限，始得列舉扣除，而對因受國家醫療資源分配使用及上開醫療院所分布情形之侷限，而至上開醫療院所以外之其他合法醫療院所就醫所支付之醫藥費，卻無法列舉扣除，將影響受長期照護者生存權受憲法平等保障之意旨。」乃將所得稅法第 17 條「醫藥費列舉扣除額」當作優惠措施。

四、量能課稅與稅捐債務法定

量能課稅原則於法律層面上所發生之效果，乃在於透過此一原則之要求，促使稅捐稽徵機關在一般性之基礎上負有義務，應對經濟上有意義之租稅構成要件事實平等之調查及發現。德國租稅通則第 85 條規定：「稅捐稽徵機關應依據法律平等核課及徵收租稅。尤應確保未有短徵、不法徵收或優惠之給予。」乃此一要求在租稅法律層面之具體展現，其所造成之具體效果，為租稅調查制度之設置及有效運作。另一方面，量能原則之適用亦導源出稅法領域中**實質課稅原則之強調**（**le réalisme du droit fiscal**）[48]。蓋在租稅領域之中，如大法官釋字第420號解釋所指出者：「涉及租稅事項之法律，其解釋應本於租稅法律主義之精神：依各該法律之立

48 於法國稅法領域中，實質課稅之要求意味著**稅捐稽徵機關有權就納稅義務人所提出申報之事項做出不同認定，而不受其法律形式及外觀之拘束**。見 CE Sect. 20 février 1974, n° 83-270, Lemarchand 案。全案評釋及說明，見 C. David / O. Fouquet / B. Plagnet / P.-F. Racine, Les grands arrêts de la jurisprudence fiscale, 3ème édition, Dalloz 2000, p. 164。

法目的，**衡酌經濟上之意義及實質課稅之公平原則爲之**。行政法院民國八十一年十月十四日庭長、評事聯席會議所爲：獎勵投資條例第二十七條所指『非以有價證券買賣爲專業者』，應就營利事業實際營業情形，核實認定。公司登記或商業登記之營業項目，雖未包括投資或其所登記投資範圍未包括有價證券買賣，然其實際上從事龐大有價證券買賣，其非營業收入遠超過營業收入時，足證其係以買賣有價證券爲主要營業，即難謂非以有價證券買賣爲專業不在停徵證券交易所得稅之範圍之決議，符合首開原則，與獎勵投資條例第二十七條之規定並無不符，尚難謂與憲法第十九條租稅法律主義有何牴觸。」即爲此意[49]。

五、量能課稅與股利強制歸戶

量能課稅之要求，在我國稅制中所涉及之問題尚包括在兩稅合一之制度中，對於公司保留盈餘之強制歸戶[50]。兩稅合一制度涉及者，主要爲營利事業所得稅與個人綜合所得稅之間是否發生重複課稅之問題。而在我國法制中，爲確保公司會將其盈餘分派於股東而非僅將盈餘保留於公司，因此設有股利強制歸戶之規定。此一制度之基本精神亦在於使經濟上有能力之人負擔稅捐[51]，最高行政法院 94 年度判字第 1584 號裁判：「所得稅法

49 另可參見最高行政法院92年度判字第1815號判決：「惟查：土地增值稅之課稅目的，一方面係基於量能課稅之原則，以維持租稅負擔公平，進而實現租稅正義；而另一方面則係為了促使土地自然漲價利益歸公，以實現財富重分配的社會國家原則，並抑制土地炒作投機，藉以達成土地資源合理利用之目標。至土地增值稅之納稅義務人，依土地稅法第五條第一項第一款之規定，倘土地為有償移轉者，其義務人為原所有權人；蓋土地出賣人於其土地所有權有償移轉時，其所獲得之買賣價金中，乃含有土地自然漲價之利益，故向原所有權人課徵土地增值稅，不僅符合量能課稅原則，亦符合社會公平原則。」

50 所得稅法第66條之9第1項規定：「自八十七年度起至一百零六年度止，營利事業當年度之盈餘未作分配者，應就該未分配盈餘加徵百分之十營利事業所得稅；自一百零七年度起，營利事業當年度之盈餘未作分配者，應就該未分配盈餘加徵百分之五營利事業所得稅。」

51 另可參見最高行政法院107年度6月份第2次庭長法官聯席會議決議前段：「為避免

第七十六條之一所定未分配盈餘強制歸入制度之立法目的，係顧慮公司營利事業之投資人，基於規避或遞延稅賦之考慮，故意將盈餘留在營利事業內，國家即無法向營利事業投資人課徵個人綜合所得稅，**違反量能課稅原則**，因此在未分配盈餘累積到一定程度後，即依所得稅法第七十六條之一第一項之規定，強迫營利事業將盈餘分給股東。**故『強制歸戶』是以對股東『擬制』之手段來迫使營利事業將盈餘分配給股東，納稅義務人不得以『舉證證明實際上未收到該筆應分配盈餘』之方式來排除『強制歸戶』之法律效果**。上訴人訴稱從未分配任何股利等語，顯為規避稅負之拖詞，不足採信。且苟其所訴為眞實，亦屬其與○○公司間之私法債權債務關係，尙難據此即免除應繳納稅款之義務[52]。」

Q：兩稅合一？

A：

我國稅法中之所得稅，依所得稅法第1條規定分為「綜合所得稅」及「營利事業所得稅」二種，所謂兩稅合一是在形式上仍維持二種稅的課徵制度，而實際上整合二種稅的課徵效果，以避免重複課稅，使納稅義務人

營利事業藉保留盈餘規避股東或社員之稅負，並基於實施兩稅合一制度後之稅收損失，不應由股東以外之納稅義務人負擔，行為時（下同）所得稅法第六十六條之九第一項乃明定應就營利事業之未分配盈餘加徵百分之十營利事業所得稅（下稱『未分配盈餘稅』），而未分配盈餘係以營利事業當年度依商業會計法規定處理之稅後純益或會計師查核簽證之稅後純益為計算基礎，再減除同條第二項規定得扣除項目後之餘額。」

52 保留盈餘加徵營利事業所得稅之規定，之所以與量能課稅存在有論理上的關係，於我國法制中尤其有深入探究的空間。由於我國稅法長年以來對於股票交易所得之稅捐不課所得稅，因此公司獲有盈餘，經常不願分派於股東，反而以獲利題材導致股票價格上漲，而使得股東實際上可以獲得股票價格上漲之免稅利益。保留盈餘加徵稅款，配合股東所獲配股息不再於所得稅階段課稅，足以使得股票價格上漲所表彰之給付能力實際上支付應納稅捐，可謂係在股票交易所得稅制有欠健全之際的變通之道。

僅有綜合所得稅的負擔。**不過我國近年所得稅法改革，又大幅修正了兩稅合一制度。**

六、有所得即應課稅：違法所得之課稅問題

量能課稅之實現，使得稅捐債權債務關係作為法定之債，基本上不容許國家機關任意裁量，同時，即使是違法所得，亦無礙於稅捐之課徵[53]。最高行政法院94年度判字第1308號判決也認為：「所得稅法所課徵之所得，如人民已實現所得稅法之課稅要件，且其所得在其管理控制之下，應即成立課稅義務，**並不因其實現所得稅法課稅要件之行為違法或違反公序良俗，而影響其所得稅之課徵**，乃符合租稅之公平課徵原則，並可避免人民主張自己之違法行為或違反公序良俗之行為，以獲取較合法正當行為，更有利之租稅地位；對於違法行為或違反公序良俗行為所實現所得稅法課稅要件之課徵所得稅，並非對於該行為之處罰，亦非使該行為合法化。本件系爭所得由上訴人領取持有，已實現所得稅法之課稅要件，且系爭所得在其管理之控制之下，應成立課稅義務，並不因其實現所得稅法課稅要件之行為違法或違反公序良俗（指涉嫌侵占其他權利人應得之款項），而影響其所得稅之課徵及其短漏報所得額之違章行為成立。」

---

53 財政部61年2月4日台財稅第31185號令：「未具有醫師行醫執照（註：現為執業執照），依醫師法第7條（現行第8條）規定雖不得執行醫師業務，但在被查獲前既已執行醫師業務，並收取費用，而確有所得者，自應依所得稅法第2條：『凡有中華民國來源所得之個人，應就其中華民國來源之所得，依本法規定，課徵綜合所得稅』之規定辦理。密醫在被查獲前之執行醫師業務收入，自應課徵綜合所得稅，如其所得未有適當資料或紀錄可資查核者，應比照本部核定之當年度醫師執行業務收入費用標準逕行核定課徵或補徵，其有違反稅法有關規定者並應移罰。」

肆、納稅人經濟能力之判斷

一、稅捐申報及調查權力之承認

量能課稅之要求，在制度中作爲重要者，當然爲納稅義務人眞正之經濟能力或給付能力之判斷。因此，在稅法領域中，稅捐行政基本係以納稅義務人主動進行稅捐申報、稅捐稽徵機關保留嗣後稽核調查權力之方式以探知納稅義務人之經濟能力。換言之，這樣的原則實際上使得稅法中租稅調查和申報的原則成爲重要基本制度。

二、分離課稅制度

1. 分離課稅之概念

爲期能夠正確展現納稅義務人實際的經濟能力，不受到一時收支劇烈波動之影響，**所得稅法中通常針對特殊性質所得，採取分離課稅制度**。所謂分離課稅，是指將某部分所得排除於每年合併申報的所得總額之外，單獨以一定稅率計課所得稅。分離課稅大多以就所得來源扣繳方式課稅，也就是在所得發生時，由所得的給付人依一定的稅率預先扣下所得稅[54]。納稅義務人在稅額扣繳後，不必在年度終了時將這筆收入併入綜合所得額中申報。

2. 分離課稅之扣繳率

一般而言，分離課稅對所得邊際稅率（各級所適用的稅率）較高的納稅人較有利，對邊際稅率低於分離課稅的人比較不利。例如，目前短期票券的利息是以 20% 的分離課稅稅率就所得來源課徵，對於稅率低於 20% 的人而言就比較不利；相反地，對稅率高於 20% 的就較有利。

---

54 參見翁月桂、洪東煒，分離課稅制度之研究，當代財政，第25期，頁71以下。

3. 適用分離課稅之項目

目前適用分離課稅方式課徵的所得，有短期票券的獲利、政府舉辦的獎券中獎獎金（例如統一發票中獎獎金[55]）和其他合於特殊規定的所得。所謂短期票券是指一年以內到期之國庫券、可轉讓之銀行定期存單、銀行承兌匯票、商業本票及其他經財政部核准的短期債務憑證。至於其他合於特殊規定的所得，例如二年以上存款、公債、公司債及金融債券的利息，在扣除儲蓄特別扣除額後，餘額可以選擇以20%的分離課稅，也可以併入綜合所得額中計稅。

三、變動所得減半課徵

變動所得係指個人所得中，某項所得在性質上係多年累積而成，但其發生卻集中在某一課稅年度，由於綜合所得稅係採收付實現原則且累進稅率課徵，因而使此項經多年累積而一次實現之所得，須負擔較重之所得稅，各國稅制對此種變動所得，均予以優惠課稅方式，或採分離課稅方式或採減半課稅方式[56]。依所得稅法第14條第3項規定，變動所得課稅之內涵爲：「個人綜合所得總額中，如有自力經營林業之所得、受僱從事遠洋漁業，於每次出海後一次分配之報酬、一次給付之撫卹金或死亡補償，超過第四條第一項第四款規定之部分及因耕地出租人收回耕地，而依平均地權條例第七十七條規定，給予之補償等變動所得，得僅以半數作爲當年度所得，其餘半數免稅。」

Q：A公司因財務困難，積欠某甲79、80、81年度薪資，A經重整後於83年度補發三年積欠薪資，某區國稅局將補發薪資併入83年度所得按最高累進稅率課稅，甲不服經復查、訴願後，提起行政訴訟

55 財政部68年5月5日台財稅第32908號函：「統一發票中獎獎金，可適用所得稅法第14條第8類第3款規定，除依第88條規定扣繳稅款外，不併計綜合所得總額。」
56 參考蔡孟彥，變動所得之實現與實質課稅原則，稅務旬刊，第2385期，頁31以下。

中，財政部 88 年 8 月 12 日發布函釋，略以納稅義務人因案停職，嗣判決確定准予復職，補發以前年度薪資，應併入各該年度綜合所得總額計算應補徵稅額。但該國稅局以：「司法院釋字第 377 號明示，綜合所得稅課徵『僅以已實現所得為限，而不問其所得原因是否發生於該年度。』且 88 年度財政部函釋為因案停職，嗣因判決確定停職原因自始不存在，與本案不同。」問甲之委託律師，應如何申辯？（96 台大稅法）

A：

（一）個人綜合所得稅之建制原則

按個人綜合所得稅，乃所得稅之典型，其構成乃以家戶一年度中綜合所得減除無法支配的扣除額以及免稅之後，所得之餘額乘以累進之級距而得出當一年度之應納稅額。其所依據之建制原則有二，其一為量能課稅原則，其二為主觀淨所得原則，合先述明。

（二）一次實現累積之鉅額所得在所得稅法上之評價

又按，為避免納稅義務人在單一年度中實現累積之鉅額所得或者因鉅額之不可預期所得衝高納稅義務人應納稅額之稅率級距導致對納稅義務人經濟上負擔能力之誤判，所得稅法設有「分離課稅制度」。本件情形，雖在內容上與分離課稅所出現之情形類似，但並非所得稅法所規定得以適用分離課稅之類型。因此，本件並無適用分離課稅規定之餘地。

（三）財政部之函釋適用問題

又就本件問題而言，關鍵之論述尚在於系爭財政部函釋能否適用？大體上，本件係有利於當事人之未確定事件，依據稅捐稽徵法第 1 條之 1 規定，並非無適用之餘地。

（四）類推適用或者適用？

事實上於本件最構成問題者，乃系爭解釋函令所涉事實與本件並非完全相同，倘若得以援用，恐即構成稅法規範類推適用，而非單純之適用。稅法規定得否類推適用？學理上固有不同見解，但就探究納稅義務人真實給付能力而言，當有類推之空間[57]。

Q：我國稅捐稽徵實務上，對於一次實現累積多年之薪資所得，有無歸列各年度所得，以避免累積於同一年度、衝高納稅義務人稅率級距之制度？

A：

（一）民國88年函：納稅義務人因涉及刑事案件或公務人員懲戒案停職，嗣後經判決確定獲准復職

財政部88年8月12日台財稅第881932202號函：「納稅義務人因涉及刑事案件或公務人員懲戒案停職，嗣後經判決確定獲准復職，由服務機關一次補發停職期間之薪資所得，有關應納稅額之計算，依下列規定辦理：（一）納稅義務人於復職時，由服務機關一次補發停職期間之薪資所得，均屬實際補發年度之所得，扣繳義務人應於給付時，依規定之扣繳率扣取稅款，並應於次年1月底前開具扣繳暨免扣繳憑單，向該管稽徵機關辦理申報；扣繳義務人於填發扣繳暨免扣繳憑單予納稅義務人時，應同時填具補發各年度薪資所得明細表予納稅義務人。（二）納稅義務人領取一次補發停職期間之

57 參見司法院大法官釋字第377號解釋：「個人所得之歸屬年度，依所得稅法第十四條及第八十八條規定並參照第七十六條之一第一項之意旨，係以實際取得之日期為準，亦即年度綜合所得稅之課徵，僅以已實現之所得為限，而不問其所得原因是否發生於該年度。財政部賦稅署六十年六月二日台稅一發字第三六八號箋函關於納稅義務人因案停職後，於復職時服務機關一次補發其停職期間之薪金，應以實際給付之日期為準，按實際給付之總額，課徵綜合所得稅之釋示，符合上開所得稅法之意旨，與憲法尚無牴觸。」不過，該解釋理由書末段亦指出：「至於公務員因法定原因停職，於停職期間，又未支領待遇或生活津貼者，復職時一次補發停職期間之俸給，與納稅義務人得依己意變動其所得給付時間之情形不同，此種所得係由長期累積形成，宜否於取得年度一次按全額課稅，應於所得稅法修正時予以檢討，併予指明。」

薪資所得，其屬補發以前年度部分，應於辦理復職當年度綜合所得稅結算申報時，於申報書中註明補發之事實及金額，除檢附相關之扣繳暨免扣繳憑單外，並應檢附補發各年度薪資所得明細表，俾供稽徵機關計算補徵綜合所得稅。其屬補發復職當年度之薪資部分，仍應併入復職當年度綜合所得總額，課徵所得稅。（三）稽徵機關接獲納稅義務人綜合所得稅結算申報書後，應依納稅義務人提供補發各年度薪資所得明細表之各年度薪資所得總額，分別併入各該年度綜合所得總額計算應補徵之稅額後，彙總一次發單補徵復職年度之綜合所得稅。」

（二）其他具累積性、一次實現之所得

財政部 91 年 3 月 1 日台財稅字第 0910450881 號函：「納稅義務人因案停職，嗣後既經判決確定獲准復職，其停職原因自始即不存在，其一次領取停職期間之薪資所得，與納稅義務人私人間因債權債務關係向法院提起訴訟一次取得之數年利息所得，二者之情形有所不同。是納稅義務人一次取得數年之利息所得，應併入其實際取得日期所屬年度課徵綜合所得稅，尚無本部 88 年 8 月 12 日台財稅第 881932202 號函規定之適用。」

（三）財政部見解之再補充

財政部 95 年 10 月 24 日台財稅字第 09504558060 號函：「納稅義務人因公司未依勞動基準法規定終止勞動契約而提起訴訟，經法院裁判勝訴，其一次領取公司補發終止勞動契約至復工之日止期間之薪資所得，得參照本部 88 年 8 月 12 日台財稅第 881932202 號函釋規定，核課綜合所得稅。」

伍、全球化與量能課稅原則的困境與危機

一、概說

作為普遍為各國法制所承認及推崇的原則，量能課稅原則可謂租稅正

義諸項判斷標準之中，地位最爲崇高、最被普遍承認的租稅正義法則。此一原則係如此地光輝燦爛引人目光，幾乎讓吾人在討論租稅正義之際，忘卻了事實上還是有可能以其他標準在稅收領域中衡量特定稅捐之徵收是否合乎正義之要求。然則，量能課稅之原則雖然在稅制之中成爲普遍被承認的衡量稅收正義的標準，但是這並非意味著這個標準是唯一的尺度[58]。而且，和其他所有足以被稱作原則的法律制度一樣，量能課稅的要求自始就存在著困境，而隨著社會經濟及環境的變化，這樣的困境可能被強化。以致在現今的法治國家中，試圖透過稅法制度所可能達到的社會資源重分配的效果，經常無法明確地展現。特別是在國際之間稅收關係出現競爭的情況之下，事實上量能課稅、平等負擔的基本精神已經不容易繼續被維持。這樣的制度之所以面臨各種問題，有其本身固有之困境，亦有全球制度之下所新發生之危機，二者均足以使得租稅正義淪爲空談。

二、困境

量能課稅原則所面臨的困境，可謂自始即已存在於稅法制度中，只是在此一原則初被實定法化的年代，受到重視的程度較低而已。誠如 J. Gaudemet 教授所指出者，乃稅法制度不可免於與其同時代之社會及經濟制度加以觀察。在人權宣言提出量能課稅之要求並賦予其崇高地位之際，工業革命尚未完成；現代化大規模之生產組織及高速流通之交易型態尚未形成，租稅制度偏重於對財產之稅收。對於租稅正義之要求謹守個人之財產狀態及分擔能力，其實僅反應了農業化生產模式過度到工業化生產模式之際所採取的租稅正義觀，未必能在現今之交易關係中無困難地解釋及適用在整體稅法制度之中[59]。**也因此，量能課稅之拘限性，實顯而易見。**

58 參見黃源浩，論量能課稅，收錄於「租稅正義與人權保障：葛克昌教授祝壽論文集」，新學林，頁621以下。

59 J. Gaudemet, Finances et fiscalité dans les sociétés antiques, in: «Etudes de finance publiques: Mélanges en l'honneur de Monsieur le Professeur Paul Marie Gaudemet», Economica, Paris 1984, p. 17.

以致於量能課稅原則適用現代稅制之際，經常需要迂迴婉轉地解釋。例如，在世界各國稅法制度中日漸占有重要地位的加值型營業稅（TVA），其是否爲量能課稅原則所得以適用之範疇，即有推理上之困難：即便承認有所適用，亦多半需藉助其他原理原則，例如租稅中立以作爲推理之輔助。另方面，量能課稅不僅只在近代所引入之以企業交易活動爲前提之稅制中有其適用上之困難，即便在若干老舊之稅制如印花稅（droit de timbre）之稽徵關係中，亦無法展現量能課稅之特徵。直言之，除對納稅義務人個人課徵之直接稅外，量能課稅之要求適用於其他租稅領域均不免經過一定程度之迂迴解釋；此一現象對應於量能課稅原則在稅制史上之地位，其來有自。此外，量能課稅僅得以與納稅義務人個人直接負擔稅額有密切關聯，亦在法國司法實務上得到一定程度之說明。法國憲法委員會亦再三強調，量能課稅原則之適用雖然仍有待立法機關在稅法規範中加以具體化，但此等具體化仍然應該受到一定指導原則之拘束，特別是稅基應就租稅債務人個人之狀況（la situation des personnes redevables）分別觀察之。也就是說，在估量納稅義務人分擔能力之際，首先應排除個人主觀範圍中無法自由支配之財產，並進而使得納稅義務在這個意義之下成爲個人化（personnalisation）之義務。然則，此等個別化之功能僅有在個別之自然人作爲納稅義務人之情形下得以實現：企業作爲納稅義務人，至多僅有營業成本扣除之問題，無法如同自然人稅制中，以家戶（le foyer fiscal）作爲申報單位一般，得以將生活所需排除在分擔範圍之外。或如財富連帶稅，其在稅捐之功能上係被當作個人所得稅之補充稅，乃以高額財產之持有作爲納稅義務人經濟能力強大之表徵。是以在此一理解之下，量能課稅之要求得否在企業課稅之領域毫無困難地實現，特別是現代企業稅捐負擔主要集中在採取非累進稅率之公司稅（營利事業所得稅）以及加值稅（加值型營業稅）之情形下，實際上存有進一步探究之空間，乃難以否認。

三、危機

事實上，量能課稅原則在今日所預見的問題，較諸制度初始之際已經存在的各種困境更加艱難，足以使得租稅正義在這樣的政治及經濟體制之中，淪爲無意義的具文。這樣的問題，總歸於法律制度在現代新自由主義的全球化現象當中，特別醒目，也足以使得吾人輕易看出量能課稅、平等負擔這一正義原則的脆弱[60]。全球化所帶來的租稅正義危機，來自於資本、企業、生產資源自由流通的高度進展。其中使得幾個現象特別醒目。首先是所謂「租稅天堂」或者「避稅港」的出現，亦即若干國家以「無稅賦負擔」爲誘因，吸引外國廠商登記爲該國國籍，致使各跨國企業的應稅收入，經常在國際交易的流程中被引入這些國家。事實上，租稅天堂國家的國民也沒有享受到這些稅賦的利益，只是將原本其他國家國民應當享受的社會資源納入企業家的個人資產當中罷了。以前述租稅天堂之手段進行國際間稅收及財政的不當競爭，其實只是量能課稅原則危機的一環。特別是在全球化現象普遍深入社會、經濟各個層面之今日，各享有稅收管轄權力之主權國家，爲吸引外國直接投資，經常以各項稅收優惠進行稅收競爭或者減稅比賽。在此一意義之下，享有強大之經濟上給付能力之跨國企業財團，反而得以享有輕微之稅捐負擔。而受薪階級之納稅義務人，卻在就源扣繳之制度中負擔了國家財政絕大部分的支出。經濟上給付能力較高之納稅義務人，反而負擔較輕之稅捐義務，這無論如何均不能謂量能課稅原則所希望達成之效果。但是，在企業及生產資源得以迅速方便地移轉於境外的情形之下，特別是在希望以吸引外國資本投入作爲經濟政策的國家而言，降低稅捐以吸引外國投資幾乎是不可避免的手段。對於跨國企業減稅或提供高額的稅捐優惠，相對而言當然會使得國家的財政負擔落在沒有遷移能力、無法和政府協議決定租稅優惠額度的薪資階級身上。在這樣的意義之下，實際上有強大給付能力的大企業，需要負擔的稅捐義務相對不高，反而是薪資階級或者小規模營業人需要負擔的稅捐日益增加。久而久之，透過量能課稅原則所達到的累進級距課稅制度，將變得毫無意義。蓋

60 G. Tournié, Conventions fiscales et droit interne, RFFP 1995, p. 194.

因眞正有能力之納稅人（大企業），事實上得以遊走各國，各國政府無不爭相以租稅優惠措施吸引其投資。反之，相較於大企業，經濟能力至多僅有小康水準的受薪階級，所負擔者反爲政府大多數之財政支出。在這樣的體制之下，量能課稅也只能當作是鏡花水月，難以實現。

第三節　稅法上其他原理原則

壹、租稅中立原則

一、租稅中立原則之意義

租稅中立原則（principe de la neutralité fiscale）可謂係自由主義經濟思想之下對稅捐稽徵所提出的重要基本原則，與稅法上的干涉原則（principe de l'intervention）剛好在概念上相反[61]。所謂租稅中立，主要係指在效果上租稅課徵不應當對於經濟活動之各方，特別是從事經營活動的行爲主體造成經濟活動決策上的扭曲。因此，稅捐課徵以前和課徵以後，納稅義務人在市場上的地位應無變化，而使稅捐制度對於整體經濟活動所造成之負擔降到最低，而在另一方面，促使市場交易活動之中各方在競爭關係中達到平等。

當然，嚴格而言在租稅中立之制度中，既然要求稅捐課徵不得扭曲經濟活動之決策，則稅法的另一方面功能，特別是調整社會經濟的功能明顯地與此一要求有所牴觸。因此，在稅法領域中租稅中立的原則並沒有辦法如同租稅法律主義、量能課稅原則一般，成爲一個普遍適用的原則。

---

61 P. Serlooten, Droit fiscal des affaires, 3e, Dalloz, Paris 2003, p. 22.

二、稅捐中立原則之適用範圍

（一）國內稅法領域中的租稅中立

在國內稅法的領域中，租稅中立的原則所引導出來的基本要求，在法國稅法中乃以經營管理之不干涉作爲內涵。所謂企業經營管理不干涉之原則，意味著乃在一定程度內，承認企業之經營決策於稅法上被容許有犯錯之可能性，而**單純之運氣欠佳或是投機冒進所造成之失敗，雖不符合「常規」，然亦不應任意地被稅捐稽徵機關評價爲不合常規之營業。**因此，雖然在學說上企業尤其以公司形式存在者均被認爲係出於追求利益分配此一目的而存在[62]，然而這並非意味著無法營利之交易行爲必然爲稅法所排斥[63]。法國中央行政法院早於1958年即已明確宣告：**「納稅義務人從來就未曾被要求，就其所從事之商業經營應依其情形，盡力獲取最大之利益」（le contribuable n'est jamais tenu de tirer des affaires qu'il traite le maximum de profits que les circonstances lui auraient permis de réaliser）**[64]，不良或無效率之經營、財務上不利益之決定處置，甚至單純之運氣不佳，並非必然爲不合常規之營業活動：**雖然企業之設置乃以營利爲目的，然而即便企業眞要從事賠本生意，這也是企業營業自由範圍內，**

---

62 CE 7e, 8e, 9e, sous-sect., 27 juillet 1984, Concl. De M. Racine, publiées dans RJF 1984, n° 10, p. 563.

63 M. Cozian在此特別引述Nancy行政上訴法院CAA Nnacy 6 juillet 1995, SA Jaboulet-Vercherre一案以說明。Jaboulet-Vercherre係一家從事釀酒及銷售酒類業務之公司。1974年至1979年，轉投資Malterre et Tolpram公司，從事鋼鐵生產。詎料投資失利，短短數年內賠掉四個資本額。在嗣後之租稅申報中，法國稅捐稽徵機關認為慘賠不合交易常情，法國之鋼鐵業該等年度中平均尚有百分之三左右的利潤，就其申報之損失不同意全部扣抵。案件爭訟進入Nancy行政上訴法院。該院乃於判決中明白指出：「稅捐稽徵機關不得任意介入企業之經營管理，指責其在一九七四年所為之投資不適當。」稅捐稽徵機關除非能證明此等異常損失僅係基於單純之規避稅捐目的，否則亦不容許稅捐稽徵機關任意以異常為理由調整納稅義務人所申報損失。

64 CE 8e sous-sect., 7 juillet 1958, req. n° 35977, Dupont; cité par M. Cozian, La théorie de l'acte anormal de gestion, «Les grands principes de la fiscalité des entreprise», 4e, Litec, Paris 1999, pp. 92-93.

對其享有之財產爲自由處分、收益的問題[65]。

（二）國際稅法中的租稅中立

租稅中立原則適用之範圍之一，在於國際課稅領域之中立，特別是資本輸入或資本輸出兩方面之中立。尤其在歐洲聯盟的相關制度中，租稅中立意味著不應使個別會員國家的稅捐制度構成貨物、勞務、資本自由流通的障礙。因此，正如1967年4月11日歐洲共同體的第一號加值稅指令所宣稱的：**「一個針對交易過程中的加值所課徵的稅捐，僅有在其徵收範圍達到盡可能最大的情形下，在制度上方足以達到最大程度的簡化以及最大程度的中立。」**（**un système de taxe sur la valeur ajoutée atteint sa plus grande simplicité et la plus grande neutralité lorsque la taxe est perçue d'une manière aussi générale que possible.**）乃以各國加值稅之收入一定比例，作爲歐盟主要供應財政來源之收入項目。

三、租稅中立原則在我國稅制中的地位

原則上，在我國憲法中並未提及租稅中立之原則，這使得租稅中立在我國是否得以成爲一個憲法層次的稅法原則，似乎存有疑問。不過，既然租稅中立之實質表現是在於對市場機制的尊重，理論上亦有可能透過契約自由（釋字第643號、第591號、第580號、第576號等）、私法自治原則，導出稅法上採取經濟活動干涉手段僅屬例外之結論。

貳、租稅國家之原則

一、租稅國家之概念

所謂租稅國家之原則，嚴格言之並非稅法之原理原則，而較爲接近財政法或憲法層面之要求。然而亦不可否認，此一原則在租稅法領域亦有

---

65 J.-J. Bienvenu / T. Lambert, Droit fiscal, p. 194.

其一定之作用，或可以此爲基礎引導出稅法上其他之價值要求。租稅國家（Steuerstaat），**乃指國家之整體財政收入之中，應以租稅作爲主要之收入來源，而非由國家自行掌握生產工具**[66]。換言之，國家在市場中，本身並不成爲市場交易之當事人、不自行掌握生產工具，也不以營利活動爲主要活動。這樣的說法，當然是和極端的社會主義國家相反的：在那樣的國家之中，基本上不存在私營企業，僅有國家機關自行掌握的生產體系。當然，租稅國家的原則只是一個相對的說法，若眞要說禁止國家機關從事生產活動，也未必完全屬實。例如無論在什麼國家，一定程度的國營企業，或者公營事業的存在，都被認爲是輔助行政機關提供行政給付或者行政服務的重要手段。因此，租稅國家僅能當作原則，無法被嚴格地適用。

二、租稅國家原則在法治國家中之意義

租稅國家之原則在稅法上，無法導出任何實際上足以被稅捐稽徵機關或納稅義務人具體遵行的要求。不過，這並非意味著此一原則在整體稅法或財政領域中應當被忽視。相反地，租稅國家意味著國家機關既然僅能以稅捐作爲主要之財政收入來源[67]，其他收入，例如經營公共事業之收入，僅有在例外之情形下方取得憲法之正當性[68]。這樣的觀點，實際上也足以顯示國家機關乃負有義務，應當在財政收支之制度設計中清楚區隔稅捐及其他公共財政收入之適用範圍。

參、核實課徵之原則

一、核實課徵之概念

所謂「核實課徵」，乃要求稅捐稽徵機關在稅捐稽徵及核課之關係，

66 參見葛克昌，租稅國：憲法之國體，經社法制論叢，第3期，頁135以下，

67 陳敏，稅法總論，2019年，頁25。

68 Tipke / Lang, Steuerrecht, 20 Aufl. §3, Rn. 22.

特別是相對應的行政程序中，應當盡可能地調查納稅義務人所從事相關經濟活動的眞實內容，並且就其申報事項在職權範圍之內行使調查權力、勾稽查對申報事實之眞僞[69]。**在這樣的意義之下，稅捐案件之證明應當盡可能地以直接證據爲基礎。此一眞實應當爲實質的眞實（la validité）或盡可能接近事實的眞實（une évaluation aussi exacte que possible）**[70]。也因此，在稅捐調查或者事物評價之過程中，間接證明（例如：銀行存款法、資金流向調查）以及推計課稅僅有在例外情形中得以被接受[71]。

二、核實課徵原則之效果

在稅捐稽徵關係中，核實課徵主要造成之效果甚爲複雜。首先，核實意味著對於課稅有關的經濟活動事實，應當盡可能貼近眞實。因此，稅法上採取的證明手段，雖然包括間接方法，但是在間接方法與直接方法之間發生不一致時，原則上應當採取直接方法[72]。但是，在直接證明方法無法

69 特別是在德國法的論述脈絡下，稅捐稽徵機關亦為行政機關的一種，享有強大的職權調查權限。因此納稅義務人一方原則上不負擔主觀的舉證責任，就應稅事實乃以機關職權調查為前提。參見黃源浩，企業併購案件中的商譽攤銷與納稅人協力義務之界限，輔仁法學，第49期，頁42以下。

70 BOI-CTX-DG-20-20-20在法國這號行政命令中，指出核實課徵的幾個論述前提：首先，稅捐稽徵機關依職權對稅基進行評估，並非裁量權限。其次，此等事實應當實質的真實或盡可能接近真實，並且使納稅義務人以及法官知悉其評估方法。就此亦可參見我國營利事業所得稅查核準則第37條規定：「原料、物料及商品之購進成本，以實際成本為準。**實際成本，包括取得之代價及因取得並為適於營業上使用而支付之一切必要費用。**」

71 同時，在間接證據與直接證據評價上不一致時，亦應以直接證據為準。財政部賦稅署80年11月7日台稅一發第800740665號函：「納稅義務人出售房屋提示買賣公契作為交易證明文件者，稽徵機關經依所得稅法施行細則第17條之2規定按財政部核定標準核定所得之案件，納稅義務人提出異議時，應參酌下列方式經實際查證後作為核課之依據：（一）請納稅義務人補具私契及價款收付紀錄。（二）向房屋買受人查明實際售價。（三）比較鄰近房屋或同地段其他房屋成交價格。（四）該房屋向銀行貸款之公證鑑定房屋評價。」

72 或在若干案例中，即便存在有一定程度的間接證明法，進一步的直接證明仍為必要。例如財政部72年9月12日台財稅第36472號書函所指出：「債務人提供不動產向

採取、納稅義務人違反協力義務或者真實之調查成本過鉅者，得以例外地採取間接證明方法，包括推計課稅[73]。其次，乃稅捐稽徵機關在行政程序中應當對於大多數之經濟活動事實負擔舉證責任[74]。因此稅捐稽徵機關僅有在例外的情形下得以被容許採取推計課稅，亦即僅有在納稅義務人違反協力義務之情形下方得採取「非核實」的方式認定應稅事實。例如同業利潤標準、當地一般租金行情等，均以稅捐稽徵機關未能核實調查、納稅義務人又復未盡其協力申報之義務者，方得適用之。

三、核實課稅原則之例外：各種例外間接證明的容許

稅捐稽徵機關對於應稅事實之調查及認定，本於核實課稅之精神，原本應當就該等事實之真實態樣，進行完整而無遺漏、合乎真實的調查。稅法制度中亦存在諸多協力義務之規範，促使納稅義務人進行完整而無遺漏之揭露，或者課予納稅義務人配合機關調查之義務。但是，稅捐稽徵機關對於應稅事實之掌握，並不能如同刑事檢察機關一般擁有強大的調查工具，納稅義務人經濟活動態樣的複雜多樣，也使得與稅捐債務發生有關的

地政機關辦理抵押權設定登記，其抵押權設定契約書僅載明借貸關係，而無約定利息或利率之記載者，除稽徵機關蒐集有其他收取利息之資料或證據外，不得依據設定登記資料逕行核定利息所得，而核課綜合所得稅。」

73 參見最高行政法院90年度判字第1287號判決：「按存在於國外之事實，如欠缺行為人之協力，將無法或難以調查，行為人即應負較高之協力義務。原告非但未提出任何有力之反證，俾推翻本證，反而一再拒絕出具委託書妨礙被告向香港移民局查證有無進入大陸地區，顯然違反證據法上之誠信原則，從而原告主張未進入大陸地區，應不足採。」

74 參見最高行政法院97年判字第101號判例：「收受定金之他方於契約因可歸責於付定金當事人之事由，致不能履行時，無須證明其損害，即得沒收定金，顯見該定金之數額並非當然等同於收受定金者之實際損害數額，亦即發生是否有超出屬於填補損害以外之所得額而應課徵所得稅之問題，且該定金之約定得免除證明實際損害之數額，核屬私法上當事人訂有定金約定之效果，於公法上尚無從因當事人有上開約定而得免除證明其實際損害數額之責任。準此，收受定金之他方有沒收定金之收入，即屬其他所得，至於該定金有無實際損害可以扣除，應由該取得定金所得者負舉證責任。」

事實，在調查程序中得以被容許採取間接的證明手段，此即爲推計課稅此一制度之起源。此可參見司法院大法官釋字第 218 號：「人民有依法律納稅之義務，憲法第十九條定有明文。國家依課徵所得稅時，納稅義務人應自行申報，並提示各種證明所得額之帳簿、文據，以便稽徵機關查核。**凡未自行申報或提示證明文件者，稽徵機關得依查得之資料或同業利潤標準，核定其所得額。此項推計核定方法，與憲法首開規定之本旨並不牴觸**。惟依此項推計核定方法估計所得額時，應力求客觀、合理，使與納稅義務人之實際所得相當，以維租稅公平原則。」整體而言，核實課徵原則在稅法中，主要面對間接證明以及推計課稅等例外。另外在我國稅制中，爲簡化稅捐稽徵行政，另外在營利事業所得稅制中設有擴大書面審核制度，事實上亦爲核實課徵原則所發生之例外[75]，值得在此一原則的相關論述之中予以討論。

（一）間接證明手段之容許

稅捐稽徵機關面對納稅義務人享有優勢支配地位的經濟活動事實，不可期待對於應稅事實具有百分之百、完整而無遺漏的證明及調查義務[76]。因此在稅法上，雖然以核實課稅爲原則，但例外地容許一定程度的間接證明方法[77]。諸如：銀行存款法等。就此司法院大法官釋字第309號亦指出：

75 參見黃士洲，擴大書審稅制的研析與興革建議——從合法、合憲性與數位雲端時代觀點，稅務旬刊，第2364期，頁7以下。

76 「無論是憲法秩序上或是事實關係上，在租稅核課程序中負有舉證責任之一方均不受有無遺漏且完全闡明事實真相義務（die Pflicht zur lückenlosen Sachverhältsaufklärung）的拘束」，R. Mußgung, Sachverhältsaufklärung und Beweiserhebung im Besteuerungsverfahren, JuS 1993, S. 48.

77 參見簡松棋，稅務機關證明納稅人課稅所得方法，作者自版，2006年，頁151以下。事實上，間接證明之手段在我國稅制中非常常見，例如所得稅法第83條之1第1項規定：「稽徵機關或財政部指定之調查人員進行調查時，如發現納稅義務人有重大逃漏稅嫌疑，得視案情需要，報經財政部核准，就納稅義務人資產淨值、資金流程及不合營業常規之營業資料進行調查。」其實也是一種間接證明之規定。

「中華民國七十一年十二月三十日修正公布之所得稅法第八十三條之一規定：『稽徵機關或財政部指定之調查人員進行調查時，如發現納稅義務人有重大逃漏稅嫌疑，得視案情需要，報經財政部核准，就納稅義務人資產淨值、資金流程及不合營業常規之營業資料進行調查。』『稽徵機關就前項資料調查結果，證明納稅義務人有逃漏稅情事時，納稅義務人對有利於己之事實，應負舉證之責。』係對有重大逃漏稅嫌疑之案件，以法律明定其調查方法，**如依調查結果，認為足以證明有逃漏稅情事時，並許納稅義務人提出反證，以維護其權益，與憲法尚無牴觸**。」間接證明手段之容許，不僅為稅法中常見之現象，甚至在一定範圍內也被認為具有簡化稽徵行政的效果。

（二）推計課稅之容許

在我國稅法制度中，本於核實課稅以及量能課稅的基本精神，稅捐調查受有兩方面義務之拘束。一方面，機關應當盡可能地查得應稅事實之內容，以確定納稅義務人的經濟能力未受到刻意隱藏。另方面，過度耗費行政成本、不計代價的調查措施，又非現代法治國家稅制所容許。因此，除了在稅法領域中普遍承認以間接證據作為認定事實之方法以外，推計課稅之容許，即成為重要之制度。所謂推計課稅，在釋字第 218 號曾如此指出：「凡未自行申報或提示證明文件者，稽徵機關得依查得之資料或同業利潤標準，核定其所得額。」換言之，稅法上對於重要課稅構成要件事實（Besteuerungstatbestand）之存在與否，遇有無從證明，或雖非不能證明，但完全之證明顯將耗費不成比例之勞力、時間及費用，或者納稅義務人違反租稅稽徵程序中之協力義務時，稅捐稽徵機關對於該等事實之存在，以推斷之方法定之，謂之推計課稅[78]。主要之手段，在於採取事先存在的抽

78 參見法國租稅程序法典第L74條第1項的規定：「當對於納稅義務人或者第三人的租稅調查事實上無法舉行者，稅捐稽徵機關得依職權評估課稅基礎。」（Les bases d'imposition sont évaluées d'office lorsque le contrôle fiscal ne peut avoir lieu du fait du contribuable ou de tiers.）

象標準或規定以認定事實[79]。

推計課稅在稅法上之運用所引起之主要爭議，爲與稅法上之重要基本價值即租稅法律主義之牴觸疑義。作爲一種間接證明之方法，推計課稅通常指的是事先以行政規定所規範的、與現實僅有大體相符的事實，例如，使用「同業利潤標準」、「營利事業所得稅查核準則」等非形式意義之法律認定課稅事實之存否，並非於法律上完全無疑。而在德國稅法實務上，此類列表式的法律規範亦非少見，其在法律上之位階，甚且僅爲行政規則。其是否合於租稅法律主義對於租稅構成要件之法定性（Gesetzmäßigkeit）之要求，頗値研究[80]。就我國法制而言，此等合憲性爭議已經在釋字第 218 號解釋等實務見解中被淡化。換言之，推計課稅方法之採取，於我國稅制中應該可以在下列要件中使得合憲性疑慮降到最低：

1. **推計僅爲間接證明之一種手段，其證明者僅爲間接事實**。因此，只能運用在納稅義務人違反協力義務，或者調查過於困難、行政成本耗費過鉅之案例（釋字第 218 號）。此即爲納稅者權利保護法第 14 條第 1 項：「稅捐稽徵機關對於課稅基礎，經調查仍不能確定或調查費用過鉅時，爲維護課稅公平原則，得推計課稅，並應以書面敘明推計依據及計算資料。」之意旨。

2. 推計所獲得之事實，僅爲抽象之間接事實。**倘若納稅義務人有辦法提出反證，除非此等反證之提出有故意遲延課稅程序等正當理由，否則應當容許以反證推翻推計之事實（釋字第 309 號參見）**。此亦可參見納稅者權利保護法第 14 條第 2 項及第 3 項規定：「（第二項）稅捐稽徵機關推計課稅，應斟酌與推計具有關聯性之一切重要事項，依合理客觀之程序及

79 例如用以核課法人稅（Körperschaftsteuer）之折舊耗損表（Absetzung für Abnutzung; AfA）、用以決定薪資稅（Lohnsteuer）扣除標準之各項法定之抽象標準（Rechtlinie）等是。L. Schmidt, Einkommensteuergesetz (EstG) Kommentar, 1990, S. 1330ff.

80 BVerfGE 78, 214.

適切之方法爲之。（第三項）推計，有二種以上之方法時，應依最能切近實額之方法爲之。」

3. 以推計方法所得之事實，僅得用以課稅，不一定得用於處罰。前已言及，推計之正當性係來自於稅法制度量能課稅以及行政成本兩方面誡命之衝突所採取之例外結果，爲核實課稅原則之例外。此等事實認定之例外容忍，係因稅法本身係羈束關係，機關負有平等實現之誡命義務故。裁罰關係，乃裁量關係，推理上當然難以推計所得之事實作爲裁罰基礎。就此，我國納稅者權利保護法第 14 條第 4 項乃規定：「納稅者已依稅法規定履行協力義務者，稅捐稽徵機關不得依推計結果處罰。」

4. 最後在法律制度中尚存在一問題，在於推計故得以就事實關係進行推計，但得否就法律關係進行推計？針對德國法制中推計課稅的運作，W. Jakob 曾經如此指出：「對於課稅有關的數量，稽徵機關或法院不能或不願調查時，得進行推計。因此，只有與數量有關的課稅基礎得以進行推計（收入、支出、財產價值、資產負債表所載數額、銷售額等）。法律關係（也就是所謂的基礎事實關係）不在此列。稅額本身也不可以推計，以稅額作爲課稅基礎者亦不可以進行推計。蓋因以稅額作爲他稅之基礎，實質上構成他稅捐的構成要件。」[81] 就此，似應認爲在我國法制中構成立法上的有意缺漏，有待日後司法及行政實務加以塡補。

（三）擴大書審稅制

在我國稅制之中，欲討論核實課稅原則以及各種例外的間接證明手段，不可迴避的問題乃我國營利事業所得稅制中運行多年、長期存在著的「擴大書審」稅制。所謂擴大書審，全稱爲擴大書面審核，本來是稅捐稽徵機關進行營利事業所得稅租稅調查時的一種手段[82]。所謂「擴大書面審

---

81 W. Jakob, Abgabenordnung, 4 Aufl. C. H.Beck, 2006, p.S. 83-84.

82 在學理上，稅捐調查之手段可以區分成帳簿查驗、實地調查等幾種方式。書面審查比較是相對於實地調查的概念。不過事實上，現今稅制的發展已經不完全能夠將

查」，係指財政部爲簡化稽徵作業及推行便民服務，以行政命令規定營利事業之全年營利及非營利收入[83]，合計在新臺幣3,000萬以下者，得以自行按照規定之純益率標準申報，原則上機關即以書面予以審核，而不以實際結算之損益申報稅捐[84]。**換言之，在適用擴大書面審核案件中，原則上機關係以書面審核特定事業之純益率，而得以在一定範圍內取代依職權調查所核實查得之交易資訊**[85]。就此而言，亦可謂係核實課稅原則之例外之一。

四、核實與非核實之間：納稅人有無選擇權？

在我國稅法制度之中，論述及於核實課稅問題之際，最後還必須討論一個制度設計上的困境，也就是「核實」與「有利」之間，如何取捨的問題。原則上，在稅捐稽徵行政的角度看來，機關本應依職權探知所有的經

「擴大書審」單純地當作是一種稅捐調查手段的問題。

83 所得稅法第80條第6項規定：「**稽徵機關對所得稅案件進行書面審核、查帳審核與其他調查方式之辦法，及對影響所得額、應納稅額及稅額扣抵計算項目之查核準則，由財政部定之。**」為目前我國營利事業所得稅租稅調查授權進行書面審核之主要依據。進一步來說，書面審核又可以區分為一般書面審核以及「擴大書面審核」。其中後者如財政部制頒「一百零六年度營利事業所得稅結算申報案件擴大書面審核實施要點」第1點規定：「為簡化稽徵作業，推行便民服務，特訂定本要點。」第2點規定：「凡全年營業收入淨額及非營業收入【不包括土地及其定著物（如房屋等）之交易增益暨依法不計入所得課稅之所得額】合計在新臺幣三千萬元以下之營利事業，其年度結算申報，書表齊全，自行依法調整之純益率在下列標準以上並於申報期限截止前繳清應納稅款者（獨資、合夥組織以其全年應納稅額之半數，減除尚未抵繳之扣繳稅額，計算其應納之結算稅額），應就其申報案件予以書面審核。」

84 參見游敏慧、吳朝欽，營利事業所得稅逃漏之研究：以擴大書面審核制度為例，財稅研究，第44卷第3期，頁95。

85 理論上，此一純益率於機關並無絕對之拘束力，參見前述「一百零六年度營利事業所得稅結算申報案件擴大書面審核實施要點」第4點規定：「申報適用本要點實施書面審核者，應依規定設置帳簿記載並取得、給與及保存憑證，其帳載結算事項，並依營利事業所得稅查核準則第二條第二項規定自行依法調整，調整後之純益率如高於本要點之純益率，應依較高之純益率申報繳納稅款，否則稅捐稽徵機關於書面審核時，對不合規定部分仍不予認列。」

濟上眞實狀態，非核實的手段[86]僅能當作例外。但是在我國稽徵實務中，卻經常存在著「不核實卻對納稅義務人更加有利」的情形。例如：

（一）房東將房屋租給房客，每個月收入租金 5 萬元。假設某年度就租賃標的物支出有 6 萬元修繕費用支出。假設不考慮房屋折舊支出，則此一收入費用之減除，有可能有兩種計算方法：倘若採核實減除，全年收入減去 6 萬元修繕費用，應稅所得爲 54 萬元。倘若不核實，則減除項目根據財政部制頒「年度財產租賃必要損耗及費用標準[87]」可以租賃收入的 43% 作爲費用，應稅所得是 34 萬 2,000 元。因此，核實反而比較不利。

（二）律師承辦訴訟案件，未核實記載收入，根據稽徵機關所制頒「執行業務者收入標準」，在直轄市承辦民、刑訴訟案件，一案收入爲 4 萬元，費用標準爲 30%，一件案件之應稅所得減去費用爲 2 萬 8,000 元。律師倘若核實記帳，數字可能不及於此，反而不利。

前述情形，解釋上其實與「核實課稅」的原則不能完全合致。但是在稅捐稽徵實務上，這樣的情形有其另外的制度正當性基礎。特別是考慮到案件的簡化等體制上利益，使得「非核實但是卻有利於納稅義務人」的情形，無法避免。相對地，似乎也應該認爲納稅義務人就此等事實之申報及查核，享有相對的選擇權存在[88]。

86 此等非核實手段，在德國稅法制度中經常被稱作所謂「類型化方法」或者「總額方法」。

87 此等標準係根據所得稅法施行細則第15條而制頒：「（第一項）本法第十四條第一項第五類第一款所稱必要損耗及費用，係指固定資產之折舊、遞耗資產之耗竭、無形資產之攤折、修理費、保險費及為使租出之財產能供出租取得收益所支付之合理必要費用。折舊、耗竭及攤折之減除，準用本法第三章第四節有關條文之規定。必要損耗及費用之減除，納稅義務人能提具確實證據者，從其申報數；其未能提具確實證據或證據不實者，稽徵機關得依財政部核定之減除標準調整之。（第二項）前項標準，由財政部各地區國稅局擬定，報請財政部核定之。」

88 稅法上選擇權的進一步討論，見陳敏，稅法總論，2019年，頁41。

五、間接證明的不當使用：實務上常見的「連鎖推論」

在我國稅法制度中，討論核實課稅原則所涉及的諸多問題，最後尚且應當各種例外容許的間接證明手段在實務上的過度使用，其中一種常見的現象，當在於「間接證明」的「間接證明」，或可稱作「連鎖推論」。例如，納稅義務人虛設行號販賣營業稅統一發票。稽徵機關查獲其違法行為之後，就此等行為加以處罰固無問題。但是，納稅義務人販賣假發票本身，卻也是用間接手段認定其所得。此可以參見 78 年財政部制頒的台財稅第 781146897 號函：「營利事業非法出售或虛開統一發票給予他人作為進貨憑證者，其虛開統一發票之收益，依查獲收益資料核實認定，若無收益資料可供認定者，則按其所開立之統一發票金額 8% 標準認定。」這個函令的問題在於，加值型營業稅與所得稅二者的稅基不同：前者為營業活動，後者為所得。即便販賣假發票，也未必有所得，理論上仍應當核實調查。但實務上經常以此為理由，認定（未經申報及調查）所得稅的所得額，這不能不說是一種間接證明方法過度適用的結果。

肆、實質課稅原則以及租稅規避之防杜

一、實質課稅的概念

實質課稅原則是指稅捐機關對於某種經濟活動，不能單憑其外觀或形式，決定應否課稅。如法國中央行政法院政府專員 Corneille 氏在 1921 年即曾經指出的：「稅法是什麼？是用來針對稅捐領域、應稅領域為規範的法律。稅法在應稅行為出現時將其涵攝在法條內，並且根據應稅行為事實上所顯現出來的樣貌作規範，而不管納稅義務人所希望在法律上發生的效果是什麼。也因此，稅法所要規範者，乃現實之狀況而非經過安排之狀況。」（Qu’est-ce, eneffet, qu’uneloifiscale? C’estuneloidestinée à frapper la matière fiscale, la matière imposable, et qui la saisitlàoùelle se trouve, qui la sa isittellequ’elleapparaîtenfait, sans se préoccuper de cequ’ellevauten droit. La loifiscale frappe donc des états et non des situations de droit.）[89]將實質課稅原則適用在稅法上，在課稅要件的「外觀和實體」或「形式與實質」不一致時，只能依照其實體或實質，作爲應否課稅的依據[90]。實質課稅入法的目的，在追求公平、合理及有效的課稅原則。乃這樣係要求稅捐稽徵機關需探求經濟活動之眞實面貌，作爲行使稅捐課徵權力的基本前提，並且避免納稅義務人進行違反稅法目的的稅捐規避行爲。

相對而言，實質課稅原則所調整的對象，亦即所謂「脫法避稅」行爲與稅法上經常被指出的「稅捐逃漏」並不相同。前者係指運用形式上或外觀上合法之行爲所從事之迂迴安排；後者則指以虛僞或其他不正之行爲以圖脫免納稅義務。例如：使用僞造或變造（包括虛設行號）之憑證作爲交易憑證、對於稅捐稽徵機關爲隱匿不實之申報、區分內帳外帳之帳簿、無交易事實卻登入帳簿、故意對申報數量減縮等[91]。另外，脫法避稅與合法之節稅，亦非相同之法律概念[92]。

89 CE 21 janvier 1921, Syndicat des agents généraux de Belfort. 不僅在法國法上如此，在我國法制中，陳清秀教授亦指出：「經濟的觀察法，亦稱為實質課稅原則，乃是稅法上特殊的原則或觀察方法。……在稅法的解釋適用上，應取向於其規範目的及其規定的經濟上意義，即使稅法上的用語是借用自民法的概念，也非當然與民法規定採取相同的解釋。」陳清秀，稅法總論，增訂11版，元照出版，頁201。

90 參見最高行政法院98年度判字第144號判決：「涉及租稅事項之法律，其解釋應本於租稅法律主義之精神，依各該法律之立法目的，衡酌經濟上之意義及實質課稅之公平原則為之，觀之司法院釋字第四二〇、四九六、五〇〇號解釋自明。準此，財產所有人是否以自己之財產無償給予他人，而應課徵贈與稅，自應衡酌具體個案經濟上之意義及實質課稅之公平原則為之。」

91 清永敬次，稅法，6版，頁312-314。

92 參見最高行政法院97年度判字第81號判決：「按所謂『稅捐規避』，是指利用私法自治、契約自由原則對私法上法形式選擇之可能性，選擇從私經濟活動交易之正常觀點來看，欠缺合理之理由，為通常所不使用之異常法形式，並於結果上實現所意圖之經濟目的或經濟成果，且因不具備對應於通常使用之法形式之課稅要件，因此得以達到減輕或排除稅捐負擔之行為。因此稅捐規避與合法的（未濫用的）節稅不同，節稅乃是依據稅捐法規所預定之方式，意圖減少稅捐負擔之行為，反之，『稅捐規避』則是利用稅捐法規所未預定之異常的或不相當的法形式，意圖減少稅捐負

Q：合法節稅、脫法避稅、違法逃稅三者的區別？

A：

（一）在稅法領域中，納稅義務人作為公法上債權債務關係的債務人，以各種行為試圖降低所應當負擔的稅捐義務，乃人性趨利避害之表現，在任何國家稅法中均難以杜絕。

（二）節稅、避稅和逃漏稅之區別

在稅法領域中，因實質課稅原則之出現，乃使得合法節稅、脫法避稅與違法逃稅三種概念，被認為有嚴格區分之必要：

1. 合法節稅

係指在稅法規範所定之範圍內，經由租稅規劃所從事的、合乎稅法意旨規範目的之降低應納稅額之行為。例如，蒐集生活必需單據、列報個人綜合所得稅之列舉扣除額是。

2. 違法逃漏稅

納稅人透過虛偽不實之記載，或其他偽造變造之手段、違反明確的申報義務以圖降低應納稅捐。例如，向虛設行號之公司購買發票用以主張營業費用成本是。

3. 脫法避稅

脫法避稅，係指形式上合法，但實質上違反稅法目的，所進行的稅法上權利濫用行為。例如，個人股東利用盈餘證券化避稅。

Q：合法節稅之案例？

擔之行為。綜觀本件事實，上訴人之被繼承人所為，顯係透過形式上合法卻反於保險原理及投保常態，且以躉繳高額保險費方式，移動其所有財產，藉以規避死亡時將之併入遺產總額所核算之遺產稅，並使其繼承人經由年金保險契約受益人之指定，仍得獲得與將該財產併入遺產總額核課遺產稅相同之經濟實質，故依上開所述，其所為自屬租稅規避，而非合法之節稅。」

A：

（一）利用所得稅「列舉扣除額」實現個人綜合所得稅節稅

我國所得稅法在個人綜合所得稅之計算中，「扣除額」區分為標準扣除額以及列舉扣除額，二者擇一適用。因此，倘若家庭於課稅年度中有得以列舉扣除之項目、其項目費用超過該年度標準扣除額時，即得以蒐集扣除額項目之單據申報列舉扣除，達到節稅效果。根據所得稅法規定，得以列舉扣除之項目包括：捐贈、保險費、醫藥及生育費、災害損失、購屋借款利息、房屋租金支出（所得稅法第 17 條第 2 款第 2 目）等項目。

（二）利用分年逐次贈與金錢給子女，達到財產移轉目的之節稅

父母與兒女之間，倘若以贈與方式移轉土地，有土地增值稅與贈與稅二種租稅負擔。可以考慮利用贈與稅免稅額，規劃逐年由贈與人每年贈與 220 萬元的方式，節省贈與稅的負擔。遺產贈與稅法第 22 條規定，每個贈與人年度贈與 220 萬以內，不計入贈與總額。另外同法第 20 條第 7 款於子女婚嫁時另有 100 萬之特別贈與扣除額[93]。

（三）利用剩餘財產分配請求權在遺產稅案件中節稅

根據民法第 1030 條之 1 規定，夫妻法定財產制關係消滅時，夫或妻現存之「婚後財產」，扣除婚姻關係存續中所負債務後，如有剩餘，其雙方剩餘財產之差額，應平均分配。因此，被繼承人死亡後，其生存配偶得依前述規定，行使「剩餘財產差額分配請求權」，其價值於核課被繼承人遺產稅時，可以自遺產總額中扣除[94]。

---

93 換言之，在子女婚嫁當年度，父母對其贈與至540萬之內，可以不納贈與稅（母220萬＋父220萬＋婚嫁特別贈與100萬＝540萬）。

94 甲與其配偶於民國63年3月1日結婚，甲過世後，其於結婚後取得的財產有900萬元，其配偶結婚後取得的財產有400萬元，所以配偶可以主張250萬元的剩餘財產差

（四）一年內完成之不動產交易

土地增值稅係根據公告現值課徵，同一年度內（1 月 1 日起至 12 月 31 日止）買進賣出之不動產，土地公告現值並未增加，因此原則上亦不發生土地增值稅債務。

二、實質課稅原則的成文化

實質課稅原則係稅法上特殊之課稅原則，賦予稽徵機關於課稅要件之事實認定上，得依實際上之經濟事實關係，而非外觀上之交易形式爲準，惟實質課稅原則之定義及適用範圍於明文化前，並不明確，造成納稅義務人經常質疑稽徵機關有濫用實質課稅原則課徵稅捐，並導致稽徵機關援引實質課稅原則課稅所衍生之爭議案件，成爲稅務行政訴訟之主要案源。爲解決此類問題，我國納稅者權利保護法第 7 條乃規定：「（第一項）**涉及租稅事項之法律，其解釋應本於租稅法律主義之精神，依各該法律之立法目的，衡酌經濟上之意義及實質課稅之公平原則爲之**。（第二項）稅捐稽徵機關認定課徵租稅之構成要件事實時，應以實質經濟事實關係及其所生實質經濟利益之歸屬與享有爲依據。（第三項）納稅者基於獲得租稅利益，違背稅法之立法目的，濫用法律形式，以非常規交易規避租稅構成要件之該當，以達成與交易常規相當之經濟效果，爲租稅規避。稅捐稽徵機關仍根據與實質上經濟利益相當之法律形式，成立租稅上請求權，並加徵滯納金及利息。（第四項）前項租稅規避及第二項課徵租稅構成要件事實之認定，稅捐稽徵機關就其事實有舉證之責任。（第五項）納稅者依本法及稅法規定所負之協力義務，不因前項規定而免除。（第六項）稅捐稽徵機關查明納稅者及交易之相對人或關係人有第三項之情事者，爲正確計算應納稅額，得按交易常規或依查得資料依各稅法規定予以調整。（第七項）第三項之滯納金，按應補繳稅款百分之十五計算；並自該應補繳稅款

額分配請求權（9,000,000元－4,000,000元）÷2，且該250萬元金額可以自被繼承人遺產總額中扣除。

原應繳納期限屆滿之次日起，至填發補繳稅款繳納通知書之日止，按補繳稅款，依各年度一月一日郵政儲金一年期定期儲金固定利率，按日加計利息，一併徵收。（第八項）第三項情形，主管機關不得另課予逃漏稅捐之處罰。但納稅者於申報或調查時，對重要事項隱匿或爲虛僞不實陳述或提供不正確資料，致使稅捐稽徵機關短漏核定稅捐者，不在此限。（第九項）納稅者得在從事特定交易行爲前，提供相關證明文件，向稅捐稽徵機關申請諮詢，稅捐稽徵機關應於六個月內答覆。（第十項）本法施行前之租稅規避案件，依各稅法規定應裁罰而尚未裁罰者，適用第三項、第七項及第八項規定；已裁罰尚未確定者，其處罰金額最高不得超過第七項所定滯納金及利息之總額。但有第八項但書情形者，不適用之。[95]」

Q：甲以 A 公司股東身分，依持股比例取得該公司出售土地溢價收入所累積之資本公積轉增資配發股票，嗣後 A 公司辦理減資，並依照持股比例以等同之現金收回股票，甲因未申報此筆收入，經某區國稅局核定應納稅額，補稅加罰。甲不服，迭經復查、訴願均遭駁回後再提起行政訴訟。某高等行政法院略以該公司行為「並無股票轉讓之性質，而為股利之分派」、甲「藉由公司以資本公積轉增資配發股票分派股利，再以減資程序發還股本，不惟規避稅賦，更將侵蝕公司剩餘財產」，甲因申報怠於作為致生漏稅，「難謂無過失，依釋字第 275 號解釋及所得稅法第 110 條第 1 項規定，予以課處罰鍰，要無違誤」。甲不服上訴最高法院，判決略以：「本件乃以增資減資方式，隱瞞出售土地利得予各股東……之事實而逃稅，並非避稅。」「仍應依法補繳或併予處罰。」（最高行政法院 96 年判字第 823 號判決、93 年訴字 4212 號判決）。該兩判決，試依己見加以評論。（98 台大稅法）

95 此一規定之內容，亦與稅捐稽徵法第12條之1重複，詳後述。

A：

（一）該交易活動，構成稅捐規避

1. 按所謂「租稅規避」（Steuerumgehung）或稱「脫法避稅行為」，係納稅義務人利用民法上私法自治所賦予之經濟活動自由形成之權能以及契約自由原則，意圖免除其於稅法中所應負擔之特定稅賦，而從事之迂迴法律上安排。
2. 稅捐規避作為法外行為之一種，其要旨在於所從事之行為並無法律之明文禁止規定，而在效果上卻足以使得稅捐構成要件被故意規避或者故意合致。就本題情形而言，公司出售土地，並無不法。資本公積轉增資配發股票，亦無不法。嗣後減資取回資金，亦無不法。然則此種迂迴操作，法律上即足以使得原本應稅之股利配發變成資金取回，規避了原本應繳納之所得稅。

（二）稅捐規避之法律效果：補稅及處罰？

1. 按法治國家出於量能課稅、平等負擔之憲法誡命，對於稅捐規避行為不應予以承認。因此，特定行為構成租稅規避者，應當予以調整補稅，並無疑問。
2. 惟有疑問者，乃在於納稅義務人從事此等迂迴措施，除補稅以外，是否應當依據稅捐秩序罰之相關規定，加以處罰？我國實務上雖有承認之例（如前述最高行政法院 96 年度判字第 823 號判決、93 年度訴字第 4212 號判決）。但學說上認為，納稅義務人從事此等迂迴安排，並無「不法」逃漏稅捐之可言，蓋以稅捐規避乃法外行為之故。因此多數學說，均認稅捐規避並無處罰空間。

三、實質課稅原則的憲法風險

（一）實質課稅原則並非憲法原則

在實務上，雖然實質課稅原則經常被稅捐稽徵機關援引至個別課稅爭議案件之處裡，**但其在憲法上並無直接之地位，至多僅可能被解釋爲，透**

過實質課稅發現納稅義務人隱藏之經濟上給付能力，從而具有實踐量能課稅之工具意義罷了。實質課稅原則在稅法當中，否認納稅義務人向稅捐稽徵機關所申報之經濟活動，均不可避免地產生憲法上價值取捨的困難。蓋正如 J. M. Tirard 教授所指出者，乃實質課稅尤其是租稅規避或稅法上權利濫用：「此一制度所欲規制者，主要係納稅義務人憲法上自由權利被過度地使用（excessif de la liberté des contribuables）。[96]」因此，納稅義務人所從事的「稅捐規避」此一行爲嚴格言之並非「違法」，而僅係在法外空間不當地行使其契約或私法上權利耳。

Q：實質課稅是否為憲法原則？

A：

釋字第 700 號蘇永欽大法官協同意見書：「就和量能課稅一樣，實質課稅究竟只是稅法（稅捐稽徵法第十二條之一）、租稅理論或財稅政策的原則，從而尚不得作為審查稅法有無違憲的基礎，或已經提升為稅法必須遵從的憲法原則，從而可以作為審查稅法的基礎，在憲法並無明文的情形下，稅法或憲法學者迄今並沒有很一致的看法，少數持憲法原則說者事實上也還無法勾勒出很清楚的內涵，所謂『雖不能至，心嚮往之』，不能操作終究還是罔然。以本院解釋實務來看，顯然仍不以其為獨立的實體憲法原則，但確實已經意識到某種憲法上的特殊意涵，因此多次嘗試在解釋中援引以強化論述的說服力，而其實定法上的基礎則始終是『實質課稅之公平原則』，且幾無例外的都放在憲法第十九條租稅法律主義的脈絡之下，不啻以實質課稅為租稅法律主義加入租稅公平（憲法第七條）的要求後，所增添的特別內涵。本件解釋在理由書中所稱：『主管機關本於法定職權就相關規定為闡釋，如其解釋符合各該法

[96] J. M. Tirard, L'abus de droit en droit comparé, in: Écrits de fiscalité des entreprises: Mélanges à la mémoire du professeur Maurice Cozian, Litec, Paris 2009, p. 209.

律之立法目的、租稅之經濟意義及實質課稅之公平原則，即與租稅法律主義尚無牴觸』，實際上只是沿用自釋字第四二〇號解釋以來的套句（另有釋字第四六〇號、第四九六號、第五〇〇號、第五九七號、第六二五號等解釋），唯一曾單獨使用的釋字第六二〇號解釋，也顯非刻意有所不同。至於使用實質課稅的各種情形，其意義是否統一，也還值得推敲。本席歸納了上述提及實質課稅原則的各解釋所處理的規範疑義，發現實際上有兩種不同的類型，據此再搜尋相關解釋，則還有若干雖未援引套句但實際上使用類似論旨的解釋例，頗堪玩味。第一種是打破稅法規定的文義形式，更強化租稅『目的』的主導性，從解釋方法論的角度可以說就是基於租稅公平的特殊考量，特別是面對各種有意避稅的行為，刻意在涵攝經濟行為於稅法時，不拘泥於法體系內通常使用的概念，而以所謂『經濟觀察』的角度去理解，在一定情形甚至使本來堅守傳統解釋方法的租稅法律主義例外容許已經超越『目的解釋』的『目的性擴張』、『目的性限縮』或『類推適用』，其適例包括釋字第四二〇號、第四六〇號、第五〇〇號、第五九七號等解釋，但如更早的有關土地增值稅『應向獲得土地自然漲價之利益者徵收，始合於租稅公平之原則』的釋字第一八〇號解釋其實已寓有此旨，只是當時實質課稅的概念尚未出現於解釋而已。近年解釋循相同意旨而未使用套句的還有釋字第五九三號、第六〇七號、第六三五號等解釋。比如釋字第六三五號解釋，排除有農民名義而非自任耕作的農民享有免徵土地增值稅的利益，即屬此一類型的實質課稅。此一方向的實質課稅原則（substance over form），雖不盡然、但往往不利於納稅義務人，乃至減損人民對法制的信賴，因此除目的外，仍多衡酌制定歷史、體系一致等觀點，以提高其論證的合理性。第二種類型則涉及租稅正確和稽徵便宜間的調和，簡言之，在徵稅程序中必然涉及應稅資訊的蒐集，或由納稅義務人提供，或由稽徵機關調查，都可能產生一定的成本，為簡政便民、提高稽徵效率，在一定情形必須以簡化的推計或設算方法來計算核定，或必須以一定時間截止所得資訊為基礎而核定稅額。依法以推計或查得資料所做稅額的核定，在多大範圍內可容忍其與真實應稅額間的誤差，此處規範核實底線的也是實質課稅原則。和前一類型一樣，除了明確以實質課稅原則為其論述基礎的先例如釋字第四九六號、第五〇〇號、第五九七號、第六二五號等解釋外，還有不少解釋的論述本於相同意旨卻未使用此一套句，較早者如釋字第二一八號解釋即以所得稅法中有關推計課稅的規定固然不牴觸租稅法律主義，『惟依推計核定之方法，估計納稅義務人之所得額時，仍應本經驗法則，力求客觀、合理，使與納稅義務人之實際所得額相當，以維租稅公平原則。』此處實質課稅原則的功能不在揭開形式的面紗，如第一種類型，而在依各種情形衡酌租稅正確和稽徵便宜之間的緊張關係（借用釋字第六一五號解釋的用語），找出真實與核定應稅額之間可容忍的差距，解釋實務有時偏向核實，認定法定資訊方法過於僵硬而『自難切近實際』，如釋字第二一八號、第四九六號、第六二五號、第六五〇號、第六八八號等解釋（違憲或檢討改進）；有時偏向稽徵簡便考量，認定其間誤差尚不違反實質課稅的公平原則而在可容忍範圍，如釋字第二四八號、第四三八號、第四九三號、第四九六號、第五三七號、第五九三號、第六一五號等解釋（尚不違憲），所考量者多端，此處無法作完整的分析，其複雜的程度要想用幾句話來概括，恐怕並不容易。

本件解釋有關漏稅額的認定，與第一種類型的實質課稅無關，是顯而易見的。持少數意見的大法官質疑進項稅額確已發生，卻僅以查得資料為限而不計入，核定的漏稅額即非真實的漏稅額，其所主張的實質課稅原則，應該朝第二種類型去理解。但在參照第二種類型的先例進行審查以前，本案適用實質課稅原則必須面對的根本困難在於，過去所有關於實質課稅原則的解釋先例，不論第一種還是第二種類型，全部都是用在有關租稅義務本身的審查上，從無例外，理論上也應該如此，否則難以從租稅公平或租稅法律主義上建立其形式和實體的正當性。系爭函釋解釋的對象卻是營業稅法有關漏稅罰的規定，不是營業稅本身；而且相對亦然，有關漏稅罰規定的違憲審查，從釋字第二八九號、第三三七號、第三三九號、第五〇三號、第六一九號、第六四一號到第六六〇號等解釋，也從來不會觸及實質課稅的觀點。本案果然要移花接木，把規範課稅的原則用來規範科罰，理論上如何自圓其說？」

（二）實質課稅與法安定性

無論是任何國家之稅制，所面臨有關納稅義務人各形各色之降低稅捐負擔行爲，均層出不窮。其中合乎稅法立法之本旨者，稱節稅（habileté fiscale），乃納稅人在稅法上被賦予選擇權（l'option fiscale）展現之結果，爲稅法秩序所容許之合法行爲。但在光譜的另一極端，當納稅義務人出於惡意（mauvais fois）而以積極之行爲，特別是僞造變造稅捐申報內容或各種憑證及其他詐術之實施而使稅捐稽徵機關陷於錯誤者，被稱爲租稅詐欺（la fraude fiscale）或逃稅，則會因此使納稅義務人承擔該當之刑事責任[97]。然則，在節稅與逃稅兩種極端之間，事實上存在著更加複雜的兩大類稅法上因納稅義務人試圖降低稅捐負擔所採取之有意措施，被稱作「漏稅」或「避稅」者，在稅法領域中所引起之困難更形顯著。實質課稅原則，容許稅捐稽徵機關以經濟實質取代法律形式，不可避免地將與法律秩序之安定性發生衝突，亦爲「實質課稅原則」最受質疑之點。爲解決納稅義務人與稅捐稽徵機關之間關於特定交易活動是否構成稅捐規避，俾使「實質課稅原則」在適用上得到合理的處理，我國稅法制度中採取了兩方面的行政措施：

1. 調整應納稅額之前，應當先取得上級稅捐稽徵機關之許可。這主要適用在營利事業所得稅「不合常規營業」的案型中，可參見所得稅法第43條之1規定：「營利事業與國內外其他營利事業具有從屬關係，或直接間接爲另一事業所有或控制，其相互間有關收益、成本、費用與損益之攤計，如有以不合營業常規之安排，規避或減少納稅義務者，稽徵機關爲

---

97 J. C Martinez, La fraude fiscale, QSJ no 2180, PUF, p. 14.

正確計算該事業之所得額，**得報經財政部核准按營業常規予以調整**。」

2. 實質課稅原則與不合交易常規之諮詢。這主要是參考法國租稅程序法典第L64條以及第L64B條規定而來[98]。規定在納稅者權利保護法第7條第9項：「納稅者得在從事特定交易行爲前，提供相關證明文件，向稅捐稽徵機關申請諮詢，稅捐稽徵機關應於六個月內答覆。」蓋以租稅規避之判斷，經常在納稅人主觀（未明顯違法）以及稅捐稽徵機關之主觀（異常之交易安排）之間存在落差。因此，倘若能夠由稅捐稽徵機關預先揭示其法律上見解，不失爲稅制中各種價值平衡之道。

Q：公司無償借貸設算利息之合憲性？

A：

參見司法院大法官釋字第650號：「財政部於中華民國八十一年一月十三日修正發布之營利事業所得稅查核準則第三十六條之一第二項規定，公司之資金貸與股東或任何他人未收取利息，或約定之利息偏低者，應按當年一月一日所適用臺灣銀行之基本放款利率計算利息收入課稅。稽徵機關據此得就公司資金貸與股東或他人而未收取利息等情形，逕予設算利息收入，課徵營利事業所得稅。上開規定欠缺所得稅法之明確授權，增加納稅義務人法律所無之租稅義務，與憲法第十九條規定之意旨不符，應自本解釋公布之日起失其效力。」

四、租稅規避與實質課稅原則

所謂「租稅規避」（Steuerumgehung）或稱「脫法避稅行爲」，**係納稅義務人利用民法上私法自治所賦予之經濟活動自由形成之權能以及契約自由原則，意圖免除其於稅法中所應負擔之特定稅賦，而從事之迂迴法律**

98 關於法國法制中如何處理租稅規避及實質課稅相關問題，參見黃源浩，稅捐規避行為與處罰，月旦法學雜誌，第187期，頁142-145。

上安排[99]。此等行爲，於外觀形式上似爲稅法規範所許可之安排，然卻與稅法規範之立法意旨不相一致[100]，或特定之經濟上具有意義之行爲雖符合或牴觸法律之目的，但於法律上（考慮法律解釋以文義可能性爲其界限）卻無法加以適用之情形。此時透過租稅規避否認之規範，使稅捐稽徵機關得以否認此等迂迴安排，俾達成公平課稅之目的，爲稅法秩序所許可[101]。然於方法上，可能採行如德國租稅通則第42條之一般性租稅規避否認之立法方式，亦可能採行個別性之立法方式。其中，遺產及贈與稅法第5條之立法理由即明示：「爲防杜以本條所列各款方式逃避贈與稅起見，故參照日本法例訂明視同贈與。」是故，遺產贈與稅法第5條視同贈與之規範，其目的乃在於防止租稅規避。反面言之，倘納稅義務人之特定經濟上行爲被認爲可能係規避租稅之迂迴安排，即可能發生視同贈與之問題。例如，房地產市場持續不景氣、土地公告現値又不斷提高，已使得不少賠本出售土地的地主，還要面臨國稅局以「顯不相當代價出讓財產」爲由，補課贈與稅。然只要地主可以舉出附近土地交易價格作爲證明，即可推翻此一認定，而免除贈與稅之課徵。

---

99 J. English, in Tipke / Lang, Steuerrecht, 23 Aufl. § 5, Rz. 117 ff.

100 關於租稅規避之概念，參見葛克昌，遺產稅規劃與法治國理念，稅法基本問題—財政憲法篇，頁222以下。或見陳清秀，稅法總論，增訂11版，元照出版，頁227以下。

101 陳清秀，稅法總論，增訂11版，元照出版，頁237以下。此外，亦可參見最高行政法院91年度判字第1482號判決：「**租稅法所重視者，應為足以表徵納稅能力之經濟事實，而非其外觀之法律行為，故在解釋適用稅法時，所應根據者為經濟事實，不僅止於形式上之公平，應就實質上經濟利益之享受者予以課稅，始符實質課稅及公平課稅之原則**。就經濟事實而言，判斷系爭債券附條件買回交易為『融資』或『買賣』行為，應依其交易實質為準，不得拘泥於書面契約所用之辭句。凡投資債券之買賣雙方，其與債券本身有關之報酬與風險，諸如債券票面利息之歸屬，利率波動之風險等，倘未發生由賣方移轉於買方之效果，則不生『買賣』之實質，而係以債券作為擔保之『融資』行為；即買方融資予賣方，賣方則支付融資利息予買方。本件原告從事系爭債券附條件買回交易，如前所述，債券之報酬與風險並未移轉於買方，其經濟事實為『融資』行為。則原告所得除按債券票面利率計算持有期間之利息收入外，如有因融資交易所賺取票面利率與約定利率間之利息差額，即應核實認列利息所得，予以課稅。」亦為租稅規避行為否認之情形。

五、不同國家稅法制度對於租稅規避之態度

（一）德國

德國稅法制度，不僅最早在法律概念中明確區分合法節稅、脫法避稅以及違法逃漏稅三者。同時在稅法制度中，最早引入對抗稅捐規避的一般性規定。這可以參見租稅通則第 42 條第 1 項規定：「稅捐法不能以濫用法律形成可能性之方式加以規避。若爲防止稅捐規避行爲之個別法律的規定，其構成要件已被滿足，則法律效果依各該規定定之。倘無個別規定，於存在第二項所規定的濫用情形時，依據其與經濟事件相當的法律形式而形成稅捐請求權。」以及第 2 項規定：「當一個不相當的法律形式被選擇，使稅捐義務人或第三人相較於相當之法律形式的選擇，導致取得一個法律所未規定的稅捐利益時，即存在濫用之情形。**當稅捐義務人可以證明其選擇該形式，依據關係之整體圖像，具有稅捐法以外之原因者**，上述規定不適用之。[102]」

當納稅義務人選擇一個不相當的法律形式，導致其相對於相當的法律形式，將因此獲得一個法律所未規定之稅捐利益時，係屬所謂的濫用。惟上開規定，並不適用於納稅義務人可證明其係基於可見之稅捐以外的理由，而選擇該等法律形式的情形。從而，依據稅捐通則第 42 條之規定而拒絕納稅義務人經由私法形成方式所欲追求的稅捐上利益者，其法定要件有三：首先，爲「不相當」（unangemessen）的法律形式；其次，爲「法律所未規定」（gesetzlich nicht vorgesehen）之利益；第三，也是負面的構成要件，亦即欠缺可見的稅捐以外理由（beachtliche außersteuerliche Gründe）。因此，納稅義務人透過刻意的迂迴婉轉安排，足以導致稅法所不承認的稅捐利益發生而又未有經濟上、經營上的正當理由者，稅捐稽徵機關得以取得調整稅捐申報內容之權力，按照經濟實質之內容認定法律關

102 H.-W. Hampel / P. Benkendorff, Abgabenordnung, 4 Aufl. C. F. Müller, S. 52 ff

係[103]。

（二）法國

1. 法國稅法制度對於租稅規避一般性規定的必要性討論

在法國稅法制度中，對於稅捐規避此一制度之態度，不同學者間存在有不同之見解。而究竟有無設置租稅規避一般性防杜規範的論爭，通常會跟稅法和民法的關係，也就是稅法的獨立性問題一起討論。**其中 Gény 教授認為，稅法的核心乃稅法的債之關係，事實上這不過就是民法債權債務關係的翻版。因此，所謂的稅法的獨立性（l'autonomie du droit fiscal）根本是虛幻的想像，稅法應該也必須拿民法的制度，去解決國家與人民間的稅捐債權債務關係**。因此，稅捐規避行為不必另外立法防杜，只要適用民法上關於權利濫用（l'abus du droit）的制度就可以解決大部分的問題。反之，Louis Trotabas 教授的看法卻剛好和 Gény 相反。他認為，稅法在基本原則上最被看重的莫過於稅捐課徵的合法性（legalité fiscale），也就是租稅法律主義。倘若特定交易行為在稅法上沒有被禁止的明文，那麼根據拉丁法諺「法律所未禁止者，即屬許可」（non omme quod licet honestum est, licet tamen），這類行為就應該被當作合法行為來看待。因此，倘若稅捐稽徵機關想要否認稅捐規避的行為，至少需要有稅法上一般性的防杜避稅條款存在[104]。這樣的論爭相持不下，但在實務上中央行政法院倒是另外建立了判斷稅捐規避的抽象標準，也影響了嗣後法國稅法制度的修改。

2. 法國近期立法變遷與制度運作

雖然在法國稅制中，長年以來一直存在著有無必要設置類似德國租稅通則第 42 條所規定的「租稅規避」調整或者實質課稅原則的一般性規

---

103 J. English, in Tipke / Lang, Steuerrecht, 23 Aufl. §5, Rz. 117 ff.

104 參見黃源浩，實質課稅與稅捐規避之舉證責任，法學叢刊，第59卷第4期，頁107以下。

範的制度爭議[105]。但是，近年來隨著各法治國家對於稅法上投機行爲的防杜日漸嚴密，法國租稅程序法典第 L64 條第 1 項，近年來亦設有租稅規避之一般性防杜規定：「**爲探知交易關係之眞實屬性，稅捐稽徵機關得在未有其他對抗事由之情形下，剔除或排斥構成法律上權利濫用之行爲。此等行爲，或具備虛構之特徵；或者雖然適用了法律條文或行政決定，但跟此等法律或決定所追求之目的剛好相反；而此等行爲所具備之目的，僅在於規避或者延緩相關的租稅負擔。也就是減低如果這些規避行爲不作成的話，納稅義務人從事這些行爲所可能正常負擔的稅捐**[106]。」就此而言，法國的租稅規避制度可以被整理出幾重要的特徵來：

(1) 首先，法國稅法對於租稅規避之概念與德國近似，主要指的是納稅義務人透過不合常規的刻意安排、濫用其私法上契約自由的地位，發生不受稅法期待的稅捐利益。這當中在實務上，**重要的爭點在於：倘若納稅**

105 相對於法國稅法，受法國法制影響甚為深遠的比利時，則早在1992年即設有租稅規避之一般性防杜規定。此可參見比利時1992年所得稅法典（CODE DES IMPOTS SUR LES REVENUS; CIR）第344條第1項規定：「納稅義務人所為之法律行為或者連串之法律行為，其客觀上的具體用途係用以實現稅法上之濫用目的者，得由稅捐稽徵機關透過證明或者推定、或者透過本法第340條所規定之其他方法證明其濫用後，對稅捐稽徵機關不發生效力。」（§ 1er. N'est pas opposable à l'administration, l'acte juridique ni l'ensemble d'actes juridiques réalisant une même opération lorsque l'administration démontre par présomptions ou par d'autres moyens de preuve visés à l'article 340 et à la lumière de circonstances objectives, qu'il y a abus fiscal.）該條第2項則規定：「稱稅法上濫用行為者，係指納稅義務人以單一或連串之法律行為，實施下列行為者：1.特定行為，違反本法典所設置規定之目的，或者違反基於本法典所授權執行命令規定之目的，使得該行為脫逸於該等規定之適用範圍之外。2.特定行為，得以享受本法典或者基於本法典所授權執行命令所規定之租稅優惠（un avantage fiscal），該行為之目的與此等優惠措施相牴觸，而該行為之目的又主要為取得該等優惠。應當由納稅義務人證明，此等法律行為或者連串法律行為之選擇，除了避免所得稅之意圖以外，仍然具有其他之正當目的。納稅義務人倘若無法提出反證，應稅行為之稅基以及應納稅額之計算，應當依照合乎法律立法目的的方式來計算，將該等濫用行為當作未曾發生。」

106 黃源浩，稅捐規避行為與處罰，收錄於「稅法學說與判例研究（一）」，翰蘆出版，頁249。

義務人所從事之經濟活動看來怪異，但有其經營上或者經濟、商業上正當理由，並非單純出於稅捐利益考量者，仍應當尊重其私法自治之地位[107]。

(2) 其次，與德國稅法強調「實質課稅原則」或者「經濟觀察法」可以適用在所有稅目之基本態度[108]有異。法國實務見解，向來認爲若干稅收領域本質上不易發生租稅規避問題，例如正常狀況下透過就源扣繳實現的薪資所得稅、加值型營業稅等。因此在整體制度中，即便存在有一般性的租稅規避防杜規定，實務上仍然傾向限縮租稅程序法典第 L64 條第 1 項的適用範圍。

(3) 最後，租稅規避之調整，常使得稅捐稽徵機關一方面作爲稅捐債權人，另方面又有片面解釋納稅人經濟活動的抽象權限，將不可避免導致更多問題。因此在法國稅制中，特定行爲是否構成「租稅規避」，並非由稅捐稽徵機關判斷，而是另外設有專門而中立的「權利濫用諮詢及防治委員會[109]」，將判斷是否構成規避的權限從稅捐稽徵機關手上剝奪。也因此，事實上法國稅法領域中眞正發生稅捐規避之情形並非常見，通常案件進入該委員會程序，機關也未必獲得較多之有利決定。

（三）美國

就美國稅法制度而言，長年以來法院判例即已經累積出相對明確的「經濟實質」（Economic substance doctrine）原則[110]。但是這項原則本身

---

107 參見黃源浩，論經營管理不干涉原則：中國企業所得稅法第47條規範意旨之再思考，收錄於「稅法學說與判例研究（一）」，翰蘆出版，頁214以下。

108 J. English, in Tipke / Lang, Steuerrecht, 23 Aufl. §5, Rz. 117.

109 黃源浩，稅捐規避行為與處罰，收錄於「稅法學說與判例研究（一）」，翰蘆出版，頁250。為達到相類似的目的，我國納稅者權利保護法第7條第9項規定：「納稅者得在從事特定交易行為前，提供相關證明文件，向稅捐稽徵機關申請諮詢，稅捐稽徵機關應於六個月內答覆。」制度精神類似，但如何確保決定者的客觀中立，總是難題。

110 鍾騏，以美國Coltec Industries案例簡介「經濟實質標準」，實質課稅原則與納稅人權利保護，元照出版，頁726。

不僅具有相當強烈的判例及個案考慮色彩，同時也受到美國稅法學說及實務界諸多批評。雖然在判例中強調經濟實質優於法律形式的判斷，但對於要否將此一原則成文化，歧見仍多。不過，這個情形在 2010 年以後，開始有所變革。美國聯邦政府在財政政策的考量下，乃通過國會程序，將此一原則的一般性規定引入美國內地稅法典當中。此可以參見 IRC 第 7701 條 (o) 段規定[111]：「經濟實質原則的說明：(1) 得以適用經濟實質原則之情形。在涉及到經濟實質的交易關係中，只有在下列情況下，交易應當被認為具有經濟上的實質：(A) 交易顯著地（除了聯邦所得稅以外）變更了納稅人經濟地位以及 (B) 納稅義務人（除了聯邦所得稅以外）在該交易中實現實質的目的。」此外，美國內地稅法典第 7701 條 (o)(5)(A) 對於所謂經濟實質有一般性的定義：「(A) 經濟實質原則。所謂『經濟實質原則』，係指一項普通法的原則，乃使得根據本條 A 節之納稅義務人，在交易中不具備實質的經濟利益或欠缺商業上目的者，其交易不受允許。[112]」

（四）歐盟

歐盟稅法制度，對於要否統一設立類似德國租稅通則第 42 條的租稅防杜一般性規定，態度相當不積極。這其中原因固多，但是歐盟各成員國

---

[111] 該段英文原文：「Clarification of economic substance doctrine

(1) Application of doctrine. In the case of any transaction to which the economic substance doctrine is relevant, such transaction shall be treated as having economic substance only if—
  (A) the transaction changes in a meaningful way (apart from Federal income tax effects) the taxpayer's economic position, and
  (B) the taxpayer has a substantial purpose (apart from Federal income tax effects) for entering into such transaction.」

[112] 條文原文：「(A) Economic substance doctrine. The term "economic substance doctrine" means the common law doctrine under which tax benefits under subtitle A with respect to a transaction are not allowable if the transaction does not have economic substance or lacks a business purpose.」

對於此一立法體例的態度長期不一致，可謂重要原因[113]。但是，近年來在各主要法治國開始緊縮跨國企業進行稅捐規劃的趨勢中，歐盟稅制開始正視此一問題。並且在歐盟2016年第1164號指令第6條設有如此規定：「1. 爲計算公司稅捐負擔之目的，會員國稅法不得將特定之單一或連串刻意安排之行爲（un montage ou une série des montages）列入考慮。此等刻意安排行爲之唯一或者主要目的之一，在於獲取違反可適用稅法目的之稅捐優惠，而並非考量到事實條件之眞正關聯性。此等刻意安排，得以包含數個行爲人方面，亦得以包含數個行爲階段。2. 爲施行第一項規定之目的，非出於反映出經濟實況的有效商業目的（des motifs commerciaux valables qui reflètent la réalité économique）所爲之單一或連串刻意安排之行爲，將被當作不眞實（non authentique）。3. 特定之單一或連串刻意安排不符合本條第一項之要件者，其稅捐負擔之計算仍依各國稅法爲之。[114]」

六、租稅規避之防杜與實質課稅原則制度化以後的問題

（一）租稅規避與行政裁罰

原則上，特定行爲倘若被當作是「租稅規避」行爲來看待，則排除處罰空間。納稅者權利保護法第7條第8項規定：「第三項情形，主管機

113 例如英國稅法對於脫法行為或者稅捐規避概念，向來在法論理上就採取比較嚴格的禁絕態度。這可以參見英國樞密院（Privy Council）法官Thomas Tomlin勛爵在1936年一項影響深遠的判決中所指出的：「任何人均有權採取措施，使其相對應所應當負擔的稅捐降低。倘若其成功地採取了措施導致這樣的結果，無論如何不適當，稅捐稽徵機關或者其他的納稅人對於其機巧智能（ingenuity）只能加以承認，不得對其課徵稅捐。」Lord Tomlin, IRC vs Duke of Westminster 1936 AC 1. 總體英國法制歷程對於稅捐規避的制度態度，參見N. Frommel Stefan, L'abus de droit en droit fiscal britannique. RIDC. Vol. 43 N°3. Juillet-septembre, pp. 585-625。不過，雖然在傳統上採取了抗拒的立場，英國稅法仍在2013年引入了租稅規避的的一般性規定，可謂租稅規避一般性規定成文化過程中最受矚目的發展之一。

114 參見黃源浩，歐盟2016/1164號指令與租稅規避，月旦法學雜誌，第283期，頁93以下。

關不得另課予逃漏稅捐之處罰。但納稅者於申報或調查時，對重要事項隱匿或爲虛僞不實陳述或提供不正確資料，致使稅捐稽徵機關短漏核定稅捐者，不在此限。」第 10 項則規定：「本法施行前之租稅規避案件，依各稅法規定應裁罰而尚未裁罰者，適用第三項、第七項及第八項規定；已裁罰尚未確定者，其處罰金額最高不得超過第七項所定滯納金及利息之總額。但有第八項但書情形者，不適用之。」前述我國納保法有關租稅規避一般性規定之說明之中，特別指出了此次納保法立法所確立的租稅規避行爲不處罰的原則。因此，稅捐稽徵機關動用該法第 7 條第 3 項調整納稅人所從事稅捐申報之際，原則上不得單純因規避措施而課予行政處罰。不過，這一規定並非不存在例外，該項後段規定：「**但納稅者於申報或調查時，對重要事項隱匿或爲虛僞不實陳述或提供不正確資料，致使稅捐稽徵機關短漏核定稅捐者，不在此限。**」就此而言，此一「原則不處罰、例外處罰」之態度，與法國稅法制度相當接近。蓋法國法制中涉及稅捐規避之相關事項，除由稅捐稽徵機關進行調整以外，亦有可能針對規避行爲加以處罰。其區分之標準，主要在於行爲人之善意與惡意[115]。所謂善意，係指納稅人不知特定行爲爲稅法所禁止，此在稅捐規避之領域中特別重要，蓋一來規避行爲「這類行爲沒有明確違反既存的稅法規定」，二來「法律所未禁止者，即屬許可」。一般於法國稅捐稽徵實務上，倘若特定行爲已經由稅捐稽徵機關透過稅法上解釋函令明確宣示其構成稅法上權利濫用行爲，通常即可推定納稅義務人非屬善意。在法國法制之中，納稅義務人申報稅捐之際，倘若對於所從事之交易活動構成法國租稅程序法典第 L64 條所稱之權利濫用行爲有所知悉，亦即構成惡意之申報之際，設有裁罰規定。所謂惡意，係指納稅義務人對特定行爲係稅法所不許，事先知悉之謂。就此以言，我國納保法相關制度中，針對不同責任條件之當事人，似乎仍有進一步釐清其是否可能受罰之空間。

115 黃源浩，租稅規避行為與處罰，月旦法學雜誌，第187期，134頁以下。

（二）租稅規避調整與實質課稅原則的界限

1. 一般性的租稅規避免責規範的引入

在我國納保法規定中，明文規定有租稅規避事件的舉證，主要規定在該法第 7 條第 4 項：「前項租稅規避及第二項課徵租稅構成要件事實之認定，稅捐稽徵機關就其事實有舉證之責任。」這樣的規定似乎在一定基礎上，給予納稅人相對而言的、證明程序上的便利。但是就法國法制的發展經驗而言，單純的舉證責任仍然不是問題眞正的核心。**問題其實在於，倘若納稅義務人雖然從事了不合常規的交易活動，也確實造成了國庫一定程度的稅收損失。但是，這樣的不合常規活動有著正當的商業上目的或者經營管理上的正當考慮，納稅人能否以反證證明並無權利濫用之情事，進而推翻租稅規避的證明**？此一問題之討論，在立法政策上所直接涉及者，乃在稅捐規避的一般性防杜規範之外，要否承認一般性的免責規範引入的問題。以經營管理上必要或者經濟上必要行為要求對於被稅捐稽徵機關認定為稅捐規避之經濟活動脫免原本稅法上可能發生的、機關依職權調整稅捐申報內容之結果，事實上並非近日方在法律制度中受到注意。法國稅捐稽徵實務中針對納稅義務人營業活動之不合常規所進行之調整，法國中央行政法院更在 1960 年代即提出一廣受引用之說明：「**應由企業承擔或足以減損其收入之費用或損失中，無法被證明該等損失或費用之發生係基於企業營業之商業上正當利益者（les intérêts de l'exploitation commerciale）**。」就此，法國中央行政法院乃於長年以來的判例當中特別強調下列二者，以有效解釋說明此二原則間之對抗關係。首先，在不合常規交易被當作例外之情形下，非常規交易在稅法上之規制實際上成為舉證分配之問題：稅捐稽徵機關以不合常規為由認定納稅義務人所進行之特定交易之際，有義務說明其「常規」之依據或來源。而另方面，納稅義務人亦被容許，於訴訟程序中提出相當之證據證明其所從事之行為「雖在法律上看來怪異，但確實符合其經濟上之利益」（juridiquement étrangère correspond à son intérêt économique）。其次，乃放棄複雜之解釋原則，回歸租稅規避所發生之基本原因：僅有在結論上確認了納稅義務人係透過「純然刻意之人爲安排」（le montage purement artificial），而其行爲之效果僅有租稅之利益，並無其他正當商業利益可言時，方可能動用「常規交易義務」就納稅義務人所申報之稅捐事項加以調整。總體而言，稅捐稽徵機關僅有在證明了納稅義務人所從事的全然刻意迂迴安排僅具有稅法上的目的（un but exclusivement fiscal）之際，其剔除才會被法國中央行政法院所接受。這樣的調整權力行使上的限制，當然和稅捐規避行爲之本質有關：納稅義務人雖然有依法納稅之義務，但畢竟在憲法層面上，亦爲受到基本權保障之國民。因此，面對稅捐稽徵機關針對其經濟上安排質疑爲稅捐規避並且實施調整權力之際，納稅義務人所享受到的契約自由、營業自由及其他基本權利，僅係受到限制，並未完全遭到剝奪。是故，在憲政秩序之中吾人除可確認常規交易義務在解釋適用上之侷限性之外，更可確認者，乃國家權力亦負有對商業領域不得過度干涉之義務。畢竟稅捐之課徵經常被當作係自由之對價，過多足以扼殺交易生機、商業誘因之額外義務，根本與租稅制度之本旨背道而馳。這樣的考慮以及整體價值判斷，似乎同樣爲我國稅法制度發展上應當考慮的方向之一。

2. 稅法上的「形式」原則

與德國稅法學說不同，法國稅法學說認爲，實質課稅原則或者稅捐規避行爲之防杜，尚且存在著另外一個界限，也就是在若干稅收領域中，建置原則不是「經濟實質」，反而是特別被強調的法律形式。這樣的領域，可以被稱作稅法上的「形式原則」（formalisme）[116]。換言之，有若干特別領域法律形式可能優於經濟實質而被採信。例如，在國際稅收領域中判斷是否具備特定國家「稅收居民」的身分，有若干法制（例如美國）採取的就是標準的形式原則，以具有法律上的國籍、登記企業籍作爲判斷基

[116] C. Baylac, Le formalisme du droit fiscal, L'Harmattan, Paris 2002, p. 20 et suivantes.

礎[117]。在美國所得稅制中，即便納稅義務人生活及經濟重心完全不在美國境內，只要其擁有國籍，亦無礙於成爲美國所得稅之納稅義務人。

伍、禁止恣意之原則

一、禁止恣意之意義

所謂禁止恣意之原則，在稅法上與行政法上所適用者相同，乃要求稅捐稽徵機關在作成課稅決定之際，不得出於與課稅目的無關之考量，同時亦應將課稅之理由告知納稅義務人。當然，這樣的要求在某種層面來說，可謂自明之理。蓋正如前述，**稅捐稽徵之法律關係原則上係羈束之關係而非裁量關係**，因此稅捐稽徵機關就本稅而言，決定之空間理論上相對有限。

二、課稅權力與禁止恣意

在稅法領域中，禁止恣意之原則與行政法總論中所討論者，內容相近。首先在於要求稅捐稽徵機關作成課稅決定之際，應當附有理由。其次，在救濟程序中，訴願機關與法院亦應就當事人所主張之法律理由，予以回應。就此而言，稅捐稽徵機關所負有之義務與其他行政機關相同，乃在於權力行使之際具有一般性的說理義務。

陸、比例原則

稅捐之課徵在若干面向中，亦有比例原則，特別是必要性原則的適用[118]。在管制誘導性的稅捐中，租稅措施之採取是否有助於管制誘導目的

117 參見黃源浩，論國際稅法中的居民稅收管轄權，東海大學法學研究，2015年，頁61以下。

118 另方面，倘若在租稅裁罰領域，當然比例原則可以沒有困難地適用在其中，參見陳敏，稅法總論，初版，2019年，頁85以下。

之達成，可以與其他國家行爲相同，受到適當性、必要性以及狹義比例原則三種層次的審查。倘若無法通過此等審查，稅捐之稽徵即有可能被認爲與憲法有所牴觸，特別是憲法第 23 條之要求。但在另外一方面，非管制誘導性的稅捐，也就是主要以國庫目的有無比例原則之適用，在學理上一向有所爭議。

一、反對比例原則對課稅權力有所拘束的見解

國內學說中，不少學者主張課稅權力沒有受到比例原則限制拘束的可能性。蘇永欽大法官在司法院釋字第 688 號解釋所提出之協同意見書第三段，即採取此一見解：「因此在審查稅法規範時，首先應看標的是否爲法律本身，其次要確認該規定是否屬於該稅法的核心決定，一旦肯定，其審查即只能以有關租稅義務具體化的原則爲其基礎，而不能從特定基本權受到限制的角度，審查其合憲性。至於基本權與基本義務之間的調和，如何使其得到最務實的和諧（praktische Konkordanz），已屬另一層次的理論問題，此處也可不論。**憲法第二十三條發展出來的比例原則，爲審查限制基本權的法令主要的一項原則，藉以避免『限制』的過度（Übermaßverbot），此一原則不能用於『形成』基本義務內容的法律，即爲邏輯的必然**（對於形成的過度，另有量能課稅等原則去作控制，已如前述）。有關租稅義務的核心決定，如果也和一般法律創設的義務一樣，可從基本權限制的角度去審查，而排除其過適者，基本義務和一般義務也就沒有任何區別了，如此一來，把特定作爲義務寫在憲法裡，也就形同具文了。但基本義務和一般義務的區別，絕對不只有形式邏輯的意義，納稅、服兵役和受國民教育之所以要被『基本化』，和某些人民權利一樣，一定還有其實質的意義。用盧梭的社會契約理論來分析，這應該就是憲法背後全體人民之間隱形契約的一部分，定在憲法裡，除非通過提高的修憲門檻，這些義務不能如一般義務一樣，以立法院的普通多數決即予廢除。究其義務內容，也不難發現，人民被強制犧牲的權益，在國民教育是長達幾年的行動自由、學習自由和教養自主，在納稅是不斷的、無具體對

價的高額金錢給付，在兵役更是一定年限的行動自由，加上可能的身體甚至生命的付出，與其權衡者，則不是特定可以具體核實的公共利益，比如特定的公共建設，或特定戰爭的準備，因此即使以最寬鬆的標準來審查，人民基本權的犧牲也必然不符合比例。**一定要把比例原則用在具體形成的基本義務上，其結果不是基本義務違憲，就是只好大幅降低比例原則的審查標準，而使基本權的規範力被拉低到可有可無的程度**，難道這才是憲法規定基本義務的目的？比例原則本來就只是爲控制法律創設的一般義務而設，基本義務的憲政合理性，必須從社會契約的整體，也就是人民相約建立國家秩序時，就基本權利義務所作的交換，去找答案。把比例原則的審查用在稅法的核心決定上，可能造成的扭曲實不一而足——如果我們要認眞對待這個重要原則的話。以稽徵成本的考量爲例，一旦把稅法本身當成防衛性基本權（如財產權、營業自由、遷徙自由等）的限制來檢驗，而使該成本定性爲國家『侵害行爲』的行政成本，則和從納稅基本義務具體化的角度檢驗，以其爲國家課稅必須精算的支出，唯有壓低支出的成本，提高徵收的成效，才能達到徵稅目的，以免另覓稅源（羊毛終究還是出在羊身上），這樣不同的理解，稽徵成本的權重自然會完全不同。」這樣的見解，對於比例原則適用在國庫目的之稅捐，明顯地採取反對的態度。不過，學理上這個問題一向有不同見解存在，事實上也很難說問題已經有了統一的答案。

二、贊成比例原則對課稅權力有所拘束的見解

（一）絞殺性租稅的禁止

絞殺性租稅[119]係一在德法稅法領域中經常被提出討論之概念，乃以

119 木村弘之亮，稅法總則，第123頁即指出，從憲法第29條第1項以及第24條第2項所導出之繼承權之保障、憲法第22條第1項所導出之職業選擇自由之保障等，可以明確推出憲法秩序禁止絞殺性租稅的結果。從日本憲法第13條所導出的對於國民自由及人格之尊重，可以得出法律對於人民自由權利之限制只有在必要之情形下，方得

要求課稅權力以必要之範圍爲限，禁止出現完全剝奪權利之效果。蓋憲法秩序雖對於人民之基本權容許一定程度之限制，惟此一限制應以法律爲之，且以合於比例原則之手段作爲行使之界限。在此意義之下，縱令爲國家發動租稅課徵權力之行爲，亦同受比例原則之拘束，並在德國法制尤其司法實務之運作上，經由比例原則之檢查導引出「絞殺性租稅禁止」（Verbot der Erdrosselungssteuer）之要求[120]：租稅課徵權力之行使，不得造成絞殺之效果。而所謂的「絞殺效果」，特別著重者爲其在經濟上之意義，當租稅課徵所造成之效果，足以扼殺市場生機，使私領域中之經濟活動陷於停滯之時，即屬違反適當性及必要性之要求，構成對財產權利之絞殺。在此一基礎之下，具有完全剝奪納稅義務人財產效果之

為之。在此意義之下，租稅的課徵雖然會對於人民的行動自由、財產以及職業選擇自由等涉及一般人格發展之自由有所侵害，但是也在公益的考量下容許為之。但「絞殺性租稅」意味著對於此等自由權利完全的剝奪，為憲法秩序所不許。「酒類販賣業免許」違反憲法第22條保障之職業選擇自由等，是租稅法律不得違反憲法第22條第1項之適例。

120 當課稅權力過度侵害財產權，導致租稅課徵發生與徵收相同之效果時，即足以發生絞殺之效果。Tipke / Kruse, AO Kommentar, Bd. I, §3, Tz. 17. 另見司法院大法官釋字第693號蘇永欽大法官協同意見書：「從憲法對於經濟—社會基本權的保障（憲法第十五條），以及經濟—社會基本國策的規定（憲法第一百四十二條至第一百五十七條）綜合而觀，與我國憲法比較相容的社會市場經濟體制，應使人民保有基本生活的所需，乃至維繫市場動能的必要利得。從這個角度思考，則量能課稅原則確有可能跳出平等原則的框架，而在人民納稅義務和生存權、經濟社會基本體制的調和上，找到另一個轉化為憲法應然的理論基礎。比如針對個人綜合所得稅設計的免稅額與扣除額，至少就其反映生活必需的部分，可認為有從生存權引申的量能課稅原則，在憲法的解釋上，不啻以量能課稅為調和人民納稅義務（國家的課稅高權）與生存權（國家的給付生存保障義務）的原則，這也是財政學上有關所得稅理論最有共識的部分，不論重視經濟發展、排斥以稅來實現所得重分配的John S. Mill，或主張高度累進、重課財產所得的A. Wagner，就此都持相同的看法。又譬如在充分考量相關因素後，對某些直接影響市場經濟發展的稅種，從憲法有關社會經濟體制的規定引申出不得扼殺市場生機的課稅界線（Verbot der Erdrosselungssteuer）。財政學上自以Mill的理論較能支持這樣的原則，但在可操作性上，還遠不如基本生活所需的界線那樣明確，則不待言。」

絞殺性租稅「並非租稅（Erdrosselungssteuer sind keine Steuer），或者至少並非法律意義之租稅」[121]。**蓋其所對財產形成之效果係完全之剝奪（Einnahmen）[122]，而不是憲法秩序所許可的有限度的徵收**。在絞殺行爲的另一個面向上，當租稅制度過度干預市場，致使得納稅義務人在私法上之營業狀態（Erwerbstätigkeit）已無法持續下去[123]，或者課徵過重之稅賦使得納稅義務人對於租稅之義務履行陷於客觀上不可能等，均屬「絞殺」標準之典型[124]。而在判斷之基礎上，德國聯邦憲法法院及行政法法院曾以歷次判決指出構成絞殺之情形：

1. 侵害及於最低生存標準之課稅行爲

無論係何一稅目，當國家行使課稅權力之結果將導致對於最低生存標準（Existenzminimums）侵害時，即有可能構成絞殺[125]。所謂最低生存標準，係指客觀上作爲納稅義務人之自然人，維持其生存所必須之最低財產。納稅義務人所具有之財產或收益，必須在此一財產標準以上者，方具備可稅性[126]。是故當國家行使課徵權力，導致人民無法維持其最低之生活

---

121 BVerwGE 96, 272在此，德國聯邦行政法法院所意在言外的是：並非租稅，而係違反憲法秩序之侵害行為。而在絞殺性租稅非屬租稅之理解之下，W. Richter甚至認為本質上（Steuercharakter）或構成要件上，即可將此類非稅金錢給付自租稅要件之討論中排除。W. Richter, Zur Verfassungsmäßigkeit von Sonderabgaben, S. 34.

122 BVerfGE 16, 147(161).

123 更明白而直接的講法是：租稅負擔太重，導致企業必須關門大吉（Gewerbebetrieb muß geschlossen werden）。Birk, Steuerrecht, §2, Rn. 161; BVerfGE78, 232(243); 95, 267(300).

124 Tipke / Kruse, AO Kommentar, Bd. I, §3, Tz. 17.

125 Jachmann, StuW 1996, S. 100. BVerfGE14, 221(241); 87, 153.

126 奧地利稅法學者Doralt即指出，在稅法上主觀淨所得原則（subjektives Nettoprinzip）之承認，實際上即意味著只有超過生存所需最低標準之所得收入，才具有課稅之適性。見Doralt, Einkommensteuergesetz Kommentar, 5.Aufl., S. 29。反之，在社會法治國中，收入不足此一標準即意味著國家生存照顧義務之發生。Tipke / Lang亦指出，在生存所需最低標準以下，包括維持納稅義務人個人及其家庭基本生活之所得，並非納稅義務人之可支配所得（nicht disponibel），根本無給付能力之

標準、針對維持生活所需之基本財產或所得課以過重稅賦時，即爲憲法秩序所不容許之絞殺。此時國家權力所侵害者，已非單純之財產權，而及於對生存權及人性尊嚴之侵害。

2. 侵害及於財產存續之課稅

在租稅課徵之關係中，憲法秩序承認私有財產制度；國家設置或維持市場以作爲私有財產流通之主要場所。惟國家雖設置並維持市場，但並不過度參與市場，且在原則上，國家不持有生產工具，而以租稅作爲支應國庫之收入手段[127]。透過憲法上財產權（Eigentumsrecht）保障之規定，以確保私有制度之市場秩序[128]。惟財產權之保障，所保護者乃其存續及其經濟上應用之價値，基本權在此一意義之下所著重者乃防禦之功能（Abwehrfunktion）[129]，避免國家不法之侵害。故在財產基本存續之考量下，應稅客體乃財產之收益（或應有收益）而非財產本身；逕以財產爲對象課徵租稅導致財產之存續（Eigentumsbestands）無法維持且妨礙基本權

可言。Tipke / Lang, Steuerrecht, 17 Aufl., §9, Rn. 42. 在司法實務上，德國聯邦憲法法院則指出生存所需最低標準之存在，尚須考量到憲法上對兒童家庭之特別保護。BVerfGE 93, 413. 而所謂生存所需標準，則指法律整體所承認之最低生活所需（Rechtsgemeinschaft anerkannten Mindestbedarf）而言。BVerGE 87, 153(170).

127 關於國家與生產工具之關係，尤其租稅國家之原則在現代民主法制中之意義，參見葛克昌，憲法之國體：租稅國，國家學與國家法，1996年，頁146以下。另見司法院釋字第693號蘇永欽大法官協同意見書：「所得稅法的淨額原則也會讓人聯想到租稅理論中的樹果原則（fruit andtree doctrine），也就是課稅應該摘果不伐樹，其內涵應包括兩點：一、僅以源源不息的產出為稅基；二、不摘他樹之果（美國最高法院的著名案例 LUCAS v. EARL, 281 U.S. 111(1930)）。但不僅樹果原則要轉化為憲法的應然—另一種意義的量能課稅，還需要相當嚴謹的憲法論證，淨額原則本身離樹果原則也有不小的距離。更不要說在所得稅法的領域，樹果原則用在個人所得稅時，碰到採綜合而非分離所得稅制的國家，樹和果都不容易認定。用在營業所得稅，技術的困難度更高。」

128 Vgl. Vogel, Der Finanz-und Steuerstaat, HdStR, Bd. I, S. 1152ff.

129 Jachmann, StuW 1996, S. 98.

之防禦功能時，即爲憲法秩序所不能容許之絞殺[130]。對於財產權之絞殺性侵害，尚包括過度侵犯財產私用性（Privatnützung）之課稅行爲。故在財產權受到制度保障之前提下，非但針對財產本身課稅有構成絞殺之嫌疑，倘若因過度且不適當的課稅致使私有財產之私用優先性受到侵害者，亦構成憲法秩序所不容許之絞殺[131]。而國家課稅權力所不得侵犯之私用性界限，不僅包括財產所有權人依其現況之占有存續，亦包括財產權之移轉，尤其是繼承。故遺產贈與稅之課徵，同樣不能及於沒收之地步[132]。

3. 逾越國庫目的：「寓禁於徵」之稅賦

就租稅之制度目的言，其存在之基礎係爲滿足一般性的國庫需求。然而在行政目的上，當租稅之課徵並非爲滿足國家財政需求，而係以其他行政目的作爲主要考量、置國庫收入目的於不顧，例如「寓禁於徵」之租稅（Verwaltungsfunktion mit Verbotscharakter），乃以租稅手段達到處罰或禁止之效果，亦構成絞殺性之租稅[133]。是故，當租稅之課徵所具備者係國庫以外之目的，或者準確言之，以國庫以外之目的作爲主要目的（außerfiskalischem Hauptzweck）而非次要目的時，即可能在具體的案件適用上構成絞殺，爲憲政秩序所不許。

（二）課稅權力之行使，乃以必要性為前提

相對於德國法制之中存在有「禁止絞殺性租稅」的討論，法國稅法學說甚早就承認國家行使課稅權力，應當以必要爲前提，是爲所謂「稅收必

130 Jachmann, StuW 1996, S. 101.

131 Jachmann, StuW 1996, S. 103. 是以在此一意義之下，少數稅目雖係針對財產之持有課稅，惟均以較低之稅率維持或確保財產之私用性。例如我國法制中之地價稅，其基本稅率為千分之十（參見土地稅法第16條第1項），相較於所得稅中個人綜合所得稅最高稅率可及於百分之四十（所得稅法第5條第2項第5款），吾人實可清楚發現此間差異之憲法意義。

132 BVerfGE 15, 11., BStBl. 1990II S. 103.

133 BVerwGE 96, 272(288).

要性」（la nécessité fiscale）原則。1789 年人權宣言第 13 條規定：「為維持公共武力及行政支出，公共租稅不可或缺。公共租稅須由公民依其財力平等分擔之」，首先，其後段所揭示者為量能課稅原則（le principe de la faculté contributive），乃要求租稅課徵，應以納稅義務人經濟上之給付能力或分擔能力為度，方合乎租稅平等之基本要求。其次，在該條文前段所提出者，乃租稅之必要性此一原則，亦即僅有在「不可或缺」的必要範圍內，方得行使課稅權力[134]。

柒、人性尊嚴之原則

一、人性尊嚴之概念

所謂人性尊嚴，乃要求法律制度不得侵害作為人的最基本價值，亦即不得將人當作客體來看待。進一步言之，稅法制度之存在，亦以保障人類之最基本生活所需為主要目的。

二、稅法規範與人性尊嚴

在目前之稅法制度中，人性尊嚴之體現係經由所得稅制中基本生活所需不課稅之原則體現，亦即在主觀淨所得原則之下，無法支配之生活必需費用，應自所得總額中扣除。此外，納稅者權利保護法第 4 條亦規定：「（第一項）納稅者為維持自己及受扶養親屬享有符合人性尊嚴之基本生活所需之費用，不得加以課稅。（第二項）前項所稱維持基本生活所需之

134 在此可參考L. Saïdj / J.-L. Albert對租稅必要性原則所提出之解釋：「1789年人權宣言所提出的租稅必要性原則，具有兩種面向的意義。一方面，這一原則可以用來對抗納稅義務人，俾以支持對抗租稅逃漏、詐欺相關法律制度的合憲性。……另一方面，這一原則也可以用來對抗立法者：租稅之制度僅有在維持公共武力及行政支出之必要前提下，方屬不可或缺。也因此，國內學者黃俊杰教授乃認為，國家行使課稅權力之主要界限，在於僅得對財產之再生利益課徵，實亦為必要性原則之另種推衍結果。」參見黃俊杰，稅捐基本權，元照出版，2006年，頁77。

費用，由中央主管機關參照中央主計機關所公布最近一年全國每人可支配所得中位數百分之六十定之，並於每二年定期檢討。（第三項）中央主管機關於公告基本生活所需費用時，應一併公布其決定基準及判斷資料。」

Q：所得稅法以扶養其他親屬或家屬須未滿 20 歲或年滿 60 歲始得減除免稅額之規定，是否合憲？

A：

司法院大法官釋字第 694 號：「中華民國九十年一月三日修正公布之所得稅法第十七條第一項第一款第四目規定：『按前三條規定計得之個人綜合所得總額，減除下列免稅額及扣除額後之餘額，為個人之綜合所得淨額：一、免稅額：納稅義務人按規定減除其本人、配偶及合於下列規定扶養親屬之免稅額；……（四）納稅義務人其他親屬或家屬，合於民法第一千一百十四條第四款及第一千一百二十三條第三項之規定，未滿二十歲或滿六十歲以上無謀生能力，確係受納稅義務人扶養者。…… 』其中以『未滿二十歲或滿六十歲以上』為減除免稅額之限制要件部分（一○○年一月十九日修正公布之所得稅法第十七條第一項第一款第四目亦有相同限制），違反憲法第七條平等原則，應自本解釋公布日起，至遲於屆滿一年時，失其效力。」

捌、稽徵程序以及稅法規範簡化之原則

一、稅法上的法律規範簡化

稅法制度原則之一，尚包括稅捐稽徵程序及稅法規定之簡化，亦即在稅法領域中，儘量透過簡明易懂之立法，使人民得以知悉稅法規範之內容。另外在程序上，爲避免職權調查之勞費，亦容許課予納稅義務人一定程度協力義務，以簡化稽徵流程。如釋字第 537 號：「此因租稅稽徵程序，稅捐稽徵機關雖依職權調查原則而進行，惟有關課稅要件事實，多發生於納稅義務人所得支配之範圍，稅捐稽徵機關掌握困難，爲貫徹公平合法課稅之目的，因而課納稅義務人申報協力義務。」

二、稅法規範簡化的具體措施

（一）稅法僅規定原則，細節及計算應納稅額之方法，授權由行政命令補充之。因此，在稅法領域中，行政命令不可避免地占有相當重要之角色。特別在當中涉及個案性判斷的問題，一定程度具簡化功能的行政規定有其必要，不一定能夠被直接當作牴觸租稅法律主義的案例。

（二）稽徵程序之簡化，亦即承認稅捐稽徵係大量程序，容許採用簡易手段進行程序等[135]。換言之，乃稅法上總額化及類型化方法被普遍承認。所謂總額主義或者「總額化」（Pauschalierung）係指稅法上對於各類構成要件事實之認定，例如營業費用（Aufwendung）、營業成本（Werbungkosten）的核計，並不以實際發生之數額爲考慮，而係由立法者（或稅捐稽徵機關）預先規定一定之額度，在此額度之內之成本、費用方准予認列及扣除，超過之部分，無論是否確實發生、有否證明之方法，均不得主張扣除免稅[136]。例如，前述關於我國所得稅法上標準扣除額之規定，並未考慮到個別納稅義務人之實際生活條件及節儉、浪費之程度，亦未考慮到實際支出費用之必要性，即概以每人新臺幣4萬5,000元作統一之規定是。在德國學說中，總額主義所面臨之主要非議亦來自於此：蓋因不分青紅皀白一體適用，實難謂與憲法上所保障之平等原則（Gleichheitsgrundsatz）無所牴觸[137]，而稅法上用以評量稅賦與負擔能力是否相一致之具體標準，亦即量能課稅原則（Besteuerung nach Leistungsfähigkeit）[138]，與此是否相一致，亦非無可疑。是以總額主義之合

135 關於租稅簡化作為稅法討論之對象，參見Seer, Steuergerechtigkeit durch Steuervereinfachung, StuW1995, S. 184ff。

136 L. Schmidt, Einkommensteuergesetz (EstG) Kommentar, 1990, S. 1785ff.

137 在德國聯邦憲法法院BvR87, 218一案中，此即為憲法訴訟之原告所主張之重要攻擊方法。

138 K. Tipke, Steuerrecht, S. 59ff. 另外，在德國聯邦憲法法院BVerfGE 66, 214一案中，

憲與否，當屬稅法上類型化方法所要解決的問題之一。

（三）稅法上對於課稅基礎之原因事實之認定，常不受法律行爲外觀表象之限制，而以實際上或社會經驗上之事實爲準，此爲稅法上「經濟觀察法」（wirtschaftliche Betrachtungsweise）[139] 之基本推論。而契約約定倘若發生於特定親屬之間（vertraglicher Gestaltung zwischen nahen Familienangehörigen），則契約關係是否確如外觀上所顯示，於社會生活之經驗言，常有研究之餘地。是以課稅事實涉及特定親屬間之契約或交易關係時，該等事實之評價亦爲稅法上重要問題[140]。在德國稅法實務上，常見之例爲：於同一合夥或有限公司之數股東之中，倘父子同時擔任股東或受雇於該合夥或公司，任一人所受有之股利分配或薪津超出他股東所受分配數額 15% 時，該超出部分之股利即會被行政機關或法院認定係屬贈與，應課贈與稅（Schenkungsteuer）[141]。**另外在我國法上，遺產及贈與稅法第 5 條第 6 款直接規定，財產在特定親屬間移動者，以贈與論**。亦爲對於親屬之間之契約或交易行爲爲評價性之規定。而德國法院眞正就此一問題提出決定性的重要說理，則在於稅法的大量行政本質：「稅法上對於『非自力性收益』（Einkunfte aus nichtselbständiger），尤其是公務員、公司職員等受薪者的收入，其租稅權力之行使當受到『平等』（Gleichmäbigkeit）和『程序簡化』（Einfachheit）二要求的支配。準此，**在特定個案的處理中，照顧到整體的需求是必要的**。如果對於納稅義務人的每一個個別行爲都以個案處理，當所有個案的特殊考慮都被滿足，在結

憲法法院亦謂：「很明顯地，對於租稅正義有一個基本的要求，也就是基於經濟上的給付能力來課稅。」

139 Klein / Orlopp, AO, S. 29.

140 關於親屬間交易關係在稅法上評價之基本問題，尤其是涉及到德國法上家庭所得調整之憲法問題，參見 M. Pechstein, Familiengerechtigkeit als Gestaltungsgebot für die staatliche Ordnung, 1994, S. 271ff。

141 參見 Bundessteuerblatt (BStBl) II, 1987, 54(57), Z.v. L. Osterloh, Gesetzebindung und Typisierungsspielräume bei der Anwendung der Steuergesetze, 1992, S. 23。

果上及租稅義務之整體性上，爲行政所不能接受，顯不可採。因此，在課稅個案中，注重整體的平等處理，而排除個案特性之考量，掌握其重要特徵（wesentliche Merkmalen）而平等課稅的做法，是必要的。[142]」也因此，對於稅捐稽徵行政實務而言，非法律的行政規定一直有其相對的重要地位，可以理解。

142 BFH BStBl IV, 1963, S. 381f.

CHAPTER

4

稅法之法源

第一節　稅法之成文法源

壹、憲法作爲稅法法源

一、稅法的成文法優位傳統

在稅法領域中，法源問題一直被認爲是各項問題的根本。原因無他，既然稅捐收入被認爲係現代國家不可或缺的公共財政收入手段，因此在法治國家的制度中，關懷的重點自然轉成如何在憲法制度的規範之下，滿足國家財政需求。因此，透過憲法中有關租稅法律主義、稅捐平等原則的規範，保障納稅義務人在稅捐稽徵關係中可能被侵害的基本權，當然爲稅法重要的議題。也因此，成文法律規範，在這樣的意義之下，當然在稅法領域中享有特別受到強調之地位。

二、憲法作為稅法法源

憲法作爲稅法之法源，主要見諸我國憲法第 19 條規定：「人民有依法律納稅之義務。」因此，出於所謂「租稅法律主義」的考量，不僅在憲法上強調成文法源的重要性，在稅法解釋和適用上，也經常可見對於成文法源之重視。例如，稅法領域中之所以會有「禁止類推」之爭議，其實主要的邏輯問題來自於，究竟應否將稅法與刑法視爲相同的法律規範，因而要求相同的規範密度這樣的問題。在這樣的意義之下，可以說即使不採取如同刑法一般的嚴格標準，稅法規範在某些面向中特別強調成文法規範的重要性，也是可以理解的。

貳、國會立法作爲稅法之法源

一、最狹義之法律

在目前稅法制度中，最狹義的法律或者形式意義之法律，爲主要的稅法法源。也就是說，「立法機關通過、總統公布、定名爲法、律、條例、通則」的成文典章規範，方得以在租稅法律主義的制度之下，創造、消滅或變更納稅義務人的納稅義務（釋字第217號）。換言之，在憲法制度中，課稅權力因涉及人民重要之基本權，特別是財產權之侵害及保障[1]，因此在整體法律秩序中，特別應當受到法律的限制及拘束，僅有在取得人民選任代表同意之前提下，方得課徵稅捐。

二、國會立法作為稅法主要法源

也因此，在我國目前「分稅立法」的稅制之中，主要係經由各種國會立法來創設納稅義務人的稅法義務。當然，這並不表示稅法的法源僅止於這些名稱上可以被清楚區分出來的稅法（如所得稅法、稅捐稽徵法、加值型及非加值行營業稅法等）。事實上，若干法律規範，亦在條文當中創造或減縮納稅義務人的義務，而未必盡然均以稅法稱之。例如「促進產業升級條例」當中有關產業投資抵減之相關制度、「企業併購法」當中有關因企業併購所生稅捐債務之規定等，均無礙於作爲稅法之法源。

國會立法在稅法之各種成文法源中，意義特別。原因主要在於各法治國家所強調的租稅合法性原則，乃以「無代表則不納稅」作爲制度前提。因此，本於這樣的要求，僅有國會立法得以成爲課徵稅收的依據：國家倘若要開徵新的稅目，亦必須有國會立法的依據，其他的成文或不成文法源僅得以作爲拘束稅捐稽徵機關的行爲準則。而涉及到稅捐債權債務關係的

1　針對財產權之保障與課稅權力的限制，在近年各國司法實務中不僅為各法治國家所承認，同時也為歐洲人權法院在判決中所指明。歐洲人權公約第一議定書第1條規定：「每一個自然人或法人均有權平等地享用其財產。除非是為了公共利益及受管制於法律與國際法的普遍原則所規定的條件，任何人不得剝奪他的財產。上述規定將不能以任何方式損害國家根據公共利益或為了保證稅收支付或其他獎懲措施而實施的必要的控制財產使用的權利。」根據此一規定，歐洲人法院並且在CEDH 22 sep. 1994, n° 13616/88, Hentrich c / France 一案判決中，明確宣告法國租稅總法典第668條所賦予稅捐稽徵機關的強制收購權（un droit de préemption）與歐洲人權公約對於財產權之保障有所不服。進一步討論，參見黃源浩，歐洲人權公約與納稅人權利保護，財稅研究，第47卷第6期，頁134-137。

構成要件，更應當由國會立法以明確之規範，針對稅目、稅率、課稅期間等明文規定。

參、行政命令作爲稅法之法源

一、法規命令作為稅法之法源

所謂「法規命令」（Rechtsordnung），在行政程序法第 150 條第 1 項之規定中，係指由行政機關依據法律授權所頒布的命令[2]。例如依據所得稅法第 121 條規定：「本法施行細則、固定資產耐用年數表及遞耗資產耗竭率表，由財政部定之。」所公布之**所得稅法施行細則**[3]，即屬法規命令。

在稅法領域，由於受「稅捐法定主義」之支配，課稅要件的全部，原則上均應以法律規定之，因此，得以命令規定的事項，僅限於不牴觸上述原則的範圍。再者，稅法規範對象的經濟活動，極爲錯綜複雜多樣且激烈變化，因此，欲以法律的形式完全的加以把握規定，實際上有其困難，而有必要就其具體的決定委由命令規定，並配合情事變更以機動修廢其規定，故在稅捐法上，課稅上基本的重要事項，應以法律的形式加以規定，而就其具體的、細目的事項則以法律授權委由行政命令規定之情形不少。此種命令，在不牴觸稅捐法定主義的原則下，亦可構成有效的稅法法源[4]。

2 關於法規命令之概念，參見蕭文生，行政法：基礎理論與實務，五南圖書，2017年，頁305以下。

3 事實上不僅所得稅法施行細則，尚且包括所得稅各查核準則：營利事業所得稅查核準則、適用所得稅協定查核準則、營利事業所得稅不合常規移轉訂價查核準則等，理論上均係由所得稅法授權制頒之法規命令，亦均在稅捐稽徵實務中發揮重要之支配力量。

4 另外，以行政上抽象規範，尤其是行政規則作為法律規範具體化之方法，在國內亦有學者提出討論。參見陳敏，行政法總論，頁468。尤其明白指出者，乃此等具體化行政規則，甚且具有替代法規範之效力。不過，陳敏教授對於侵益領域適用行政規則的問題，則持反對的態度。德國法上進一步的討論，見 U. Guttenberg, Unmittelbare Außenwirkung von Verwaltungsvorschriften?－EuGH NVwZ 1991, 886 und 868, JuS 1993, S. 1006ff.

Q：依據所得稅法第 80 條第 5 項，授權財政部訂頒「營利事業所得稅不合常規移轉訂價查核準則」，規範關係企業脫法避稅之調整程序。其 34 條規定「……。未依規定辦理致減少納稅義務，經稽徵機關依本法及本準則規定調整並核定相關納稅義務人之所得額者，如有下列具體短漏報情事之一，應依本法第一百十條規定辦理：（以下略）」試問該查核準則法律性質為何？該準則第 34 條之規定是否符合憲法要求？（94 台大稅法）

A：

（一）「營利事業所得稅不合常規移轉訂價查核準則」之法律性質

1. 按於我國法律之中，行政機關所制頒之抽象、通案式行政規範，原則上區分為法規命令以及行政規則二大類。二者主要區分標準在於有無獲得立法機關授權制頒。就此而言，本題「營利事業所得稅不合常規移轉訂價查核準則」（下稱「查核準則」）係經所得稅法第 80 條第 5 項授權，兼以該查核準則對於納稅義務人而言，直接影響稅法上權利義務關係，解釋上應為具有法規命令之性質。
2. 然構成問題者，乃在於我國法制中，法規命令之合法合憲不僅以有法律授權為要，同時該一授權尚須具體明確（參見司法院大法官釋字第 313 號、第 346 號）。本查核準則之授權基礎所得稅法第 80 條第 5 項規定為：「稽徵機關對所得稅案件進行書面審核、查帳審核與其他調查方式之辦法，及對影響所得額、應納稅額及稅額扣抵計算項目之查核準則，由財政部定之。」屬概括授權而非具體明確授權，亦未明白揭示授權之範圍、目的、內容，恐非合憲之授權規範。

（二）查核準則第 34 條之合憲性

1. 又按，該查核準則第 34 條謂：「……未依規定辦理致減少納稅義務，經稽徵機關依本法及本準則規定調整並核定相關納稅義務人之所得額者，如有下列具體短漏報情事之一，應依本法第一百十條規定辦理……」而所得稅法第 110 條第 1 項規定：「納稅義務人已依本法規定辦理結算、決算或清算申報，而對依本法規定應申報課稅之所得額有漏報或短報情事者，處以所漏稅額二倍以下之罰鍰。」為裁罰性規定。按諸法律保留密度之論理，裁罰事項應當有直接具體明確國會法規範（釋字第 402 號、第 619 號）。

2. 因此，從憲法法律保留原則角度言之，前述查核準則第 34 條規定恐難謂合憲。

Q：財政部民國 93 年 12 月 28 日訂定之營利事業所得稅不合常規移轉訂價查核準則（下稱移轉訂價查核準則）第 3 條第 6 款：「本法第四十三條之一所稱營利事業與國內外其他營利事業具有從屬關係，或直接間接為另一事業所有或控制，指營利事業相互間有下列情形之一者：……六、營利事業之董事長、總經理或與其相當或更高層級職位之人與另一營利事業之董事長、總經理或與其相當或更高層級職位之人為同一人，或具有配偶或二親等以內親屬關係」之規定，是否得適用於移轉訂價查核準則生效前之營利事業所得稅結算申報案件？

A：

最高行政法院 101 年度 8 月份第 1 次庭長法官聯席會議決議：

所得稅法第 43 條之 1：「營利事業與國內外其他營利事業具有從屬關係，或直接間接為另一事業所有或控制，其相互間有關收益、成本、費用與損益之攤計，如有以不合營業常規之安排，規避或減少納稅義務者，稽徵機關為正確計算該事業之所得額，得報經財政部核准按營業常規予以調整。」又財團法人會計研究基金會所訂定之財務會計準則第 6 號公報貳第 2 段第 1 項規定，凡企業與其他個體（含機構與個人）之間，若一方對於他方具有控制能力或在經營、理財政策上具有重大影響力者，該雙方即互為關係人，受同一個人或企業控制之各企業，亦互為關係人。復依同段第 2 項 (3) 之規定，公司之董事長、總經理與他公司之董事長或總經理為同一人，或具有配偶或二親等以內親屬關係者，此兩公司通常為企業之關係人。上開財務會計準則公報之規定，得作為解釋所得稅法第 43 條之 1 所稱營利事業間是否具有控制從屬關係之依據。據此，並本於「相同事務應為相同處理」及「舉輕以明重」之法理，一營利事業之董事長、總經理或與其相當或更高層級職位之人，與另一營利事業之董事長、總經理或與其相當或更高層級職位之人為同一人，或具有配偶或二親等以內親屬關係者，自得認為此二營利事業間具有所得稅法第 43 條之 1 所稱之「從屬控制關係」。是以在民國 93 年 12 月 29 日以前，二營利事業間如有上述情形，即屬所得稅法第 43 條之 1 規範之對象，此並不因財政部於民國 93 年 12 月 28 日始訂定營利事業所得稅不合常規移轉訂價查核準則而受影響。

二、行政規則作為稅法之法源

所謂「行政規則」（Verwaltungsvorschriften），在行政程序法第 159 條所規定之定義中，乃指機關內部在沒有法律授權的情形下，針對人事管理、事務分配、裁量權行使乃至於法律規範解釋的抽象性、一般性規定。行政規則由於未經過立法機關的授權，基本上無法直接拘束人民之自由權利。不過，這並不表示行政規則在稅法領域中完全無價值。相反地，行政規則在我國實務中經常以解釋函令之面目出現。在**實際上，稅務行政多依據財政部解釋令函執行，只要納稅人方面不予爭執，有關稅捐法規的解釋、適用的大多數問題，概依解釋令函解決**，因此，在現實的層面，解釋令函與法源具有同樣的機能。而且，爲確保稅捐法規的統一公平執行、減輕稅務人員以及稅務代理人的適用法令遭遇疑義之困難與工作負擔，並使稅捐稽徵機關的行爲，具有預測可能性，進而提高稅捐法規的安定性，也有使解釋令函存在的必要。倘若沒有解釋令函，而委由各稅捐機關獨自判斷以解釋適用稅法規定時，則稅務行政勢必陷於相當混亂的狀態。也因此，事實上行政規則在我國稅法領域中亦有其一定之規範效力，乃無可否認。就此，納稅者權利保護法第9條第2項乃規定：「解釋函令未依行政程序法第一百六十條第二項、政府資訊公開法第八條或其他適當方式公開者，稅捐稽徵機關不得作爲他案援用。」可供參考。

三、日本法上的「通達」作為稅法法源

所謂「通達」，係指上級行政機關對於下級行政機關，就其權限之行使所爲之指示，而預先以書面下達之行政命令。通達原則上僅能拘束行政機關之公務員，而人民係受法律所課義務之拘束，故原則上通達並不能夠成爲稅法之法源。但是，關於通達作爲稅法上所適用之法源，現在已經有不同意見之出現（訟務10卷2號，頁381參照）[5]。與租稅有關的通達數量至爲龐大，而納稅義務人在申報所得時，稅捐稽徵機關之公務員執行稽徵公務之時，也是按照通達所訂下的通例來行使權力。這使得通達發生了很大的事實上效力。通達欲發生其一定之基本效果，必須履行公表（布）的手續，也就是所謂的秘密通達是不許可作爲課稅的基礎的。通達又可以區分爲對於各個稅法逐條解釋以及適用基準的通達（例如所得稅基本通達、法人稅基本通達、國稅徵收法基本通達等），以及個別的通達。

參、國際條約或協定作爲稅法之法源

一、國際租稅條約或協定之意義

在稅法領域中，針對涉及境外之交易活動，所考慮之問題與基本之制度設計經常與單純在國內所發生之稅捐課徵關係有所不同。例如，針對跨國境之交易行爲，倘若兩地（或兩個稅收管轄權國家）在稅收徵收標準上未有必要之協調時，經常會發生同一筆收入遭到雙重課稅之情形。因此，如何透過國家與國家間的條約或協定解決此等雙重課稅問題，即成爲涉外

5 清永敬次，「通達」課稅之基本問題，稅法，頁22。

稅法中主要之重點。另方面，為幫助主要國家間透過統一之法規範避免國際間的稅收爭端，聯合國與經濟合作暨發展組織（OECD）也分別訂有避免雙重課稅的租稅條約範本，供各國選用。

二、我國法制中的國際避免雙重課稅條約或協定

我國目前雖然與主要的貿易往來對象（美國、日本以及中國大陸）之間並不存在著避免雙重課稅的條約或協定，但事實上與其他主要國家，包括澳洲、新加坡、德國、法國、荷蘭、比利時、英國等，均存在有有效之避免雙重課稅條約或協定。因此，在涉及這些國家的課稅案件中，當特別留意有此等租稅條約之適用。而在解釋上，此等法源亦構成我國國際租稅中重要之法律規範來源。

第二節　稅法之不成文法源

壹、不成文法源之概念

一、不成文法源之範圍

所謂不成文法源，係指稅法中未被體系化、成典化規範之法源，亦即除了法律條文以外，未具備法條形式之規範。這主要包括習慣、判例、學說及法理等不同項目。

二、不成文法源在稅法上之使用

在前述稅法的成文法優位傳統之下，稅法領域雖然不完全排斥不成文法源的存在，但在事實上，此類法源很難發揮完整的功能。首先，不成文法源無論如何，均不至於有增加納稅義務人稅捐義務的效果。其次，即使能使用，通常範圍也被認為較為有限。例如若干判例認為誠實信用原則

得以適用在課稅領域等[6]。不過，問題並沒有這麼簡單。由於稅法制度與商業會計制度之間的緊密連結，事實上商業會計法制中若干法律規範，係以「一般公認會計原則」等形式出現，事實上亦有強大之拘束力。因此，不成文法律規範在稅法領域中，只能說適用上受有限制，並非完全遭到排除。

貳、判例作爲稅法之法源

一、判例之範圍

所謂判例，係指司法機關在個案救濟中所作成之判決先例，而被嗣後之司法或行政機關加以援用，因而產生拘束效力之情形。這當中尙應區分爲一般的司法判例（特別指最高行政法院所作成者）以及司法院大法官所作成之解釋。後者事實上即爲我國的合憲性審查決定（décision du contrôle de la constitutionnalité），理論上不具備個案的救濟效果，但事實上也確實對個案產生一定之救濟效力。

二、司法院大法官對我國稅法制度發展之影響

進一步言之，在我國稅捐法制的發展過程中，司法院大法官所可能發揮的影響力，恐怕遠高於（理論上爲稅法案件終審救濟機關的）最高行政

---

6 最高行政法院88年判字第392號判例：「依土地稅法第三十九條之二第一項規定申請免徵土地增值稅者，應檢附主管機關核發之農地承受人自耕能力證明書影本，為同法施行細則第五十八條第一項第一款所明定。查耕地之承受人向主管機關申請自耕能力證明書時，已依規定格式敘明『……於承受後列耕地後確保供自任耕作』，顯有繼續耕作之表示，嗣後縱然表示無繼續耕作之意願，應不影響原土地所有權人或債權人申請免稅之權益，以符合誠實信用原則。如經查明該耕地係在依法作農業使用時，經法院拍賣，且拍定人係經主管機關核發自耕能力證明書有案之耕地承受人，應准予免徵土地增值稅。上揭經核准免徵土地增值稅之土地，如經查明拍定人於完成移轉登記後，有不繼續耕作情形，應依土地稅法第五十五條之二規定處罰承受耕地之拍定人，而非以補徵土地增值稅之方式，變相處罰耕地原所有權人。」

法院。在我國幾次重大稅制變動之際，均可見得大法官解釋對稽徵實務之影響，例如釋字第 217 號、第 287 號、第 420 號、第 386 號、第 503 號等解釋，均屬重要之稅法法源。

參、法理或法律之一般性原理原則

一、法理本即為行政法上的一般性法源

法律之基本原理原則，或稱法理，原本在行政法領域中即被普遍承認具有法律之拘束效力。蓋行政法制本身發展較爲晚近，法典化程度較低，因此若干原理原則尚未成文化，亦有可能以抽象規範之面目對於行政機關形成一定程度之拘束效果。

二、稅法與行政法上一般原理間之關係

我國最高行政法院雖未就稅法規範是否包括此等行政法上原理原則形成過統一見解，不過在若干個案中，其亦不否認稅捐稽徵機關乃至於納稅義務人，均同受此等抽象性原理原則之拘束。特別是若干通用於法律領域之原則，例如誠實信用、公序良俗等，亦爲稅法領域重要之法律界限，不得任意逾越。

Q：誠實信用原則得否於稅法中被承認？

A：

最高行政法院 92 年度判字第 1089 號判決：「按『行政行為，應以誠實信用之方法為之，並應保護人民正當合理之信賴。』（行政程序法第八條參照）依行為時營業稅法第四十三條規定，營業人逾規定申報限期三十日，尚未申報銷售額者，主管稽徵機關得依照查得之資料，核定其銷售額及應納稅額並補徵之。營業人申報之銷售額，顯不正常者，主管稽徵機關得參照同業情形與有關資料，核定其銷售額或應納稅額並補徵之。準此，主管稽徵機關於營業人每期應申報銷售額後，即應

依規定儘速辦理稽核，如經發現有申報錯誤或顯不正常之情形者，應即依規定處理。**本件主管稽徵機關就稽核系爭發票是否虛報情事，究竟有無違背誠實信用之方法，並損及納稅義務人正當合理之信賴，自有研究斟酌之餘地**。本件既遲至財政部八十七年十二月三日台財稅第八七一九七六四六五號函發布後，始明確釋示公司於召開股東會時，以紀念品贈送股東，其進項稅額不得申報扣抵銷項稅額。則於該函釋前，財政部所屬各稽徵機關對該發票是否可以扣抵銷項稅額，似欠明確之依據，能否事後回溯課予納稅義務人高於主管稽徵機關之法律責任，並據以認定上訴人有過失，均有再詳予斟酌之必要。」

Q：公共秩序善良風俗是否為稅法所承認之原理原則？

A：

最高行政法院 94 年度判字第 1308 號判決：「所得稅法所課徵之所得，如人民已實現所得稅法之課稅要件，且其所得在其管理控制之下，應即成立課稅義務，**並不因其實現所得稅法課稅要件之行為違法或違反公序良俗，而影響其所得稅之課徵**，乃符合租稅之公平課徵原則，並可避免人民主張自己之違法行為或違反公序良俗之行為，以獲取較合法正當行為，更有利之租稅地位；對於違法行為或違反公序良俗行為所實現所得稅法課稅要件之課徵所得稅，並非對於該行為之處罰，亦非使該行為合法化。本件系爭所得由上訴人領取持有，已實現所得稅法之課稅要件，**且系爭所得在其管理之控制之下，應成立課稅義務，並不因其實現所得稅法課稅要件之行為違法或違反公序良俗，而影響其所得稅之課徵及其短漏報所得額之違章行為成立**。」

Q：甲有一筆坐落高雄市土地，稽徵機關每年依據地政機關編送之地價歸戶冊及地籍異動通知資料核定地價稅。嗣後稽徵機關發現歷年所核定適用法令錯誤，短徵地價稅款，稽徵機關乃依據稅捐稽徵法第 21 條第 2 項規定，補徵五年地價稅。請問稽徵機關補徵五年地價稅之課稅處分是否應受信賴保護原則之限制？（104 律師）

A：

（一）信賴保護原則作為稅法之法源

1. 按稅法作為行政法各論之一部分，在法源依據上經常與行政法總論相類似。同時若干行政法上原理原則，如依法行政、比例原則，亦經常直接拘束稅捐稽徵機關。

2. 而信賴保護，亦為公法上支配行政權力之重要原則。所謂「信賴保護」（Vertrauenschutz），是指國家採行行政行為時，對於人民因信賴國家機關所產生之利益，應予以保護。行政程序法第 8 條規定：「行政行為，應以誠實信用之方法為之，並應保護人民正當合理之信賴。」後段即為信賴保護之基本規定。就此而言，原則上信賴保護原則，於稅法領域亦有適用，當無可疑。

（二）本件情形與稅法對於信賴保護之理解

1. 不過，雖然稅法領域原則上亦有信賴保護問題，並不表示在稅法上均可無困難地適用。信賴保護之前提，乃在於有值得保護之信賴。而稅法本於大量行政之特徵，經常有保留嗣後稽查之情形，稅捐稽徵法第 21 條有關核課期間規定即屬之。

2. 因此，本件機關根據稅捐稽徵法第 21 條第 2 項規定，補徵五年地價稅，原則上並不受信賴保護原則之拘束。

第三節 稅法規範之解釋及適用

壹、稅法之解釋

一、稅法解釋之特殊性

稅法規範，雖然在租稅法律主義之要求下，被強調應當特別著重構成要件的明確性。但是，這並非意味著在實際的稅法規範之中，完全不存在解釋的空間。首先，稅法基於租稅法律主義的傳統，特別重視稅法規範的文義解釋。另外一方面，稅法在法律概念上經常借用其他法律領域之法律概念。因此，其他法律領域之概念，特別是民法之相關制度如何在稅法中解釋適用，即成爲問題。

二、稅法與民法之解釋

（一）民事法律關係或私法上經濟活動通常為稅捐課徵之基礎

國家行使租稅課徵權力，向人民徵收賦稅，原則上以私法上經濟活動作爲其課徵之客體或者對象，稱爲租稅之稅基或稅捐客體（Steuerobjekt）[7]。包括收入、支出及財產持有本身等，無不以私法上，亦即民事上之權利客體持有、移轉、變更作爲課稅權力發動之基礎。在此一認識之下，倘若謂「無私法上財產變動，即無課稅權力之可言」實亦不爲過。是故，民事法上之概念不可避免即成爲稅法規範所適用及掌握之客體[8]。例如，所得稅法

7 參見黃秀蘭，稅捐客體之研究，國立台灣大學法律學研究所碩士論文，1985年4月，頁6以下。

8 就此，黃茂榮教授曾指出：由於民事法事件相對於稅捐法事件的先在性，不論稅捐法是否使用自己的特別概念，在其使用來自於民事法構成要件要素時，其解釋不可避免的還是要回溯到民事法，基本上以民事法上之意義為準，蓋不直接藉助民事法上關於交易活動或財產利益之移轉規定的概念、類型，法律行為及法律關係根本不能從事有效之交易或移轉財產利益。參見黃茂榮，稅法總論，增訂3版，植根，

上之「所得」，乃買賣、租賃、僱傭等法律行爲之結果；遺產稅法上之「遺產」及「贈與」更爲民事法上所經常運用之法律概念。然則於推論上首先發生問題者，乃在於民事上之法律關係所著重之目的及功能，與公法上之法律關係畢竟有其一定之出入，二者間未必盡然相互一致。例如，民事法上違反強行禁止規定[9]之行爲，並非稅法上無意義之行爲，即可知二者在著重之功能上之出入：民事法所重視者，乃交易之秩序；稅法所重視者，乃經濟行爲之可稅性。因此，稅法規範之解釋前，應先處理民法與稅法法律概念不一致之問題。

（二）「固有概念」與「借用概念」

1. 稅法中的借用概念

在稅法領域之中，基於課稅權力之發動與私法中經濟活動有密切關係，因而大量援用民事法上之法律概念，業如前述。然則私法上之法律概念，受私法之規範，通常已形成一定之概念定則（Begriffsbestimmung）[10]，意味著此等概念，如買賣、租賃、自然人、合夥、法人等，均已由民法之法規範確定其內涵。因此，稅法規範之立法者，爲精確描述掌握課稅權力

2012年3月，頁661-663。

9 參見財政部61年2月4日台財稅第31185號函：「未具有醫師行醫執照（編者註：現為執業執照），依醫師法第7條（編者註：現行法第8條）規定雖不得執行醫師業務，但在被查獲前既已執行醫師業務，並收取費用，而確有所得者，自應依所得稅法第2條：『凡有中華民國來源所得之個人，應就其中華民國來源之所得，依本法規定，課徵綜合所得稅』之規定辦理。本案密醫在被查獲前之執行醫師業務收入，依上開釋示原則自應課徵綜合所得稅，如其所得未有適當資料或紀錄可資查核者，應比照本部核定之當年度醫師執行業務收入費用標準逕行核定課徵或補徵，其有違反稅法有關規定者並應移罰。」其中密醫之營業固屬民事法上違反強行禁止規定之行為而為法秩序所不許，然其收入仍無礙於其作為課稅客體。

10 Maassen, Privatrechtsbegriffe in der Tatbeständen des Steuerrechts, S. 47. 轉引自沈克儉，法律行為之無效、撤銷、解除或終止對於稅捐債務之影響，國立台灣大學法律學研究所碩士論文，頁16註6。

所涉及之客觀上經濟活動，於稅法領域中對於私法上交易行爲所爲之法規範及概念之運用，純屬「應急措施」（Notbehelf）[11] 而於稅捐課徵之領域中援引運用該等私法上之法律概念。**該等私法上之法律概念，即爲「借用概念」或稱「傳來概念」，乃立法者爲描述稅法之構成要件要素，而直接或間接使用私法上之法律用語**[12]。該法律用語爲私法之構成要件中或私法之法律體系中所使用之用語，致使稅法規範因之與民法發生一定程度之相似性。此等概念，於稅法領域中適用上，通常即需與民法爲相一致之解釋。

在稅法所使用之構成要件要素法律概念中，如所得（所得稅法）[13]、土地（地價稅）、房屋（房屋稅）、銷售貨物或勞務（營業稅）、不動產之買賣、承典、交換、贈與、分割（契稅）、遺產（遺產及贈與稅）等，均足以作爲稅法領域中適用借用概念之典型[14]。

2. 稅法中的固有概念

相對於借用概念，稅法領域中經常有所謂「固有概念」之存在[15]。**所謂固有概念，乃指此類法律概念之形成及使用係出自於稅法規範本身之目的考量，因此雖以類似於私法上之用語以構成稅法規範之內容，亦非指涉相同範圍之事物**[16]。尤其在採行目的論之法律解釋方法中，對於相同詞句之解釋，必須遵循個別法律體系所希望達成之規範效果及立法功能，因此承認私法之概念作爲構成要件要素於稅法上具有特殊機能，於

11 沈克儉，法律行為之無效、撤銷、解除或終止對於稅捐債務之影響，國立台灣大學法律學研究所碩士論文，頁16。

12 顏慶章、薛明玲、顏慧欣，租稅法，作者自版，2010年，頁44。

13 關於所得稅法上「所得」概念之討論，參見吳志中，所得概念之研究，國立台灣大學法律學研究所碩士論文。

14 沈克儉，法律行為之無效、撤銷、解除或終止對於稅捐債務之影響，國立台灣大學法律學研究所碩士論文，頁18以下。

15 施智謀，民法之規定如何適用於租稅法（一），財稅研究，第11卷第6期，頁7。

16 顏慶章、薛明玲、顏慧欣，租稅法，作者自版，2010年，頁43。

是賦予其與私法規範相異之意義[17]。在此一見解之下，一項具私法特徵的概念，倘若用於稅法之構成要件時，只能依其實質意義關聯（jeweiligen Bedeutungszusammenhang）以決定其眞意，而與民法規範容忍一定範圍內意義之偏離。最高行政法院 74 年度判字第 610 號判決謂：「（一）土地稅法第三十五條第一項所指土地所有權人，乃指依土地法有關規定登記爲準之土地登記名義人而言，核與民法有關所有權之效力規定，以及民法有關夫妻財產制之規定及民事強制執行實務無關。**蓋稅法中有關用語之概念，有屬於固有概念者，有屬於傳來概念者，其用語含義如何，應依適合於該稅法之立法旨趣解釋之，初非與民法有關用語完全相同。**」即明示此旨。

（三）民法概念在稅法上的具體適用：具體案例

論及稅法上的法律概念與民法所規定法律概念的關係，甚至在更廣義的層面上，稅法與民法的關係，都不是可以用簡單的單一法則可以解決的問題。近年我國司法實務，正好有一個適合的案例可以解說這樣的困境。本件行政訴訟原告盧君等三人，參與建設公司自辦市地重劃案（該建設公司於本件行政訴訟中並爲參加人）。建設公司與盧君等締結契約，承諾保證，如原告參與該重劃案，分配取回重劃後土地之面積，爲原參與重劃土地之 55.5%，且地主不必補貼地價差額或費用。嗣後建設公司未依約履行，盧君等乃提起民事給付訴訟，獲有勝訴判決。並持該民事勝訴判決爲執行名義，將參與重劃土地之 55.5% 應有部分登記爲盧君等所有。但本件行政訴訟被告亦即土地稅主管機關新北市政府稅捐稽徵處，認爲此一移轉登記並無對價，構成土地稅法第 5 條第 1 項第 2 款所稱的「無償取得」。於是以盧君等爲對象，課徵土地增值稅。盧君等主張其並非無償取得，乃

17 Maassen, Privatrechtsbegriffe in der Tatbeständen des Steuerrechts, S. 30. 沈克儉，法律行為之無效、撤銷、解除或終止對於稅捐債務之影響，國立台灣大學法律學研究所碩士論文，頁33。

循序提起本件行政訴訟。換句話說，眞正的爭點其實在於「有償」或者「無償」在土地增值稅事件中的判斷[18]。而這樣的判斷，相對應地又必須對應著土地稅法第 5 條第 2 項規定後段「所稱無償移轉，指遺贈及贈與等方式之移轉」的解釋。在臺北高等行政法院 108 年度訴字第 1655 號判決中，法院認爲判斷參加人（即建設公司）移轉系爭土地予行政訴訟原告是「有償」或「無償」，應借助民事法相關概念探索，本件倘參加人移轉系爭土地予原告之情節，不符合民法所定無償之概念，則原告即非本次土地移轉增值稅之納稅義務人。但是，這樣的見解到了最高行政法院，並沒有被明確地維持。在法律審判決，也就是最高行政法院 109 年度上字第 704 號判決中，最高法院首先指出，土地稅法上之有償與無償之區辨，應重在原土地所有權人有無取得與土地價值具對價關係之給付。但是，原審法院並未就此節進行足夠之調查與涵攝，而廢棄了原審判決。換言之，推理上所謂「無償」，是否可能考慮土地稅法的立法目的而採取與民法相一致之理解？仍然在司法實務中存有疑問。就此而言，問題仍在於民法規範的基本價值取捨，與稅法制度目的是否能夠相一致的問題。民法制度，著重者爲地位平等之雙方當事人，本於自主之意思爲自己決定負責任，是以契約自由作爲最重要的價值，所保護者乃交換的正義。但是稅法制度，作爲公權力的措施，本即存在有相當程度的社會價值形成目的，例如平抑房地產價格避免炒作、土地自然形成之漲價應歸公眾享有等考慮，換言之所著重者經常爲分配的正義。換言之，本件土地所有權人以自有土地參與市地重劃，取回之土地是否構成「贈與」，解釋上似應僅有在考慮到與土地增值

18 根據土地稅法第5條第1項第1款、第2款、第2項規定：「（第一項）土地增值稅之納稅義務人如左：一、土地為有償移轉者，為原所有權人。二、土地為無償移轉者，為取得所有權之人。……（第二項）前項所稱有償移轉，指買賣、交換、政府照價收買或徵收等方式之移轉；所稱無償移轉，指遺贈及贈與等方式之移轉。」本案倘若為有償，增值稅之納稅義務人應當為市地重劃後之建設公司。倘若為有償，則應當為受領重劃後土地之地主。

稅的制度目的無關的情形下，方有直接適用民法規範的空間。

進一步來看，民法上法律行爲的效果對於課稅權力的影響，也可以成爲理解民法與稅法關係的一個重要面向。原則上，私法上之法律行爲倘若罹有瑕疵，例如存有無效、得撤銷事由又事後遭到撤銷者，課稅基礎應當已經不存在，原則上課稅權力發生的前提事實已經不存在，理論上無租稅義務可言。但在若干案例當中，民事關係是否有效成立，未必與課稅權力之發動相一致。德國租稅通則第 40 條首先規定：「稅捐之課徵，就稅法規定構成要件事實之一部或全部是否違反法律強行禁止規定或違反善良風俗，不予考慮。」（Für die Besteuerung ist es unerheblich, ob ein Verhalten, das den Tatbestand eines Steuergesetzes ganz oder zum Teil erfüllt, gegen ein gesetzliches Gebot oder Verbot oder gegen die guten Sitten verstößt.）第 41 條第 1 項又復規定：「法律行爲無效或者嗣後歸於無效，而當事人仍使其經濟效果發生並維持其存在者，不影響稅捐之課徵。但稅法另有規定者，不在此限。」（Ist ein Rechtsgeschäft unwirksam oder wird es unwirksam, so ist dies für die Besteuerung unerheblich, soweit und solange die Beteiligten das wirtschaftliche Ergebnis dieses Rechtsgeschäfts gleichwohl eintreten und bestehen lassen. Dies gilt nicht, soweit sich aus den Steuergesetzen etwas anderes ergibt.）因此，民事法律關係之效力，並不一定當然影響稅捐課徵。就此，最高行政法院 109 年度上字第 699 號判決指出：「租稅債務係因實現法定之租稅構成要件而成立，已成立之租稅債務，除非有溯及影響租稅債務之事項，原則上不再變更。且按法律行爲無效，或嗣後歸於無效，而當事人仍使其經濟效果發生，並維持其存在者，並不影響租稅之課徵。良以稅法所欲掌握者，乃表現納稅能力之經濟事實，而非該經濟事實之法律外觀（改制前行政法院 82 年 9 月份庭長、評事聯席會議決議意旨參照）。基於租稅法掌握經濟事實以達成公平課稅之原理，法律行爲雖然自始無效或嗣後歸於無效，惟該無效法律行爲之當事人，無視該法律行爲無效之事實，仍以有效待之，使相與結合之經濟效果發生，並予以維持者，除法律別有規定外，法律行爲之無效，不影響租稅之課徵，依實質課稅原則，仍應認已實現租稅構成要件，而成立租稅債務。」

貳、稅法解釋之原則與建制

一、稅法解釋與一般的法律解釋方法

在論述稅法之解釋及適用之際，首先應當指出者，在於雖然稅法學說上向來有稅法獨立性的說法，而使得稅法制度與體系傾向於採取和行政法總論或者民法中法律概念的解釋不一致的情形，並非少見（前述的「固有概念」的討論）[19]。但是事實上，在解釋方法上，稅法原則上與一般性的解釋方法並無太大差異，只是本於稅法的成文法至上傳統，可能會對於有權解釋者產生一定的影響，原則上亦受到法條文義較強的拘束。所謂的一般性解釋方法，包括文義解釋、體系解釋及歷史解釋幾種手段。但事實上，解釋的困難仍然會在個別的案件中出現。

Q：某甲於民國 38 年隻身從大陸來台，民國 58 年結婚，與妻子胼手胝足積有不少積蓄，但只有一名女兒乙已成年。某甲妻子早逝，女兒亦已另外成家，某甲因此孤身居住在台北，75 歲時經人介紹，與在大陸地區的 30 歲丙女士結婚，婚後經常往來於兩岸。甲 80 歲時壽終正寢，遺有相當之遺產。女兒乙在申報遺產稅時發現，甲死亡前一年已經將名下遺產全部變現匯往中國大陸，總計約 8,000 萬元。稅捐稽徵機關得知上情，將該筆 8,000 萬已經匯出遺產核算出 800 餘萬的遺產稅應納稅額。某丙認為，父親之財產實際上已經全部由後母丙取得，遺產稅亦應當由丙負擔，屢次催請丙將其自甲取得之財產匯回台灣完納稅捐，丙均置之不理。經過三年，根據臺灣地區與大陸地區人民關係條例第 66 條第 1 項之規定：「大陸地區

19 顏慶章、薛明玲、顏慧欣，租稅法，作者自版，2010年，頁44-45。

人民繼承臺灣地區人民之遺產，應於繼承開始起三年內以書面向被繼承人住所地之法院為繼承之表示；逾期視為拋棄其繼承權。」丙亦未為繼承之表示，依法視為拋棄繼承。試問，稅捐稽徵機關能否根據遺產及贈與稅法第 15 條第 1 項第 1 款規定，將該筆 8,000 萬元的生前匯出金額，列為遺產並發單要求某丙繳納稅捐？

A：

（一）本件生前贈與歸列為遺產之合法性

1. 按納稅義務人生前將財產贈與繼承權人者，在一定範圍於其死亡核算遺產稅之際，應當將之歸列為遺產由全體繼承權人計算應得之遺產憑以課稅。就此，遺產及贈與稅法第 15 條第 1 項第 1 款規定：「被繼承人死亡前二年內贈與下列個人之財產，應於被繼承人死亡時，視為被繼承人之遺產，併入其遺產總額，依本法規定徵稅：一、被繼承人之配偶。」

2. 又遺產之繼承關係發生後，倘若有多數繼承人，原則上此等繼承人就遺產稅之繳納，負擔有連帶責任。倘若其中有人拋棄繼承，則應由存留之其他繼承人繼承並負擔納稅義務。本件某甲之配偶丙，根據前述臺灣地區與大陸地區人民關係條例第 66 條所規定之拋棄繼承，解釋上亦與其他拋棄繼承案件相同。就此而言，稅捐稽徵機關根據遺產及贈與稅法第 15 條第 1 項第 1 款規定，將該筆 8,000 萬元的生前匯出金額，列為遺產並發單要求某丙繳納稅捐，似乎與法條規定並無牴觸。

（二）本案之法律解釋適用，確無不法？

1. 前已言及，就本件情形言，稅捐稽徵機關根據遺產及贈與稅法第 15 條第 1 項第 1 款規定，將該筆 8,000 萬元的生前匯出金額，列為遺產並發單要求某丙繳納稅捐，似乎與法條規定並無牴觸。但是問題在於此種情形，除非某丙願意主動將生前贈與之財產交回，否則丙應當負擔鉅額遺產稅納稅義務，卻事實上並未獲得遺產，殊有不公。

2. 因此，本件之法律解釋適用，似應採取目的性限縮解釋[20]，就本件個案情形將遺產及贈與稅法第 15 條第 1 項第 1 款規定之「配偶」排除此種其他納稅義務人事實上無法獲得遺產利益而又需負擔納稅義務之情形。不過，現實上囿於稅法規範的成文法至上傳統，這樣的法律解釋適用方法，不易期待。

二、稅法獨自的法律解釋傾向

（一）有疑則歸國庫與有疑則歸納稅義務人

1. 有疑則歸國庫

稅法之解釋，長年以來存在兩個相互對峙之解釋原則，其一被稱作「有疑則歸國庫」（In dubio pro fisco），也就是在稅法文義上發生解釋疑義者，原則朝向有利於公法債權人國庫之方向解釋[21]。

2. 有疑則歸納稅義務人

相對於「有疑則歸國庫」，亦有主張「有疑則歸納稅人」（In dubio contra fiscum）者。特別是課稅權力所針對的經濟活動，經常是發生在當事人間經濟交易之私法領域。因此除非預先有明文規範，否則法律規範有

20 在稅法領域採取目的性限縮之見解，國內亦有文獻支持。參見顏慶章、薛明玲、顏慧欣，租稅法，作者自版，2010年，頁51。或見陳敏，稅法總論，2019年，頁178。

21 參見司法院大法官釋字第508號蘇俊雄大法官部分不同意見書第三段：「租稅公平與『疑則有利納稅人』原則（in dubio pro reo）法理上，對稅法發生解釋疑義時，有兩種對立的見解：即『疑則有利於國庫』與『疑則有利於納稅人』。前者以國家作為公共利益之維護者，故稅法上之疑義，應以國家財政收入目的為最大公共利益考量；而後者，則著眼於憲法保障人民權益之精神，而以課徵所得稅乃係對人民財產權有所限制或侵害，故應本刑法上『罪刑法定主義』、『罪疑唯輕』之思維模式進行解釋。後說較能貫徹租稅法定主義之意旨，為現代福利法治國家之憲法所強調，自應從之。」

欠清晰之不利益，應當歸由國家權力一方承擔[22]。

（二）兩種解釋傾向的區分實益

對於稅法上舉證困難之不利益之分配，向來有二種學說之對峙。其中一種見解爲「有疑則歸國庫」，亦即當遇到舉證上的灰色地帶時，先「推定」爲確有課稅構成要件事實之存在，俟納稅義務人就此有所爭執時，再由其負責舉證，證明構成要件之不存在。另外一種見解則認爲「有疑則歸納稅人」亦即「稅疑無稅」，乃於構成要件事實在無法證明時，不利益歸由國家負擔，人民並不因之負擔納稅義務。在稅法上舉證責任分配學說中，職權原則（Untersuchungsgrundsätz）之普遍採行使得稅法上之舉證責任成爲國家之任務，這使得國家取得了類似於刑事訴訟程序中原告之地位，負責攻擊。是以就租稅構成要件事實之存在，國家或稅捐稽徵機關（Finanzbehörde）須負責證明，尤其在個案中針對構成要件事實的憑信性及正確性有所懷疑時，得行使其對於個案之調查權能（einzelnen Ermittlungsbefügnisse），在德國法上，此亦爲租稅通則第 88 條所明文規定。**惟在此意義之下，國家須負責調查課稅事實之存在，這使得行政權力之行使，不得不介入於事實關係存否之闡明。**

三、解釋函令與預先核釋制度

（一）解釋函令作為有權解釋之制度

在我國稅法實務中，討論稅法之解釋不可避免地應當討論及於稅捐稽徵機關解釋函令相關制度[23]。原則上，解釋函令僅具有行政規則之位階，在訴訟上僅爲被告機關的法律見解，但是在司法實務中卻少受質疑[24]。因

22 葛克昌，所得稅與憲法，翰蘆出版，1999年2月，頁54。

23 顏慶章、薛明玲、顏慧欣，租稅法，作者自版，2010年，頁77。

24 例如釋字608號：「主管機關基於法定職權，為釐清繼承人於繼承事實發生後所領取之股利，究屬遺產稅或綜合所得稅之課徵範圍而為之釋示，符合前述遺產及贈與

此，解釋函令可謂有權見解中，地位甚爲特殊的解釋制度，實際上構成了我國稅法規範的重要成分，甚至脫逸了「解釋」的制度原意進而產生制度創設之效果。不過在實務上，此等問題相當程度地受到司法機關的容忍，此可參見司法院大法官釋字第 746 號解釋理由書第二點首段所指出：「憲法第十九條規定，人民有依法律納稅之義務，係指國家課人民以繳納稅捐之義務或給予人民減免稅捐之優惠時，應就租稅主體、租稅客體、租稅客體對租稅主體之歸屬、稅基、稅率、納稅方法及納稅期間等租稅構成要件，以法律定之。**惟主管機關於職權範圍內適用之法律條文，本於法定職權就相關規定予以闡釋，如係秉持憲法原則及相關之立法意旨，遵守一般法律解釋方法爲之，即與租稅法律主義無違**（本院釋字第六六〇號、第六九三號及第七四五號解釋參照）。」

（二）預先核釋制度

1. 預先核釋作業要點

當一個國家的稅法規範及體系，大量仰賴行政性的規定而使得立法條文不完全是規範稅收案件的主要依據之際，整體稅收制度的可預見性就會發生問題。也就是在這樣的制度不確定性之下，對於國際貿易以及吸引外國投資，當然會有相當不利的影響。爲（在形式上）解決這樣的困難，我國乃於 2004 年引入了「預先核釋」之制度。其要旨在於透過納稅義務人將其預先的個案稅捐規劃告知機關，尋求機關解釋可能的稅務效果[25]。此

稅法、所得稅法規定之意旨，不生重複課稅問題，與憲法第十九條之租稅法律主義及第十五條保障人民財產權之規定，均無牴觸。」類似見解經常可見。當然，解釋函令也有被司法院大法官宣告為違憲的，但是以大法官地位之尊，處理這種位階不高的法律規範，實在不敷成本。本書作者認為，正本清源之道，應當在於我國訴訟法制中及早設置「解釋函令撤銷之訴」容許當事人在行政訴訟中以本訴或附帶訴訟之方式，請求法院撤銷違法之解釋函令。

25 進一步討論，參見張哲瑋，稅務預先核釋制度現況分析與檢討，中正財經法學，第8期，頁163以下。

可參見財政部稅務預先核釋作業要點第2點：「本要點所稱預先核釋，係指財政部（以下簡稱本部）依據納稅義務人或其代理人（以下簡稱申請人）之申請，就一年之內即將採行之個別交易於稅法上之適用，所作之核示或解釋。」另外，預先核釋制度，並非得以適用在所有的稅法案件中，而存在有一定之要件[26]，應予特別留意。

2. 納稅者權利保護法的相類似規定

在我國稅制引入預先核釋制度之後，有鑑於納稅義務人事先向稅捐稽徵機關請求個案性解釋在預防爭議方面的功能，因此在立法上開始出現了擴張預先核釋制度的想法。這特別指的是，在個案件中爲避免納稅義務人所進行之稅捐規劃遭機關判斷爲稅捐規避，因此在納稅者權利保護法第7條第9項規定：「納稅者得在從事特定交易行爲前，提供相關證明文件，向稅捐稽徵機關申請諮詢，稅捐稽徵機關應於六個月內答覆。」可供參考。

26 財政部稅務預先核釋作業要點第4點規定：「預先核釋之申請，以跨國交易或投資之國際租稅案件，並符合下列條件之一者為限：（一）投資金額不含土地達新臺幣二億元以上或首次交易金額達新臺幣五千萬元以上。（二）對我國具有重大經濟效益者。」

CHAPTER

5

稅捐債權債務關係

第一節　稅捐之債的概念

壹、稅捐債權債務關係之意義

稅法規範所創設之權利義務關係，主要爲公法上的稅捐債權債務關係。此一債權債務關係在外觀上，與私法上之債權債務關係相同，均以債權人有權請求債務人清償特定之金錢給付作爲主要內容。但在債權債務關係發生之原因事實上，基於稅捐債權債務關係之法定性，則與私法之債並不相同。並且在整體稅法制度中，受到公法較爲強大之規範，因此即便是債權人，也未必享有完整之處分權限。

一、租稅債權債務關係之意義

租稅作爲國家機關滿足公共任務之主要財政工具，乃以向納稅義務人收取強制性之金錢給付作爲主要之內容。因此，在一般性之基礎上，稅捐之債係以金錢之債的形式存在，而國家機關即可謂係此一權利義務關係中之債權人。在這一意義之下，所謂「租稅債權債務關係」，係指經由稅法規定，對於合致於一定構成要件之人所徵收之公法上金錢給付爲主要內容之權利義務關係。**稅捐之債作爲法定之債（*obligatio ex lege*），乃不以債務人及債權人之意思表示作爲成立及生效要件之法律關係，因而與一般的民法上債權債務關係有所區別**。所謂「法定債之關係」，係指因公法之規定，於構成要件事實合致時當然發生之債，不問當事人意思如何。租稅之債作爲法律關係之一環，最常被提起的說法是：租稅是一種公法上法定的債之關係，因特定事實之具備而當然發生，無待於稅捐稽徵機關作成課稅處分，即已發生。而課稅處分，乃確認處分，其所發生之效果並非創設權利義務關係，亦非單純命人民履行義務，主要之功能厥在於確認公法上法定之債的數額。然而，所謂「公法上法定之債」，實爲一自相矛盾之概念。一方面言之，租稅債之關係乃國家與人民間高權的（Hoheitlich）法律關係，基本上係要求人民履行及服從[1]，然而債之關係，係指原則上受私法或民法支配的法律關係，乃以當事人間之自由意志、自我負責為前提，與上命下從之權力關係，實格格不入。

二、租稅債權債務關係之性質

租稅債權債務關係雖然在基本的內涵上與私法上債之關係相同，均以金錢給付作為履行此等權利義務之主要手段。不過，在發生之原因上，租稅之債係在稅捐構成要件合致之際當然發生，又與民法上債之關係（特別是契約關係）以當事人合意為發生原因有所不同。因此，在學說理論上，就難免發生有關租稅債權債務關係性質之討論[2]。

（一）租稅權力關係說

主要採取此說的學者，為自 Otto Mayer 以來的德國公法學學者。此說認為，稅捐稽徵之法律關係基本上是一種統治服從為內容的上下關係，因此稅捐徵收乃以行政處分創設之權力關係，在納稅義務人收到課稅處分（行政處分）後，乃負擔稅捐債務之清償義務。進一步言之，既然稅捐債權債務關係乃由行政處分所創設，因此課稅之行政處分係屬下命處分，且有行政法上職權原則之適用，乃以稅捐稽徵機關職權調查課稅事實為原則，納稅義務人自動申報為例外[3]。

（二）租稅債務關係說

這個說法的主要代表性學者，是德國帝國租稅通則（RAO）時期的重要稅法學者 A. Hensel 教授。此說認為，租稅債權債務關係（Steuerschuld）雖然是法定之債權債務關係，但是僅有在法律所規定之條件之下得以成

1 H.-W. Arndt, Steuerrecht, 1998, S. 122.
2 金子宏，租稅法，13版，東京弘文堂，頁22。
3 陳敏，稅法總論，2019年，頁249。

立、確定及清償，仍然與私法上之債權債務關係有所區分[4]。

事實上，對於「稅捐權力關係說」與「稅捐債務關係說」兩個說法的論述，並非單純。單純依據前者的說法，則稅法制度僅應當著重在「課稅處分」的作成以及權力關係的行使範圍，對於租稅金錢之債和其他金錢之債似乎就沒有區分的必要。相反地，所有的納稅人義務或者租稅債務（例如遲延給付的利息）就應當以法律明文規定者爲限。這很顯然地和現代稅法之實際構成內容並不相符。若單純根據「稅捐債務說」來理解稅法，又會太過輕忽租稅之債作爲公法上法定之債所具有的特色。因此，現代國家稅捐稽徵關係的構成，可謂均是在這兩種說法的混合之下所形塑的法律關係。

Q：稅捐稽徵機關與納稅義務人之間就稅捐債務之清償，為租稅債之關係。試問此一債之關係究竟為權力關係？抑或為權利關係？稅捐之債相對於私法之債，有何具體不同？

A：

（一）租稅債之關係之概念

租稅債權債務關係雖然在基本的內涵上與私法上債之關係相同，均以金錢給付作為履行此等權利義務之主要手段。不過，在發生之原因上，租稅之債係在稅捐構成要件合致之際當然發生，又與民法上債之關係（特別是契約關係）以當事人合意為發生原因有所不同。因此，在學說理論上，就難免發生有關租稅債權債務關係性質之討論。

1. 租稅權力關係說

主要採取此說的學者，為自 Otto Mayer 以來的德國公法學學者。此說認為，稅捐稽徵之法律關係基本上是一種統治服從為內容的上下

4 陳敏，稅法總論，2019年，頁250。

關係，因此稅捐徵收乃以行政處分創設之權力關係，在納稅義務人收到課稅處分（行政處分）後，乃負擔稅捐債務之清償義務。進一步言之，既然稅捐債權債務關係乃由行政處分所創設，因此課稅之行政處分係屬下命處分，且有行政法上職權原則之適用，乃以稅捐稽徵機關職權調查課稅事實為原則，納稅義務人自動申報為例外。

2. 租稅債務關係說

這個說法的主要代表性學者，是德國帝國租稅通則（RAO）時期的重要稅法學者 A. Hensel 教授。此說認為，租稅債權債務關係（Steuerschuld）雖然是法定之債權債務關係，但是僅有在法律所規定之條件之下得以成立、確定及清償，仍然與私法上之債權債務關係有所區分。

（二）租稅債之關係與私法上債之關係區別

1. 稅法上公法之債在應稅事實發生之際當然成立，不以當事人之意思表示作為成立之要素；也不必得到債務人之同意。因此，稅法上課稅處分之作成，僅為確認債之關係數額，並非創設債之關係。
2. 公法上法定之債乃羈束之法律關係而非裁量之法律關係，本於量能課稅平等負擔的憲法誡命，債權人（稅捐稽徵機關）原則上沒有任意處分債權的權限，也沒有任意怠惰不行使債權的權限。
3. 公法上法定之債所發生之附隨給付，仍以法律有明文規定者為前提。
4. 僅有公法上法定之債得以透過行政處分加以實現，也僅有此一債權債務關係得以透過行政執行履行實現。

貳、稅捐債權債務關係之討論實益

稅捐債權債務究於何時發生或成立，對於下列事項，具有其重要意義，故有探討之必要。

一、稅捐債權債務關係所應適用之法律（所謂行為時法，或實體從舊原則），原則上乃是稅捐債務發生時有效之法律，如果一個法律在稅捐債務發生之後始被公布，而溯及生效時，則構成眞正的溯及效力；反之，在期間稅，如果一個法律在稅捐債務發生之前，於該（年度）期間中被公布時，則有謂非屬眞正的溯及效力之範圍，而涉及不眞正的溯及生效之問題。

二、稅捐賠繳責任（第二次納稅義務）從屬於稅捐債務，原則上僅就已發生之稅捐債務始有成立稅捐責任債務之餘地（責任的從屬性）。也就是說，租稅的附帶給付，僅有在主給付義務成立之際方有成立空間（參照稅捐稽徵法第 13 條第 2 項、第 14 條第 2 項）。

三、在稅捐債務發生同時確定稅額之稅捐，如印花稅，其稅捐核課期間自稅捐債務發生時起算（參照稅捐稽徵法第 22 條第 3 款）。

四、已發生之稅捐債務方適於爲繼承或概括承受之對象，得以透過繼承關係被繼承（參照稅捐稽徵法第 14 條第 1 項）。

五、就稅捐保全程序而言，僅就已發生之稅捐債務，得爲保全稅捐債權而提前徵收（稅捐稽徵法第 25 條）。

六、稅捐債務發生在破產宣告前者，屬破產債權，除法律別有優先受償規定外，應與其他破產債權平均分配（司法院院解字第 3578 號解釋、司法院院解字第 4023 號解釋、稅捐稽徵法第 25 條第 2 項）；稅捐債務發生在破產宣告之後者，屬破產財團費用（稅捐稽徵法第 7 條）。應先於破產債權爲清償（破產法第 97 條）。

七、公司重整中所發生之稅捐，爲公司重整債務（稅捐稽徵法第 8 條），重整裁定成立前發生之稅捐，爲公司重整債權，其依法享有優先受償權者，爲優先重整債權，非依重整程序，均不得行使權利（公司法第 296 條參照）。

八、除法律另有特別規定外，稅捐債務於發生之同時其清償期屆至。不過若干情形中，倘若機關另以行政處分或法律規定清償期限，則可能會有不一致之情形。

九、稅捐債務之發生也影響稅務會計的處理。這在實際的效果上，所造成的效果是稅務會計與財務會計的不一致。

參、稅捐債權債務關係之特徵

一、概說：租稅債權作為公法上法定之債

租稅債權債務關係作爲公法上法定之債，與私法上債權債務關係主要係以契約所決定之意定之債，有所不同：主要並非依當事人之意思表示決定債權債務關係，而係在法定之構成要件事實或應稅行爲（le fait générateur）發生之際，當然發生[5]。**是故，稅捐稽徵機關針對特定交易行爲行使課稅權力，乃因此被強調係一確認之行政處分：稅捐債務，實際上於應稅行爲完成之際即已成立**[6]。然則，行政處分作成以後，有可能因嗣後之行爲加以撤銷、變更或廢止，則同樣的問題也存在於稅法之中：在稅捐債權發生後，可否因納稅義務人之行爲，使得已發生之稅捐債權歸諸消滅？[7]例如：就房屋買賣移轉行爲，成立之契稅之稅捐債務；就土地買賣移轉行爲成立之土地增值稅債務，嗣後買賣雙方解除契約、撤銷移轉行爲時，則已成立之稅捐債權，是否因應稅事實之嗣後消滅而同歸消滅？此一問題，在學說上被稱作「租稅債權之不可變更性」[8]。

二、稅捐債權之不可變更性

原則上，作爲稅捐課徵權力發動前提的應稅事實，有單純之生活事

5 Cass. civ. 5 novembre 1924, Sté. Des Vignoble de Panéry.

6 參見最高行政法院92年度判字第1515號判決所指出：「依遺產及贈與稅法第三條及第二十四條規定，贈與人為『贈與行為完成』後，即應依本法規定課徵贈與稅，並於贈與行為發生後三十日內『自行申報』，准此，贈與稅於『贈與行為完成後』即發生該項租稅，而非以『發單完成』為租稅發生之時點。」

7 沈克儉，法律行為之無效、撤銷、解除或終止對於稅捐債務之影響，國立台灣大學法律學研究所碩士論文，1991年，頁15以下。

8 陳清秀，稅法總論，增訂11版，元照出版，頁341。

實，亦有法律事件或交易活動等可能情形[9]。其中單純之事實，一經發生即不生逆轉回復原狀之可能性，例如人死不能復生，已發生之死亡事實當然發生繼承之效果，乃使得遺產稅之稅捐債務先天性地不具回復原狀之可能性。不過，當應稅事實繫諸於具有可逆性之法律行爲，亦即得以透過嗣後之行爲使之恢復成作成前之原狀者，則已**成立之稅捐債權債務關係得否因此等法律行爲嗣後的變動，例如契約之解除、意思表示之撤銷等事由受到影響**，即有討論之空間[10]。原則上，稅捐債權發生之後，乃以具有一定程度之不可變更性。因此，以契稅之繳納關係而言，改制前行政法院 82 年度判字第 2932 號判決即指出：「按『不動產之買賣、承典、交換、贈與、分割或因占有而取得所有權者，均應購用公定契紙，申報繳納契稅，…… 』、『納稅義務人應於不動產買賣、承典、交換、贈與、分割契約成立之日起，或因占有而依法申請爲所有人之日起三十日內。塡具契稅申報書表，檢同產權契約書狀憑證，向當地主管稽徵機關申報契稅。』、『房屋出售於辦竣所有權移轉登記後，嗣因故興訟雖經地方法院判決，應塗銷所有權移轉登記。回復爲所有權人所有，但已繳納之契稅仍不得退還⋯⋯。』分別爲契稅條例第二條、第十六條所明定，並經財政部七十三年四月三日台財稅第五二三〇〇號函釋有案。又『不動產之買賣契稅，係就不動產買賣之債權契約行爲而課徵。並不以完成不動產所有權移轉取得之物權行爲爲其要件，故**買賣行爲一經發生，即應投納契稅。至該買賣契約以後是否履行，既與契稅納稅義務不生影響，自亦不因其後買賣契約解除而可請求退稅**。』本院亦著有五十八年判字第三七一號判例可資參照。」乃認爲嗣後之不動產交易契約即令合意解除，亦無礙於契稅之

9 陳敏，溯及影響租稅債務之事項，政大法學評論，第42期，頁61。不同見解，可參見法國學者E. Pilon的看法，其認為應稅行為僅可能為「法律上的事實，或具有法律上意義的法律上行為」（un fait juridique, un acte juridique au sens d’opération juridique）。相關評述參見 C. Bas, Le fait générateur, L’Harmattan, Paris p. 96.

10 陳敏，溯及影響租稅債務之事項，政大法學評論，第42期，頁62。

稅捐債權成立，並不因此產生稅捐債權債務關係嗣後溯及失效問題。

針對稅捐債權之不可變更性，最高行政法院 89 年度判字第 2913 號判決所涉及之問題，乃在於贈與之契約成立以後，贈與稅之債權債務關係即隨之發生[11]。因此，**稅捐債權即在私法上經濟行爲完成的當時發生，即令嗣後有契約解除情事，亦無礙於稅捐稽徵機關行使此一債權**[12]。最高法院乃本於前述租稅債權不可變之原則，強調「……又依交易之法律行爲課徵之租稅，於該交易之法律行爲有效成立時，即成立租稅請求權，契約成立後，在履行時，如發生其他妨礙履行之事由，則課稅要素並不因之而溯及喪失。」因此，即令納稅義務人確實於贈與稅之稅捐債務成立以後再以解除贈與契約之方式以圖消滅原已存在之贈與稅稅捐債務，亦因稅捐債務不可變之原則，難以遂其所願。我國司法機關，於前開判決中均一再宣告：已成立之稅捐債務，並不因嗣後納稅義務人解除契約（包括不動產買賣契約、贈與契約）而使稅捐債務受到影響。

三、稅捐債權之不可變更性，是否存在例外？

在前述之說明之下，吾人固可清楚知悉司法實務中對於稅捐債務不可變更性的態度。不過，此一態度相較於國內目前所既存之學說見解而言，尚存在若干深入說明之空間。蓋在前述兩種案型中（契稅債務成立後解除不動產買買契約；贈與稅債務成立後解除贈與契約），學說上固亦承認嗣後行爲不足以妨礙已成立之稅捐債權。但在學說上，目前國內學者通常認

11 該件判決要旨：「……又依交易之法律行為課徵之租稅，於該交易之法律行為有效成立時，即成立租稅請求權，契約成立後，在履行時，如發生其他妨礙履行之事由，則課稅要素並不因之而溯及喪失。」

12 進一步言之，在此一意義之下，稅捐行政處分僅為確認處分；稅捐債權債務關係係當然發生，並非由課稅處分所創設。此可參見德國租稅通則（AO）第155條第1項前段規定：「稅捐除另有規定外，由稅捐稽徵機關以租稅裁決確認之。」（Die Steuern werden, soweit nichts anderes vorgeschrieben ist, von der Finanzbehörde durch Steuerbescheid festgesetzt.）

爲稅捐債權之不可變更性具有相當高之相對性，並非得以一體適用在所有嗣後解除契約之案例中[13]。例如，像自始無效之法律行爲，即有認爲課稅之基礎的法律行爲不生效力，則稅捐債權雖已成立，亦得因嗣後納稅義務人主張無效而使之溯及消滅[14]。因此，在學說中，稅捐債權之不可變更性可謂例外眾多，包括無效法律行爲、經行使撤銷權之法律行爲[15]、契約解除條件之成就、法律行爲之解除及合意解除、基礎行政處分之作成或廢棄等，均有賴依個別稅目個別處理之[16]。因此，稅捐債務之不可變更性，實不得不承認其例外眾多，且應依個別稅目個案討論之，難以由少數案例推得全面一體適用之抽象法則也。

四、稅捐債權不可變更性的制度展望

契約關係成立以後，經雙方當事人合意解除，是否影響已成立之稅捐債權？此一情形在我國司法實務中，均認爲並不足以影響已經成立之契稅債權債務關係以及贈與稅債權債務關係。不過，稅捐債權債務關係之不可變更性，例外多於原則。其中土地增值稅之案件，即在實務上容許退還。

---

13 陳敏，溯及影響租稅債務之事項，政大法學評論，第42期，頁63以下。而在法國稅法上，因嗣後不動產買賣契約之解除或撤銷不妨礙已成立的契稅（droit d'enregistrement）自拿破崙時代以來即係有法律之明文規定，因此適用上與我國會得到一樣之結果。J. Pujol, l'application du droit privé en matière fiscale, LGDJ, Paris 1987, p. 47. 不過，倘若係其他情形，則解釋上仍應由個別稅目判斷，不可一概而論。

14 陳清秀，稅法總論，增訂11版，元照出版，頁343。陳敏，溯及影響租稅債務之事項，政大法學評論，第42期，頁66以下。

15 此一部分，法國法與我國稅捐稽徵實務有相當之差別。基本上，我國稅捐稽徵實務承認稅捐之債有可能在一定情形之下因嗣後之撤銷使已發生之稅捐債權失效。參見陳敏，溯及影響租稅債務之事項，政大法學評論，第42期，頁70以下。不過在法國，依Pujol之整理，實務見解剛好於此相反，原則上不因嗣後契約之一方當事人撤銷意思表示使得已成立之稅捐債權受到影響。J. Pujol, l'application du droit privé en matière fiscale, LGDJ, Paris 1987, p. 47.

16 相關見解之整理，參見陳清秀，稅法總論，增訂11版，元照出版，頁341-352。

在交易活動類型繁雜且各項稅目之稅基及應稅行爲未有一致規定之情形下，似難認爲此一原則得以抽象地被套用在所有稅捐稽徵案件之中。

Q：某甲原本向乙購買土地五筆，並約定由甲繳納該一土地交易之土地增值稅。並於81年7月22日向台南縣稅捐稽徵處申報土地移轉現值，經台南縣稅捐稽徵處核定土地增值稅新臺幣（下同）54、866、266元，甲乃於81年9月3日如數繳納稅額。嗣後甲與乙分別於88年12月13日及89年6月30日共同向台南縣稅捐稽徵處申請撤銷原申報系爭五筆土地之移轉現值申報，並申請退還原繳納土地增值稅，業經台南縣稅捐稽徵處查明後分別於89年3月21日及10月9日退還甲原所繳納稅款。惟甲以其撤銷土地移轉現值申報，繳納原因業已消滅，乃根據稅捐稽徵法第28條第2項以及第38條第2項規定，請求台南縣稅捐稽徵處退還原所繳納稅款該期間所孳生之法定利息。試問其訴是否有理由？

A：

最高行政法院92年度判字第1661號判決，乃就當事人請求退稅加計利息指出：「被上訴人以本件非屬稅捐稽徵法第二十八條因法令錯誤或計算錯誤之情形，尚無加計利息一併退還稅款之適用，拒絕加計利息退還上訴人，依法並無不合」「……至稅捐稽徵法第三十八條第二項規定：『經依復查、訴願或行政訴訟等程序終結決定或判決，應退還稅款者，稅捐稽徵機關應於復查決定，或接到訴願決定書，或行政法院判決書正本後十日內退回；並自納稅義務人繳納該項稅款之日起，至填發收入退還書或國庫支票之日起，按退稅額，依繳納稅款之日郵政儲金匯業局之一年期定期存款利率，按日加計利息，一併退還。』係因稅捐稽徵機關核定稅捐有所違誤，經行政救濟程序後，確定應退還稅款者，乃規定附加利息，一併退還，此屬可歸責於稅捐稽徵機關之情形，亦與本件案情不同。」該判決之要旨並指出：「又稅法上不當得利返還請求權之金額，乃是稅捐義務人所已繳納之金額與依法律上發生稅捐債務關係之請求權所應給付金額間之差額，在公法上，並無金錢債務應由債務人加計利息之一般法律原則存在，因此必須法律有明文規定，始應加計利息。**本件原告係自行撤銷土地移轉，申請退還已繳納之土地增值稅，稅法既無應加計利息一併退還之規定，自非公法上返還義務之範圍。**」

Q：稅捐稽徵機關作為公法上之債權人，得否行使民法第 244 條第 1 項、第 2 項所規定之撤銷權？

A：

（一）撤銷訴權之概念

民法第 244 條第 1 項、第 2 項規定：「（第一項）債務人所為之無償行為，有害及債權者，債權人得聲請法院撤銷之。（第二項）債務人所為之有償行為，於行為時明知有損害於債權人之權利者，以受益人於受益時亦知其情事者為限，債權人得聲請法院撤銷之。」學理上稱為債權人之撤銷訴權。其制度目的在於避免債務人有清償能力故意不清償，因而損害債權人之受清償利益，得以訴請法院撤銷該有害清償力之私法行為。

（二）稅捐稽徵機關得否行使撤銷訴權？

甲說：肯定見解：

法務部行政執行署 93 年 1 月 24 日行執一字第 0936000034 號函：「關於行政機關為保全公法上金錢給付債權，得代表國家行使代位權，詐害行文撤銷權之相關學者及實務法理論據，提供行政機關於司法程序中提出主張，以確保公法債權，並維護公益。」就此而言，應屬支持稅捐稽徵機關得以行使撤銷訴權之見解。

乙說：否定見解：

1. 最高法院 79 年度台上字第 635 號民事判決

「民事訴訟乃國家司法機關以解決當事人間關於私法上爭執為目

的，所施行之程序。公法人或政府機關與人民間發生私法上爭執時，固得為民事訴訟之當事人，進行訴訟，以求解決。**若公法人或政府機關為確定公法上權利，依民事訴訟程序請求救濟，即與民事訴訟以解決當事人間關於私法上爭執之意旨不符，自非法之所許。民法第二百四十四條之撤銷權，乃以回復債務人之責任財產，以保全債權人債權之受清償為目的，故撤銷權人應為私法上之債權人。上訴人為課徵人民稅捐之稽徵機關，並非納稅義務人之私法上債權人，自無由行使民法第二百四十四條規定之撤銷權。**」

2. 最高法院 103 年度台上字第 586 號民事判決

「按民法第二百四十四條規定之撤銷權，係為回復債務人之責任財產，以保全債權人在『私法上之債權』而設。課徵人民稅捐之稽徵機關，乃基於行政權之作用向人民課稅，納稅義務人未繳納之稅捐，屬於公權之範疇，該機關並非納稅義務人在私法上之債權人，究其本質仍與民法所規範之私法債權有其迥然不同之處，自不得援用民法專為保全私法債權而設之規定（參看本院六十二年台上字第二號判例意旨）。故就公法上稅捐債權之行使或保全，自無由適用該條規定而行使撤銷權之餘地，此與私法上所表現於一般法律思想之誠信原則，在公、私法上有其共通之法理，而得適用於公法者，未盡相同，且不生依舉輕明重或舉重明輕法則而得適用民法第二百四十四條規定之問題。」

（三）民國 110 年稅捐稽徵法之修正

針對稅捐稽徵機關得否行使民法第 244 條、第 242 條之規定，雖在我國實務中存在多年討論。不過這一爭議，理論上已經因為稅捐稽徵法的修正而獲致解決。民國 110 年修正之稅捐稽徵法，增補了第 24 條第 5 項之規定：「關於稅捐之徵收，準用民法第二百四十二條至第二百四十五條、信託法第六條及第七條規定。」換言之，出於保全租稅債權之考慮，各稅捐稽徵機關已經得以行使民法第 244 條、第 242 條規定之權利矣。

第二節　租稅債權債務關係之內容

壹、稅法上債之關係義務群

一、概說：「金錢給付義務」及「協力義務」

納稅義務，乃憲法規範所要求之基本義務。是以憲法第 19 條明文規定：「人民有依法律納稅之義務。」以作爲憲政秩序對納稅義務之基本決定。惟本條所稱之納稅義務者何？首先即有進一步討論之必要。憲法第 19 條之規定，學理上向來以「租稅法律主義」（Gesetzmäßigkeit der Besteuerung）稱之。而所謂租稅法律主義，所強調者乃課稅構成要件之法律保留，亦即應以法律規範規制納稅義務。其具體之內爲何？大法官釋字第 217 號解釋謂：「係指人民僅依法律所定之納稅主體、稅目、稅率、納稅方法及納稅期間等而負納稅之義務。」而所謂「納稅主體、稅目、稅率、納稅方法及納稅期間」係指**租稅之債發生之原因，基本上並不包括協助機關闡明事實關係之義務**。易言之，租稅之債之給付義務係憲法第 19 條所稱之義務，其他根據稅法規範所產生之義務，屬於國民在憲法上所負擔之一般性義務[17]，二者屬性有其差異。詳言之，所謂租稅法律主義表現於租稅債之關係之結果，乃要求債之發生之要素，包括主體、客體及清償期間，均應爲法律規範所明文規定，受憲法第19條規定之拘束[18]。納稅義

17 區分憲法第19條所稱之義務與其他之義務，在法制上最主要之問題厥在於憲法第23條之適用。前者乃特別之法律保留，而後者係一般之法律保留。

18 協力義務之來源，在推論上與憲法第19條所規定之租稅法律主義應非一致，蓋租稅法律主義所涉事項，乃以租稅之債構成要件為內涵，與程序合法性無涉。惟日本學者木村弘之亮，針對日本稅法上之協力義務，有不同見解謂：「日本憲法第三十條之規定（作者註：即租稅法律主義之規定），乃謂國民有依法律納稅之義務。此一規定，一方面是針對租稅債務之履行義務而設，另一方面也意味著在租稅行政程序中對於國民協力義務之課予。協力義務乃基於法律而來，諸如租稅申報書提出之義務、協助租稅調查之義務、證據方法之作成義務、憑證的保存義務以及蒐集義務

務以外之其他義務，則爲一般性的遵守法律義務，受憲法第 23 條之規範支配[19]。

二、租稅法上之義務體系

（一）主義務：金錢給付之義務

所謂金錢給付義務，係指租稅課徵程序中基於國庫之目的，以金錢之債之收入作爲內容之義務，亦即吾人熟知之「納稅義務」，乃憲法第 19 條所明文要求。而金錢給付義務爲法定債之關係，乃於法定構成要件實現時當然發生[20]。其雖然以課稅處分（Steuerbescheid）作爲表現於外之形式，惟行政機關用以通知納稅義務人所作成之行政處分，僅係確認處分（festellende Verwaltungsakt）[21]，並未創設租稅之債之權利義務，僅確認納稅義務人所負擔金錢給付之公法上債務之數額及履行之時點爾。租稅之債之主要內涵，仍爲一定內容之公法上金錢給付義務。是故金錢之債爲租稅之債在外觀上之表現，不止人民對國家機關之給付以金錢爲之，倘若發生租稅之核退（Erstattung）或溢繳租稅之返還[22]，亦以一定之金錢給付爲內容。

等。」見氏著，租稅法總則，東京成文堂，1998年，頁127。

19 是以納稅義務，向來被當作人民之「基本義務」（Grundpflichten）或者「國民義務」（Staatsbügerliche Pflicht）之一。Schmidt, Grundpflichten, Nomos Verlage, Baden-Baden, 1999, S. 41.

20 德國租稅通則第3條第1句規定：「租稅係為公共目的需要而由國家課徵的無對價的金錢給付（Geldleistung），於課稅要件合致時即成立。」第38條規定：「租稅之債之請求權在法律所定之有關給付義務之構成要件實現時即時發生。」（Die Ansprüche aus dem Steuerschuldverhältnis entstehen, sobald der Tatbestand verwirklicht ist, an den das Gesetz die Leistungspflicht knüpft.）

21 陳清秀，課稅處分（上），植根雜誌，第13卷第8期。在此意義之下，德國學者一向指出課稅處分所形成之給付義務為形式之給付義務（formelle Leistungspflichtung）。Tipke / Kruse, AO, §38, Tz. 26.

22 溢繳租稅之返還，乃公法上不當得利之標準典型，亦以金錢之債為其內涵。Tipke / Kruse, AO, §37, Tz. 18ff.; Hampel / Benkendorff, Abgabenordnung, 4Aufl. S. 27.

公法上人民所負擔之納稅義務主要以金錢給付義務之形式存在，並非單純的法律適用問題，或如一般學說所理解，認爲公法債之關係係準用私法上債之關係所得到之當然結果。現代國家，常爲所謂「租稅國家」，乃以租稅之徵收作爲國家日常收支用度之主要手段，故國家原則上不持有生產工具，亦不課人民以勞役之義務。另方面言之，金錢之債亦意味著在諸種國家人民之關係中對人民造成侵害最小之手段，合於比例原則[23]。故出於國庫之目的，實體之稅法乃以金錢給付義務，爲稅法上最主要之義務。

憲法秩序對於金錢給付義務所要求應具備之界限，亦明顯與其他義務不同，乃平等原則亦即量能課稅原則（Besteuerung nach Leistungsfähigkeit）之不得違反。故國家課稅權力倘若對量能原則有所破壞（包括給予租稅之優惠及相同能力者給予不同之負擔），則亦應就其破壞平等課稅原則所欲達成之行政上目的，有所說明。惟無論如何，比例原則在租稅課徵上應係次於量能課稅所考量，並無疑義[24]。

（二）公法之債之附隨義務：協力義務

協力義務之概念，並非稅法所獨有，毋寧係由民法所繼受之借用概念。在債之關係中，雙方當事人以意思表示所作成之法律行爲中，依契約之目的所發生之義務首爲「主給付義務」（Hauptleistungspflichten），

23 Vgl. Vogel, Der Finanz-und Steuerstaat, HdStR, Bd. I, S. 1156ff.

24 量能課稅原則與比例原則之關係，在近期德國法制上復又引起討論。主要言之，乃基於量能課稅要求而來之「半數原則」（Halbteilungsgrundsatz）是否得以量能課稅加以理解，例如Lang教授，係將半數原則當作量能課稅原則之具體化來理解。Vgl. J. Lang, Konkretisierung und Restriktionen des Leistungsfähigkeitsprinzip, Festschrift Für H. W. Kruse, S. 323f. 此一見解，並已得到F. Klein教授之支持。Vgl. F. Klein, AO Kommentar, §3, Rn.13此一推論，在法制上之直接效果乃足使比例原則之憲法要求被吸納於量能課稅原則之中。關於半數原則，參見關於半數原則，見 Tipke / Lang, Steuerrecht, §3, Rn. 8. 中文文獻，參見葛克昌，管制誘導性租稅與違憲審查，行政程序與納稅人基本權，頁115。

次爲「從給付義務」（Nebenleistungspflichten）[25]，最後則爲依契約履行所導出之其他附隨義務（Nebenpflichten），而協力義務即屬其一[26]。**德國租稅通則第 90 條針對納稅義務人在稅捐稽徵程序中所負擔之協力義務，規定謂：「當事人對於事實之調查，有協力之義務。當事人爲履踐該等協力義務，尤應對有關課稅之重要事實，爲完全且合於眞實（vollständig und wahrheitsgemäß）的公開，並指明其所知悉之證據方法。此等義務之範圍依個案定之（nach den Umständen des Einzelfalles）。」**即爲協力義務之基礎規定。在此意義之下，協力義務亦以課稅事實之調查或租稅關係之闡明爲其主要目的[27]。不獨德國法制有關於協力義務之規範，我國稅捐稽徵法第 30 條第 1 項規定謂：「稅捐稽徵機關或財政部賦稅署指定之調查人員，爲調查課稅資料，得向有關機關、團體或個人進行調查，要求提示帳簿、文據或其他有關文件，或通知納稅義務人，到達其辦公處所備詢，被調查者不得拒絕。」亦屬配合調查之協力義務之一環。

協力義務之概念雖來自於民法之體系，惟在行政之領域，課人民以協力之義務並非租稅法領域所獨有，例如德國聯邦行政程序法第 26 條第 2 項亦有關於協力義務之一般性規定：「當事人應參與事實之調查。當事人尤應提出其所知悉之事實及證據方法。至於參與調查事實之其他義務，尤其親自出席或陳述之義務，僅於法規有特別規定者爲限。」亦屬協力義務在行政程序中之一般性規範。惟國家機關既以公益代表人自居，則針對攸關公益之事項，尤其事實之探知，仍以職權探知爲其原則，例外方有協力

25 租稅法上附隨給付，在德國法上係指租稅通則第3條第3項所稱的各種給付，如滯報金（Verspätungszuschläge）、利息（Zinsen）、滯納金（Säumniszuschläge）、怠金（Zwangsgelder）、行政費用（Kosten）等。Hampel / Benkendorff, Abgabenordnung, 4.Aufl., S. 4. 此等附隨給付，與民法上之附隨給付概念不同，乃以法條明文列舉者為限。

26 關於私法上債之關係義務之種類及法律性質，參見王澤鑑，債法原理第一冊，頁37以下。

27 Hampel / Benkendorff, Abgabenordnung, 4.Aufl., S. 137.

義務之課賦。

在稅捐稽徵之程序上，納稅義務人就事實之闡明之所以負有協力義務，原因之一正如同大法官釋字第537號所言，來自於租稅事實之不易調查。按於行政程序採行職權調查之原則之下，納稅義務人於稽徵程序中本無主觀舉證責任（subjektive Beweislast）之可言[28]，於典型之職權原則程序如刑事訴訟程序中，被告並不存在「自證其罪」之義務，惟在稅捐稽徵程序中卻透過協力義務之課賦，使得納稅義務人必須「自證其稅」[29]。其內涵一則爲證明義務之移轉，二則爲便利稽徵，要求納稅義務人自動履行租稅債之關係。

協力義務之存在既係以完整探知課稅事實爲其目的，故其在法制上亦多集中於事實調查或闡明之程序。就德國法制言之，主要出現於租稅通則第93條之陳述義務（Auskunftspflicht）、第95條爲代宣誓之保證義務（Versicherung an Dides Statt）、第99條文書證據之提出義務（Vorlage von Urkunde）、第99條之忍受土地及居室侵入之義務（Betreten von Grundstücken und Räumen）、第140條至第148條之帳冊（Bücher）及會計紀錄（Anzeigepflichten）之製作及保存義務、第149條之租稅申報義務（Steuererklärung）、第154條之帳戶眞實義務（Kontenwahrheit）、第194條之實地調查（Außenprüfung）忍受義務、第200條之調查協助義務、第210條之勘驗忍受義務及第211條之帳冊文書處理義務等，均以租稅事

[28] Tipke / Kruse, AO, §88, Tz. 11. 另見吳庚，行政爭訟法論，1999年，頁163。

[29] 具體言之，納稅義務人非但在稅法上有自動申報、告知稅捐稽徵機關課稅事實之義務，甚或尚且負有義務證明此等事實之存在或不存在。就自動申報之義務言之，德國稅法學者Wacke甚至以「有組織的搶劫」（organisierter Raub）加以形容。見Wacke, Steuerberater-Jahrbuch 1966 / 1967; zitiert aus Tipke, Gesetzmäßigkeit und Gleichmäßigkeit der Sachaufklärung, Die Steuerrechtsordnung, Bd. III, 1993, S. 1204。惟在稽徵任務之行政考量下，自動之申報卻成為稅法上僅次於納稅義務之主要義務，即令向來被認為較為重視個人自由權利之法國法制，亦非例外。見 Grosclaude / Marchessou, Procédures Fiscales, Dalloz, Paris 2001, p. 49.

實關係之闡明及納稅義務人所掌有之資訊之公開揭露（Offenbarung）爲其主要內容[30]，其所具備之制度目的，乃降低稅捐稽徵機關於此類大量案例中因事實調查而支出之行政成本。

（三）第三人所負擔之義務

在稅法領域之中人民負擔義務，除以債務人爲義務人之金錢給付之主義務、協助闡明租稅法律關係之協力義務之外，在例外情形之下，**尙存在著對第三人所負擔之義務，主要言之即爲扣繳（Abzug）之義務。現代國家關於大量之租稅程序爲減少稽徵之成本，針對薪資稅（Lohnsteuer）等納稅義務人衆多之稅目，經常採行就源扣繳之制度，使薪資費用之支付人負擔有扣繳所得稅並繳納於國庫之義務**[31]。此亦屬稅法上附隨義務之一種，應受到補充性原則之支配，乃在主義務未能履行之前提之下，方要求第三人補充負擔公法上應納稅負。此外，在稅捐稽徵程序中，第三人亦可能係以代理義務人之地位，發生稅法上之權利義務關係[32]。例如納稅義務人之法定代理人、代表人及財產管理人；納稅義務人之意定代理人、輔佐人等，推論上亦有可能成爲租稅權利義務關係中之義務人。

Q：就源扣繳之概念？

A：

所謂就源扣繳，係指針對所得發生之源頭預先扣取納稅義務人可能需要負擔之稅捐解繳國庫，俟將來租稅債之關係清償期屆至，再計算應納稅額數目、多退少補之制度。大法官釋字第 673 號解釋理由書中指出：

---

30 Hennerkes / Schiffer, Unternahmenssteuer, S. 2ff.

31 Tipke / Lang, Steuerrecht, 17Aufl., §9, Rn. 766. 德國所得稅法第38條第1項及第3項亦規定，薪資所得稅乃以扣繳薪資所得的方式課徵（die Einkommensteuer durch Abzug vom Arbeitslohnerhoben (Lohnsteuer)）。雇主（Arbeitgeber）於每次給付薪資時，應為受雇人之計算（für Rechnung des Arbeitnehmers）扣取稅款。

32 陳敏，租稅稽徵程序之協力義務，政大法學評論，第37期，頁45以下。

「所得稅法設有就源扣繳制度，……。此項扣繳義務，其目的在使國家得即時獲取稅收，便利國庫資金調度，並確實掌握課稅資料，……」在我國法制之中，除稅捐稽徵法第 6 條第 3 項、平均地權條例第 79 條、土地稅法第 51 條與第 52 條等設有扣繳稅款之規定外，我國所得稅法第 88 條第 1 項可謂係就源扣繳最直接之規定：「納稅義務人有下列各類所得者，應由扣繳義務人於給付時，依規定之扣繳率或扣繳辦法，扣取稅款，並依第九十二條規定繳納之：

一、公司分配予非中華民國境內居住之個人及總機構在中華民國境外之營利事業之股利；合作社、其他法人、合夥組織或獨資組織分配予非中華民國境內居住之社員、出資者、合夥人或獨資資本主之盈餘。

二、機關、團體、學校、事業、破產財團或執行業務者所給付之薪資、利息、租金、佣金、權利金、競技、競賽或機會中獎之獎金或給與、退休金、資遣費、退職金、離職金、終身俸、非屬保險給付之養老金、告發或檢舉獎金、結構型商品交易之所得、執行業務者之報酬，及給付在中華民國境內無固定營業場所或營業代理人之國外營利事業之所得。

三、第二十五條規定之營利事業，依第九十八條之一之規定，應由營業代理人或給付人扣繳所得稅款之營利事業所得。

四、第二十六條規定在中華民國境內無分支機構之國外影片事業，其在中華民國境內之營利事業所得額。」

（四）其他義務

因稅法規範所創設之義務，除前述金錢給付義務、協力義務及對第三人課予之義務外，亦不排除其他義務之存在。例如，稅捐稽徵機關就課稅事實調查所得之資料，有保守租稅秘密（Steuergeheimnis）[33]之義務等，均

33 德國租稅通則第30條第1句規定：「公務員對於租稅秘密，應予保護。」我國稅捐

係租稅義務體系中基於不同行政目的所出現之義務規定。

貳、稅法上協力義務之性質

一、協力義務作為「租稅之債之附隨義務」

協力義務在稅法規範中作爲租稅之債之附隨義務，乃具有高度之合目的性考量，係以事實之闡明（Aufklärung）作爲其制度目的[34]。則作爲行政制度之一環，在一般性之基礎之上當受法治國家原則之拘束，其一爲法律保留之要求，故協力義務之發生乃以法律有明文規定者爲限，非如民法所稱之協力義務，係於債權債務關係履行過程中因誠實信用原則之作用而發生，不以契約明定者爲限[35]。其目的乃在促進實現主給付義務，使公法上債務關係之債權人之給付利益實現，並且合致於法治國家行爲明確性之要求。其二則爲比例原則之規制。乃以課人民以協力忍受配合等義務，亦爲國家行爲之一環，應審查手段與目的間有無正當合理關聯，並排除不合成本、無法達到目的之侵害行爲。

在思考及於協力義務之目的後，納稅義務就公法上金錢給付之觀點言之，除給付之手段需以貨幣之債或金錢之債完成者外，亦發生比例原則之適用問題，而並非僅受量能課稅原則（Besteuerung nach Leistungsfähigkeit）之拘束[36]。尤其於我國法制上此一問題特別具有實益：

稽徵法第33條第1項規定：「稅捐稽徵人員對於納稅義務人提供之財產、所得、營業及納稅等資料，除對下列機關及人員外，應絕對保守秘密：一、納稅義務人本人或其繼承人。二、納稅義務人授權代理人或辯護人。三、稅捐稽徵機關。四、監察機關。五、受理有關稅務訴願、訴訟機關。六、依法從事調查稅務案件之機關。七、經財政部核定之機關與人員。八、債權人已取得民事確定判決或其他執行名義者。」均屬對公務員課以保守租稅秘密之義務。參見黃源浩，稅法上的類型化方法——以合憲性為中心，國立台灣大學法律學研究所碩士論文，1999年，頁89。

34 Stelkens / Bonk / Sachs / Kallerhoff / Schmitz / Stelkens, VwVfG, §26, Rn. 52.

35 王澤鑑，債法原理第一冊，頁42。

36 在德國稅法上使用比例原則以審查課稅行為者，所著重者乃「過度之禁止」（Übermaßverbot），亦即在租稅權力行使之過程中，應留意者乃國家僅參與市場之分憲法第19條規範之目的，乃國庫目的，而協力義務並非納稅義務，而係法律上一般性義務，應受憲法第23條之規制。是故在制度上，倘若國家已有更加便捷具備效能之手段足以探知特定之課稅事實時，另行課以協力之義務恐即有牴觸比例原則之嫌[37]。

二、協力義務作為「不真正之義務」：原則上無制裁之效果

協力義務作爲稅法上所普遍承認之義務，具重要之特徵之二，乃在於原則上並無制裁之效果(nicht sanktionierbar)[38]。首先就協力義務之目的以言，其係爲塡補國家機關職權調查之不足，在租稅課徵上證據資料皆掌握於納稅義務人所熟悉之領域之下，係爲公平課稅之必要方以法律規範創設此等義務。惟稅法規範之主要目的仍在於取得國庫所需之資金，探知之手段具有特定之目的性，縱令有所違反倘無礙於眞實之發現，亦無裁罰之必要。是故協力義務乃不眞正義務，在民事上有所違反未必會成爲訴訟

配，尚不得因租稅課徵使納稅義務人在市場中之地位有所變動，俾維持租稅之市場中立性。是故德國聯邦行政法院嘗明白指出，倘租稅之課徵已非財產之單純限制，而已涉及財產之無從回復之剝奪，則此等具有「絞殺效果」之租稅已非租稅（daß erdrosselnde Steuern keine Steuern; BVerwGE 96, 272）就此憲法規範對租稅權力之限制，在禁止過度之面向上所表現者為「絞殺性租稅之禁止」（Verbot der Erdrosselungssteuer），亦即在個案中租稅之課徵倘若已及於徵收或剝奪之程度，則不得為之。又絞殺禁止之要求在德國近期稅法學說上，已漸有為「半數原則」（Halbteilungsgrundsatz）取代之趨勢，則至少可確認者，乃比例原則之要求在租稅課徵上尚有進一步確認其空間之必要。關於半數原則，見 Tipke / Lang, Steuerrecht, §3, Rn. 8. 中文文獻，參見葛克昌，管制誘導性租稅與違憲審查，行政程序與納稅人基本權，頁115。

37 實務上就此所發生之問題主要集中於個人綜合所得稅之課徵上。所得稅法第76條第1項要求納稅義務人應附具扣繳憑單為結算申報，倘若已領具扣繳憑單未辦裡結算申報者，亦發生裁罰之效果。惟稅款既經扣繳，扣繳義務人已將款項解交國庫，一則國庫無損失，二則稅捐稽徵機關尚得依他法或扣繳義務人之申報得悉課稅事實。此等針對納稅義務人所為之裁罰恐即難認為具有正當性。

38 Obermayer, VwVfG, §26, Rn. 105. 另在稅法領域中，Klein亦認為協力義務之違反原則上僅具證據評價上之效果。Klein, AO Kommentar, §90, Rn. 5.

之基礎；在公法領域中有所違反亦原則上不生制裁效果，而以證據評價（Beweiswürdigung）上之不利益爲著[39]。納稅義務人於焉所負擔者，乃特定課稅構成要件事實之確認（Feststellunglast）之責[40]。倘未能有效履行，則稅捐稽徵機關之證明義務，將因此而降低。

Q：納稅義務人甲以他人名義，買進法拍屋登記他人為所有人後，再進行出售，未報財產交易所得，復未提出交易時實際成交價格及原始取得之成本、費用等證明文件，稽徵機關除依查得之資料按財政部頒定財產交易所得標準推計核定財產交易所得之稅捐客體數額而核定補徵稅額外，並以該核定之財產交易所得核定漏稅額，依所得稅法第 110 條第 1 項之規定處以罰鍰。甲不服，經復查、訴願均駁回，向高等行政法院提起訴訟。問甲得為何種主張？該區國稅局如何答辯？（99 台大稅法）

A：

（一）本件情形，主要乃協力義務之違反

1. 按稅法制度之中，納稅義務人所負擔之義務除本稅以及附屬金錢給付的繳納義務以外，納稅義務人尚且負擔有大量之協力義務。亦即為填補稅捐稽徵機關職權調查之不足，所廣泛賦予納稅義務人配合調查、申報、揭露及記帳等義務。本件納稅義務人未就財產所得申報，亦未保存單據，當係協力義務之違反。
2. 就協力義務而言，此等義務乃不真正義務，原則上並無可罰性。就協力義務之目的以言，其係為填補國家機關職權調查之不足，在租稅課徵上證據資料皆掌握於納稅義務人所熟悉之領域之下，係為公平課稅之必要方以法律規範創設此等義務。惟稅法規範之主要目的

---

39 FG Berlin v.12.5.1981, EFG 1982, S. 113. zitiert aus Birk, AT, 1988, S. 180.

40 BFH v.9.7.86., BStBl. II 87, S. 487. zitiert aus Birk, AT, 1988, S. 180.

仍在於取得國庫所需之資金，探知之手段具有特定之目的性，縱令有所違反倘無礙於真實之發現，亦無裁罰之必要。

（二）國稅局可能之答辯

1. 即便該等協力義務僅構成納稅義務人協力之負擔，原則上並無可罰性。但我國法制中，此等協力義務多半獨立被立法機關課以處罰。例如所得稅法第 110 條第 1 項規定：「納稅義務人已依本法規定辦理結算、決算或清算申報，而對依本法規定應申報課稅之所得額有漏報或短報情事者，處以所漏稅額二倍以下之罰鍰。」
2. 因此，即便此等意義具有協力義務之性質，其違反仍然具有稅法上之可罰性。

三、不同稅目協力義務之密度：「市場公開」標準之提出

在稅法規範普遍承認納稅義務人負有誠實申報及事實關係闡明之協力義務之後，相關之爭執在稅法領域之中並未得到完全令人滿意的解決，相反地，當吾人思索及於協力義務作爲公法上附隨義務之一時，皆下來的問題隨即發生：不同之納稅義務人所負擔之協力義務，其密度是否相同？問題尚須作進一步的思考。一般而言在稅法體系中，依據納稅義務人之身分或者法律上主體地位，租稅之種類可大別爲針對個人之租稅（屬人稅）及針對企業之租稅（Unternahmesteuer）[41]。其二者所主要構成協力義務之方式亦有不同。例如，在針對自然人所得課徵之綜合所得稅此一稅目中，納稅義務人所主要負擔之協力義務爲主動申報所得，並且於申報後附具扣繳

41 Tipke在稅法教科書上有如此的說明：「所謂的屬人稅或主體稅（Personalsteuern），係指在課徵時應考慮及於納稅義務人一身事由（例如家庭狀況、幼兒之扶養、老病之照顧）之稅賦，如所得稅、對自然人所課徵的財產稅。」根據此一標準，對納稅義務人以自然人地位所課徵之租稅即為屬人稅，對企業課徵者為企業稅，如營利事業所得稅、營業稅等。Vgl. Tipke / Lang, Steuerrecht, §8, Rn. 21. 又關於企業稅之概念，參見 Hennerkes / Schiffer, Unternahmenssteuer, S. 2ff。Hennerkes / Schiffer並進一步指出，德國法上的租稅債務人實包括自然人、法人及營業人等不同概念。

憑單以作結算申報，原則上，除非採行列舉扣除額之申報模式，否則並不負擔單據憑證之保存義務，更無設置帳簿以供查詢之義務[42]。惟營利事業或從事營業行為之納稅義務人，其所負擔之義務顯即較為繁瑣。例如要求營利事業必須經過登記方得從事營業、交易過程中應開立或保存憑證、設立帳冊、忍受實地調查等義務。二者雖同為協力義務，但在內容上顯有不同。

不同稅目間所發生之協力義務有強度上之差異，Kirchhof 氏對此提出解釋。其以為，在所得稅以及薪資稅等涉及多數納稅義務人以自然人身分作為租稅債務之債務人之情形，基本的制度係建立在自動申報（Selbstveranlangsprinzip）此一前提，依據就源扣繳之制度以減省國家機關所支出之課徵成本。惟協力義務之存在並不足以直接推導出稅捐稽徵機關職權調查之終結，僅足以針對不同之行政事項使公權力介入之範圍有所不同[43]：

（一）應予以嚴格保護之高度屬人性生活領域

法律所涉及之事實，倘若與自然人一身專屬之權利有密切相關者，則稱為高度屬人性之私人領域（Privatsphäre），應受到嚴格之保護。蓋以涉及人身自由權利之事項，乃人性尊嚴之所繫，倘協力之要求密度過高至於有過度侵犯私人領域之虞時，即為協力義務止步之處[44]。故稅法領域中，關於事實之闡明應放棄「完整而無遺漏」之闡明要求；即令認為有協力義務適用之範圍，亦應採行嚴格之標準，俾確保私人領域之不可侵犯。

42 關於個人綜合所得稅之協力義務，請參見黃源浩，稅法上的類型化方法——以合憲性為中心，國立台灣大學法律學研究所碩士論文，1999年，頁8以下。

43 相近的見解，見Wassermeyer, Die Abgrenzung des Betriebsvermögen vom Privatvermögen, DStJG, 1980。

44 協力義務以私人生活領域作為界限，參見黃源浩，稅法上的類型化方法——以合憲性為中心，國立台灣大學法律學研究所碩士論文，1999年，頁88以下。

（二）市場公開事項

課稅事實所發生之事項倘若非出於私人之領域，而係出於營業活動之範圍（Betriebsphäre），則在租稅課徵之過程中容許較大範圍的擴張協力義務。是以自然人不會發生之義務如設置帳冊、取得憑證、保管憑證等義務，均屬在市場交易中對負擔納稅義務之營業人所課賦之義務，其功能主要在達成企業之公開（Betriebseröffnung）[45]。針對市場公開事項廣泛賦予納稅義務人協力之義務，不僅有便利稽徵之考慮，同時亦存在著租稅中立性（Neutralität）[46]之考量。乃以租稅之課徵以不影響於廠商之市場競爭力為原則，企業資訊之揭露亦要求以不使營業之秘密外洩為基礎。惟透過租稅資訊之揭露，將使企業之投資訊息正確披露於眾，且降低具射倖性不法行為所造成之不公平，將更具健全市場之效果。

在此一意義之下，尚須進一步探討者乃何一稅目所涉及之課稅事實為典型之市場公開事項？問題或可反客為主，由納稅義務人係營業人之角度出發。一般言之，營業人所需繳納之稅目，首為營業稅，次為營利事業所得稅（於德國法或日本法上稱作法人稅Köperschaftsteuer）及其他稅目[47]。其中尤以營業稅以銷售或消費作為利用市場之對價，最具市場公開之必要。是以後文即以營業稅為對象，探討具體協力義務在營業稅法上之適用。

四、協力義務之違反效果

（一）推計課稅效果

協力義務作為稅法上義務之一，與其他義務或者稅法上之主給付義務之不同者，乃在於違反義務所導致之法律效果並不相同。**原則上除不具制裁之特性外，主要即在於為輔助事實關係之闡明，在稅法上得以容忍**

45 Tipke / Lang, Steuerrecht, §9, Rn. 385.
46 Vgl. Tipke / Lang, Steuerrecht, §21, Rn. 214.
47 Hennerkes / Schiffer, aaO., S. 44.

推計課稅（Schätzung）之使用[48]，尤其應忍受因推計所導致之對於課稅構成要件事實無法完全掌握及調查清楚。蓋納稅義務人就租稅事實闡明之協力義務一旦有所爲反，又難以期待機關得依其他具有效能之手段探知租稅法上有意義之課稅事實時，在稅法上要求稅捐稽徵機關進行完整而無遺漏之闡明，勢不可能。因此，使用有欠精確之事實認定手段即成爲稽徵目的實現所必要。德國租稅通則第 162 條規定：「稅捐稽徵機關於課稅基礎（Besteuerungsgrundlagen）無法爲完全之調查時，得進行推計。推計之實施，並應斟酌一切於推計有意義之情形決定之。納稅義務人針對其申報之事項未能爲完全之闡明（ausreichenden Aufklärungen），或未能爲進一步之陳述（weitere Auskunft），拒絕提出代替宣誓之保證（eine Versicherung an Eides Statt verweigert）或違反本法第九十條第二句所定之協力義務時，尤應進行推計。納稅義務人依稅法之規定，應製作帳冊或會計紀錄（Bücher oder Aufzeichnungen）而未能提出，或該帳冊或會計紀錄未依第一百五十八條之規定作爲課稅之依據者，亦同。」推計課稅之本旨，乃在於課稅事實之認定過程中，闡明事實之協力義務未被履踐，由稅捐稽徵機關依蓋然性之衡量，透過類型化之標準（如同業利潤標準、當地一般租金標準等）認定租稅構成要件事實之存在。故就協力義務之制度目的而言，在納稅義務人已盡其協助闡明事實之義務、帳證等課稅事實相關證據方法均已提出，而稅捐稽徵機關猶未能依納稅義務人之協力闡明事實之情形下，則回復職權原則之適用，由稽徵機關逕行調查課稅構成要件事實、作成課稅處分[49]。

---

[48] Hennerkes / Schiffer, aaO., S. 19.; Tipke / Lang, Steuerrecht, §9, Rn. 385. 帳證完備及誠實申報與推計課稅之不一致，亦為日本法制所指出，參見日本最高裁判所，昭和49年9月29日所作成之裁判。

[49] Hennerkes / Schiffer, aaO., S.18.

（二）違反協力義務應受行政制裁之行為

在例外之情形下，納稅義務人違反協力義務亦可能受行政制裁。前已言及，協力義務作爲，屬稅法上附隨義務之一，其功能主要在於填補職權調查之不足，並非眞正之義務，故在違反時原則上不生裁罰問題[50]。惟發生問題者，乃在於納稅義務人係以違反租稅義務作爲手段以逃漏稅捐，或在違反協力義務致使機關無法依他法經職權原則探知課稅事實時，此時協力義務已喪失其補充之本質，應由行政目的思考其有無獨立受裁罰之可能。況行政罰之課處，係具備高度目的考量之行爲，乃以不法構成要件之行爲在法律上所受保護之法益作爲決定裁罰之要素[51]。尤其經職權原則之分配，在行政程序上機關常負擔有事實闡明之責任，爲使舉證責任分配之法則不致成爲逃漏稅捐之庇護所，推理上當對協力義務之違反作不同之處理。

50 協力義務之違反，僅在少數案例中可能構成行政不法（Ordnungswidrigkeit），而成為稅法上秩序罰之可罰行為。例如，違反設置會計帳簿之義務或有登載不實之情事等。Tipke / Lang, Steuerrecht, 17Aufl, §22, Rn. 106.

51 展現此一見解者，為大法官釋字第503號解釋。針對漏未辦理營業登記、無法開立發票導致漏繳營業稅之行為，向來於我國稅法實務上有「漏稅罰」與「行為罰」之別。前者所要求履行者乃公法上金錢之債，後者所處罰者，乃協力義務之違反。大法官謂：「納稅義務人違反作為義務而被處行為罰，僅須其有違反作為義務之行為即應受處罰；而逃漏稅捐之被處漏稅罰者，則須具有處罰法定要件之漏稅事實方得為之。二者處罰目的及處罰要件雖不相同，惟其行為如同時符合行為罰及漏稅罰之處罰要件時，除處罰之性質與種類不同，必須採用不同之處罰方法或手段，『以達行政目的所必要者外』，不得重複處罰，乃現代民主法治國家之基本原則。」就協力義務以言，於租稅事實得依職權調查確知之前提之下，並無獨立之行政目的，僅係輔助主債務之履行。惟倘課稅事實因協力義務違反而陷於存否不明，無法以職權調查課稅事實時，則協力義務即有其獨立存在之目的矣。關於行政目的作為行政罰之基礎，參見廖義男，行政處罰之基本爭議問題，台灣行政法學會1999年度論文集，元照出版，頁284以下。

Q：甲從事營業，未依規定申請稅籍登記，且未於銷貨時依法給與他人憑證，稽徵機關以甲違反稅捐稽徵法第 44 條第 1 項「應給與他人憑證而未給與」、加值型及非加值型營業稅法第 51 條第 1 項第 1 款「未依規定申請稅籍登記而營業」之漏稅罰規定為由，對甲分別處罰鍰新臺幣（下同）100 萬元與 250 萬元。請問：稅法上協力義務之正當性何在？納稅義務人違反稅法上協力義務之後果為何？前揭分別之罰鍰處分，是否違反一事不二罰原則？（106 律師）

參考法條

加值型及非加值型營業稅法【民國 106 年 6 月 14 日修正】

第 51 條「納稅義務人，有下列情形之一者，除追繳稅款外，按所漏稅額處五倍以下罰鍰，並得停止其營業：一、未依規定申請稅籍登記而營業。二、……。」

A：

（一）稅籍登記之協力義務

1. 稅捐稽徵行政作為大量行政，為求行政成本之簡約，乃在制度設計上大量課賦予納稅義務人相對應的協力義務，俾以探究稅法上經濟活動之實質真實面貌。就加值型及非加值型營業稅法（下稱營業稅法）而言，此等義務尤其複雜，包括登記、設帳、記帳、給與及收受憑證等。
2. 又按，營業稅法之稅籍登記，亦為協力義務之一種。本件情形，甲從事營業，未依規定申請稅籍登記，且未於銷貨時依法給與他人憑證，均屬協力義務違反之情形。

（二）協力義務違反與行政制裁

1. 協力義務在稅法領域中，向來屬於所謂「不真正義務」，亦即以輔助機關職權調查為主要之制度功能。因此，協力義務之違反，通常僅有推計課稅之效果，未必有處罰。
2. 不過在若干情形當中，因為協力義務所涉及之事項在程序上太過重要，亦可能被獨立規定在稅法中，成為獨立之義務。本件營業稅法之處罰規定，即為此種性質。

（三）針對協力義務違反之行為加以處罰，有無違反一事不二罰之可能？

1. 在我國法制中，違反協力義務之處罰，因其通常係針對協力行為為之，性質上屬於所謂行為罰，而非漏稅罰。
2. 又行為罰與漏稅罰是否有違反一事不二罰之原則，依司法院大法官釋字第 503 號之意旨，應以義務是否行政上可分為基礎。倘若二者目的不同，原則上無違反一事不二罰之問題。

參、協力義務與租稅秘密

稅法上協力義務的另一個重要功能，則在於租稅秘密（Steuergeheimnis）之保障，與國家權力介入私人領域之限制[52]。而問題的起源甚至可以追溯至憲法秩序之下，人民在法秩序中不被當成客體對待的人性尊嚴的要求[53]。問題之開端，始於稅法上的租稅秘密。所謂租稅秘密係指在稅捐課徵之程序中，稅捐稽徵機關之擔當公務員對於納稅義務人、負協力義務及其他租稅關係人因職務關係所知悉、持有之秘密。國家機關對於此等秘密，有保障之義務，是以德國租稅通則就此於第 30 條第 1 項明文規定：「公務員對於租稅秘密，應予保護」（Amsträger haben das Steuergeheimnis zu wahren）。至於違反該條所定之保護規定者，依德國刑法第 355 條之規定，可處二年以下有期徒刑或罰金。在我國法制上，稅捐稽徵法第 33 條第 1 項規定：「**稅捐稽徵人員對於納稅義務人提供之**

52 C. Lambrecht, Normative Bindung und Sachverhaltsserfassung, Steuerrecht und Verfassungsrecht, DStJG Bd. 12, S. 115ff.

53 例如，D. Birk即很明白地指出：在稅法上所以要求保障協力義務不得過度，乃是經由德國基本法第1條第1項：「人性尊嚴不可侵犯」之規定而來。D. Birk, AT, S. 189. 另關於人性尊嚴之概念以及國家之保護義務，參見 G. Leibholz / H-J. Rinck, GG Kommentar, Bd. I, S. 5ff.

財產、所得、營業及納稅等資料，除對下列人員及機關外，應絕對保守秘密。」同條第 3 項後段：「第一項第四款至第八款之人員及機關，對稅捐稽徵機關所提供第一項之資料，不得另作其他目的使用；第一項第四款至第七款之機關人員或第八款之人員，如有洩漏情事，準用第四十三條第三項洩漏秘密之規定。」同法第 43 條第 3 項則規定：「稅務稽徵人員違反第三十三條第一項規定者，處新臺幣三萬元以上十五萬元以下罰鍰。」亦爲相類似之規定。租稅秘密，能不能被當成一種基本權來保護？對此，K.Tipke採取了肯定見解[54]。氏以爲，雖然在基本法上並沒有明白而單獨地列舉租稅秘密的保護，但從法治國原則一樣可以推得，行政機關行使職權不得過度（Übermaßverbot），侵犯租稅秘密，當然非執行公務保障公益所必要。租稅秘密本身也是公務員的職務上秘密（Dienstgeheimnis），公務員在一般性的基礎上，本亦有義務加以保守。

租稅秘密之保障在憲法上的意義，爲國家機關對於各種資訊的尊重及保障，包括一般行政機關及稅捐稽徵機關，均不得逾越。是以在租稅通則之規定上，即便是行政機關相互之間，亦爲租稅秘密禁止公開之對象。是故德國租稅通則上，明文承認得於公開之例外：一、其公開具有強大之公共利益（zwingendes öffentliches Interesse）時，例如追訴重大之身體生命或國家法益之犯罪、重大之經濟犯罪（Wirtschaftsstraftaten），或爲更正（Richtigstellung）公開流傳之足以動搖對行政機關信任之虛僞事實（AO § 30 Abs. 5）；二、爲防止不法就業（Schwarzarbeit）之目的（AO § 30a Abs. 1）等，方認其公開爲具有公益上目的而例外地予以容許。**稅法上對於租稅秘密的保護義務，按照 K. Tipke 的說法，乃是納稅義務人所負協力義務的對價（Gegenstück）**[55]。蓋如前述，納稅義務人在稅法上負有包括揭露（Offenbarung）等協助核課、稽徵之協力義務，

---

[54] R. Seer, in Tipke / Lang, Steuerrecht, 23 Aufl. § 2, Rz. 25.

[55] K. Tipke / H. W. Kruse, AO. § 30, Tz. 2-3.

使得納稅義務人必須對稅務或司法機關無保留地（rückhaltlos）告知其稅法上有意義之生活上事實關係，使得國家機關在此負有不得侵越此等告知所達目的之憲法上義務，其所保障之法益，乃納稅義務人之私人利益。H. W. Kruse 則更進一步指出，**此一私人利益，指的乃是個人生活的私密性，亦即個人在面對國家的各項調查權力時，資訊的私密性，亦即個人在面對國家的各項調查權力時，資訊自我確定（informationelle Selbstbestimmung）的權利**[56]。租稅秘密、私人生活領域及資訊自我確定的保障，構成了在稅法上協力義務之重要基礎。蓋以協力義務性質上為一種證明程度降低之方法，容許行政機關對於事實之認定與實質之眞實之間存有「雖不中亦不遠矣」的關係，這足以使得眾多繁瑣、微小的租稅構成要件事實得被容許放棄不必證明，或不被要求證明，並使得行政調查權力介入私人領域之範圍，僅及於重要或典型事實。在此意義之下，納稅義務人所負有之協力義務之界限（Grenzen）亦更形明確：亦即協力義務之課予不能漫無目的或不合於比例關係，縱令有協力義務之存在，亦**不能期待稅法上完全無遺漏、百分之百的事實闡明**。

肆、稅捐債權債務關係成立之時間點

租稅法律關係內容，雖係由國家課稅權力實現，但在實際之權利義務層面上，則與私法上的債權債務關係相當接近，原則上亦會被認為足以產生類似私法上的給付效果[57]。因此，納稅人作為公法上金錢給付的債務人，所可能面對的狀況也和私法上債權債務關係有諸多相近之處。例如，租稅債權債務關係基本上也會發生消滅時效的問題；而遲誤給付期間的債

[56] H. W. Kruse, BB 1998, S. 2134. 資訊之自我確定，亦有譯為「資訊自決權」者。見李震山，論資訊自決權，現代國家與憲法，李鴻禧教授六秩祝壽論文集，1997年，頁709以下。

[57] 稅捐之債，乃法定之金錢給付之債：以法定貨幣（金錢）給付為主要之清償手段、以實務清償或抵繳作為例外之清償手段。進一步說明參見黃源浩，法國租稅債務清償之基本問題，財稅研究，第39卷第5期，頁201以下。

務人，亦可能因其遲誤行爲負擔利息或者其他附帶給付[58]，均與私法上之債權債務關係之既存制度相類似[59]。然則，這樣的說法絕非意味著租稅債權債務關係得以直接受到民法之規範與支配。相反地，**租稅法律關係與以契約爲主要原因事實的私法上債權債務關係仍然存在著相當的落差**，亦爲學者所再三強調之基本原則。進一步來說，稅捐債權（稅捐債務）的成立（發生）時期，我國稅法並無統一明文規定，因此除了個別稅法有特別明文規定稅捐債權的成立時期，應依其規定外，解釋上究應以何時爲準，不無疑問。就此理論上可能有二種解釋，其一爲以課稅處分時爲準，另一爲以課稅構成要件之實現時爲準。茲分述之：

一、課稅處分時說

主張稅捐債權債務係經由課稅處分（Steverfestsetzung）[60]而發生者，認爲稅捐法律關係乃是國家的財政權力之行使的關係，稅捐債務除了印花稅或其他直接徵收繳納的稅捐之外，乃是依據行政處分（查定處分）（Veranlagung）方始成立。依此見解，課稅要件的滿足，並不成立稅捐債務，而只是構成行政機關透過查定處分，於具體的情形，行使課稅權的權限根據而已，又查定處分的法律性質，在行政處分的分類上，乃是課予義務的下命行爲。德國早期行政法學者 Otto Mayer 即採此說。

又有學者認爲稅捐債權之發生乃是繼續性的，其成立開始於構成要件

58 參見法國租稅總法典第1730條第1項加以規定：「所有稅款之全部或部分給付遲延，均應加計百分之十之滯納金，支付與公共會計總署。」於我國稅法制度中，除法定利息以外，尚包括滯納金、滯報費、怠報費等不同名目之附帶給付。

59 進一步言之，納稅義務人溢繳應納稅額之返還或者退稅請求權，亦被我國最高行政法院認定為具有民法上不當得利返還請求權之特徵，參見該院86年度8月份庭長評釋聯席會議決議：「按稅捐稽徵法第二十八條關於納稅義務人因稅捐稽徵機關適用法令錯誤或計算錯誤而溢繳之稅款，得自繳納之日起五年內申請退還，逾期不得再行申請之規定，其性質為公法上不當得利返還請求權之特別時效規定，至請求返還之範圍如何，該法未設明文，應屬法律漏洞，而須於裁判時加以補充。」

60 R. Seer, in Tipke / Lang, Steuerrecht, 23 Aufl. §1, Rz. 69 ff.

的實現，而終於稅捐核定，因此稅捐債權到其核定之前，乃是附停止條件的債權。在所謂查定的稅捐，除了以扣繳稅款方式加以徵收之外，乃是直到其被核定之時，才有實現可能。如果稅法特別規定稅捐債務關係中之請求權的主張以及其金額大小的衡量，係以稽徵機關的裁量決定爲前提時，則於此類情形，其請求權即直到行使裁量權時方始發生。

二、構成要件實現時說

主張此說者認爲稅捐債權乃是對於依據法律所負擔的稅捐的請求權，在法律所定稅捐債務的構成要件實現時，稅捐債權立即成立。

在稅捐法定主義之精神下，一切有關發生稅捐債務之構成要件之規定均應爲立法權所保留，而以法律之形式定之，且於滿足法律所定成立稅捐債務之構成要件之事實實現時，即不待任何行政權之介入，在法律上當然發生個別的稅捐債權債務關係。故稅捐債務之發生，有如民法無因管理、不當得利及侵權行爲等債之發生，係基於法律規定，而非基於法律行爲或行政處分。依據此說，稅捐債務的成立乃獨立於核定稅捐的課稅處分。對於依據法律所產生之稅捐債權加以核定的課稅處分，具有宣示的作用。然而如果其對於依據法律所未發生的稅捐債權（非債務）加以核定時，則其課稅處分即具有創設的作用。在此種情形，課稅處分並未創設稅捐債權，而只是創設一個形式的給付義務而已。就此德國 1977 年稅捐通則第 38 條即明定：「基於稅捐債務關係之請求權，於該法律對於其給付義務所連結的構成要件實現時，即爲成立。」即採此說。

稅捐債權債務的成立時期，如果採取行政處分（課稅處分）說時，則稅捐債務勢將因稽徵機關的工作方式以及工作負擔的差異，而有不同的成立時期。又如果課稅處分在法律救濟途徑中被變更或暫時撤銷時，則應如何適用稅捐債務成立時期，也不明確。因此，爲確保成立稅捐債權債務的法律效果對於一切稅捐義務人均適用相同的基準，而不受不同的稅捐核定時點影響，應以法定課稅要件實現時爲準，而不以課稅處分時爲準，較爲妥當。又憲法上的稅捐法定主義所要求的法律保留，也要求稅捐債權僅能根據法律的規定而發生，因此以法律所定稅捐義務的構成要件實現時，成立稅捐債權，也較符合稅捐法定主義。故稅捐債權債務的成立時期，以構成要件實現時說較爲可採。就此行政法院77年度判字第630號判決：「**稅捐債務於法定課稅要件事實實現時立即發生**」，最高行政法院91年度判字第111號判決：「又稅捐債務於法定課稅要件事實實現時發生，而非於課稅處分成立時發生。」概亦採相同見解。

三、稅捐構成要件之意義

關於稅捐債務之發生所必要的前提要素，通常總稱之爲課稅要件或者租稅構成要件（Steuertatbestand）[61]。由於在稅捐主體與稅捐客體之間具有一定歸屬關係，並可就該稅捐客體決定課稅標準，適用稅率得出稅額時，該稅捐主體之稅捐債務即告發生（成立）。故一般認爲主要課稅要件有稅捐主體、稅捐客體（或課稅客體）、歸屬、稅基（或課稅標準）以及稅率五種。換言之，稅捐構成要件乃是指在實體的稅法規範中所包含的各種抽象前提要件，此類前提要件的具體存在（構成要件實現）即發生特定法律效果。具體的生活事實關係（其實現乃屬於課稅客體）的抽象構成也屬於此種構成要件。例如原告納稅人在某一年度內所從事的營業活動，即作爲具體的生活事實關係，而爲所得稅的課稅範圍。就此種事實關係必須審查其是否滿足法定構成要件的特徵。至於條件、期限、繫於申請的稅捐優惠以及估價方法的選擇權等，雖然「嗣後」可能對於該課稅年度的所得稅的衡量計算基礎（Bemessungsgrundlage）（稅額高低）發生影響，但並未改變在該年度內具體的生活事實關係的實現所發生稅捐債務關係的請求權。亦即稅捐債權已抽象的發生，如同有關其衡量計算基礎的各種情況在課徵時點已經終局的發生或不發生一般。如果此類情況嗣後發生變更時，則僅能在程序法的可能性範圍內，溯及生效的加以斟酌。

61 R. Seer, in Tipke / Lang, Steuerrecht, 23 Aufl. §6, Rz. 27 ff.

伍、各個稅捐債務的成立時期

一、概　說

在法定稅捐構成要件實現時，即成立抽象的稅捐債務。就個別的稅捐而言，一般在隨時稅，亦即在稅捐客體隨時發生的稅捐，因於稅捐客體發生時即實現課稅要件事實，故亦於此時發生稅捐債務。而在期間稅，亦即在以年或月等一定期間所累積的稅捐客體爲對象所課徵的稅捐，原則上其課稅要件事實於該期間終了的同時實現，故其稅捐債務原則上亦於該期間終了時發生。但基於稽徵便宜的技術上考慮，有時亦以期間開始時或其他時點作爲稅捐債務成立的基準時。

二、基本的稅捐債務發生時期

（一）個人綜合所得稅：曆年終了之時（參照所得稅法第 11 條第 6 項規定課稅年度爲每年 1 月 1 日起至 12 月 31 日止）。

營利事業所得稅：會計年度終了之時（參照所得稅法第 24 條第 1 項，同法施行細則第 27 條）。

（二）營業稅：每期（課徵期間）屆滿時（參照加值型及非加值型營業稅法第 35 條第 1 項、第 40 條）。

（三）地價稅：每年一次徵收者，以 8 月 31 日爲納稅義務基準日；其分二期徵收者，上期以 2 月 28 日，下期以 8 月 31 日爲納稅義務基準日（參照土地稅法施行細則第 20 條），故應以 2 月 28 日經過時或 8 月 31 日經過時爲準。

（四）房屋稅：房屋稅每年徵收一次，其開徵日期由省（市）政府定之（參照房屋稅條例第 12 條），因此在開徵日期開始之日，房屋稅稅捐債務即行發生。

（五）遺產稅：被繼承人死亡時（遺產及贈與稅法第 1 條）。

（六）贈與稅：贈與契約訂立時（遺產及贈與稅法第 3 條、第 4 條第 2 項）。

（七）契稅：不動產買賣、承典、交換、贈與、分割之債權契約成立生時（契稅條例第16條第1項）。

（八）土地增值稅：土地所有權移轉契約訂立時（土地稅法第28條、第49條）或設定典權契約訂立時（土地稅法第29條）。

（九）印花稅：課稅憑證交付或使用時（印花稅法第8條第1項）。在印花稅彙總繳納的情形，也是於交付或使用憑證時，成立印花稅債務，只是清償期延後至彙總繳納時。

（十）貨物稅：貨物稅於應稅貨物出廠或進口時徵收之（貨物稅條例第2條），故其稅捐債務於貨物出廠時或進口時發生。

（十一）關稅：貨物進口時（關稅法第16條）。

陸、租稅債權債務關係之主體

一、個人作為租稅債權債務關係之主體

租稅債權債務關係之主體，所主要涉及之問題爲此等債之關係之債權人與債務人。其中就債權人而言，原則上係國家機關[62]。稅法上之納稅義務人倘若爲個人（自然人）之際，則此一個人經常直接成爲租稅債權債務關係之主體。例如僅有一人之個人綜合所得稅申報戶，即以個人爲課徵對象、加值型營業稅以個別之消費者、土地稅以土地之所有權人爲課徵對象是。

> **Q**：土地業依買賣關係出售他人，並交付占有，惟尚未完成移轉手續，此時土地所有權人依土地稅法第4條第1項第4款規定，向稽徵機關申請指定由占有人代繳地價稅，而占有人有異議，則稽徵機關是否仍得指定由占有人為代繳義務人？（100年度高等行政法院法律座談會提案及研討結果第2號）

62 除非在租稅核退或者不當得利之法律關係中，機關方有可能成為債務人。另方面，機關或公法人亦有可能在與人民同一地位而受領課稅處分之際，成為租稅債務之債務人。

A：

結論採丙說：依土地稅法施行細則第 20 條之規定，土地所有權人是土地地價稅之納稅義務人，土地之占有人則不是，且實證法上之「代繳」規定並不因此改變土地所有權人之納稅義務人身分，因此若容許土地所有權人單方指定代繳人，而使本非納稅義務人者變成實際負擔稅捐之人，並非法律之正確解釋，因此主管機關是否命代繳享有裁量權（最高行政法院 98 年度裁字第 387 號裁定）。

相關法條：

（一）土地稅法第 3 條：

「地價稅或田賦之納稅義務人如左：一、土地所有權人。二、設有典權土地，為典權人。三、承領土地，為承領人。四、承墾土地，為耕作權人。

前項第一款土地所有權屬於公有或公同共有者，以管理機關或管理人為納稅義務人；其為分別共有者，地價稅以共有人各按其應有部分為納稅義務人；田賦以共有人所推舉之代表人為納稅義務人，未推舉代表人者，以共有人各按其應有部分為納稅義務人。」

（二）土地稅法第 4 條：

「土地有左列情形之一者，主管稽徵機關得指定土地使用人負責代繳其使用部分之地價稅或田賦：一、納稅義務人行蹤不明者。二、權屬不明者。三、無人管理者。四、土地所有權人申請由占有人代繳者。

土地所有權人在同一直轄市、縣（市）內有兩筆以上土地，為不同之使用人所使用時，如土地所有權人之地價稅係按累進稅率計算，各土地使用人應就所使用土地之地價比例負代繳地價稅之義務。

第一項第一款至第三款代繳義務人代繳之地價稅或田賦，得抵付使用期間應付之地租或向納稅義務人求償。」

（三）土地稅法施行細則第 20 條：

「地價稅依本法第四十條之規定，每年一次徵收者，以八月三十一日為納稅義務基準日；每年分二期徵收者，上期以二月二十八日（閏年為二月二十九日），下期以八月三十一日為納稅義務基準日。各年（期）地價稅以納稅義務基準日土地登記簿所載之所有權人或典權人為納稅義務人。

前項規定自中華民國九十年一月一日施行。」

二、家戶與夫妻作為稅捐債權債務關係之主體

在個人綜合所得稅之制度中，納稅義務之主體除了可以是自然人以外，家戶（le foyer fiscal）亦可以作爲納稅之主體單位，而夫妻共同組織之家庭亦可以合併申報作爲稅捐債務之主體，並以合併申報作爲申報之主要形式。反面言之，在個人綜合所得稅的制度設計中，主要以同財共居之家戶成員共同收入與必要支出，作爲計算所得稅應納稅額之基礎。我國個人綜合所得稅制，與大多數國家相同，乃以家戶總所得之基本精神，減除家庭成員所共同負擔的不可避免的生活費用。即便近年來對於夫妻薪資所得強制合併申報已因爲司法院大法官釋字第 696 號解釋採取新制（參見後述所得稅法第 14 條之 1 規定之說明），仍然未脫離以同財共居之家庭爲申報及繳納單元的基本制度前提。

Q：夫妻非薪資所得合併申報是否合憲？

A：

司法院大法官釋字第 696 號：「中華民國七十八年十二月三十日修正公布之所得稅法第十五條第一項規定：『納稅義務人之配偶，及合於第十七條規定得申報減除扶養親屬免稅額之受扶養親屬，有前條各類所得者，應由納稅義務人合併報繳。』（該項規定於九十二年六月二十五日修正，惟就夫妻所得應由納稅義務人合併報繳部分並無不同。）其中有關夫妻非薪資所得強制合併計算，較之單獨計算稅額，增加其稅負部分，違反憲法第七條平等原則，應自本解釋公布之日起至遲於屆滿二年

時失其效力。財政部七十六年三月四日台財稅第七五一九四六三號函：『夫妻分居，如已於綜合所得稅結算申報書內載明配偶姓名、身分證統一編號，並註明已分居，分別向其戶籍所在地稽徵機關辦理結算申報，其歸戶合併後全部應繳納稅額，如經申請分別開單者，准按個人所得總額占夫妻所得總額比率計算，減除其已扣繳及自繳稅後，分別發單補徵。』其中關於分居之夫妻如何分擔其全部應繳納稅額之計算方式規定，與租稅公平有違，應不予援用。」

三、法人作為稅捐債務主體

納稅義務人倘若爲法人或者公司，亦得以成爲稅法上稅捐債權債務關係主體。蓋以法人在法令規範之範圍內，得以享受權利、負擔義務。因此法人無論其具有營利性與否，均無礙於成爲稅法之稅捐債務人。不過，在若干案例中，尙可能發生權利義務互相流用的問題。

Q：藍色申報與營利事業盈虧互抵？

A：

營利事業所得稅原則上乃以營利事業作為納稅主體或租稅之債之債務人，除獨資合夥商號外，營利事業之主體性與其資本主之人格得為清楚之區分，資本主作為自然人或法人，另有其應負擔之綜合所得稅或營利事業所得稅等納稅義務。倘若資本主同時經營二以上之營利事業，其於法律上亦屬人格互殊，原則上不存在盈虧互抵之問題。惟在租稅政策上，為促使營利事業誠實設帳、使用藍色申報書，特別明定例外容許不同之課稅主體盈虧互抵。此主要見諸所得稅法第 16 條：「**按前兩條規定計算個人綜合所得總額時，如納稅義務人及其配偶經營兩個以上之營利事業，其中有虧損者，得將核定之虧損就核定之營利所得中減除，以其餘額為所得額**。前項減除，以所營營利事業均係使用本法第七十七條所稱『**藍色申報書**』申報者為限；但納稅義務人未依期限申報綜合所得稅者，不得適用。」

Q：合夥得否作為稅捐債權債務之主體？

A：

最高行政法院 101 年度判字第 317 號判決採肯定見解：「按合夥組織之營利事業雖無私法之權利能力，但在租稅法上依稅捐稽徵法第六條、第十三條規定，可以為營利事業所得稅及營業稅之納稅義務人。是依民法第六百六十八條規定可知，合夥財產既為合夥人全體公同共有，自與合夥人個人財產有別；又合夥解散後，須行清算完結程序後，合夥關係始為消滅，故如未清算完結，合夥關係仍應視為存續。則合夥組織為營業者，即與合夥人個人為營業者有別；亦與獨資商號為營業者，其商號名稱與個人名稱雖有不同，然實為相同之權利義務主體者不同。準此，則納稅義務人既係合夥組織，是其是否業經清算完結，自攸關其合夥關係消滅與否之問題，又究有無清算完結，自足影響稅捐稽徵機關以納稅義務人為裁罰主體適法與否之問題。」

四、企業集團作為單一稅捐債務主體：連結稅制

（一）概說：企業法人格與稅捐債務主體

在探究稅捐債權債務關係之債務人之際，除了前述自然人、家戶以及法人（無論具有營利性與否）得以作爲債務主體，以及適用藍色申報之企業得以跨越權利主體之地位而在一定範圍內當作接近單一的稅捐債務主體以外，事實上在稅法制度設計中，仍然存在著長年的制度設計爭議，**也就是企業集團或者關係企業集團，要否或應否容許其被當作單一的稅捐債務主體來看待的問題**。按「公司稅」或者營利事業所得稅此一稅目在應納稅額之計算上，經常受到會計上損益平衡原則（la théorie du bilan）之拘束，乃以營利活動之淨利減除各項成本費用、債務、折舊及或有負債之結果作爲課徵對象[63]。而企業集團無論是否具有跨國屬性，集團成員中之每一企

63 參見法國租稅總法典第38條之1規定。J. P. Fradin / J. B. Geffroy, Traité du droit fiscal

業原則上具有獨自之法律上人格。理論上計算企業盈虧應當以該企業本身計算。但是，近年來由於商業法制中企業集團之經營模式興起，稅法中亦面對著要否將企業集團或者母子公司當作單一之稅捐債務人，在計算時得以將各子公司之成本費用、債務、折舊及或有負債統一留用或減除的問題，也就是所謂「連結稅制」得否在稅制中具有特殊地位之承認問題。

（二）我國企業稅法中連結稅制之引入

1. 金融控股公司之連結稅制

我國稅法中連結稅制之引入，首來自於金融控股公司法第 49 條規定：「金融控股公司持有本國子公司股份，達已發行股份總數百分之九十者，得自其持有期間在一個課稅年度內滿十二個月之年度起，**選擇以金融控股公司爲納稅義務人，依所得稅法相關規定合併辦理營利事業所得稅結算申報及未分配盈餘加徵百分之十營利事業所得稅申報**；其他有關稅務事項，應由金融控股公司及本國子公司分別辦理。」其中所謂「合併辦理營利事業所得稅結算申報」即指金融控股公司得以將其他子公司與本身當作同一租稅債務人之意。

2. 企業併購法之連結稅制

我國稅制之中，連結稅制之規定尚且出現在企業併購法第 45 條第 1 項：「公司進行合併、分割或依第二十七條至第三十條規定收購，而持有其子公司股份或出資額達已發行股份總數或資本總額百分之九十者，得自其持有期間在一個課稅年度內滿十二個月之年度起，選擇以該公司爲納稅義務人，依所得稅法相關規定合併辦理營利事業所得稅結算申報及未分配盈餘加徵百分之十營利事業所得稅申報；其他有關稅務事項，應由該公司

---

de l'entreprise, PUF, Paris 2003, p. 257. 另外，我國所得稅法第24條第1項規定：「營利事業所得之計算，以其本年度收入總額減除各項成本費用、損失及稅捐後之純益額為所得額。」亦採同一意旨，可供參考。

及其子公司分別辦理。」這樣的制度設計，均得以使企業集團或者母子公司，成爲稅法上單一之稅捐債務人。

柒、租稅優先權

一、基本概念

由於租稅屬於公法債權，爲充實政府財政，促進公共利益，因此相對於其他私法上之權利義務關係，有必要賦予優先受清償之地位以確保公共利益之優先。此一優先受清償之地位，即所謂「稅捐優先權[64]」。進一步來說，由於國家沒有要求租稅債務人就稅捐設定擔保物權，亦無選擇租稅債務人之自由，倘若未有優先受償之地位，很可能使得稅捐債權之清償落空。又租稅債務作爲一種公法上法定債務，債務人清償稅捐之意願相對較低，因無具體有形之對待給付、國家無法主張同時履行抗辯之故。爲增強履行可能性較低之稅捐債權，在稅收政策上宜賦予稅捐優先權，亦即優先於其他債權而受清償之權利。

二、法律規定

（一）一般性優先權

我國稅法制度中，租稅優先權之規定可以區分爲一般優先權與個別優先權兩種規定。其中一般優先權規定於稅捐稽徵法第 6 條：「（第一項）稅捐之徵收，優先於普通債權。（第二項）土地增值稅、地價稅、房屋稅之徵收及法院、行政執行處執行拍賣或變賣貨物應課徵之營業稅，優先於一切債權及抵押權。（第三項）經法院、行政執行處執行拍賣或交債權人承受之土地、房屋及貨物，執行法院或行政執行處應於拍定或承受五日內，將拍定或承受價額通知當地主管稅捐稽徵機關，依法核課土地增值

64 參見劉春堂，論租稅優先權，財稅研究，第21卷第4期，頁57以下。

稅、地價稅、房屋稅及營業稅，並由執行法院或行政執行處代為扣繳。」此為我國稅捐法制中「租稅優先權」的具體規定。不過，這個制度實際運作起來並非單純。詳言之：

1. **行政執行或其他強制執行費用，原則上得以優先於土地增值稅而受償**。參見財政部 71 年 8 月 7 日台財稅第 35903 號函：「法院拍賣之土地，拍賣價款不足支付執行費用，其執行費用依照強制執行法第 29 條第 2 項規定，得就強制執行之財產，優先於土地增值稅受清償。」因此，倘若債務人所得執行之財產已經不足以清償行政執行費用，或者執行之標的為不動產而不足以清償土地增值稅、地價稅、房屋稅等，事實上即無執行可能。

2. 關於勞動薪資與稅捐之債的清償，參見財政部 80 年 7 月 27 日台財稅第 800259657 號函：「主旨：關於稅捐與工資何者優先受償問題，請依說明二辦理。說明：二、本案經法務部會商行政院勞工委員會及本部等有關機關獲致結論如左：『按勞動基準法第 28 條第 1 項規定：『雇主因歇業、清算或宣告破產，本於勞動契約所積欠之工資未滿 6 個月部分，有最優先受清償之權。』係指該工資優先於普通債權及無擔保之優先債權而言。上開工資與稅捐，何者優先受償？**端視該稅捐就其受償順序有無特別規定以為區別。例如土地增值稅之徵收，就土地之自然漲價部分，優先於一切債權及抵押權（稅捐稽徵法第 6 條第 2 項）；應繳或應補繳之關稅，就應繳關稅而未繳清之貨物優先於抵押權（參見關稅法第 31 條第 2 項、第 3 項及司法院大法官會議釋字第 216 號解釋）等，自當依其規定優先於上開工資而受償。至於受償順序未有特別規定之稅捐，自當依稅捐稽徵法第 6 條第 1 項規定，優先於普通債權而受償。惟該稅捐債權與上開同屬優先於普通債權之工資債權並存時，基於保障勞工之基本生存權及維護社會安定，以工資（勞動基準法第 28 條第 1 項）較無特別規定之稅捐優先受償為宜**。」所以事實上的行政運作中，不一定貫徹此一原則。

3. 此外，**公司因股東清算收回其持股以抵償債務不受稅捐優先權之限制**。這主要參見財政部 83 年 3 月 12 日台財稅第 830118519 號函所指出：

「主旨：○○塑膠工業股份有限公司於 XX 塑膠工業股份有限公司（以下稱 XX 公司）解散清算時，**依公司法第 167 條第 1 項但書規定收回 XX 公司投資於該公司之全部持股，以抵償 XX 公司於清算前結欠該公司之債務**，應不受稅捐稽徵法第 6 條第 1 項稅捐優先權之限制。說明：二、依稅捐稽徵法第 6 條第 1 項規定，稅捐之徵收優先於普通債權，而公司依公司法第 167 條第 1 項但書規定收回股份行使抵償權，經本部函准經濟部 83 年 3 月 8 日經 (83) 商 202149 號函復略以其屬清算程序之特別規定，得逕行適用該條項之規定辦理。是以，本案應不受稅捐稽徵法第 6 條第 1 項稅捐優先權之限制。」

4. **租稅優先權乃以公法之債優於私法債務受清償，倘若同時發生清償需求者均爲公法之債，原則亦不生優先權問題**。此可參見財政部賦稅署 96 年 8 月 30 日台稅六發字第 09604539650 號函：「納稅義務人以劃撥或匯款轉帳方式繳納，僅註記個人姓名或身分證字號等而未載明或指定移送或執行案號等特定資料、行政執行處所扣押收取之款項不足抵償全部受執行金額或爲義務人薪資三分之一扣款執行案件，而**納稅義務人滯納同一移送機關之多件欠稅執行案件分配所得款項不敷抵繳全部積欠時，應先抵繳執行費用、次抵繳本稅、滯納金、滯報金、怠報金、利息及罰鍰**；納稅義務人滯欠多項稅捐時，應依法按稅捐受清償之順序抵繳，並參照民法相關規定，如有多筆同一順位受清償之稅捐時，以先到期之稅捐先行抵繳，徵期相等者，按稅捐比例抵充其一部分，至未獲清償之稅捐，仍應依法清理。」

（二）個別性優先權

租稅債權之優先權規定，除前述稅捐稽徵法之規範以外，若干稅法本身亦會設置個別的優先權規定，例如加值型及非加值型營業稅法第 57 條：「納稅義務人欠繳本法規定之稅款、滯報金、怠報金、滯納金、利息及合併、轉讓、解散或廢止時依法應徵而尚未開徵或在納稅期限屆滿前應納之稅款，均應較普通債權優先受償。」即爲適例。個別優先權之存在，通常意味著在該等稅法領域存在著獨自的制度考慮，因此不易整理出統一的制度特徵。

捌、租稅債務關係之消滅

一、清償

稅捐債權債務關係與私法上債權債務關係相同，乃以債務人清償其債務，作為債之關係消滅之主要原因。然則為避免清償對債務人造成之金錢流動壓力，稅捐稽徵法設有例外的分期繳納規定，亦即稅捐稽徵法第 26 條規定：「納稅義務人因天災、事變、不可抗力之事由或為經濟弱勢者，不能於法定期間內繳清稅捐者，得於規定納稅期間內，向稅捐稽徵機關申請延期或分期繳納，其延期或分期繳納之期間，不得逾三年。」**所謂的清償，解釋上亦包括依法定程序清償不能之情事**，亦即司法行政部 55 年 4 月 13 日台函民字第 2047 號函、財政部 55 年 6 月 13 日台財稅發第 05485 號令：「查破產法第 36 條規定：『經認可之和解，除本法另有規定外，對於一切債權人其債權在和解聲請許可前成立者，均有效力』。第 37 條規定：『和解，不影響有擔保或有優先權之債權人之權利；但經該債權人同意者，不在此限』。本件納稅義務人所欠田賦及戶稅，如係在和解聲請許可前所應繳納者，即有上開第 36 條規定之適用；其有擔保者，並有上開第 37 條規定之適用。第 36 條所稱『均有效力』意指債權人之債權，因和解而受分配後，其餘欠部分捨棄，不得再行請求清償。稅捐稽徵處似得本此意旨將餘欠註銷，並依申請發給註銷之證明，憑以辦理產權移轉登記。」

二、抵銷

稅捐債權債務關係，亦得以如私法關係一般，主張抵銷。並在納稅義務人與稅捐稽徵機關抵銷以後，使得既存之公法上債權債務關係消滅。此可參見稅捐稽徵法第 29 條規定：「**納稅義務人應退之稅捐，稅捐稽徵機**

關應先抵繳其積欠。並於扣抵後，應即通知該納稅義務人[65] 。」

三、消滅時效

（一）核課期間

租稅債之關係，亦可能因爲時效而罹於消滅。解釋上，此等消滅時效爲公法上消滅時效之一部分，在稅捐債務罹於時效之後，債權債務關係即歸於消滅。稅法上消滅時效之制度在稅捐稽徵法當中主要係以「核課期間」的面目呈現，亦即應稅事實發生後，債之關係雖然當然成立，但是因爲未作成課稅處分，基本上並無清償義務之可言。此可參見稅捐稽徵法第21條，依據稅捐債務之清償方法，有下列不同規定：「（第一項）稅捐之核課期間，依左列規定：一、依法應由納稅義務人申報繳納之稅捐，已在規定期間內申報，且無故意以詐欺或其他不正當方法逃漏稅捐者，其核課期間爲五年。二、依法應由納稅義務人實貼之印花稅，及應由稅捐稽徵機關依稅籍底冊或查得資料核定課徵之稅捐，其核課期間爲五年。三、未於規定期間內申報，或故意以詐欺或其他不正當方法逃漏稅捐者，其核課期間爲七年。（第二項）**在前項核課期間內，經另發現應徵之稅捐者，仍應依法補徵或並予處罰；在核課期間內未經發現者，以後不得再補稅處罰**。[66]」

（二）徵收期間

相對於前項核課期間，「徵收期間」係指租稅債之關係作成核課之

65 另可參見財政部79年6月19日台財稅第790125274號函：「納稅義務人欠繳稅捐，而又有應退還之工程受益費時，參照法務部72年1月20日法72律0723號函意旨，可以類推適用民法有關抵銷之規定，惟以權利義務主體相同者始有適用之餘地。」

66 不過，對於稅法上核課期間以及徵收期間之屬性，究竟為消滅時效或除斥期間，並非無爭論。不同見解，除參見本書後章說明外，亦可參見顏慶章、薛明玲、顏慧欣，租稅法，作者自版，2010年，頁122-124。

行政處分之後未予執行，因長期時間經過而使其無法再行執行。稅捐稽徵法第 23 條規定：「（第一項）**稅捐之徵收期間為五年，自繳納期間屆滿之翌日起算；應徵之稅捐未於徵收期間徵起者，不得再行徵收**。但於徵收期間屆滿前，已移送執行，或已依強制執行法規定聲明參與分配，或已依破產法規定申報債權尚未結案者，不在此限。（第二項）應徵之稅捐，有第十條、第二十五條、第二十六條或第二十七條規定情事者，前項徵收期間，自各該變更繳納期間屆滿之翌日起算。（第三項）依第三十九條暫緩移送執行或其他法律規定停止稅捐之執行者，第一項徵收期間之計算，應扣除暫緩執行或停止執行之期間。（第四項）稅捐之徵收，於徵收期間屆滿前已移送執行者，自徵收期間屆滿之翌日起，五年內未經執行者，不再執行；其於五年期間屆滿前已開始執行，仍得繼續執行，但自五年期間屆滿之日起已逾五年尚未執行終結者，不得再執行。（第五項）本法中華民國九十六年三月五日修正前已移送執行尚未終結之案件，自修正之日起逾五年尚未執行終結者，不再執行。但截至一百零六年三月四日納稅義務人欠繳稅捐金額達新臺幣一千萬元或執行期間有下列情形之一者，仍得繼續執行，其執行期間不得逾一百二十一年三月四日：一、行政執行分署依行政執行法第十七條規定，聲請法院裁定拘提或管收義務人確定。二、行政執行分署依行政執行法第十七條之一第一項規定，對義務人核發禁止命令。」

（三）納保法對於所謂「萬年稅單」的防制規定

在我國稅捐稽徵實務上，**由於行政訴訟制度本身設計的缺漏，導致納稅義務人與稅捐稽徵機關之間遇有應納稅額之爭議，即便經過了行政救濟程序獲得勝訴判決，仍然經常無法獲得終局的問題解決，在實務上經常被譏為「萬年稅單」**。因此，納稅者權利保護法第 21 條第 4 項乃規定：「納稅者不服課稅處分、復查或訴願決定提出行政爭訟之案件，其課稅處分、復查或訴願決定自本法施行後因違法而受法院撤銷或變更，自法院作成撤銷或變更裁判之日起逾十五年未能確定其應納稅額者，不得再行核課。但逾期係因納稅者之故意延滯訴訟或因其他不可抗力之事由所致者，不在此限。」乃以十五年作為核課期間的終局權利消滅規定。

玖、稅捐繳納義務與納稅義務

一、稅捐繳納義務與納稅義務之不同

所謂稅捐之納稅義務，係指稅法上之債務人係以清償自己所負擔之終局租稅債務為目的所被課予的清償義務。繳納義務人，則僅負擔繳納義務，未必以自己負擔終局之債權債務關係。例如在加值型營業稅的課徵關係中，稅額實際上是由不易辨認的貨物或勞務的終局消費者所負擔，負擔繳納義務之營業人並非終局的稅款支出人。

二、共有財產之納稅義務人

（一）共有財產，原則上依其民事上之經濟關係，由管理人負納稅義務，未設管理人者，共有人各按其應有部分負納稅義務。其為公同共有時，以全體公同共有人為納稅義務人（稅捐稽徵法第 12 條）。

（二）故共有財產設有管理人時，稅捐稽徵機關應當以管理人為塡發稅單之對象。未設管理人時，分別共有之財產，對各共有人按其應有部分，分別發單；公同共有之財產，得對共有人之一人塡發稅單，命其繳納全部稅款。

三、清算人之納稅義務

（一）法人、合夥或非法人團體依法定程序進行解散清算時，清算人於分配剩餘財產前，應依法按稅捐受清償之順序，繳清其所應納之稅捐（參見稅捐稽徵法第 13 條第 1 項）。此係規定「清算人」基於清算團體負責人之身分，原則上應當代表該團體繳納團體本身之稅款。

（二）倘若清算人違反上項規定者，針對未清繳之稅捐應負繳納義務（稅捐稽徵法第 13 條第 2 項）。此時清算人成為該未清繳稅捐之繳納義務人而非稅捐債務眞正意義之「納稅義務人」。稽徵機關原則上固應向清

算人發單，清算人不繳納時，並得移送法院就清算人之財產強制執行。

四、遺囑執行人等之納稅義務

（一）在遺產繼承之際，納稅義務人死亡而遺有財產者，其依法應繳納之稅捐，原則上應由遺囑執行人、繼承人、受遺贈人或遺產管理人，依法按稅捐受清償之順序，繳清稅捐後，始得分割遺產或交付遺贈（稅捐稽徵法第 14 條第 1 項參見）。此一規定係明定遺囑執行人等之代理繳納稅捐義務。惟此所謂稅捐，應不包括納稅義務人死亡而發生之遺產稅，因遺囑執行人等乃遺產稅之納稅義務人，無需再予代理納稅。

（二）納稅義務人死亡，遺有財產者，其依法應繳納之稅捐，應依該條（稅捐稽徵法第 14 條第 1 項）規定之順序，有遺囑執行人者，爲遺囑執行人；無遺囑執行人者，爲繼承人或受遺贈人；無遺囑執行人及繼承人者，爲依法選定之遺產管理人負繳納之義務，其應選定遺產管理人，於被繼承人死亡發生之日起六個月內未經選定報明法院者，或因特定原因，不能選定者，稅捐稽徵機關得依非訟事件法之規定，申請法院指定遺產管理人（稅捐稽徵施行細則法第 4 條）。

（三）遺囑執行人、繼承人、受遺贈人或遺產管理人，倘若有違反上項規定者，應就未清繳之稅捐負繳納義務（稅捐稽徵法第 14 條第 2 項）。此時遺囑執行人等成爲該未清繳稅捐之納稅義務人，稽徵機關應對之發單，移送法院強制執行等。

五、營利事業合併後之納稅義務

（一）營利事業因合併而消滅時，其在合併前之應納稅捐，應由合併後存續或另立之營利事業負繳納之義務（稅捐稽徵法第 15 條）。此一規定，不論係吸收合併抑或創立合併，均有其適用。

（二）又在合併後，如尚有合併前應退之稅捐，除獨資、合夥之營利事業，在合併時另有協議，並已向稅捐稽徵機關報備者，從其協議辦理外，應本權利義務概括承受之原則，由合併後存續或另立之管利事業受領

（稅捐稽徵法施行細則第 5 條）。

六、扣繳義務與繳納義務之區別

在前述就源扣繳之法律關係中，就源扣繳之扣繳義務人針對扣繳款項繳納予國庫，但本身原則上並不負擔稅捐債務之終局清償責任[67]。僅有在所得稅法第 89 條第 2 項規定：「扣繳義務人未履行扣繳責任，而有行蹤不明或其他情事，致無從追究者，稽徵機關得逕向納稅義務人徵收之。」之制度下，負擔賠繳義務。此可參見最高行政法院 93 年度判字第 1600 號判決：「按課稅事實一旦發生，納稅義務人固應本於自己之責任，負繳納稅捐之義務，但爲確保稅捐之稽徵，稅法亦創設某些責任條件，使符合責任條件之特定第三人對於他人之稅捐債務負責之情形，此爲學理上所稱之『稅法上責任債務』。**本件上訴人既爲扣繳義務人，對於○○公司上述以現金收回系爭減資，於給付股東時，未辦理扣繳稅款，違反所得稅法第八十八條規定，參酌所得稅法第一百十四條第一款規定，應負賠繳責任，**……。」

67 參見司法院大法官釋字第673號：「中華民國七十八年十二月三十日修正公布之所得稅法第八十九條第一項第二款前段，有關以機關、團體之主辦會計人員為扣繳義務人部分，及八十八年二月九日修正公布與九十五年五月三十日修正公布之同條款前段，關於以事業負責人為扣繳義務人部分，與憲法第二十三條比例原則尚無牴觸。七十八年十二月三十日修正公布及九十年一月三日修正公布之所得稅法第一百十四條第一款，有關限期責令扣繳義務人補繳應扣未扣或短扣之稅款及補報扣繳憑單，暨就已於限期內補繳應扣未扣或短扣之稅款及補報扣繳憑單，按應扣未扣或短扣之稅額處一倍之罰鍰部分；就未於限期內補繳應扣未扣或短扣之稅款，按應扣未扣或短扣之稅額處三倍之罰鍰部分，尚未牴觸憲法第二十三條比例原則，與憲法第十五條保障人民財產權之意旨無違。上開所得稅法第一百十四條第一款後段，有關扣繳義務人不按實補報扣繳憑單者，應按應扣未扣或短扣之稅額處三倍之罰鍰部分，未賦予稅捐稽徵機關得參酌具體違章狀況，按情節輕重裁量罰鍰之數額，其處罰顯已逾越必要程度，就此範圍內，不符憲法第二十三條之比例原則，與憲法第十五條保障人民財產權之意旨有違，應自本解釋公布之日起停止適用。有關機關對未於限期內按實補報扣繳憑單，而處罰尚未確定之案件，應斟酌個案情節輕重，並參酌稅捐稽徵法第四十八條之三之規定，另為符合比例原則之適當處置，併予指明。」

CHAPTER

6

稅捐稽徵程序與稅捐稽徵法

第一節　稅捐稽徵之行政程序

壹、稅捐稽徵法之法律屬性與正當程序之要求

一、正當程序在稅捐稽徵法之實現

（一）正當程序在其他法律領域中之實現

在近年法律制度之發展中，正當程序之要求逐漸成爲法律領域普遍受到承認的基本原則。不僅止於若干傳統之法律領域（如刑事處罰），其他行政法領域亦有正當程序，或者所謂「防禦權」（les droits de la défense）原則的適用[1]。在我國司法及立法實務中，**民國90年開始施行的行政程序法，可謂在法律領域中對於國家公權力行爲行使時所應當遵守的普遍性程序要求有所規範**。此外，司法院大法官釋字第491號解釋，更對於所謂「正當程序」的基本內涵有所闡明：「對於公務人員之免職處分既係限制憲法保障人民服公職之權利，自應踐行正當法律程序，諸如作成處分應經機關內部組成立場公正之委員會決議，處分前並應給予受處分人陳述及申辯之機會，處分書應附記理由，並表明救濟方法、期間及受理機關等，設立相關制度予以保障。」

（二）稅捐稽徵程序與正當程序

在我國法制之中，稅捐稽徵由於涉及人民財產權之限制剝奪，因此甚早就意識到課稅權力應當受到正當程序的要求拘束。因此，我國早在民國65年即制頒有「稅捐稽徵法」，意圖對於稅捐行政領域之正當程序有所規範。就此而言，稅捐稽徵法可謂係稅捐稽徵行政領域所專屬適用的程序規範。另方面，就稅法之基本原理原則而言，稅捐徵收之正當程序亦爲憲

[1] Y. Capdepon, Essai d'une théorie générale des droits de la défense, Thèse Univ.Bordeaux IV, 2011, pp. 49-65.

法所要求，此可參見司法院大法官釋字第 640 號解釋理由書第一段及第三段即指出：「憲法第十九條規定，人民有依法律納稅之義務，係指國家課人民以繳納稅捐之義務或給予人民減免稅捐之優惠時，應就租稅主體、租稅客體、稅基、稅率、納稅方法、納稅期間等租稅構成要件及租稅稽徵程序，以法律定之。是有關稅捐稽徵之程序，除有法律明確授權外，不得以命令爲不同規定，或逾越法律，增加人民之租稅程序上負擔，否則即有違租稅法律主義。……稅捐稽徵程序之規範，不僅可能影響納稅義務人之作業成本與費用等負擔，且足以變動人民納稅義務之內容，故有關稅捐稽徵程序，應以法律定之，如有必要授權行政機關以命令補充者，其授權之法律應具體明確，始符合憲法第十九條租稅法律主義之意旨。」

二、司法院大法官與稅捐稽徵之正當程序

就我國稅制發展而言，稅法制度特別在稽徵行政的層面上有無正當程序原則的適用，並非無討論空間。不過這樣的問題已經在實務中得到了確定的答案。此可以參見司法院大法官釋字第 663 號解釋：「稅捐稽徵法第十九條第三項規定，爲稽徵稅捐所發之各種文書，『對公同共有人中之一人爲送達者，其效力及於全體。』此一規定，**關於稅捐稽徵機關對公同共有人所爲核定稅捐之處分，以對公同共有人中之一人爲送達，即對全體公同共有人發生送達效力之部分，不符憲法正當法律程序之要求，致侵害未受送達之公同共有人之訴願、訴訟權，與憲法第十六條之意旨有違，應自本解釋公布日起，至遲於屆滿二年時，失其效力**[2]**。」**

2　所謂的「正當程序」，在法國行政法上被統稱為「防禦權」（les droits de la défense）。自從1913年法國中央行政法院CE 20 juin 1913, Téry一案判決以後，漸次成為行政程序領域中的重要基本原則。此一原則乃要求行政機關作成行政決定，應當依循正當之程序為之，倘若未能遵照正當程序，即便目的正確，也會因為手段瑕疵而使得行政行為罹有瑕疵。而正當程序的判斷，並非僅在於法律所規定的手續或者步驟，更應當檢視在行政機關作成行政行為，特別是具有一定程度重要性或者裁罰性的行政決定，應當遵守若干程序上的基本要求。在司法院大法官釋字第491號

三、稅捐稽徵法與其他法律之適用關係

（一）稅捐稽徵法與行政程序法

稅捐稽徵法與行政程序法，均不失爲我國法制中適用於行政程序之法律規範，只是適用之範圍有所不同。不過在實際的行政權力運作中，二者的關係可謂犬牙交錯、彼此互相影響。就此而言，在我國法制中，稅捐稽徵法與行政程序法的適用關係，向來有兩說對峙。

1. 完整除外規定說

所謂完整除外規定說，乃認爲相對於行政程序法之其他程序性規定，需爲完全或完整之除外規定，方足以排除行政程序法之適用。反之，倘若該一法律僅就程序性事項爲部分之規定，或由其程序規定及立法目的加以觀察，得認爲並不排除行政程序法之適用者，行政程序法之相關規定仍有其補充適用之餘地。是以在推論上，此說乃認爲行政程序法與稅捐稽徵法之間所存在者爲普通法與特別法之關係，在稅捐稽徵法有所缺漏之際，得以適用行政程序法之規定加以塡補[3]。

2. 程序保障說

在稅捐稽徵程序適用行政程序法相關問題上，學說尙有「程序保障說」之提出。[4]所謂程序保障說，認爲基於行政程序法之立法目的在於保障當事人之程序基本權，因此行政程序法第3條第1項之規定，應予以限縮之解釋。亦即，僅限於較行政程序法所提供與當事人之程序保障更加優厚

解釋中曾經提出四個判斷指標：1.機關內部組成立場公正委員會之決議；2.給予受處分人申辯陳述機會；3.處分書應附記理由；4.表明救濟方法、期間及機關。在釋字第663號解釋的討論案型中，公同共有人之未受送達者，除了經由其他共有人通知之外，顯然即無法知悉核定稅捐之行政處分。就此而言，自然也沒有申訴機會或者有效進行救濟之可能。

3 葛克昌，納稅人之程序基本權：行政程序法在稽徵程序之漏洞，月旦法學雜誌，第72期，頁35。

4 湯德宗，論行政程序法之適用，收錄於「行政程序法論」，頁146以下。

者，方得適用。是故在稅捐稽徵之領域，因稅捐稽徵法施行之時間較久，相關規範對納稅義務人所提供之程序上保護相對不若行政程序法之規定完備。因而行政程序法之規定，倘提供與納稅義務人較爲完備之程序上保障者，則得適用於稅捐稽徵案件[5]。

（二）稅捐稽徵法與關稅法

稅捐稽徵法與關稅法，雖然均爲稅收領域中稽徵機關（包括內地稅與關稅）所適用之法律規範，但二者的適用範圍並不一致。稅捐稽徵法僅適用於內地稅，此爲稅捐稽徵法第 2 條規定：「本法所稱稅捐，指一切法定之國、直轄市、縣（市）及鄉（鎮、市）稅捐。但不包括關稅。」其中但書已經將關稅明文排除在適用範圍外。不過解釋上，在關稅稽徵行政程序中的納稅義務人，仍然應當受到正當程序之保障，並無予以排除之必要。

（三）稅捐稽徵法與納稅者權利保護法

稅捐稽徵法與納稅者權利保護法之關係，在討論上亦應由此二法律之目的以及制頒時期加以思考。整體而言，我國稅法在稽徵制度中，對於納稅義務人所應當受到保障的程序性權利，日益重視。因此，在適用稅捐稽徵法與納稅者權利保護法二種法律規範之際。宜比照前述稅捐稽徵法與行政程序法兩部法律關係之討論，以較能保障納稅義務人權利之法規範，優先適用之。此亦爲納稅者權利保護法第 1 條第 2 項所規定：「關於納稅者權利之保護，於本法有特別規定時，優先適用本法之規定。」之意旨。

（四）納稅者權利保護法與個別稅法中的程序規範

最後，在討論稅捐稽徵程序相關規範之際，尚應特別論述納稅者權利

---

5 惟論者亦有就此補充，認為本說就程序保障觀點，較符合憲法之程序正義。稅捐稽徵法仍有許多具稅法特性之規範，仍應優先於行政程序法而適用，例如租稅秘密（稅捐稽徵法第33條）、核課期間（稅捐稽徵法第21條）。葛克昌，納稅人之程序基本權：行政程序法在稽徵程序之漏洞，月旦法學雜誌，第72期，頁36。

保護法與個別稅法中的程序規範之間的關係。特別是特定稅捐稽徵權力之行使，在納保法以及個別稅法中均有所規定之際，應當如何適用之問題。

Q：稅捐稽徵機關在合乎納稅者權利保護法第 7 條第 2 項以及所得稅法第 43 條之 1 的稅捐規避調整規定，出現法條競合之案件中，選擇適用一般性之租稅規避防杜條款而不適用個別性之租稅規避防杜條款，其法律適用是否合法？

A：

（一）租稅規避之一般性與個別性防杜條款

所謂租稅規避，係指稅捐債務人透過迂迴婉轉之刻意安排，使原本可能發生之租稅債務要件不合致。在稅法制度中，此等權利濫用之行為向來為稅法制度無法迴避之難題。我國稅法制度為處理此等問題，設有租稅規避之一般性與個別性防杜規定[6]，前者如納稅者權利保護法第 7 條第 3 項規定[7]；後者如所得稅法第 43 條之 1 規定等[8]。

（二）法條競合之關係

然則，由於一般性與個別性租稅規避防杜之規定，立法歷程與體系位置不同。因此在推理上，經常可發現二者出現規範競合或法條競合之關係。亦即構成個別性租稅規避條款者，通常也會構成一般性

6 進一步討論，參見黃源浩，納稅者權利保護法施行後之稅捐規避，財稅研究，第47卷第1期，頁128-129。

7 該項條文為：「納稅者基於獲得租稅利益，違背稅法之立法目的，濫用法律形式，以非常規交易規避租稅構成要件之該當，以達成與交易常規相當之經濟效果，為租稅規避。稅捐稽徵機關仍根據與實質上經濟利益相當之法律形式，成立租稅上請求權，並加徵滯納金及利息。」

8 該條條文為：「營利事業與國內外其他營利事業具有從屬關係，或直接間接為另一事業所有或控制，其相互間有關收益、成本、費用與損益之攤計，如有以不合營業常規之安排，規避或減少納稅義務者，稽徵機關為正確計算該事業之所得額，得報經財政部核准按營業常規予以調整。」

租稅規避之要件。具體言之，當納稅義務人構成所得稅法第 43 條之 1 所規定之「不合常規」營業者，通常也會合致於納保法第 7 條第 2 項之要件。如是，則稅捐稽徵機關在進行調整之際，僅援用納保法第 7 條第 2 項規定，而刻意迴避所得稅法第 43 條之 1 規定（特別是其中的程序效果「報經財政部核准」）而進行調整，其法律適用是否合法？即成問題。

（三）納保法之規範意旨與法體系解釋

1. 一般性與個別性規範的適用

稅捐稽徵機關在稅捐規避調整案件中，刻意迴避個別性租稅規避防杜規定之適用，而直接適用一般性之防杜規定，就此二者之適用關係而言並非合法。按在法律制度中，個別性之規定原則上應當依據法體系解釋之原則，優先適用。因此，當兩法條發生競合之際，應當先考慮二者有無一般性與個別性之關係。

2. 程序權利保護之制度目的

其次，尚且應當考慮二法條的制度目的。就此而言，納稅者權利保護法第 1 條第 2 項規定：「關於納稅者權利之保護，於本法有特別規定時，優先適用本法之規定。」推理上所得稅法第 43 條之 1 規定，較納稅者權利保護法第 7 條第 2 項規定於當事人權利保護更加有利。因此，應當優先適用。

（四）結論

本於稅法制度強調當事人程序保障之制度變遷趨向，此等法條競合關係應當優先適用所得稅法第 43 條之 1 規定，以具有較優位之保障效果者優先適用之。

貳、稅捐債權之徵收方式

稅捐之稽徵方式，可分爲申報稅、查定稅、底冊稅及印花稅四種。目前我國中央立法之稅目中，除適用查定稅、底冊稅及印花稅之稽徵方式，均採申報稅之稽徵方式。

一、申報稅

所謂申報稅，係指稅捐構成要件實現後，應當由納稅義務人主動向稅捐稽徵機關申報、揭露相關經濟活動之內容，而稽徵機關保留嗣後稽核調整之權利。我國稅制之中，主要之稅捐如所得稅、加值型營業稅以及遺產贈與稅，均係採取申報稅之稽徵方式。

二、查定稅

所謂「查定稅」，係指課稅主體根據稅捐稽徵機關依查得資料核定之結果，在規定期限內繳納應納稅額而言，包括查定課徵之貨物稅及娛樂稅。此類稅捐之特徵，在於機關係依職權就查得資料課徵稅捐，並非當事人主動申報。

三、底冊稅

所謂「底冊稅」，係指課稅主體根據稅捐稽徵機關依稅籍底冊之行政資料職權核定之結果，在規定期限內繳納應納稅額而言，包括地價稅、田賦、房屋稅及使用牌照稅。

四、印花稅

此一稅捐納稅之方式，係由納稅義務人自行購用印花稅票貼銷[9]，原則上無申報問題，亦無作成課稅處分問題。

貳、課稅處分

一、課稅處分之概念

稅捐稽徵機關爲履行實現公法上法定債權債務關係，乃以採取各種行政行爲爲必要。**其中在稅捐稽徵實務中，最重要者乃稅捐稽徵機關所作**

9 顏慶章、薛明玲、顏慧欣，租稅法，作者自版，2010年，頁124。

成之課稅處分，亦即由稅捐稽徵機關本於單方面之意思表示，對外發生拘束效力之行政行爲[10]。此可參見最高行政法院 95 年度判字第 1599 號判決：「租稅債務關係之請求權，於租稅法律所規定之課徵租稅義務之構成要件實現時，即行成立。裁罰處分與課徵處分於作成生效時，即具有執行力。」

Q：課稅處分與稅捐債務之關係？

A：

黃茂榮教授就此曾指出：「按稅捐既係法定之債，其發生即應不再需要行政行為。是故，課稅處分與稅捐債務之關係，在稅捐債務之關係的發展上，具有請求給付，而無債之發生要件上的意義。然課稅處分對於稅捐債務之意義仍視其係自動報繳或發單課徵之稅捐而有不同。在自動報繳稅捐，因為含其清償期皆已法定，所以該請求僅具有已定有清償期之債權的行使，以促進債權之實現的意義。反之，在發單課徵之稅捐，因為除使用牌照稅外（使用牌照稅法第 10 條），法律原則上並未規定其清償期，屬於未定有清償期之稅捐債務，所以其清償期待於稅捐稽徵機關定有繳納期限之請求，方始屆至（民法第 229 條第 2 項參照）。稅捐稽徵機關代表國家對於法律規定之稅捐的納稅義務人，發出稅額繳納通知書時，該通知書所載之課稅處分一方面依法核定具體稅捐債務之數額，另一方面界定該稅捐債務之清償期。該清償期通常是一段期間，而非期日。該期間習稱為繳納期間（稅捐稽徵法第 23 條）或繳納期限（稅捐稽徵法第 16 條）。這當中，課稅處分核定具體稅捐債務之數額僅具確認，而無創設稅捐債務的意義。」

10 行政處分之意義，一般均參見行政程序法第92條第1項之規定：「本法所稱行政處分，係指行政機關就公法上具體事件所為之決定或其他公權力措施而對外直接發生法律效果之單方行政行為。」

二、課稅處分之效力

稅捐稽徵機關透過課稅處分實現公法債權，就稅法制度而言意義重大。首先，課稅處分亦爲行政處分的一種類型，因此行政程序法中有關行政處分的要件及形式要求，理論上於課稅處分均有所適用。其次，就課稅處分之效力而言，除個別課稅處分所發生的效力以外，行政處分所發生之一般性效力，於課稅處分當然有所適用。這些效力之中，最值得進一步討論者，主要爲課稅處分之執行力以及確定力二者。

（一）課稅處分之執行力

所謂課稅處分之執行力，係指課稅處分得以作爲行政執行之執行名義，在納稅義務人未履行由課稅處分所規範之義務之際，得以經由行政執行程序強制執行。此等執行，首先多半爲行政執行法所規定之公法上金錢給付義務之執行。執行機關原則上根據行政執行法之規定，爲法務部行政執行署所屬之各行政執行處。又此一執行既然爲行政執行，則受執行之相對人當然有可能在救濟程序中請求暫停執行[11]。

（二）課稅處分之確定力

所謂課稅處分之確定力，指行政處分一經作成之後，則不得予以任意地加以變更，即便爲作成處分之行政機關亦受其拘束。其又可區分爲形式確定力與實質確定力二方面。所謂形式之確定力，是指行政處分作成之後，對於處分之相對人及利害關係人而言即已確定，當事人通常即無法依法定之救濟途徑救濟，故學說上又稱作「不可爭力」。所謂實質之確定

---

11 最高行政法院105年4月份第2次庭長法官聯席會議：「下命處分生效後，即具執行力，除法律另有規定外，得為強制執行。據稅捐稽徵法或稅法課處罰鍰之處分，屬下命處分，依稅捐稽徵法第五十條之二規定，於行政爭訟程序終結前，免予移送強制執行，係法律特別規定暫緩執行，而非該處分不具執行力。因此，在受此類處罰鍰處分之義務人留有遺產之情形，有司法院釋字第六百二十一號解釋之適用，本院九十年十二月份第二次庭長法官聯席會議決議，在此情形，不得援用。」

力，係對於作成行政處分之機關之確定力。同一行政處分經形式確定之後，非另有法定原因，應遵循一事不再理之原則，不得任意加以變更或撤銷，其中尤以授益處分為最。實質之確定力，又稱「不可變力」或「自縛力」，其概念約與判決之既判力相當[12]。**國內多數行政法總論學說，均認為行政處分除非有信賴保護、公益或其他特殊原因，並不生實質確定力問題。因此，即便救濟期間已經經過，仍有可能由機關依職權或相對人申請變更撤銷之**。只不過，此時之撤銷變更應認為機關享有較為廣泛的裁量權限，以維持法律秩序之安定。

Q：核釋稅捐行政救濟案件，因程序不合而告確定後，如原處分確有錯誤，可否依行政程序法第 128 條規定予以變更？

A：

財政部 91 年 3 月 26 日台財稅字第 0910451701 號函說明：

「某企業有限公司不服　貴處就其八十五至八十六年間漏稅違章所為之補徵營業稅及裁處罰鍰之處分，提起行政救濟，經最高行政法院以程序不合駁回後，復以原核定之漏稅額有誤，請求依行政程序法第一百二十八條規定予以變更，經　貴處查明原處分確有斟酌餘地，可否依行政程序法第一百二十八條規定，或本部四十七年台財參發第八三二六號令予以變更乙案，復請查照。

（一）復　貴處九十年九月二十六日九十彰稅法字第九〇〇四〇五〇六號函。

（二）按行政程序法第一百二十八條第一項規定[13]：『行政處分於法定救濟期間經過後，具有下列各款情形之一者，相對人或利害關係人得向

12 蕭文生，行政法：基礎理論與實務，五南圖書，頁378。

13 在此應當特別提醒留意者，乃行政程序法第128條規定，在民國110年1月已有相當之修正，因此在適用上仍應以修正後之條文規定為準。

行政機關申請撤銷、廢止或變更之：（一）具有持續效力之行政處分所依據之事實事後發生有利於相對人或利害關係人之變更者。（二）發現新事實或新證據者，但以如經斟酌可受較有利之處分者為限。（三）其他具有相當於行政訴訟法所定再審事由且足以影響行政處分者。』第二項復規定：『前項申請應自法定救濟期間經過後三個月內為之；其事由發生在後或知悉在後者，自發生或知悉時起算。但自法定救濟期間經過後已逾五年者，不得申請。』本案某企業有限公司八十五至八十六年間涉嫌違章漏稅，經稅捐稽徵機關核定補徵營業稅及裁處罰鍰，該公司於八十七年十月七日收到處分書、核定稅額繳款書及罰鍰繳款書，繳納期間自八十七年十月十一日起至八十七年十月二十日止，依稅捐稽徵法第三十五條規定納稅義務人如有不服，應於繳納期間屆滿翌日起算三十日內（即八十七年十一月十九日止）申請復查，而納稅義務人於八十七年十一月二十日始申請復查，稽徵機關以納稅義務人逾法定復查期限始申請復查而予駁回，納稅義務人不服，主張八十七年十月七日之送達不合法，其未逾法定復查期限申請復查，循序提起行政救濟，經最高行政法院於九十年五月四日以八十七年十月七日之送達應屬合法，本案已逾法定復查期限，以程序不合予以裁定駁回。納稅義務人復以原核定之漏稅額有誤，於九十年七月九日申請依行政程序法第一百二十八條規定予以變更，經　貴處查明原處分確有斟酌餘地，則其申請變更原處分，是否符合上開行政程序法第一百二十八條第一項規定之申請期限乙節，按上開行政程序法第一百二十八條規定所稱『法定救濟期間經過後』，就本案言，究係指申請復查之法定救濟期間（其截限日為八十七年十一月十九日）經過後三個月內為之，抑或係指最高行政法院以本案已逾法定復查期限裁定駁回後之三個月內為之，經函准法務部以九十一年二月二十五日法律字第○○九○○四七九七三號函復略以：『行政程序法第一百二十八條規定稱『法定救濟期間經過後』，係指行政處分因法定救濟期間經過後，不能再以通常之救濟途徑，加以撤銷或變更，而發生形式確定力者而言。本件依來函所述，原處分相對人提起行政救濟，經最高行政法院於九十年五月四日以程序不合予以裁定駁回。其裁定理由認定，原處分相對人申請復查『已逾法定復查期限……原告對已確定之行政處分提起行政訴訟，即為法所不許』。準此，本件於申請復查之法定救濟期間經過後，原處分已發生形式確定力，上開所定『法定救濟期間經過後三個月內』之申請期限，即應自該時起算，但『其事由發生在後或知悉在後者，自發生或知悉時起算』』。

（三）至本件如無行政程序法第一百二十八條之適用，而原處分確有錯誤時，可否依本部四十七年台財參發第八三二六號令（已列入八十九年版稅捐稽徵法令彙編第一五三頁）規定，本於職權辦理變更乙節，法務部前開函略以：『行政程序法第一百十七條規定：『違法行政處分於法定救濟期間經過後，原處分機關得依職權為全部或一部之撤銷；其上級機關，亦得為之。但有下列各款情形之一者，不得撤銷：一、撤銷對公益有重大危害者。……』依其意旨，非授予利益之違法行政處分，於發生形式確定力後，是否依職權撤銷，原則上委諸行政機關裁量，但有該條第一款情形者，則不得撤銷。又此項撤銷權之行使，應遵守同法第一百二十一條第一項之期間，自不待言。有關本件如無行政程序法第一百二十八條之適用，而原處分確有錯誤時，可否由稽徵機關本於職權辦理變更乙節，除法律有特別規定外，請參酌上開說明處理之』。

（四）檢附法務部九十一年二月二十五日法律字第〇〇九〇〇四七九七三號函影本乙份」。

Q：依稅捐稽徵法規定，財政部對重大欠稅案件經「確定」後，得公告欠稅人姓名。試問「確定」係指何種情形？（107 會計師）

A：

（一）課稅處分之形式確定與實質確定

1. 按稅捐債權債務關係，係以行政處分作為其實現之手段。所謂課稅處分之確定力，指行政處分一經作成之後，則不得予以任意地加以變更，即便為作成處分之行政機關亦受其拘束。其又可區分為形式確定力與實質確定力二方面。

2. 所謂形式之確定力，是指行政處分作成之後，對於處分之相對人及利害關係人而言即已確定，當事人通常即無法依法定之救濟途徑救濟，故學說上又稱作「不可爭力」。所謂實質之確定力，係對於作成行政處分之機關之確定力。同一行政處分經形式確定之後，非另有法定原因，應遵循一事不再理之原則，不得任意加以變更或撤銷。其中尤以授益處分為最。實質之確定力，又稱「不可變力」或「自縛力」，其概念約與判決之既判力相當。

（二）稅捐稽徵法第 34 條第 3 項規定所稱「確定」，究竟為形式確定或者實質確定？

1. 又按稅捐稽徵法第 34 條第 1 項規定，財政部對重大欠稅案件經「確定」後，得公告欠稅人姓名。此一「確定」又復在同條第 3 項設有進一步規定，包括下列情形：經稅捐稽徵機關核定之案件，納稅義務人未依法申請復查、經復查決定，納稅義務人未依法提起訴願、經訴願決定，納稅義務人未依法提起行政訴訟、經行政訴訟終局裁判確定者。

2. 具體言之，此一「確定」當指形式確定[14]，亦即對於行政相對人或

14 此之所以要特別討論「實質確定」、「形式確定」問題，其實主要是涉及稅捐稽徵法第34條第3項第5款規定所稱「經行政訴訟判決者」，包不包括案件經高等行政法院判決，但仍在最高行政法院進行上訴程序者？解釋上，案件雖然經過高等法院判決，但是尚在最高行政法院救濟，案件就尚未發生形式確定力，因此這種情形應當不在稅捐稽徵法第34條第1項所規定財政部對重大欠稅案件得公告欠稅人姓名之範圍內。

納稅義務人之確定，並不包括實質確定在其中。

（三）課稅處分與其他機關依職權作成處分之關係：構成要件效力

行政機關依法作成之行政處分，涉及之問題經常爲不同機關之間權限之劃分。因此就行政法總論之角度而言，不同權限機關間的行政處分，對他機關是否發生拘束效力，即成爲學理上討論之重點，亦即所謂「構成要件效力」問題[15]。**在我國稅制中，此亦爲實務與行政法總論學理上不容易處理之問題。理論上其他機關作成之行政處分，應當對稅捐稽徵機關發生構成要件效力[16]，不過實際的稅捐稽徵行政運作並非完全如此**。重要之案例類型，在於納稅義務人根據促進產業升級條例申請租稅優惠，取得他機關經濟部工業局之證明文件，證明其所購置之機器設備確爲該條例所欲獎勵之客體。則財政部是否應受工業局行政處分所生構成要件效力拘束？抑或可以另行認定之？最高行政法院 106 年度判字第 644 號判決，就此採取肯定見解：「按促進產業升級條例第九條之二第一項規定所指之『相關技術服務業』，應解爲『支援『國內』製造業生產活動之技術服務業』。次按稅捐機關與經濟活動主管機關間之分工，即投資免稅要件事實之審查，由經濟活動主管機關。而投資免稅法律效果之形成量化，則由稅捐機關負

15 參見最高行政法院97年度判字第1086號判決：「按行政處分除自始無效外，在未經撤銷、廢止或未因其他事由而失其效力前，其效力繼續存在。又有效之先前行政處分成為後行政處分之構成要件事實之一部分時，則該先前之行政處分因其存續力而產生構成要件效力。再者，當事人如以後行政處分為訴訟客體，而非以有效之先前行政處分為訴訟客體，提起行政訴訟時，則該先前行政處分之實質合法性，並非該受訴行政法院審理之範圍。」

16 所謂構成要件效力，係指「行政處分生效後，其不僅對作成處分之行政機關本身具有拘束力，行政處分所產生的法律效果或所形成之法律關係，同時也構成其他行政機關作另一行政處分或法院裁決時之基礎事實或先決要件時，先決行政處分對於他機關及行政法院之拘束力」。參見蕭文生，行政法：基礎理論與實務，五南圖書，頁378-379。

責。又經濟活動主管機關承擔促使經濟成長之行政任務，在實證環境中，比較不會顧及『成長比例』與『稅捐損失』間之邊際分析。亦即**經濟活動主管機關所屬公務員所爲之考量，乃任何成長都比沒有成長更優。經濟邊際成長率是否高於邊際稅捐損失率，經濟活動主管機關基於其角色比較不會顧及，因此有輕易認定『支援製造業之服務業投資活動，符合免稅優惠要件』之傾向。是以稅捐機關就投資免稅案件中，仍有權審查業者之投資計畫所生之所得是否符合『免稅要件』**。」非常值得留意。

參、租稅調查

一、概說：租稅調查之意義

現代租稅制度，出於稽徵便利之考量，就主要稅目如所得稅，多採行納稅義務人自行申報（déclaration par contribuable lui-même），而由稅捐稽徵機關嗣後稽核（vérification）之制度[17]。爲確保納稅義務人所申報課稅有關資料之完整無遺漏，俾發現其眞實之負擔能力，由稅捐稽徵機關依職權所爲之各種調查探知措施，實屬維持租稅稽徵制度存續及公平運作之重要基礎。我國稅法制度，在稅捐稽徵之行政程序中，本即在稅捐稽徵法設置有租稅調查之相關規定。在納稅者權利保護法施行以後，乃與稅捐稽徵法之規定共同構成我國稅制中租稅調查制度。又租稅調查係屬行政機關之作爲，在內容上包括各種法律行爲或非法律行爲，同時在個別稅目中也經常設有該稅目之個別規範，應予特別留意。

---

[17] T. Lambert, Procédures fiscales, LGDJ, Paris 2015, p. 67. 當然，例外始終存在。例如查定稅、底冊稅、印花稅之徵收，就未必有租稅申報可言，或至少其申報手續相對較為簡便。

二、租稅調查之基本原則

（一）比例原則

稅捐稽徵機關在稅捐行政程序中，行使調查權力，首先應當遵守者，乃公法上普遍被要求的比例原則（principe de la proportionnalité）。比例原則在我國法制中，不僅有憲法第 23 條以及行政程序法第 7 條規定作爲依據，同時在稅捐稽徵程序中亦再三被重複強調[18]。例如納稅者權利保護法第 11 條第 1 項規定：「稅捐稽徵機關或財政部賦稅署指定之人員應依職權調查證據，對當事人有利及不利事項一律注意，其調查方法須合法、必要並以對納稅者基本權利侵害最小之方法爲之。」其中後段即爲比例原則之要求[19]。

（二）調查程序之正當

所謂程序正當之原則，就租稅調查而言，乃要求稅捐稽徵機關所進

18 而不僅是調查程序，納稅者權利保護法第15條更將比例原則之要求擴及稅捐稽徵行政的其他領域：「稅捐稽徵機關或財政部賦稅署指定之人員依職權及法定程序進行稅捐調查、保全與欠繳應納稅捐或罰鍰之執行時，不得逾越所欲達成目的之必要限度，且應以對納稅者權利侵害最少之適當方法為之。」此外，稅捐稽徵法第30條第2項：「前項調查，不得逾課稅目的之必要範圍。」亦重申調查權力受比例原則拘束之意旨。

19 比例原則在稅捐調查程序中的展現，在法國法上有若干具體的制度。其中自1989年起，由法國中央行政法院在裁判中所形成之「兩倍規則」（règle du double）在近年來之稅捐稽徵調查實務上最受注意。所謂兩倍規則，係適用於納稅義務人銀行存款調查領域之基本要求，乃指納稅義務人於銀行帳戶中所顯示之收入餘額，倘若與納稅義務人該一年度所得之申報資料所申報之收入數額有所出入，而該等出入數額差距未達明顯差距之兩倍數額時，稅捐稽徵機關即無權力要求納稅義務人就該等所得資料提出澄清以及理由說明。**蓋以此等差距而言，所涉之數額並非重大，容許稅捐稽徵機關以此等輕微之可疑態樣即大張旗鼓地大舉查稅，乃與比例原則之要求明顯有悖**。進一步來說，該一「兩倍」之明顯差距要求，雖係由法國中央行政法院澄清以及理由說明以裁判形成，然於歷來司法裁判中向來受到嚴格之要求，「連1.96倍也不行」。CE 5 mars 1999, n°164-412, M. Bancare.

行之調查應爲合法之公權力行使，倘若有違法情事，應使得此一瑕疵行政行爲受到一定程度的制裁。反面言之，倘若爲輕微之瑕疵，亦應當使其得以有補正之機會，以免程序上的不經濟。就此而言，所謂的「程序正當」在租稅調查之領域，除了調查程序中普遍被要求適用的「識別程序」以外[20]，尚可以被進一步區分爲以下幾個項目。

1. 武器平等原則與令狀主義

程序正當原則在稅捐調查此一領域中所展現出之內容，首先在於調查程序中防禦權的尊重，或者亦可稱之爲「武器平等」（l'égalité des armes）的要求[21]。在我國法制中，爲確保此一原則之適用而避免納稅義務人受到突襲性調查（les contrôles inopinées）的不利益，因此另外設置有促進武器平等的令狀先行原則。武器平等，意味著由於稅法領域的法律規範複雜多樣，因此在租稅調查程序中，納稅義務人有受到專業代理人（律師、會計師、記帳士等）協助之必要，也僅有在專業代理人受到合法通知之前提下，稅捐調查方能夠合法進行[22]。令狀先行，則指應當在事先書面合法通知送達之情形下，稅捐調查程序方得以合法展開[23]。針對此二基本要求，我國納稅者權利保護法第 12 條設有明文規定，可供參考[24]。

---

20 在此特別指的是稅捐稽徵法第32條所規定：「稅捐稽徵機關或財政部指定之調查人員依法執行公務時，應出示有關執行職務之證明文件；其未出示者，被調查者得拒絕之。」

21 M. de Barbarin, De l'égalité des armes à l'équilibre des droits des parties en matière fiscale, RRJ, n° XXX-109, p. 1459 et suivants.

22 當然，倘若受調查之納稅義務人未聘有專業代理人，則可以在調查筆錄中記明其事由，以示放棄受專業代理人協助權利之意思。

23 法國租稅程序法典第L-47條規定：「（第一項）於書面通知未事先送達或提示之情形下，對個人所得稅有關之個人事項之調查或對會計帳簿之稽核，不得進行之。（第二項）該書面通知應詳載受調查之年度，並載明受調查之納稅人有權利選任稅務顧問加以協助，否則程序無效。」

24 納稅者權利保護法第12條：「（第一項）稅捐稽徵機關或財政部賦稅署於進行調查前，除通知調查將無法達成稽徵或調查目的者外，應以書面通知被調查者調查或備詢之事由及範圍。被調查者如委任代理人，該代理人應於接受調查或備詢時，出具

2. 程序瑕疵之追究

稅捐稽徵機關於稅捐調查程序中倘若針對應當遵守的程序事項未予以遵守，因而形成程序之瑕疵，倘若又未予以追究，則正當程序等於具文[25]。因此，除了針對個別調查程序所發生之瑕疵（例如前述根據稅捐稽徵法第 32 條規定，調查人員未出示其證明文件，得拒絕調查）以外，納稅者權利保護法第 11 條第 3 項尚且明文規定：「**稅捐稽徵機關或財政部賦稅署指定之人員違法調查所取得之證據，不得作爲認定課稅或處罰之基礎。但違法取得證據之情節輕微，排除該證據之使用明顯有違公共利益者，不在此限。**」

3. 有利不利一律注意

稅捐稽徵行政程序，雖然以納稅義務人自動申報作爲程序之特徵，但並非意味著機關完全處於消極被動之地位。相反地，行政程序中所被強調的職權原則，在稅捐調查程序亦有所適用。此可參見納稅者權利保護法第 11 條第 1 項：「稅捐稽徵機關或財政部賦稅署指定之人員應依職權調查證據，對當事人有利及不利事項一律注意，其調查方法須合法、必要並以對納稅者基本權利侵害最小之方法爲之。」

（三）調查程序瑕疵之即時異議

納稅義務人在面對稅捐稽徵機關調查權力之際，固得以享有各種由稅捐稽徵法或納稅者權利保護法所規定之程序性權利。但是在救濟關係中，

委任書。（第二項）被調查者有選任代理人或偕同輔佐人到場之權利，並得於其到場前，拒絕陳述或接受調查。但代理人或輔佐人經合法通知，無正當理由逾時到場或未到場者，不在此限。（第三項）被調查者得於告知稅捐稽徵機關後，自行或要求稅捐稽徵機關就到場調查之過程進行錄影、錄音，稅捐稽徵機關不得拒絕。但有應維持稅捐調查秘密性之正當理由，且經記明筆錄者，不在此限。（第四項）稅捐稽徵機關有錄影、錄音之需要，亦應告知被調查者後為之。」

25 J.-P. Mattei, L'effet relatif des vices de procédure lors de la mise en œuvre des garanties du contribuable vérifié, PUAM 2002, p. 25.

得否實際上實現此等權利，端視納稅義務人是否被賦予適當的救濟機制。因此，在調查程序中，面對違法或不當的調查行爲，賦予納稅義務人對於調查程序瑕疵即時提出異議之權利，乃屬必要。就此稅捐稽徵法第 30 條第 3 項乃規定：「被調查者以調查人員之調查爲不當者，得要求調查人員之服務機關或其上級主管機關爲適當之處理[26]。」

三、租稅調查之手段與實施

（一）一般調查權

稅捐稽徵法所賦予稅捐稽徵機關的各種稅捐調查權力，首先最爲常用者，爲稽徵機關的一般調查權。根據稅捐稽徵法第 30 條第 1 項的規定，行使此一權力的稅捐稽徵機關，**得以普遍地要求向行政上相對人（不限於納稅義務人）請求調閱資料、帳冊、到達機關辦公處所詢問等**[27]。此一調查權力正如前述，應當受到比例原則的拘束。同時，在調查程序中，行政

26 不過在制度設計上，賦予相對人就調查程序之瑕疵得以即時異議之權利，事實上尚存在著不少深入探究之空間。**倘若當事人異議後，機關或上級機關認為有理由，即時命改正固無問題。但問題在於，倘若機關或上級機關不認為異議有理由未予即時處理，則此一針對調查程序瑕疵所發生之爭議，得否獨立地提起救濟？**推理上，調查程序瑕疵與本稅之救濟標的並非同一，倘若此等異議事項獨立地構成行政程序法第92條所稱的「行政處分」，解釋上似乎就有機會單獨地成為救濟客體。不過行政程序法並非對於所有程序中所為之決定均賦予其單獨之救濟機會，關鍵即在於行政程序法第174條所規定的「程序行為」。該條內容為：「當事人或利害關係人不服行政機關於行政程序中所為之決定或處置，僅得於對實體決定聲明不服時一併聲明之。但行政機關之決定或處置得強制執行或本法或其他法規另有規定者，不在此限。」因此，本書認為，除非納稅義務人根據稅捐稽徵法第30條第3項所提出之異議，機關所為之決定或處置「得強制執行或其他法規另有規定」，否則應當不容許異議決定獨立成為單獨的救濟客體。行政相對人僅得在針對實體決定（稅單）不服之際一併主張之。其中關於程序行為理論，參見陳敏，行政法總論，7版，頁881。

27 稅捐稽徵法第30條第1項規定：「稅捐稽徵機關或財政部賦稅署指定之調查人員，為調查課稅資料，得向有關機關、團體或個人進行調查，要求提示帳簿、文據或其他有關文件，或通知納稅義務人，到達其辦公處所備詢，被調查者不得拒絕。」

相對人也被賦予即時異議之權利。此外，納稅義務人及其他關係人提供帳簿、文據時，該管稽徵機關或財政部賦稅署應掣給收據，除涉嫌違章漏稅者外，應於帳簿、文據提送完全之日起，三十日內發還之；其有特殊情形，經該管稽徵機關或賦稅署首長核准者，得延長發還時間三十日，並以一次爲限[28]。稅捐稽徵機關所享有的一般調查權，事實上不僅止於前述的規定內容，原則上除了後述的搜索扣押以外，幾乎所有的調查權力都可以說是來自於這條規定。此外，我國稅捐稽徵實務中非常重要的「稅務協談」制度，在某種層面上亦可以被理解爲從一般調查權所延伸出來的制度[29]。

（二）搜索及扣押

稅捐稽徵機關在稅法中享有的調查權力，並不完全侷限在前述的一般調查權。由於稅捐不法行爲除了常見的行政不法行爲以外，尚可能存在有刑事不法行爲。因此，稅捐稽徵機關亦得以在司法機關介入之前提下，會同警察機關人員執行搜索、扣押之程序。此可參見稅捐稽徵法第 31 條規

---

28 稅捐稽徵法第30條第4項：「納稅義務人及其他關係人提供帳簿、文據或其他有關文件時，該管稽徵機關或財政部賦稅署應掣給收據，除涉嫌違章漏稅者外，應於帳簿、文據或其他有關文件提送完全之日起，三十日內發還之；其有特殊情形，經該管稽徵機關或賦稅署首長核准者，得延長發還時間三十日，並以一次為限。」

29 目前在我國稅捐稽徵實務中，財政部制頒有「稅捐稽徵機關稅務案件協談作業要點」，得以容許稽徵機關與行政相對人或納稅義務人之間進行稅務協談。根據該要點第2點之規定：「二、稅務案件有下列情形之一，稽徵機關得與納稅義務人協談：**(一) 稽徵機關於審查階段中，就課稅事實之認定或證據之採認，有協談之必要者。(二) 復查、依訴願法第五十八條第二項規定由原處分機關重新審查或經行政救濟撤銷重核案件，對課稅事實之認定或證據之採認，徵納雙方見解歧異者。**」足見「協談」其實也是一種調查手段。按在我國稅捐稽徵行政實務中，稅務協談早自民國78年即已存在，其功能不僅在作為一種調查手段、協助機關釐清課稅相關事實，實際上亦為我國稅法實務中機關與納稅義務人進行稅務案件和解之主要依據。參見黃源浩，論租稅和解制度在我國稅制中之建立，財稅研究，第45卷第3期，頁129以下。

定：「（第一項）稅捐稽徵機關對逃漏所得稅及營業稅涉有犯罪嫌疑之案件，得敘明事由，聲請當地司法機關簽發搜索票後，會同當地警察或自治人員，進入藏置帳簿、文件或證物之處所，實施搜查；搜查時非上述機關人員不得參與。經搜索獲得有關帳簿、文件或證物，統由參加搜查人員，會同攜回該管稽徵機關，依法處理。（第二項）司法機關接到稽徵機關前項聲請時，如認有理由，應儘速簽發搜索票；稽徵機關應於搜索票簽發後十日內執行完畢，並將搜索票繳回司法機關。其他有關搜索及扣押事項，準用刑事訴訟法之規定。」又搜索扣押係對於納稅義務人最爲強大之稅收調查權力，其設置目的顯然係爲稅捐刑事案件之偵查便利。雖然已經在我國法制中設置有相當之限制規定，但解釋上仍有遭到不當利用之可能。爲此，在制度設計上似有參酌歐洲人權法院之判例，要求搜索及扣押權力之行使，應當於通知書狀中明確列明應受搜索扣押帳證之名稱，以免機關進行盲目的摸索式搜索之必要[30]。

---

30 對於盲目的摸索式搜索，可以參見歐洲人權法院CEDH 21 févr. 2008, n° 18497/03, Ravon et autres c/ France一案判決。該案所涉及事實略為：本件當事人Jean-Maurice Ravon先生，1947年出生，係居住在法國Marseille市的商人，在當地設立「TMR國際企管顧問公司」（la TMR International Consultant）並且自任負責人。此外，Jean-Maurice Ravon同時亦為多家關係企業的實際負責人或資本主，其中包括設址在巴黎的SCI公司（SCI Rue du Cherche-Midi 66）。2000年7月3日，原告Jean-Maurice Ravon先生以及TMR、SCI等幾家公司，因稅捐稽徵機關認為渠等針對應納之公司稅（L' impôt sur les sociétés）以及加值稅（TVA）有漏繳漏報情事，於是由稅捐稽徵機關向當地的馬賽地方法院院長（le président du tribunal de grande instance de Marseille）以及巴黎地方法院的院長，根據法國租稅程序法典第L-16-B條規定，聲請搜索票，搜索原告的辦公室、兩家公司，並扣押了若干證據。兩地法院在同一天核發了兩張不同的搜索票，並且記載同意搜索的原因，均在於「**針對被搜索人遭指控可能涉及的租稅詐欺情事，搜索並扣押必要的文件及證據資料**」。但是，本件原告仍然認為法國法院所核發的搜索票並沒有載明足夠必要的資訊，因此循救濟程序，向上級審法院提出抗告。但是遭到駁回。案件輾轉進入到法國最高法院刑事庭。在2002年12月11日的終局裁定中，法國最高法院仍然駁回了原告有關請求撤銷搜索票的抗告，理由主要在於法國租稅程序法典第L-16-B條的規定，法國法院所發生的控制功能主要在於確保程序的合法，但是對於這一行為的偶發性瑕疵（éventuelle irrégularité），並無權限。案件於是進入歐洲人權法院的審判程序中。

四、租稅秘密

（一）租稅秘密之概念

稅捐稽徵機關透過稅法上所賦予的調查權力，經常得以知悉納稅義務人的各項營業或者私人生活上的秘密資料。其中涉及營業上秘密者，不僅涉及已經有其他法律加以保護的商標、專利（方法）或者營業秘密，更可能包括若干市場上無公開義務之機密資料，例如行銷經費、市場調查報告等。就私人生活而言，亦復如此，個人的健康狀況、家庭收支、經濟能力等，均得以透過租稅調查資料之分析而得知。因此，稅捐稽徵調查之制度合理運作之前提，當然在於對於此等資訊之保密，此即為稅捐稽徵法所規定稽徵機關人員所具有租稅秘密保密義務之原因。根據稅捐稽徵法第 33 條第 1 項規定，稅捐稽徵人員對於納稅義務人之財產、所得、營業、納稅等資料，除對若干法律明文規定之人員及機關外，應絕對保守秘密[31]。當

在聲請審判的理由方面，原告主張法國稅法制度中所存在的、對於課稅案件中納稅義務人的住居所得以在法院許可的情形下進行搜索扣押的制度，基本上沒有規定什麼要件，以致於在實務中經常遭到稅捐稽徵機關的濫用，甚至對於程序上的瑕疵也不太有救濟的可能。針對此一攻擊，法國政府則抗辯表示會發動搜索扣押的，都是具有一定程度、明顯的嚴重性（une gravité significative）、被認為逃漏稅捐案件，或是重大的租稅詐欺事件（fraudes importantes）。而這樣的要求，在法國法中連最高法院都認為已經足夠。在這樣的問題中，歐洲人權法院首先指出，對於納稅義務人住居所的保護，在一般情形下由法國租稅程序法典第L-16-B條規定所提供的保障，也就是由獨立於行政機關的法院就搜索扣押程序核發搜索票，似乎是足夠的。但是，這樣的保護很容易淪於理論上的保護，因為對於搜索的事項以及原因事實並不被要求載明，這樣的制度，對於歐洲人權公約第8條所保障的私人及家庭生活不受侵犯，顯有不足。

31 稅捐稽徵法第33條第1項規定：「稅捐稽徵人員對於納稅義務人之財產、所得、營業、納稅等資料，除對下列人員及機關外，應絕對保守秘密：一、納稅義務人本人或其繼承人。二、納稅義務人授權代理人或辯護人。三、稅捐稽徵機關。四、監察機關。五、受理有關稅務訴願、訴訟機關。六、依法從事調查稅務案件之機關。七、經財政部核定之機關與人員。八、債權人已取得民事確定判決或其他執行名義者。」

然，這些秘密資料得以因爲若干法律規定之原因被例外排除，例如根據政府資訊公開法所得以公開之資訊[32]。此外，稅捐稽徵法第33條第3項又復規定，第1項第4款至第8款之人員及機關，對稅捐稽徵機關所提供第1項之資料，不得另作其他目的使用；第1項第4款至第7款之機關人員或第8款之人員，如有洩漏情事，準用第43條第3項洩漏秘密之規定，均爲我國法制中對於租稅秘密之基本制度。

（二）欠稅納稅人之公告與租稅秘密之排除

在我國稅捐稽徵行政實務中，本於行政效能之考慮，一向有針對優良納稅義務人予以表揚、對於欠稅大戶予以公告之行政作爲。此等行政行爲，解釋上亦可能構成行政罰法所稱之行政罰的一種類型[33]。因此，稅捐稽徵法特別透過明文規定，規範此等公告行爲排除於租稅秘密保護範圍之外，此可參見稅捐稽徵法第34條第1項、第2項規定：「（第一項）財政部或經其指定之稅捐稽徵機關，對重大欠稅案件或重大逃漏稅捐案件經確定後，得公告其欠稅人或逃漏稅捐人姓名或名稱與內容，不受前條第一項限制。（第二項）財政部或經其指定之稅捐稽徵機關，對於納稅額較高之納稅義務人，得經其同意，公告其姓名或名稱，並予獎勵；其獎勵辦法，由財政部定之。」

32 稅捐稽徵法第33條第2項：「稅捐稽徵機關對其他政府機關、學校與教研人員、學術研究機構與研究人員、民意機關與民意代表等為統計、教學、研究與監督目的而供應資料，並不洩漏納稅義務人之姓名或名稱，且符合政府資訊公開法規定者，不受前項之限制。」

33 參見行政罰法第2條第3款規定：「本法所稱其他種類行政罰，指下列裁罰性之不利處分：三、影響名譽之處分：公布姓名或名稱、公布照片或其他相類似之處分。」事實上此一制度雖行之有年，但是推理上之矛盾困難實在不少。例如**納稅義務人欠納稅捐，已經分別受有行為罰及漏稅罰，又遭公布姓名，有無牴觸一事不二罰之原則？解釋起來非無空間**。而即便「公布姓名」確實為行政上有效能之手段，但是其間的法律問題，實不可不慎。

四、擴大書審制之適用

在我國稅制中，討論租稅調查相關問題，最後尚且應當特別提醒我國特殊制度，亦即擴大書審制度之適用。此一制度之最原始目的，當在減省機關的調查密度，以促成行政資源的有效利用。此可參見司法院大法官釋字第 640 號：「中華民國五十二年一月二十九日修正公布之所得稅法第八十條第三項前段所定，**納稅義務人申報之所得額如在稽徵機關依同條第二項核定各該業所得額之標準以上者，即以其原申報額爲準，係指以原申報資料作爲進行書面審查所得額之基準，稽徵機關自不得逕以命令另訂查核程序，調閱帳簿、文據及有關資料，調查核定之**。財政部臺灣省北區國稅局於八十六年五月二十三日訂定之財政部臺灣省北區國稅局書面審核綜合所得稅執行業務者及補習班幼稚園托兒所簡化查核要點第七點：『適用書面審查案件每年得抽查百分之十，並就其帳簿文據等有關資料查核認定之。』對申報之所得額在主管機關核定之各該業所得額之標準以上者，仍可實施抽查，再予個別查核認定，與所得稅法第八十條第三項前段規定顯不相符，增加人民法律所未規定之租稅程序上負擔，自有違憲法第十九條租稅法律主義，應自本解釋公布之日起至遲一年內失效。本院釋字第二四七號解釋應予補充。」

第二節　稅捐保全措施

壹、稅捐保全措施的概念

稅捐稽徵程序在我國制度中，雖課稅處分之作成以及稅捐債權債務關係之稽核，係由稅捐稽徵機關依據稅捐稽徵法、關稅法及各項稅法規範爲之。但在金錢給付這個層面，行政執行之機關依據行政執行法之規定並非作成課稅處分之稅捐稽徵機關，而係特設之法務部行政執行署所屬各地區行政執行分署。是以在廣義上，由行政執行分署根據行政執行法所進行之拘提、管收，乃至於將納稅義務人限制住居等作爲，似亦不失爲稅捐債權保全之手段之一種。不過，此一部分的討論所牽涉之問題尚包括稅捐以外的其他公法金錢給付義務（例如罰鍰之債）之執行，較不似稅捐債權債務關係更能夠體現憲法上對於納稅義務人各項稅法權利加以承認之本旨，因此本文在論述我國的稅捐保全措施之際，首先加以排除。進一步來說，堪當於我國稅法制度中所稱之稅捐保全措施，可以稅捐稽徵法第 24 條以及第 25 條爲基礎，區分爲以下幾個大的類型。

貳、限制納稅義務人財產之移轉或登記

我國稅法制度中，爲確保稅捐稽徵機關得以對應負擔納稅義務之納稅義務人財產之強制執行，得以在一定範圍內以行政手段限制納稅義務人之財產移轉或登記。這主要可以參見稅捐稽徵法第 24 條第 1 項第 1 款規定：「納稅義務人欠繳應納稅捐者，稅捐稽徵機關得就納稅義務人相當於應繳稅捐數額之財產，**通知有關機關，不得爲移轉或設定他項權利；其爲營利事業者，並得通知主管機關限制其減資之登記。**」以及關稅法第 48 條第 1 項之規定：「納稅義務人或受處分人欠繳應繳關稅、滯納金、滯報費、利息、罰鍰或應追繳之貨價，海關得就納稅義務人或受處分人相當於應繳金額之財產，通知有關機關不得爲移轉或設定他項權利；**其爲營利事業者，並得通知主管機關限制其減資之登記。**」首先在限制財產移轉登記方面，條文之用語爲「通知有關機關，不得爲移轉或設定他項權利」，解釋上應屬透過行政協助之管道，向納稅義務人相關財產該管之行政機關（例如土地不動產之地政機關、汽車之監理機關）禁止爲私法上之移轉所有權登記[34]。而一旦完成禁止移轉之登記後，稅捐稽徵法第24條第1項

34 應當特別留意者，乃此一禁止移轉登記之請求並未對受請求之事件產生溯及效力，此可參見財政部66年2月22日台財稅第31234號函：「稅捐稽徵機關限制欠稅人財產不得移轉或設定他項權利之通知送達登記機關後，登記機關始受該項規定之拘束。如通知未送達前，登記機關已對該項財產辦理移轉登記或設定他項權利者，自不能

之請求會在實務上被認爲發生類似民法上抵押權追及效力之效果，其原有登記之抵押權不因移轉他人而使禁止處分之決定受到影響[35]。進一步而言，倘若負擔納稅義務之納稅義務人爲公司組織型態者，尙可以透過禁止、限制減資或註銷登記之方式保全其可能作爲清償方法之財產[36]。總體來說，限制納稅義務人之財產移轉或登記在各項稅捐債權保全措施中，手續最爲簡便，通常在行政機關相互間行政協助之脈絡下，可以在較短時間之內針對足額之納稅義務人財產達到禁止處分之效果[37]。不過這樣的手段所可能帶來的不利益也是相對清楚的：在納稅義務人無須以登記作爲移轉方式的財產時，特別指的是沒有不動產時，恐怕就沒有適用之實益[38]。另

追溯。」

35 此可參見財政部89年7月15日台財稅第890454820號函：「主旨：欠稅人財產經稅捐稽徵機關通知地政機關辦妥禁止處分登記後，原債權人申辦同額抵押權轉讓登記，應否同意辦理乙案。說明：二、按稅捐稽徵機關依稅捐稽徵法第24條第1項規定，就納稅義務人相當於應繳稅捐數額之財產，通知有關機關不得為移轉或設定他項權利，係為避免納稅義務人藉移轉不動產所有權或設定抵押權等，規避執行，以收稅捐保全之效。又依本部66年2月22日台財稅第31234號函示，上項禁止處分通知自送達登記機關後，始生效力，即於禁止處分通知送達後，登記機關即受該項通知拘束，不得任意為財產移轉或設定權利登記。案內納稅義務人財產於禁止處分前業已設有抵押權登記部分，揆諸上揭函釋，應尚不受禁止處分效力所及，是於該抵押權存續期間內，其抵押權人就同額抵押權申辦轉讓登記，如未擴大原抵押權範圍或未延長抵押權存續期間，對稅捐保全尚無影響者，應得同意其辦理。三、又本部66年6月3日台財稅第33611號函示：抵押權人就業經登記之動產抵押權於契約存續期間內，會同債務人申請延長有效期限之登記，應不受稅捐稽徵法第24條規定之限制，係以依動產擔保交易法於有關動產抵押權部分，設有期滿前30日內，債權人得申請延長期間1年之規定，本部爰配合函示：動產抵押權人申請延長動產抵押權有效期限之登記，不受稅捐稽徵法第24條第1項規定之限制，尚非一般抵押權案件皆有其適用。」

36 財政部69年10月24日台財稅第38826號函。

37 財政部104年3月25日台財稅字第10304044180號令：「稅捐稽徵機關依稅捐稽徵法第24條第1項規定，通知有關機關就納稅義務人之財產不得為移轉或設定他項權利時，應同時以書面敘明理由並附記救濟程序通知納稅義務人，依法送達。」

38 另方面，我國法制中動產汽車的過戶登記亦可以因本條規定而受到禁止，參見（前）臺灣省稅務局66年1月11日稅四字第15796號函：「汽車運輸業欠繳應納稅

一方面，禁止爲減資之登記於我國商業組織之實務中效果相對亦屬有限，蓋在營業組織登記及資本查核相對寬鬆的法制之中，紙上公司或者幽靈公司到處充斥，限制減資及註銷登記事實上只是造成商業主管機關管理上的麻煩而已，恐怕未必有實際功能。尤有進者，民國 110 年修正前稅捐稽徵法第 24 條第 1 項後段本規定「**並得通知主管機關，限制其減資或註銷之登記**」，但關稅法第 48 條第 1 項後段卻規定：「**其爲營利事業者，並得通知主管機關限制其減資之登記**。」稅捐稽徵法中設有「限制註銷」之規定，關稅法卻沒有，這樣的制度設計意義安在？論者有認爲，此種情形乃因爲關稅法於民國 93 年修正時，修法理由明確指出依據行政院 67 年 4 月 24 日函示[39]，公司主管機關依公司法規定核准公司解散登記之同時，得以副本通知稅捐機關，俾稅捐機關在清算時得參與分配，以達成保全稅收之立法旨意，是營利事業如欠繳稅捐，稅捐機關得通知主管機關限制其註銷登記之規定，今已無適用餘地，爰刪除原條文第 1 項「或註銷」之文字。然則稅捐稽徵法卻未有相對應之修正，以致於在修法之前，存在著相同之制度卻在用語上有所落差的情形[40]。這一法制上的落差，在民國 110 年的稅捐稽徵法修正中，已經獲得緩解。現行制度規定在稅捐稽徵法第 24 條第 1 項第 1 款後段：「其爲營利事業者，並得通知主管機關限制其減資之登記」，刪除「或註銷」三字矣。

捐，依稅捐稽徵法第24條規定，得經稅捐稽徵機關通知公路監理機關暫緩受理車輛過戶之申請。」這個函令在民國100年版的稅捐稽徵法解釋函令彙編尚可查詢得到，顯見在稅務實務中這仍然是通行的做法。只不過，動產所有權移轉並不以登記為必要，這樣的適用對象效果顯不若不動產直接有效。

39 行政院67年4月24日台67財第3436號函釋：「查稅捐稽徵法第24條第1項規定旨在保全稅收，按公司解散後必須進行清算，如有欠稅，稽徵機關可參與分配，公司主管機關於依公司法規定核准公司解散登記之同時，應以副本通知稽徵機關，俾能在清算時參與分配，以達成保全稅收之立法旨意。」

40 何弘光，健全稅捐保全制度之修法建議，當代財政，第27期，2013年3月，頁67-68。

Q：公司董事長甲不服稅捐稽徵機關之補稅處分，對於應補繳所得稅 200 萬元，延誤不繳納，試問稅捐稽徵機關為保全租稅債權得否通知甲往來的銀行凍結其存款？通知公司禁止甲移轉手中持有之該公司股票？通知地政機關禁止甲移轉名下土地？通知建築主管機關禁止甲在名下土地上興建房屋？（105 律師）

A：

（一）稅捐保全措施之意義

按稅捐之債作為法定之債，乃於稅捐構成要件之際實現。稅捐稽徵機關作成課稅處分，原則上僅係確認該等法律關係之存在。然則，這樣的基本邏輯就意味著，納稅義務人在特定稅捐構成要件實現之際，一直到課稅處分作成之前，乃有相當機會採取各種措施規避其應當負擔之稅捐債務。因此，為有效實現稅捐債權，稅捐稽徵法乃設有稅捐保全制度。

（二）限制財產移轉或登記作為稅捐保全手段

1. 又按，稅捐稽徵法第 24 條第 1 項第 1 款規定：「納稅義務人欠繳應納稅捐者，稅捐稽徵機關得就納稅義務人相當於應繳稅捐數額之財產，通知有關機關，不得為移轉或設定他項權利；其為營利事業者，並得通知主管機關限制其減資之登記。」為本件涉及之財產移轉等措施可能之保全手段。但是就題示情形是否皆能適用？應當分別為之。

2. 本件情形之討論：

(1) 得否通知甲往來的銀行凍結其存款？本件之凍結主體非屬本法所稱之「機關」，除非向法院聲請假扣押，否則應不得為之（財政部 84 年度財稅字第 841605136 號函）。

(2) 通知公司禁止甲移轉手中持有之該公司股票？文義上亦不在本法第 24 條範圍內（財政部 75 年度台財稅字第 7545302 號函）。

(3) 通知地政機關禁止甲移轉名下土地？地政機關應為本法第 24

條第 1 項所稱機關，因此應得以為之。

(4) 通知建築主管機關禁止甲在名下土地上興建房屋？建築主管機關雖亦為行政機關，但是禁止建築房屋並非保全措施，因此依法應不可容許（財政部 75 年度台財稅字第 7539996 號函）。

（三）保全措施之解除

我國原本稅捐稽徵法之制度，對於納稅義務人因稅捐保全程序遭稽徵機關限制其財產移轉登記者，並未單獨規範責任解除之要件，實務上屢生爭議。為解決此一實務問題，民國 110 年度稅捐稽徵法修正，增補了有關保全措施解除之要件。其中除在稅捐稽徵法第 24 條第 1 項但書明示保全措施得以提供擔保免除之外，同條第 2 項，專門針對根據稅捐稽徵法第 24 條第 1 項所進行保全措施（限制登記以及後述的假扣押）設有解除限制之規定。稅捐稽徵法第 24 條第 2 項規定為：「納稅義務人之財產經依前項規定實施稅捐保全措施後，有下列各款情形之一者，稅捐稽徵機關應於其範圍內辦理該保全措施之解除：一、納稅義務人已自行或由第三人提供相當擔保。二、納稅義務人對核定稅捐處分依法提起行政救濟，經訴願或行政訴訟撤銷確定。但撤銷後須另為處分，且納稅義務人有隱匿或移轉財產、逃避稅捐執行之跡象，不辦理解除。」

參、向法院聲請假扣押

納稅義務人欠繳應納稅款，倘若仍存有足資清償之財產，卻以行政救濟或者其他手段作爲拖延應納稅額清償支付之方法時，爲保全將來稅捐債權之強制執行，稅捐稽徵機關亦得在一定之條件下，向法院聲請就欠稅之納稅義務人財產實施假扣押。這主要見諸稅捐稽徵法第 24 條第 1 項第 2 款規定：「納稅義務人有隱匿或移轉財產、逃避稅捐執行之跡象者，稅捐稽徵機關得於繳納通知文書送達後，聲請法院就其財產實施假扣押，並免提供擔保；其屬納稅義務人已依法申報而未繳納稅捐者，稅捐稽徵機關得於法定繳納期間屆滿後聲請假扣押。」關稅法第 48 條第 2 項則規定：「納稅義務人或受處分人未經扣押貨物或提供適當擔保者，海關爲防止其隱匿或移轉財產以逃避執行，得於稅款繳納證或處分書送達後，就納稅義務人或受處分人相當於應繳金額部分，聲請法院就其財產實施假扣押或其他保全措施，並免提供擔保。但納稅義務人或受處分人已提供相當擔保者，不在此限。」這一部分之假扣押，程序上應當屬於行政法院依據行政訴訟法第 293 條所實施之假扣押[41]。理論上，倘若納稅義務人存有足以清償稅捐債務之財產，而此等財產又復以銀行存款之形式存在，則取據法院裁定扣押此等存款，因少去了變價程序，事實上應當爲徵納雙方均便的制度[42]。不過在實務上，稅捐稽徵機關可能是擔心增加法院爭訟的麻煩，以致於假扣押的請求很少在實務上被使用[43]。

肆、限制納稅義務人住居或限制出境

（一）限制住居或限制出境之意義

在我國稅捐稽徵相關制度中，稅捐保全措施最經常被稽徵機關看重使用、效果亦最爲直接者，當在於針對欠繳應納稅款之納稅義務人（或營利事業之負責人），得以在渠等未提供債務擔保的情形下，限制其住居不得

41 參該條規定：「（第一項）為保全公法上金錢給付之強制執行，得聲請假扣押。（第二項）前項聲請，就未到履行期之給付，亦得為之。」

42 參見財政部84年2月21日台財稅第841605136號函：「主旨：納稅義務人欠繳應納稅捐或罰鍰，稅捐稽徵機關尚不宜依稅捐稽徵法第24條第1項前段規定，通知金融機構禁止納稅義務人提領其銀行存款。惟符合該條第2項規定者，仍得聲請法院就該存款實施假扣押，以資保全。說明：二、查稅捐稽徵法第24條第1項前段規定之『有關機關』，係指政府機關，尚不包括金融機構在內。故納稅義務人欠繳應納稅捐或罰鍰，稅捐稽徵機關尚不宜依稅捐稽徵法第24條第1項前段規定，通知金融機構禁止納稅義務人提領其銀行存款。」

43 胡天賜，稅捐稽徵法，形同具文，收錄於自由電子報，2012年5月30日，網址：http://www.libertytimes.com.tw/2012/new/may/30/today-o6.htm，最後查閱日：2013.9.20。

出境，期間至多可長達五年[44]。稅捐稽徵法第24條第3項規定：「在中華民國境內居住之個人或在中華民國境內之營利事業，其已確定之應納稅捐逾法定繳納期限尚未繳納完畢，所欠繳稅款及已確定之罰鍰單計或合計，個人在新臺幣一百萬元以上，營利事業在新臺幣二百萬元以上者；其在行政救濟程序終結前，個人在新臺幣一百五十萬元以上，營利事業在新臺幣三百萬元以上，得由財政部函請內政部移民署限制其出境；其爲營利事業者，得限制其負責人出境，並應依下列規定辦理。但已提供相當擔保者，或稅捐稽徵機關未實施第一項第一款前段或第二款規定之稅捐保全措施者，不適用之：一、財政部函請內政部移民署限制出境時，應同時以書面敘明理由並附記救濟程序通知當事人，依法送達。二、限制出境之期間，自內政部移民署限制出境之日起，不得逾五年。」關稅法第48條第5項：「納稅義務人或受處分人已確定之應納關稅、依本法與海關緝私條例所處罰鍰及由海關代徵之應納稅捐，屆法定繳納期限而未繳納者，其所欠金額單計或合計，個人在新臺幣一百萬元以上，法人、合夥組織、獨資商號或非法人團體在新臺幣二百萬元以上者；在行政救濟程序確定前，個人在新臺幣一百五十萬元以上，法人、合夥組織、獨資商號或非法人團體在新臺幣三百萬元以上，得由財政部函請內政部移民署限制該納稅義務人或受處分人或其負責人、代表人、管理人出國。」**限制欠稅之納稅義務人不得出境，爲我國稅捐稽徵制度中之特例，具有類似制度之國家並非多見**[45]。按

44 稅捐稽徵法第24條第6項：「限制出境之期間，自內政部移民署限制出境之日起，不得逾五年。」

45 不過，司法院大法官甚早即針對此一制度之合憲性作成解釋。此可參見司法院釋字第345號解釋：「行政院於中華民國七十三年七月十日修正發布之『限制欠稅人或欠稅營利事業負責人出境實施辦法』，係依稅捐稽徵法第二十四條第三項及關稅法第二十五條之一第三項之授權所訂定，其第二條第一項之規定，並未逾越上開法律授權之目的及範圍，且依同辦法第五條規定，有該條所定六款情形之一時，應即解除其出境限制，已兼顧納稅義務人之權益。**上開辦法為確保稅收，增進公共利益所必要，與憲法尚無牴觸。**」

納稅義務人欠繳應納稅款，倘若確實爲經濟上支付能力有限者，將其限制出境其實並無實益。反之，明明有清償能力，卻故意隱匿財產遲延應負擔之納稅義務，方應爲此一制度所欲規制之情形。

> **Q**：B 因為其配偶 C 家中開設 D 有限公司，設立登記需要一定數量之股東，乃同意借名擔任股東，但實際並無出資，亦從未插手過問公司經營。嗣 D 公司經營不善，欠繳各式稅捐總計達 500 萬元，進入清算程序。某日 B 忽然接獲財政部副本通知，其為 D 公司之清算人，因 D 公司欠稅之故而被限制出境。B 詢諸主管機關，得知因 D 公司欠稅達法定額度，該機關乃循行政慣例立即將清算人限制出境。B 詢諸 C，始知 D 公司雖努力研發產品拓展市場，但仍無法成功。資本全數用供公司使用，已全部花費完畢，沒有任何隱匿財產等情事。請問 B 被限制出境是否合法？（106 東吳）

A：

（一）限制出境之意義

在我國稅捐稽徵制度中，為保全稅捐債務之清償，對於欠繳稅款達一定額度之納稅義務人，設有限制出境制度。此可參見稅捐稽徵法第 24 條第 3 項前段規定：「在中華民國境內居住之個人或在中華民國境內之營利事業，其已確定之應納稅捐逾法定繳納期限尚未繳納完畢，所欠繳稅款及已確定之罰鍰單計或合計，個人在新臺幣一百萬元以上，營利事業在新臺幣二百萬元以上者；其在行政救濟程序終結前，個人在新臺幣一百五十萬元以上，營利事業在新臺幣三百萬元以上，得由財政部函請內政部移民署限制其出境；其為營利事業者，得限制其『負責人』出境……。」又依本件題示情形，B 擔任 D 公司借名股東，又復擔任該公司清算人。根據公司法第 8 條第 2 項規定，公司之經理人、清算人或臨時管理人，股份有限公司之發起人、監察人、檢查人、重整人或重整監督人，在執行職務範圍內，亦為公司負責人。就此而言，B 既為公司清算人，當亦為受限制出境之對象，似無疑問。

（二）限制出境之法律限制

1. 不過，限制出境既然係為行政相對人基本權利重大限制之事項，本於憲法第 23 條之精神，仍應當合乎比例原則。亦即倘若限制出境無實益，仍難認為係合法之國家權力行使。

2. 本件 B 既未有隱匿財產，依股份有限公司基本制度精神，其責任又復以出資為限。因擔任清算人即在未有隱匿資產之情形下遭限制出境，恐與比例原則有悖。

（二）稅捐稽徵法在民國 110 年對限制出境制度之修正

欠稅之納稅義務人，得以在相當條件下限制其出境，在我國稅捐保全實務中爲相當重要之措施。然則在實務上，因過去稅捐稽徵法對於限制出境所設之要件相對寬鬆，以致於實務案例中迭生爭議，亦有論者認爲其運作可能有相當高的機會逾越比例原則[46]。針對這樣的學說批評，在民國 110 年度的稅捐稽徵法修正中，採取了幾個方面的補救措施，其一是明確化限制出境之要件，其二則在於明確其行政手續，最後則在於明定解除限制之要件。

1. 明確化限制出境之要件。納稅義務人除了應當欠稅達到一定數額以上，也就是所欠繳稅款及已確定之罰鍰單計或合計，個人在新臺幣 100 萬元以上，營利事業在新臺幣 200 萬元以上者；其在行政救濟程序終結前，個人在新臺幣 150 萬元以上，營利事業在新臺幣 300 萬元以上，方得以限制納稅義務人出境。同時，爲確保限制出境的最後手段屬性，倘若納稅人已提供相當擔保者，或稅捐稽徵機關未實施第 1 項第 1 款前段或第 2 款規

46 參見黃源浩，稅捐保全。收錄於「稅捐稽徵法」，黃茂榮、葛克昌、陳清秀主編，元照出版，2020年，頁416以下。

定之稅捐保全措施者，根據稅捐稽徵法第 24 條第 3 項但書之規定，仍不得限制納稅人出境。

2. 就限制出境之手續而言，稅捐稽徵法第 24 條第 3 項第 1 款規定：「財政部函請內政部移民署限制出境時，應同時以書面敘明理由並附記救濟程序通知當事人，依法送達。」並且在該項第 2 款，明文規定限制出境期間最長爲五年。

3. 最後，稅捐稽徵法在 110 年度的修正中，尙且規定了限制住居或出境的限制解除要件。這指的是稅捐稽徵法第 24 條第 4 項的規定：「納稅義務人或其負責人經限制出境後，有下列各款情形之一者，財政部應函請內政部移民署解除其出境限制：一、限制出境已逾前項第二款所定期間。二、已繳清全部欠稅及罰鍰，或向稅捐稽徵機關提供欠稅及罰鍰之相當擔保。三、納稅義務人對核定稅捐處分依法提起行政救濟，經訴願或行政訴訟撤銷須另爲處分確定。但一部撤銷且其餘未撤銷之欠稅金額達前項所定標準，或納稅義務人有隱匿或移轉財產、逃避稅捐執行之跡象，其出境限制不予解除。四、經行政救濟及處罰程序終結，確定之欠稅及罰鍰合計金額未達前項所定標準。五、欠稅之公司或有限合夥組織已依法解散清算，且無賸餘財產可資抵繳欠稅及罰鍰。六、欠稅人就其所欠稅款已依破產法規定之和解或破產程序分配完結。」

伍、應納稅捐之提前徵收

在我國法制之中，爲確保稅捐稽徵機關對於財務狀況欠佳或者有隱匿、處分其財產以圖規避應負擔之納稅義務之當事人，尙得容許稅捐稽徵機關對於尙未屆至清償期之租稅債權，採取措施提前徵收。這主要是規定在稅捐稽徵法第 25 條當中：「（第一項）有左列情形之一者，稅捐稽徵機關，對於依法應徵收之稅捐，得於法定開徵日期前稽徵之。但納稅義務人能提供相當擔保者，不在此限：一、納稅義務人顯有隱匿或移轉財產，逃避稅捐執行之跡象者。二、納稅義務人於稅捐法定徵收日期前，中請離境者。三、因其他特殊原因，經納稅義務人申請者。（第二項）納稅義務人受破產宣告或經裁定爲公司重整前，應徵收之稅捐而未開徵者，於破產宣告或公司重整裁定時，視爲已到期之破產債權或重整債權。」提前徵收在稅法領域中，亦爲我國法制僅見之例，其餘國家法制少見。事實上在我國法制之中，稅捐債權債務關係之年度性（annualité）要求相對而言並未完全貫徹；即便在一般之稅捐稽徵核課關係中，亦容許稅捐稽徵機關對於應納稅額要求納稅義務人進行暫繳，亦即在終局之稅捐權利義務關係尚未確定的情形下，提前清償僅具有高度蓋然性但尚未確實發生的稅捐債權債務關係[47]。這樣的制度，不僅在納稅義務人隱匿財產等狀況中有其實益，尤其在企業組織之納稅義務人經濟情況欠佳有停業或倒閉、破產之虞者，更有實益[48]。

Q：納稅義務人欠繳應納稅捐，何時得對其限制出境及實施拘提管收？二者究竟為租稅罰、租稅保全或租稅執行措施？各涉及何種基本權保障？（92 台大）

A：

（一）限制出境以及拘提管收

1. 納稅義務人欠繳應納稅捐，在我國稅捐稽徵法制中得以對其實施限制出境。其法律依據見諸稅捐稽徵法第 24 條第 3 項前段規定：

47 即令為暫繳稅款，亦可能成為稅捐保全之對象。參見財政部74年2月22日台財稅第12122號函：「依法應由納稅義務人繳納之稅捐，未於規定期限內繳納並經確定者，如其金額已達『限制欠稅人或欠稅營利事業負責人出境實施辦法』第2條規定之限制出境標準，即應限制欠稅人或欠稅營利事業之負責人出境；**所得稅之暫繳稅款，尚無例外**。」

48 財政部69年12月3日台財稅第39842號函：「公司如因負債過鉅，週轉失靈，已委託律師依法清理債務，經權衡其財務狀況，對其應繳之營利事業所得稅，認有提前開徵以便參加債權分配之必要，可適用稅捐稽徵法第25條規定於法定開徵日前稽徵之；惟繳款書之送達，應依同法第19條及第18條規定辦理。」

「在中華民國境內居住之個人或在中華民國境內之營利事業，其已確定之應納稅捐逾法定繳納期限尚未繳納完畢，所欠繳稅款及已確定之罰鍰單計或合計，個人在新臺幣一百萬元以上，營利事業在新臺幣二百萬元以上者；其在行政救濟程序終結前，個人在新臺幣一百五十萬元以上，營利事業在新臺幣三百萬元以上，得由財政部函請內政部移民署限制其出境；其為營利事業者，得限制其『負責人』出境……。」決定權人為稅捐稽徵機關。

2. 至於拘提管收，則非稅捐稽徵法所規定之保全措施，其法律依據見諸行政執行法。拘提，係強制行政相對人到案[49]；管收，則為限制其人身自由於管收所[50]。二者在我國法制中，均應由法官決定。

（二）限制出境以及拘提管收

限制出境及拘提管收之法律屬性，究竟為保全措施？抑或為行政處罰？學理原存有爭論。不過目前實務見解已經趨向統一，認為屬於稅捐債權的保全措施。

（三）涉及何種基本權保障？

1. 居住遷徙自由。憲法第 10 條保障人民居住遷徙自由，司法院大法官釋字第 454 號解釋亦謂：「憲法第十條規定人民有居住及遷徙之自由，旨在保障人民有自由設定住居所、遷徙、旅行，包括出境或入境之權利。對人民上述自由或權利加以限制，必須符合憲法第

49 參見行政執行法第17條第3項：「義務人經行政執行處依第一項規定命其提供相當擔保，限期履行，屆期不履行亦未提供相當擔保，有下列情形之一，而有強制其到場之必要者，行政執行處得聲請法院裁定拘提之：一、顯有逃匿之虞。二、經合法通知，無正當理由而不到場。」

50 參見行政執行法第17條第6項規定：「行政執行官訊問義務人後，認有下列各款情形之一，而有管收必要者，行政執行處應自拘提時起二十四小時內，聲請法院裁定管收之：一、顯有履行義務之可能，故不履行。二、顯有逃匿之虞。三、就應供強制執行之財產有隱匿或處分之情事。四、已發見之義務人財產不足清償其所負義務，於審酌義務人整體收入、財產狀況及工作能力，認有履行義務之可能，別無其他執行方法，而拒絕報告其財產狀況或為虛偽之報告。」

二十三條所定必要之程度，並以法律定之。」本於稅捐債權保全目的對於行政相對人實施限制出境以及拘提管收，解釋上因此有比例原則適用，乃屬當然。

2. 人身自由。憲法第 8 條規定行政權力對人身自由之限制拘束，不得逾越 24 小時。因此拘提管收亦在此一限制範圍內，亦為當然之理[51]。

Q：納稅義務人於稅捐債務外，如尚有其他債務，且其總財產不足償還所有負債時，試依照稅捐稽徵法之規定，說明租稅債權與其他債權之受償順序為何。又請說明同法第 24 條有關租稅保全之規定為何？（101 檢事官）

A：

（一）租稅優先權之概念及內容

1. 按租稅債權債務關係，作為公法上之債權債務關係，本於公益之原因，具有優先於私法債權債務關係而受清償之地位，稱作租稅優先權。
2. 又按租稅優先權可以區分為一般優先權與個別優先權兩種規定。其中一般優先權規定於稅捐稽徵法第 6 條：「（第一項）稅捐之徵收，優先於普通債權。（第二項）土地增值稅、地價稅、房屋稅之徵收及法院、行政執行處執行拍賣或變賣貨物應課徵之營業稅，優先於一切債權及抵押權。（第三項）經法院、行政執行處執行拍賣或交債權人承受之土地、房屋及貨物，執行法院或行政執行處應於拍定或承受五日內，將拍定或承受價額通知當地主管稅捐稽徵機關，依

51 參見行政執行法第17條第7項規定：「義務人經通知或自行到場，經行政執行官訊問後，認有前項各款情形之一，而有聲請管收必要者，行政執行處得將義務人暫予留置；其訊問及暫予留置時間合計不得逾二十四小時。」

法核課土地增值稅、地價稅、房屋稅及營業稅，並由執行法院或行政執行處代為扣繳。」

（二）租稅保全

1. 我國稅法制度中，為確保稅捐稽徵機關得以對應負擔納稅義務之納稅義務人財產之強制執行，得以在一定範圍內以行政手段限制納稅義務人之財產移轉或登記，或以其他手段保障強制執行之可能性，稱作租稅保全。

2. 稅捐稽徵法第 24 條之租稅保全，為禁止限制權利變更之登記。該條第 1 項規定：「納稅義務人欠繳應納稅捐者，稅捐稽徵機關得就納稅義務人相當於應繳稅捐數額之財產，通知有關機關，不得為移轉或設定他項權利；其為營利事業者，並得通知主管機關，限制其減資或註銷之登記。」可以參酌。

陸、稽徵機關透過民法第242條、第244條所進行之稅捐保全

民國 110 年度稅捐稽徵法之修正，在制度設計上就租稅保全措施而言，最重要的一個變革當然來自於稅捐稽徵法第 24 條第 5 項之規定：「關於稅捐之徵收，準用民法第二百四十二條至第二百四十五條、信託法第六條及第七條規定。」這其中特別有討論價值者，乃在於民法該兩條規定在稅捐領域中作為保全措施之適用。本書第五章，雖已就此略有提及，但問題的重點仍然應當置放在稅捐稽徵法修法的脈絡之下。按民法第 242 條規定：「債務人怠於行使其權利時，債權人因保全債權，得以自己之名義，行使其權利。但專屬於債務人本身者，不在此限。」[52] 第 244 條第 1 項則

52 本條規定，在法國學說中被稱做「直接訴權」（l'action directe），M. Cozian, L'action directe, LGDJ, Paris 1969, pp. 191-195.乃以債權人代位行使債權人對第三人之債權，使其效果歸於債務人，便利於債權人之扣押追償是。法國民法1341-1條規定：「如果債務人未能行使其財產權性質的權利和訴權，危及其債權人的權利，債

規定：「債務人所爲之無償行爲，有害及債權者，債權人得聲請法院撤銷之。」[53]就稅捐稽徵法第24條第5項之立法意旨而言，當係指稅捐稽徵機關得以成爲該兩條所稱的債權人而言。就制度發展歷程而言，我過去司法實務，對於稅捐稽徵機關行使此等民法上債權人所得以行使之對抗第三人的權利，態度向來比較保守。例如最高法院103年度台上字第586號裁判要旨即指出：「按民法第二百四十四條規定之撤銷權，係爲回復債務人之責任財產，以保全債權人在『私法上之債權』而設。課徵人民稅捐之稽徵機關，乃基於行政權之作用向人民課稅，納稅義務人未繳納之稅捐，屬於公權之範疇，該機關並非納稅義務人在私法上之債權人，究其本質仍與民法所規範之私法債權有其迥然不同之處，自不得援用民法專爲保全私法債權而設之規定（參看本院六十二年台上字第二號判例意旨）。故就公法上稅捐債權之行使或保全，自無由適用該條規定而行使撤銷權之餘地，此與私法上所表現於一般法律思想之誠信原則，在公、私法上有其共通之法理，而得適用於公法者，未盡相同……。」換言之，我國實務上，稅捐稽徵機關在行使稅捐債權（特別是根據稅捐稽徵法所收取之內地稅捐債權）之際，原則上不發生稅捐稽徵機關行使民法第244條的問題，蓋因公法之債與私法之債「其本質仍與民法所規範之私法債權有其迥然不同之處」之故。

權人可代表債務人行使這些權利和行動，但那些債務人一身專屬的權利和行動除外。」（Lorsque la carence du débiteur dans l'exercice de ses droits et actions à caractère patrimonial compromet les droits de son créancier, celui-ci peut les exercer pour le compte de son débiteur, à l’exception de ceux qui sont exclusivement rattachés à sa personne.）

53 本條規定，在法國學說中被稱做「撤銷訴權」或者「保羅訴權」（l’action paulienne），其要旨在於債務人從事足以貶損其整體清償能力之財產處分行為（詐害行為）之際，得由債權人訴請法院撤銷之，以保全債務人之清償能力。法國民法1341-2條規定：「債權人得以自己的名義起訴，要求法院宣告其債務人欺詐其權利的行為，不得對抗債權人。但在有價證券的情況下，債權人必須證明與他簽訂契約的協力廠商對欺詐行為是知情的。」（Le créancier peut aussi agir en son nom personnel pour faire déclarer inopposables à son égard les actes faits par son débiteur en fraude de ses droits, à charge d’établir, s’il s’agit d’un acte à titre onéreux, que le tiers cocontractant avait connaissance de la fraude.）

雖然前述最高法院民事庭對於稅捐稽徵機關行使民法第 244 條所規定之權利向來較為保守，但是在推理上，這樣的態度可能仍存在有一定程度的思考空間。首先，稅捐稽徵機關不能行使民法第 244 條的權利，比較像是立法上法政策的選擇手段選擇問題，而不是來自於「公法之債與私法之債迴然有別」這樣的原因。這可以參見關稅法第 48 條第 4 項規定即明：「民法第二百四十二條至第二百四十四條規定，於關稅之徵收準用之。」其次，作為撤銷訴權制度起源地的法國法制，相對而言卻對於稽徵機關行使直接訴權、撤銷訴權態度較為開放，尤其是其中的撤銷訴權。具體來說，撤銷訴權之制度乃使得債權人得以第三人之身分，提起之撤銷訴訟（action révocatoire）訴請撤銷債務人與他人之間的法律行為，乃民事上債之關係特別是契約關係相對性原則之例外。蓋以民事法上債之關係之本質而言，原則上契約僅能拘束締約關係中之當事人，而債之關係亦無對抗第三人之效果。具體來說，此一訴訟之眞實面貌亦非如字面上所顯示出的「撤銷」這般單純：對於行使此一權利之權利人而言，他人間所發生之法律行為僅不對其發生對抗效力、無法主張，並非意味著該一受到指摘之法律行為或詐害措施溯及地客觀失效（l’action paulienne n’est pas une action révocatoire mais une action en inopposabilité）。在法國民法典的制定過程中，源自於羅馬法的撤銷訴權即被強調「對於所有的債權人，無區別地均得以援用」（elle profite tous les créanciers indistinctement）。因此，稅捐稽徵機關本於公法上債權人之地位，原則上並不被禁止依據法國民法第 1167 條之規定，以第三人之地位、因稅捐債務人之無償行為或者詐害行為損及其清償能力、足以使國庫受損害為理由，提起撤銷之訴 。這可以參見法國破毀法院在 Cass. com., R., 16 juill. 1991; Cts Bemelmans c. Administration des impôts 一案中所明示之見解：「撤銷訴權之行使，在本案中，乃使得稅捐稽徵機關在面對出於詐害債權意圖之納稅義務人所從事的財物贈與行為時，享有不受該契約拘束之地位，此乃附屬於稅捐徵收權力之訴訟權，使得有權之稅捐稽徵機關或者有權徵收之公法上債權人具有行使此一權力之地位。」就此而言，民國 110 年度的稅捐稽徵法修法，其中第24條第5項針對容許稽徵機關根據民法第242條、第244條規定提起訴訟以保全公法上的稅捐債權，比較法上並非不存在先例。只是後續的制度發展，如何在規定內容相當簡略的情況下透過司法實務加以填補，恐怕仍待進一步觀察。

第三節 稅捐稽徵法的法律屬性及總則

壹、稅捐稽徵法之適用範圍

一、概說

稅捐稽徵法，係以內地各種稅捐之稽徵程序為主要規定範圍之法律，性質上為稅捐行政程序之主要規範。其所適用之範圍為內地稅法，且不區分中央稅與地方稅，均以同一部程序性規定為之。此可以參見稅捐稽徵法第1條規定：「稅捐之稽徵，依本法之規定；本法未規定者，依其他有關法律之規定。」以及同法第2條規定：「本法所稱稅捐，指一切法定之國、直轄市、縣（市）及鄉（鎮、市）稅捐。但不包括關稅。」我國稅捐稽徵法於民國65年開始施行，考其性質主要在於統整稅捐稽徵行政程序的相關規範。因此，其功能和其他國家如德國的租稅通則（Abgabenordnung, AO）、法國的租稅程序法典（Livre des Procédures Fiscales, LPF）[54]相近。主要包括核課、稽徵、調查及救濟幾個範圍。

二、稅捐稽徵法與其他程序性規定之適用關係

稅捐稽徵法在性質上，屬於稅捐稽徵的程序性規定，因而和其他程序性法規範，特別是行政程序法、行政執行法等總則性程序法規定，存在著

54 有關法國租稅程序法典的進一步介紹，參見黃源浩，法國稅法規範基本問題，財稅研究雜誌，第36卷第3期，2004年5月，頁170。

適用上的問題。大體上，稅捐稽徵法被當作是稅捐領域的特別規定，應當優先於行政程序法而適用。不過倘若涉及到權利保障事項時，仍應以較近之立法爲優先。

貳、稅捐稽徵機關

稅法在學科分類上作爲行政法的一種，乃以規範行政機關之行爲爲主。而稅捐稽徵法所規範之稽徵行政程序，乃以稅捐稽徵機關作爲主要適用程序之行爲機關。所謂稅捐稽徵機關，依照稅捐稽徵法第 3 條規定：「稅捐由各級政府主管稅捐稽徵機關稽徵之，必要時得委託代徵；其辦法由行政院定之。」亦即原則上稅捐係由中央主管機關財政部及其所屬各機關（主要爲國稅局）、地方政府之財政局或者稅務局、稅捐稽徵處等機關加以徵收。而在稅法上，出於行政程序經濟的考量，亦可以容許透過委託方式代徵稅捐，例如進口貨物之小額營業稅，目前係由海關代徵是。

參、稅法解釋函令之適用

一、解釋函令之概念

（一）解釋函令之意義

在稅捐稽徵領域中，與其他行政領域最大差別之一，乃在於稅捐稽徵機關對於行政內部規範，亦即所謂的「解釋函令」依賴程度相對較高。所謂解釋函令，本質上並非一種獨立的法規範，而係在法律公布施行以後，執行法律行政機關在個案中面臨解釋適用上的困難，因而以公函的形式決定特定法律規範之解釋適用以後，下達於所屬下級機關要求其本於行政一體性（Verwaltungseinheit）之要求而加以適用。在日本行政法之中有所謂的「通達」[55]，在法國有所謂「行政通報」（les circulaires

55 所謂「通達」，係指上級行政機關對於下級行政機關，就其權限之行使所為之指

administratives），在德國有所謂「行政準則」（Rechtlinie），都和我國法制中所稱的「解釋函令」性質相當接近。至於實務上「函」與「令」有無區分？「**財政部對各級稽徵機關所爲租稅法規之釋示，依其文號爲函或令之不同，可分別稱爲『解釋函』或『解釋令』，或併稱「解釋函令」，性質上相當於行政規則，並非法規命令，亦不屬職權命令，除拘束各級稽徵機關外，不拘束納稅義務人及行政法院**。系爭解釋令即爲認定事實之解釋函令。[56]」

（二）稅法上解釋函令的地位與功能

相對於其他的行政領域，解釋函令在稅法中的地位可以說獨樹一格、特別重要。這樣的地位並非僅由單純的稅法獨立性（l'autonomie du droit fiscal）的說理就能夠解決。事實上，稅法上解釋函令在這個領域中被大量適用，有兩大原因。首先在於，稅法重視法條文義的傳統，使得納稅義務人對於迂迴安排交易活動以從事規避行爲的誘因大增。因此在相當範圍內，如何透過事先明確清晰的法律解釋杜絕爭議，即有實際上的必要。其次是稅捐稽徵行政的大量行政本質，大量案件的存在迫使稅捐稽徵機關必須採用類型化（Typisierung）方法來處理眾多個案，而解釋函令即

示，而預先以書面下達之行政命令。通達原則上僅能拘束行政機關之公務員，而人民係受法律所課義務之拘束，故原則上通達並不能夠成為稅法之法源。但是，關於通達作為稅法上所適用之法源，現在已經有不同意見之出現（訟務10卷2號，頁381參照）。與租稅有關的通達數量至為龐大，而納稅義務人在申報所得時，稅捐稽徵機關之公務員執行稽徵公務之時，也是按照通達所訂下的通例來行使權力。這使得通達發生了很大的事實上效力。通達欲發生其一定之基本效果，必須履行公表（布）的手續，也就是所謂的秘密通達是不許可作為課稅的基礎的。通達又可以區分為對於各個稅法逐條解釋以及適用基準的通達（例如所得稅基本通達、法人稅基本通達、國稅徵收法基本通達等），以及個別的通達。清永敬次，「通達」課稅之基本問題，稅法，頁22。

56 司法院大法官釋字第705號，陳敏大法官、黃璽君大法官不同意見書第二、1、第二段。

可以作為類型化之行政規定而使用。

二、稅法上解釋函令的特徵

（一）解釋函令並無法律之授權

在我國行政規範之體系中，特定行政行為，尤其是對於人民自由權利有所限制侵害的行政行為有無經過法律明確授權，涉及到法律保留的範圍問題，本即經常為公法領域中受到關注之事項。解釋函令在我國，並未經過法律明確授權，也因此通常不能成為徵收稅捐的直接依據。進一步來說，在我國實務中乃強調解釋函令僅係解釋既存法律，無法直接創設稅捐構成要件。

（二）解釋函令有溯及效力

在我國法制中，機關所制頒之解釋函令，得以在一定範圍內發生溯及既往的效果。此主要可以參見稅捐稽徵法第 1 條之 1 規定：「（第一項）財政部依本法或稅法所發布之解釋函令，對於據以申請之案件發生效力。**但有利於納稅義務人者，對於尚未核課確定之案件適用之**[57]。（第二項）**財政部發布解釋函令，變更已發布解釋函令之法令見解，如不利於納稅義務人者，自發布日起或財政部指定之將來一定期日起，發生效力；於發布日或財政部指定之將來一定期日前，應核課而未核課之稅捐及未確定案件，不適用該變更後之解釋函令**。（第三項）本條中華民國一百年十一月八日修正施行前，財政部發布解釋函令，變更已發布解釋函令之法令見解且不利於納稅義務人，經稅捐稽徵機關依財政部變更法令見解後之解釋函令核課稅捐，於本條中華民國一百年十一月八日修正施行日尚未確定案件，適用前項規定。（第四項）財政部發布之稅務違章案件裁罰金額或倍數參考

57 財政部於104年6月11日發布台財稅字第10404512780號令，明定稅務違章案件裁罰金額或倍數參考表變更，如不利於納稅義務人者，對於變更前應裁處而未裁處及已裁處尚未確定之罰鍰案件，不適用之。

表變更時，有利於納稅義務人者，對於尚未核課確定之案件適用之。」

（三）解釋函令並非單獨生效之法律規範

在我國法制中，解釋函令由於係附著在機關執行職務的法律解釋權限上，因此其生效通常受限於所解釋之法律，並非單獨地發生效力。此可以參見司法院大法官釋字第 287 號解釋所稱：「行政主管機關就行政法規所為之釋示，係闡明法規之原意，固應自法規生效之日起有其適用。」因，理論上解釋函令的解釋客體失效，該一解釋函令亦應當隨之失效。

Q：稅捐稽徵法第 1 條之 1 規定：「財政部依本法或稅法所發布之解釋函令，對據以申請之案件發生效力。但有利於納稅義務人者，對於尚未核課確定之案件適用之。」請分析「解釋函令」之性質。（93 高考）

A：

（一）解釋函令之概念

1. 所謂解釋函令，本質上並非一種獨立的法規範，而係在法律公布施行以後，執行法律行政機關在個案中面臨解釋適用上的困難，因而以公函的形式決定特定法律規範之解釋適用以後，下達於所屬下級機關要求其本於行政一體性之要求而加以適用。
2. 解釋函令之法律位階，在我國多數見解認為相當於行政程序法所規範之行政規則。此可參見司法院大法官釋字第 505 號解釋：「財政部六十四年三月五日台財稅第三一六一三號函謂：生產事業依獎勵投資條例第六條第二項規定申請獎勵，應在擴展之新增設備開始作業或提供勞務以前，辦妥增資變更登記申請手續云云，核與前開施行細則之規定不合，係以職權發布解釋性行政規則對人民依法律享有之權利增加限制之要件，與憲法第二十三條法律保留原則牴觸，應不予適用。」

（二）解釋函令之特殊屬性

1. 解釋函令並無法律之授權。
2. 解釋函令有溯及效力。
3. 解釋函令並非單獨生效之法律規範。

肆、涉外稅收規範

一、涉外稅收規範之地位與外交人員

稅捐稽徵法在總則當中，尚且規定了我國法制中涉外課稅相關規範的地位。這主要指的是本法第 4 條規定：「財政部得本互惠原則，對外國派駐中華民國之使領館及享受外交官待遇之人員，暨對雙方同意給與免稅待遇之機構及人員，核定免徵稅捐。」按此類外交待遇人員的稅法通常爲各國稅法中之例外。即便未有本條規定，事實上仍然存在著租稅減免的可能，特別是通過租稅協定給予外交人員免稅之待遇。

二、涉外租稅協定之授權

稅捐稽徵法第 5 條規定：「財政部得本互惠原則，與外國政府商訂互免稅捐，於報經行政院核准後，以外交換文方式行之。」此外，應特別留意司法院大法官釋字第 329 號：「憲法所稱之條約係指中華民國與其他國家或國際組織所締約之國際書面協定，包括用條約或公約之名稱，或用協定等名稱而其內容直接涉及國家重要事項或人民之權利義務且具有法律上效力者而言。**其中名稱爲條約或公約或用協定等名稱而附有批准條款者，當然應送立法院審議，其餘國際書面協定，除經法律授權或事先經立法院同意簽訂，或其內容與國內法律相同者外，亦應送立法院審議**。」換言之，在我國涉外稅收法制中，與其他國家的避免雙重課稅協定或條約，基本上均應當送交立法院審議。

Q：甲公司為依據新加坡法律設立之公司，章程所定住所地在新加坡，且實際營業場所在新加坡，於民國 104 年透過網路對於台灣客戶乙公司提供管理諮詢服務，並在 105 年 2 月收受報酬新臺幣 500 萬元。乙公司於付款前，向所在地稽徵機關聲請核准適用兩國間之防止重複課稅之租稅協定，主張依據租稅協定規定一方締約國之企業，只有在他方締約國有設立常設機構營業，其取得之所得才應課徵所得稅。本件甲公司並未在台灣設立固定營業場所營業，因此，其諮詢服務報酬應不課稅，故乙公司依法無庸扣繳所得稅。稽徵機關則認為乙公司無法舉證證明甲公司在台灣並無常設機構，因此不准予免稅，核定仍應扣繳稅款。試問（請敘明理由）：（105 東吳）
（一）租稅協定之法律性質為何？

A：

所謂「租稅協定」，係指國家之間針對避免雙重課稅等國際稅收議題所締結之條約。此類條約，一般均以條約（treaty）或者公約（convention）之形式為之。但是在我國涉外稅收實務中，此類約定因為外交因素，經常無法以嚴格意義的條約來簽署。因此實務上就容許各種退而求其次的手段，也就是以行政協定（administrative agreement）甚或是外交換文等位階較低的雙方行為代替，實際上的效果與租稅條約相當接近。為了避免這樣的替代手段發生法律保留的問題，我國稅捐稽徵法第 5 條乃對於財政部有所授權。同時司法院大法官釋字第 329 號，亦將之比照條約處理。

三、避免雙重課稅條約或協定

在二次大戰之後，特別是全球經濟在經歷了相對穩定的長期發展、資本輸出國家開始將其產業移轉至海外、出現跨國性之企業集團之際，國際稅法方面臨進一步的發展。此際整個國際稅法發展的重點在於避免交易活動中所發生的雙重課稅，並且以透過國家間的避免雙重課稅條約或協定來作爲國際稅法的主要規範。租稅協訂乃締約國家透過條約之簽訂，除了可以避免重複課稅，消除資本、貿易、人員、技術……等交流之障礙，藉以促進國際間投資貿易之發展外，租稅協定亦可加強各國間財稅機關之聯繫，並防杜國際間租稅之規避或逃避之行爲。簽訂租稅協定所常見的最大問題是，各國政府爲了維護自已本身的經濟利益，會依據本國稅制規定與經濟情形與他國進行租稅協定的談判。在各國的經濟、稅制均有所差異的情形下，每個租稅協定亦具有其獨特之處，當雙方產生利益衝突時即不利於租稅協定的締結，因此能有一租稅協定範本可供依據，當有利於租稅協定的締結與進行。一般而言，常見的租稅協定，通常採用以下兩種範本之一：

（一）OECD 範本：經濟合作暨發展組織 1977 年通過「經濟合作暨發展組織租稅協定範本」（OECD Model Double Taxation Convention on Income and Capital）（簡稱 OECD 範本），此範本爲繼國際聯盟 1946 年墨西哥範本之後最重要之範本，目前許多國家均參考此範本簽訂租稅協定，尤其是 OECD 會員國，在修改與簽訂租稅協定時應以此範本爲依據。

（二）UN 範本：爲了解決開發中國家採用 OECD 範本的不利情形，聯合國於 1979 年另行通過「聯合國租稅協定範本」（UN Model Double Taxation between Developed and Developing Countries）（簡稱 UN 範本），此範本強調來源地國課稅原則，所以對開發中的國家比較有利。

四、涉外租稅資訊交換

近年來，國際稅法的制度發展，已漸次由避免雙重課稅之目的，朝向國際社會共同合作促進稅捐負擔合理分配的方向前進。稅捐稽徵法於民國 106 年增訂第 5 條之 1，專門針對涉外租稅資訊交換相關程序有所規定。該條文規定如下：「（第一項）財政部得本互惠原則，與外國政府或國際組織商訂稅務用途資訊交換及相互提供其他稅務協助之條約或協定，於報經行政院核准後，以外交換文方式行之。（第二項）與外國政府或國際組織進行稅務用途資訊交換及提供其他稅務協助，應基於互惠原則，依已生效之條約或協定辦理；條約或協定未規定者，依本法及其他法律規定辦理。但締約他方有下列情形之一者，不得與其進行資訊交換：一、無法對等提供我國同類資訊。二、對取得之資訊予以保密，顯有困難。三、請求提供之資訊非爲稅務用途。四、請求資訊之提供將有損我國公共利益。五、未先盡其調查程序之所能提出個案資訊交換請求。（第三項）財政部或其授權之機關執行第一項條約或協定所需資訊，依下列規定辦理；應配合提供資訊者不得規避、妨礙或拒絕，並不受本法及其他法律有關保密規定之限制：一、應另行蒐集之資訊：得向有關機關、機構、團體、事業或個人進行必要之調查或通知到財政部或其授權之機關辦公處所備詢，要求其提供相關資訊。二、應自動或自發提供締約他方之資訊：有關機關、機構、團體、事業或個人應配合提供相關之財產、所得、營業、納稅、金融帳戶或其他稅務用途資訊；應進行金融帳戶盡職審查或其他審查之資訊，並應於審查後提供。（第四項）財政部或其授權之機關依第一項條約或協定提供資訊予締約他方主管機關，不受本法及其他法律有關保密規定之限制。（第五項）前二項所稱其他法律有關保密規定，指下列金融及稅務法律有關保守秘密規定：一、銀行法、金融控股公司法、國際金融業務條例、票券金融管理法、信託業法、信用合作社法、電子票證發行管理條例、電子支付機構管理條例、金融資產證券化條例、期貨交易法、證券投資信託及顧問法、保險法、郵政儲金匯兌法、農業金融法、中央銀行法、所得稅法及關稅法有關保守秘密規定。二、經財政部會商各法律中央主管機關公告者。（第六項）第一項條約或協定之範圍、執行方法、提出請求、蒐集、第三項第二款資訊之內容、配合提供之時限、方式、盡職審查或其他審查之基準、第四項提供資訊予締約他方之程序及其他相關事項之辦法，由財政部會商金融監督管理委員會及相關機關定之。（第七項）本法中華民國一百零六年五月二十六日修正之條文施行前已簽訂之租稅協定定有稅務用途資訊交換及其他稅務協助者，於修正之條文施行後，適用第二項至第四項及依前項所定辦法之相關規定。」

伍、稅捐債務之清償及優先權

一、租稅優先權

本書在前「租稅債務」章節中，已經討論過租稅優先權之概念。針對此一權利，稅捐稽徵法第6條規定：「（第一項）稅捐之徵收，優先於普通債權。（第二項）土地增值稅、地價稅、房屋稅之徵收及法院、法務部行政執行署所屬行政執行分署（以下簡稱行政執行分署）執行拍賣或變賣貨物應課徵之營業稅，優先於一切債權及抵押權。（第三項）經法院、行政執行分署執行拍賣或交債權人承受之土地、房屋及貨物，法院或行政執行分署應於拍定或承受五日內，將拍定或承受價額通知當地主管稅捐稽徵機關，依法核課土地增值稅、地價稅、房屋稅及營業稅，並由法院或行政執行分署代爲扣繳。」其中應特別留意者，乃強制執行費用，應當優先於土地增值稅而受清償[58]。**租稅優先權之存在目的，雖然係爲公法債權之公益考量，有其一定之公共政策功能。不過因爲此一權利本身欠缺相當之公示性，在交易關係中容易造成各種問題。因此，近年來的稅捐稽徵實務，有加以限縮適用之傾向**[59]。特別是在若干商業關係之中，我國實務亦容許

58 財政部71年8月7日台財稅第35903號函：「法院拍賣之土地，拍賣價款不足支付執行費用，其執行費用依照強制執行法第29條第2項規定，得就強制執行之財產，優先於土地增值稅受清償。」

59 財政部80年7月27日台財稅第800259657號函：「主旨：關於稅捐與工資何者優先受償問題，請依說明二辦理。說明：二、本案經法務部會商行政院勞工委員會及本部等有關機關獲致結論如左：按勞動基準法第28條第1項規定：『雇主因歇業、清算或宣告破產，本於勞動契約所積欠之工資未滿六個月部分，有最優先受清償之權。』係指該工資優先於普通債權及無擔保之優先債權而言。上開工資與稅捐，何者優先受償？端視該稅捐就其受償順序有無特別規定以為區別。例如土地增值稅之徵收，就土地之自然漲價部分，優先於一切債權及抵押權（稅捐稽徵法第6條第2項），自當依其規定優先於上開工資而受償。至於受償順序未有特別規定之稅捐，自當依稅捐稽徵法第6條第1項規定，優先於普通債權而受償。惟該稅捐債權與上開同屬優先於普通債權之工資債權並存時，基於保障勞工之基本生存權及維護社會安定，以工資（勞動基準法第28條第1項）較無特別規定之稅捐優先受償為宜。」

因爲公司之間相互持股而得以主張之抵銷關係，不受到租稅優先權之拘束，亦値特別留意[60]。

二、破產財團與稅捐債權

當企業之債務已大於現有資產時，即可依破產法向法院聲請破產，亦即，將企業名下所有之財產變賣爲現金，由法院依債權比例分配予各債權人。就此而言，稅捐債務亦爲破產財團之清償對象，稅捐稽徵法第 7 條規定：「破產財團成立後，其應納稅捐爲財團費用，由破產管理人依破產法之規定清償之[61]。」而依破產法第 97 條之規定，財團費用及財團債務有優先破產債權清償之權利。其中稅款債權，依稅捐稽徵法第 6 條第 1 項規定，稅捐之徵收，優先於普通債權。是以如法院在裁定前發現債務人毫無財產可構成破產財團，或其財產不敷清償破產財團費用及財團債務，而無從依破產程序清理其債務時，我國司法實務見解一向認爲，無宣告破產之實益，自應裁定駁回破產宣告之聲請[62]。

60 參見財政部83年3月12日台財稅第830118519號函：「〇〇塑膠工業股份有限公司於××塑膠工業股份有限公司（以下稱××公司）解散清算時，依公司法第167條第1項但書規定收回××公司投資於該公司之全部持股，以抵償××公司於清算前結欠該公司之債務，應不受稅捐稽徵法第6條第1項稅捐優先權之限制。說明：二、依稅捐稽徵法第6條第1項規定，稅捐之徵收優先於普通債權，而公司依公司法第167條第1項但書規定收回股份行使抵償權，經本部函准經濟部83年3月8日經(83)商202149號函復略以其屬清算程序之特別規定，得逕行適用該條項之規定辦理。是以，本案應不受稅捐稽徵法第6條第1項稅捐優先權之限制。」

61 這當中應當扣除罰鍰。參見財政部78年6月6日台財稅第780179619號函：「營利事業依破產法規定向商會聲請和解，罰鍰不得列為和解債權。說明：二、本案經本部轉准法務部78年5月9日法78律決9463號函復：『查破產法對於和解債權，未明文規定其範圍，關於破產法第103條第4款規定財務罰鍰不得列為破產債權，於和解程序中得否準用乙節，亦未見有明文規定，學說上對此有正反不同意見，其主張可以準用者認為和解債權與破產債權二者在範圍上宜求其一致，且按罰鍰為公法上之處罰，性質上亦不宜與私法上債權同視。參酌外國立法例（如德國和議法第29條第3項、日本和議法第44條均明文規定罰鍰不得列為和解債權），採取罰鍰不得列為和解債權之見解，似較適宜。』」

62 參見司法院25年院字第1505號解釋。

Q：公司積欠稅款超過公司資產時，公司得否聲請法院宣告破產？

A：

（一）肯定見解

破產制度既兼具債權人平等受償及債務人經濟更生之功能，且依破產法第 112 條之規定，有優先權之債權亦僅先於他債權受償，則法院自不得以債務人所欠稅捐、滯納金、滯報金及怠報金等，因稅捐稽徵法第 6 條第 1 項、第 49 條與加值型及非加值型營業稅法第 57 條規定優先於普通債權，而影響其他債權人之受償，即謂無宣告破產之實益（參見最高法院 96 年度台抗字第 468 號、96 年度台抗字第 341 號、95 年度台抗字第 135 號裁定要旨）。

（二）否定見解

債務人之資產已不足清償稅捐等優先債權，其他債權人更無受償之可能，倘予宣告破產，反而須優先支付破產財團之管理、分配所生之費用及破產管理人之報酬等財團費用，將使破產財團之財產更形減少，優先債權人即稅捐機關之債權減少分配或無從分配，甚至不敷清償財團費用，其他債權人更無在破產程序受分配之可能，顯與破產制度之本旨不合（參見最高法院 96 年度台聲字第 68 號、94 年度台抗字第 918 號裁定要旨），是以在此時自應駁回債務人破產宣告之聲請。

三、稅捐債務與重整債務

所謂「公司重整」，乃公開發行股票或公司債之股份有限公司，因財務困難，已瀕暫停營業或有停業之虞之窘境，而預料有重新整理之可能者，在法院監督下，調整其債權人、股東及其他利害關係人之利益，而圖該公司企業之維持與更生為目的之制度。稅捐稽徵法第 8 條規定：「**公司重整中所發生之稅捐，為公司重整債務，依公司法之規定清償之。**」應當特別留意的是，僅有「重整中」所生稅捐有列入重整債務之可能。重整前既已存在之稅捐債務，原則上不在此列[63]。

四、稅捐債務之清償時間

稅捐債務，原則上係由納稅義務人至稅捐稽徵機關指定清償處所清償之。就此，稅捐稽徵法第 9 條規定：「納稅義務人應爲之行爲，應於稅捐稽徵機關之辦公時間內爲之。但繳納稅捐，應於代收稅款機構之營業時間內爲之。」此外，倘若有特別之事故，稅捐稽徵機關亦得變更清償期間。此可參見稅捐稽徵法第 10 條規定：「因天災、事變而遲誤依法所定繳納稅捐期間者，該管稅捐稽徵機關，得視實際情形，延長其繳納期間，並公告之。」

陸、稅捐文書及憑證

一、憑證保存義務

前已言及，爲使稅捐稽徵法律關係順利進行，納稅義務人通常在稅法上被賦予相當多的協力義務，其中亦包括保存稅捐文書及憑證等義務。就此等文書及憑證之保存，稅捐稽徵法設有一般性之義務規定，亦即本法第 11 條所規定：「依稅法規定應自他人取得之憑證及給予他人憑證之存根或副本，應保存五年。」

63 行政院57年12月28日台財字第10263號令、財政部58年1月21日台財稅發第717號令：「公司在重整裁定前所欠稅款，雖係依公法而發生之義務，但在其執行重整計畫之過程中，仍與一般基於私法而發生之債務同受清償。依照公司法第294條之規定，公司在重整裁定前所欠稅款，如在重整裁定前已移送法院（編已改由行政執行處執行）強制執行者尚須中止執行，其在重整裁定後，不得移送法院強制執行，自不待言。此種所欠之稅款，依公司法第296條第1項、第304條第1項第4款之規定，僅可依重整程序按重整計畫而受清償。所得稅法第112條第3項規定有關停業之處分，雖係由稅捐稽徵機關自由裁量而逕行為之；但為求配合公司法關於公司重整之立法意旨，在於使公司免因財務困難而停業或破產，自不宜作此種停業之裁量。」

二、擔保品價值之計算

在稅捐稽徵程序中，納稅人經常被容許在特定情況下提供擔保，以保證公法上義務之履行[64]。雖然在民法上，保證之手段繁多，但在稅法上僅容許有限之擔保方法，就擔保品亦設有明文要求。此可參見稅捐稽徵法第11條之1規定：「（第一項）本法所稱相當擔保，係指相當於擔保稅款之下列擔保品：一、黃金，按九折計算，經中央銀行掛牌之外幣、上市或上櫃之有價證券，按八折計算。二、政府發行經規定可十足提供公務擔保之公債，按面額計值。三、銀行存款單摺，按存款本金額計值。四、易於變價、無產權糾紛且能足額清償之土地或已辦妥建物所有權登記之房屋。五、其他經財政部核准，易於變價及保管，且無產權糾紛之財產。（第二項）前項第一款、第四款與第五款擔保品之計值、相當於擔保稅款之認定及其他相關事項之辦法，由財政部定之。」

三、電磁紀錄及準文書

另外，在稅捐稽徵程序中所稱的「文書」或者各種憑證，在我國實務中亦擴張其概念及於電磁紀錄等準文書，此可參見稅捐稽徵法第11條之2第1項規定：「依本法或稅法規定應辦理之事項及應提出之文件，得以電磁紀錄或電子傳輸方式辦理或提出；其實施辦法，由財政部訂之。」就此而言，以電子紀錄取代紙本書面，亦爲現代社會交易活動之重要發展趨向，值得予以特別的重視。

---

64 例如稅捐稽徵法第24條第2項：「前項欠繳應納稅捐之納稅義務人，有隱匿或移轉財產、逃避稅捐執行之跡象者，稅捐稽徵機關得聲請法院就其財產實施假扣押，並免提供擔保。但納稅義務人已提供相當財產擔保者，不在此限。」

第四節 稅捐稽徵程序：送達、徵收、緩繳及租稅核退

壹、稅捐文書之送達

一、送達時限

（一）按稅捐債權債務關係，乃以課稅處分作爲其發生法律上強制力之要件，而課稅處分作爲公法上表示之一種，原則上應當以送達於行政相對人，亦即納稅義務人，作爲生效之要件。因此，繳納稅捐之文書，稅捐稽徵機關應於該文書所載開始繳納稅捐日期前送達[65]。此可參見稅捐稽徵法第 18 條規定。

（二）不過，除了稅單或者課稅處分以外，稅捐稽徵機關與納稅義務人之間亦存在各種資訊告知或通報之其他通知文書，例如調查通知書、復查決定書、請求補正資料等。此類文書應於何時送達，法無明文。解釋上，如須受送達人爲一定行爲時，自亦應於所定踐履行爲之日前送達，否則不能課以一定行爲之責任。

二、應受送達人

（一）爲稽徵稅捐所發之各種文書，原則上應向受送達人本人，亦即稅捐債務之債務人爲之。不過，爲因應事實之需要，稽徵機關得向納稅義務人之代理人、代表人、經理人或管理人以爲送達。倘若應受送達人在服役中者，得向其父母或配偶以爲送達；無父母或配偶者，得委託服役單位代爲送達[66]。

（二）另外，爲稽徵土地稅或房屋稅所發之各種文書，得以使用人爲

65 顏慶章、薛明玲、顏慧欣，租稅法，作者自版，2010年，頁105。
66 參見稅捐稽徵法第19條第1項。

應受送達人[67]。此處所稱之使用人，解釋上應爲實際使用收益該土地，而有合法使用權源之人，例如地上權人、使用借貸權人、承租人或者其他依法有合法占有權利之人，不包括無權占有人。

（三）不過在實務上較有討論空間者，乃在於針對多數公同共有人送達的問題。按稅捐稽徵法第 19 條第 3 項原本規定：「對公同共有人中之一人爲送達者，其效力及於全體。」但是在司法實務上，司法院大法官認爲其他未受送達之公同共有人，將實際上無法得知稅捐文書之送達，於是在釋字第 633 號解釋當中宣告此一規定違憲[68]。因此立法機關嗣後乃修改稅捐稽徵法第 19 條第 3 項成現行規定：「**納稅義務人爲全體公同共有人者，繳款書得僅向其中一人送達；稅捐稽徵機關應另繕發核定稅額通知書並載明繳款書受送達者及繳納期間，於開始繳納稅捐日期前送達全體公同共有人。但公同共有人有無不明者，得以公告代之，並自黏貼公告欄之翌日起發生效力。**」應予以特別留意。

三、送達方式

各種文書之送達，恆爲程序法規中難以處理之複雜問題。蓋以應受送達人住居狀態、有無同財共居親屬、是否偶然地錯過送達等，現實問題不一而足。原則上，文書之送達通常先以交付應受送達人或遞送應受送達人收受之方式爲之。當無法爲實際交付應受送達人時，則得以透過行政程序法所規定之各種補充送達方式進行。

67 稅捐稽徵法第19條第2項規定：「為稽徵土地稅或房屋稅所發之各種文書，得以使用人為應受送達人。」

68 司法院大法官釋字第663號解釋：「稅捐稽徵法第十九條第三項規定，為稽徵稅捐所發之各種文書，『對公同共有人中之一人為送達者，其效力及於全體。』此一規定，關於稅捐稽徵機關對公同共有人所為核定稅捐之處分，以對公同共有人中之一人為送達，即對全體公同共有人發生送達效力之部分，不符憲法正當法律程序之要求，致侵害未受送達之公同共有人之訴願、訴訟權，與憲法第十六條之意旨有違，應自本解釋公布日起，至遲於屆滿二年時，失其效力。」

（一）交付送達

此一送達方式，乃由稽徵機關之人員當面將應送達之文書，付予應受送達人，自交付日起發生效力[69]。就此稅捐稽徵法第18條規定：「繳納稅捐之文書，稅捐稽徵機關應於該文書所載開始繳納稅捐日期前送達。」交付送達，理論上爲稅捐稽徵程序中應當優先採取之送達方式。不過事實上，隨著現代社會郵政傳遞系統的發達，此一送達方式反而並不常見。機關以郵務送達之方式，亦即交付郵局送達，反而較屬常見。

（二）郵務送達

所謂「郵務送達」，乃指由稽徵機關將文書交付郵政機關以郵寄方式送達。此一送達程序，原則上自到達日起發生效力。原本稅捐稽徵法就此設有明文，但因與行政程序法規定重複，因此稽徵法已將本規定刪除。目前稽徵實務上郵務送達之法律依據已經改爲行政程序法第 68 條規定：「（第一項）送達由行政機關自行或交由郵政機關送達。（第二項）行政機關之文書依法規以電報交換、電傳文件、傳眞或其他電子文件行之者，視爲自行送達。（第三項）由郵政機關送達者，以一般郵遞方式爲之。但文書內容對人民權利義務有重大影響者，應爲掛號。（第四項）文書由行政機關自行送達者，以承辦人員或辦理送達事務人員爲送達人；其交郵政機關送達者，以郵務人員爲送達人。（第五項）前項郵政機關之送達準用依民事訴訟法施行法第三條訂定之郵政機關送達訴訟文書實施辦法。」

（三）留置送達

稅捐稽徵機關爲稽徵稅捐所發之各種文書，應受送達人拒絕收受者，稅捐稽徵機關得將文書留置於應受送達處所，以完成送達。此可參見行政程序法第 73 條第 3 項規定：「應受送達人或其同居人、受雇人、接收郵件人員無正當理由拒絕收領文書時，得將文書留置於應送達處所，以

---

69 顏慶章、薛明玲、顏慧欣，租稅法，作者自版，2010年，頁109。

爲送達。」留置送達主要係適用在應受送達人拒收之情形。不過實務上，因爲不易證明其拒收，甚亦發生糾紛，因此適用之機會事實上不高。

（四）寄存送達

在機關依法送達稅法上各種文書，無法會晤應受送達人者，爲避免一再送達之實際困難，因此得以透過行政程序法第 74 條規定，寄存於其他機關以代替送達：「（第一項）送達，不能依前二條[70]規定爲之者，得將文書寄存送達地之地方自治或警察機關，並作送達通知書兩份，一份黏貼於應受送達人住居所、事務所、營業所或其就業處所門首，另一份交由鄰居轉交或置於該送達處所信箱或其他適當位置，以爲送達。（第二項）前項情形，由郵政機關爲送達者，得將文書寄存於送達地之郵政機關。（第三項）寄存機關自收受寄存文書之日起，應保存三個月。」

（五）委託送達

納稅義務人雖然應受送達之地址無誤，但不在家中致使送達時未獲會晤，得委由同財共居之其他親屬或其他有代表權人，代爲收受送達，此參見稅捐稽徵法第 19 條第 1 項規定：「爲稽徵稅捐所發之各種文書，得向納稅義務人之代理人、代表人、經理人或管理人以爲送達；應受送達人在服役中者，得向其父母或配偶以爲送達；無父母或配偶者，得委託服役單位代爲送達。」倘若爲土地稅或房屋稅，則根據同法第 19 條第 2 項規定：「爲稽徵土地稅或房屋稅所發之各種文書，得以使用人爲應受送達人。」

---

70 參見行政程序法第72條：「（第一項）送達，於應受送達人之住居所、事務所或營業所為之。但在行政機關辦公處所或他處會晤應受送達人時，得於會晤處所為之。（第二項）對於機關、法人、非法人之團體之代表人或管理人為送達者，應向其機關所在地、事務所或營業所行之。但必要時亦得於會晤之處所或其住居所行之。（第三項）應受送達人有就業處所者，亦得向該處所為送達。」以及同法第73條第1項、第2項：「（第一項）於應送達處所不獲會晤應受送達人時，得將文書付與有辨別事理能力之同居人、受雇人或應送達處所之接收郵件人員。（第二項）前項規定於前項人員與應受送達人在該行政程序上利害關係相反者，不適用之。」

稱爲委託送達。事實上，稅法制度中的委託送達並不僅限於此，遺產及贈與稅法施行細則第 22 條第 1 項及第 2 項規定：「（第一項）遺產稅納稅義務人爲二人以上時，應由其全體會同申報，未成年人或受監護宣告之人應由其法定代理人代爲申報。但納稅義務人一人出面申報者，視同全體已申報。（第二項）稽徵機關核定之納稅通知書應送達於出面申報之人，如對出面申報人無法送達時，得送達於其他納稅義務人。」解釋上亦爲委託送達之一種。

（六）公示送達

應受送達人行蹤不明，或者具有其他要件者，我國行政程序法定有公示送達之制度[71]，在推理上亦得以適用在稅捐稽徵程序。此可參見行政程序法第 78 條規定：「（第一項）對於當事人之送達，有下列各款情形之一者，行政機關得依申請，准爲公示送達：一、應爲送達之處所不明者。二、於有治外法權人之住居所或事務所爲送達而無效者。三、於外國或境外爲送達，不能依第八十六條之規定辦理或預知雖依該規定辦理而無效者。（第二項）有前項所列各款之情形而無人爲公示送達之申請者，行政機關爲避免行政程序遲延，認爲有必要時，得依職權命爲公示送達。（第三項）當事人變更其送達之處所而不向行政機關陳明，致有第一項之情形者，行政機關得依職權命爲公示送達。」就此而言，實務上亦可見有稅捐稽徵機關根據行政程序法進行公示送達之情形。民國 110 年稅捐稽徵法修正，爲貫徹稅捐稽徵行政程序規定之體系完備，乃就此一長年存在之現實明文化，設有稅捐稽徵法第 19 條第 4 項規定：「稅捐稽徵機關對於按納稅義務人申報資料核定之案件，得以公告方式，載明申報業經核定，代替核定稅額通知書之塡具及送達。但各稅法另有規定者，從其規定。」

---

71 顏慶章、薛明玲、顏慧欣，租稅法，作者自版，2010年，頁109。

Q：稅捐稽徵機關核發繳納通知書時，若遇納稅義務人行蹤不明或拒絕收受稅單時，應如何將稅單合法送達？（96 會計師）

A：

（一）送達之意義

按稅捐稽徵機關作成課稅處分，乃以合法送達於納稅義務人作為合法生效之要件。因此，在稅捐稽徵法中，乃要求課稅處分應當於稅單所規定繳納期限之前送達（稅捐稽徵法第 18 條參見），即本此旨。然而，納稅義務人面對公文書之送達，可能有各種手段以逃避其合法送達，甚或行蹤不明之情事。因此，稅捐稽徵法乃設計有不同之送達機制。

（二）納稅義務人行蹤不明之送達

納稅義務人行蹤不明時，機關得以採取公示送達方式送達。此可參見稅捐稽徵法第 19 條第 4 項規定：「稅捐稽徵機關對於按納稅義務人申報資料核定之案件，得以公告方式，載明申報業經核定，代替核定稅額通知書之填具及送達。但各稅法另有規定者，從其規定。」

（三）納稅義務人拒絕收受之送達

1. 留置送達

倘若稅捐稽徵機關已知悉或會晤納稅義務人，但遭其拒收者，可依行政程序法採取留置送達。此可參見行政程序法第 73 條第 3 項規定：「應受送達人或其同居人、受雇人、接收郵件人員無正當理由拒絕收領文書時，得將文書留置於應送達處所，以為送達。」

2. 除留置送達外，機關亦可採取寄存送達。行政程序法第 74 條第 1 項規定：「送達，不能依前二條規定為之者，得將文書寄存送達地之地方自治或警察機關，並作送達通知書兩份，一份黏貼於應受送達人住居所、事務所、營業所或其就業處所門首，另一份交由鄰居轉交或置於該送達處所信箱或其他適當位置，以為送達。」

貳、核課期間與徵收期間

一、期間遲誤之滯納金

稅捐稽徵機關透過各種稅法上文書，課予納稅義務人一定之作爲不作爲義務，其中亦包括金錢給付義務。針對金錢給付義務，行政相對人或納稅義務人有逾越遲誤期間者，除各稅法規定之責任外，稅捐稽徵法乃設有統一性之滯納金規定。滯納金，乃兼具有怠金及利息性質之金錢給付，其目的在於促使納稅義務人履行期限規定[72]。稅捐稽徵法第20條第1項規定：「依稅法規定逾期繳納稅捐應加徵滯納金者，每逾三日按滯納數額加徵百分之一滯納金；逾三十日仍未繳納者，移送強制執行。但因不可抗力或不可歸責於納稅義務人之事由，致不能依第二十六條、第二十六條之一規定期間申請延期或分期繳納稅捐者，得於其原因消滅後十日內，提出具體證明，向稅捐稽徵機關申請回復原狀並同時補行申請延期或分期繳納，經核准者，免予加徵滯納金。」此外，爲限制稅捐稽徵機關對於滯納金之課徵，新近立法的納稅者權利保護法第 7 條第 7 項規定：「第三項之**滯納金，按應補繳稅款百分之十五計算；並自該應補繳稅款原應繳納期限屆滿之次日起，至填發補繳稅款繳納通知書之日止，按補繳稅款，依各年度一月一日郵政儲金一年期定期儲金固定利率，按日加計利息，一併徵收。**」

---

72 此可參見司法院大法官釋字第746號解釋理由書：「稅捐收入係為滿足公共財政，實現公共任務所需之用。憲法第十九條規定人民有依法律納稅之義務，人民是否於法定期限內依法繳納稅捐，攸關國家財政稅收能否如期實現，進而影響國家施政措施之完善與否，社會秩序非僅據以維護，公共利益且賴以增進，所關極為重大（本院釋字第五八八號解釋參照），課徵期限實有貫徹執行之必要。系爭規定一及二規定，逾期繳納核定之遺產稅或贈與稅應納稅額者，每逾二日加徵應納稅額百分之一滯納金，最高三十日，計百分之十五（財政部八十二年一月五日台財稅第八一一六八八○一○號函參照）。**滯納金係為督促人民如期繳納稅捐，並填補國家財政稅收因人民逾期納稅所造成之公益損害，與怠金相類，兼具遲延利息之性質，與滯報金為行為罰之性質（本院釋字第六一六號解釋參照）不同，目的尚屬正當，與憲法並無牴觸。**」

Q：針對滯納金之遲誤給付，得否另行徵收利息？

A：

司法院大法官釋字第746號解釋，就此採取否定見解：「稅捐稽徵法第二十條規定：『依稅法規定逾期繳納稅捐應加徵滯納金者，每逾二日按滯納數額加徵百分之一滯納金；逾三十日仍未繳納者……。』及遺產及贈與稅法第五十一條第一項規定：『納稅義務人，對於核定之遺產稅或贈與稅應納稅額，逾第三十條規定期限繳納者，每逾二日加徵應納稅額百分之一滯納金；逾期三十日仍未繳納者……。』係督促人民於法定期限內履行繳納稅捐義務之手段，尚難認違反憲法第二十三條之比例原則而侵害人民受憲法第十五條保障之財產權。財政部中華民國八十年四月八日台財稅第七九〇四四五四二二號函及八十一年十月九日台財稅第八一一六八〇二九一號函，就復查決定補徵之應納稅額逾繳納期限始繳納半數者應加徵滯納金部分所為釋示，符合稅捐稽徵法第二十條、第三十九條第一項、第二項第一款及遺產及贈與稅法第五十一條第一項規定之立法意旨，與憲法第十九條之租稅法律主義尚無牴觸。遺產及贈與稅法第五十一條第二項規定：『前項應納稅款及滯納金，應自滯納期限屆滿之次日起，至納稅義務人繳納之日止，依郵政儲金匯業局一年期定期存款利率，按日加計利息，一併徵收。』**就應納稅款部分加徵利息，與憲法財產權之保障尚無牴觸；惟就滯納金部分加徵利息，欠缺合理性，不符憲法比例原則，與憲法保障人民財產權之意旨有違，應自本解釋公布之日起失其效力。**」

二、租稅核課期間

（一）核課期間之意義

稅捐債權債務關係作爲一種法定債之關係，原則上係在特定經濟活動，亦即應稅行爲（fait générateur）完成以後當然發生，不以當事人之意思表示作爲成立之要件。然而，實際上在稅捐稽徵領域中，爲便利各種稅法上之權利義務關係明確化，在多數案例中機關仍可能作成行政處分，以確定此等權利義務關係之內容，並便於進行強制執行。既然存在著「應稅行爲發生」以及「機關依法核課稅捐」兩個行爲階段，則此等階段之存續期間，也就是機關依法核課稅捐之期間，被稱作「核課期間」[73]。

（二）核課期間之內容

稅捐債權債務關係的應稅事實發生後，稅捐稽徵機關應當在一定期間內發單核課，逾越此一期間後即喪失課稅權力，此等核課期間規定於我國稅捐稽徵法第 21 條：「（第一項）稅捐之核課期間，依下列規定：一、依法應由納稅義務人申報繳納之稅捐，已在規定期間內申報，且無故意以詐欺或其他不正當方法逃漏稅捐者，其核課期間爲五年。二、依法應由納稅義務人實貼之印花稅，及應由稅捐稽徵機關依稅籍底冊或查得資料核定課徵之稅捐，其核課期間爲五年。三、未於規定期間內申報，或故意以詐欺或其他不正當方法逃漏稅捐者，其核課期間爲七年。（第二項）在前項核課期間內，經另發現應徵之稅捐者，仍應依法補徵或並予處罰；在核課期間內未經發現者，以後不得再補稅處罰。」一旦逾越本法所規定的五年或七年期間之後，除非另有法律規定，稅捐稽徵機關即喪失核課權限[74]。

（三）核課期間之法律性質

不過，在稅法領域中，稽徵機關被要求應當在應稅事實發生五年或七年內作成核課處分，此一五年或七年期間，學理上容有相當之爭議：究竟爲消滅時效，或者是除斥期間？至少存在著兩種說法的對峙。

73 顏慶章、薛明玲、顏慧欣，租稅法，作者自版，2010年，頁122。

74 核課期間的起算日期，因影響重大，因此稅捐稽徵法第22條特別對之設有明文：「前條第一項核課期間之起算，依左列規定：一、依法應由納稅義務人申報繳納之稅捐，已在規定期間內申報者，自申報日起算。二、依法應由納稅義務人申報繳納之稅捐，未在規定期間內申報繳納者，自規定申報期間屆滿之翌日起算。三、印花稅自依法應貼用印花稅票日起算。四、由稅捐稽徵機關按稅籍底冊或查得資料核定徵收之稅捐，自該稅捐所屬徵期屆滿之翌日起算。」

1. 甲說：消滅時效說

核課期間之客體，爲公法上之請求權，而非形成權。因此，應當屬於消滅時效之屬性[75]。本書見解基本採取此說，認爲消滅時效較爲合乎此一期間之本質。

2. 乙說：除斥期間說

此等期間，本於公法上權利義務關係應當明確確定的要求，應屬除斥期間。其中日本早期學說即較爲傾向此說[76]。

以上兩說，區別實益在於：倘若將此一期間解釋爲消滅時效，則在時效之計算上，面對時效中斷或不完成之情形者，得以適用或類推民法有關時效中斷不完成之規定，事實上延長期間。反之，倘若採取除斥期間說，則此一五年或七年之期間應當爲法定之不變期間，不發生時效中斷或不完成的問題。就此而言，稅捐稽徵法第 21 條並未設有時效中斷或不完成之規定，似較爲傾向後說[77]。不過，本書認爲，除斥期間之說在實務上造成

75 法國稅法，原則上係將我國所規定之核課期間以消滅時效視之。並且在法國租稅程序法典第五章設有「時效期限」（Les délais de prescription）之規定。尤以其中第L169條為最常用：「針對個人所得稅及公司稅，稅捐稽徵機關所享有之重核期限，自應稅事實發生年度之次年度起算，第三年年度終止日為止。」

76 顏慶章、薛明玲、顏慧欣，租稅法，作者自版，2010年，頁124。

77 對此一問題，財政部曾去函法務部詢問，倘若在稅捐稽徵程序中類推適用民法有關消滅時效中斷、不完成之規定，是否適法？法務部為此在民國107年9月27日作成法律字第10703511330號函：「稅捐稽徵法第21條就核課期間倘立法當時即係有意不為規定，則自無再予類推適用其他行政法規時效停止進行規定之餘地，**縱非立法當時有意不為規定，惟因其係不利納稅義務人，應不得類推適用其他行政法規定，而宜於稅捐稽徵法明文規定，俾符租稅法律主義之意旨。**」本書作者對於此一見解，亦即對於稅法領域出現法律漏洞不得類推，並不同意。我國稅捐稽徵實務中，稅法事實上並非完全排斥類推，已如前述。針對公法領域之類推，司法院大法官釋字第474號亦曾經指出：「公務人員參加公務人員保險，於保險事故發生時，有依法請求保險金之權利，該請求權之消滅時效，應以法律定之，屬於憲法上法律保留事項。中華民國四十七年八月八日考試院訂定發布之公務人員保險法施行細則第七十條（八十四年六月九日考試院、行政院令修正發布之同施行細則第四十七條），逕行規定時效期間，與上開意旨不符，應不予適用。**在法律未明定前，應類推適用公**

之流弊甚爲明顯[78]。就核課期間而言，本質上亦非形成權之行使，似仍以消滅時效見解爲宜。而其時效之中斷、不完成等節，當可根據司法院大法官釋字第 474 號解釋見解，類推適用民法規定。針對此一稅法制度中長年存在的爭議，稅捐稽徵法在民國 110 年的修正中，明顯地採取了「消滅時效說」的立場，並在其中第 21 條第 3 項設有明文規定：「稅捐之核課期間屆滿時，有下列情形之一者，其時效不完成：一、納稅義務人對核定稅捐處分提起行政救濟尚未終結者，自核定稅捐處分經訴願或行政訴訟撤銷須另爲處分確定之日起算一年內。二、因天災、事變或不可抗力之事由致未能作成核定稅捐處分者，自妨礙事由消滅之日起算六個月內。」

（四）核課期間之起算

稅捐核課期間，既然直接影響到租稅債之關係能否實現，特別在近年法制就其性質有所修正之際，則涉及期間計算的制度基本規範仍應當予以討論。就此稅捐稽徵法第 22 條設有核課期間起算之規定：「前條第一項核課期間之起算，依下列規定：一、依法應由納稅義務人申報繳納之稅捐，已在規定期間內申報者，自申報日起算。二、依法應由納稅義務人

務人員退休法、公務人員撫卹法等關於退休金或撫卹金請求權消滅時效期間之規定。至於時效中斷及不完成，於相關法律未有規定前，亦應類推適用民法之規定，併此指明。」顯見在公法領域中，類推並非完全受到排除。至於以「時效中斷、不完成乃對人民不利益，因此不宜類推」，則未免過於簡化核課期間之法律關係。蓋以稅捐稽徵核課，係羈束關係，有其公益原因，難以單純之利益、不利益判斷。

78 因五年或七年之時效，事實上甚為短促，乃使得實務上發展出各種畸形的變通做法迎合稽徵實務。我國稅務訴訟實務中爭議多年的問題，也就是撤銷訴訟之撤銷客體究竟為「原處分」或者「復查決定」這一爭議，事實上就是來自於核課期間無法主張中斷不完成所導致的結果。此可參見財政部50年5月25日台財稅發第03497號函規定：「……查訴願決定『原處分撤銷』係指撤銷復查決定之處分而言，復查決定既因訴願決定而撤銷，則原處分之稽徵機關應依照訴願決定意旨就原核定之所得額及應納稅額『重行查核』，此項重行查核即係踐行另一『復查』程序，故所作之『復查決定』處分已屬另一新處分，訴願人對此項新處分如仍有不服，得逕依法提起訴願及行政訴訟。」參見黃源浩，論稅務訴訟之改革：納稅者權利保護法遺漏的一章，法學叢刊，第248期，頁10-12。

申報繳納之稅捐，未在規定期間內申報繳納者，自規定申報期間屆滿之翌日起算。三、印花稅自依法應貼用印花稅票日起算。四、由稅捐稽徵機關按稅籍底冊或查得資料核定徵收之稅捐，自該稅捐所屬徵期屆滿之翌日起算。五、土地增值稅自稅捐稽徵機關收件日起算。但第六條第三項規定案件，自稅捐稽徵機關受法院或行政執行分署通知之日起算。六、稅捐減免所依據處分、事實事後發生變更、不存在或所負擔義務事後未履行，致應補徵或追繳稅款，或其他無法依前五款規定起算核課期間者，自核課權可行使之日起算。」另外，出於考慮到稅捐債權債務關係與其他公法上請求權之差異，核課期間之計算也在稅捐稽徵法規定中，明示排除行政程序法的相規定適用（參見稅捐稽徵法第 21 條第 5 項）。

三、租稅徵收期間

（一）徵收期間之概念

稅捐稽徵機關一旦作成核課決定，本於行政處分之執行力，即得以在納稅義務人未依限履行的前提下，發動強制執行權力，將案件移送於法務部行政執行署所屬各地區行政執行處強制執行[79]。爲避免執行延宕不決，本法亦另外設置有徵收期間之規定[80]。此可參見稅捐稽徵法第 23 條第 1 項至第 4 項：「（第一項）**稅捐之徵收期間爲五年，自繳納期間屆滿之翌日起算；應徵之稅捐未於徵收期間徵起者，不得再行徵收。但於徵收期間屆滿前，已移送執行，或已依強制執行法規定聲明參與分配，或已依破產法規定申報債權尚未結案者，不在此限**。（第二項）應徵之稅捐，有第十條、第二十五條、第二十六條或第二十七條規定情事者，前項徵收期間，自各該變更繳納期間屆滿之翌日起算。（第三項）依第三十九條暫緩移送執行或其他法律規定停止稅捐之執行者，第一項徵收期間之計算，應扣除

79 此一執行案件，係屬公法上金錢給付之強制執行，參見蕭文生，行政法：基礎理論與實務，五南圖書，頁507。

80 顏慶章、薛明玲、顏慧欣，租稅法，作者自版，2010年，頁127。

暫緩執行或停止執行之期間。（第四項）稅捐之徵收，於徵收期間屆滿前已移送執行者，自徵收期間屆滿之翌日起，五年內未經執行者，不再執行，其於五年期間屆滿前已開始執行，仍得繼續執行；但自五年期間屆滿之日起已逾五年尚未執行終結者，不得再執行。」

（二）稅法上「僵屍債權」之處理

理論上，稅捐稽徵機關對納稅義務人欠繳應納稅額予以追究徵收、強制執行，乃稅捐稽徵機關的法定義務。同時，本於量能課稅、平等負擔的憲法誡命，稅捐稽徵機關對於已經成立的租稅債權債務關係亦不得任意因為徵收成本等考慮放棄稽徵。但是，事實上因為各種社會經濟因素，稽徵行政作業經常面臨著諸多理論上存在、實際上根本難以徵起的稅捐債權。因此，出於法律秩序安定的考慮，我國稅法制度仍然設有各項期間限制。其中稅捐稽徵機關對於年久日深、實際上根本不存在徵起可能性的租稅債務（例如，公司未經過正常清算解散程序，負責人即將公司棄之不顧、事實上停業之情形。理論上，這樣的公司只要未解散，仍然每年會發生「形式上」的租稅債權。尤其是在推計課稅的制度作用之下，這些未進行稅捐申報公司仍然可能被稽徵機關根據同業利潤標準設算出應納稅額，即便其根本已經停止營業。這樣的公司只存在於紙上，可謂係「僵屍公司」。國稅局對其所得主張之租稅債權，可謂係「僵屍債權」），稅捐稽徵法亦設有特別規定。這指的是稅捐稽徵法第 23 條第 5 項規定：「本法中華民國九十六年三月五日修正前已移送執行尚未終結之案件，自修正之日起逾五年尚未執行終結者，不再執行。但截至一百零六年三月四日納稅義務人欠繳稅捐金額達新臺幣一千萬元或執行期間有下列情形之一者，仍得繼續執行，其執行期間不得逾一百二十一年三月四日[81]：一、行政執行分署依行

81 事實上，這些租稅債權可能連民法第125條的長期時效期間都已經逾越。人死債不爛，公司已經事實上收掉了多年，還在追償欠繳稅額，可謂係台灣法制非常特別的現象。就此而言，稅捐稽徵法歷次修法打算對於這樣歹戲拖棚的「債權」徹底解決，但在修法之際均面臨相當之政治壓力。其結果，就是年年浪費寶貴的行政資源、人力進行無意義的稽查。

政執行法第十七條規定，聲請法院裁定拘提或管收義務人確定。二、行政執行分署依行政執行法第十七條之一第一項規定，對義務人核發禁止命令。」

參、稅捐緩繳、分期繳納與租稅核退請求權

一、稅捐緩繳

納稅義務人負擔公法上債務之終局繳納義務，本屬常態。但是，個別納稅義務人也可能因遭遇天災地變等不可抗力因素，以致於就稅捐債務出現一時性的困難。爲避免因此等一時性之經濟困難導致更加嚴重的經濟問題以及稽徵機關的行政資源虛耗，稅捐稽徵法特別設有稅捐緩繳制度[82]。稅捐稽徵法第 26 條規定：「（第一項）納稅義務人因天災、事變、不可抗力之事由或爲經濟弱勢者，不能於法定期間內繳清稅捐者，得於規定納稅期間內，向稅捐稽徵機關申請延期或分期繳納，其延期或分期繳納之期間，不得逾三年。（第二項）前項天災、事變、不可抗力之事由、經濟弱勢者之認定及實施方式之辦法，由財政部定之。」[83] 又緩繳制度並非完全免除稅捐債務，同時在緩繳程序中，納稅義務人亦不得任意續行違反緩繳決定之內容。否則稅捐稽徵機關本於保全國家債權之考慮，得以就剩餘未繳債務要求提前清償。此可參見稅捐稽徵法第 27 條規定：「納稅義務人對核准延期或分期繳納之任何一期應繳稅捐，未如期繳納者，稅捐稽徵機關應於該期繳納期間屆滿之翌日起三日內，就未繳清之餘額稅款，發單通知納稅義務人，限十日內一次全部繳清；逾期仍未繳納者，移送法院強制執行。」

82 顏慶章、薛明玲、顏慧欣，租稅法，作者自版，2010年，頁128。

83 就此，李惠宗教授認為緩繳制度之目的，在於緩和租稅之債作為法定債務在個案中可能呈現的嚴苛性，本於「法律不強人所難」之原則而設。參見李惠宗，稅法方法論，元照出版，2021年，頁51。

二、稅捐分期繳納

在我國稅捐稽徵實務中，納稅義務人因為支付困難，除了根據前述稅捐稽徵法第 26 條規定請求緩繳之外，事實上亦經常請求准予分期繳納。不過這樣的要求通常被掩藏在租稅和解或者行政執行程序中，並無法律之直接規定。民國 110 年稅捐稽徵法修正，又適逢因新冠肺炎疫情所造成社會、經濟秩序動盪，稅捐主管機關乃透過提案增訂稅捐稽徵法，明確將稅捐分期繳納規定於稅捐稽徵法第 26 條之 1：「（第一項）納稅義務人有下列情形之一，不能於法定期間內繳清稅捐者，得於規定納稅期限內，向稅捐稽徵機關申請分期繳納：一、依法應繳納所得稅，因客觀事實發生財務困難。二、經稅捐稽徵機關查獲應補徵鉅額稅捐。三、其他經直轄市政府、縣（市）政府或鄉（鎮、市）公所認定符合分期繳納地方稅之事由。（第二項）前項經核准分期繳納之期間，不得逾三年，並應自該項稅款原訂繳納期間屆滿之翌日起，至繳納之日止，依各年度一月一日郵政儲金一年期定期儲金固定利率，按日加計利息，一併徵收；應繳稅款個人在新臺幣一百萬元以上，營利事業在新臺幣二百萬元以上者，稅捐稽徵機關得要求納稅義務人提供相當擔保。但其他法律或地方自治團體就主管地方稅另有規定者，從其規定。（第三項）第一項第一款因客觀事實發生財務困難與第二款鉅額稅捐之認定、前項納稅義務人提供相當擔保之範圍及實施方式之辦法，由財政部定之；第一項第三款分期繳納地方稅之事由及實施方式之辦法，由各級地方政府依社會經濟情況及實際需要定之。」

三、租稅核退請求權

租稅核退請求權行使之前提，在於出現「溢繳稅款」，亦即繳納義務人，特別是納稅義務人繳納超過其應納稅額之稅款的情形[84]。其溢繳稅款造成之財產利益在納稅義務人與稅捐稽徵機關間之移動。該財產利益的移

84 顏慶章、薛明玲、顏慧欣，租稅法，作者自版，2010年，頁130。

動因無法律上原因，而構成公法上之不當得利。此一權利，主要規定在稅捐稽徵法第 28 條第 1 項、第 2 項：「（第一項）因適用法令、認定事實、計算或其他原因之錯誤，致溢繳稅款者，納稅義務人得自繳納之日起十年內提出具體證明，申請退還；屆期未申請者，不得再行申請[85]。但因可歸責於政府機關之錯誤，致溢繳稅款者，其退稅請求權自繳納之日起十五年間不行使而消滅。（第二項）稅捐稽徵機關於前項規定期間內知有錯誤原因者，應自知有錯誤原因之日起二年內查明退還。」

> **Q**：甲於民國 85 年取得 A 土地，因地政機關原公告地價錯誤，致甲每年均溢繳地價稅，在 95 年請求依稅捐稽徵法第 28 條請求退稅被駁回，不服經訴願、行政訴訟判決確定。嗣稅捐稽徵法第 28 條增列第 2 項至第 5 項，甲可否據此提起行政訴訟救濟？請具理由說明之。（105 東吳）

A：

（一）租稅核退請求權之意義

納稅義務人作為稅捐債權債務關係之債務人，其債務之發生原則上乃以應稅事實發生之際當然發生，機關之課稅處分，理論上僅係確認該等債權債務關係之內容，尤其應納數額。倘若此一核課處分有事實認定或法律適用錯誤，導致溢納應納稅款，則納稅義務人得以根據稅捐稽徵法第 28 條規定，請求返還該稅款，學理上稱為租稅核退請求權。

（二）租稅核退請求權之增補

又我國稅捐稽徵法第 28 條，原本僅規定租稅核退請求權之要件，

85 根據同條第4項規定，應加計利息：「第一項規定溢繳之稅款，納稅義務人以現金繳納者，應自其繳納該項稅款之日起，至填發收入退還書或國庫支票之日止，按溢繳之稅額，依各年度一月一日郵政儲金一年期定期儲金固定利率，按日加計利息，一併退還。」

未加以進一步細緻化。嗣後民國 95 年經修改，增補其中第 2 項至第 5 項。其中第 2 項規定為：「納稅義務人因稅捐稽徵機關適用法令錯誤、計算錯誤或其他可歸責於政府機關之錯誤，致溢繳稅款者，稅捐稽徵機關應自知有錯誤原因之日起二年內查明退還，其退還之稅款不以五年內溢繳者為限。」民國 110 年修正，該項改為現行規定：「稅捐稽徵機關於前項規定期間內知有錯誤原因者，應自知有錯誤原因之日起二年內查明退還。」

（三）本件情形

1. 又按本件情形，納稅義務人因機關公告地價錯誤，致使溢繳地價稅，應屬稅捐稽徵法第 28 條第 2 項所稱之「因稅捐稽徵機關適用法令錯誤、計算錯誤或其他可歸責於政府機關之錯誤」，本即應由機關主動依職權退稅，並無疑義。
2. 惟有問題者，在於本件納稅義務人曾於稅捐稽徵法第 28 條增修之前提起租稅核退請求之訴遭敗訴確定。則問題應當在於，此一敗訴確定是否使該一稅捐稽徵法律關係發生終局確定效果？就此而言，我國實務曾有肯定見解，此可參見行政法院 45 年判字第 60 號判例[86]：「官署之行政處分，經人民依行政爭訟之手段請求救濟，而經受理訴願之官署，就實體上審查而告確定，或經行政法院就實體上判決確定者，即兼有形式上及實質上之確定力。當事人對同一事項，既不得再行爭執，而為該處分之官署及其監督官署，亦不能復予變更。」依如此見解，本件似乎已經發生實質確定之效果，無從續行爭訟。
3. 不過，國內行政法學者多半認為，行政處分除公益等特殊原因外，並不因判決確定發生實質確定效果。就此而言，應當無礙於機關依職權返還溢納稅款。倘若機關未予返還，應容許納稅義務人透過行

86 經最高行政法院91年8、9月份庭長法官聯席會議決議，嗣後不再援用。

政訴訟再審之訴解決之。就此，稅捐稽徵法在民國 110 年修正，增補第 28 條第 3 項規定「納稅義務人對核定稅捐處分不服，依法提起行政救濟，經行政法院實體判決確定者，不適用前二項規定」，即本此意旨。

（一）租稅核退請求權之法律性質

國內多數見解，均認爲稅捐稽徵法第 28 條之規定，乃公法上不當得利之一種類型。此可參見最高行政法院 103 年度判字第 249 號行政判決要旨：「按因課稅事實錯誤導致適用法令錯誤而溢繳稅款，亦屬稅捐稽徵法第二十八條規定所稱之『適用法令錯誤』。又營業稅係對中華民國境內銷售貨物或勞務及進口貨物所課之稅捐，以有銷售貨物或勞務及進口貨物爲其稅捐債務發生之要件。是以無銷售貨物或勞務或進口貨物之事實，並無營業稅之稅捐債務存在，仍繳納營業稅之納稅義務人，即屬因適用法令錯誤而溢繳稅款，得依上開稅捐稽徵法第二十八條第一項及第二項規定，申請退還。**此種情形，性質上屬納稅義務人向稅捐稽徵機關請求返還公法上之不當得利**。」相同見解，尚可以參見行政法院 86 年 8 月份庭長法官聯席會議決議：「按稅捐稽徵法第二十八條關於納稅義務人因稅捐稽徵機關適用法令錯誤或計算錯誤而溢繳之稅款，得自繳納之日起五年內申請退還，逾期不得再行申請之規定，其性質爲公法上不當得利返還請求權之特別時效規定，至請求返還之範圍如何，該法未設明文，應屬法律漏洞，而須於裁判時加以補充。查依稅捐稽徵法第三十八條第二項、第三項、第四十八條之一第二項及參酌民法第一百八十二條第二項規定之同一法理，稅捐稽徵機關因適用法令錯誤或因計算錯誤而命納稅義務人溢繳之稅款，**應自納稅義務人繳納溢繳稅款之日起，至塡發收入退還書或國庫支票之日止，按退稅額，依繳納稅款之日郵政儲金匯業局之一年期定期存款利率，按日加計利息，一併退還**。至稅捐稽徵法第二十八條雖無加計利息退還之規定，並不能解釋爲該法條就納稅義務人申請退還之溢繳稅款，禁止加計利息返還；又同法第三十八條第二項，乃就納稅義務人於行政救濟期間亦享有加計利息請求權之特別規定，與同法第二十八條規定之事項不同，二者並無特別法與普通法之關係，自無排除非經行政救濟程序而申請退還溢繳稅款者之加計利息請求權之效力，否則不啻鼓勵人民提起行政爭訟，與疏減訟源之訴訟原則亦有未符。」

Q：課稅處分認定事實錯誤，納稅義務人得否援引稅捐稽徵法第 28 條第 2 項規定，請求退稅？

A：

民國 65 年 10 月 22 日制定公布之稅捐稽徵法第 28 條規定：「納稅義務人對於因適用法令錯誤或計算錯誤溢繳之稅款，得自繳納之日起五年內提出具體證明，申請退還；逾期未申請者，不得再行申請。」其性質上為公法上不當得利規定（參見本院 86 年度 8 月份庭長評事聯席會議決議）。該規定嗣於 98 年 1 月 21 日修正：「（第一項）納稅義務人自行適用法令錯誤或計算錯誤溢繳之稅款，得自繳納之日起五年內提出具體證明，申請退還；屆期未申請者，不得再行申請。（第二項）納稅義務人因稅捐稽徵機關適用法令錯誤、計算錯誤或其他可歸責於政府機關之錯誤，致溢繳稅款者，稅捐稽徵機關應自知有錯誤原因之日起二年內查明退還，其退還之稅款不以五年內溢繳者為限。」其修正係增列退稅原因，並就溢繳稅款發生之不同原因，規定不同之應退還稅款期間。其中第 2 項增列「其他可歸責於政府機關之錯誤」為退稅原因，且明定因稅捐稽徵機關適用法令錯誤、計算錯誤或其他可歸責於政府機關之錯誤，致溢繳稅款者，其退還之稅款不限於五年內溢繳部分，均係作有利於納稅義務人之修正。此部分退稅規定具公法上不當得利性質，自不因而受影響，納稅義務人得據以請求退還溢繳之稅款。

稅捐稽徵機關本於所認定之事實，適用法令作成課稅處分，其事實認定必須正確，法令適用始可能正確。事實認定錯誤，法令適用自必錯誤。**因此，稅捐稽徵法第 28 條第 2 項所稱之「適用法令錯誤」，法律文義包含因事實認定錯誤所致適用法令錯誤之情形**。復因申請復查及提起訴願、行政訴訟，有法定期間之限制（稅捐稽徵法第 35 條第 1 項、訴願法第 14 條第 1 項及行政訴訟法第 106 條第 1 項）。然而稅捐稽徵機關於稅捐核課期間內，發現課稅處分所據事實以外之課稅事實者，卻得依稅捐稽徵法第 21 條第 2 項規定，對納稅義務人另行補徵稅捐。兩者相較，顯失公平。**為求平衡，應許納稅義務人以課稅處分認定事實錯誤，請求退還溢繳之稅款。稅捐稽徵法第 28 條第 2 項之「適用法令錯誤」，即無予以限縮解釋，排除認定事實錯誤，致適用法令錯誤情形之理由**。從而，稅捐稽徵機關之課稅處分認定事實錯誤時，納稅義務人得援引稅捐稽徵法第 28 條第 2 項規定，請求退還溢繳之稅款（最高行政法院 105 年 7 月份第 1 次庭長法官聯席會議決議，決議第二段曾經過修正[87]）。

（二）稅捐核退請求決定不服之救濟

納稅義務人因法令適用錯誤或者事實認定錯誤，導致溢繳稅款，得以根據稅捐稽徵法第 28 條所規定之租稅核退請求權請求退還溢繳稅款，已如前述。然而在推理上發生問題者，在於此一請求訴願失敗以後，是否必經訴願程序？抑或得以根據行政訴訟法第 8 條直接提起一般給付訴訟？在我國學說及實務上，存有相當之歧見。

1. 甲說：不得提起一般給付訴訟

此說基本認為，申請退稅遭拒絕，與申請授益行政處分遭機關拒絕，係屬相同之法律關係。因此，納稅義務人僅能透過行政訴訟法第 5 條第2項提起「申請駁回之訴」，且以經過訴願程序為必要[88]。我國實務上，最高行政法院傾向此說，此可參見最高行政法院 96 年度判字第 1859 號判決：「按關於已納稅捐之退還，於我國法制上，其或係因稅捐稽徵機關之

87 最高行政法院106年12月份第2次庭長法官聯席會議決議。

88 參見行政訴訟法第5條第2項規定：「人民因中央或地方機關對其依法申請之案件，予以駁回，認為其權利或法律上利益受違法損害者，經依訴願程序後，得向行政法院提起請求該機關應為行政處分或應為特定內容之行政處分之訴訟。」

核課處分經其自行依職權或因行政救濟之結果予以撤銷，或係因稅捐稽徵機關依人民依法申請而為；其中若屬於由人民依法向稅捐稽徵機關申請，並其申請事項係須由稅捐稽徵機關就應否核退、應核退之稅額及核退之對象等事項作成核定者，**則於稅捐稽徵機關作成准退還稅款之行政處分前，人民原則上並不得依行政訴訟法第八條之規定，逕向行政法院提起一般給付訴訟，訴請稅捐稽徵機關返還稅款。**」

2. 乙說：應提起一般給付訴訟

在我國學說上，有學者引述德國法制，認為請求核退稅捐不必以授益處分之形式為之，得以在未經過訴願程序之情形下，直接根據行政訴訟法第8條提起一般給付之訴[89]。**針對此二種救濟途徑，本書亦較傾向採取一般給付訴訟之救濟途徑，不過理由略有不同**。本書作者一向認為，我國租稅相關訴訟，一直援用一般行政處分之救濟模式，以行政處分之撤銷作為主要之救濟手段。殊不知稅務訴訟，納稅義務人之爭議真意，經常不是「不必繳稅」而是「不應繳那麼多稅」，也就是傾向於數額之爭議或確認[90]。這類爭議原本就不必強與行政處分相連結。因此，在租稅核退之關係中，推理上亦無必要循授益處分申請駁回訴訟之爭訟途徑進行。

Q：納稅義務人依稅捐稽徵法第28條規定，非經行政救濟程序，請求返還因稅捐稽徵機關適用法令錯誤而溢繳之稅款時，該返還請求之法律性質為何？請求時可否主張加計利息？（95台大稅法）

89 行政訴訟法第8條第1項規定：「人民與中央或地方機關間，因公法上原因發生財產上之給付或請求作成行政處分以外之其他非財產上之給付，得提起給付訴訟。因公法上契約發生之給付，亦同。」進一步討論，參見盛子龍，納稅義務人自行溢繳稅款之退稅請求權與行政救濟，中原財經法學，第18期，頁21以下。

90 參見黃源浩，論稅務訴訟之改革：納稅者權利保護法遺漏的一章，法學叢刊，第248期，頁18-20。

A：

（一）租稅核退請求權：公法上不當得利之一種。

1. 按公法上債權債務關係，均係法定有因之債，乃以特定之公權力行為（課稅處分）之存在，作為合法課徵之基礎。因此，雖然租稅之債無待於課稅處分作成即發生，但其執行及清償，仍以有課稅處分存在為前提，合先述明。
2. 又就此而言，公法上債之關係中，無法律上原因受有利益，或雖原有法律上原因而其嗣後消失，使債之關係相對人發生損害者，並非不可想像。此乃公法上不當得利之一也。納稅義務人根據稅捐稽徵法第28條請求返還溢納稅捐，即屬公法上不當得利請求權之性質。

（二）利息請求：行政法院86年度庭長法官聯席會議決議。

1. 公法上不當得利之返還，得否附帶請求利息？實務上存有不同見解。過去曾有實務見解認為，公法之債及其附隨之債，均以法有明文規定者為限。因此在稅捐稽徵法未有明文規定之情形下，並不發生利息返還請求權。
2. 惟行政法院86年度庭長法官聯席會議決議對此採不同見解，承認納稅義務人亦得附帶請求清償利息。現今稅捐稽徵法亦已增訂第28條第3項：「前二項溢繳之稅款，納稅義務人以現金繳納者，應自其繳納該項稅款之日起，至填發收入退還書或國庫支票之日止，按溢繳之稅額，依繳納稅款之日郵政儲金一年期定期儲金固定利率，按日加計利息，一併退還。」

（三）租稅核退請求權之制度漏洞

在我國稅法制度中，納稅義務人對於課稅處分不服認爲有違法情形者，本得以透過行政訴訟之程序撤銷該一違法處分。反之，倘若當事人已經經過救濟程序而未獲有救濟結果，亦應認爲該一處分已經發生形式確定，原則不應當容許納稅義務人再行提起爭訟。但是稅捐稽徵法有關租稅核退請求權的相關規定，似乎又賦予納稅人另闢蹊徑的救濟途徑。誠然，課稅處分作爲行政處分之一種類型，僅會發生形式確定而不會發生實質確定，救濟期間的經過本不會影響機關以主動之職權撤銷變更確有瑕疵之行政處分。但是以稽徵法第 28 條之規定內容觀察，似乎並未設有嚴格之要件，尤其爲明確說明有無消滅時效之適用，其制度功能實令人存疑。爲避免此一制度在實際運用中的濫用，本書主張應將之定性爲「具有公法上不當得利性質的特殊救濟程序」，僅有在例外的情形下得以發動，並且類推適用訴願法有關訴願程序再審之事由，以免造成法秩序之不斷波動，違背救濟法制之基本法理。

第五節　納稅義務

壹、共有財產之納稅義務

一、共有財產之稅捐債務人

納稅義務人之納稅義務，經常會因爲經濟活動之態樣不同，或者財產之歸屬狀態不同而異。倘若納稅義務人所擁有之財產爲共有財產，則針對該一財產所發生之財產稅，就其納稅義務言，亦可能發生共有問題。此可參見稅捐稽徵法第 12 條規定：「**共有財產，由管理人負納稅義務；未設管理人者，共有人各按其應有部分負納稅義務，其爲公同共有時，以全體公同共有人爲納稅義務人。**」同時，公同共有人之稅捐繳款通知書，亦得對其中一人送達（稅捐稽徵法第 19 條第 3 項）。

二、共有財產未設管理人時，納稅義務人

不過，共有財產倘若未設有管理人，則因該財產所發生的稅捐債務清償義務，即無法適用稅捐稽徵法第 12 條之規定。此可參見財政部 68 年 6 月 24 日台財稅第 34348 號函：「未設管理人之公同共有土地，其應納稅捐以全體公同共有人爲納稅義務人，全體公同共有人係對應納稅捐負連帶

責任。納稅義務人之一將其自行分攤應納部分之稅款，提存於法院，自不能視爲應納稅款已繳納。惟稅捐機關於移送法院（註：已改由行政執行處執行）執行時，可先向提存法院提取該部分稅款後，由應納稅額中扣除，以其餘額移送執行；如不予提取該項提存之稅款者，則仍以全額欠稅移送執行。」

三、公法上連帶債務之效果

一旦納稅義務人之間成立共同連帶債務，這就意味著稅捐稽徵機關得以援用民法上有關聯帶債權債務之關係之規定，向多數債務人之全部或一部，請求清償租稅債之關係之全部或一部。這可以參見財政部 74 年 10 月 30 日台財稅第 24163 號函：「**公同共有土地未設管理人者，依稅捐稽徵法第 12 條後段規定，以全體公同共有人爲納稅義務人，全體公同共有人係對應納稅捐負連帶責任，並經本部 68 台財稅第 34348 號函核釋有案。依民法第 273 條第 1 項之規定，自得向連帶債務人中之一人或數人或其全體，同時或先後請求全部或一部之給付。**」事實上不僅公同共有關係所衍生的租稅債務。就此而言，在個人綜合所得稅之相關制度中，公法上連帶債務之關係即展現出此等連帶債務之特別屬性。原則上個人綜合所得稅係以家戶成員之總體所得爲客體，所謂的「納稅義務人」（家庭中通常爲所得較高的父母等）僅爲代收代付之關係，支付完畢以後再由家庭成員依其內部關係決定分擔比例。

Q：稅捐稽徵法第 19 條第 3 項規定，對公同共有人一人為送達，效力及於全體，是否違憲？

A：

司法院釋字第 663 號理由書（第三段）：「……稅捐稽徵法第十九條第三項規定，為稽徵稅捐所發之各種文書，『對公同共有人中之一人為送達者，其效力及於全體。』（下稱『系爭規定』）依系爭規定，稅捐稽徵機關對公同共有人所為核定稅捐之處分，無論是否已盡查明有無其他公同共有人之義務，並對不能查明其所在之公同共有人為公示送達，而皆以對已查得之公同共有人中之一人為送達，即對全體公同共有人發生送達之效力。考其立法意旨，乃係認為公同共有財產如祭祀公業等，其共有人為數甚夥且常分散各地，個別送達或有困難，其未設管理人者，更難為送達（立法院公報第六十五卷第七十九期第四十八、四十九頁參照），足見該項立法之目的旨在減少稽徵成本、提升行政效率等公共利益。

惟基於法治國家正當行政程序之要求，稅捐稽徵機關應依職權調查證據，以探求個案事實及查明處分相對人，並據以作成行政處分（行政程序法第三十六條參照），且應以送達或其他適當方法，使已查得之行政處分相對人知悉或可得知悉該項行政處分，俾得據以提起行政爭訟。而稅捐稽徵法第三十五條第一項規定，納稅義務人不服核定稅捐之處分時，若該處分載有應納稅額或應補徵稅額，應於繳款書送達後，繳納期間屆滿翌日起算三十日內，申請復查；若該處分未載應納稅額或應補稅額者，則納稅義務人應於核定稅額通知書送達後三十日內，申請復查。**準此，未受送達之公同共有人，依系爭規定，核定稅捐之處分應於他公同共有人受送達時，對其發生送達之效力，故其得申請復查之期間，亦應以他公同共有人受送達時起算。然因受送達之公同共有人未必通知其他公同共有人，致其他未受送達之公同共有人未必能知悉有核課處分之存在，並據以申請復查，且因該期間屬不變期間，一旦逾期該公同共有人即難以提起行政爭訟，是系爭規定嚴重侵害未受送達公同共有人之訴願、訴訟權。**」

貳、納稅義務之構成

一、共有財產之納稅義務人

（一）針對納稅義務人所可能具備的不同經濟或者財產狀況，稅捐稽徵法特別針對其納稅義務之構成，設有明文。首先係共有財產，由管理人負納稅義務，未設管理人者，共有人各按其應有部分負納稅義務。其爲公同共有時，以全體公同共有人爲納稅義務人[91]。

（二）倘若特定財產設有管理人時，原則上應當以管理人爲塡發稅單之對象，亦即行政處分名義上之相對人。未設管理人時，分別共有之財產，對各共有人按其應有部分，分別發單。至於公同共有之財產，由於各共有人之權利均及於共有物之全部而無應有部分可言，因此得對共有人之一人塡發稅單，命其繳納全部稅款。

二、清算人之納稅義務

（一）法人、合夥或非法人團體解散清算時，清算人於分配賸餘財產前，應依法按稅捐受清償之順序，繳清稅捐[92]。此係規定清算人基於清算團體負責人之身分，應代表該團體繳納團體本身之稅款。

（二）倘若清算人違反前述規定者，則應就未清繳之稅捐負繳納義務[93]。蓋以此時清算人成爲該未清繳稅捐之終局繳納義務人，稽徵機關應向清算人發單，使其負擔租稅債務終局清償之義務。

三、遺囑執行人等之納稅義務

（一）納稅義務人死亡，遺有財產者，其依法應繳納之稅捐，應由遺囑執行人、繼承人、受遺贈人或遺產管理人，依法按稅捐受清償之順序，繳清稅捐後，始得分割遺產或交付遺贈[94]。此係明定遺囑執行人等之代理納稅義務。惟此所謂稅捐，應不包括納稅義務人死亡而發生之遺產稅，因遺囑執行人等乃遺產稅之納稅義務人，無需再予代理納稅。

（二）納稅義務人死亡，遺有財產者，其依法應繳納之稅捐，應依稅

91 稅捐稽徵法第12條。
92 稅捐稽徵法第13條第1項。
93 稅捐稽徵法第13條第2項。
94 稅捐稽徵法第14條第1項。

捐稽徵法第 14 條第 1 項規定之順序，有遺囑執行人者，為遺囑執行人；無遺囑執行人者，為繼承人或受遺贈人；無遺囑執行人及繼承人，為依法選定之遺產管理人負繳納之義務。其應選定遺產管理人。於被繼承人死亡發生之日起六個月內未經選定報明法院者，或因特定原因，不能選定者，稅捐稽徵機關得依非訟事件法之規定，申請法院指定遺產管理人。

（三）此外，根據稅捐稽徵法第 14 條第 2 項規定，遺囑執行人、繼承人、受遺贈人或遺產管理人，違反前項規定者，應就未清繳之稅捐負繳納義務。此時遺囑執行人等成為該未清繳稅捐之繳納義務人，稽徵機關應對之發單課徵稅捐。

四、營利事業合併後之納稅義務

（一）營利事業因合併而消滅時，其在合併前之應納稅捐，應由合併後存續或另立之營利事業負繳納之義務[95]。原則上營利事業（特別是公司）合併以後，權利義務關係歸於同一主體。因此，稅捐債務亦由合併後主體承受。此一規定，不論係吸收合併抑或創立合併，均有其適用。

（二）又在合併後，則原則上應由合併後之營利事業獨立負擔其應納稅捐，乃屬當然。

參、稽徵文書之格式

一、稅捐繳納通知文書之記載內容

根據稅捐稽徵法之規定，繳納通知文書，應載明繳納義務人之姓名或名稱、地址、稅別、稅額、稅率、繳納期限等項，由稅捐稽徵機關填發[96]。

95 稅捐稽徵法第15條。
96 稅捐稽徵法第16條。

二、查對更正

（一）按稅捐行政爲大量行政，稽徵機關於報稅季節經常必須在短時間內處理大量行政案件。因此忙中有錯，在所難免。針對此等輕微瑕疵，納稅義務人如發現繳納通知文書有記載、計算錯誤或重複時，於規定繳納期間內，得要求稅捐稽徵機關查對更正[97]。

（二）**所謂「查對更正」，並非嚴格意義之行政救濟，僅爲簡便的瑕疵處理程序而已**[98]。所謂「記載、計算錯誤或重複」，指通知文書所表示之意思有與製發通知書之稽徵機關原來意思不符之誤記或誤算，或其他顯著之錯誤，以及對同一租稅客體，已發單通知繳納，又再發單通知。又在繳納期間外申請查對更正，解釋上並非法所不許，稽徵機關仍宜依職權予以查對。如有錯誤並應予以更正。

Q：王先生申報 90 年度綜合所得稅後，經原核定臺北市國稅局中正稽徵所核定補稅並製發限繳日期為 94 年 8 月 21 日至 94 年 8 月 30 日止之繳款書予王先生，該繳款書已合法送達。王先生不服核定，於 94 年 10 月 15 日申請復查，結果被承辦單位駁回。

請問：

（一）納稅義務人對於稅捐稽徵機關的繳納通知文書或核定處分，可以申請復查或查對更正，試按下列格式（作答時請自行在答案紙上畫出），於空格中回答復查與查對更正之不同：

（二）說明王先生的案件為何被駁回？（106 會計師）

---

97 稅捐稽徵法第17條。

98 這樣的簡便瑕疵處理，在行政程序法中亦存在，參見行政程序法第101條第1項規定：「行政處分如有誤寫、誤算或其他類此之顯然錯誤者，處分機關得隨時或依申請更正之。」

A：

（一）

	復查	查對更正
適用情況	納稅義務人不服稽徵機關所核定稅額，有下列情事者： 一、依核定稅額通知書所載有應納稅額或應補徵稅額者。 二、依核定稅額通知書所載無應納稅額或應補徵稅額者。 三、依第19條第3項規定受送達核定稅額通知書或以公告代之者。	稅捐稽徵法第17條規定：「納稅義務人如發現繳納通知文書有記載、計算錯誤或重複時，於規定繳納期間內，得要求稅捐稽徵機關，查對更正。」
行使期限	分別依繳納期間屆滿之翌日起、核定稅額通知書送達之翌日起、核定稅額通知書或公告所載應納稅額或應補徵稅額繳納期間屆滿之翌日起三十日內，申請復查。	稅單規定繳納期限內。

（二）本件納稅義務人不服核定稅捐之處分，既已合法送達，則應自繳納期限屆滿之翌日起，三十日內提起復查之請求。該處分繳納期限至8月30日，其翌日為8月31日。其復查提起之合法期間至9月29日屆至。因此遲至94年10月15日所提起之復查申請，於法不合。

第六節　稅捐救濟、執行以及裁罰

壹、稅捐稽徵法所規定之救濟程序

一、稅捐救濟程序之意義

租稅救濟程序，泛指納稅義務人或其他行政相對人，因不服稅捐稽徵機關所爲之稅法上決定，所提起的請求權利保護措施。此可參見稅捐稽徵法第 38 條第 1 項規定：「**納稅義務人對稅捐稽徵機關之復查決定如有不服，得依法提起訴願及行政訴訟。**」解釋上，稅捐救濟程序包括了復查、訴願以及行政訴訟程序。本書在後節另外會針對救濟程序，特別是訴願以及行政訴訟進行討論。

二、稅捐救濟與應納稅額之退補

所謂「稅捐救濟」乃指納稅義務人對於課稅決定不服提出之權利主張。因此，倘若獲得勝訴，則原則上應由機關依職權返還其誤納之稅額。此可以參見稅捐稽徵法第 38 條第 2 項規定：「**經依復查、訴願或行政訴訟等程序終結決定或判決，應退還稅款者，稅捐稽徵機關應於復查決定，或接到訴願決定書，或行政法院判決書正本後十日內退回；並自納稅義務人繳納該項稅款之日起，至填發收入退還書或國庫支票之日止，按退稅額，依各年度一月一日郵政儲金一年期定期儲金固定利率，按日加計利息，一併退還**[99]。」反面言之，倘若機關勝訴，則在不考慮有無不利益變更禁止原則的前提下，確立納稅義務人有應補稅捐之際，根據稅捐稽徵法第 38 第 3 項規定，亦應由機關依職權發單命納稅義務人補稅：「經依復查、訴願或行政訴訟程序終結決定或判決，應補繳稅款者，稅捐稽徵機關

99 此一規定之意旨在機關敗訴後應當依職權返還誤徵金額，解釋上不必當事人聲明返還，機關即應以職權為之。

應於復查決定，或接到訴願決定書，或行政法院判決書正本後十日內，塡發補繳稅款繳納通知書，通知納稅義務人繳納；並自該項補繳稅款原應繳納期間屆滿之次日起，至塡發補繳稅款繳納通知書之日止，按補繳稅額，依各年度一月一日郵政儲金一年期定期儲金固定利率，按日加計利息，一併徵收[100]。」

貳、稅捐強制執行

一、稅捐強制執行之意義

所謂稅捐強制執行，係指負擔納稅義務之納稅義務人，因受有行政處分而負擔公法上債務、未依法清償之際，由稅捐稽徵機關根據行政執行法等程序，實現公法債權之過程。原則上，稅捐稽徵機關並非公法上金錢債務之執行機關，因此執行程序大多係根據行政執行法進行。

二、暫緩移送強制執行

雖然在稅捐強制執行制度中，主要之執行機關為法務部行政執行署各地區之行政執行處，不過並不表示稅捐稽徵機關對於稅捐強制執行無任何決定空間，關鍵即在於稅捐稽徵法得以容許稅捐稽徵機關在一定條件下暫緩將未履行債務案件移送強制執行。此主要見諸稅捐稽徵法第 39 條：「（第一項）納稅義務人應納稅捐，於繳納期間屆滿三十日後仍未繳納者，由稅捐稽徵機關移送強制執行。但納稅義務人已依第三十五條規定申請復查者，暫緩移送強制執行。（第二項）前項暫緩執行之案件，除有下列情形之一者外，稅捐稽徵機關應移送強制執行：一、納稅義務人對復查

100 另應特別留意稅捐稽徵法第38條第4項：「本條中華民國一百年一月十日修正施行前，經復查、訴願或行政訴訟程序終結，稅捐稽徵機關尚未送達收入退還書、國庫支票或補繳稅款繳納通知書之案件，或已送達惟其行政救濟利息尚未確定之案件，適用修正後之規定。但修正前之規定有利於納稅義務人者，適用修正前之規定。」

決定之應納稅額繳納三分之一，並依法提起訴願。二、納稅義務人依前款規定繳納三分之一稅額確有困難，經稅捐稽徵機關核准，提供相當擔保。三、納稅義務人依前二款規定繳納三分之一稅額及提供相當擔保確有困難，經稅捐稽徵機關依第二十四條第一項第一款規定，已就納稅義務人相當於復查決定應納稅額之財產，通知有關機關，不得爲移轉或設定他項權利。（第三項）中華民國一百十年十一月三十日修正之本條文施行前，稅捐稽徵機關已移送強制執行或依修正施行前第二項規定暫緩移送強制執行者，適用修正施行前之規定。」

三、撤回及聲請停止執行

納稅義務人負擔稅捐債務而未予履行，機關固得將其移送行政強制執行。不過在例外情形下，倘若機關認爲執行不當，亦得根據稅捐稽徵法規定撤回其執行之請求。此可參見稅捐稽徵法第 40 條規定：「稅捐稽徵機關，認爲移送強制執行不當者，得撤回執行。已在執行中者，應即聲請停止執行。」

Q：依稅捐稽徵法第 39 條規定，納稅義務人應納稅捐，於繳納期間屆滿 30 日後仍未繳納者，由稅捐稽徵機關移送強制執行，但納稅義務人在那些情形下，稽徵機關應「暫緩移送」或「撤回」強制執行？（106 會計師）

A：

（一）暫緩移送強制執行之要件

納稅義務人應納稅捐，為保全公法上債權，原則上於繳納期間屆滿三十日後仍未繳納者，即得以由稅捐稽徵機關移送強制執行。例外在納稅義務人已經依法申請復查，而合乎下列要件者，得根據稅捐稽徵法第 39 條第 1 項但書、第 2 項規定，暫緩移送強制執行：

1. 納稅義務人對復查決定之應納稅額繳納半數，並依法提起訴願者。

2. 納稅義務人依前款規定繳納三分之一稅額確有困難，經稅捐稽徵機關核准，提供相當擔保者。
3. 納稅義務人依前二款規定繳納三分之一稅額及提供相當擔保確有困難，經稅捐稽徵機關依第 24 條第 1 項第 1 款規定，已就納稅義務人相當於復查決定應納稅額之財產，通知有關機關，不得為移轉或設定他項權利者。

（二）撤回強制執行之要件

稅捐稽徵機關就稅捐債務，雖已經移送強制執行，但遇有特定要件時，亦得撤回或請求停止執行。此規定見於稅捐稽徵法第 40 條：「稅捐稽徵機關，認為移送強制執行不當者，得撤回執行。已在執行中者，應即聲請停止執行。」

壹、租稅裁罰

一、稅捐行政罰

（一）違反憑證義務之處罰

納稅義務人在稅捐稽徵程序中，負擔有各式之協力義務，其中亦包括憑證義務。此等義務由於涉及稅法上帳務及調查等各種稽徵程序之必要，因此對於違反此等義務者，稅捐稽徵法訂有罰則。此主要可以參見稅捐稽徵法第 44 條規定：「（第一項）營利事業依法規定應給與他人憑證而未給與，應自他人取得憑證而未取得，或應保存憑證而未保存者，應就其未給與憑證、未取得憑證或未保存憑證，經查明認定之總額，處百分之五以下罰鍰。但營利事業取得非實際交易對象所開立之憑證，如經查明確有進貨事實及該項憑證確由實際銷貨之營利事業所交付，且實際銷貨之營利事業已依法處罰者，免予處罰。（第二項）前項處罰金額最高不得超過新臺幣一百萬元。」

（二）違反設置帳簿義務之處罰

稅捐稽徵法課予納稅義務人程序上之義務，尚且包括設置帳簿之義務，倘有違反，亦有處罰，參見稅捐稽徵法第45條規定：「（第一項）依規定應設置帳簿而不設置，或不依規定記載者，處新臺幣三千元以上七千五百元以下罰鍰，並應通知限於一個月內依規定設置或記載；期滿仍未依照規定設置或記載者，處新臺幣七千五百元以上一萬五千元以下罰鍰，並再通知於一個月內依規定設置或記載；期滿仍未依照規定設置或記載者，應予停業處分，至依規定設置或記載帳簿時，始予復業。（第二項）不依規定保存帳簿或無正當理由而不將帳簿留置於營業場所者，處新臺幣一萬五千元以上六萬元以下罰鍰。」

（三）拒絕提示課稅資料之處罰

稅捐稽徵法第46條規定：「（第一項）拒絕稅捐稽徵機關或財政部賦稅署指定之調查人員調查，或拒不提示有關課稅資料、文件者，處新臺幣三千元以上三萬元以下罰鍰。（第二項）納稅義務人經稅捐稽徵機關或財政部賦稅署指定之調查人員通知到達備詢，納稅義務人本人或受委任之合法代理人，如無正當理由而拒不到達備詢者，處新臺幣三千元以下罰鍰。」

二、從新從輕原則之意義及法律地位

在行政法上，倘若受法律規範拘束之特定行爲作成之後，用作規範依據之法律規範有所變更時，在法律適用上即產生了適用舊法（行爲時法）或新法（裁處時法或決定時法）的問題。在此一情形之下，基於行爲人信賴保護以及既得權不可侵犯等諸項一般性要求，原則上適用法律之法院或行政機關會被要求：應優先適用新法，但倘若舊法相較於新法給予當事人更加優厚之利益時，則例外適用舊法。因此實際上，在法院或行政機關所作成之決定中，新舊法之間經常是以對當事人較爲優厚者作爲選擇的對象。在我國，從新從有利的原則可以在實定法上找到三個主要的條文依據。

（一）中央法規標準法第 18 條：「各機關受理人民聲請許可案件適用法規時，除依其性質應適用行爲時之法規外，如在處理程序終結前，據以准許之法規有變更者，適用新法規。但舊法規有利於當事人而新法規未廢除或禁止所聲請之事項者，適用舊法規。」

（二）行政罰法第 5 條：「行爲後法律或自治條例有變更者，適用行政機關最初裁處時之法律或自治條例。但裁處前之法律或自治條例有利於受處罰者，適用最有利於受處罰者之規定。」

（三）稅捐稽徵法第 48 條之 3：**「納稅義務人違反本法或稅法之規定，適用裁處時之法律。但裁處前之法律有利於納稅義務人者，適用最有利於納稅義務人之法律。」**

三、從新從輕原則在稅法領域之適用：本稅部分

（一）實務見解

在稅法領域中，從新從有利的原則在適用上，並不若其他的行政法領域般常見。首先，稅捐債務基本上係被當做法定債務來看待，在應稅事實發生時即已存在[101]。而課稅行政處分之作成，基本上僅係確認數額，並非創設原已存在之納稅義務。因此，即便在應稅事實完成後，相關課稅法律有變動，特別是導致稅率變動的情形之下[102]，理論上即可能出現新舊法令選擇適用的問題。此時有無從新從有利原則的適用？**在我國稅捐稽徵實務及司法判決中一向認爲，除非立法者有另外之明示立法，否則原則上倘若新舊法令修正涉及本稅之計算時，並無從新從有利原則之適用**。其原因在於，課稅行爲並非前述中央法規標準法第 18 條所稱的「受理人民聲請許

---

101 此一見解，在德法兩國稅法中，均採相同看法。其中德文文獻，參見 K. Tipke, Die Steuerrechtsordnung II, 2 Auf., S. 619 ff.；法文文獻，C. Bas, Le fait generater de l'impôt, p. 35 et suivantes。

102 至於立法機關修改法律免除該一稅捐負擔的情形，應認係立法者嗣後且終局地解除稅捐債務，亦非適用從新從有利原則的問題。

可案件適用法規」。此可參見最高行政法院 91 年度判字第 666 號判決：「稅捐稽徵法第四十八條之三之從新從輕原則，係納稅義務人違反該法之規定應受裁罰時，適用最有利於納稅義務人之規定，與本件納稅義務人應繳納及補徵之稅捐無涉，且所得稅法第四條第八款、第十四條第一項第三類規定，迄未修正，亦無稅捐稽徵法第四十八條之三規定之新舊法適用問題。而中央法規標準法第十八條從新從優原則，係於人民聲請許可案件時適用，本件非聲請許可案件，無該條規定之適用[103]。」因此，**從新從有利原則，無法適用於與本稅有關事項之法律變更。**

（二）學說見解

在學說上，我國學者對於從新從有利原則是否得以適用於本稅，多持反對態度。因此，在稅捐稽徵過程中，倘若發生涉及本稅課稅基礎計算之事項有所變動之際，原則上應基於法律不溯既往之要求，適用舊法[104]。

四、從新從輕與稅捐裁罰措施

（一）裁罰之變更

在稅法上，從新從有利之原則無法適用在與課稅要件事實相關或本稅相關之事項，固如前述。但在我國稅法領域中所面臨的第二個問題，其實在於「**從新從有利原則，得否適用於稅捐裁罰領域？**」亦即，倘若本稅以外之稅捐裁罰措施行爲後裁處前，相關法律有變更，則此刻究竟應選擇新法或舊法適用？正如前述，在原則上，我國稅捐稽徵法第 48 條之 3 明文

---

103 相同見解，尚出現在最高行政法院93年度判字第1303號判決：「所謂從新從輕原則，依稅捐稽徵法第四十八條之三規定，應僅適用於罰鍰金額或其他行政罰之重新核定，而不適用以重新核課遺產稅稅額，此觀該條明定『納稅義務人違反本法或稅法之規定』（租稅負擔之核定，無此問題），作為適用該法條之前提要件，以及立法理由敘明：『……行政法上的『實體從舊』原則，其目的是要確定法律關係，……**所以納稅義務人對於租稅負擔，不能用『從新從輕』原則』自能明瞭。**」

104 陳清秀，稅法總論，增訂11版，元照出版，頁209。

規定：「納稅義務人違反本法或稅法之規定，適用裁處時之法律。但裁處前之法律有利於納稅義務人者，適用最有利於納稅義務人之法律。」乃以從新從有利之原則處理或解決稅法上裁罰性措施爲原則，而與日後公布施行的行政罰法第 5 條相一致。因此，在我國稅法制度中，從新從輕原則，於稅法中基本上僅能適用於裁罰領域。因此，當涉及本稅事項有關之稅捐構成要件相關法律有所變更之際，基本上並無從新從輕原則適用之餘地。

（二）裁罰倍數參考表之變更

在我國稅制中，從新從有利之原則是否適用於裁罰倍數參考表之變更，亦有討論空間。按財政部訂頒之「稅務違章案件裁罰金額或倍數參考表」，原係財稅主管機關爲使各級稅捐稽徵機關辦理違章案件時，對於裁罰金額或倍數有一客觀之參考標準。其性質應屬行政程序法第 159 條、第 160 條所稱之「裁罰基準」，但在 100 年 11 月 23 日修正之稅捐稽徵法第 1 條之 1，增訂第 4 項：「財政部發布之稅務違章案件裁罰金額或倍數參考表變更時，有利於納稅義務人者，對於尚未核課確定之案件適用之。」因此，稅法之相關法令或「稅務違章案件裁罰金額或倍數參考表」修正公布生效時，如仍在復查、訴願及行政訴訟中，於尚未裁罰確定之案件，解釋上均有從新從輕原則之適用。

Q：甲投資開設 A 醫院，因未具醫生執照，乃登記醫生乙為醫院負責人。A 醫院年度所得應歸何人繳納綜合所得稅？A 醫院於給付醫院員工薪資時，扣繳義務人為何？扣繳義務人如未依法扣繳稅款、亦未依限補繳，經稽徵機關依行為時所得稅法第 114 條第 1 項第 1 款，按其應扣未扣稅額處三倍之罰鍰。扣繳義務人不服，以該條款嗣後已改為「三倍以下」為由，提起復查。稽徵機關於復查決定書之裁量理由僅稱，依新修訂之「稅務違章案件裁罰金額或倍數參考表」，該案件仍應處三倍罰鍰。扣繳義務人如仍有不服，得為何種主張？（105 台大）

A：

參見前述說明，自行思考練習。

五、租稅優惠利益之停止及追繳

在我國法制中，納稅義務人享有相當之租稅利益，而在行政法其他領域中違反行政義務情節重大，時有所聞。因此，近年我國稅法政策，開始針對納稅義務人之違法行爲，賦予其追繳稅捐優惠的效果。稅捐稽徵法第48條乃規定：「（第一項）**納稅義務人逃漏稅捐情節重大者，除依有關稅法規定處理外，財政部應停止並追回其違章行爲所屬年度享受租稅優惠之待遇**。（第二項）納稅義務人違反環境保護、勞工、食品安全衛生相關法律且情節重大，**租稅優惠法律之中央主管機關應通知財政部停止並追回其違章行爲所屬年度享受租稅優惠之待遇**。（第三項）**依前二項規定停止並追回其違章行爲所屬年度享受租稅優惠之待遇者，財政部應於該停止並追回處分確定年度之次年，公告納稅義務人姓名或名稱，不受第三十三條第一項限制**。」其中第48條第2項規定解釋上與財政部主管稅法並非相同。顯見其所指稱之追回優惠範圍，應係指非由財政部主管之稅捐優惠範圍。

六、租稅赦免

稅捐稽徵之法律關係，爲權力關係，同時亦復爲一種羈束關係，稽徵機關並無任意決定免徵或短徵之權限。然而，針對稅捐裁罰措施，則機關享有相當之裁量權限，而得以本於行政目的之考慮，在一定條件下決定要否放棄罰鍰債權甚至租稅債權，此在學理上經常被稱作「租稅赦免[105]」。

---

105 參見稅捐稽徵法第48條之1規定：「（第一項）納稅義務人自動向稅捐稽徵機關補報並補繳所漏稅款者，凡屬未經檢舉、未經稅捐稽徵機關或財政部指定之調查人員進行調查之案件，下列之處罰一律免除；其涉及刑事責任者，並得免除其刑：一、第四十一條至第四十五條之處罰。二、各稅法所定關於逃漏稅之處罰。（第二項）營利事業應保存憑證而未保存，如已給與或取得憑證且帳簿記載明確，不涉及逃漏稅捐，於稅捐稽徵機關裁處或行政救濟程序終結前，提出原始憑證或取得與原應保

按稅捐債權債務，本於量能課稅原則爲羈束之法律關係，原則上並不得任意處分。但是例外就行政裁量關係，得以享有一定之決定權限。因此我國法制中，租稅赦免亦以裁量領域爲原則。

> **Q**：對於租稅赦免，稅捐稽徵法第 48 條之 1 對下列問題係如何規定？（一）何種條件適用？（二）赦免那些法律責任？（103 會計師）
>
> **Q**：請依現行稅捐稽徵法之規定，說明漏稅罰得免罰所需符合之條件為何？（101 會計師）

A：

（一）租稅赦免之意義及容許性

按租稅債權債務關係，本於量能課稅平等負擔之憲法誡命，為羈束之法律關係，稅捐稽徵機關作為債權人，亦無任意決定不予徵收之處分權。然則，此等羈束關係並不包括租稅罰之法律關係。租稅罰為稅捐稽徵機關典型的裁量權領域，得本於其行政目的之考慮，在一定範圍內行使裁量權力。其中於課徵個案中免除或減縮納稅義務人所受行政裁罰者，學理上經常被稱作所謂「租稅赦免」，合先述明。

（二）租稅赦免之適用條件

根據稅捐稽徵法第 48 條之 1 規定，凡納稅義務人自動向稅捐稽徵機關補報並補繳所漏稅款者，有可能合乎租稅赦免之條件。包括下列幾種情形：

1. 凡屬未經檢舉、未經稅捐稽徵機關或財政部指定之調查人員進行調查之案件，稅捐稽徵法第 48 條之 1 第 1 項第 1 款、第 2 款之處罰

存憑證相當之證明者，免依第四十四條規定處罰；其涉及刑事責任者，並得免除其刑。（第三項）第一項補繳之稅款，應自該項稅捐原繳納期限截止之次日起，至補繳之日止，就補繳之應納稅捐，依原應繳納稅款期間屆滿之日郵政儲金匯業局之一年期定期存款利率按日加計利息，一併徵收。」

一律免除。

2. 營利事業應保存憑證而未保存，如已給與或取得憑證且帳簿記載明確，不涉及逃漏稅捐，於稅捐稽徵機關裁處或行政救濟程序終結前，提出原始憑證或取得與原應保存憑證相當之證明者，免依第44條規定處罰。

（三）租稅赦免之客體

1. 首先，租稅赦免之客體僅及於行政罰，雖法條設有免除其刑之規定，此亦屬法院之權限。
2. 其次，租稅赦免之客體僅包括罰鍰等行政罰領域，不包括本稅。但有問題者，在於租稅附帶給付（滯納金及利息等）是否亦得在赦免範圍之內？參酌我國稅捐稽徵法第48條之1第3項：「第一項補繳之稅款，應自該項稅捐原繳納期限截止之次日起，至補繳之日止，就補繳之應納稅捐，依原應繳納稅款期間屆滿之日郵政儲金匯業局之一年期定期存款利率按日加計利息，一併徵收。」既然將利息列為一併徵收項目，似較傾向將此等附帶給付列為租稅債權而非罰鍰，因此解釋上應不在赦免範圍之內。

Q：對於納稅義務人海外未稅之所得，我國法制有何赦免其稅捐債務之作為？

A：

（一）概說

我國長年以來，由於各種政治及國際經濟制度因素，使得納稅義務人在境外所獲取之應稅所得，只要未匯回國內，稽徵機關均難以查核。近年來由於國際間經濟情事變動，我國立法機關乃順勢通過了「境外資金匯回管理運用及課稅條例」，對於此等未稅所得容許在一定範圍內不追究其未申報繳納之義務。這事實上也是一種租稅赦免的類型。

（二）制度要旨

參見前述境外資金匯回管理運用及課稅條例第 5 條前二項規定：「（第一項）個人向戶籍所在地稽徵機關申請適用本條例規定，經稽徵機關洽受理銀行依前條第四項規定審核後核准，於下列期間將境外資金匯回存入外匯存款專戶時，由受理銀行按下列稅率代為扣取稅款；本條例施行之日起逾二年後始匯回之資金不適用之：一、於本條例施行之日起算一年內，稅率為百分之八。二、於本條例施行滿一年之次日起算一年內，稅率為百分之十。（第二項）營利事業向登記地稽徵機關申請適用本條例規定，經稽徵機關洽受理銀行依前條第四項規定審核後核准，於前項規定期間獲配且匯回境外轉投資收益，存入外匯存款專戶時，由受理銀行依前項各款規定稅率代為扣取稅款。」

貳、租稅刑事罰

一、租稅刑事罰之概念

稅捐稽徵法對於違反各種稽徵程序中法定義務之行爲人，除規定有各種行政處罰以外，亦設有租稅刑事處罰，亦即凡對違反稅法規定之行爲，處以自由刑或罰金等刑名之制裁者。如有期徒刑、拘役、罰金等。此等處罰之裁罰程序係根據刑事訴訟程序，由法院爲之。同時，其處罰之對象亦在稅捐稽徵法第 47 條有所明定：「（第一項）本法關於納稅義務人、扣繳義務人及代徵人應處刑罰之規定，於下列之人適用之：一、公司法規定之公司負責人。二、有限合夥法規定之有限合夥負責人。三、民法或其他法律規定對外代表法人之董事或理事。四、商業登記法規定之商業負責人。五、其他非法人團體之代表人或管理人。（第二項）前項規定之人與實際負責業務之人不同時，以實際負責業務之人爲準。」

二、詐術逃漏稅捐罪

（一）在稅捐稽徵法之領域中，納稅義務人從事稅法上之不法行爲，其中構成刑事法上責任者，主要爲所謂「稅捐詐欺」。此一刑事上可罰之不法行爲，在我國稅捐稽徵法第 41 條定有明文規定：**「納稅義務人以詐術或其他不正當方法逃漏稅捐者，處五年以下有期徒刑併科新臺幣一千萬元以下罰金**[106]。」倘若所逃漏稅額超過一定金額者，該條第 2 項設有加重規定：「犯前項之罪，個人逃漏稅額在新臺幣一千萬元以上，營利事業逃漏稅額在新臺幣五千萬元以上者，處一年以上七年以下有期徒刑，併科新臺幣一千萬元以上一億元以下罰金。」在我國稅法實務中經常又被稱作「詐術逃漏稅捐罪」。

（二）詐術逃漏稅捐與其他稅法上不法行爲，特別是具有行政處罰屬

106 不過應當特別提醒留意的是，我國稅捐刑事不法行為的制裁，向來被認為比其他法治國家太過輕微。法國租稅總法典第1741條有關租稅詐欺的處罰規定（相當於我國稅捐稽徵法之「詐術逃漏稅捐罪」），區分為原則及加重兩部分。原則上構成租稅詐欺之案件，得以課處50萬歐元之罰金（法條規定本身沒有裁量空間，就是50萬）以及五年徒刑。罰金得因犯罪行為利得較高，被加重至多至一倍（100萬歐元）。（另有褫奪公權之規定，茲不詳述）。例外的加重處罰情形，得課處300萬歐元罰金、並得因犯罪所得較高提高至一倍（600萬歐元），同時處以七年徒刑。以下為法國租稅總法典第1741條第2項所規定的加重事由：
1.行為人透過在外國設立的組織或帳戶進行詐欺（1° Soit de comptes ouverts ou de contrats souscrits auprès d›organismes établis à l›étranger）；2.詐欺活動透過在外國設立的自然人或法人、組織或信託等相類主體而實現（2° Soit de l›interposition de personnes physiques ou morales ou de tout organisme, fiducie ou institution comparable établis à l›étranger）；3.使用刑法第441條之1所規定的虛假身分、文件或其他偽冒行為（3° Soit de l›usage d›une fausse identité ou de faux documents, au sens de l›article 441-1 du code pénal, ou de toute autre falsification）；4.透過在境外設立之虛假住所或不存在之住所實現詐欺（4° Soit d›une domiciliation fiscale fictive ou artificielle à l›étranger）；5.透過不存在或虛假的實體實現詐欺（5° Soit d›un acte fictif ou artificiel ou de l›interposition d›une entité fictive ou artificielle）。另外，針對輕微不法行為，有排除規定。法國租稅總法典第1741條第3項規定，前述處罰規定在詐欺行為所逃漏稅捐未超過應納稅捐十分之一時，或總體所漏稅捐未達153歐元者，不適用之。

性的逃漏行爲，並不相同。其中最重要之區別，乃在於稅捐詐欺係以「詐術」作爲可罰之基本前提[107]；而所謂詐術通常係以課稅相關證據資料積極的僞造變造以實現，消極的不作爲不易成爲「詐術」之一環[108]。此可參見最高法院 74 年台上字第 5497 號判例：「稅捐稽徵法第四十一條所謂以不正當方法逃漏稅捐，必具有與積極之詐術同一型態，始與立法之本旨符合，如僅屬單純的不作爲，而別無逃漏稅捐之積極行爲，即不能認與詐術漏稅之違法特性同視，而繩以稅捐稽徵法第四十一條之罪。依原判決記載之事實，上訴人僅有漏報之消極行爲，別無類似詐術之不正當方法，以積極行爲逃漏稅捐，袛能科以行政罰之罰鍰，不能遽論以該條之罪。」

進一步來說，單純且消極之「應申報而爲未申報」，並不足以該當稅捐稽徵法第 41 條之詐術逃漏稅捐罪。此罪必定以施行「詐術」方得以該當，消極不作爲通常不在其中。就此最高法院在 70 年台上字第 6856 號判例亦指出：「稅捐稽徵法第四十一條之漏稅罪，係屬作爲犯，而非不作爲犯，即須以詐術或其他不正當方法之作爲，以逃漏稅捐，始克成立。依卷存資料，上訴人於六十七年及六十八年均未爲綜合所得稅之申報，其無以不正當方法逃漏稅捐之作爲，實甚顯然。依所得稅法第七十九條，第一百零八條第二項及第一百十條第二項之規定，應僅受加徵怠報金及科處罰鍰之處分，原判決遽依以不正當方法逃漏稅捐論擬，自屬可議。」在另外一方面，倘若當事人在稅法申報中施用詐術而以僞造變造各種文書作爲其不

---

107 陳敏，稅法總論，2019年，頁212。

108 近期實務見解，參見最高法院100年度台上字第1012號刑事判決：「稅捐稽徵法第四十一條之罪，係以詐術或其他不正當之方法逃漏稅捐為其構成要件。**所謂詐術必須積極行為始能完成，至不正當方法，亦須具有與積極之詐術同一之型態，方與立法之本旨相符**。蓋以此等行為含有惡性，性質上屬於可罰性之行為，故在稅法上科以刑事責任。如非以詐術或類似詐術之不正當方法等積極行為逃漏稅捐者，除各稅法上另訂有罰鍰罰則，應責令補繳稅款並科以罰鍰外，不能遽論以該條之罪。故所使用之方法是否為詐術或類似詐術之不正當方法，自應於犯罪事實內翔實記載，並於理由內敘明所憑之依據及其認定之理由，始為適法。」

法行爲之手段者，依刑法想像競合之例，亦不另論以僞造文書之罪責。此可參見最高法院 71 年台上字第 1143 號判例：「營利事業填報不實之扣繳憑單以逃漏自己稅捐者，除成立稅捐稽徵法第四十一條之罪名外，在方法上又犯刑法第二百十六條，第二百十五條之罪名，應從一重處斷。」

三、代繳義務人違反代繳義務罪

稅法制度，特別強調就源扣繳以維持稽徵制度。因此扣繳關係中，亦課以此等義務人相當之代繳義務。稅捐稽徵法第 42 條規定：「（第一項）代徵人或扣繳義務人以詐術或其他不正當方法匿報、短報、短徵或不爲代徵或扣繳稅捐者，處五年以下有期徒刑、拘役或科或併科新臺幣六萬元以下罰金。（第二項）代徵人或扣繳義務人侵占已代繳或已扣繳之稅捐者，亦同。」

CHAPTER

7

租稅救濟

第一節　復查程序及訴願程序

壹、復查程序

一、復查程序

（一）復查之意義

納稅義務人不服稅捐稽徵機關所核定之稅額，救濟程序第一階段，爲依據稅捐稽徵法進行復查程序。稅捐稽徵法第 35 條第 1 項規定：「納稅義務人對於核定稅捐之處分如有不服，應依規定格式，敘明理由，連同證明文件，依下列規定，申請復查：一、依核定稅額通知書所載有應納稅額或應補徵稅額者，應於繳款書送達後，於繳納期間屆滿之翌日起三十日內，申請復查。二、依核定稅額通知書所載無應納稅額或應補徵稅額者，應於核定稅額通知書送達之翌日起三十日內，申請復查。三、依第十九條第三項規定受送達核定稅額通知書或以公告代之者，應於核定稅額通知書或公告所載應納稅額或應補徵稅額繳納期間屆滿之翌日起三十日內，申請復查。四、依第十九條第四項或各稅法規定以公告代替核定稅額通知書之填具及送達者，應於公告之翌日起三十日內，申請復查。」復查程序，雖亦爲稅捐救濟程序之一環，不過在屬性上仍與其他救濟途徑有別。首先，復查係屬行政程序，復查決定亦具有行政處分的性質。其次，復查的功能，本在於彌補稅捐稽徵程序作爲大量之行政程序所可能發生的稅額計算疏漏，因此並非由上級行政機關進行審理、而係由原處分機關審理。例外應當特別留意者，乃根據稅捐稽徵法第 39 條第 1 項規定：「納稅義務人應納稅捐，於繳納期間屆滿三十日後仍未繳納者，由稅捐稽徵機關移送強制執行。但納稅義務人已依第三十五條規定申請復查者，暫緩移送強制執行。」此一制度，與我國行政救濟法制中所採取之原則，亦即「行政救濟不停止執行」之原則並不相同。

（二）復查與查對更正不同

復查程序與「查對更正」不同。所謂查對更正，係指稅捐稽徵機關依據稅捐稽徵法第 17 條規定：「納稅義務人如發現繳納通知文書有記載、計算錯誤或重複時，於規定繳納期間內，得要求稅捐稽徵機關，查對更正。」其經稅捐稽徵機關查對更正後之繳納通知文書，得予改訂繳納期限（臺灣省稅務局 66 年 1 月 31 日稅法字第 00532 號函）。

二、查對更正

前已言及，按稅捐稽徵程序中「復查」與「查對更正」係兩種不同功能的制度。前者乃以爭執應納稅額核算錯誤爲原則，後者乃以類似誤寫誤算這類顯然錯誤爲基礎。

貳、訴願程序

一、訴願程序之概念

所謂「訴願」，係指行政相對人對於違法或不當之行政處分，請求上級行政機關予以撤銷變更之救濟程序。在稅捐救濟程序中，復查程序結束後，納稅義務人對復查結果不服者，得依據訴願法之規定提起訴願。訴願法第 14 條規定：「（第一項）訴願之提起，應自行政處分達到或公告期滿之次日起三十日內爲之。（第二項）利害關係人提起訴願者，前項期間自知悉時起算。但自行政處分達到或公告期滿後，已逾三年者，不得提起。（第三項）訴願之提起，以原行政處分機關或受理訴願機關收受訴願書之日期爲準。（第四項）訴願人誤向原行政處分機關或受理訴願機關以外之機關提起訴願者，以該機關收受之日，視爲提起訴願之日。」

二、訴願案件之管轄機關

訴願事件與前述復查程序，雖均寓有由機關自行檢討、主動發現錯誤之意旨，但訴願原則上並非在作成處分之原機關進行，而係作成處分之上級機關進行[1]。例如納稅義務人不服財政部台北國稅局所作成之課稅處分，屬訴願法第 4 條第 6 款「不服中央各部、會、行、處、局、署所屬機關之行政處分者，向各部、會、行、處、局、署提起訴願」，應由財政部管轄其訴願案件。

三、訴願程序、言詞辯論與陳述意見

訴願之審理程序，原則上係採取書面審議，並無召開言詞辯論之必要。不過，訴願人倘若認爲有必要，亦可向訴願審議機關申請舉行言詞辯論或陳述意見[2]。

四、訴願決定

（一）駁回

納稅義務人提起訴願請求，不合法或無理由時，訴願審議委員會應當予以駁回。原則上，駁回之決定尚可以進一步區分爲不受理駁回與無理由駁回二者。

1. 不受理駁回

當事人提起訴願，其請求不合法或無理由者，訴願審議機關應予以駁

1 訴願法第4條規定：「訴願之管轄如左：一、不服鄉（鎮、市）公所之行政處分者，向縣（市）政府提起訴願。二、不服縣（市）政府所屬各級機關之行政處分者，向縣（市）政府提起訴願。三、不服縣（市）政府之行政處分者，向中央主管部、會、行、處、局、署提起訴願。四、不服直轄市政府所屬各級機關之行政處分者，向直轄市政府提起訴願。五、不服直轄市政府之行政處分者，向中央主管部、會、行、處、局、署提起訴願。六、不服中央各部、會、行、處、局、署所屬機關之行政處分者，向各部、會、行、處、局、署提起訴願。七、不服中央各部、會、行、處、局、署之行政處分者，向主管院提起訴願。八、不服中央各院之行政處分者，向原院提起訴願。」

2 訴願法第63條：「（第一項）訴願就書面審查決定之。（第二項）受理訴願機關必要時得通知訴願人、參加人或利害關係人到達指定處所陳述意見。（第三項）訴願人或參加人請求陳述意見而有正當理由者，應予到達指定處所陳述意見之機會。」

回。駁回決定之原因，可概分爲程序性之不成立駁回及實體性之無理由駁回。其中程序性之不成立駁回規定於訴願法第 77 條：「訴願事件有左列各款情形之者，應爲不受理之決定：一、訴願書不合法定程式不能補正或經通知補正逾期不補正者。二、提起訴願逾法定期間或未於第五十七條但書所定期間內補送訴願書者。三、訴願人不符合第十八條之規定者。四、訴願人無訴願能力而未由法定代理人代爲訴願行爲，經通知補正逾期不補正者。五、地方自治團體、法人、非法人之團體，未由代表人或管理人爲訴願行爲，經通知補正逾期不補正者。六、行政處分已不存在者。七、對已決定或已撤回之訴願事件重行提起訴願者。八、對於非行政處分或其他依法不屬訴願救濟範圍內之事項提起訴願者。」

2. 無理由駁回

訴願人提起訴願，程式雖無瑕疵亦合乎各種要件，但其請求在實體上無理由者，應由訴願審議機關作成實體性之無理由駁回決定。此可參見訴願法第 79 條：「（第一項）訴願無理由者，受理訴願機關應以決定駁回之。（第二項）原行政處分所憑理由雖屬不當，但依其他理由認爲正當者，應以訴願爲無理由。（第三項）訴願事件涉及地方自治團體之地方自治事務者，其受理訴願之上級機關僅就原行政處分之合法性進行審查決定。」

（二）訴願有理由之決定

當事人提起訴願有理由者，訴願審議機關所爲之決定包括撤銷原處分、變更原處分以及撤銷原處分發回原機關另行處分等情形。此規定於訴願法第 81 條：「（第一項）**訴願有理由者，受理訴願機關應以決定撤銷原行政處分之全部或一部，並得視事件之情節，逕爲變更之決定或發回原行政處分機關另爲處分。但於訴願人表示不服之範圍內，不得爲更不利益之變更或處分**。（第二項）前項訴願決定撤銷原行政處分，發回原行政處分機關另爲處分時，應指定相當期間命其爲之。」詳言之，訴願審議機關所作成之決定，包括下列幾種可能性：

1. 撤銷原處分

認訴願人提起訴願爲合法且有理由，得爲撤銷原處分之決定。此時機關之決定可能僅爲單純之撤銷，亦可能將原處分撤銷後，將案件發回原處分機關另作處分。

2. 變更原處分（自爲決定）

訴願決定倘有違法不當情事，訴願審議機關亦得爲變更原處分之決定，亦即以上級機關之決定代替下級機關之決定。

3. 依職權撤銷或變更

訴願法第 80 條第 1 項前段：「提起訴願因逾法定期間而爲不受理決定時，原行政處分顯屬違法或不當者，原行政處分機關或其上級機關得依職權撤銷或變更之。」此種情形，當事人之訴願雖不合法，然在實體上實有理由，則出於維持行政行爲合法性之考量，亦容許機關依職權將原處分撤銷或變更。

4. 命爲一定處分

此一情形所指涉者，主要爲課予義務之訴願。訴願法第 82 條規定：「（第一項）對於依第二條第一項提起之訴願，受理訴願機關認爲有理由者，應指定相當期間，命應作爲之機關速爲一定之處分。（第二項）受理訴願機關未爲前項決定前，應作爲之機關已爲行政處分者，受理訴願機關應認訴願爲無理由，以決定駁回之。」

五、不利益變更之禁止

前已言及，訴願程序中訴願審議機關之決定權限，包括作成「變更原處分」之決定。如此在救濟程序中，即面臨不利益變更禁止的問題。所謂「不利益變更禁止」，係指在訴願程序中，爲訴願人利益之維持，審議機關作成之變更原處分決定，不得使訴願人陷於更不利益之情形。訴願法第

81 條第 1 項規定：「訴願有理由者，受理訴願機關應以決定撤銷原行政處分之全部或一部，並得視事件之情節，逕爲變更之決定或發回原行政處分機關另爲處分。但於訴願人表示不服之範圍內，不得爲更不利益之變更或處分[3]。」因此，訴願決定在變更原處分的決定中，原則上不得有使當事人更加不利益之變更[4]。

3 參見最高行政法院90年度判字第231號判決：「稅捐稽徵法第二十八條規定：『納稅義務人對於因適用法令錯誤或計算錯誤溢繳之稅款，得自繳納之日起五年內提出具體證明，申請退還；逾期未申請者，不得再行申請。』係法律明定納稅義務人對依法已不得提起行政救濟之行政處分，得請求稽徵機關重新審查行政處分之適法性及正確性，進而予以申請人補救之程序。上開規定，與行政程序法第一百二十八條所定於法定救濟期間經過後另設受處分人或利害關係人得申請程序再開，並進而獲得撤銷、廢止或變更原處分之規定相當，屬於廣義行政救濟程序之一環，應可類推適用上開規定，於再開行政程序中，納稅義務人對於原核定之項目表示不服之範圍內，稽徵機關不得為更不利益之變更或處分。」

4 不過，不利益變更禁止之前提在於訴願決定係「變更」原處。倘若係「撤銷發回原機關重為處分」之情形，我國實務見解有認為不適用此一原則者。參見最高行政法院105年8月份第1次庭長法官聯席會議：「法律問題：原行政處分經訴願決定撤銷，原行政處分機關重為更不利處分，是否違反訴願法第八十一條第一項但書之規定？決議：訴願法第八十一條第一項：『訴願有理由者，受理訴願機關應以決定撤銷原行政處分之全部或一部，並得視事件之情節，逕為變更之決定或發回原行政處分機關另為處分。但於訴願人表示不服之範圍內，不得為更不利益之變更或處分。』此項本文規定係規範受理訴願機關於訴願有理由時，應為如何之決定。其但書明文規定『於訴願人表示不服之範圍內』，顯係限制依本文所作成之訴願決定，不得為更不利益之變更或處分，自是以受理訴願機關為規範對象，不及於原處分機關。本項規定立法理由雖載有『受理訴願機關逕為變更之決定或原行政處分機關重為處分時，均不得於訴願人表示不服之範圍內，為更不利益之變更或處分』之文字。然其提及參考之民國六十九年五月七日訂定之『行政院暨所屬各級行政機關訴願審議委員會審議規則』第十五條，僅規定受理訴願機關認訴願為有理由時之處理方法，並未規定原行政處分機關於行政處分經撤銷發回後重為處分時，不得為更不利於處分相對人之處分。在法無明文時，尚不得以立法理由所載文字，限制原行政處分機關於行政處分經撤銷發回後重為處分時，於正確認事用法後，作成較原行政處分不利於處分相對人之行政處分，否則不符依法行政原則。**因此，原行政處分經訴願決定撤銷，原行政處分機關重為更不利處分，並不違反訴願法第八十一條第一項但書之規定**。惟原行政處分非因裁量濫用或逾越裁量權限而為有利於處分相對人之裁量者，原行政處分機關重為處分時，不得為較原行政處分不利於處分相對人之裁量，否則有違行政行為禁止恣意原則。」

第二節　稅務行政訴訟

壹、行政訴訟之基本原則

一、處分權原則

行政訴訟之本質，乃人民之權利或法律上之利益因公權力之行爲導致損害，或公法上權利義務關係發生爭議，經由行政法院之裁判，以獲致救濟之程序。故行政訴訟程序之發動及展開，首先須有人民不服國家行爲，且請求救濟之意思之存在。亦即，就具體之訴訟案件而言，要否救濟，以及救濟之範圍如何，均聽任當事人（通常爲人民）自行決定之。此稱之處分權原則或處分權主義。

二、職權調查原則及闡明權

（一）職權調查原則

行政訴訟起訴之後，在當事人聲明之範圍內，行政法院即有依法審判之義務。並受到職權調查主義或稱職權探知原則之拘束。

1. 基本概念

所謂職權調查主義，係指法院就訴訟所涉之事實關係，乃依職權主動決定其審理，不受當事人陳述或主張之拘束。相關訴訟之資料，即使當事人未曾提出或聲請調查，法院亦得主動爲之。由於行政訴訟攸關公共利益，且行政訴訟之目的亦包括協助行政機關正確適用法律，故行政法院本即不似私法之法院受到嚴格之處分權原則及辯論原則之拘束，是故在行政訴訟制度之中，應有職權調查原則之適用。

2. 現行行政訴訟法之規定

(1) 行政訴訟法第 125 條第 1 項規定：「**行政法院應依職權調查事實關係，不受當事人主張之拘束。**」

(2) 行政訴訟法第 133 條：「行政法院於撤銷訴訟，應依職權調查證據；於其他訴訟，爲維護公益者，亦同。」

(3) 行政訴訟法第 134 條：「前條訴訟，當事人主張之事實，雖經他造自認，行政法院仍應調查其他必要之證據。」

（二）闡明權或闡明義務

在職權調查原則之下，行政法院爲使訴訟順利進行或迅速終結，尤其爲發現眞實之必要，審判長或受命法官有闡明事實關係之義務。**行政訴訟法第 125 條第 2 項、第 3 項規定：「審判長應注意使當事人得爲事實上及法律上適當完全之辯論。審判長應向當事人發問或告知，令其陳述事實、聲明證據，或爲其他必要之聲明及陳述；其所聲明或陳述有不明瞭或不完足者，應令其敘明或補充之。**」即爲我國行政訴訟法制中法官闡明權之一般性規定。

三、言詞直接審理與公開審理原則

（一）言詞辯論之原則

行政訴訟與其他之司法救濟途徑同，於法院之審理程序，係採行言詞辯論之原則。行政訴訟法第 188 條第 1 項規定：「行政訴訟除別有規定外，應本於言詞辯論而爲裁判。」故行政訴訟乃以言詞辯論爲原則，書面審理爲例外。

（二）直接審理之原則

法官非參與裁判之辯論者，不得參與訴訟之裁判（第 188 條第 2 項），故訴訟程序須由法官直接參與，不得依他人轉述等間接方法作成裁判。訴訟程序之中，合議庭雖得指定受命法官或受託法官進行調查程序，惟調查之結果須經由言詞辯論方得採爲裁判之基礎（第 141 條）。法官非參與該等言詞辯論，不得參與判決。

（三）公開審理原則

即行政法院審理訴訟案件，無論爲準備程序、言詞辯論或宣示裁判，應該於公開之法庭爲之，並許一般人至法庭旁聽。現行行政訴訟法雖未就此作明確規定，惟行政訴訟法第 243 條第 2 項第 5 款既將「違背言詞辯論公開之規定」作爲判決當然違背法令之理由，顯見行政訴訟法，亦採行公開審理之原則。

四、正當法律程序（程序基本權之保障）

在我國法制上，司法院大法官解釋再三闡釋正當法律程序之意義[5]。所謂正當法律程序，係指作成任何國家行爲所應具備之一定程序，透過此一程序之要求，以限制國家權力之運用。在訴訟制度中，此一保障被稱作人民之「程序基本權」。程序基本權之保障除藉由正當程序之要求保護人民之基本權利外，更要求在訴訟上應合乎武器平等之原則。所謂武器之平等，係指在行政訴訟（尤其是撤銷訴訟）中，由於涉訟之雙方在法律之地位上明顯不平等，故須使人民之一方擁有包括委任律師在內之各種權利，以求訴訟上實質地位之平等。

貳、稅務訴訟之訴訟類型與訴訟標的

一、基本之稅捐爭訟類型：撤銷訴訟

（一）行政訴訟之基本類型

訴訟之提起，乃以具備訴訟之要素，亦即當事人（Beteiligten）、訴之聲明（Klageantrag）、訴訟標的（Gegenstand des Klagebegehrens）三者[6]。當事人對國家機關所作成之公法上行爲有所不服，提起行政訴訟，其

5 其中在稅務稽徵程序之適用，參見司法院大法官釋字第633號。

6 參見呂太郎，民事訴訟法，修訂2版，頁377。

所爭執或主張之權利義務關係，亦即訴訟標的，因其提起之訴訟種類有所不同而有異。我國現行行政訴訟法制，將行政訴訟主要分成下列三大類型：

1. 撤銷訴訟

規定在行政訴訟法第 4 條第 1 項：「人民因中央或地方機關之違法行政處分，認為損害其權利或法律上之利益，經依訴願法提起訴願而不服其決定，或提起訴願逾三個月不為決定，或延長訴願決定期間逾二個月不為決定者，得向行政法院提起撤銷訴訟。」撤銷訴訟之功能，在於撤銷或者消滅已經存在之課稅處分，在我國稅捐訴訟制度中，當事人不服稅捐稽徵機關所作成之課稅處分，就行政訴訟而言主要係提起撤銷訴訟，請求法院撤銷違法的課稅處分。

2. 給付訴訟

所謂給付訴訟，乃以起訴請求法院判決命被告為特定之行為或不行為之訴訟模式。主要包括兩種類型：

(1) 課予義務訴訟

所謂課予義務訴訟，乃指訴訟之目的在於請求法院判決命被告機關作成特定內容之行政處分。此可參見行政訴訟法第5條之規定：「（第一項）人民因中央或地方機關對其依法申請之案件，於法令所定期間內應作為而不作為，認為其權利或法律上利益受損害者，經依訴願程序後，得向行政法院提起請求該機關應為行政處分或應為特定內容之行政處分之訴訟。（第二項）人民因中央或地方機關對其依法申請之案件，予以駁回，認為其權利或法律上利益受違法損害者，經依訴願程序後，得向行政法院提起請求該機關應為行政處分或應為特定內容之行政處分之訴訟。」

(2) 一般給付訴訟

行政訴訟法中的給付訴訟，除前條應當經過訴願程序的課予義務訴訟之外，尚且包括行政訴訟法第 8 條的一般給付之訴。此種給付訴訟，乃以原告請求法院判決被告提供行政處分以外的給付（主要指金錢、物，或其他勞務），不必經過訴願程序。行政訴訟法第 8 條第 1 項規定：「人民與中央或地方機關間，因公法上原因發生財產上之給付或請求作成行政處分以外之其他非財產上之給付，得提起給付訴訟。因公法上契約發生之給付，亦同。」

3. 確認訴訟

一般而言在我國稅捐爭訟實務中，較爲少見。主要以確認公法上特定權利義務關係之存否，作爲訴訟之目的。此可以參見行政訴訟法第 6 條規定之起訴要件，茲不贅述。

（二）稅務訴訟之主要類型

行政訴訟法於新制實施後，訴訟種類大體可區分爲給付訴訟、確認訴訟及撤銷訴訟，然就稅務訴訟而言，主要之訴訟模式仍爲針對稅捐稽徵機關所作成之違法課稅處分請求撤銷之撤銷訴訟，而有行政訴訟法第 4 條第 1 項之適用[7]。

二、稅捐稽徵法第28條租稅核退請求權：申請駁回之訴

前已言及，在我國稅務訴訟法制中，納稅義務人行使稅捐稽徵法第 28 條之稅捐核退請求權遭稅捐稽徵機關拒絕，應當提起何種訴訟模式，學理實務之間存在爭議。其中我國最高行政法院，傾向提起行政訴訟法第 5 條第 2 項之訴，亦即學理上所稱的「申請駁回之訴」。此可以參見最高行政法院 96 年度判字第 1859 號判決：「按關於已納稅捐之退還，於我國法制上，其或係因稅捐稽徵機關之核課處分經其自行依職權或因行政

7 不過，以稅務訴訟之制度及性質而言，採取撤銷訴訟作為主要救濟之模式，不僅不合於當事人爭訟之本意，同時也使得當事人即使獲得勝訴判決，仍然面對撤銷發回後重為處分的問題，並非法政策上適當之選擇。參見黃源浩，論稅務訴訟之改革：納稅者權利保護法遺漏的一章，法學叢刊，第248期，頁14以下。

救濟之結果予以撤銷，或係因稅捐稽徵機關依人民依法申請而爲；其中若屬於由人民依法向稅捐稽徵機關申請，並其申請事項係須由稅捐稽徵機關就應否核退、應核退之稅額及核退之對象等事項作成核定者，則於稅捐稽徵機關作成准退還稅款之行政處分前，人民原則上並不得依行政訴訟法第八條之規定，逕向行政法院提起一般給付訴訟，訴請稅捐稽徵機關返還稅款[8]。」

三、爭點主義與總額主義

稅務訴訟在訴訟標的之範圍方面，學理上亦與普通之行政撤銷訴訟有所不同，長年以來一直存在著不同見解。稅務案件以撤銷訴訟進行時，能否容許當事人主張追補事實理由，法制上有「爭點主義」及「總額主義」二原則之對峙。所謂總額主義（Saldierungstheorie），係認爲對於課稅處分之爭訟對象，乃是課稅處分所核定稅額適法與否之審查。反之，所謂爭點主義（Individualisierungstheorie），則認爲撤銷訴訟之原告對於課稅處分不服而提起訴訟，其爭訟對象乃是與處分理由有關聯之稅額之存否；或認爲法院審判之對象乃撤銷訴訟原告所指摘之課稅處分理由（個別課稅基礎）之適法與否。而此一爭議於訴訟上最主要之功能，厥爲決定未經於復

8　相同要旨，參見最高行政法院94年度判字第2033號判決：「按公法上不當得利，行政法規中，如行政程序法第一百二十七條關於授益處分之受益人返還所受領之給付，或稅捐稽徵法第二十八條關於納稅義務人申請退還溢繳稅款等規定屬之，無非就不同之態樣而為規定，尚無統一的不當得利法之明文。適用之際，除有特別規定者外，應類推適用民法關於不當得利之規定，須無法律上之原因而受利益，致他人受損害者始足當之，其受領人因而有返還不當得利之義務。本件被上訴人在原審起訴請求返還不當得利，主張上訴人計徵登記費違法，致其有溢繳部分，因而請求退還。然而上訴人徵收登記規費之決定，為行政處分，縱其所依據之土地登記規費及其罰鍰計徵補充規定第三點第一款事後經本院判例認與法律規定有牴觸之情事，惟該處分其違法尚非屬行政程序法第一百十一條第一至第六款規定之例示或第七款有重大而明顯瑕疵之無效情形，充其量僅能由當事人循行政救濟程序請求為撤銷，而並非無效。」

查等訴訟前程序主張之理由，得否於嗣後的訴訟中主張之。

（一）採取爭點主義之案例

最高行政法院針對前述案件，作成92年度判字第309號裁判。其中針對未經復查決定之「營業收入部分」，明確指出因行政爭訟（於本件當係指撤銷之請求）係採「爭點主義」，本件原告營利事業所得稅之申報，包含有折舊、其他費用、交際費及營業收入等四部分之爭點，然原告就上開特定爭點有所不服，對之申請復查、訴願或進而提起行政訴訟，請求法院判決撤銷違法課稅處分，其效力不及於其他爭點。是故，此一未經復查之課稅構成要件事實，並非行政法院所得審判，應等同於未經復查及訴願程序而處理。

（二）採取總額主義之案例

行政法院52年度判字第78號判決中指出，未經復查程序之事實理由得於訴願程序中主張之：「資產折舊之提列實與所得額之計算不無關係，如納稅義務人有應提列之資產折舊，縱未於結算申報及復查時主張提列，仍可在訴願程序中主張提列，以期課稅之公平。」以及行政法院72年度判字第1354號判決：「又原告系爭三個月份之水電費倘果包括家庭用度在內，被告機關於查定時原應予依職權查明減除，不待原告自行主張，其一併計入原告之營業費用即屬誤算，縱令原告遲至提出本件行政訴訟時始行主張，揆之稅捐稽徵法第二十八條納稅義務人得於繳納後五年內申請退還之規定，自仍無不可。」

針對我國稅務訴訟中爭點主義與總額主義之爭議，應特別提醒者，乃在於納稅者權利保護法，就此已經採取了相當明顯的「總額主義」立場。此可參見納稅者權利保護法第21條第1項規定：「納稅者不服課稅處分，經復查決定後提起行政爭訟，於訴願審議委員會決議前或行政訴訟事實審言詞辯論終結前，得追加或變更主張課稅處分違法事由，受理訴願機關或行政法院應予審酌。其由受理訴願機關或行政法院依職權發現課稅處分違法者，亦同。」[9]

四、撤銷之客體：原課稅處分抑或為復查決定？

在我國實務之中，納稅義務人不服稅捐稽徵機關作成之課稅處分，提起撤銷訴訟。在獲得勝訴判決後，法院判決撤銷之客體卻經常是復查決定而非原課稅行政處分。此可參見最高行政法院 92 年度判字第 149 號判決的說法：「稅捐機關之復查程序雖屬行政救濟過程之一環，惟其係賦予原處分機關自行檢討其所爲之行政處分有無違誤之機會，其所作之決定仍屬廣義之行政處分。**行政法院判決如認核課事實上尚有不明確時，爲避免將原核課處分遽予撤銷將造成核課期間因而罹於時效，致有違稅捐稽徵之公平。實務上於此情形均僅撤銷至復查決定，而令原處分機關查明事實後重爲復查決定，以保障當事人權益並確保稅捐稽徵之必要**。如原處分機關遲不重爲復查決定，當事人自得依稅捐稽徵法第三十五條第五項規定；逕行提起訴願，以資救濟，尙不至因原處分機關久延不重爲復查決定而造成無從救濟之困境。又按稅捐稽徵法第二十四條第一項之規定，所稱欠繳應納稅捐，固係指稅捐稽徵機關核定課徵之稅捐。惟本件經行政院再訴願決定及本院八十八年度判字第三四五九號判決撤銷者僅至原復查決定，原核課處分尙未撤銷，在被上訴人重爲復查決定前，原核課處分仍存在，已如前述，故上訴人欠稅數額仍暫以原核課處分所核定之數額爲據，被上訴人依稅捐稽徵法第二十四條第一項之規定據以函請地政機關爲保全處分，其保全處分之欠稅金額及原因均尚存在，本件上訴人聲請撤銷該保全處分，被上訴人予以否准，原判決加以維持，均無不合。」應予特別留意。

9　進一步討論，參見曾子揚，從稅務訴訟之本質談納稅者權利保護法第21條，天主教輔仁大學法律研究所碩士論文，2020年6月。

Q：納稅義務人不服國稅局所為之課稅處分，依復查、訴願程序救濟均遭駁回、未獲結果，乃根據行政訴訟法第 4 條第 1 項規定，提起行政訴訟。倘若獲得勝訴判決，試問被「撤銷」的客體究竟為何？

A：

（一）行政訴訟法第 4 條第 1 項，為撤銷訴訟。

我國稅務爭訟案件之中，納稅義務人不服課稅處分，依復查、訴願程序救濟未獲結果，得以向高等行政法院提起行政訴訟，以撤銷訴訟作為主要之救濟模式。整體行政訴訟領域中，撤銷訴訟當然是行政訴訟法制中最經常被採用的救濟模式，整體要旨在於行政機關（稅捐稽徵機關）作成違法之行政處分（或者課稅處分）侵害行政相對人公法上之權利，受到損害的行政處分相對人（或者有可能為利害關係人，不過這在稅務訴訟中較屬少見）請求有權機關（特別是行政法院）撤銷或者消滅此一違法行政決定，在效果上得以防止行政機關發動行政處分之行政執行程序，實際侵害行政上相對人的自由權利。因此，稅務爭訟事件的當事人不服稅捐稽徵機關作成之課稅行政處分，亦即以核定稅額為內容之課稅處分，在我國救濟法制之設計中首先應當提起復查。在復查無結果之後則依訴願程序向作成課稅處分機關之上級機關提起訴願，一旦訴願失敗，則向依據行政訴訟法第 4 條第 1 項向該管之高等行政法院提起行政訴訟，訴請撤銷該一有瑕疵之課稅處分。

（二）然在我國稅務訴訟實務上有問題者，闕在於無論當事人起訴之聲明如何主張，法院在判決有理由之際，倘若獲得勝訴判決，則「究竟是什麼客體被撤銷？」的問題。或者更具體言之，就是「原課稅處分」或者「復查決定」當中，何者被撤銷。按學理言之，稅務訴訟亦為訴訟，當受處分權原則拘束。因此當事人起訴之際為之聲明陳述，構成訴之要素及特定審判客體之重要指標。當事人聲明原則上係請求撤銷原處分否則訴訟利益會有問題。但是，無論當事人如何聲明，我國實務上經常認為，撤銷的客體是復查決定，而不是原課稅處分。行政法院 48 年裁字第 40 號判例即謂：「查關於再審原告所得稅部分之原處分及訴願再訴願決定，業經本院原判決予以撤銷，應由再審被告官署依復查程序另為處分。」財政部 67 年 7 月 29 日台財稅第 35047 號函及同部 68 年 3 月 13 日台財稅第 31577 號函均認為「判決主文『原處分撤銷』一語，係指撤銷原處分機關所為之『復查決定』之處分……。」

（三）因此，雖然以「復查決定」作為撤銷客體而非原處分，論理上實有疑義。但我國實務目前仍以此為主流見解。此可參見臺北高等行政法院 92 年 8 月 21 日 91 年度訴字第 3766 號判決：「目前司法實務上或者認為『原核定因復查決定之作成而被吸收』或者認為『為了確保核課處分在稅捐稽徵法第二十二條第一項各款之核課期間內作成，所以原核定處分原則上應被保留』（當然這樣的法律意見是否符合程序法理，是有斟酌之餘地），因此稅務案件之撤銷訴訟如為原告勝訴之判決，原則上均只撤銷到復查決定為止，以便保留稅捐稽徵機關重為斟酌之空間。只有在少數案例中，法院才會在原核定處分明顯違法，個案中完全沒有核課或裁罰之可能時，例外撤銷至原核定處分。此項司法實務作業慣例，因為對原告之權利沒有實質影響，本院向予尊重。」

參、稅務訴訟與舉證責任之分配

一、舉證責任之種類

最高行政法院 103 年度判字第 224 號行政判決要旨：「……按舉證責任，可分主觀舉證責任與客觀舉證責任。前者指當事人一方，爲免於敗訴，就有爭執之事實，有向法院提出證據之行爲責任；後者指法院於審理最後階段，要件事實存否仍屬不明時，法院假定其事實存在或不存在，所生對當事人不利益之結果責任。本法於撤銷訴訟或其他維護公益之訴訟，明定法院應依職權調查證據，故當事人並無主觀舉證責任，然職權調查證據有其限度，仍不免有要件事實不明之情形，故仍有客觀之舉證責任……。」因此，所謂舉證責任，可以有下列討論：

（一）主觀舉證責任

判決基礎之事實由當事人提出，當事人主張有利於己之事實，並爲使法院形成心證，須提出證據，此種行爲責任亦即主觀的舉證責任。換言之，當事人之一方爲避免訴訟敗訴，而負有以自己之行動，對於爭執之事實提出證據之責任，即爲主觀的舉證責任一般行政訴訟上，由於行政法院應依職權探知事實，亦即採職權探知主義。因此，德國通說認爲行政訴訟與民事訴訟不同，並不承認主張責任（Behauptungslast）與主觀的舉證責任（su bjektive oder formelle Beweislast, Beweisführungspflicht）。稅務訴訟作爲行政訴訟中公益考量較爲直接的訴訟類型，原則上亦不承認主觀舉證責任之存在。

（二）客觀舉證責任

在兩方當事人就爭議之事實已盡到相當之舉證能事後，仍有可能就事實存否不明。進一步來說，某一事實於存否不明時，其一方當事人即須負擔以該項事實爲要件，而對自己有利之法律效果之發生不被承認之危險或不利益。此種危險或不利益，即稱之爲舉證責任或證明責任。此種舉證責任，與當事人之具體的舉證活動並無關係，而是於審理之最後階段仍無法形成心證之情形之裁判基準，亦稱之爲客觀的舉證責任。就此，最高行政法院 96 年度判字第 1556 號判決乃指出：「我國稅捐爭訟制度採取職權探知主義，即應運用一切闡明事實所必要以及可獲致之資料，以認定眞正之事實課徵租稅，而關於舉證責任之分配，依行政訴訟法第一百三十六條準用修正前民事訴訟法第二百七十七條規定即：『當事人主張有利於己之事實者，就其事實有舉證之責任，但法律別有規定，或依其情形顯失公平者，不在此限。』**爲期具體個案之公平，應由法官就各該個案所應適用法**

律之精神、訴訟及事件之性質、舉證之難易度，依利益均衡原則作合理之分配。」

另外，最高行政法院98年度判字第295號判決亦指出：「稽徵機關主張對人民發生稅捐債權，固須就債權成立之構成要件負證明責任。但由於稅捐課稅資料多由納稅義務人所掌握，及稅務行政爲大量行政，須考量稽徵之成本，稽徵機關欲完全取得、調查，實有困難，或須付出極大之成本代價，故稅捐行政在制度之設計上常須同時考量『量能課稅』與『稽徵經濟』兩大原則，以求其均衡。或採稽徵機關證明程度之減輕，或採舉證責任之倒置，以應稅捐行政爲大量行政及課稅資料掌握困難之現象。遺產及贈與稅法第五條第六款規定二親等間財產之買賣『以贈與論』，乃以法律規定舉證責任之倒置，而容許當事人舉證（價金交付）以推翻法律之規定。」

（三）稅法上舉證責任與憲法規範

1. 大法官釋字第217號：「憲法第十九條規定人民有依法律納稅之義務，係指人民僅依法律所定之納稅主體、稅目、稅率、納稅方法及納稅期間等項而負納稅之義務。至於課稅原因事實之有無及有關證據之證明力如何，乃屬事實認定問題，不屬於租稅法律主義之範圍。財政部中華民國七十二年二月二十四日(72)台財稅字第三一二二九號函示所屬財稅機關，對設定抵押權爲擔保之債權，並載明約定利息者，得依地政機關抵押權設定及塗銷登記資料，核計債權人之利息所得，課徵所得稅，當事人如主張其未收取利息者，應就其事實負舉證責任等語，係對於稽徵機關本身就課稅原因事實之認定方法所爲之指示，既非不許當事人提出反證，法院於審判案件時，仍應斟酌全辯論意旨及調查證據之結果，判斷事實之眞僞，並不受其拘束，尚難謂已侵害人民權利，自不牴觸憲法十五條第十九條規定。」

2. 觀諸大法官釋字第537號解釋之意旨，稅法上固常課予納稅義務人申報、提示帳冊、文簿之協力義務，但稅捐稽徵機關依稅捐稽徵法第30

條及行政程序法第 36 條、第 43 條等規定，仍需依職權調查原則，就租稅構成要件、裁罰構成要件之該當事實暨違章裁罰之歸責要件，進行調查審認，並於事實不明時負舉證責任，否則，行政法院即應爲納稅義務人有利之認定與判決。換言之，稅法上之協力義務僅在減輕稅捐稽徵機關之舉證責任，並不能免除或倒置稅務訴訟之舉證責任。因而，於納稅義務人未依稅法之要求克盡協力義務時，稅捐稽徵機關固得依法推計課稅，惟除非法律另有明文（如所得稅法第 83 條之 1 第 2 項即明定：「稽徵機關就前項資料調查結果，證明納稅義務人有逃漏稅情事時，納稅義務人對有利於己之事實，應負舉證之責。」）否則，終究不能免除稅捐稽徵機關之舉證責任，或將舉證責任轉換課予納稅義務人，使其陷於稅法上實體權利不利之地位。

二、協力義務違反案件與舉證責任

（一）協力義務與舉證責任之基本問題

稅捐稽徵機關與納稅義務人之間涉及到各種課稅構成要件事實之掌握者，主要應考慮之問題在於協力義務之存在。最高行政法院 98 年度判字第 261 號判決也認爲：「稅務案件因具有課稅資料多爲納稅義務人所掌握，及大量性行政之事物本質，故稽徵機關欲完全調查及取得相關資料，容有困難，是爲貫徹課稅公平原則，自應認屬納稅義務人所得支配或掌握之課稅要件事實，納稅義務人應負有提供資料之協力義務。」所謂協力義務，主要指的是在稅捐稽徵程序中的申報、設帳、記帳及憑證等義務。

（二）協力義務與比例原則

在我國稅捐稽徵實務中，最經常看見之問題爲協力義務雖有減輕機關舉證責任之功能，但是事實上經常面對違反比例原則之問題。例如：

1. 案例事實

本件行政訴訟上訴人（即原告）爲在**高雄市開設 A 牙醫診所之執業牙醫師**。於民國 85 年度之所得稅申報案件中，因上訴人未設置帳簿記載其業務收支項目，乃遭被上訴人（即被告）財政部高雄市國稅局依據查得資料核定執行業務收入 1,410,074 元，按同業費用標準減除費用後，執行業務所得核定爲 452,421 元，其中一般業務收入係以每日平均收入 600 元、全年度執業日數 300 日計算共 180,000 元，按同業費用標準減除費用（百分之四十）後，一般業務收入之所得核定爲 108,000 元。然而，上訴人主張同一年度中渠因違反全民健康保險法，遭訴外人全民健康保險局暫停特約三月。**此一部分實際未有收入，仍遭稅捐稽徵機關依據同業利潤標準推計，要求扣除未果後，乃循序提起行政訴訟。**

2. 最高行政法院 91 年度判字第 1867 號判決：「稅捐稽徵機關在核定稅額過程中，須納稅義務人協同辦理者所在多有，學理上稱爲納稅義務人之協力義務，包括申報義務、記帳義務、提示文據義務等，納稅義務人違背上述義務，**在行政實務上即產生受罰鍰或由稅捐稽徵機關片面核定等不利益之後果，而減輕被上訴人之舉證證明程度**（參看司法院釋字第二一八、三五六等號解釋）。本件上訴人於被上訴人作成原處分前，依據所得稅法第八十三條第一項及同法施行細則第十三條第二項之規定，自有提出證據資料之義務，而其未予遵守，竟遲至本件訴訟程序中，上訴人始行提出調查證人之請求，參諸前揭說明，自不應予准許。」

三、稅務裁罰案件中的舉證責任

（一）裁罰案件與課稅案件之不同

於稅捐處罰領域，有關所漏稅額以及其根據之課稅基礎，應由事實審法官本於自由心證原則，自行調查認定，並適用有疑問則爲有利被告（in dubio pro reo）之原則以及刑事訴訟程序上舉證責任原則。有關課稅基礎之調查認定，有別於稽徵程序，並不得援用納稅人之稅捐協力義務或稅捐舉證責任法則，稅捐稽徵機關在稅法制度中，除課徵本稅以外，經常因爲納稅義務人違反各種義務性規定而受到行政裁罰。此類案例之問題，通常出現在行政裁罰案件，以故意過失爲前提。

（二）過失責任與舉證

釋字第 275 號：「人民違反法律上之義務而應受行政罰之行爲，法律無特別規定時，雖不以出於故意爲必要，仍須以過失爲其責任條件。但應受行政罰之行爲，僅須違反禁止規定或作爲義務，而不以發生損害或危險爲其要件者，推定爲有過失，於行爲人不能舉證證明自己無過失時，即應受處罰。」在稅捐案件中，原則上亦應以故意過失作爲處罰之前提。

不過在我國實務中，此等故意過失之判斷經常被擴張到義務人身上。例如最高行政法院 97 年度判字第 880 號判決：「行政罰責任之成立雖須具備故意或過失之主觀歸責要件，但鑑於行政罰之目標在維持行政秩序，樹立有效之行政管制，以維持公共利益。因此行政罰之『過失』內涵，並非如同刑事犯罪一般，單純建立在行爲責任基礎下，而視個案情節及管制對象之不同，兼有民事法上監督義務之意涵。**稅捐課徵對納稅義務人有重大之利益，爲截阻其將漏稅責任諉由無資力第三人承受之可能性，應認其對申報稅捐輔助人之誠實履行行爲，負擔監督義**務。在此情況下，本案上訴人應對其委請報稅之報關行人員之疏失，負擔監督不足之過失責任，不得主張免責。」

此外，行政法院向來認爲漏稅罰並無過失推定之適用。最高行政法院 98 年度判字第 258 號判決：「按遺產及贈與稅法第四十五條規定『納稅義務人對依本法規定，應申報之遺產或贈與財產，已依本法規定申報而有漏報或短報情事者，應按所漏稅額處以一倍至二倍之罰鍰。』此規定爲本件裁罰處分之依據。觀察上開規定之裁罰構成要件以發生漏稅之實害結果爲必要，係屬漏稅罰性質，依司法院釋字第二七五號解釋『人民違反法律上義務而應受行政罰之行爲，法律無特別規定時，雖不以出於故意爲必要，仍須以過失爲其責任條件。但應受行政罰之行爲，僅須違反禁止規定或作爲義務，而不以發生損害或危險爲其要件者，推定爲有過失』意旨，**漏稅罰以發生實害爲必要，於責任要件上並無過失推定之適用，仍須由稅捐機關就申報義務人之行爲符合處罰構成要件，包括客觀上事實合致及主**

觀上具有故意過失負證明責任（按本件罰鍰處分作成時為九十四年三月九日，當時行政罰法尚未施行，關於主觀責任條件問題，應依釋字第二七五號解釋意旨處理。又復查決定於九十五年五月四日作成時，行政罰法業已實行，依行政罰法第七條規定，違反行政法上義務之行為非出於故意過失者，不予處罰。故稅捐機關主張納稅義務人有漏報遺產並造成漏稅之結果有故意過失，亦應負證明之責）。」

四、商譽攤銷案件與舉證責任

（一）商譽作為一種法律概念

所謂商譽，其實在我國法律上並沒有被明確的定義。不僅是我國，事實上在其他任何一個國家的法制之中，都欠缺對於這一概念足夠明確的定義或者概念描述，至多僅存在著若干特徵式的指標或者描述。例如有研究指出商譽乃是「老主顧再度光臨老地方的預期」，亦有經濟學者用近似之概念，**認為「商譽乃是較受人歡迎的心理狀態。並進一步認為商譽乃是公司所享有之公衆尊敬或是受人喜愛的名聲，或是習慣、風俗所創造出來的購買慣性**」，或者「企業獲取超額報酬之能力」。

近年來比較會被引用的 IFRS，在其第 3 號當中對於商譽則提出了這樣的定義：「集團企業針對其所取得的價值，超出被取得之淨資產、負債及或有負債之公平價值之溢價」（l'excédent du coût du groupement d'entreprise sur la part d'intérêt de l'acquéreur dans la juste valeur nette des actifs, passifs et passifs éventuel identifiables）。會計學上承認商譽之產生，可以經常被理解的幾個產生原因，包括被收購公司已認列淨資產公平價值超過帳面價值的溢價、被收購公司未認列淨資產的公平價值、被收購公司現有事業繼續經營元素之公平價值、公司併購所產生的綜合效應（synergies），收購時支付的價格高估、收購公司短付收購價格等原因。商譽作為一種會計項目，乃意味著企業於特定交易活動（特別是併購）中，支付超出公平價格之溢價。就此，商業會計法第 50 條第 1 項乃規定：

「購入之商譽、商標權、專利權、著作權、特許權及其他無形資產，應以實際成本爲取得成本。」企業併購法第 40 條則規定：**「公司進行併購而產生之商譽，得於十五年內平均攤銷。」**

（二）商譽攤銷與舉證責任

1. 納稅義務人舉證

最高行政法院 100 年度 12 月份第 1 次庭長法官聯席會議決議指出：「企業併購取得之商譽，係因收購成本超過收購取得可辨認淨資產之公平價值而生。商譽價值爲所得計算基礎之減項，應由納稅義務人負客觀舉證責任。**納稅義務人應舉證證明其主張之收購成本眞實、必要、合理，及依財務會計準則公報第二十五號第十八段衡量可辨認淨資產之公平價值，或提出足以還原公平價值之鑑價報告或證據。**」

2. 協力義務之考量

最高行政法院 101 年度判字第 290 號判決：「上訴人台北市國稅局非不得依職權逕行估定其價額，詎其僅因部分可辨認資產之公平價值不明確，即全面否定商譽資產之存在，自屬速斷，則原判決將訴願決定及原處分否准認列該商譽攤提金額部分，一併撤銷，著由上訴人台北市國稅局『重新計算商譽攤提金額』，結論尚無不合。……上訴人台北市國稅局關於系爭商譽攤提金額，除已經原審究明之土地估價爭議外，就其餘各項資產之評價，既應許上訴人○○公司另提出合於行爲時財務會計準則第二十五號公報之第十八段規定之評價報告，視評價結果重新計算商譽攤提金額，並就上訴人○○公司所主張應同時調整各項資產之入帳金額，以反應以後各年度之折舊費用一節，併予考量。……」

五、類型化方法與舉證責任

（一）類型化方法之概念

所謂稅法上的類型化方法，係指在稅務案件中，以社會生活之「典型」事實來闡明稅務案件之構成要件事實的手段。在用類型化方法之際，經常發生者乃舉證負擔之轉換。

（二）類型化方法之運用案例

1. 個人遷讓非自有房屋、土地所取得之補償費收入，應依所得稅法第 14 條第 1 項第十類規定減除成本及必要費用後之餘額爲所得額；若無法提出成本費用憑證以供查核者，應以補償費收入之 50% 爲所得額申報繳納綜合所得稅（財政部 74 年 5 月 6 日台財稅第 15543 號函）。

2. 最高行政法院 99 年度判字第 494 號判決：「按遺產及贈與稅法第十條規定：『遺產及贈與財產價值之計算，以被繼承人死亡時或贈與人贈與時之時價爲準；被繼承人如係受死亡之宣告者，以法院宣告死亡判決內所確定死亡日之時價爲準（第一項）。本條修正前發生死亡事實或贈與行爲之案件，於本條修正公布生效日尚未核課或尚未核課確定者，其估價適用前項規定辦理（第二項）。第一項所稱時價，土地以公告土地現值或評定標準價格爲準；房屋以評定標準價格爲準（第三項）。』第十條之一第一款規定：『依第三條之二第二項規定應課徵遺產稅之權利，其價值之計算，依左列規定估定之：一、享有全部信託利益之權利者，該信託利益爲金錢時，以信託金額爲準，信託利益爲金錢以外之財產時，以受益人死亡時信託財產之時價爲準。』九十八年九月十七日修正發布之同法施行細則第四十一條則修正爲『遺產或贈與財產價值之計算，本法及本細則無規定者，依市場價值估定之。』可知，遺產價值之計算，係以被繼承人死亡時之時價爲準；而遺產中之土地，因平均地權條例第四十六條規定：『直轄市或縣（市）政府對於轄區內之土地，應經常調查其地價動態，……繪製地價區段圖並估計區段地價後，提經地價評議委員會評定，據以編製土地現值表於每年一月一日公告，……；並作爲主管機關審核土地移轉現值及補償徵收土地地價之依據。』乃規定以公告土地現值或評定標準價格作爲土地之時價。惟因公告土地現值係調查地價動態按年評定而得，而個別土地之價格仍會因其客觀存在之特殊情形而受影響，並參酌財政部七十四年十月十八日臺財稅第二三六八八號函：『遺產土地如爲違章建築占用，致其價值顯著低落經查屬實者，由稅捐稽徵機關依照實際價格予以核估課稅。』之釋示，足見遺產及贈與稅法第十條第三項關於遺產中之土地以公告土地現值或評定標準價格作爲時價之規定，係就一般常態使用之土地所爲計算時價之原則性規定，惟若土地客觀上存有明顯影響土地時價之情形者，仍應依照實際價格予以核估課徵遺產稅。又按『左列各款不計入遺產總額：……十二、被繼承人遺產中經政府闢爲公眾通行道路之土地或其他無償供公眾通行之道路土地，經主管機關證明者。但其屬建造房屋應保留之法定空地部分，仍應計入遺產總額。』爲遺產及贈與稅法第十六條第十二款所明定。已認供公眾通行之道路土地，因所有權人事實上已無法使用收益，基於舉輕以明重之法理，而不計入遺產總額。準此，以供公眾通行之道路土地爲權利內容之遺產，其遺產標的因屬權利而非該土地本身，固無上述遺產及贈與稅法第十六條第十二款關於不計入遺產總額規定之適用，若該土地爲信託財產，於計算該遺產之權利價值時，依上述遺產及贈與稅法第十條之一第一款規定，仍應按該信託財產之時價爲之，惟該信託財產既爲供公眾通行之道路土地，而此等土地因所有權人事實上已無法使用收益，客觀價值自會因此有顯著低落情事，則於核算該信託財產價值時，依上開所述，尚不得逕按該信託土地之公告土地現值或評定標準價格計算，而應依照實際價格予以核估，並據以課徵遺產稅。」

六、遺產及贈與稅法條文規定之舉證責任分配法則差異

最高行政法院 93 年度判字第 1640 號判決：「按『本法所稱贈與，指財產所有人以自己之財產無償給予他人，經他人允受而生效力之行爲』、『財產之移動，具有左列各款情形之一者，以贈與論，依本法規定課徵贈

與稅：六、二親等以內親屬間財產之買賣。但能提出已支付價款之確實證明，且該已支付之價款非由出賣人貸與或提供擔保向他人借得者，不在此限』分別爲遺產及贈與稅法第四條第二項、第五條第六款所明定。**前者贈與行爲之成立，首須有贈與之意思始足當之。對贈與行爲成立之事實，依舉證責任分配之法則，自應由稅捐稽徵機關負舉證責任。惟後者，衹要有二親等以內親屬間財產買賣之事實，稅捐稽徵機關即可以贈與爲由，依法課徵贈與稅；惟二親等間，如能舉證證明有支付價款，且該價款非由出賣人貸與或提供擔保向他人借得者，則能免除課徵贈與稅。兩法條間，其舉證責任分配法則不同。**」

七、租稅規避、不合常規營業案件之舉證

（一）租稅規避之概念

根據納保法之規定，涉及租稅事項之法律，其解釋應本於租稅法律主義之精神，依各該法律之立法目的，衡酌經濟上之意義及實質課稅之公平原則爲之。稅捐稽徵機關認定課徵租稅之構成要件事實時，應以實質經濟事實關係及其所生實質經濟利益之歸屬與享有爲依據。大體上，稅法之相關規範中出現個別性的防杜規定，其時程遠早於一般性之防杜規定[10]。此等個別性之防杜規定，可謂租稅規避之下位類型，其中在營利事業所得稅之領域中，租稅規避或權利濫用之防制主要展現在「**不合常規交易**」（l'acte anormal de gestion）之禁止，乃指從事營業活動之納稅義務人就其申報之應納租稅，尤其所得稅，被發現其交易活動有異於市場「正常」交易之情形，出於租稅公平之考量，稅捐稽徵機關亦得依據市場正常交易之狀況以剔除重核該申報稅額。

10 M. Cozian, La théorie de l'acte anormal de gestion, Les grands principes de la fiscalité des entreprise, p. 93.

（二）兩個舉證重點

1. 實際租稅利益之存在：**倘若特定之迂迴交易行爲雖然被認定行爲時主觀上確實僅具有稅捐上的考量，但在實際上不足以眞正地對納稅義務人所應納稅額造成影響（lorsque la charge fiscale de l'intéressé ne se trouve en réalité pas modifiée par cet acte）之際，亦難認爲有濫用稅法上權利之可言**[11]。最高行政法院100年度判字第2217號判決：「按個人以購入之土地捐贈，係依據稅捐法規所預定之方式，規劃減少稅捐負擔之行爲，且已提出土地取得成本確實證據者，如無確切證據得認個人有利用稅捐法規所未預定之異常的或不相當的法律形式，亦即利用民法上私法自治，特別是契約自由原則，意圖減少稅捐負擔之租稅規避行爲，其綜合所得稅捐贈列舉扣除金額之計算，自得依所得稅法第十七條第一項第二款第二目第一小目之規定核實減除。是以，納稅義務人以高於公告現值之價格買入土地，並將該土地捐贈與政府機關，既已支付全額土地款，是否有規避少於其所付土地款甚多租稅之意圖，即尚待斟酌。」

2. 事實上，稅捐稽徵機關只要能向法院證明交易活動之異常性，通常法院即有可能接受對於交易關係調整：除非在稅捐調查程序中經過言詞辯論程序事項，其內容受到眞正之推定，方才進一步要求稅捐稽徵機關證明因此等法外行爲所獲得之稅捐利益數額。在稽徵機關針對交易安排之異常性提出證明之際，舉證責任即已移轉於納稅義務人之一方，應由其負責證明該等利益之移轉係出於「相當之對價，並具有常態營業活動之性質」（une contrepartie suffisante et a ainsi le caractère d'un acte de gestion commerciale normale）。

11 黃源浩，實質課稅與稅捐規避行為之舉證責任，法學叢刊，第236期，頁124。

八、近期發展：最高行政法院102年度判字第816號判決——租稅裁罰案件應當與刑事處罰案件在舉證強度上接近

「……準此，營利事業辦理所得稅結算申報，其費用或損失之列報，須經查明確無支付之事實，而係虛列費用或損失逃稅者，始構成漏報課稅所得額，應依所得稅法第一百十條之規定處罰；如有付款之事實，僅因帳證不全或有疑，致無法有效證明該項支出與申報科目相符，或係其他本業或附屬業務所需者，固得予以剔除，依法補稅，惟既非查明確無支付之事實，即難援引所得稅法第一百十條第一項之規定加以處罰。蓋稅捐徵收處分既屬國家行使課稅高權的結果，直接影響人民財產權，其證明程度自應以『高度蓋然性』爲原則，亦即適用『幾近於確實的蓋然性』作爲訴訟上證明程度的要求，另基於稅務案件所具有的大量性與課稅資料爲納稅義務人所掌握的事物本質，法院固得視個案情形及納稅義務人是否克盡協力義務，適當調整證明程度，以實現公平課稅之要求。**惟關於租稅裁罰處分，則係國家行使處罰高權的結果，與課稅平等或稽徵便利無關，且與刑事罰類似，基於行政訴訟法保障人民權益，確保國家行政權合法行使的宗旨，其證明程度自應達到使法院完全的確信，始能予以維持**。故本院三十九年判字第二號判例要旨明示：『行政官署對於人民有所處罰，必須確實證明其違法之事實。倘不能確實證明違法事實之存在，其處罰即不能認爲合法。』（三十二年判字第十六號判例同此意旨）；行爲時營利事業所得稅查核準則第六十七條規定即係本於與前述說明相同之意旨，區別補稅罰鍰處分所需事實基礎的證明程度，對於營利事業辦理所得稅結算申報，剔除其費用或損失，而增加課稅所得額之核定，並不要求應達到『確無支付之事實』的強度，但對於漏報課稅所得額之處罰，則要求應達到『查明確無支付之事實，而係虛列費用或損失逃稅』的強度，包括根本無此筆金額的支出，或雖有此筆支出，但完全與其本業或附屬業務無關等情形；且條文既指示『經查明』，則此『確無支付之事實，而係虛列費用或損失逃稅者』之要件事實，即應由稅捐稽徵機關負擔客觀舉證責任，於法院無法完全確信待證事實存在時，承擔其認定該事實不存在之不利益。」

肆、納稅者權利保護法與稅務訴訟

一、概說

（一）納保法之制度沿革

民國 105 年 12 月 9 日立法院第 9 屆第 2 會期第 14 次會議，三讀通過了「納稅者權利保護法」草案。總統旋於同年月 28 日公布該法，新通過之法案並於第 23 條中明文規定，該法自公布後一年施行。這樣的進步立法，不僅象徵著我國納稅者權利保護體制更進一步的發展，更喻示著國內稅法學界在若干資深重要學者與先進的長期努力奔走之下，取得了重要的戰略性勝利。實足以令稅法實務及學理崗位上共同努力之同道中人爲之歡欣鼓舞，並預想此一進步法制之引入，有機會扭轉現行制度中納稅人權利保障有所欠缺的劣勢。然則，任何制度的變革都有其預想希望達到的效果，也都不可避免地難以期待變革得以畢其功於一役，僅經過單純的一、二次修法就可以創設出完整的百年制度、不磨大典。僅就「納稅者權利保護」或者「納稅義務人權利保護」這一議題而言，在我國法制中事實上已非初次引入。但是，在十年內連續有兩部名稱功能相近的法規範修正或制定案陸續通過，其意義至爲深遠。一方面，這顯示出整個社會以及納稅義務人對於稅捐稽徵程序及負擔正義的渴求，這樣的渴求在租稅正義受到全球化政治經濟制度衝擊的今日，特別明顯。另方面，這也顯示出納稅者（le contribuable）作爲國家公共財政負擔之分擔人公民意識的覺醒：隨著解除戒嚴、行政民主化以及行政程序法、行政救濟法制的重大變革，人民在一般行政領域中的地位可以說已經漸漸擺脫單純行政客體或者「被統治者」（l’administré）的地位，在整體財稅行政領域中，漸次朝向程序主體的地位演進。但是在這樣一日千里的變革過程中，稅捐稽徵程序乃至於整個稅法制度的闕漏與陳舊之處也就相對越來越明顯。

（二）納保法之制度目的與稅務救濟

毫無疑問，確保納稅義務人在面對課稅權力之際，所享有的救濟權利在整體運作中存有不少問題。這包括：稅捐稽徵機關享有過於強大、少受節制的行政命令權力，特別是透過解釋函令對於稅捐構成要件及應稅事實的解釋，經常有逾越行政權限的嫌疑。而整體來說，迷信重罰的稅捐主動申報及稽徵制度，對於納稅義務人在稅捐稽徵程序中協力負擔性質的誤解，以及隨之而來的，納稅義務人與稅捐稽徵機關之間行政爭訟案件的高敗訴率，甚至救濟制度實效性的欠缺，使得「司法訴訟作爲有效解決稅務紛爭重要手段」這一體制假設，淪於空談。在這樣的法制背景之下，表現在我國整體稅捐稽徵及救濟制度中的問題，特別是法院救濟程序所面對的困難，卻沒有被清楚正確認識。

二、我國稅務訴訟制度的特徵

（一）為反應大量行政之需求，設有復查制度

就我國現行稅捐救濟制度而言，其所具備之重要特徵之一，乃在於因應稅捐稽徵行政係大量行政之本質，在整體救濟關係中除既存的訴訟、訴願制度之外，尚存有由稅捐稽徵機關而非上級訴願審議機關主導的復查程序，規定在稅捐稽徵法第 35 條第 1 項前段：「納稅義務人對於核定稅捐之處分如有不服，應依規定格式，敘明理由，連同證明文件，依下列規定，申請復查……」此一制度的要旨，乃在於透過相對較於簡便之程序，使得作成課稅處分之稅捐稽徵機關得以重新考量或審核其已經作成之課稅決定。不過，復查程序進行中，原課稅處分並非消失不見，理論上即便當事人提起復查之請求，稅捐稽徵機關仍有可能就該一爭議中之課稅處分在爭議之應納稅額範圍內進行行政強制執行。此乃因爲在復查程序中如同其他救濟程序中一般，原課稅處分之執行力並不會因爲救濟程序之進行而被遮斷。進一步來說，復查制度可謂因應稅捐稽徵行政本質上係大量行政此一重要特色而來，制度主旨在於提供機關以便利程序、快速處理稅額計算

之瑕疵故。但是，單純的大量行政仍不足以使得稅捐爭訟案件在實務上存在的制度問題被正當化。蓋以準確言之，稅務爭議，尤其是所得稅（特別是營利事業所得稅）之爭議，經常具有年度之重複性。具體而言，特定項目之營業上支出得否列爲該年度之成本費用，經常在不同年度中重複發生。在這樣的理解之下，僅考慮稅捐稽徵行政之大量性而設置的復查制度，因課稅年度分別、課稅處分亦屬不同處分。單一年度的復查顯然就不容易照顧這類重複在不同年度中出現的爭點，特別是涉及不同年度所重複出現的共同法律爭議的統一解決。而在另一方面，問題更經常展現在稅務訴訟明顯的撤銷訴訟屬性，使得整體稅務訴訟制度難以展現出應有的救濟實效。

（二）以撤銷訴訟作為主要的訴訟模式

我國稅務訴訟制度特色之二，乃在於在整體救濟關係中主要仍以撤銷訴訟（Aufhebungsklage）作爲法院程序中納稅義務人進行稅務救濟主要的選項。在整體行政訴訟領域中，撤銷訴訟當然是行政訴訟法制中最經常被採用的救濟模式，整體要旨在於行政機關（稅捐稽徵機關）作成違法之行政處分（或者課稅處分）侵害行政相對人公法上之權利，受到損害的行政處分相對人（或者有可能爲利害關係人，不過這在稅務訴訟中較屬少見）請求有權機關（特別是行政法院）撤銷或者消滅此一違法行政決定，在效果上得以防止行政機關發動行政處分之行政執行程序，實際侵害行政上相對人的自由權利。因此，稅務爭訟事件的當事人不服稅捐稽徵機關作成之課稅行政處分，亦即以核定稅額爲內容之課稅處分，在我國救濟法制之設計中，首先應當提起復查。在復查無結果之後則依訴願程序向作成課稅處分機關之上級機關提起訴願，一旦訴願失敗，則依據行政訴訟法第 4 條第 1 項向該管之高等行政法院提起行政訴訟，訴請撤銷該一有瑕疵之課稅處分。而在我國整體行政訴訟法制之中，雖然在近年行政訴訟之模式已經擴張成爲包括撤銷、給付及確認三種主要訴訟模式的完備權利救濟體系，但是在實務上稅務訴訟仍然以撤銷訴訟，也就是行政訴訟法第 4 條第 1 項作爲主要之救濟模式。在此一救濟模式之下，倘若納稅義務人（作爲撤銷訴訟之原告）所訴者有理由，亦即稅捐稽徵機關就前揭課稅處分之數額有計算錯誤情事，或者適用法令有所違誤因而構成課稅處分違法之際，法院原則上會透過判決之形成效力宣告「撤銷」該一課稅處分，使之無法發生存續力及執行力，而在理論上不得再作爲行政強制執行之依據，俾以排除納稅義務人受到該違法處分侵害之可能。但是，問題事實上並非如此單純。**由於稅捐爭訟涉及稅額之爭議，當事人所主張之法律狀態通常是「不否認有應納稅額發生，但是對於構成稅額之各種理由（或原因事實所構成之爭點）有爭議，因而對應納稅額的數額有爭議」，並因此導致對於課稅處分中應納稅額有所不服，換言之，其目的在於請求確認正確之應納稅額（la somme due au fisc）**。特定爭點經過法院程序確認其所主張者有理由因而撤銷該一年度之課稅處分，並非意味著稅捐稽徵機關與納稅義務人之間針對特定年度應納之稅額已經終局地得到確定。相反地，納稅人歷經艱辛訴訟程序所獲得的（以撤銷模式爲基礎的）勝訴判決經常是：「原處分撤銷，發回原處分機關另爲適法之處分。」也就在這樣的「撤銷加發回」的裁判模式中，納稅義務人面對著形式的勝訴判決，雖然號稱「勝訴」，實質上可能保障其權利的機會，卻相形渺茫，同時也無從在爭訟程序中徹底確定納稅人與國家機關之間公法債權債務關係之正確數額。在這樣的理解之下，現行以撤銷訴訟作爲稅務訴訟主要救濟模式的途徑設計經常遭受到實效性的詬病，原因一方面出在撤銷的客體和範圍，另方面可能出在撤銷訴訟無法對課稅案件的主要爭議作成具有確定性的終局解決。這可以從撤銷訴訟勝訴判決的撤銷客體和效果兩方面加以觀察。

（三）撤銷的標的或者客體有疑問

1. 總額主義與爭點主義的爭執

以撤銷訴訟作爲稅務訴訟中納稅義務人提起救濟的主要手段所面臨的問題之一，在於稅務訴訟的撤銷客體向來會有所謂「總額主義」和「爭點主義」的區別。按撤銷訴訟之訴訟標的，多數學說認為乃請求撤銷違法行政處分的撤銷請求權，而非行政處分本身。但在實際的程序效果上，撤銷請求權發動之後被撤銷之對象仍為該一被指摘為有瑕疵之行政處分。這一問題的理解，乃應當從撤銷訴訟既判力開始理解。訴訟案件訴訟標的之決定，事涉法院裁判既判力（Rechtskraft; Autorité de la chose jugée; res judicata）之客觀範圍，亦即別訴禁止與重複起訴禁止在訴訟法上之展現。蓋以稅法領域中課稅決定經常係以單一年度中各種經濟事實之總體結果計算納稅義務人之應納稅額。換言之，在單一年度中可以影響應納稅額之因素，經常並非單一。就此而言，當事人不服稅捐稽徵機關之課稅決定，經過復查及訴願程序後提起撤銷訴訟，法院審理之客觀範圍以及實際撤銷客體的範圍，乃被區分為總額主義及爭點主義兩種不同的見解。所謂總額主義（Saldierungstheorie），係認為對於課稅處分之爭訟對象，乃是課稅處分所核定稅額適法與否之審查。反之，所謂爭點主義（Individualisierungstheorie），則認為撤銷訴訟之原告對於課稅處分不服而提起訴訟，其爭訟對象乃是與處分理由有關聯之稅額之存否，或認為法院審判之對象乃撤銷訴訟原告所指摘之課稅處分理由（個別課稅基礎）之適法與否。而總額主義則與此不同，在總額主義訴訟標的的範圍及於同一年度所有涉及應納稅額數額高低的爭點。因此，倘若原告針對特定爭點經過正常之救濟程序復查、訴願之後提起行政訴訟訴請撤銷課稅處分，判決之既判力亦會及於其他爭點，使原告無法再行爭訟。在這樣的理解之下，總額主義與爭點主義的爭議於訴訟上最主要之區別，厥為決定未經於復查等訴訟前程序主張之理由或者爭點，得否於訴訟上主張之。就此而言，最高行政法院 92 年度判字第 309 號判決謂：「稅務行政爭訟係採『爭點主義』，即就本年營利事業所得稅之申報，包含有折舊、其他費用、交際費及營業收入等部分之爭點，當事人就上開特定爭點有所不服，對之申請復查、訴願或進而提起行政訴訟，其效力不及於其他爭點。」然而，我國最高行政法院或其前身行政法院，對於「爭點主義」事實上並未能完全採取統一見解，實務上亦見得有若干採取總額主義看法的裁判。在這樣的理解之下，撤銷訴訟的訴訟標的，特別是撤銷範圍問題，在我國稅務訴訟實務中本來就是一個長年累積的問題，應可確定。

2. 撤銷客體的爭議：撤銷原處分還是撤銷復查決定？

以撤銷訴訟作為稅務訴訟主要之救濟途徑在我國訴訟實務中所帶來的困擾之二，不僅在於總額主義與爭點主義爭議之下，撤銷判決既判力的客觀範圍以及所遮斷之爭點範圍問題，更在於不同程序階段中，提起撤銷訴訟的納稅義務人，倘若獲得勝訴判決，則「究竟是什麼客體被撤銷？」的問題。或者更具體言之，就是「原課稅處分」與「復查決定」何者被撤銷。就此，行政法院 48 年裁字第 40 號判例即謂：「查關於再審原告所得稅部分之原處分及訴願再訴願決定，業經本院原判決予以撤銷，應由再審被告官署依復查程序另為處分。」財政部 67 年 7 月 29 日台財稅第 35047 號函及同部 68 年 3 月 13 日台財稅第 31577 號函均認為「判決主文『原處分撤銷』一語，係指撤銷原處分機關所為之『復查決定』之處分……」事實上，這樣的客體問題在稅務訴訟中所發生的爭議正好反映出整體稅捐救濟制度的實效性欠缺：即便當事人獲得勝訴判決，在我國實務中被撤銷的對象也只是整體救濟流程中的復查決定而已，並非原課稅處分。這樣的詭異制度不僅和「撤銷訴訟」的制度原意完全不合，明顯地牴觸司法消極被動的原則，同時還使得整個救濟制度淪於無實益。然而，這樣違反訴訟法基本法理、根本架空司法裁判效力的詭異制度，卻在實務中受到多年奉行，少受有質疑。直言之，原課稅處分在當事人歷經繁雜的救濟流程之後，就算獲得（難度相當高的）勝訴判決，原課稅處分依然不動如山。當然，從機關善意的角度出發（假設機關善意，就應當姑且忘記此刻這個已經被法院宣告過違法的課稅處分，在行政訴訟法第 116 條第 1 項的規定之下仍然是有執行力的），原處分機關或許可以在重開的復查程序中撤銷或變更原處分，循著法院判決的脈絡給予訴訟當事人所期待的終局救濟。但問題在於「機關的善意不足依恃」向來是行政爭訟不得不面對的現實。問題更在於，倘若機關根本不認為自己的法律見解有錯（雖然理論上，機關應當受到法院的法律見解拘束，參見行政訴訟法第 215 條規定），機關仍有可能透過重爲之行政處分堅持其有適法性問題的見解。一旦遇到此種情形，則可謂當斷不斷、反受其亂，而納稅義務人受有效司法救濟的權利，也難免遭到邊緣化。

3. 發回原處分機關後，重作實質內容相同之行政處分

在我國稅務訴訟制度中，由於採取撤銷訴訟作爲訴訟主要模式的因素，因此納稅義務人只有在法院得到敗訴判決的情形之下，得以使得糾紛在法院程序中徹底確定地解決。相反地，倘若納稅義務人在稅務訴訟中獲得勝訴判決，進而由法院將原本作爲爭議客體的行政處分（姑且不論此一被撤銷的客體救濟勝原課稅處分或者復查決定）加以撤銷，納稅義務人仍可能承受另外一方面的救濟實效性欠缺的結果，也就是在判決主文係「原判決撤銷、發回原處分機關另行適法處分」的情形下，由原處分機關重新作成另一個和原本課稅處分內容相同的行政處分這樣的可能性。這樣的實務上尷尬現況並非立法者在制度設計上的缺漏，而是來自於司法院大法官釋字第 368 號解釋。蓋在該解釋當中，司法院大法官針對撤銷訴訟當事人指摘原處分違法有理由，亦即原處分被確定爲違法而發回原處分機關重爲處分的情形下，指出兩種機關後續處置的不同途徑：原處分係因法律問題被撤銷者，發回後機關應當依法院見解重作原處分。但是，倘若原處分係因事實問題被撤銷者，發回後在機關重爲調查的情形之下，並不排除重作的新處分有維持已被撤銷原處分見解的可能性。換言之，發回後的原處分機關重作相同內容之行政處分，並非不可能。然而，在整個行政救濟領域中，法律問題與事實問題，從來都不是能夠被清楚劃分的問題。大法官釋字第 368 號解釋如此的見解，期待對於第一線行政機關的認事用法的能力有超越或等同於司法機關的可能，恐怕過於天眞。直言之，倘若原處分機關要在事實調查的隱蔽之下偷渡其（已經被前審法院宣告過有瑕疵的）法律見解，並非不可能。這樣的制度設計，陰錯陽差地不僅使得救濟制度的實效性事實上遭到致命性的削弱，也使得實務中經常被詬病的「萬年稅單」這樣的資源虛耗現象一直存在。更糟糕的是，對於這個「二進宮」的重核課稅處分，納稅義務人即便再次依程序進行救濟，恐怕也不容易在法院程序中再繼續找到同樣願意支持其見解的法官。因此，到最後恐怕有相當理由的爭訟案件，也不容易眞正地得到司法救濟。

三、小結：我國稅務訴訟制度展現出的問題點

在前述有關我國稅務救濟制度，特別是訴訟制度特徵的說明及討論當中，吾人乃得以觀察出我國稅務訴訟的特徵，以及此等特徵所相對帶來的若干稅務訴訟程序實務中可以被觀察到的問題。首先，對稅務訴訟之訴訟標的，在納稅義務人根據行政訴訟法第 4 條第 1 項提起撤銷訴訟的情形下，特定爭點未經復查程序還能不能在後續的訴訟程序中，特別是訴願審議機關所進行的審議程序或者高等行政法院所進行的審理程序中提出主張，納稅者權利保護法第 21 條第 1 項如此規定：「納稅者不服課稅處分，經復查決定後提起行政爭訟，於訴願審議委員會決議前或行政訴訟事實審言詞辯論終結前，得追加或變更主張課稅處分違法事由，受理訴願機關或行政法院應予審酌。其由受理訴願機關或行政法院依職權發現課稅處分違法者，亦同。」換言之，在訴訟標的的判斷上，有傾向前述總額主義發展的制度目的可以被清楚觀察。然而，爭點主義的基本邏輯是在於訴訟程序中課予納稅義務人促進訴訟案件有效進行之義務：未經復查程序主張之爭點雖然廣泛地被承認得以在事實審言詞辯論期日前，以追加攻擊防禦方法而不構成訴之變更追加的形式被提出主張；然而這樣的程序便利亦負有隱藏的程序代價。換言之，倘若特定爭點未能在復查程序中乃至於行政訴訟事實審言詞辯論期日前提出，此等爭點將因爲受到總額主義訴訟標的之吸納（即便在訴訟中未受到明確之提出主張及審理），而在判決後成爲受既判力所拘束之權利義務關係。換言之，原則上未在事實審言詞辯論終結前提出之爭點，將被遮斷而不受主張，不得再以另訴被提出主張。在這樣的意義之下，固有迫使納稅義務人在訴訟程序中共同發現眞實、促進訴訟的協同主義（die Kooperationsmaxime）精神展現其中。

CHAPTER 8

所得稅法

- 第一節　所得稅概說
- 第二節　個人綜合所得稅
- 第三節　營利事業所得稅
- 第四節　所得基本稅額以及最低稅負制

第一節　所得稅概說

壹、所得稅之概念

所得稅，係指以特定之當事人，在一個年度中就其經濟活動構成之收入或者收益，按比例或稅率所課徵的稅捐。所得稅法在我國法制之中，即爲規範此一稅捐的主要法律規範。我國所得稅法，乃於中華民國 32 年 2 月 17 日由國民政府制定公布全文 22 條，歷經多年演變，現已成爲我國稅法體系中最重要的租稅實體構成要件規範之一。除了所得稅法以外，近年我國稅制之中爲糾正過去長期過於仰賴租稅優惠之稅制，另訂有「**所得基本稅額條例**」，亦爲我國所得稅法制之重要規範。

所得稅作爲我國稅收最豐的稅目，不僅支應主要的財政負擔，同時也肩負著相當重要的社會經濟政策調節功能。進一步來說，稅法制度中所謂的「所得稅」，其實尚可以被區分爲廣義及狹義的所得稅兩種情形。若干稅捐雖然名稱不叫做所得稅，但是其課徵之客體，亦爲財產之增加，可謂係廣義之所得稅[1]。例如土地增值稅、遺產稅、贈與稅等。這些收入排除在所得稅之稽徵範圍之內，但是其實課徵的客體也有「所得」的屬性。本章討論者，主要爲狹義之所得稅，亦即我國法制中「所得稅法」所主要規定之兩種稅目，也就是「個人綜合所得稅」以及「營利事業所得稅」。

貳、所得稅之特徵

所得稅作爲二十世紀以後方才普遍施行的稅法制度，現今已經成爲各主要國家財政收入之最大宗稅目。無論係以個人（或家戶）總收入爲課徵對象之「個人綜合所得稅」或者以營利事業（特別是公司法人）作爲課

1 參見黃茂榮，各種之稅概論，收錄於「稅法各論」，黃茂榮、葛克昌、陳清秀主編，2版，新學林，2019年8月，頁22。

徵對象的「營利事業所得稅」，均以所得（Income, Einkommen, Revenu）作爲其課徵之客體。一般而言，所得稅在整體稅收制度中具有下面幾個特徵：

一、所得稅為直接稅

所謂直接稅，係指稅捐之歸屬無法轉嫁於其他稅收主體之稅捐。在所得稅之中，所得主體通常即爲納稅義務人。也因此，所得稅之課徵乃以個別所得主體的經濟條件，亦即所得之毛額減去不能支配之必要開銷以後，仍歸屬於所得主體之收入作爲課徵對象。此等收入，通常無法轉嫁於其他法律主體，因而成爲直接稅之典型。

二、所得稅為年度稅

所謂年度稅，乃指所得稅之計算基礎，係以同一年度中同一納稅主體之淨所得作爲計算之基礎。因此無論係營利事業或者家庭所適用的個人綜合所得稅，均以同一年度中之收入作爲計算應納稅額之基礎。同樣地，其成本費用或生活必須費用之計算亦以年度爲基礎。此可參見行政法院 75 年判字第 1291 號判例：「**依執行業務者收費及費用標準核定律師承辦案件之所得，原則上應依結案判決年度之執行業務者收費及費用標準核定**。惟當事人如提示委任契約及受理委任時已收取酬金之證據，經查明屬實者，當改依受理委任年度標準核定，並以受理委任之年度爲所得年度。」

Q：何謂所得稅之暫繳？所得稅暫繳之目的何在？所得稅暫繳制度，會不會使得營利事業所得稅失去其「年度稅」的特徵？

A：

（一）暫繳之基本概念

所謂「暫繳」乃營利事業所得稅之特有制度。所得稅法第 67 條第 1 項規定：「營利事業除符合第六十九條規定者外，應於每年九月一日起至九月三十日止，按其上年度結算申報營利事業所得稅應納稅額之二分之一為暫繳稅額，自行向庫繳納，並依規定格式，填具暫繳稅額申報書，檢附暫繳稅額繳款收據，一併向該管稽徵機關申報。」換言之，所得稅原則上為年度稅，乃以特定年度 1 月到 12 月納稅義務人之收支減除不能支配的成本費用作為計算之基礎。但是透過暫繳制度，乃使得尚未終局確定的權利義務關係，預先實現。

（二）暫繳制度之目的

暫繳制度，主要之目的並非所得稅法之原始目的，而在於財政收支調度的考量，避免財政收入因為年度尚未終了而未實現，造成國庫一時的流動性困難。因此，這一制度的功能比較像是財政秩序的功能，而非單純的債務實現。

（三）營利事業所得稅暫繳與所得稅之年度性

暫繳並非終局地實現該一年度的債權債務關係，暫繳後年度屆至之時，尚須計算該營利事業的真正應納稅額、多退少補。因此，這樣的制度並未使得所得稅的年度性原則遭到損害。

三、所得稅為社會經濟目的稅

所得稅在租稅政策工具的功能方面，向來以其具備有強大的經濟社會調控功能著稱。例如，個人綜合所得稅的計算，以家庭總收入減去生活必需費用而計算，就寓有照顧基本生存需求的社會目的。而在另外一方面，所得稅的減免也通常可以當作是社會或經濟目的的政策手段。因此，所得稅在整體功能上，向來被強調具有明顯的社會經濟目的。

四、所得稅為中央稅

所得稅在我國地方與財政收支劃分的體系中，爲明顯之中央稅。亦即相較於營業稅等稅種，所得稅收入乃以支應中央政府之財政需求爲目的。而其租稅構成要件，亦以中央法律方得加以規範。進一步來說，雖然我國法制上地方自治團體得以在地方稅法通則施行以後，自行決定地方稅的開徵。不過這當中並不包括中央已經立法徵收的稅收。因此，所得稅在現行我國稅制中，並非地方稅，殆無可疑。

參、所得稅法之分類

一、分類所得稅與綜合所得稅

所得稅在學理上，向來可以區分爲「分類所得稅」以及「綜合所得稅」兩大類型。這樣的區分在個人或家庭的所得稅制度中，特別經常被討論。所謂「分類所得稅」，係按照不同收入類型（薪資所得、資本利得、財產交易所得等）給予其不同之稅率，綜合繳納所得稅。而「綜合所得稅」則原則上不區分所得類型，均計入家戶之所得總額[2]。

二、營利事業所得稅、個人綜合所得稅與獨資法人商號的所得稅

（一）所得稅的兩種不同主體

所謂的營利事業所得稅與個人綜合所得稅，係以納稅主體的資格和地位不同而進行之區分。營利事業所得稅，在若干國家中被稱作「法人稅」（Köperschaftssteuer），明示其係以營業性之法人（亦即公司）作爲所得稅稅捐債務之債務人[3]。我國所得稅法第3條第1項規定：「凡在中華民國境內經營之營利事業，應依本法規定，課徵營利事業所得稅。」雖未明示以公司作爲主要規範對象，但是原則上與其他國家所稱法人稅範圍相當接近。換言之，所得稅的制度設計，綜合所得稅乃以自然人（家戶總所得）作爲課徵客體、營利法人之所得作爲營利事業所得稅之徵收客體。這當中就發生了一個法政策問題：未具有獨立法人資格，亦非自然人（而與自然

2　關於分類所得與綜合所得之區分，參見黃源浩，綜合所得、分類所得與量能課稅：評司法院大法官釋字第745號，月旦裁判時報，第59期，2017年5月，頁19以下。

3　就此，日本稅法直接將相當於我國營利事業所得稅法之規定，稱作「法人稅法」。參見本庄資、藤井保憲，法人稅法理論と實務，東京弘文堂，2008年，頁3以下。

人資本主之人格不可分離）的獨資、合夥商號，就發生究竟應當徵收「個人綜合所得稅」或「營利事業所得稅」的問題。

（二）獨資與合夥商號的所得稅繳納義務

1. 民國103年度以前

在我國法制中，103 年度以前獨資合夥組織之營利事業無須計算及繳納其應納之結算稅額；其營利事業所得額，應由獨資資本主或合夥組織合夥人依所得稅法第 14 條第 1 項第一類規定列爲營利所得，依所得稅法規定課徵綜合所得稅。

2. 民國104年度起至106年度止

獨資合夥商號的所得稅，自 104 年度起至 106 年度止，獨資合夥組織之營利事業以其全年應納稅額之半數，減除尚未抵繳之扣繳稅額，計算其應納之結算稅額，於申報前自行繳納；其營利事業所得額減除全年應納稅額半數後之餘額，應由獨資資本主或合夥組織合夥人依所得稅法第 14 條第 1 項第一類規定列爲營利所得，依所得稅法規定課徵綜合所得稅。此外，獨資合夥組織爲小規模營利事業者，無須辦理結算申報，其營利事業所得額，應由獨資資本主或合夥組織合夥人依所得稅法第 14 條第 1 項第一類規定列爲營利所得，依所得稅法規定課徵綜合所得稅。

3. 民國107年度以後

自 107 年度起，**獨資合夥組織之營利事業辦理結算申報，無須計算及繳納其應納之結算稅額；其營利事業所得額，由獨資資本主或合夥組織合夥人依第 14 條第 1 項第一類規定列爲營利所得，依所得稅法規定課徵綜合所得稅**。另外，獨資合夥組織爲小規模營利事業者，無須辦理結算申報，由稽徵機關核定其營利事業所得額，直接歸併獨資資本主或合夥組織合夥人之營利所得[4]，依所得稅法規定課徵綜合所得稅[5]。

肆、所得之構成與判斷

一、所得構成之原則

所謂「所得」，係指特定時間之內特定主體之財產之增長。所得稅之客體即在「所得」，因此倘若未有所得，基本沒有本稅的適用。在所得稅法上要掌握所得的概念，必不可免地應該掌握下列原則：

（一）對人的普遍性原則（Prinzip der persönlichen Universalität）：所得稅僅對於自然人而課徵，前提是有所得（Einkommen）的存在，並且基本上禁止對特定個人為租稅的減免。

（二）對物的普遍性原則（Prinzip der sachlichen Universalität）：所得稅基本上係對納稅義務人的整體所得為課徵（而非對於納稅義務人於私領域中尚未實現的收益課徵）。

（三）客觀淨所得原則（objektives Nettoprinzip）：只有納稅義務人之淨所得，才能成為課稅之客體。所謂淨所得，指減除了交易費用（Betriebsausgaben）與經營成本（Werbungskosten）之後所得之淨額。這

4 財政部104年6月12日台財稅字第10404578020號令：「依民法第702條及第704條第2項規定，隱名合夥人出資之財產權屬於出名營業人，且就出名營業人所為之行為對第三人不生權利義務之關係，是其投資於營利事業之盈餘分配所得，應併入出名營業人所得課徵綜合所得稅。但出名營業人於簽訂契約後曾檢約報經該管稽徵機關核備，或稽徵機關查得隱名合夥人及出名營業人實際獲配之盈餘者，應按實際分配情形，分別核課隱名合夥人及出名營業人之個人綜合所得稅。」

5 民國108年1月1日起生效的所得稅法第75條第4項規定：「獨資、合夥組織之營利事業應依第一項及第二項規定辦理當期決算或清算申報，並依第七十一條第二項規定計算應繳納之稅額，於申報前自行繳納；其營利事業所得額減除應納稅額半數後之餘額，應由獨資資本主或合夥組織合夥人依第十四條第一項第一類規定列為營利所得，依本法規定課徵綜合所得稅。但其為小規模營利事業者，無須辦理當期決算或清算申報，其營利事業所得額，應由獨資資本主或合夥組織合夥人依第十四條第一項第一類規定列為營利所得，依本法規定課徵綜合所得稅。」

樣的原則，基本上應當適用在營利事業所得稅的機會比較大。蓋在所得稅制度中，只有營利事業會發生成本費用扣除的問題，自然人原則上不生成本費用。

（四）主觀淨所得原則（subjektives Nettoprinzip）：只有超過生存所需之最低標準（Existenzminimum）之所得，才具有給付能力或給付適格。目前在我國所得稅法中，乃以個人年度總收入，減除免稅額及扣除額後，方得以成爲課稅對象。也因此，免稅額及扣除額之設置，就意味著這類生活必要費用，是個人生存最低標準所必需。

（五）分段課徵之原則（Prinzip der Abschnittsbesteuerung）：所得稅爲年度稅，其課徵並非針對納稅義務人一生中所有所得爲課徵，而係針對其歷年所得（Einkommen eines Kalenderjahres），即一段時間內之所得爲課徵。

二、判斷所得之學說理論

所得的概念其實並不是一個足夠清楚的概念。換言之，在稅法上面，雖然所得稅在全世界各主要國家都構成最主要的財政稅收來源，但事實上「所得」的判斷，是歷經了長久學說爭執的問題。在所得稅之理論之中，至少有下列幾種學說的對峙[6]：

（一）甲說：所得來源理論

所得來源理論（Quellentheorie），或者稱爲「泉源理論」。在所得來源理論之下，所謂的所得係指從所得來源（Einkommensquelle）所持續增加的收益（fließenden Erträge）。因此，從所得來源之財產價值轉換（Wertveränderungen im Vermögen der Quelle）或者從所得來源實現所得到之收益（Gewinne aus der Veräußerung der Quelle），均非所得。進一步來

6 進一步討論參見柯格鐘，論所得稅法上的所得概念，臺大法學論叢，第37卷第3期，頁129以下。

看，所得來源理論強調僅有持續穩定發生之所得，方才構成所得稅之課徵客體。單純的財產交易獲取利益、機會中獎等難以預期持續經常發生者，多半會被排除在所得稅的課徵範圍之外。

（二）乙說：純益理論

所謂「純益理論」（Reinvermögenszugangstheorie）或者稱作「純資產增加理論」。純益理論對於所得之認定標準，同樣也認爲價值轉換並非所得，猶有進者，此說尚區分所得之來源是規律地發生抑或偶一爲之（regelmäßig oder nur gelegentlich ergeben），或者視此一財產係在交易領域中（Betriebssphäre）或純粹私人領域（Privatsphäre）。但無論如何，只要納稅人的資產整體有所增加，無論是偶一爲之的純粹好運所致，或者根據契約長年勞動的成果，均應當就其增加的範圍課徵所得稅。

（三）丙說：市場所得理論

所謂「市場所得理論」（Markteinkommenstheorie），原則上乃以得進行市場交易之財產增益，方爲所得。倘若特定經濟利益增加無市場價值可言，則不生所得問題。因此，數學專家在家教小孩功課的工作價值，並非所得，不生課徵所得稅問題。

Q：甲公司原在台北市內湖區設有廠房。民國 99 年間，因台北市政府辦理文湖線捷運場站擴建計畫，需用土地，因此徵收甲公司廠房，並給付新臺幣（下同）1 億 3,700 萬元，作為補償費。試問，此一補償費應否計入該公司當年度所得而課徵營利事業所得稅？

A：

（一）補償費是否具有所得之屬性？

1. 按營利事業所得稅，本於客觀淨所得原則之基本精神，凡在經濟活動中有所得者，原則上即可能成為營利事業所得稅之課徵對象。此可參見所得稅法第 24 條第 1 項前段所規定：「營利事業所得之計算，以其本年度收入總額減除各項成本費用、損失及稅捐後之純益額為所得額。」即明。因此，所得稅法關於營利事業所得稅之課徵客體，既然為營利事業之收益，則包括營業增益及非營業增益，除具有法定減免事由外，均應予以課稅。

2. 又按所得稅法制度之中，營利事業只要其財產收益有所增益者，原則上即可以被當作有所得看待，不問此一增益是否發生在該一營利事業所登記經營之範圍之內。在這樣的理解之下，政府興辦公共建設徵收營利事業土地廠房所給予之補償費，在解釋上似亦具有所得之屬性，並無疑問。

（二）問題之來源：個人綜合所得稅與徵收補償之關係

1. 然而在解釋上，政府興辦公共建設徵收營利事業土地廠房所給予營利事業之補償費是否應課徵營利事業所得稅，並非單純。蓋以相對而言，自然人之財產在我國法制之中，受到政府徵收而受領之補償費，得以免徵所得稅。此可參見 79 年 4 月 7 日台財稅第 780432772 號函：「因政府舉辦公共工程或市地重劃而徵收土地，依拆遷補償辦法規定發給之建築改良物或農作改良物補償費、自行拆遷獎勵金及人口搬遷補助費，核屬損害補償，應准免納所得稅[7]。」在此一理解之下，問題即在於：同樣為針對所得（Einkommen）課稅，是否應當將營利事業所得稅與個人綜合所得稅以同一邏輯對待之？

2. 就我國目前實務多數見解而言，前述問題明顯採取否定見解。例如司法院大法官釋字第 607 號解釋理由書後段謂：「個人與營利事業二者之稅率、所得結構、課稅基礎、應否設帳及得否攤提折舊等均有不同，稽徵機關對於個人領取之地上物拆遷補償費，依職權就其

---

7 或參見財政部91年1月31日台財稅字第0910450396號令：「個人依土地徵收條例第31條、第32條及第34條規定領取之建築改良物補償、農作改良物補償、土地改良物補償或遷移費等法定補償，係屬損害補償性質，尚無所得發生，不課徵綜合所得稅。」

拆遷成本採取不同之認定方式。」並不認為二種補償費有可比擬之基礎。

（三）結論

綜上所述，在我國稅法制度中，政府興辦公共建設徵收營利事業土地廠房所給予之補償費，亦應列入該營利事業年度所得而課稅。此可參見財政部 84 年 8 月 16 日台財稅第 841641639 號函：「營利事業因政府舉辦公共工程或市地重劃，依拆遷補償辦法規定領取之各項補償費應列為其他收入，其必要成本及相關費用准予一併核實認定。」以及司法院大法官釋字第 607 號解釋理由書所指出：「營利事業因土地重劃而領取之地上物拆遷補償費，係因公權力強制介入而發生之非自願性增益，雖非因營業而發生，而屬於非營業性之營利事業所得來源，如於扣減相關之成本費用、損失後仍有餘額，即有稅負能力，就該筆所得核實課徵稅捐，與租稅公平原則並無不符。」

Q：土地因興辦公共建設被政府徵收，因而終止租約。所收取之補償費是否為所得？

A：

司法院大法官釋字第 508 號解釋就此似採肯定見解：「中華民國八十二年二月五日修正公布之所得稅法第二條第一項規定：『凡有中華民國來源所得之個人，應就其中華民國來源之所得，依本法規定，課徵綜合所得稅。』依法徵收之土地為出租耕地時，依七十八年十月三十日修正公布之平均地權條例第十一條第一項規定應給與承租人之補償費，核屬所得稅法第八條第十一款規定之所得，應依同法第十四條第一項第九類所稱之其他所得，計算個人之綜合所得總額。財政部七十四年四月二十三日台財稅第一四八九四號函謂：『**佃農承租之土地，因政府徵收而終止租約，其依平均地權條例第十一條規定，由土地所有權人所得之**

補償地價扣除土地增值稅後餘額之三分之一給予佃農之補償費，應比照地主收回土地適用所得稅法第十四條第三項變動所得之規定，以補償費之半數作為當年度所得，其餘半數免稅。』係基於課稅公平原則及減輕耕地承租人稅負而為之函釋，符合所得稅法上開各規定之意旨，與憲法第十五條、第十九條、第二十三條規定並無牴觸。前述第一四八九四號函釋，係對耕地承租人因政府徵收出租耕地自出租人取得之補償，如何計算當年度所得，作成之釋示；而該部六十六年七月十五日台財稅第三四六一六號函：『**個人出售土地，除土地價款外，另自買受人取得之建物以外之地上物之補償費，免課所得稅。該項補償費如係由耕作地上物之佃農取得者，亦可免納所得稅。**』係就土地買賣時，佃農取得之耕作地上物補償費免納所得稅所為之詮釋，前者係其他收益所得，後者為損失補償，二者之性質互異，自難相提並論，與憲法第七條平等原則並無違背。」

Q：納稅義務人遭他人侵權行為，因之受有損害賠償。此一賠償金是否為「所得」？受領賠償金者應否將該筆金額計入年度綜合所得稅課稅？

A：

（一）侵權行為損害賠償之概念

當事人（無論為自然人或者法人）受到他人不法之侵害，因而受有損害所得以向加害人請求之金錢填補。此等填補，根據民法第 216 條第 1 項規定：「損害賠償，除法律另有規定或契約另有訂定外，應以填補債權人所受損害及所失利益為限。」原則上包括「所受損害」以及「所失利益」兩部分。

（二）損害賠償金額是否構成應稅所得？

1. 又按所得稅法第 4 條第 3 款規定：「傷害或死亡之損害賠償金，及依國家賠償法規定取得之賠償金免納所得納。」然則在推理上頗有疑問者，乃在於除國家賠償金額外，是否得認為「所受損害」以及「所失利益」二者均得構成應稅之「所得」？

2. 就此，我國稽徵實務見解向來認為，不構成所得者僅「所受損害」。倘若為「所失利益」之填補，亦應納入所得額課徵。例如：財政部 83 年 6 月 16 日台財稅第 831598107 號函：「訴訟雙方當事人，以撤回訴訟為條件達成和解，由一方受領他方給予之損害賠償，該損害賠償中屬填補債權人所受損害部分，係屬損害賠償性質，可免納所得稅；其非屬填補債權人所受損害部分，核屬所得稅法第 14 條第 1 項第 10 類規定之其他所得，應依法課徵所得稅。三、所稱損害賠償性質不包括民法第 216 條第 1 項規定之所失利益。」

Q：股份有限公司股東因公司清算取回其原始出資，有無「所得」？

A：

目前實務見解，傾向認為僅出資後資產之增益構成所得。參見財政部 62 年度台財稅字第 31604 號函：「解散之公司依公司法第 330 條規定，於清償債務後按股東股份比例分派賸餘財產時，其超過原出資額部分，應按公司實際分派數，依所得稅法第 88 條有關公司分派股利之扣繳規定辦理。」

伍、所得計算之會計基礎

一、權責發生制

所謂權責發生制，係指所得稅納稅義務人在會計期間內已經發生之所得，只要其確定有法律上權利義務關係之發生，即得以入帳而記入當年度所得，不以金錢實際取得爲前提[8]。就我國所得稅法第 22 條規定即指出：

---

8 參見司法院大法官釋字第377號解釋理由書：「認定所得歸屬年度有收付實現制與權責發生制之分，無論何種制度均利弊互見，如何採擇，為立法裁量問題。歷次修

「（第一項）會計基礎，凡屬公司組織者，應採用權責發生制，其非公司組織者，得因原有習慣或因營業範圍狹小，申報該管稽徵機關採用現金收付制。（第二項）前項關於非公司組織所採會計制度，既經確定仍得變更，惟須於各會計年度開始三個月前申報該管稽徵機關[9]。」

> **Q**：我國所得稅法第22條規定：「會計基礎，凡屬公司組織者，應採用權責發生制，其非公司組織者……採用現金收付制。」試問權責發生制是何涵義？「個人」是否適用權責發生制之情形？（93檢事官）

正之所得稅法關於個人所得稅之課徵均未如營利事業所得採權責發生制為原則（見中華民國七十八年十二月三十日修正公布之所得稅法第二十二條），乃以個人所得實際取得之日期為準，即所謂收付實現制，此就同法第十四條第一項：個人綜合所得總額，以其全年各類所得合併計算之；第八十八條第一項：納稅義務人有各類所得者，應由扣繳義務人於給付時，依規定之扣繳率或扣繳辦法扣取稅款並繳納之，又第七十六條之一第一項對於公司未分配盈餘歸戶，按其歸戶年度稅率課徵所得稅，而不問其實際取得日期之例外規定，對照以觀，甚為明顯。是故個人綜合所得稅之課徵係以年度所得之實現與否為準，凡已收取現金或替代現金之報償均為核課對象，若因法律或事實上之原因而未能收取者，即屬所得尚未實現，則不列計在內。財政部賦稅署六十年六月二日台稅一發字第三六八號箋函稱：『查所得之所屬年度，應以實際給付之日期為準，納稅義務人因案停職後，於復職時服務機關一次補發其停職期間之薪金，自應以實際給付之日期為準，按實際給付之總額，合併補發年度課徵綜合所得稅』，符合上述意旨，與憲法尚無牴觸。**至於公務員因法定原因停職，於停職間，又未支領待遇或生活津貼者，復職時一次補發停職期間之俸給，與納稅義務人得依己意變動其所得給付時間之情形不同，此種所得係由長期累積形成，宜否於取得年度一次按全額課稅，應於所得稅法修正時予以檢討，併予指明。**」

9 另方面，倘若為營利事業出售不動產者，我國民法上不動產物權之變動，原則上包括「登記」與「交付」兩個時間點。前者為法律上所有權移轉之時，後者為買賣關係中危險負擔之移轉時點。為避免爭議，營利事業所得稅查核準則第24條之2乃規定：「營利事業出售不動產，其所得歸屬年度之認定，應以所有權移轉登記日期為準，但所有權未移轉登記予買受人以前，已實際交付者，應以實際交付日期為準；兩者皆無從查考時，稽徵機關應依其買賣契約或查得資料認定之。」

A：

（一）權責發生制之概念

所謂權責發生制，係指所得稅納稅義務人在會計期間內已經發生之所得，只要其確定有法律上權利義務關係之發生，即得以入帳而計入當年度所得，不以金錢實際取得為前提。就我國所得稅法第 22 條規定即指出：「（第一項）會計基礎，凡屬公司組織者，應採用權責發生制，其非公司組織者，得因原有習慣或因營業範圍狹小，申報該管稽徵機關採用現金收付制。（第二項）前項關於非公司組織所採會計制度，既經確定仍得變更，惟須於各會計年度開始三個月前申報該管稽徵機關。」合先述明。

（二）個人是否適用權責發生制？

1. 原則說明

原則上，公司組織之納稅義務人，因本即有稅法及商業會計法上之設帳、記帳義務，其帳目勾稽相對較為便利，故得以適用權責發生制。自然人原則上無記帳設帳義務，權責發生制容易發生收入年度歸屬判斷不一、重複扣減及課稅等問題，故原則上不得採取權責發生制。

2. 不過，自然人作為執行業務所得者，亦與公司組織者相同，負擔有設帳記帳義務。因此在我國制度中例外地在一定範圍內容許執行業務者採取權責發生制。執行業務所得查核辦法第 3 條首先規定：「執行業務所得之計算，除本辦法另有規定外，以收付實現為原則。」其中第 10 條（104 年因應釋字第 722 號解釋後修正條文）第 1 項規定：「執行業務者應於執行業務收入實現時列帳記載。但委任人交付支票作為報酬者，得以該支票記載之發票日為實現日期，其經由公會代收轉付者，得以公會轉付之日期為實現日期」，已經容許「支票」及「公會轉付」兩種收入之例外。該條第 2 項又復規定：「執行業務者依規定保持足以正確計算其執行業務所得額之帳簿憑證及會計紀錄者，得採用權責發生制計算所得，惟須於年度開始三個月前，申報該管稽徵機關核准，變更者亦同。」因此，在經過年度開始前三個月申請經機關核准的情況下，執行業務者亦得以採取權責發生制作為會計基礎矣。

Q：執行業務所得查核辦法規定，僅聯合執業者或經公會代收轉付者得選擇權責發生制，違憲？

A：

（一）釋字第 722 號事實經過

所得稅法採用之會計基礎有「權責發生制」及「收付實現制」二種。第 22 條規定，營利事業所得稅原則上採用前者；個人綜合所得稅採用後者，則為釋字第 377 號解釋所肯認。惟對於計入個人綜合所得分類中之「執行業務所得」，同法第 14 條第 1 項第 2 類規定授權財政部訂定「執行業務所得查核辦法」，該辦法第 3 條規定，執行業務所得之計算，除該辦法另有規定外，以收付實現為原則；（舊）第 10 條第 2 項復規定，僅「聯合執行業務者」或「執行業務收入經由公會代收轉付者」經申報核准後，得按權責發生制計算所得。**聲請人張煥禎係壢新醫院負責人，於 87 年間獲准以權責發生制記帳，其據以申報 88 年度綜合所得稅列報取自醫院之執行業務所得為新臺幣（下同）0 元。91 年間北區國稅局認，依上開規定，聲請人之所得計算本不得採權責發生制，乃撤銷核准，改依收付實現制計算，並剔除部分支出，重予核定聲請人 88 年度之執行業務所得為 26,388,247 元。聲請人不服提起行政爭訟，經最高行政法院 98 年度判字第 738 號判決駁回確定，爰認上開查核辦法規定及財政部相關函釋違憲，聲請解釋，併就釋字第 377 號解釋聲請補充解釋。**

（二）司法院大法官釋字第 722 號解釋

大法官作成釋字第 722 號解釋，宣告上開查核辦法第 10 條第 2 項（下稱系爭規定）得申請按權責發生制計算所得者，未涵蓋業務收支跨年度、經營規模大且會計事項複雜而與公司經營型態相類之單獨執行業務者在內，於此範圍，與憲法第 7 條平等原則之意旨不符。解釋文：「執行業務所得查核辦法第十條第二項規定：『聯合執行業務者或執行業務收入經由公會代收轉付者，得按權責發生制計算所得，惟須於年度開始一個月前，申報該管稽徵機關核准，變更者亦同。』未涵蓋業務收支跨年度、經營規模大且會計事項複雜而與公司經營型態相類之單獨執行業務者在內，其差別待遇之手段與目的之達成間欠缺合理關聯，在此範圍內，與憲法第七條平等原則之意旨不符。」

（三）理由之說明

1. 系爭規定僅許聯合執行業務者或執行業務收入經由公會代收轉付者，得選擇權責發生制，形成執行業務者因經營型態而就其執行業務所得之計算，有得否選擇權責發生制之差別待遇。
2. 系爭規定之目的在放寬經營較具規模且會計事項較為複雜，以及收入有跨年度延後收款之執行業務者之所得計算方式，使其有選擇權責發生制之權，目的尚屬合憲。
3. 然其以經營型態及業務收入方式為分類標準，未涵蓋業務收支跨年度、經營規模大且會計事項複雜而與公司經營型態相類之單獨執行業務者在內，所採為差別待遇之分類手段，與前述目的之達成間，欠缺合理關聯，在此範圍內，與憲法第 7 條平等原則之意旨不符。其餘聲請因僅係爭執法院認事用法且未具體指摘牴觸憲法之處，均不予受理。又釋字第 377 號解釋並無文字晦澀或論證不周之情形，亦無補充必要。

二、收付實現制

所謂「收付實現制」，係指納稅義務人得以作爲所得之收入，以收入已經實際收取者爲前提[10]。在收付實現制之原則之中，收益必須已經實現，方得以計入所得而被課稅。原則上在個人綜合所得稅之計算及繳納關係中，家戶所得不似營利事業受有普遍的設立帳簿、記帳、憑證等義務拘束，因此係採取收付實現制以判斷其收入之歸屬時點[11]。此可參見財政部59年11月7日台財稅第29806號令：「個人綜合所得稅之課徵，係以收付實現爲原則，債權人應收利息既經一審法院判決自設定之日起至清償日止按法定放款日拆計算，自可依照該判決核計利息所得，並應俟實際取得該項利息所得時再予合併課徵當年度綜合所得稅。」

> **Q**：所得稅法對於個人所得之課稅採收付實現（realizationbased）原則。請就現行所得稅法對於個人所得課稅採收付實現原則之例外情形，舉兩例說明之，並推究其原因？（104稅務四等）

A：

（一）收付實現之概念

所謂「收付實現制」，係指納稅義務人得以作為所得之收入，以收入已經實際收取者為前提。在個人綜合所得稅之課徵關係中，因個人原則上（除非係執行業務者）並無記帳及設帳義務，為避免會計稽核之困難，乃以實際收付實現作為會計之基礎。

（二）收付實現制之例外

1. 現金收付於個人綜合所得稅之計算中固屬原則，但例外甚多。例如，財產借予他人可能被設算利息收入。所得稅法第14條第1項

10 此可參見行政法院61年判字第335號判例：「所得稅之徵收，以已實現之所得為限，不包括可能所得在內，尚未受償之利息，係屬債權之一部，不能認為所得稅法第八條第四款前段之來源所得，自不得課徵所得稅。否則債權人於未曾受領利息之前，先有繳納所得稅之義務，稅法本旨，當非如是。」

11 參見行政法院70年判字第117號判例：「個人綜合所得稅之課徵係以收付實現為原則，有利息約定之抵押借款業已登記於公文書，稅捐稽徵機關對債權人即可作有按時收取利息之推定，苟債權人主張未收付實現有利於己之事實者，應負舉證責任。」

第 5 類第 4 款規定，將財產借與他人使用，除經查明確屬無償且非供營業或執行業務者使用外，應參照當地一般租金情況，計算租賃收入，繳納所得稅。此等規定，顯然係出於避免通謀虛偽意思表示、故意約定為無償實為有償，損害稅捐債權是。

2. 公司應付股東之股利，超過六個月未為給付。所得稅法施行細則第 82 條規定：「（第一項）本法第八十八條第一項所稱給付時，指實際給付、轉帳給付或匯撥給付之時。（第二項）公司之應付股利，於股東會決議分配盈餘之日起，六個月內尚未給付者，視同給付。」

3. 合夥人盈餘之分配。行政法院 53 年判字第 150 號判例[12]：「依舊所得稅法施行細則第十條規定，合夥之合夥人所分配之盈餘，以其營利事業業經核定之所得額，扣除繳納營利事業所得稅後之餘額，為應分配或應得盈餘數額，是營利事業合夥人綜合所得額中之營利所得，係以營利事業所得額，扣除繳納營利事業所得稅後之應分配或應得餘額為依據，其已否實際分配，應所不論。」

4. 勞務提供完畢時，作為所得實現年度。此可參見行政法院 75 年判字第 1291 號判例：「依執行業務者收費及費用標準核定律師承辦案件之所得，原則上應依結案判決年度之執行業務者收費及費用標準核定。惟當事人如提示委任契約及受理委任時已收取酬金之證據，經查明屬實者，當改依受理委任年度標準核定，並以受理委任之年度為所得年度。」

5. 個人建屋預售，以建物總登記日所屬年度，作為財產交易所得歸屬年度。行政法院 77 年度判字第 2221 號判決：「個人出資建屋出售，而以他人名義為起造人者，應將財產交易所得歸併出資建屋者之所得課稅，其財產交易所得歸屬年度之認定，以建屋總登記日所屬年度為準。」

---

12 經最高行政法院97年6月份第2次、第3次庭長法官聯席會議決議，不再援用。

陸、免稅所得

一、免稅所得之意義

所謂免稅所得，係指納稅義務人雖在經濟活動中有發生財產增益，但因所得性質特殊或者各種公共政策考慮，乃將該等收益排除在所得稅法所規定之課稅範圍之外[13]。目前我國所得稅法所規定之免稅所得，主要見諸所得稅法第 4 條第 1 項各款規定。具體而言，主要包括傷害或死亡之損害賠償金等項目。此等項目之財產增益，雖亦在某種程度上表彰了納稅義務人的給付能力，但本於法政策考慮，將之排除在課稅所得之外。

二、所得稅法第4條所規定之各種免稅所得

（一）傷害或死亡之損害賠償金，及依國家賠償法規定取得之賠償金（所得稅法第 4 條第 1 項第 3 款）。按損害賠償，其內容主要包括「所受損害」以及「所失利益」兩部分，推理上均爲民事法上損害賠償之範圍，但原則上僅「所受損害」得以計入免稅範圍[14]。實務上亦有若干情形，係按照原因事實之過咎有無、可否歸責來計算或判斷[15]。

（二）個人因執行職務而死亡，其遺族依法令或規定領取之撫卹金或死亡補償[16]。個人非因執行職務而死亡，其遺族依法令或規定一次或按期

13 不過，在稅捐稽徵行政上應當特別留意的是，即便免稅所得，也未必就不存在申報義務。

14 準確言之，侵權行為受害人所受損害，應當為其財產整體之貶損，所獲賠償金應為「非所得」而非「免稅所得」。不過我國所得稅法就此向不深究。另外，亦有不區分「所受損害」及「所失利益」一律免稅者，這應當是出於某些行政領域的政策考慮，例如財政部72年9月20日台財稅第36686號函：「公司依勞工保險條例第72條之規定，賠償勞工所受之損失，屬損害賠償性質；勞工取得該項賠償金，可參照所得稅法第4條第3款之規定，免納所得稅。」

15 參見財政部67年7月21台財稅第34826號函：「醫生與病人因醫療糾紛成立和解，由醫生給付病人之慰問金，是否為所得稅法第4條第3款規定之傷害賠償金，應以病人是否確因醫生有醫療過失而致使病人受到傷害為斷。」

16 此等名目之金錢給付，並不一定以「撫卹金」為名，參見財政部84年12月13日台

領取之撫卹金或死亡補償，應以一次或全年按期領取總額，與第 14 條第 1 項規定之退職所得合計，其領取總額以不超過第 14 條第 1 項第九類規定減除之金額為限（所得稅法第 4 條第 1 項第 4 款）。

（三）公、教、軍、警人員及勞工所領政府發給之特支費、實物配給或其代金及房租津貼。公營機構服務人員所領單一薪俸中，包括相當於實物配給及房租津貼部分（所得稅法第 4 條第 1 項第 5 款）。

（四）依法令規定，具有強制性質儲蓄存款之利息（所得稅法第 4 條第 1 項第 6 款）。

（五）人身保險、勞工保險及軍、公、教保險之保險給付（所得稅法第 4 條第 1 項第 7 款）[17]。

（六）中華民國政府或外國政府，國際機構、教育、文化、科學研究機關、團體，或其他公私組織，為獎勵進修、研究或參加科學或職業訓練而給與之獎學金及研究、考察補助費等。但受領之獎學金或補助費，如係為授與人提供勞務所取得之報酬，不適用之（所得稅法第 4 條第 1 項第 8 款）。

（七）各國駐在中華民國使領館之外交官、領事官及其他享受外交官待遇人員在職務上之所得（所得稅法第 4 條第 1 項第 9 款）。

（八）各國駐在中華民國使領館及其附屬機關內，除外交官、領事官及享受外交官待遇之人員以外之其他各該國國籍職員在職務上之所得。但

財稅第841661346號函：「退休及資遣之公教人員本人及支領撫卹金之遺族，其依『公教人員退休金其他現金給與補償金發給辦法』規定領取之補償金，其性質同於退休金、資遣費或撫卹金。」以及財政部97年8月1日台財稅字第09704078640號函：「甲縣政府消防局義勇消防人員執行打撈勤務死亡，其遺族分別自財團法人義勇消防人員安全濟助基金會及財團法人消防發展基金會領取之濟助金及慰問金，可適用所得稅法第4條第1項第4款前段規定，免納所得稅。」

17 參見財政部70年7月8日台財稅第35623號函：「人身保險之保險給付，係指保險業依據保險法人身保險章所辦理之保險，由保險人依保險契約對受益人所為之給付而言，故凡屬人身保險之保險給付，不論其項目名詞，依所得稅法第4條第7款之規定，均應免納所得稅。」

以各該國對中華民國駐在各該國使領館及其附屬機關內中華民國籍職員給與同樣待遇者爲限（所得稅法第 4 條第 1 項第 10 款）。

（九）自國外聘請之技術人員及大專學校教授，依據外國政府機關、團體或教育、文化機構與中華民國政府機關、團體、教育機構所簽訂技術合作或文化教育交換合約，在中華民國境內提供勞務者，其由外國政府機關、團體或教育、文化機構所給付之薪資（所得稅法第4條第1項第11款）。

（十）教育、文化、公益、慈善機關或團體，符合行政院規定標準者，其本身之所得及其附屬作業組織之所得（所得稅法第 4 條第 1 項第 13 款）。

（十一）依法經營不對外營業消費合作社之盈餘（所得稅法第 4 條第 1 項第 14 款）。

（十二）個人及營利事業出售土地，或個人出售家庭日常使用之衣物、家具，或營利事業依政府規定爲儲備戰備物資而處理之財產，其交易之所得[18]。個人或營利事業出售中華民國62年12月31日前所持有股份有限公司股票或公司債，其交易所得額中，屬於中華民國 62 年 12 月 31 日前發生之部分（所得稅法第 4 條第 1 項第 16 款）。

（十三）因繼承、遺贈或贈與而取得之財產。但取自營利事業贈與之財產，不在此限（所得稅法第 4 條第 1 項第 17 款）。

（十四）各級政府機關之各種所得（所得稅法第4條第1項第18款）。

（十五）各級政府公有事業之所得（所得稅法第4條第1項第19款）。

（十六）外國國際運輸事業在中華民國境內之營利事業所得。但以各該國對中華民國之國際運輸事業給與同樣免稅待遇者爲限（所得稅法第 4 條第 1 項第 20 款）。

18 在此所謂家具，擴張解釋亦包括汽車。財政部80年12月23日台財稅第800761311號函：「個人出售自用小客車，如非利用個人名義從事汽車買賣者，應適用所得稅法第4條第16款之規定，其交易所得免納所得稅。如有交易損失，依同法施行細則第8條之4規定，亦不得扣除。」

（十七）營利事業因引進新生產技術或產品，或因改進產品品質，降低生產成本，而使用外國營利事業所有之專利權、商標權及各種特許權利，經政府主管機關專案核准者，其所給付外國事業之權利金；暨經政府主管機關核定之重要生產事業因建廠而支付外國事業之技術服務報酬（所得稅法第 4 條第 1 項第 21 款）。

（十八）外國政府或國際經濟開發金融機構，對中華民國政府或中華民國境內之法人所提供之貸款，及外國金融機構，對其在中華民國境內之分支機構或其他中華民國境內金融事業之融資，其所得之利息。

外國金融機構，對中華民國境內之法人所提供用於重要經濟建設計畫之貸款，經財政部核定者，其所得之利息。以提供出口融資或保證爲專業之外國政府機構及外國金融機構，對中華民國境內之法人所提供或保證之優惠利率出口貸款，其所得之利息（所得稅法第 4 條第 1 項第 22 款）。

（十九）個人稿費、版稅、樂譜、作曲、編劇、漫畫及講演之鐘點費之收入。但全年合計數以不超過 18 萬元爲限（所得稅法第 4 條第 1 項第 23 款）。

（二十）政府機關或其委託之學術團體辦理各種考試及各級公私立學校辦理入學考試，發給辦理試務工作人員之各種工作費用（所得稅法第 4 條第 1 項第 24 款）。

（二十一）證券交易所得。在我國稅法制度中，納稅義務人所從事之證券交易，其交易所得原則上停徵所得稅，實質上亦爲免稅。此可參見我國所得稅法第 4 條之 1 規定：「自中華民國七十九年一月一日起，證券交易所得停止課徵所得稅，證券交易損失亦不得自所得額中減除[19]。」

[19] 不過，自105年度起營利事業之證券交易所得則維持按所得基本稅額條例規定課徵基本稅額（亦即適用最低稅負制）。另可參見司法院大法官釋字第693號解釋前段：「財政部中華民國八十六年十二月十一日台財稅第八六一九二二四六四號函前段謂：『認購（售）權證發行人於發行時所取得之發行價款，係屬權利金收入』，**意指該發行價款係權利金收入，而非屬證券交易收入，無所得稅法第四條之一之適用，與憲法第十九條之租稅法律主義尚無違背。**」

（二十二）期貨交易所得。比照前項證券交易所得停徵所得稅，期貨交易所得根據所得稅法第 4 條之 2 規定：「依期貨交易稅條例課徵期貨交易稅之期貨交易所得，暫行停止課徵所得稅；其交易損失，亦不得自所得額中減除。」目前亦為停徵。

柒、所得稅之納稅義務人

所得稅之納稅義務人，所涉及者主要在於何人應當構成我國所得稅法之「稅收居民」進而負擔納稅義務的問題。就此而言，我國法制中個人綜合所得稅與營利事業所得稅並不相同。個人綜合所得稅，原則上採屬地原則，以我國來源所得為前提。此可以參見所得稅法第 2 條規定：「（第一項）凡有中華民國來源所得之個人[20]，應就其中華民國來源之所得，依本法規定，課徵綜合所得稅。（第二項）非中華民國境內居住之個人，而有中華民國來源所得者，除本法另有規定外，其應納稅額，分別就源扣繳。」而就營利事業而言，則採全球收益（global revenue）原則，參見本法第 3 條規定：「（第一項）凡在中華民國境內經營之營利事業，應依本法規定，課徵營利事業所得稅。（第二項）營利事業之總機構在中華民國境內者，應就其中華民國境內外全部營利事業所得，合併課徵營利事業所得稅。但其來自中華民國境外之所得，已依所得來源國稅法規定繳納之所得稅，得由納稅義務人提出所得來源國稅務機關發給之同一年度納稅憑證，並取得所在地中華民國使領館或其他經中華民國政府認許機構之簽證後，自其全部營利事業所得結算應納稅額中扣抵。扣抵之數，不得超過因加計其國外所得，而依國內適用稅率計算增加之結算應納稅額。（第三項）營利事業之總機構在中華民國境外，而有中華民國來源所得者，應就其中華民國境內之營利事業所得，依本法規定課徵營利事業所得稅。」

20 參見本法第7條第2項：「本法稱中華民國境內居住之個人，指左列兩種：一、在中華民國境內有住所，並經常居住中華民國境內者。二、在中華民國境內無住所，而於一課稅年度內在中華民國境內居留合計滿一百八十三天者。」

第二節　個人綜合所得稅

壹、概說

一、個人綜合所得稅之概念

自然人之綜合所得稅，乃以家戶或個人為基礎，就其全年家庭收入減除不能支配的生活必須開支以後之餘額，依累進級距課徵之。此可參見所得稅法第 13 條規定：「**個人之綜合所得稅，就個人綜合所得總額，減除免稅額及扣除額後之綜合所得淨額計徵之**。」整體而言，個人綜合所得稅所體現者，乃同財共居之家庭在一整個年度中的收入及支出。

二、個人綜合所得稅制的憲法基礎

（一）婚姻與家庭之制度性保障

個人綜合所得稅之制度設計，可謂本於憲法制度之直接展現，體現憲法對於人民基本權利之保護本旨。首先，個人綜合所得稅之制度設計，乃本於憲法秩序中，對於婚姻家庭之制度性保障[21]。蓋以婚姻及家庭，本即為社會穩定之基礎，因此所得稅法出於維持社會生活之法律政策，當然以照顧婚姻家庭作為主要之功能。

（二）人性尊嚴與個人基本生活維持

個人綜合所得稅制之憲法基礎之二，在於人性尊嚴之維持以及個人基本生活之維持。蓋以所得稅之計算，乃以家庭總所得減除維持家庭生活所必須之基本開銷所得之餘額作為累進課稅之基礎。因此，在憲法上僅有減除必須生活費用之後的收入餘額，方有課稅之可能。現行所得稅法，其中

---

21 司法院大法官釋字第554號解釋文首段：「婚姻與家庭為社會形成與發展之基礎，受憲法制度性保障（參照本院釋字第三六二號、第五五二號解釋）。」

「免稅額」以及「扣除額」二者，即可謂本於此一邏輯而設計之制度。

（三）量能課徵與主觀淨所得原則

個人綜合所得稅，本於量能課稅之原則，主要所適用者為主觀淨所得原則[22]。換言之，每個家庭的主觀需求不同，亦應當為稅捐課徵時所考慮。而也因此，就家庭成員生活之維持，其必要費用應當就其主觀情形決定，並無客觀標準可言。

三、家戶所得制

原則上，在個人綜合稅之建置基礎中，係根據自然人同財共居之家戶總所得作為所得稅課徵之基礎。我國所得稅法第 13 條規定：「個人之綜合所得稅，就個人綜合所得總額，減除免稅額及扣除額後之綜合所得淨額計徵之。」第 14 條第 1 項前段規定：「個人之綜合所得總額，以其全年下列各類所得合併計算之。」**雖然在文字上均以「個人」規範個人綜合所得稅之計算繳納，但事實上係以家戶總所得為基礎**。除其中夫妻非薪資所得在司法院大法官釋字第 696 號解釋以後，已經被容許不採取合併申報。但在基本制度設計中，個人綜合所得稅仍體現其家戶總所得之精神，就家戶中各組成分子而言，也使得個人綜合所得稅之債，成為一種公法上不真正連帶債務的特例。

貳、我國所得稅法上之自然人居民

在我國所得稅法上負擔所得稅繳納義務之自然人，為中華民國之稅收居民。所得稅法第 2 條規定：「（第一項）凡有中華民國來源所得之個人，應就其中華民國來源之所得，依本法規定，課徵綜合所得稅。（第二項）

22 當然，這並非意味著客觀淨所得原則在個人綜合所得稅制中完全沒有適用空間。若干領域例如執行業務者所得、財產交易所得等，仍應考慮客觀之市場行情。

非中華民國境內居住之個人，而有中華民國來源所得者，除本法另有規定外，其應納稅額，分別就源扣繳。」原則上我國具有稅法上居民身分之自然人，僅就其在我國境內之所得有納稅義務。不過，近年因稅制改革，我國法制引入了「所得稅基本稅額條例」之制度，就自然人之海外所得達一定金額以上者，亦應當在我國負擔申報及繳納之義務。

> **Q**：某甲在年度內自澳門匯入 42,000,000 萬元，在陳述意見時，自稱係自澳門賭場所贏得賭金，某區國稅局，將其核定為海外所得其他所得，應補所得基本稅額 7,662,688 元，並以未申報基本所得額按所漏稅額一倍之罰鍰 7,610,375 元。甲不服提出當年度因賭輸而匯往 54,100,000 元之證據要求扣除？試問：
> （一）境外所得是否須繳納綜合所得稅？有何例外？
> （二）甲不服，得主張何種法律理由？（106 東吳）

A：

（一）我國個人綜合所得稅之稅法居民

1. 按我國個人綜合所得稅，就稅法上居民之判斷，原則上係採屬地主義。所得稅法第 2 條第 1 項規定：「凡有中華民國來源所得之個人，應就其中華民國來源之所得，依本法規定，課徵綜合所得稅。」原則上非發生於中華民國境內之海外個人所得，並非所得稅法所課徵範圍。
2. 不過，所得稅法前述規定，因違反量能課稅原則過鉅，長年以來飽受批評。因此，我國於民國 94 年起制頒「所得基本稅額條例」，其中針對自然人海外所得，設有所得稅基本稅額條例第 3 條第 1 項第 10 款規定：「營利事業或個人除符合下列各款規定之一者外，應依本條例規定繳納所得稅：十、依第十二條第一項及第十二條之一第一項規定計算之基本所得額合計在新臺幣六百萬元以下之個人。」其要旨，在於將自然人海外所得超出新臺幣 600 萬元部分，要求納入我國自然人所得稅申報課徵範圍。

3. 本件某甲在澳門賭博贏得 4,000 餘萬元，已經逾越前述所得基本稅額條例所規定限度，因此應當在我國就超過部分申報繳納個人綜合所得稅。

（二）甲不服，得主張何種法律理由？

1. 首按我國稅制變動，使得自然人海外所得亦應在一定範圍內在國內申報繳稅。不過，這並不表示稽徵機關就此所為之決定，均已無考慮之空間。

2. 蓋以根據「成本及費用配合原則」，任何收入必有其成本費用。本件某甲雖贏得 4,000 餘萬元，但亦有賭博成本 5,000 餘萬，應予以扣除。就算賭輸金額不能扣除，解釋上前往澳門賭博之機票、住宿等費用，亦應容許核實列報，否則即難謂與成本費用配合原則相一致。

參、個人綜合所得之構成與免稅所得

一、概說：十類所得類型

所得稅法第 14 條規定，個人之綜合所得總額，分成下列十類，以其全年下列各類所得合併計算之：第一類：營利所得；第二類：執行業務所得；第三類：薪資所得；第四類：利息所得；第五類：租賃所得及權利金所得；第六類：自力耕作、漁、牧、林、礦之所得：全年收入減除成本及必要費用後之餘額為所得額；第七類：財產交易所得；第八類：競技、競賽及機會中獎之獎金或給與；第九類：退職所得；第十類：其他所得。而個人綜合所得稅計算，即以此項十類所得加總額為基礎。

二、兼具分類所得內涵之個人綜合所得

（一）第一類：營利所得

所謂營利所得，根據所得稅法第 14 條第 1 項第一類之規定，包括「公

司股東所獲分配之股利、合作社社員所獲分配之盈餘、其他法人出資者所獲分配之盈餘、合夥組織營利事業之合夥人每年度應分配之盈餘、獨資資本主每年自其獨資經營事業所得之盈餘及個人一時貿易之盈餘皆屬之」，以及「合夥人應分配之盈餘或獨資資本主經營獨資事業所得之盈餘，應按核定之營利事業所得額計算之」。

Q：一時貿易之盈餘在所得稅法上如何課稅？

A：

（一）一時貿易盈餘之意義

所謂一時貿易之盈餘，係指非營業人所偶發從事之商業交易活動，例如上班族兼差下班時從事資源回收所獲得之利潤是。所得稅法施行細則第 12 條查核準則規定：「本法第十四條第一項第一類所稱一時貿易之盈餘，指非營利事業組織之個人買賣商品而取得之盈餘，其計算準用本法關於計算營利事業所得額之規定。」

（二）一時貿易盈餘之課稅

一時貿易盈餘之行為人，由於並非營業人，並不受到稅捐稽徵程序中有關設帳、記帳等協力義務之拘束。因此其應納稅額之計算，即發生困難，同時成本費用亦不容易判斷。因此我國實務上向來以解釋函令予以特別規定：「綜合所得稅個人一時貿易盈餘之單一純益率，自74年起調整為百分之六。[23]」（財政部 73 年 12 月 24 日台財稅第 65468 號函）。

23 參見財政部59年8月25日台財稅第26455號令：「所得稅法第14條第1項第6類規定之自力耕作、漁、牧、林、礦之所得，係指個人以自力從事農業耕種、漁撈、畜牧、植林、採礦等所得而言，納稅義務人甲君向乙糖業公司旗山糖廠購得山林地及其地上物莿竹及林木，並陸續將地上物砍伐出售獲取之所得，核非上開法條所稱所得，自不得按自力耕作林業所得及費用標準辦理。因其係出價購得，而非自行種植，其有關成本費用之計算，應依上開法條第1項第1類及同法施行細則第12條之規定，視為一時貿易之盈餘。」

Q：從事直銷、多層次傳銷之所得，如何計徵所得稅？

A：

（一）多層次傳銷所得之性質

多層次傳銷之銷售，並非嚴格意義之薪資，而係佣金性質。因此原則上屬於所得稅法第 14 條第 1 項第一類之營利所得。

（二）多層次傳銷之所得課徵

不過，從事傳銷之銷售人多半係兼業性質，亦無設立帳簿。其狀況類似於一時貿易所得。就其所得稅之計繳，財政部 104 年 12 月 15 日台財稅字第 10404684260 號令第一段如此規定：「多層次傳銷事業之個人參加人銷售商品或提供勞務予消費者，自 105 年度起，其全年進貨累積金額在新臺幣（下同）77,000 元以下者，免按建議價格（參考價格）計算銷售額核計個人營利所得；全年進貨累積金額超過 77,000 元者，應就其超過部分依本部 83 年 3 月 30 日台財稅第 831587237 號函釋規定，核計個人營利所得課徵綜合所得稅[24]。」

24 財政部83年3月30日台財稅第831587237號多層次傳銷事業參加人銷售商品或勞務之所得課稅規定：「多層次傳銷事業參加人所得課稅有關規定如次：（一）傳銷事業應於每年1月底前將上一年度各參加人進貨資料，彙報該管國稅稽徵機關查核。（二）個人參加人如無固定營業場所，可免辦理營業登記，並免徵營業稅及營利事業所得稅，惟應依法課徵個人綜合所得稅。（三）個人參加人部分：1.個人參加人銷售商品或提供勞務予消費者，所賺取之零售利潤，除經查明參加人提供之憑證屬實者，可核實認定外，稽徵機關得依參加人之進貨資料按建議價格（參考價格）計算銷售額，如查無上述價格，則參考參加人進貨商品類別，依當年度各該營利事業同業利潤標準之零售毛利率核算之銷售價格計算銷售額，再依一時貿易盈餘之純益率6%核計個人營利所得予以歸戶課稅。2.個人參加人因下層直銷商向傳銷事業進貨或購進商品累積積分額（或金額）達一定標準，而自該事業取得之業績獎金或各種補助費，係屬佣金收入，得依所得稅法第14條第1項第二類規定，減除直接必要費用後之餘額為所得額。納稅義務人如未依法辦理結算申報，或未依法記帳及保存憑證，或未能提供證明所得額之帳簿文據者，可適用本部核定各該年度經紀人費用率計算其必要費用。3.個人參加人因直接向傳銷事業進貨或購進商品累積積分額（或金額）達一定標準，而自該事業取得之業績獎金或各種補助費，核屬所得稅法第14

Q：兩稅合一之概念以及在我國法制中的變遷？

A：

所謂兩稅合一，係指所得稅中「個人綜合所得稅」與「營利事業所得稅」的合一計徵。按此二稅目雖為不同的稅目，但是公司法人經常係由負擔綜所稅的自然人股東所組成。如此有可能使得同一筆所得在公司階段（營所稅）被課一次所得稅，又在自然人家戶所得階段（綜所稅）以股利所得之類型又被課徵一次，實施兩稅合一制的目的在於消除營利所得兩次課稅的現象，在法律概念上認為公司法人為法律的虛擬主體，實際上是股東的組合。公司之目的如果只是為把盈餘傳送給股東而本身沒有盈利之獲得者，不應重複課稅。

兩稅合一的方法，有幾種主要的不同模式：

（一）免稅法（dividend-exemption system）

分配給股東之盈餘既然已經在法人階段課過稅，則分配給股東的盈餘應為已稅所得，直接免稅，不必計入綜合所得之中。

（二）設算扣抵法（imputation system）

同一筆收入，在公司所繳納的營所稅，在股東繳納股利綜所稅時可以依該等所得已經繳納營所稅之比例，全部抵繳。我國原本兩稅合一制度採取此法。同時配合公司未分配盈餘加徵 10% 稅額之規定，強制公司將其盈餘歸戶予股東。

（三）107 年度開始兩稅合一制度之變革

1. 取消設算扣抵法，自然人股東對股利所得之課稅得以選擇不同途徑

條第1項第9類（編者註：現為第10類）規定之其他所得。營利事業參加人部分：營利事業參加人除經銷傳銷事業商品賺取銷售利潤外，其因向傳銷事業購進商品達一定標準而取得之報酬，按進貨折讓處理；其因推薦下層參加人向傳銷事業購進商品達一定標準而取得之報酬，按佣金收入處理。準此，營利事業參加人兼具買賣業及經紀業性質，其於適用擴大書面審核實施要點時，應依該要點第2點第2項規定，以主要業別（收入較高者）之純益率標準計算之。至稽徵機關依同業利潤標準核定其所得額時，則分別按各該業別適用之同業利潤標準辦理。」

(1) 自 107 年 1 月 1 日起，納稅義務人、配偶及合於所得稅法第 17 條所規定之得申報減除受扶養親屬免稅額之親屬，獲配第 14 條第 1 項第一類營利所得，其所屬投資之公司、合作社或其他法人分配民國 87 年度或以後之股利或盈餘，得就股利及盈餘合計按 8.5% 計算可扣抵稅額，抵減當年度綜合所得稅，每一申報戶以 8 萬元為上限[25]。

(2) 納稅義務人亦得不採取前項規定，選擇就其所配股利及盈餘按 28% 分離計算應納稅額、合併報繳，不計入綜合所得總額[26]。

2. 保留盈餘加徵稅額減半

公司未分配盈餘，根據所得稅法第 66 條之 9 第 1 項規定：「自八十七年度起至一百零六年度止，營利事業當年度之盈餘未作分配者，應就該未分配盈餘加徵百分之十營利事業所得稅；自一百零七年度起，營利事業當年度之盈餘未作分配者，應就該未分配盈餘加徵百分之五營利事業所得稅。」

納稅人投資於股份有限公司持有股份，得以在公司有盈餘之際分得股利。作爲所得的一種類型，股利課稅在我國稅法制度中有被特別提出說明的必要。首先，雖然法人與自然人皆有成爲股東而獲配有股利的可能性，但是營利事業所取得的國內其他營利事業所發放的股利所得，在我國現制之中不課所得稅[27]。因此，討論股利課稅最主要之意義，在於自然人個人

25 所得稅法第15條第4項規定：「自中華民國一百零七年一月一日起，納稅義務人、配偶及合於第十七條規定得申報減除扶養親屬免稅額之受扶養親屬，獲配第十四條第一項第一類營利所得，其屬所投資之公司、合作社及其他法人分配八十七年度或以後年度之股利或盈餘，得就股利及盈餘合計金額按百分之八點五計算可抵減稅額，抵減當年度依第二項規定計算之綜合所得稅結算申報應納稅額，每一申報戶每年抵減金額以八萬元為限。」

26 所得稅法第15條第5項規定：「納稅義務人得選擇就其申報戶前項股利及盈餘合計金額按百分之二十八之稅率分開計算應納稅額，由納稅義務人合併報繳，不適用第二項稅額之計算方式及前項可抵減稅額之規定。」

27 參見所得稅法第42條規定：「公司、合作社及其他法人之營利事業，因投資於國內

綜合所得稅之課稅。其次，自然人投資營利事業購買股票分有股利，亦屬所得稅法第 14 條第 1 項第 1 類之營利所得，應當課徵所得稅。不過，所得稅法就此提供了兩種不同的課稅方式選擇：

(1) 股利併入個人綜合所得課稅

納稅人獲配股利，首先可以選擇併入綜合所得計稅。此際所適用者為適用 5%～40% 的綜所稅率，但另外可以行使 8.5%、最高 8 萬元的股利可抵減稅額。這主要規定在所得稅法第 15 條第 4 項：「自中華民國一百零七年一月一日起，納稅義務人、配偶及合於第十七條規定得申報減除扶養親屬免稅額之受扶養親屬，獲配第十四條第一項第一類營利所得，其屬所投資之公司、合作社及其他法人分配八十七年度或以後年度之股利或盈餘，得就股利及盈餘合計金額按百分之八點五計算可抵減稅額，抵減當年度依第二項規定計算之綜合所得稅結算申報應納稅額，每一申報戶每年抵減金額以八萬元為限。」

(2) 股利所得分離課稅

納稅人獲有股利，亦可以不計入綜合所得課徵，而選擇分離課稅，適用單獨之非累進稅率，稅率為 28%。此可以參見所得稅法第 15 條第 5 項規定：「納稅義務人得選擇就其申報戶前項股利及盈餘合計金額按百分之二十八之稅率分開計算應納稅額，由納稅義務人合併報繳，不適用第二項稅額之計算方式及前項可抵減稅額之規定。」

（二）第二類：執行業務所得

1. 執行業務者

執行業務所得之納稅義務人，為執行業務者。而執行業務者於所得稅

其他營利事業，所獲配之股利或盈餘，不計入所得額課稅。」相反地，倘若營利事業取得者為海外企業的股利，則仍應計入營利事業所得稅課稅。

法第 11 條第 1 項設有規定：「本法稱執行業務者，係指律師、會計師、建築師、技師、醫師、藥師、助產士、著作人、經紀人、代書人、工匠、表演人及其他以技藝自力營生者。」此類所得者對於業務之執行有較高之獨立性，而在收入與支出上與單純的薪資所得者有所不同。

Q：保險業務員是否為執行業務者？

A：

（一）保險業務員之法律地位

在我國法制中，保險業務員可能為保險公司之員工，以僱傭關係支付薪資從事推廣業務活動，當然非執行業務者。但是倘若係以收取佣金、不特定隸屬於某家保險公司，其工作性質即有爭議。

（二）我國實務見解

就此一問題，財政部 97 年台財稅第 9704531410 號函指出：「保險業務員與保險公司不具僱傭關係，由業務員獨立招攬業務並自負盈虧，公司亦未提供勞工保險、全民健康保險及退休金等員工權益保障者，其依招攬業績計算而自保險公司領取之佣金收入，屬執行業務所得。」

2. 執行業務所得者之所得計算

所謂執行業務所得，依所得稅法第 14 條第 1 項第二類之基本規定爲：「……凡執行業務者之業務或演技收入，減除業務所房租或折舊、業務上使用器材設備之折舊及修理費，或收取代價提供顧客使用之藥品、材料等之成本、業務上雇用人員之薪資、執行業務之旅費及其他直接必要費用後之餘額爲所得額。執行業務者至少應設置日記帳一種，詳細記載其業務收支項目；業務支出，應取得確實憑證。帳簿及憑證最少應保存五年；帳簿、憑證之設置、取得、保管及其他應遵行事項之辦法，由財政部定之。執行業務者爲執行業務而使用之房屋及器材、設備之折舊，依固定資產耐用年數表之規定。執行業務費用之列支，準用本法有關營利事業所得稅之規定；其帳簿、憑證之查核、收入與費用之認列及其他應遵行事項之辦法，由財政部定之。」

Q：根據報導，某醫院因為未替該院醫師繳交健保費而被中央健康保險局追繳。惟某醫院以該院醫師於申報個人綜合所得稅時，係屬執行業務者，並非受僱者，提出異議。請問：
(1) 甚麼是執行業務者？
(2) 執行業務者和受僱者，在申報個人綜合所得稅時，有何不同？
(3) 某醫院之醫師，究屬執行業務者？還是受僱者？（101 調查局）

A：

（一）執行業務者之概念

1. 執行業務所得之納稅義務人，為執行業務者。而執行業務者於所得稅法第 11 條第 1 項設有規定：「本法稱執行業務者，係指律師、會計師、建築師、技師、醫師、藥師、助產士、著作人、經紀人、代書人、工匠、表演人及其他以技藝自力營生者。」此類所得者對於業務之執行有較高之獨立性，而在收入與支出上與單純的薪資所得者有所不同。
2. 惟在實務上，此等自立營生之人，可能係獨立開業，亦可能為受僱職業。例如律師，可能自行設立律師事務所，亦可能受僱於其他律師事務所。

（二）執行業務者和受僱者，在申報個人綜合所得稅時，有何不同？

1. 原則上執行業務者之所得須申報為執行業務所得。而受僱者須申報薪資所得。此二者在申報個人綜合所得稅時主要差異在於成本費用之減除。為達此一目的，所得稅法第 14 條乃要求獨立執行業務者應設帳記帳，但是對於受僱者則無此要求。反之，執行業務者所得可以減除成本費用，受僱者則原則上無法減除。
2. 雖在我國司法院大法官釋字第 745 號解釋之後，受僱者亦可能在一定範圍内減除成本費用，但是仍與執行業務者在項目、額度等方面有所不同。

（三）某醫院之醫師，究屬執行業務者？還是受僱者？

1. 執行業務者，對於業務之執行有較強之判斷力，而受僱者原則上僅係聽從雇主指示提供勞務。
2. 另在法律形式上，受僱者通常非自行開業、無論盈虧通常一定可以領到薪水。執行業務者則為自負企業經營之盈虧。本題醫師倘若係受僱於醫院、無論盈虧均有薪津，為受僱者，其收入屬薪資所得。反之，自行開業成為醫院診所負責人，自負盈虧之責者，為執行業務所得。

（三）第三類：薪資所得

在整體個人綜合所得稅之制度中，薪資所得可謂最爲重要的所得類型。其不僅體現了現代工商業社會的結構，同時亦爲所得稅作爲大量程序的最主要原因。對於薪資所得之定義，所得稅法第 14 條第 1 項第三類設有定義性之規定：「薪資所得：凡公、教、軍、警、公私事業職工薪資及提供勞務者之所得。」進一步而言，該類規定得以細節說明如次：

1. 薪資所得之計算，以在職務上或工作上取得之各種薪資收入，減除第 17 條第 1 項第 2 款第 3 目之 2 薪資所得特別扣除額後之餘額爲所得額，餘額爲負數者，以零計算。但與提供勞務直接相關且由所得人負擔之下列必要費用合計金額超過該扣除額者，得檢附相關證明文件核實自薪資收入中減除該必要費用，以其餘額爲所得額：

(1) **職業專用服裝費**：職業所必需穿著之特殊服裝或表演專用服裝，其購置、租用、清潔及維護費用。每人全年減除金額以其從事該職業薪資收入總額之百分之三爲限。

(2) **進修訓練費**：參加符合規定之機構開設職務上、工作上或依法令要求所需特定技能或專業知識相關課程之訓練費用。每人全年減除金額以其薪資收入總額之百分之三爲限。

(3) **職業上工具支出**：購置專供職務上或工作上使用書籍、期刊及工具之支出。但其效能非二年內所能耗竭且支出超過一定金額者，應逐年攤提折舊或攤銷費用。每人全年減除金額以其從事該職業薪資收入總額之百分之三爲限。

2. 依前款規定計算之薪資所得，於依第 15 條規定計算稅額及依第 17 條規定計算綜合所得淨額時，不適用第 17 條第 1 項第 2 款第 3 目之 2 薪資所得特別扣除之規定。

3. 第 1 款各目費用之適用範圍、認列方式、應檢具之證明文件、第 2 目符合規定之機構、第 3 目一定金額及攤提折舊或攤銷費用方法、年限及其他相關事項之辦法，由財政部定之。

4. 第 1 款薪資收入包括：薪金、俸給、工資、津貼、歲費、獎金、紅利及各種補助費。但爲雇主之目的，執行職務而支領之差旅費、日支費及加班費不超過規定標準者，及依第 4 條規定免稅之項目，不在此限。

5. 依勞工退休金條例規定自願提繳之退休金或年金保險費，合計在每月工資百分之六範圍內，不計入提繳年度薪資收入課稅；年金保險費部分，不適用第 17 條有關保險費扣除之規定。

除前述有關所得稅法第 14 條第 1 項第三類所規定之內容外，有關薪資所得，尚且應當特別留意下列特徵。

1. 薪資所得之計算，以在職務上或工作上取得之各種薪資收入爲所得額[28]。因此，此一所得應當與一時性貿易所得、機會中獎等有所區分。

2. 所謂薪資在解釋包括：薪金、俸給、工資、津貼、歲費、獎金[29]、

---

28 參見最高行政法院60年判字第793號判例：「所得稅法第三十二條所稱職工之薪資，係指按期給付之固定酬勞，亦即通常之月薪，固不論盈虧，均須發給，而同法第十四條第一項第三類第二目，所稱之薪資則兼指薪金、俸給、工資、津貼、歲費、獎金、紅利、退休金、養老金、各種補助費及其他給與，此在各該法條規定甚明，故前者為狹義的薪資，係營利事業費用之一種，後者為廣義的薪資，係對受薪人課徵綜合所得稅之標的，兩者意義不盡相同。」

29 參見財政部69年1月9日台財稅第30216號函：「加班費免計入薪資所得額之標準，

紅利及各種補助費[30]。但為雇主之目的，執行職務而支領之差旅費、日支費及加班費不超過規定標準者，及依第4條規定免稅之項目，不在此限。

3. 依勞工退休金條例規定自願提繳之退休金或年金保險費，合計在每月工資6%範圍內，不計入提繳年度薪資所得課稅；年金保險費部分，不適用第17條有關保險費扣除之規定。

4. 所得稅法第17條規定薪資所得特別扣除：納稅義務人、配偶或受扶養親屬之薪資所得，每人每年扣除數額以20萬元為限。

夫妻強制合併申報之合憲性？

Q：司法院憲法解釋釋字第696號解釋就舊所得稅法夫妻年度所得應合併申報累進課稅，宣示：「有關夫妻非薪資所得強制合併計算，較之單獨計算稅額，增加其稅負部分，違反憲法第七條平等原則，應自本解釋公布之日起至遲於屆滿二年時失其效力。」(1) 試具己見對該解釋予以評論；(2) 並就該號解釋之聲請人在該解釋宣告定期失效後，提起再審，再審法官應如何判決加以說明。（105東吳）

A：

參見司法院大法官釋字第696號：「中華民國七十八年十二月三十日修正公布之所得稅法第十五條第一項規定：『納稅義務人之配偶，及合於第十七條規定得申報減除扶養親屬免稅額之受扶養親屬，有前條各類所得者，應由納稅義務人合併報繳。』（該項規定於九十二年六月二十五日修正，惟就夫妻所得應由納稅義務人合併報繳部分並無不同。）其中有關夫妻非薪資所得強制合併計算，較之單獨計算稅額，增加其稅負部

係指按月給付之報酬，不包括年終獎金在內。」

30 參見財政部61年10月9日台財稅第38679號令：「所得稅法第14條第1項第三類規定：『薪資所得之計算，以在職務上或工作上取得之各種薪資收入為所得額。』各機關發給公教人員之中秋節員工福利金，核屬上開法條所稱『在職務上或工作上取得之收入』，自應依法合併薪資所得課徵所得稅。」

分，違反憲法第七條平等原則，應自本解釋公布之日起至遲於屆滿二年時失其效力。

財政部七十六年三月四日台財稅第七五一九四六三號函：『夫妻分居，如已於綜合所得稅結算申報書內載明配偶姓名、身分證統一編號，並註明已分居，分別向其戶籍所在地稽徵機關辦理結算申報，其歸戶合併後全部應繳納稅額，如經申請分別開單者，准按個人所得總額占夫妻所得總額比率計算，減除其已扣繳及自繳稅款後，分別發單補徵。』其中關於分居之夫妻如何分擔其全部應繳納稅額之計算方式規定，與租稅公平有違，應不予援用。」

Q1：甲為大學教授，自任教學校受有薪資所得。甲認為，其因應教學研究所投入之人力（研究助理費用）、物力（圖書設備費用及參加國際會議之費用）所費不貲，主張應准予列舉扣除必要費用，否則違反客觀淨額所得課稅原則。稅捐機關則認為，一方面法無允許列舉扣除之明文，而且所得稅法第 17 條已設有關於薪資所得「特別扣除額」之規定，這是對薪資所得之概算費用扣除，雖非逐項列舉扣除，但已足滿足薪資所得者之需要。請分析所得稅法有關薪資所得計算規定之合理性。（104 律師）

Q2：某律師 A 公餘時在大學兼任課程。但 A 發現，其為了準備課程所購買之書籍資料之價額，以及授課途中往返的交通費用，依現行稅法規定皆不得在申報所得稅時扣抵，僅得扣除薪資所得特別扣除額。請問本規定是否合憲？若 A 透過該大學承接行政機關之研究計畫，該行政機關之研究經費隨授課報酬一併以薪資名義發放，從而為執行此研究計畫之購置書籍資料、為訪問相關人士所支出之交通費用等研究所必須支出之費用也不得被扣除。答案是否不同？（106 東吳）

Q3：稽徵機關對薪資所得者不同於其他所得者，只能扣除薪資所得特別扣除額。今受雇律師甲年度所得因執業所自行支出之成本、費用均不准扣除，經提起救濟至判決確定仍未得救濟。甲欲聲請大法官解釋憲法，試問甲得為何種主張？（106 台大）

A：

（一）釋字第 745 號之源起

本件聲請人陳清秀教授乃東吳大學專任教授，同時亦為國內知名之稅法學者。其於中華民國 97 年度所得稅申報，就其在大學任教所得之鐘點費等申報為「執行業務所得」，遭財政部台北國稅局調整核定為「薪資所得」。聲請人不服此一調整，乃依法申請復查、提起訴願均未獲救濟，於是循序提起行政訴訟。然其訴訟及上訴經臺北高等行政法院以 100 年度簡字第 236 號判決、最高行政法院 101 年度裁字第 196 號裁定分別駁回其訴及上訴。於是聲請人乃認為，確定終局判決所適用之所得稅法第 14 條第 1 項第三類第 1 款及第 2 款規定，關於「薪資所得」未採實額減除成本費用之計算規定，及財政部 74 年 4 月 23 日台財稅第 14917 號函釋，將大專院校兼任教師所支領授課鐘點費一律列為薪資所得之規定，有牴觸憲法第 7 條、第 19 條、第 23 條及第 165 條等規定之疑義，乃具狀向司法院大法官聲請解釋憲法。另聲請人臺灣桃園地方法院行政訴訟庭語股法官為審理 101 年度簡字第 49 號綜合所得稅事件，認該案應適用之 90 年 1 月 3 日修正公布所得稅法第 17 條第 1 項第 2 款第 3 目之 2 規定，採取定額特別扣除，欠缺實額減除成本費用之計算方式，有牴觸憲法第 7 條、第 15 條及第 23 條等規定之疑義，裁定停止訴訟程序後，向司法院聲請解釋憲法。上述兩件所聲請解釋之系爭規定，均涉所得稅法有關薪資所得計算規定是否有牴觸憲法之疑義，爰由司法院大法官併案審理。

（二）聲請人釋憲主張

1. 所得稅法第 14 條有關薪資所得之計算規定，不准實報實銷扣除成本費用，違反客觀淨所得原則及量能課稅原則。
2. 財政部 74 年 4 月 23 日台財稅第 14917 號函，誤將大專院校兼任教師所支領鐘點費列為「薪資所得」而非「執行業務所得」，不僅牴觸憲法第 7 條平等原則，亦與憲法第 19 條租稅法律主義有悖。

（三）司法院大法官釋字第 745 號解釋

所得稅法第 14 條第 1 項第三類第 1 款及第 2 款、同法第 17 條第 1 項第 2 款第 3 目之 2 關於薪資所得之計算，僅許薪資所得者就個人薪資收入，減除定額之薪資所得特別扣除額，而不許薪資所得者於該年度之必要費用超過法定扣除額時，得以列舉或其他方式減除必要費用，於此範圍內，與憲法第 7 條平等權保障之意旨不符，相關機關應自本解釋公布之日起二年內，依本解釋之意旨，檢討修正所得稅法相關規定。財政部中華民國 74 年 4 月 23 日台財稅第 14917 號函釋關於大專院校兼任教師授課鐘點費亦屬薪資所得部分，與憲法第 19 條租稅法律主義及第 23 條規定尚無牴觸。

（四）第四類：利息所得

所得稅法第 14 條第 1 項第四類：「利息所得：凡公債、公司債、金融債券、各種短期票券、存款及其他貸出款項利息之所得：

一、公債包括各級政府發行之債票、庫券、證券及憑券。

二、有獎儲蓄之中獎獎金，超過儲蓄額部分，視爲存款利息所得。

三、短期票券指期限在一年期以內之國庫券、可轉讓銀行定期存單、公司與公營事業機構發行之本票或匯票及其他經目的事業主管機關核准之短期債務憑證。

短期票券到期兌償金額超過首次發售價格部分爲利息所得，除依第八十八條規定扣繳稅款外，不併計綜合所得總額。」

（五）第五類：租賃所得及權利金所得

所得稅法第 14 條第 1 項第五類：「租賃所得及權利金所得：凡以財產出租之租金所得，財產出典典價經運用之所得或專利權、商標權、著作權、秘密方法及各種特許權利，供他人使用而取得之權利金所得：

一、財產租賃所得及權利金所得之計算，以全年租賃收入或權利金收入，減除必要損耗及費用後之餘額爲所得額。

二、設定定期之永佃權及地上權取得之各種所得，視爲租賃所得。

三、財產出租，收有押金或任何款項類似押金者，或以財產出典而取得典價者，均應就各該款項按當地銀行業通行之一年期存款利率，計算租賃收入。

四、將財產借與他人使用，除經查明確係無償且非供營業或執行業務者使用外，應參照當地一般租金情況，計算租賃收入，繳納所得稅。

五、財產出租，其約定之租金，顯較當地一般租金爲低，稽徵機關得參照當地一般租金調整計算租賃收入。」

（六）第六類：自力耕作、漁、牧、林、礦所得

所得稅法第 14 條第 1 項第六類：「自力耕作、漁、牧、林、礦之所得：全年收入減除成本及必要費用後之餘額爲所得額。」原則上此類所得之計算，亦得以容許減除必要之成本費用[31]。所得稅法施行細則第17條因此規定：「（第一項）本法第十四條第一項第六類所定成本及必要費用之減除，納稅義務人有完備會計紀錄及確實憑證者，應依申報數核實減除；其無完備會計紀錄及確實憑證者，稽徵機關得依財政部核定之標準調整

31 不過，倘若所得實現與農、林、漁、牧有高度相關，卻非「自立」耕作而得者，我國實務中有可能將此等收入列為其他項目所得。例如財政部87年2月7日台財稅第871927170號函：「個人向林務局林區管理處標採山區愛玉子之收入，係屬所得稅法第14條第1項第一類規定之營利所得，於申報個人綜合所得稅時，其成本及必要費用之減除，應依同法施行細則第12條一時貿易盈餘之計算規定辦理。」

之。（第二項）前項標準，由財政部各地區國稅局擬訂，報請財政部核定之[32]。」

（七）第七類：財產交易所得

所謂「財產交易所得」，係指所得稅法第 9 條所規定：「本法稱財產交易所得及財產交易損失，係指納稅義務人並非爲經常買進、賣出之營利活動而持有之各種財產，因買賣或交換而發生之增益或損失[33]。」而所得稅法第 14 條第 1 項第七類：「財產交易所得：凡財產及權利因交易而取得之所得：

一、財產或權利原爲出價取得者，以交易時之成交價額，減除原始取得之成本，及因取得、改良及移轉該項資產而支付之一切費用後之餘額爲所得額。

二、財產或權利原爲繼承或贈與而取得者，以交易時之成交價額，減除繼承時或受贈與時該項財產或權利之時價及因取得、改良及移轉該項財產或權利而支付之一切費用後之餘額爲所得額。

三、個人購買或取得股份有限公司之記名股票或記名公司債、各級政府發行之債券或銀行經政府核准發行之開發債券，持有滿一年以上者，於

32 根據財政部制頒「一百零六年度自力耕作漁林牧收入成本及必要費用標準」，自力耕作之農業、漁獲、林產及畜牧業納稅義務人，均得減除百分之百之成本費用，實際上免除所得稅之納稅義務。此一免除，甚至及於休耕補助款，參見財政部92年7月16日台財稅字第0920454708號令：「農民依行政院農業委員會訂定之『農業發展基金計畫』規定所領取之休耕給付及輪作獎勵金，係農民於休耕期間從事種植綠肥或辦理翻耕及輪作政府指定作物收入較原擬種植作物收入減少部分之對價，二者均為農民從事農作之收入，核屬所得稅法第14條第1項第六類規定之自力耕作、漁、牧、林、礦所得，應以其收入減除成本及必要費用後之餘額為所得額。」

33 參見最高行政法院77年判字第1978號判例：「未發行公司股票之股份轉讓，並非證券交易，而屬財產交易，其有交易所得者，自應合併當年度所得總額，課徵綜合所得稅。至行政院台七十財字第一四二〇五號函規定所停徵者為有價證券之交易所得稅，**其未發行股票之股份有限公司，於成立時縱有製發股單，因非依公司法第一百六十二條規定發行之股票，僅屬證書之性質，即非有價證券，自不在停徵之**列。」

出售時，得僅以其交易所得之半數作爲當年度所得，其餘半數免稅。」此一所得類目，在我國稅制中範圍甚屬廣泛，不一定爲民法上所明文規定之權利。例如市場攤商頂讓攤位收受費用[34]、房屋交換使用利益[35]、未發行股票公司股份轉讓等[36]，均可能在我國稅制中被認定爲財產交易所得。

Q：我國所得稅法第 14 條有關財產交易所得課稅之規定為何？試申述之。若某甲於民國 99 年以 3,000 萬元簽約買進預售屋一戶（土地 2,000 萬元、房屋 1,000 萬元），並預付 450 萬元簽約金，後於 100 年 12 月將尚未興建完成的預售屋以 3,600 萬元轉讓給某乙（約定土地 2,400 萬元，房屋 1,200 萬元），並由某乙跟建商重新簽約，試問某甲出售預售屋之行為應否申報所得稅？若某甲應申報，請說明應如何申報？（101 檢事官）

A：

（一）我國所得稅法財產交易所得之規定

所謂「財產交易所得」，在我國所得稅法第 9 條存在有定義性規

34 參見財政部67年8月4日台財稅第35223號函：「納稅義務人出讓市場攤位，其為權利賣斷性質者應屬財產交易，依所得稅法第14條第1項第七類之規定，財產或權利原為出價取得者，以交易時之成交價額減除原始取得之成本及因取得、改良及移轉該項資產而支付之一切費用後之餘額為所得額；如其原始取得成本及改良費用無從查考者，其所得額之計算，以成交價額20%為標準。」

35 財政部67年11月3日台財稅第37356號函：「公司以其所有之房屋交換甲君所有之房屋，甲君因房屋交換而發生之增益，係屬所得稅法第14條第七類所指財產交易所得，應併計個人綜合所得總額計課所得稅。至公司因交換而發生之損失，得依營利事業所得稅結算申報查核準則第100條規定，列為處分資產損失。」

36 財政部80年4月30日台財稅第790191196號函：「未發行股票之股份有限公司股東，轉讓股份時所出具之『股份轉讓證書』或『股份過戶書』，並非表彰一定價值之權利憑證。受讓該等書證者，僅發生向出讓人請求讓與該等書證所表彰價值之債權請求權，屬債權憑據之一種，核非屬證券交易法第6條第2項及證券交易稅條例第2條第1款規定所稱得視為有價證券之權利證書或憑證，故不發生課徵證券交易稅之問題。但應屬財產交易，其有財產交易所得，應課徵所得稅。」

定：「本法稱財產交易所得及財產交易損失，係指納稅義務人並非為經常買進、賣出之營利活動而持有之各種財產，因買賣或交換而發生之增益或損失。」根據所得稅法第 14 條第 1 項第七類，凡財產或權利因交易而取得之所得，即構成財產交易所得，合先述明。

（二）本件案例情形

1. 首先，問題在於預售屋之買賣，是否構成「財產交易」所得？按我國不動產交易制度，本於物權法定之原則，僅有在登記後方取得不動產物權。因此預售屋買賣契約，並非出售「房屋」而係出售賣方的「權利」。就此而言，我國所得稅法第 14 條有關財產交易所得之規定，亦包含權利之出售在其中，並無疑問。
2. 因此，建案完工前預售屋的買賣係屬財產權利之交易，依所得稅法第 14 條第 1 項第七類規定，應以交易時的成交價額，減除原始取得的成本及因取得、改良及移轉該項資產而支付之一切費用後之餘額為所得額。
3. 因此本件情形，某甲應就其出價取得之淨額（3,600 萬減去 3,000 萬及其他必要成本費用），併入個人綜合所得稅辦理結算申報。

Q：個人綜合所得稅自用住宅重購退稅之概念？

A：

（一）不動產交易之稅捐負擔

按前已言及，我國不動產交易稅制中，係將土地與房屋當作兩種不同之交易標的，課徵不同稅捐：土地課土地增值稅、房屋課財產交易所得稅。因此以自然人而言，買賣房屋倘若有所得，即應當以財產交易所得項目，減除成本費用以後列入個人綜合所得稅課徵。

（二）自用住宅重購退稅制度

不過，因為自然人所購買之住宅涉及憲法上生存權之保障，同時也可能因家庭因素，存在有換屋需求。因此，倘若自然人家庭換屋之際，特別是賣小換大之際，給予其一定之稅收上減免待遇，可謂係憲法生存權保障及人性尊嚴之反應。為此，我國所得稅法針對原本應當被列入財產交易所得之住宅售出、重購，設置有退稅規定。此主要參見所得稅法第 14 條之 8 規定：「（第一項）**個人出售自住房屋、土地依第十四條之五規定繳納之稅額，自完成移轉登記之日或房屋使用權交易之日起算二年內，重購自住房屋、土地者，得於重購自住房屋、土地完成移轉登記或房屋使用權交易之次日起算五年內，申請按重購價額占出售價額之比率，自前開繳納稅額計算退還。**（第二項）**個人於先購買自住房屋、土地後，自完成移轉登記之日或房屋使用權交易之日起算二年內，出售其他自住房屋、土地者，於依第十四條之五規定申報時，得按前項規定之比率計算扣抵稅額，在不超過應納稅額之限額內減除之。**（第三項）前二項重購之自住房屋、土地，於重購後五年內改作其他用途或再行移轉時，應追繳原扣抵或退還稅額。」

（八）第八類：競技、競賽及機會中獎之獎金或給與

所得稅法第 14 條第 1 項第八類：「競技、競賽及機會中獎之獎金或給與：凡參加各種競技比賽及各種機會中獎之獎金或給與皆屬之：

一、參加競技、競賽所支付之必要費用，准予減除。

二、參加機會中獎所支付之成本，准予減除。

三、政府舉辦之獎券中獎獎金，除依第八十八條規定扣繳稅款外，不併計綜合所得總額。」

（九）第九類：退職所得

所謂退職所得，主要指的是因離去其原有職務而由雇主等所給予之所得。在個人綜合所得稅的領域中，退休金或者退職金的課稅是一個必須特別討論的議題。就所得稅的基本精神來看，有所得即應當課稅，因此退職或退休金當然不能脫免於所得稅的課徵範圍。但是，所謂「退休金」、

「退職金」或其他類似的金錢給付，種類非常繁多，概念亦非單純。例如，爲避免營業秘密或職業隱私遭洩漏，若干企業會給予離職員工負擔競業禁止義務之補償金[37]。此等補償金，與勞動法制中所稱的資遣費、退職金顯然就應當予以區別，不能視爲嚴格意義的退休或退職金。另方面，即便是一般常見的、終止勞動關係以後或者退休以後所受領的給付，也可能存在著一次性給付與分期給付的差異：前者如果不做特別處理，可能會使得所得者在退職（休）年度一次受領大筆金錢而衝高其所得稅稅率級距，與量能課稅之原則難謂一致。而無論哪種退職金或退休金，也有可能在所受領的金錢中，實際上是所得者過去所得的延遲給付，歸於同一年度課稅也會有合理性的問題。爲避免這樣的困境，所得稅法在第 14 條第 1 項第 9 類「退職所得」這一項目中，乃將此類所得分別處理。

(1) 退職所得的範圍

根據所得稅法第 14 條第 1 項第 9 類規定，凡個人領取之退休金、資遣費、退職金、離職金、終身俸、非屬保險給付之養老金及依勞工退休金條例規定辦理年金保險之保險給付等所得。但個人歷年自薪資收入中自行繳付之儲金或依勞工退休金條例規定提繳之年金保險費，於提繳年度已計入薪資收入課稅部分及其孳息，不在此限。

(2) 一次領取退職所得者，其應納稅額之計算

根據所得稅法第 14 條第 1 項第 9 類第 1 款規定，一次領取者，其所得額之計算方式如下：一次領取總額在 15 萬元乘以退職服務年資之金額以下者，所得額爲零。超過 15 萬元乘以退職服務年資之金額，未達 30 萬元乘以退職服務年資之金額部分，以其半數爲所得額。超過 30 萬元乘以退職服務年資之金額部分，全數爲所得額。同時退職服務年資之尾數未滿

---

37 參見勞動基準法第9條之1第1項第4款規定：「未符合下列規定者，雇主不得與勞工為離職後競業禁止之約定：……四、雇主對勞工因不從事競業行為所受損失有合理補償。」

六個月者，以半年計；滿六個月者，以一年計。

(3) 分期領取退職所得者，其應納稅額之計算

根據所得稅法第 14 條第 1 項第 9 類第 2 款規定，退職所得採分期領取者，以全年領取總額，減除 65 萬元後之餘額爲所得額。

(4) 兼採兩種方法領取退職所得者，其應納稅額之計算

根據所得稅法第 14 條第 1 項第 9 類第 3 款規定，兼領一次退職所得及分期退職所得者，前二款規定可減除之金額，應依其領取一次及分期退職所得之比例分別計算之。

（十）第十類：其他所得

所得稅法第 14 條第 1 項第十類：「其他所得：不屬於上列各類之所得，以其收入額減除成本及必要費用後之餘額爲所得額。但告發或檢舉獎金、與證券商或銀行從事結構型商品交易之所得，除依第八十八條規定扣繳稅款外，不併計綜合所得總額[38]。」或如特定類型之運費收入[39]、打撈埋藏物所得[40]、郵政代辦所經理承辦郵政業務之報酬[41]、祭祀公業分配派下員

38 例如契約違約金收入，參見財政部64年10月2日台財稅第37124號函：「因出售房屋遲延交付房屋及土地，經判決而支付予承買人之違約金，其屬於房屋部分之違約金，應准列入出售房屋之費用，以計算其財產交易所得或損失。至承買人取得該房屋受領之違約金核屬其他所得，應合併該取得年度之所得，申報課稅。」

39 財政部45台財稅發第03517號令：「廠商僱用工人搬運貨物，由工人自備搬運工具，其發給運費既不屬所得稅法第14條所列舉之所得，自應視為該條『其他所得』予以歸戶，合併課徵綜合所得稅。」

40 財政部47台財稅發第02698號令：「掘撈人掘獲日人埋藏物資，依照規定，其掘撈一切工程有關費用，均由掘撈人自行負擔，而所掘獲之物資，並須交由政府統一處理，掘撈人所取得者為以掘獲物資提成給付之獎金，此項提成物資轉售變價，仍為政府給與獎金形式之轉變；惟此項變價收入應適用關於計算其他所得之規定，以其收入額減除必要費用後之餘額，合併個人其他各類所得課徵綜合所得稅。」

41 財政部64年8月27日台財稅第36240號函：「主旨：郵政代辦所經理承辦郵政業務所收取之報酬，係屬所得稅法第14條第九類其他所得，應以其收入額減除成本及必要費用後之餘額為所得額。說明：二、由郵政代辦所自行負擔之各項支出，應取具合

之收益[42]、合資購地再與建設公司合建分售按出資比例返還利益[43]等，均屬其他所得之例。

三、免稅所得

原則上，本於客觀淨所得原則，納稅義務人有所得即應申報。又本於主觀淨所得原則，所得之判斷以減除維持納稅義務人及受扶養親屬之基本生活所必須收入以外者，方具有課稅之適格。然而，在所得稅法相關制度中，本於各綜合所得稅所具有之各種社會及政策功能，事實上對於不同類型之所得，設置有若干免稅所得。此可參見本書前節說明所得稅法第 4 條之規定等，茲不贅述。

四、其他特殊類型所得

所得稅法於個人綜合所得稅制中，除了前述的應稅所得及免稅所得之外，尚存在若干特殊類型所得，本於稽徵行政之考慮，乃賦予其特殊地位，得以不併計入綜合所得稅總額。例如所得稅法第 14 條之 1 針對金融債券之所得，採取分離課稅。該條第 1 項規定：「自中華民國九十六年一月一日起，個人持有公債、公司債及金融債券之利息所得，應依第八十八條規定扣繳稅款，不併計綜合所得總額。」可供參考。

法憑證，始准以費用認定。三、僱用人員支付薪資，應以其向管轄郵局報備之人數為限，並應依所得稅法第88條及第92條規定扣繳及申報所得稅款。」

42 財政部81年1月15日台財稅第811656518號函：「未辦財團法人登記之祭祀公業，提供土地與建設公司合建分屋，分得房屋出售後將其財產交易所得分配予各派下員所有時，應由派下員併入實際分配年度之其他所得歸課綜合所得稅。」

43 財政部95年2月23日台財稅字第09504507760號函：「數名個人共同出資購地，以其中一人名義登記為土地所有人，再與建設公司合建分售，出售後所獲利益由該土地所有權人按出資比例返還，該土地之其他出資人取得該項利益核屬所得稅法第14條第1項第十類規定之其他所得，應以其收入額減除成本及必要費用後之餘額為所得額，依法課徵所得稅。」

肆、個人綜合所得稅之應納稅額之計算

一、個人綜合所得稅之計算原則

個人綜合所得稅，乃以維持納稅義務人課稅家戶成員基本生存爲制度目的，以成員之全體所得減除不能支配的生活必須費用之餘額，作爲課徵基礎[44]。爲此，所得稅法第13條規定：「**個人之綜合所得稅，就個人綜合所得總額，減除免稅額及扣除額後之綜合所得淨額計徵之。**」即本此意旨。

二、免稅額

免稅額，爲個人綜合所得稅計算之減項，其存在之制度目的在於促使納稅義務人負擔其扶養家庭成員之法律義務[45]。免稅額之基礎規定，見諸所得稅法第 5 條第 1 項：「綜合所得稅之免稅額，以每人全年六萬元爲基準。免稅額每遇消費者物價指數較上次調整年度之指數上漲累計達百分之三以上時，按上漲程度調整之。調整金額以千元爲單位，未達千元者按百元數四捨五入。」[46] 又根據所得稅法第 17 條第 1 項第 1 款規定，免稅額之計算根據下列說明爲之[47]：「按第十四條及前二條規定計得之個人綜合所得

---

44 另可參見所得稅法第5條之1規定：「（第一項）綜合所得稅之標準扣除額、薪資所得特別扣除額及身心障礙特別扣除額以第十七條規定之金額為基準，其計算調整方式，準用第五條第一項及第四項之規定。（第二項）前項扣除額及第五條免稅額之基準，應依所得水準及基本生活變動情形，每三年評估一次。」

45 此可參見司法院大法官釋字第415號解釋文前段：「所得稅法有關個人綜合所得稅『免稅額』之規定，其目的在以稅捐之優惠使納稅義務人對特定親屬或家屬盡其法定扶養義務。」不過應當特別留意的是，既然是法定義務之履行，邏輯上即為（在主觀淨所得原則之下）納稅人無支配力之財產，此一範圍並無給付能力可言，並非租稅優惠。

46 要特別提醒的是，因歷年隨物價指數調整，已經不是這個數字了。以2024年為例，免稅額為每人9.2萬元，本人或配偶、受扶養直系尊親屬滿70歲是13.8萬元。

47 關於個人綜合所得稅之計算，所得稅法第5條設有規定：「（第一項）綜合所得稅之免稅額，以每人全年六萬元為基準。免稅額每遇消費者物價指數較上次調整年度

總額，減除下列免稅額及扣除額後之餘額，爲個人之綜合所得淨額：

一、免稅額：納稅義務人按規定減除其本人、配偶及合於下列規定扶養親屬之免稅額；納稅義務人及其配偶年滿七十歲者，免稅額增加百分之五十：

（一）納稅義務人及其配偶之直系尊親屬，年滿六十歲，或無謀生能力，受納稅義務人扶養者。其年滿七十歲受納稅義務人扶養者，免稅額增加百分之五十。

（二）納稅義務人之子女未成年，或已成年而因在校就學、身心障礙或無謀生能力受納稅義務人扶養者。

（三）納稅義務人及其配偶之同胞兄弟、姊妹未成年，或已成年而因在校就學、身心障礙或無謀生能力受納稅義務人扶養者。

（四）納稅義務人其他親屬或家屬，合於民法第一千一百十四條第

之指數上漲累計達百分之三以上時，按上漲程度調整之。調整金額以千元為單位，未達千元者按百元數四捨五入。（第二項）綜合所得稅課稅級距及累進稅率如下：一、全年綜合所得淨額在五十二萬元以下者，課徵百分之五。二、超過五十二萬元至一百十七萬元者，課徵二萬六千元，加超過五十二萬元部分之百分之十二。三、超過一百十七萬元至二百三十五萬元者，課徵十萬零四千元，加超過一百十七萬元部分之百分之二十。四、超過二百三十五萬元至四百四十萬元者，課徵三十四萬元，加超過二百三十五萬元部分之百分之三十。五、超過四百四十萬元者，課徵九十五萬五千元，加超過四百四十萬元部分之百分之四十。（第三項）前項課稅級距之金額每遇消費者物價指數較上次調整年度之指數上漲累計達百分之三以上時，按上漲程度調整之。調整金額以萬元為單位，未達萬元者按千元數四捨五入。（第四項）綜合所得稅免稅額及課稅級距之金額，於每年度開始前，由財政部依據第一項及前項之規定計算後公告之。所稱消費者物價指數，指行政院主計總處公布至上年度十月底為止十二個月平均消費者物價指數。（第五項）營利事業所得稅起徵額及稅率如下：一、營利事業全年課稅所得額在十二萬元以下者，免徵營利事業所得稅。二、營利事業全年課稅所得額超過十二萬元者，就其全部課稅所得額課徵百分之二十。但其應納稅額不得超過營利事業課稅所得額超過十二萬元部分之半數。三、營利事業全年課稅所得額超過十二萬元未逾五十萬元者，就其全部課稅所得額按下列規定稅率課徵，不適用前款規定。但其應納稅額不得超過營利事業課稅所得額超過十二萬元部分之半數：（一）一百零七年度稅率為百分之十八。（二）一百零八年度稅率為百分之十九。」

四款及第一千一百二十三條第三項之規定，未成年，或已成年而因在校就學、身心障礙或無謀生能力，確係受納稅義務人扶養者。」[48]

三、扣除額：標準扣除額與列舉扣除額

所謂扣除額，指所得稅法基於若干特定之政策考慮，賦予納稅義務人計算所得稅時得扣除之減項。其中應特別留意，倘若個人綜合所得稅之納稅義務人不選用標準扣除額，亦可採取所謂「列舉扣除額」來作爲扣除之選項。換言之，扣除額之構成，係以標準扣除額或者列舉扣除額（擇一計算），再加上特別扣除額中成立之項目，由所得總額中減除之。目前我國所得稅法中所承認之標準扣除額，規定在所得稅法第 17 條第 1 項第 2 款第 1 目[49]。列舉扣除額，規定在所得稅法第 17 條第 1 項第 2 款第 2 目，包括下列項目：

（一）捐贈

納稅義務人、配偶及受扶養親屬對於教育、文化、公益、慈善機構或團體之捐贈總額最高不超過綜合所得總額百分之二十爲限。但有關國防、

48 原則上，本於客觀淨所得原則，扶養親屬應當考慮者為個別家庭的經濟狀況，此可此參見司法院大法官釋字第694號：「中華民國九十年一月三日修正公布之所得稅法第十七條第一項第一款第四目規定：『按前三條規定計得之個人綜合所得總額，減除下列免稅額及扣除額後之餘額，為個人之綜合所得淨額：一、免稅額：納稅義務人按規定減除其本人、配偶及合於下列規定扶養親屬之免稅額；……（四）納稅義務人其他親屬或家屬，合於民法第一千一百十四條第四款及第一千一百二十三條第三項之規定，未滿二十歲或滿六十歲以上無謀生能力，確係受納稅義務人扶養者。……』其中以『未滿二十歲或滿六十歲以上』為減除免稅額之限制要件部分（一〇〇年一月十九日修正公布之所得稅法第十七條第一項第一款第四目亦有相同限制），違反憲法第七條平等原則，應自本解釋公布日起，至遲於屆滿一年時，失其效力。」

49 該目規定為：「二、扣除額：納稅義務人就下列標準扣除額或列舉扣除額擇一減除外，並減除特別扣除額：（一）標準扣除額：納稅義務人個人扣除十二萬元；有配偶者加倍扣除之。」

勞軍之捐贈及對政府之捐獻[50]，不受金額之限制。這其中，對政府捐獻無上限均可扣抵，在我國稅捐稽徵實務上產生了很大的影響，特別是所謂「捐地節稅」。

Q：捐地節稅此一現象在我國稅法制度中之演變？

A：

（一）捐地節稅之概念

所得稅法規定，個人對政府捐贈，可全數扣除，沒有金額限制。卻造成有錢人以低價買地再捐給政府，藉著「捐地節稅」來逃漏稅。

（二）財政部自 92 年起陸續發布解釋令，以公告現值 16% 計算所得稅扣除額。財政部中華民國 92 年 6 月 3 日台財稅字第 0920452464 號令：「三、個人以購入之土地捐贈未能提具土地取得成本確實證據或土地係受贈取得者，其捐贈列舉扣除金額之計算，稽徵機關得依本部核定之標準認定之。該標準由本部各地區國稅局參照捐贈年度土地市場交易情形擬訂，報請本部核定。」93 年 5 月 21 日台財稅字第 0930451432 號令：「個人以繼承之土地捐贈，……，其綜合所得稅捐贈列舉扣除金額之計算，依本部 92 年 6 月 3 日台財稅字第 0920452464 號令第 3 點規定之標準認定之。」94 年 2 月 18 日台財稅字第 09404500070 號令及 95 年 2 月 15 日台財稅字第 09504507680 號令，均以：「個人以購入之土地捐贈而未能提示土地取得成本確實證據，或土地係受贈或繼承取得者，除非屬公共設施保留地且情形特殊，經稽徵機關研析具體意見專案報部核定者外，其綜合所得稅捐贈列舉扣除金額依土地公告現值之 16% 計

50 財政部107年6月20日台財稅字第10700556910號令：「個人或營利事業對依行政法人法規定設立之中央或地方行政法人之捐贈，得比照所得稅法第17條第1項第2款第2目之1但書或第36條第1款規定，列報個人綜合所得稅捐贈列舉扣除額或營利事業當年度費用或損失，不受金額限制。」

算。」

（三）但司法院大法官釋字第 705 號解釋宣告不符憲法「租稅法律主義」意旨，即日起不許援用：「財政部中華民國九十二年六月三日、九十三年五月二十一日、九十四年二月十八日、九十五年二月十五日、九十六年二月七日、九十七年一月三十日發布之台財稅字第〇九二〇四五二四六四號、第〇九三〇四五一四三二號、第〇九四〇四五〇〇〇七〇號、第〇九五〇四五〇七六八〇號、第〇九六〇四五〇四八五〇號、第〇九七〇四五一〇五三〇號令，所釋示之捐贈列舉扣除額金額之計算依財政部核定之標準認定，以及非屬公共設施保留地且情形特殊得專案報部核定，或依土地公告現值之百分之十六計算部分，與憲法第十九條租稅法律主義不符，均應自本解釋公布之日起不予援用。」

（四）所得稅法之修正方向

捐贈政府非現金財產的扣除額的計算，原則上應當以實際取得成本為準，未能提出實際取得成本的確實憑證，或捐贈財產為受贈、繼承取得，或因折舊、市場行情致其捐贈時價值與取得成本有顯著差距時，由財政部參照捐贈年度的實際市場交易行情來訂定[51]。

---

51 此可參見所得稅法第17條之4：「（第一項）**納稅義務人、配偶及受扶養親屬以非現金財產捐贈政府、國防、勞軍、教育、文化、公益、慈善機構或團體者，納稅義務人依第十七條第一項第二款第二目之一規定申報捐贈列舉扣除金額之計算，除法律另有規定外，應依實際取得成本為準**。但有下列情形之一者，由稽徵機關依財政部訂定之標準核定之：一、未能提出非現金財產實際取得成本之確實憑證。二、非現金財產係受贈或繼承取得。三、非現金財產因折舊、損耗、市場行情或其他客觀因素，致其捐贈時之價值與取得成本有顯著差異。（第二項）前項但書之標準，由財政部參照捐贈年度實際市場交易情形定之。（第三項）本法中華民國一百零五年七月十二日修正之條文施行前，納稅義務人、配偶及受扶養親屬已以非現金財產捐贈，而納稅義務人個人綜合所得稅尚未核課或尚未核課確定之案件，其捐贈列舉扣除金額之計算，適用第一項規定。」又此一條文顯係為因應司法院大法官釋字第705號之修法。

（二）保險費

納稅義務人、配偶或受扶養直系親屬之人身保險、勞工保險、國民年金保險及軍、公、教保險之保險費，每人每年扣除數額以不超過 2 萬 4,000 元爲限。但全民健康保險之保險費不受金額限制。

（三）醫藥及生育費

納稅義務人、配偶或受扶養親屬之醫藥費及生育費，**以付與公立醫院、全民健康保險特約醫療院、所，或經財政部認定其會計紀錄完備正確之醫院者爲限**。但受有保險給付部分，不得扣除[52]。

（四）災害損失

納稅義務人、配偶或受扶養親屬遭受不可抗力之災害損失。但受有保險賠償或救濟金部分，不得扣除。

（五）購屋借款利息

納稅義務人、配偶及受扶養親屬購買自用住宅，向金融機構借款所支付之利息，其每一申報戶每年扣除數額以 30 萬元爲限。但申報有儲蓄投資特別扣除額者，其申報之儲蓄投資特別扣除金額，應在上項購屋借款利

---

52 不過，醫療費用僅得給付予特定醫療院所之要求，已經在近年實務見解中有所限制。關鍵在於司法院大法官釋字第701號解釋：「中華民國九十四年十二月二十八日修正公布之所得稅法第十七條第一項第二款第二目之3前段規定：『……（二）列舉扣除額：……3.醫藥……費：納稅義務人及其配偶或受扶養親屬之醫藥費……，以付與公立醫院、公務人員保險特約醫院、勞工保險特約醫療院、所，或經財政部認定其會計紀錄完備正確之醫院者為限』（上開規定之『公務人員保險特約醫院、勞工保險特約醫療院、所』，於九十七年十二月二十六日經修正公布為『全民健康保險特約醫療院、所』，規定意旨相同），就身心失能無力自理生活而須長期照護者（如失智症、植物人、極重度慢性精神病、因中風或其他重症長期臥病在床等）之醫藥費，亦以付與上開規定之醫療院所為限始得列舉扣除，而對於付與其他合法醫療院所之醫藥費不得列舉扣除，與憲法第七條平等原則之意旨不符，在此範圍內，系爭規定應不予適用。」

息中減除；納稅義務人依上述規定扣除購屋借款利息者，以一屋爲限。

（六）房屋租金支出

納稅義務人、配偶及受扶養直系親屬在中華民國境內租屋供自住且非供營業或執行業務使用者，其所支付之租金，每一申報戶每年扣除數額以12萬元爲限。但申報有購屋借款利息者，不得扣除。

Q：主觀淨所得原則的功能？

A：

此可參見司法院大法官釋字第701號解釋中，黃茂榮大法官所提出協同意見書第一段：「壹、綜合所得淨額之計算應遵循主觀淨額原則。所得稅法第十七條第一項規定：『按前四條規定計得之個人綜合所得總額，減除下列免稅額及扣除額後之餘額，為個人之綜合所得淨額：……』此為基於主觀淨額原則，就個人綜合所得稅之課徵，在其稅基之計算，得減除之項目及數額的規定。主觀淨額原則之意旨在於：限制國家對於人民必須用來支應最低生活需要之收入部分的課稅權，以保障個人及其受扶養親屬之最低的生活需要。其方法為，利用法定免稅額及扣除額之減除，由個人綜合所得總額計算綜合所得淨額。最低的生活需要的水準隨一個國家之經濟發展程度而上升，並不是一個固定的標準；國家之財政能力亦因當時之國家經濟的形勢而升降。所以，在其實踐上，立法者應考量國家之財政能力及人民之負稅能力，妥為權衡考量。這當中，得減除之項目及減除標準或數額的制定，在權衡上立法機關固有其立法裁量權，且其裁量結果之當否，亦常見仁見智，但其裁量結果至少仍應維持各種減除之項目，在各納稅義務人之平等適用的可能性，不可無視於納稅義務人因為其經濟或社會條件之不同，實際上不能同等適用相關扣除額的事實，以使憲法第七條所保障之平等原則，能在實質的意義上獲得實現，非僅在形式上提供保障。」

四、特別扣除額

所謂特別扣除額，係指因特定之法律政策目的，對於生活中具有特定生活開支之納稅義務人，給予其准許減除特定金額作爲所得稅計算上減項之制度。此項扣除額僅限於同一申報之所得家戶中有具備此等資格者方得爲之，我國法制中個人綜合所得稅特別扣除額規定在所得稅法第 17 條第 1 項第 2 款第 3 目。

（一）財產交易損失：納稅義務人、配偶及受扶養親屬財產交易損失，其每年度扣除額，以不超過當年度申報之財產交易之所得爲限；當年度無財產交易所得可資扣除，或扣除不足者，得以以後三年度之財產交易所得扣除之。財產交易損失之計算，準用第 14 條第 1 項第七類關於計算財產交易增益之規定。

（二）薪資所得特別扣除：納稅義務人、配偶或受扶養親屬之薪資所得，每人每年扣除數額以 20 萬元爲限。此項薪資所得特別扣除，其目的即在於對薪資所得者取得薪資所必須支應的成本費用，給予其概括的扣減，以符合「取得薪資、必有其成本」的客觀淨所得精神。

（三）儲蓄投資特別扣除：納稅義務人、配偶及受扶養親屬於金融機構之存款利息、儲蓄性質信託資金之收益及公司公開發行並上市之記名股票之股利，**合計全年扣除數額以 27 萬元爲限**。但依郵政儲金匯兌法規定免稅之存簿儲金利息及本法規定分離課稅之利息，不包括在內[53]。

（四）身心障礙特別扣除：納稅義務人、配偶或受扶養親屬如爲領有身心障礙手冊或身心障礙證明者，及精神衛生法第 3 條第 4 款規定之病人，每人每年扣除 20 萬元。

（五）教育學費特別扣除：納稅義務人就讀大專以上院校之子女之教

53 不僅其要件應予留意，尚請特別注意本法第17條之3所規定之排除事由：「納稅義務人及與其合併報繳之配偶暨受其扶養親屬，自中華民國八十八年一月一日起取得公司公開發行並上市之記名股票之股利，不適用第十七條第一項第二款第三目第三小目儲蓄投資特別扣除之規定。」

育學費每人每年之扣除數額以2萬5,000元為限。但空中大學、專校及五專前三年及已接受政府補助者，不得扣除。

（六）幼兒學前特別扣除：自中華民國101年1月1日起，納稅義務人5歲以下之子女，每人每年扣除12萬元[54]。

（七）長期照顧特別扣除：**自中華民國108年1月1日起，納稅義務人、配偶或受扶養親屬為符合中央衛生福利主管機關公告須長期照顧之身心失能者，每人每年扣除12萬元**。

（八）房屋租金支出特別扣除：自中華民國113年1月1日起，納稅義務人、配偶及受扶養直系親屬在中華民國境內租屋供自住且非供營業或執行業務使用者，其所支付之租金減除接受政府補助部分，每一申報戶每年扣除數額以18萬元為限。但納稅義務人、配偶或受扶養直系親屬在中華民國境內有房屋者，不得扣除[55]。

54 不過，幼兒學前特別扣除額以及長期照顧特別扣除額，在所得稅法第17條第3項設有特別規定：「納稅義務人有下列情形之一者，不適用第一項第二款第三目之6幼兒學前特別扣除及之7長期照顧特別扣除之規定：一、經減除幼兒學前特別扣除額及長期照顧特別扣除額後，納稅義務人或其配偶依第十五條第二項規定計算之稅額適用稅率在百分之二十以上。二、納稅義務人依第十五條第五項規定選擇就其申報戶股利及盈餘合計金額按百分之二十八稅率分開計算應納稅額。三、納稅義務人依所得基本稅額條例第十二條規定計算之基本所得額超過同條例第十三條規定之扣除金額。」

55 不過，應該特別留意的是長期照顧特別扣除以及租金支出特別扣除，設有排富規定。參見所得稅法第17條第3項所規定：「納稅義務人有下列情形之一者，不適用第一項第二款第三目之七長期照顧特別扣除及之八房屋租金支出特別扣除之規定：

一、經減除長期照顧特別扣除額及房屋租金支出特別扣除額後，納稅義務人或其配偶依第十五條第二項規定計算之稅額適用稅率在百分之二十以上。

二、納稅義務人依第十五條第五項規定選擇就其申報戶股利及盈餘合計金額按百分之二十八稅率分開計算應納稅額。

三、納稅義務人依所得基本稅額條例第十二條規定計算之基本所得額超過同條例第十三條規定之扣除金額。」

伍、個人綜合所得稅之申報

一、申報期間

所得稅為申報稅，乃以納稅義務人主動向稅捐稽徵機關申報其應稅收入，作為課稅權力發動之前提。又復所得稅為期間稅、年度稅。因此，應當在法定期間之內完成申報。就此，所得稅法第 71 條第 1 項規定：「**納稅義務人應於每年五月一日起至五月三十一日止，塡具結算申報書，向該管稽徵機關，申報其上一年度內構成綜合所得總額或營利事業收入總額之項目及數額，以及有關減免、扣除之事實，並應依其全年應納稅額減除暫繳稅額、尚未抵繳之扣繳稅額及依第十五條第四項規定計算之可抵減稅額，計算其應納之結算稅額，於申報前自行繳納**。但依法不併計課稅之所得之扣繳稅款，不得減除。」倘若未依本條規定進行結算申報，原則上根據所得稅法第 17 條第 2 項規定：「依第七十一條規定應辦理結算申報而未辦理，經稽徵機關核定應納稅額者，均不適用前項第二款第二目列舉扣除額之規定。」由機關主動依職權核定其應納稅額，並且排除列舉扣除額之適用。

Q：變動所得之概念？

A：

所謂變動所得，係指所得之實現，具有長期累積之性質，容易在一次實現之際衝高納稅義務人之應納稅率級距。我國稅法上變動所得包括：

（一）自力經營林業之所得（屬自力耕作所得）、受僱從事遠洋漁業，於每次出海後一次分配（非按月支領者）之報酬（屬薪資所得）及因耕地出租人收回耕地或政府徵收而依平均地權條例第 77 條或第 11 條規定取得之地價補償（屬其他所得）。

（二）個人非因執行職務而死亡，其遺族依法令或規定一次領取之撫卹金或死亡補償與退職所得合併計算後超過定額免稅之部分（屬其他所得）。

（三）公、私有耕地因開發工業區或實施市地重劃而終止租約或註銷租約，承租人依廢止前 88 年 12 月 31 日修正促進產業升級條例第 27 條或平均地權條例第 63 條規定，取得以補償地價三分之一或公告土地現值三分之一之補償費。

前述變動所得，依所得稅法第 14 條第 3 項規定，得僅以半數作為當年度所得課徵綜合所得稅，其餘半數免稅。

（財政部 91 年 1 月 14 日台財稅字第 0900457384 號令）

Q：我國之個人綜合所得稅，係採取所謂的「年度課稅原則」，請問何謂年度課稅原則？對於個人跨年度的損益，在採取年度課稅原則之情況下，應如何處理？（105 律師）

A：

（一）年度課稅原則之意義

所謂「年度稅」，係指所得稅之課徵係以納稅義務人一整年度中的總體所得為對象課徵之稅捐。按我國所得稅法第 71 條第 1 項，明文規定所得之申報係以上一年度所得為基礎，即屬於年度稅性質之展現。

（二）所得稅法對於年度課稅原則之調整

所得稅基於稽徵技術上之考量，採取年度課稅原則。然而其仍可能產生違反量能課稅原則的情形，而應加以適度調整。

1. 跨越年度的盈虧互抵

納稅人可能年年發生損失而只有其中某一個年度有所得，如果所得無法先彌補損失，而應先課徵所得稅，則將影響其經濟上負擔能力。因此各國稅制多承認跨越年度的盈虧互抵，在損失扣除後如仍有所得，再課徵所得稅。所得稅法第 39 條第 1 項規定：「以往年度營業之虧損，不得列入本年度計算。但公司組織之營利事業，會計帳冊簿據完備，虧損及申報扣除年度均使用第七十七條所稱藍色申報書或經會計師查核簽證，並如期申報者，得將經該管稽徵機關核定之前十年內各期虧損，自本年純益額中扣除後，再行核課。」此一規定，僅有條件承認營利事業以往年度虧損扣除，而不承認個人的以往年度虧損扣除，似有違反量能課稅原則。

2. 變動所得的特別課稅方式

針對長期累積數個年度後，於其中一個年度實現之所得，亦即所謂變動所得，所得稅法特別給予減半課稅。例如個人受僱從事遠洋漁業，其作業時間，正常情形均在一年以上，其每次出海後一次分配之報酬，即有累積而增加稅負作用，故稅法規定屬變動所得，半數免稅。至薪資特別扣除額係對勤勞所得之扣除規定，故凡屬變動所得之薪資所得同時可享受半數課稅及薪資特別扣除規定（財政部68年10月8日台財稅第37097號函）。

二、個人綜合所得稅之起徵點

納稅義務人理論上有所得即應當申報、繳納稅捐。但本於稅捐稽徵行政成本的考慮，原則上仍要求納稅義務人應在所得達到一定金額以上者，方才負擔有申報及繳納義務。此可參見所得稅法第71條第3項：「**中華民國境內居住之個人全年綜合所得總額不超過當年度規定之免稅額及標準扣除額之合計數者，得免辦理結算申報**。但申請退還扣繳稅款及第十五條第四項規定之可抵減稅額，或依第十五條第五項規定課稅者，仍應辦理結算申報。」

陸、夫妻合併申報薪資所得及各類所得

一、原本之舊制

我國原本所得稅法第15條第1項規定：「納稅義務人之配偶，及合於第十七條規定得申報減除扶養親屬免稅額之受扶養親屬，有前條各類所得者，應由納稅義務人合併報繳。」以及第2項前段規定：「納稅義務人

之配偶得就其薪資所得分開計算稅額，由納稅義務人合併報繳。」然而，此一強制合併申報之制度，雖然較爲合乎個人綜合所得法制中家戶總所得爲基礎之制度原意，但可能造成者爲家庭收入之級距上升，使得實際上應繳納之稅額較諸夫妻分別報繳爲高。因此，經常受到所謂「懲罰婚姻」的批評。

二、司法院大法官釋字第696號之變革

因此，司法院大法官釋字第 696 號解釋，乃明確指出：「中華民國七十八年十二月三十日修正公布之所得稅法第十五條第一項規定：『納稅義務人之配偶，及合於第十七條規定得申報減除扶養親屬免稅額之受扶養親屬，有前條各類所得者，應由納稅義務人合併報繳。』（該項規定於九十二年六月二十五日修正，惟就夫妻所得應由納稅義務人合併報繳部分並無不同。）**其中有關夫妻非薪資所得強制合併計算，較之單獨計算稅額，增加其稅負部分，違反憲法第七條平等原則，應自本解釋公布之日起至遲於屆滿二年時失其效力。**」爲此，所得稅法第 15 條，乃修正成爲現行制度。

三、現行夫妻薪資及其他所得申報制度

本於家戶總所得制度之精神，家庭中各成員之收入原則上應當計入同一課稅單元。因此，所得稅法第 15 條第 1 項乃規定：「**自中華民國一百零三年一月一日起，納稅義務人、配偶及合於第十七條規定得申報減除扶養親屬免稅額之受扶養親屬，有第十四條第一項各類所得者，除納稅義務人與配偶分居，得各自依本法規定辦理結算申報及計算稅額外，應由納稅義務人合併申報及計算稅額。納稅義務人主體一經選定，得於該申報年度結算申報期間屆滿之次日起算六個月內申請變更。**」以及同條第 2 項第 1 款規定：「一、各類所得合併計算稅額：納稅義務人就其本人、配偶及受扶養親屬之第十四條第一項各類所得，依第十七條規定減除免稅額及扣除額，合併計算稅額。」

不過，倘若分開計算其收入歸入同一課稅單元有利者，亦容許夫妻根據同條第 2 項第 2 款及第 3 款，分別選擇採取不同之申報計算方式：

（一）薪資所得分開計算稅額，其餘各類所得合併計算稅額

納稅義務人就其本人或配偶之薪資所得分開計算稅額。計算該稅額時，僅得減除分開計算稅額者依第 17 條規定計算之免稅額及薪資所得特別扣除額。同時納稅義務人就其本人、配偶及受扶養親屬前目以外之各類所得，依第 17 條規定減除前目以外之各項免稅額及扣除額，合併計算稅額。

（二）各類所得分開計算稅額

納稅義務人就其本人或配偶之第 14 條第 1 項各類所得分開計算稅額。計算該稅額時，僅得減除分開計算稅額者依第 17 條規定計算之免稅額、財產交易損失特別扣除額、薪資所得特別扣除額、儲蓄投資特別扣除額及身心障礙特別扣除額。另外，納稅義務人就前目分開計算稅額之他方及受扶養親屬之第 14 條第 1 項各類所得，依第 17 條規定減除前目以外之各項免稅額及扣除額，合併計算稅額。同時，納稅義務人依前二目規定計算得減除之儲蓄投資特別扣除額，應於第 17 條第 1 項第 2 款第 3 目之 3 所定扣除限額內，就第 1 目分開計算稅額之他方及受扶養親屬符合該限額內之所得先予減除；減除後如有餘額，再就第 1 目分開計算稅額者之所得於餘額內減除。

Q：大法官釋字 696 號，就所得稅法第 15 條第 1 項規定：「納稅義務人之配偶，及合於第十七條規定得申報減除扶養親屬免稅額之受扶養親屬，有前條各類所得者，應由納稅義務人合併報繳。」之解釋，以夫妻非薪資所得強制合併計算，較之單獨計算稅額，增加其稅負部分，違反憲法第 7 條平等原則，而宣告其違憲。請就綜合所得稅之課稅原則評析之。（101 調查局）

A：

（一）夫妻合併計算其所得之制度原則

按所得稅之基本精神，乃以家戶所得制為基礎，以家庭中同財共居之親屬一年度中所有所得，減除維持生活所必要之費用（包括免稅額、扣除額等），依累進級距課徵之。此一制度之基本精神，乃突顯家庭成員共同生活之連帶，並且實現民事法上之扶養義務。然而，此等所有成員所得累加之結果，即可能衝高家庭應稅級距，形成較單獨申報負擔更重稅捐之情形。尤其在夫妻感情不睦、家庭事實上未有同財共居事實之際，問題更加明顯。

（二）司法院大法官釋字第 696 號解釋之意旨

就前述問題，司法院大法官釋字第 696 號解釋乃指出：「其中有關夫妻非薪資所得強制合併計算，較之單獨計算稅額，增加其稅負部分，違反憲法第七條平等原則，應自本解釋公布之日起至遲於屆滿二年時失其效力。」

（三）目前之夫妻所得申報制度，乃給予其選擇權

原則上夫妻所得應當合併申報，倘若分開計算其收入繳歸入同一課稅單元有利者，亦容許夫妻根據同條第 2 項第 2 款及第 3 款，分別選擇採取不同之申報計算方式。

第三節　營利事業所得稅

壹、概說：營利事業所得稅之構成

所謂營利事業所得稅，乃指對營利事業全年度整體營業收入減除成本費用之後，依照固定稅率徵收之所得稅。所得稅法第 24 條第 1 項規定：**「營利事業所得之計算，以其本年度收入總額減除各項成本費用、損失及稅捐後之純益額爲所得額**。所得額之計算，涉有應稅所得及免稅所得者，其相關之成本、費用或損失，除可直接合理明確歸屬者，得個別歸屬認列

外，應作合理之分攤；其分攤辦法，由財政部定之。」營利事業所得之計算，原則上以年度為基礎，其他年度之所得及虧損不得計入不同年度。但我國法制中就此設有例外，參見所得稅法第 39 條第 1 項規定：「以往年度營業之虧損，不得列入本年度計算。但公司組織之營利事業，會計帳冊簿據完備，虧損及申報扣除年度均使用第七十七條所稱藍色申報書或經會計師查核簽證，並如期申報者，得將經該管稽徵機關核定之前十年內各期虧損，自本年純益額中扣除後，再行核課。」簡單言之，營利事業所得稅的制度構成，可以被歸列出下面三個制度面向。

一、營利事業所得稅之課徵對象，為營利性法人

在其他國家之稅制中，營利事業所得稅經常被稱作「法人稅」，足見本稅之課徵對象為營利性之法人。具有營利性質之其他組織，例如獨資合夥商號，原則上並非本稅之課徵對象[56]。就我國法制而言，亦復如此。原則上僅營利性之法人負擔本稅。而在制度設計上，也使得營利性法人在商業會計法、公司法等其他商業管制性法令中所承擔之義務，經常在所得稅制中有所援用。

二、營利事業所得稅，為年度稅

營利事業所得稅之特徵，在於其具有明顯的年度稅屬性。所得稅法第 23 條規定：「會計年度應為每年一月一日起至十二月三十一日止，但

56 消費合作社即便則應當區分情形。參見財政部108年1月30日台財稅字第10700651310號令：「一、消費合作社依合作社法第3條規定經營消費業務，提供非社員使用符合同法第3條之1第2項但書及第3項規定，且依所得稅法第24條第1項後段規定計算其銷售與社員及非社員之所得者，其銷售與社員部分之所得，得比照所得稅法第4條第1項第14款規定免納所得稅；銷售與非社員部分之所得，應依所得稅法規定課徵營利事業所得稅。二、消費合作社經營消費業務，提供非社員使用不符合合作社法第3條之1第2項但書及第3項規定，或無法依所得稅法第24條第1項後段規定計算該部分所得者，應就其當年度全部所得依所得稅法規定課徵營利事業所得稅。」

因原有習慣或營業季節之特殊情形呈經該管稽徵機關核准者，得變更起訖日期。」即明示營利事業之計算，以年度爲基礎，僅有在例外情形得以變更。

三、營利事業所得稅，受客觀淨所得原則支配

營利事業所得稅之課徵客體，爲營利性法人之營業所得。而此一所得之計算，受到客觀淨所得原則之支配，乃以客觀市場行情之合致，作爲判斷特定所得及成本費用屬性之主要依據。因此，在一般性之義務上，這也使得營利事業所得稅之納稅義務人，可謂具有相當之常規交易義務。

貳、營利事業所得的建制性原則

一、常規交易義務

（一）常規交易義務之來源

營利事業在客觀淨所得原則的制度之下，針對營業所必須之成本、費用之攤計，應以合理者爲前提。此可參見所得稅法第 24 條第 1 項後段規定：「所得額之計算，涉有應稅所得及免稅所得者，其相關之成本、費用或損失，除可直接合理明確歸屬者，得個別歸屬認列外，應作合理之分攤；其分攤辦法，由財政部定之。」同時第 43 條之 1 亦規定：「營利事業與國內外其他營利事業具有從屬關係，或直接間接爲另一事業所有或控制，其相互間有關收益、成本、費用與損益之攤計，如有以不合營業常規之安排，規避或減少納稅義務者，稽徵機關爲正確計算該事業之所得額，得報經財政部核准按營業常規予以調整。」乃使得稅法上，營利事業負擔有常規交易之義務。

（二）不合常規交易之法律效果

進一步來說，不合常規交易乃稅法上稅捐規避類型之一種，亦即納稅義務人從事之交易活動或財產安排，不符合市場上常見之成例，而有迂迴

規避應納稅捐之可能。其效果可以參見行政法院80年判字第328號判例：「原告以低於其他銷售對象甚鉅之價格，將產品回銷某商會，貴買賤賣，且經被告機關查明原告自七十一年至七十五年之情形均屬相同，故其非短期利用閒置資產所爲之權宜措施，係以長期低於成本之價格回銷某商會，致發生鉅額虧損，自與營業常規不合。原處分依所得稅法第四十三條之一規定，按營業常規予以調整，並無違誤。」

Q：所得稅法第43條之1規定：「營利事業與國內外其他營利事業具有從屬關係，或直接間接為另一事業所有或控制，其相互間有關收益、成本、費用與損益之攤計，如有以不合營業常規之安排，規避或減少納稅義務者，稽徵機關為正確計算該事業之所得額，得報經財政部核准按營業常規予以調整。」試問稽徵機關適用本條規定調整納稅義務人稅捐申報之內容，針對「報請財政部核准」此一程序，稽徵機關有無裁量權？（104律師）

A：

（一）不合常規營業之調整

按稅法制度，本於量能課稅、平等負擔之憲法誡命，對於納稅義務人乃課予一定程度之常規交易義務。換言之，倘若納稅義務人所從事之交易活動，背離於市場經常可見之交易常態，因而存在有規避應納稅捐之情事者，即可能由稅捐稽徵機關就其稅捐申報之內容加以調整。此乃我國稅法制度中，有關「不合常規」之營業安排得以調整其申報內容之基本原則，亦為所得稅法第43條之1規定所由生。

（二）不合常規調整權力之控制

納稅義務人在應稅經濟活動之中，雖然負有義務不得任意以迂迴之方法或非常規之安排降低其應納稅捐。然則另一方面，納稅義務人在憲法上亦享有財產權利及契約自由。為平衡納稅義務人之利益與國庫之財政利益，不合常規之調整乃設有控制機制。在我國法制中，以所得稅法第 43 條之 1 為例，後段所規定之「報經財政部核准」程序，即為控制機制之一，以避免稅捐稽徵機關濫用此一權力。

（三）未履行「報經財政部核准」程序，是否合法？

按所得稅法第 43 條之 1 雖然規定有「報經財政部核准」之控制制度，以防止稅捐稽徵機關濫用調整權力。然而有問題者，乃在於法條文義係規定「得」報經財政部核准。這是否意味著有否履行「報經財政部」之程序，乃裁量之權限，因而得容許稅捐稽徵機關任意選擇要否履行？我國實務上就此有兩說之不同：

1. 甲說：機關有裁量權

此以最高行政法院 102 年度判字第 662 號判決為代表：「又所得稅法第四十三條之一並非強制規定，被上訴人仍有裁量是否報財政部核准之餘地。上訴人主張應先行取得財政部之核准，始可否准認列損失云云，亦無可採。」亦即認為所得稅法第 43 條之 1 的「報經財政部」，係裁量規定。倘若未履行，原則上亦無程序違法可言。

2. 乙說：機關無裁量權

與前說不同，最高行政法院本身對於所得稅法第 43 條之 1 所規定之報經財政部程序，亦存在有不同見解。此可參見最高行政法院 103 年度判字第 339 號判決：「依法條文義，縱認稽徵機關對於『報經財政部核准』之程序係『得』為之，其裁量權亦已萎縮至零。」

此兩說之內涵，雖均存有進一步探究空間。然則從稅捐稽徵程序以保障納稅人程序基本權為考量，兼以稅捐債之關係乃公法之債，屬於羈束之關係而非裁量之關係，應可確認者，乃機關此際並無「裁量」權限可言。是故兩說之中，應認為乙說相對而言較為妥適。因此。倘若在所得稅法第 43 條之 1 所規定程序中，稅捐稽徵機關未履行報請財政部核准之程序者，其程序並非適法。

二、商業會計及登記義務

前已言及，營利事業所得稅與商業會計法、公司法的對應關係至爲密切。甚至在所得稅法中，原本亦存有若干登記義務規定，嗣後即被認爲與其他法令所規定之義務重複而遭刪除。換言之，此類義務應當根據公司法、商業會計法之規定履行，在營利事業所得稅制中被當作基本制度理解。

三、客觀淨所得與成本費用配合原則

營利事業所得，乃以從事市場交易活動之收入爲課稅客體，因此與其他從事市場交易活動之所得相同，有所謂「客觀淨所得」原則之適用[57]。此一原則，在營利事業所得稅中又被具體化成爲「成本費用配合原則」，共同構成營利事業所得稅的建制性原則[58]。

Q：甲為執行業務者，其申報年度綜合所得稅時，成本費用遭稽徵機關全數剔除，甲對此核課處分不服，提起復查，嗣經通知復查審理期間予以延長 2 個月，然稽徵機關逾該期限仍未作成復查決定。甲乃依訴願法第 2 條第 1 項逕提訴願，請求變更原核課處分；惟訴願決定依訴願法第 82 條第 1 項規定：「對於依第二條第一項提起之訴願，受理訴願機關認為有理由者，應指定相當期間，命應作為之機

57 司法院大法官釋字第745號理由書第一點第四段：「本於量能課稅原則，所得課稅應以收入減除成本及必要費用後的客觀淨值，而非所得毛額，作為稅基。」

58 所謂「成本與費用配合原則」，或稱為所謂「肇因原則」（das Veranlassungsprinzip），乃客觀淨所得原則之下，要求成本與費用應當得以互相對應，同時亦不認為成本費用得以憑空發生。其具體內容參見司法院大法官釋字第493號解釋：「營利事業所得之計算，係以其本年度收入總額減除各項成本費用、損失及稅捐後之純益額為所得額，為所得稅法第二十四條第一項所明定。……則其相關成本費用，按諸收入與成本費用配合之上揭法律規定意旨及公平原則，自亦不得歸由其他應稅之收入項下減除。」

關速為一定之處分。」命原處分機關應於2個月內作成復查決定。甲不服，可否逕向高等行政法院起訴？甲得主張何種理由？（105台大）

A：

本題涉及的問題，除了程序上得否向高等行政法院逕行起訴以外，最主要的實體性爭議在於「執行業務者所報成本費用遭機關全部剔除」的問題。按執行業務者本來在稅法上就負擔有設帳、記帳等協力義務，其申報之成本費用應當以協力義務所履行之內容為基礎。倘若機關認為記載帳目不可靠，固然有調整權利。但是完全否認該等成本費用存在，與成本費用配合之原則並不相容。蓋此一原則從客觀淨所得的角度出發，意味著任何營業活動都是有成本的。記帳不實，至多僅得依據同業利潤標準推計，完全否認其存在，也與比例原則不符。請自行參酌前述說明練習思考[59]。

參、成本費用之計算

一、應當與本業或附屬業務直接相關

營利事業所得稅應納稅額之計算，乃以營利事業年度中總體之收入減除成本、費用之後所得之餘額乘以固定之稅率爲之。其中就成本費用之減除，在我國法制中被強調應當以與本業或附屬業務直接相關爲前提。所得

59 與本題接近之問題，尚有107年律師高考第三題：「甲醉心發明，散盡家產，終於成功取得專利權，出售該項專利權得款新臺幣（下同）800萬元，並申報該年度之收入額800萬元，成本費用則高達850萬元。稅捐稽徵機關請其就成本費用檢附相關憑證以資證明，甲無法提出，稅捐稽徵機關遂將其成本費用核減為零，逕以800萬元之收入額為應稅所得額，依累進稅率計算課稅。試問：就上開稅捐稽徵機關將甲之成本費用核減為零之認定，是否妥當？為減除成本費用，甲對於所得之類型，得提出何種主張？」

稅法第38條規定：**「經營本業及附屬業務[60]以外之損失，或家庭之費用，及各種稅法所規定之滯報金、怠報金、滯納金[61]等及各項罰鍰，不得列爲費用或損失。」**此外，倘若損失受有保險給付，亦不得計入損失，此可參見所得稅法第35條：「凡遭受不可抗力之災害損失受有保險賠償部份，不得列爲費用或損失。」另外，營業必要及客觀，尙可見諸**所得稅法第28條規定：「製造業耗用之原料超過各該業通常水準者，其超過部份非經提出正當理由經稽徵機關查明屬實者不予減除[62]。」**就此而言，納稅義務人在營利事業所得稅申報減除之成本費用，應當與營業活動直接相關，且不得有逾越同業通常水準過多之情事，此乃營利事業所得稅制中客觀淨所得原則所適用之範圍。

Q：證券投資信託事業於民國88年度唯恐其所募集之證券投資信託基金之受益憑證受益人大量贖回，經董事會決議由其自有資金以正常

---

60 參見財政部104年12月11日台財稅字第10400180720號函：「營利事業以『製造買賣及進出口』及『各項有關產品之進出口貿易業務』為登記之營業項目，基於避險以外之目的，從事合法衍生性金融商品交易之投資活動，為其經營之附屬業務，該投資活動收入、收益減除相關成本、費用計算之所得額或損失，除屬所得稅法第4條之1及第4條之2規定停徵所得稅之證券交易所得或損失及期貨交易所得或損失，無須計入所得額課稅或不得自所得額中減除外，應於所得或損失發生當年度分別列報為非營業收益或非營業損失，尚無依所得稅法第38條規定剔除之問題。」

61 參見財政部74年10月15日台財稅第23464號函：「主旨：營利事業按『外銷品沖退原料稅捐辦法』（編者註：現行外銷品沖退原料稅辦法）規定繳納之滯納金，依所得稅法第38條之規定，於核課營利事業所得稅時，不得列為費用支出。說明：二、所得稅法第38條規定，各種稅法所規定之滯納金不得列為費用或損失，有關『外銷品沖退原料稅捐辦法』加徵滯納金之規定，係依據關稅法規定而訂定，應依主旨規定辦理。」

62 製造業原物料之耗用，以通常水準為原則，例外在有確實證明時，稅捐稽徵機關之態度通常為容許核實減除。參見財政部84年10月28日台財稅第841654961號函：「鋼鐵業以電爐煉鋼法煉鋼，其耗用電力既經取得公營事業憑證，其超耗部分如能提出正當理由，經查明屬實者，可依營利事業所得稅查核準則第58條第2項規定及本部61年1月7日台財稅第30124號令規定，核實認定」。

價格承購該基金所持有之公司債，並依 85 年 3 月 1 日修正發布之證券投資信託事業管理規則（下稱行為時證券投資信託事業管理規則）第 17 條規定，報請當時之財政部證券暨期貨管理委員會（下稱證管會）核准，經證管會函復所報「洽悉」，並請其提報股東會追認。嗣該證券投資信託事業以其自有資金以高於市價之價格承購該基金所持有之公司債，終因該發行公司債之公司財務困難，無力清償，致發生損失。該損失是否可依 87 年 3 月 31 日修正發布之營利事業所得稅查核準則第 99 條規定認列投資損失？（最高行政法院 99 年 9 月份第 2 次庭長法官聯席會議決議）

A：

按「經營本業及附屬業務以外之損失，或家庭之費用，及各種稅法所規定之滯報金、怠報金、滯納金等及各項罰鍰，不得列為費用或損失。」所得稅法第 38 條定有明文。次按 85 年 3 月 1 日修正發布證券投資信託事業管理規則（下稱行為時證券投資信託事業管理規則）第 17 條第 1 項規定：「證券投資信託事業之自有資金不得貸與他人或移作他項用途，除經營業務所需者外，其資金運用以左列為限。一、銀行存款。二、購買政府債券或金融債券。三、購買國庫券、可轉讓之銀行定期存單或商業票據。四、其他經證管會核准之用途。」是營利事業事實上發生損失者，於營利事業所得稅結算申報時，固非均得認列為損失。惟如經過證管會核准之自有資金之使用，因而產生之損失，應屬所得稅法第 38 條所謂經營本業或附屬業務之損失。

證券投資信託事業經董事會決議以自有資金承購所募集基金持有之公司債後，雖有向證管會請求依行為時證券投資信託事業管理規則第 17 條規定予以核准，惟證管會回函所表示「洽悉」之文義並非核准，且行為時證券投資信託事業管理規則第 17 條第 1 項第 4 款既已明文規定：「其他經證管會『核准』之用途」，則證管會若有核准之意，當非使用「洽悉」一詞，至於覆函之主旨中所謂「請確實依董事會決議提報股東會追認」

等語更與核准無涉。故本件之證券投資信託事業承購公司債之自有資金使用行為，不得認已經證管會核准。

「本規則所稱證券投資信託事業，指經營左列業務之事業：一、發行受益憑證募集證券投資信託基金。二、運用證券投資信託基金從事證券及其相關商品之投資。三、其他經財政部證券管理委員會（以下簡稱證管會）核准之有關業務。」為行為時證券投資信託事業管理規則第2條所明定。上述行為時證券投資信託事業管理規則第17條第7項所規定「經營業務所需」之「所需」，係指於業務之經營所合理必要之用途而言。另經營證券投資信託事業，依77年1月29日修正公布之證券交易法第18條第1項規定，應經主管機關之核准，而依同條第2項授權訂定之行為時證券投資信託事業管理規則第2條又明定證券投資信託事業經營業務之範圍，是同規則第17條所稱「經營業務所需」之「業務」自係指該規則第2條所規定之業務。而此「業務」，就證券投資信託事業言之，即所得稅法第38條所規定之「本業及附屬業務」，俾符行為時證券交易法第18條規定意旨。又依72年5月11日增訂公布證券交易法第18條之2第1、2項及84年11月27日修正發布證券投資信託事業發行受益憑證編製公開說明書應行記載事項陸規定，「證券投資信託事業」與其所募集之「證券投資信託基金」，其等之財產係分別獨立，且證券投資信託事業對所募集「證券投資信託基金」之基金受益憑證受益人，並不負基金盈虧之責，亦不保證基金投資之最低收益，故雖該「證券投資信託基金」因持有之公司債，將發生發行公司債之公司無力清償公司債，而產生損失情事，亦是該基金受益憑證之受益人所應負擔，募集「證券投資信託基金」之證券投資信託事業，並無應負擔之責任。故證券投資信託事業以其自有資金且高於市價之價格向其所募集之證券投資信託基金承購該基金所持有公司債，此自有資金之使用行為，並非合理及必要；且此行為並非上述行為時證券投資信託事業管理規則第2條第1、2款所規定證券投資信託事業之業務，亦非本件之證券投資信託事業依同條第3款規定經證管會核准之業務，自非其經營業務所需。

本件之證券投資信託事業以其自有資金且高於市價之價格向其所募集之證券投資信託基金承購該基金所持有公司債，此自有資金之使用行為，既不得認屬已經證管會核准之用途，亦非其經營業務所需，則因此所致之損失，應認係證券投資信託事業經營本業及附屬業務以外之損失，不得認列為投資損失，於課稅所得額中減除。

Q：營利事業所得稅查核準則（下稱查核準則）第 97 條第 11 款規定：「營業人一方面借入款項支付利息，一方面貸出款項並不收取利息，或收取利息低於所支付之利息者，對於相當於該貸出款項支付之利息或其差額，不予認定。當無法查明數筆利率不同之借入款項，何筆係用以無息貸出時，應按加權平均法求出之平均借款利率核算之。」有無違反法律保留原則？（最高行政法院 99 年 6 月份庭長法官聯席會議決議第三則）

A：

（一）按所得稅法第 24 條規定得減除之各項成本費用，揆其立法意旨，自以營業上合理及必要者為限。營利事業倘一方面借入款項支付利息，一方面貸出款項不收利息，對相當於該貸出款項所支付之利息支出，當然係不合理及不必要之費用，是查核準則第 97 條第 11 款規定，類此情形，不予認定，尚無違反租稅法律主義，本院 71 年判字第 1242 號判例意旨亦同。

（二）又司法院釋字第 650 號解釋係針對查核準則第 36 條之 1 第 2 項（現已刪除）所為之解釋，而不及於查核準則第 97 條第 11 款規定；再查核準則第 97 條第 11 款尚無違應切近所得額實質之要求，與查核準則第 36 條之 1 第 2 項之規定尚有不同，並無違反法律保留原則。

二、資本支出及盈餘分配，不得列為成本費用

所得稅法第 34 條：**「建築物、船舶、機械、工具、器具及其他營業**

上之設備，因擴充換置改良修理之支出所增加之價値或效能，非兩年內所能耗竭者，爲資本之增加，不得列爲費用或損失[63]。」第29條：「資本之利息爲盈餘之分配，不得列爲費用或損失。」第30條：「（第一項）借貸款項之利息其應在本營業年度內負擔者准予減除。（第二項）借貸款項約載利率超過法定利率時，仍按當地商業銀行最高利率核計，但非銀行貸款原經稽徵機關參酌市場利率核定最高標準者，得從其核定。」

Q：資本弱化之概念？

A：

（一）企業從事交易活動，不可避免有資金之需求。用以滿足此等資金之需求者主要有二：發行股份或從事借貸。然則，此二種不同之手段就實際效果言，融資之功能固一，法律意義卻迴然有別。股份之發行，乃使資金之提供者取得股東之地位，享有商法上所賦予公司股東之特定權利，尤其股息紅利之請求權。借貸資金之債權人，大體上並未涉入公司企業之經營權利，其利益之所在主要在於依其借貸契約所定利息，請求公司企業清償本息[64]。而在稅法上，資金提供者所具備之二種地位對於企業而言，意義更屬重大。原則上，支付予債權人之利息得以作為企業經營之成本費用，自稅前盈餘中加以減除[65]。

63 稅法實務上所謂資本支出，可以參見財政部62年11月28日台財稅第38878號函：「主旨：營利事業支付之道路工程受益費，屬資本支出，應按受益之土地及其改良物之價值，比例分攤該項受益費。說明：二、道路之開拓，可增加沿線土地及其改良物之價值及效能，此項增加之價值及效能，非兩年內所能耗竭，故因開拓道路而徵收之道路工程受益費，應屬營利事業之資本支出。」

64 即便債權人係取得可轉換公司債，於行使其轉換權之前，仍不失為債權人而享有相同之清償請求權。

65 通常在此一制度中，透過就源扣繳（retenu à la source）制度，使支付借款利息之企業成為扣繳義務人。E. Assimacopoulou, L'harmonisation de la fiscalité de l'épargne

資本弱化（sous-capitalisation）[66]，又稱資本隱藏、資本稀釋、股份隱藏或收益抽取，是指企業投資者為了達到避稅或其他目的，在企業融資方式的選擇上，降低股本的比重，提高負債的比重，以貸款方式替代募股方式進行的融資[67]。資本弱化的特點是企業註冊資本與負債的比例不合理，註冊資本太少，即資本結構弱化，滿足不了企業生產經營對資本金的基本要求；借入資金過多，財務槓桿較高。

（二）我國所得稅法第 43 條之 2 規定：「（第一項）自一百年度起，營利事業對關係人之負債占業主權益超過一定比率者，超過部分之利息支出不得列為費用或損失。（第二項）前項營利事業辦理結算申報時，應將對關係人之負債占業主權益比率及相關資訊，於結算申報書揭露。（第三項）第一項所定關係人、負債、業主權益之範圍、負債占業主權益一定比率及其他應遵行事項之辦法，由財政部定之。（第四項）銀行、信用合作社、金融控股公司、票券金融公司、保險公司及證券商，不適用前三項規定。」即為我國目前有關資本弱化稅制之基本規定。財政部並且根據此條文授權，制頒有「營利事業對關係人負債之利息支出不得列為費用或損失查核辦法」。

dans les pays de la Communauté, LGDJ, Paris 2000, p. 163. 財政部賦稅署96年度委託研究計畫，我國建立稀釋資本課稅制度之研究，國立台灣大學經濟學系，2007年12月，頁1-3。

66 H. Kruger, Liberté de gestion et endettement des entreprises en droit fiscal, LGDJ, Paris 2007, p. 235 et suivantes.

67 財政部賦稅署96年度委託研究計畫，我國建立稀釋資本課稅制度之研究，國立台灣大學經濟學系，2007年12月，頁1以及頁36-38。

Q：所得稅法第 43 條之 2 第 1 項規定：「自一百年度起，營利事業對關係人之負債占業主權益超過一定比率者，超過部分之利息支出不得列為費用或損失。」

一、試由股份有限公司「股東」和「債權人」權益內容之不同，說明本條之立法目的安在？

二、某股份有限公司因海外子廠發生嚴重公安災害，支付大筆損害賠償費用，以致於國內營業出現現金不足之情形。該公司乃緊急向銀行尋求貸款。詎料因該公司所經營之產業乃獲利能力有限之夕陽產業，經評估貸款風險甚高，銀行多不願借貸；以發行新股方式引入新資金又緩不濟急。該公司無奈，只好轉向公司高層董事之妻子（無股東身分）進行借貸，並約定支付利息。然而此一債權人因為構成所得稅法第 43 條之 2 所稱的「關係人」，以致於稅捐稽徵機關根據財政部所制頒之「營利事業對關係人負債之利息支出不得列為費用或損失查核辦法」，不准該公司將利息支出申報為費用。對此你的看法如何？

A：

(一)「資本弱化」稅制之概念：「股東」和「債權人」權益內容之不同

1. 按股份有限公司作為經濟活動之參與者，倘若有資金需求時，大體上有「借貸」以及「發行新股」等方法籌措資金。而就資金之提供者言，其身分也會因為「借貸」或「發行新股」這兩種方法之不同，分別取得「債權人」以及「股東」之身分，合先述明。

2. 又按「借貸」以及「發行新股」此二種不同之手段就實際效果言，融資之功能固一，法律意義卻迥然有別。股份之發行，乃使資金之提供者取得股東之地位，享有商法上所賦予公司股東之特定權利，尤其盈餘之請求權。借貸資金之債權人，大體上並未涉入公司企業之經營權利，其利益之所在主要在於依其借貸契約所定利息，請求公司企業清償本息。然而在稅法上，「股東」及「債權人」意義即有所不同。根據所得稅法第 29 條及第 30 條第 1 項之規定，支付予股東的盈餘不得作為成本費用扣除；然而支付予債權人的利息得以扣除。在這樣的意義之下，稅法上乃出現所謂「資本弱化」的現象。

3. 資本弱化，又稱資本隱藏、資本稀釋、股份隱藏或收益抽取，是指企業投資者為了達到避稅或其他目的，在企業融資方式的選擇上，刻意降低股本的比重，提高負債的比重，以貸款方式替代募股方式進行的融資。此種現象倘若不予防杜，將使得營利事業所得稅之應納稅額受到侵蝕，影響整體稅收之公平。因此，我國所得稅法第 43 條之 2 第 1 項規定，即為我國稅法上防杜資本弱化相關制度之基礎。

（二）資本弱化稅制與正當商業目的

1. 按資本弱化相關制度，限制納稅義務人對於企業關係人支付借貸之利息支出，其目的在於避免作為納稅義務人之公司，濫用其融資手段，不發行新股而以借貸方式取得其資金，以不當增加其成本費用之減除數額。就此意義而言，以借貸取代發行新股，亦可為係出於規避稅捐之目的。在這樣的意義之下，我國所得稅法第 43 條之 2 第 1 項關於防杜資本弱化之相關規定，亦可謂係稅捐規避的個別防杜規定。
2. 然則，我國所得稅法中針對資本弱化雖有防杜及否認利息支出之規定，然則對於「支付予關係人」之利息支出，並未區別此一利息支出，是否出於必要之合理商業目的。依題示情形，該公司無法由正常融資管道取得資金，發行新股又復緩不濟急。因此，向關係人借貸並支付一定程度合理利息，似為商業上合理之必要需求。
3. 因此，雖然我國所得稅法並未將「合理商業目的」列為資本弱化稅制中之例外考量，管見仍認為，出於憲法上比例原則之考量，似不宜將所有關係人借貸，一律視為有意侵蝕稅基的資本弱化行為加以對待。

三、成本、費用、損失之列報，應取具憑證

營利事業所得稅之納稅義務人從事營業活動，難免發生各種成本費用及損失，此等損失在稅務會計上，原則被要求應當具有相對應之憑證。主要可參見營利事業所得稅查核準則第 67 條規定：「（第一項）**費用及損失，未經取得原始憑證，或經取得而記載事項不符者，不予認定。但因交易相對人應給與而未給與統一發票，致無法取得合法憑證，其已誠實入帳，能提示交易相關文件及支付款項資料，證明爲業務所需，經稽徵機關查明屬實者，准依其支出性質核實認定爲費用或損失，並依稅捐稽徵法第四十四條規定處罰；其於稽徵機關發現前由會計師簽證揭露或自行於申報書揭露者，免予處罰。交易相對人涉嫌違章部分，則應依法辦理**。（第二項）前項之費用或損失，如經查明確無支付之事實，而係虛列費用或損失逃稅者，應依所得稅法第一百十條之規定處罰。（第三項）**營利事業依本準則規定列支之製造費用及營業費用，如係取得小規模營利事業出具之普通收據，其全年累計金額以不超過當年度經稽徵機關核定之製造費用及營業費用之總額千分之三十爲限，超過部分，不予認定**。」此等憑證義務，可謂營利事業所得稅之納稅義務人協力義務的強化版本，僅在少數例外案件中得以容許合法憑證以外之其他證明方法。

肆、帳簿憑證與會計紀錄

一、概說

營利事業所得稅與個人綜合所得稅就稽徵行政而言最大之不同，乃在於前者主要之課稅對象爲國家依法准許設置之法人，因此在法人及一般性的商業法規上，通常設有相當之帳簿及憑證義務。此等義務，就所得稅法而言主要是本法第 21 條所規定之各種帳冊紀錄：「（第一項）營利事業應保持足以正確計算其營利事業所得額之帳簿憑證及會計紀錄。（第二項）前項帳簿憑證及會計紀錄之設置、取得、使用、保管、會計處理及其他有關事項之管理辦法，由財政部定之。」就營利事業實際之運作言，則

查核準則之相關規定亦爲重要之規範。

二、會計記帳之基礎

一般而言，會計基礎針對收入之列帳，一向有權責發生制與收付實現制（或現金收付制）[68]之區別。所謂權責發生制，係指收益於確定應收時，費用於確定應付時，即行入帳。所謂權責發生制時收益及費用，並按其應歸屬年度作調整分錄。所稱現金收付制，係指收益於收入現金時，或費用於付出現金時，始行入帳[69]。就此，所得稅法22條規定：「（第一項）**會計基礎，凡屬公司組織者，應採用權責發生制，其非公司組織者，得因原有習慣或因營業範圍狹小，申報該管稽徵機關採用現金收付制。**（第二項）前項關於非公司組織所採會計制度，既經確定仍得變更，惟須於各會計年度開始三個月前申報該管稽徵機關。」

三、記帳基礎變更

所得稅無論爲營利事業所得稅或者綜合所得稅，均爲年度稅。因此，本法第 23 條規定：「會計年度應爲每年一月一日起至十二月三十一日止，但因原有習慣或營業季節之特殊情形呈經該管稽徵機關核准者，得變更起訖日期。」以歷年作爲營利事業所得稅之記帳及計算基礎。但有特殊之商業習慣等，亦容許經申請變更之。

---

68 財政部59年11月7日台財稅第29806號令：「個人綜合所得稅之課徵，係以收付實現為原則，債權人應收利息既經一審法院判決自設定之日起至清償日止按法定放款日折計算，自可依照該判決核計利息所得，並應俟實際取得該項利息所得時再予合併課徵當年度綜合所得稅。」

69 行政法院70年判字第117號判例：「個人綜合所得稅之課徵係以收付實現為原則，有利息約定之抵押借款業已登記於公文書，稅捐稽徵機關對債權人即可作有按時收取利息之推定，苟債權人主張未收付實現有利於己之事實者，應負舉證責任。」

伍、營利事業所得額之計算

一、概說

營利事業應納所得稅額之計算，乃以客觀淨所得原則為基礎，以營業活動之毛收入減除成本費用之後所得之淨所得額，以固定稅率計算之。就此，所得稅法第 24 條第 1 項規定：「營利事業所得之計算，以其本年度收入總額減除各項成本費用、損失及稅捐後之純益額為所得額。所得額之計算，涉有應稅所得及免稅所得者，其相關之成本、費用或損失，除可直接合理明確歸屬者，得個別歸屬認列外，應作合理之分攤；其分攤辦法，由財政部定之。」此外，行政法院 71 年判字第 1242 號判例亦指出：**「關於營利事業，其營業費用及損失之認列，依租稅公平之原則，應以合理及必要者為限**。營利事業倘一方面借入款項支付利息，一方面貸出款項不收利息，對相當於該貸出款項所支付之利息支出，當然係不合理及不必要之費用，稽徵機關自難准予認列。」

二、成本費用配合原則

所謂「成本費用配合原則」，係指當某項收益已經在某一會計期間認列時，所有與該收益之產生有關的成本均應在同一會計期間轉為費用，以便與收益配合而正確地計算損益（最高行政法院 96 年度判字第 1845 號判決參照）[70]，是以稅捐稽徵機關自應遵循所得稅法第 24 條及大法官釋字

70 最高行政法院92年度判字第1145號判決：「依司法院釋字第四九三號解釋意旨，公司轉投資所得之收益，因不計入所得額課稅，故基於收入與成本費用配合之公平原則，其相關之成本費用不得再歸入其他應稅之收入項下減除，始符『收入與成本費用配合之原則』。同此法理於計算捐贈分攤率之分子亦應將已歸列於免稅項目下之國內轉投資股利收益予以剔除，始能核計應稅所得之捐贈限額。如將系爭轉投資股利所得列入計算捐贈限額之『其他收益』，提高捐贈限額，降低稅負，無異變相造成已免稅之收益尚可分攤捐贈費用不合理現象。再者，關於公司間轉投資收益之課稅規定，在立法上，有股利免稅法及股利扣抵法兩種。採股利免稅法者，公司間轉投資收益全數免計入投資課稅所得額中課徵公司所得稅，但其所獲股利中所含扣抵

第 493 號所揭櫫之「收入與成本費用配合原則」（或「成本費用配合原則」）：「**營利事業所得之計算，係以其本年度收入總額減除各項成本費用、損失及稅捐後之純益額爲所得額，爲所得稅法第二十四條第一項所明定。依所得稅法第四條之一前段規定，自中華民國七十九年一月一日起，證券交易所得停止課徵所得稅；公司投資收益部分，依六十九年十二月三十日修正公布之所得稅法第四十二條，公司組織之營利事業，投資於國內其他非受免徵營利事業所得稅待遇之股份有限公司組織者，其中百分之八十免予計入所得額課稅；則其相關成本費用，按諸收入與成本費用配合之上揭法律規定意旨及公平原則，自亦不得歸由其他應稅之收入項下減除**。至應稅收入及免稅收入應分攤之相關成本費用，除可直接合理明確歸屬者得個別歸屬，應自有價證券出售收入項下減除外，因投資收益及證券交易收入源自同一投入成本，難以投入成本比例作爲分攤基準。財政部八十三年二月八日台財稅第八三一五八二四七二號函說明三，採以收入比例作爲分攤基準之計算方式，符合上開法條規定意旨，與憲法尚無牴觸。惟營利事業成本費用及損失等之計算涉及人民之租稅負擔，爲貫徹憲法第十九條之意旨，仍應由法律明確授權主管機關訂立爲宜。」

稅額，亦不得用以扣抵其應納公司稅額。採股利扣抵法者，公司間轉投資收益應全數併計投資公司課稅所得額中課徵公司所得稅，而其所獲股利中所含之扣抵稅額，得用以扣抵其應納公司所得稅額。若採後者，當投資公司如無其他課稅所得額甚或虧損時，則該投資公司所獲轉投資收益中所含之可扣抵稅額即可成為退稅款。為避免公司間利用空頭控股公司規劃轉投資收益而或扣抵稅額之退稅，故我國在立法上乃採用股利免稅法之規定方式，並非全如上訴人所言，只單純為簡化徵納雙方之作業程序並貫徹兩稅合一制度營利所得課徵一次所得稅原則而已，是所得稅法第四十二條第一項所定公司之國內轉投資收入不計入所得額課稅，應屬於實質免稅之所得，自不容與分離課稅之利息所得相提並論。」

Q：A 財團法人醫院為擴充設備，將醫院所接受外界之捐款收入，用以支應購建醫療建物設施、設備等資產，從而享受捐款收入免稅之優惠。事後 A 財團法人醫院於購建年度及其後續年度又將購建費用列為成本費用提列折舊，從醫院所得中扣除，卻遭主管機關否准。請問，主管機關之否准是否有理由？（106 律師）

A：

（一）成本費用配合原則

按司法院大法官釋字第 493 號解釋所揭示之成本費用配合原則：「營利事業所得之計算，係以其本年度收入總額減除各項成本費用、損失及稅捐後之純益額為所得額，為所得稅法第二十四條第一項所明定。……則其相關成本費用，按諸收入與成本費用配合之上揭法律規定意旨及公平原則，自亦不得歸由其他應稅之收入項下減除。」乃以收入與支出相對應配合，為營業活動課稅之基本原則。

（二）財團法人醫院於購建年度及其後續年度又將購建費用列為成本費用提列折舊，與成本費用配合原則之關係？

司法院大法官釋字第 703 號，乃以收入與成本費用配合原則指出：「公益團體銷售貨物勞務以外之所得縱符免稅標準，惟計算銷售貨物或勞務所得時，就醫療用途固定資產之支出，仍應依稅法按年提列折舊列為成本費用，自銷售貨物勞務收入中減除，俾成本費用依實際歸屬核實計算。」

Q：釋字第 703 號概要？

A：（司法院公布）

（一）所得稅法規定，營利事業所得稅，以年度收入減除各項成本費用、損失及稅捐後之純益額計算之（第 24 條第 1 項）；耐用年數二年以上之固定資產，以其逐年折舊數認列成本（第 51 條）；又教育、文化、公益、慈善機關或團體（下稱公益團體），符合行政院規定標準者，免納所得稅（第 4 條第 1 項第 13 款）。83 年 12 月 30 日修正公布之教育文化公益慈善機關或團體免納所得稅適用標準第 2 條第 1 項第 8 款明定免稅條件之一為，用於與創設目的有關活動之支出不低於其收入 80%（現修正為 70%），或經財政部同意者，銷售貨物或勞務以外之所得免稅。

財政部賦稅署 84 年 12 月 19 日台稅一發第 841664043 號函 1（5）決議（下稱系爭決議）1 規定，公益團體醫院購置醫療用途固定資產，其課稅所得額應比照適用所得稅法規定按年提列折舊，列為銷售貨物或勞務之成本費用；上開資本支出如與其創設目的活動有關，得選擇按年提列折舊，自銷售貨物或勞務之收入中減除，或全額列為購置年度與其創設目的活動有關之資本支出，自銷售貨物或勞務以外之收入中減除。決議 3 復規定，如全額列為資本支出者，以後年度不得再提列折舊。

聲請人行○宮醫療志業醫療財團法人，（一）86 至 90 年度教育文化公益慈善機關團體及其作業組織結算申報，未列報其 82 至 85 年度結餘款經核准保留所購建醫療建物設施、設備等資產按年提列之折舊費用及各項攤提，嗣始申請增列該等資產之折舊費用，更正 86 至 90 年度所得稅結算申報；（二）91 至 97 年度結算申報所列報之部分支出，係上揭 82 至 85 年度結餘款所購建固定資產按年提列之折舊費用及各項攤提。上述更正申請及申報均經財政部臺灣省北區國稅局否准，另核定應補繳稅捐計達數千萬元。聲請人不服，循序提起行政爭訟請求救濟，均遭駁回確定，爰以確定終局判決所適用之系爭決議 3 有牴觸憲法疑義，聲請解釋。

大法官今日作成釋字第 703 號解釋，宣告系爭決議 1、3 違反憲法第 19 條租稅法律主義。理由：（一）成本費用應依其實際歸屬核實認列，始符合所得稅法第 24 條第 1 項規定；（二）公益團體銷售貨物勞務以外之所得縱符免稅標準，惟計算銷售貨物或勞務所得時，就醫療用途固定資產之支出，仍應依稅法按年提列折舊列為成本費用，自銷售貨物勞務收入中減除，俾成本費用依實際歸屬核實計算；（三）系爭決議 1、3，對於為達免稅要件而選擇將該固定資產支出全額列為創設目的有關之資本支出者，不准其以後年度列成本費用按年提列折舊，無異以命令變更法律所定稅基，違反憲法第 19 條租稅法律主義，應不再援用。

解釋另認，如經核實認列銷售貨物勞務成本費用，按年提列折舊，則同筆支出即不得列為得自銷售貨物或勞務以外之收入中減除之支出，始能貫徹所得稅法第 24 條第 1 項規定。

大法官並籲主管機關應檢討對於公益團體免稅管制之操作，以減少對租稅公平與競爭中立之影響。

> **Q**：我國所得稅法第 43 條之 2 有關反自有資本稀釋法則之規定為何？其立法意旨為何？試說明之。（101 檢事官）

A：

（一）資本弱化之概念

資本弱化（sous-capitalisation），又稱資本隱藏、資本稀釋、股份隱藏或收益抽取，是指企業投資者為了達到避稅或其他目的，在企業融資方式的選擇上，降低股本的比重，提高負債的比重，以貸款方式替代募股方式進行的融資。資本弱化的特點是企業註冊資本與負債的比例不合理，註冊資本太少，即資本結構弱化，滿足不了企業生產經營對資本金的基本要求；借入資金過多，財務槓桿較高。直言之，此一問題在稅法上造成的問題是：**公司借貸所支出之利息，在稅法上得以列為成本費用被減除。但是分配給股東之盈餘卻無法減除，以致於公司會傾向以「債」取代「股本」，而造成自有資本之虛弱**。

（二）我國資本弱化制度，規定在我國所得稅法第43條之2：「（第一項）自一百年度起，營利事業對關係人之負債占業主權益超過一定比率者，超過部分之利息支出不得列為費用或損失。（第二項）前項營利事業辦理結算申報時，應將對關係人之負債占業主權益比率及相關資訊，於結算申報書揭露。（第三項）第一項所定關係人、負債、業主權益之範圍、負債占業主權益一定比率及其他應遵行事項之辦法，由財政部定之。（第四項）銀行、信用合作社、金融控股公司、票券金融公司、保險公司及證券商，不適用前三項規定。」即為我國目前有關資本弱化稅制之基本規定。財政部並且根據此條文授權，制頒有「營利事業對關係人負債之利息支出不得列為費用或損失查核辦法」。

三、成本費用之禁止列報

（一）營利事業列報成本費用之原則

營利事業從事經營活動獲取所得，乃營利事業所得稅之課稅客體。因此，營利事業所得淨額之計算，乃以營利事業所得總額減去必要之成本費用等純益額作爲課徵對象，本於所得稅法第 24 條第 1 項設有明文規定。然而，所謂的「淨所得」繫諸營利事業之成本費用減除。理論上，有營利所得必有成本費用，乃所謂「成本費用配合原則」所指出。而成本費用之支應，又以客觀上有通常必要之開支爲前提，亦爲客觀淨所得原則所強調[71]。但是在實際的稅務會計及法律制度中，並非所有在財務上列爲檢項的開支都可以在稅法中被報列爲成本費用。所得稅法第 38 條前段，即以「經營本業及附屬業務」作爲列報爲成本費用的前提。此外，列報此等成本費用，亦經常存有一般性的記帳或憑證義務，如所得稅法第 27 條規定：「（第一項）營利事業之進貨未取得進貨憑證或未將進貨憑證保存，或按址查對不確者，稽徵機關得按當年度當地該項貨品之最低價格核定其

71 參見所得稅法第28條規定：「製造業耗用之原料超過各該業通常水準者，其超過部份非經提出正當理由經稽徵機關查明屬實者不予減除。」

進貨成本。（第二項）營利事業之銷貨未給與他人銷貨憑證或未將銷貨憑證存根保存者，稽徵機關得按當年度當地該項貨品之最高價格核定其銷貨價格。」可供參考。

（二）所得稅法所特別規定之禁止列報成本費用

1. 資本之利息

原則上，只要是經營事業所必須的成本費用，本於客觀淨所得原則之精神，均應當列爲營利事業的成本費用被減除。不過，事實上所得稅法對於成本用的減除設有相當複雜之規定，若干成本費用即便確實已經發生，亦不得減除。這些禁止減除之項目，有若干情形屬於所得稅法直接明文規定者。例如資本之利息，所得稅法第 29 條即規定：「資本之利息爲盈餘之分配，不得列爲費用或損失。」因此，只要有利息性質之資本支出，在我國法制中基本會被解釋爲不得減除之項目。同時非營業所必須之借款利息，亦排除在得以減除之項目外[72]。這當中在實務上就發生了一個重要的爭議問題，也就是當公司發行有特別股，使得特別股股東得以行使之權利義務關係與普通股股東有所區別之際，配發給特別股股東之股息，究竟是否構成本條之「利息」？

Q：公司發給特別股股東之股息，得否列為成本費用？

A：

按公司特別股，其主要內容經常是無表決權，但是股息配發加成之股份。持有特別股之股東，可謂係以其表決權換得金錢利潤，因此其所獲配之股息與公司盈虧、經營是否得法無關。通常購買特別股之股東，亦無意參與公司經營，所配之股息事實上亦為公司之固定支出成本。因

72 此可參見營利事業所得稅查核準則第97條第2款：「二、非營業所必需之借款利息，不予認定。」

此，有若干實務見解傾向認為所得稅法第 29 條之利息，應當排除特別股股東所獲配之股息。不過我國實務上，稅捐稽徵機關見解與此不同。財政部賦稅署 94 年 9 月 5 日台稅一發字第 09404567460 號說明指出：「按第 36 號公報雖規定，強制贖回及可賣回之特別股，宜列為金融負債，且公司股份被認列為金融負債時，其股利宜與認列債券利息之處理相同，將其認列為費用。然查公司法對於公司發行特別股或發行公司債各有不同規範要件，稅務上端視公司依公司法所發行者為特別股或為公司債，而據以認定其所支付之利息可否認列為費用。所得稅法第 29 條規定，資本之利息為盈餘之分配，不得列為費用或損失。爰此，公司如依公司法發行特別股，其支付之股息，稅務申報時尚不得列為費用。」

2. 設備擴充改良費用

我國所得稅法中規定禁止減除之項目，尚且包括所得稅法第 34 條：**「建築物、船舶、機械、工具、器具及其他營業上之設備，因擴充換置改良修理之支出所增加之價值或效能，非兩年內所能耗竭者，爲資本之增加，不得列爲費用或損失。」**此等支出屬於所謂「資本支出」（Capital expenditure）的一種類型，獲得固定資產，或爲了延長固定資產耐用年限而流出的費用。在會計記帳時，資本支出並不是在支出的當年全部計入費用，而是按照折舊的方式計入每一年的費用。因此，爲避免購置時提列爲成本費用，嗣後又提列折舊造成重複，所得稅法特別明文規定禁止其列爲成本費用。

3. 受有保險賠償之災害損失

營利事業所得稅計算應納稅額過程中，禁止列爲成本費用之項目尙且包括已經爲保險塡補之損害。所得稅法第 35 條規定：「凡遭受不可抗力之災害損失受有保險賠償部份，不得列爲費用或損失。」此一規定有兩方面之意涵：首先，倘若納稅義務人遭受不可抗力之災害損失，未有保險加以塡補者，應得以列報爲費用或損失。其次，受有保險賠償之災害損失之所以無法列報，乃在於經過塡補後根本未有損失發生。

4. 公權力強制性支付金額

在我國營利事業所得稅相關制度中，禁止列報之成本費用，尚且包括公權力所取得之強制性金額。**按所得稅法第 24 條，對於營利事業在經營過程中依法應當支付之稅捐，原則上容許列爲成本費用減除。但是這並不表示所有的公權力機關所取得的強制性金錢給付均得以比照辦理**。所得稅法第 38 條規定：「……各種稅法所規定之滯報金、怠報金、滯納金等及各項罰鍰，不得列爲費用或損失[73]。」

5. 本於稅法政策所進行的列報禁止

在我國所得稅法制中，各項被禁止列報的成本費用，尚且包括一定額度以上的利息支出。所得稅法第 43 條之 2 第 1 項：「自一百年度起，營利事業對關係人之負債占業主權益超過一定比率者，超過部分之利息支出不得列爲費用或損失。」此一制度，在稅法中經常又被稱作所謂「資本弱化」稅制[74]，又稱資本隱藏、資本稀釋、股份隱藏或收益抽取，是指企業投資者爲了達到避稅或其他目的，在企業融資方式的選擇上，降低股本的比重，提高負債的比重，以貸款方式替代募股方式進行的融資。企業從事交易活動，不可避免有資金之需求。用以滿足此等資金之需求者主要有二：發行股份或從事借貸。然則，此二種不同之手段就實際效果言，融資之功能固一，法律意義卻迥然有別。股份之發行，乃使資金之提供者取得股東之地位，享有商法上所賦予公司股東之特定權利，尤其股息紅利之請求權。借貸資金之債權人，大體上並未涉入公司企業之經營權利，其利益

---

73 財政部74年10月15日台財稅第23464號函：「主旨：營利事業按『外銷品沖退原料稅捐辦法』（編者註：現行外銷品沖退原料稅辦法）規定繳納之滯納金，依所得稅法第38條之規定，於核課營利事業所得稅時，不得列為費用支出。說明：二、所得稅法第38條規定，各種稅法所規定之滯納金不得列為費用或損失，有關『外銷品沖退原料稅捐辦法』加徵滯納金之規定，係依據關稅法規定而訂定，應依主旨規定辦理。」

74 財政部賦稅署96年度委託研究計畫，我國建立稀釋資本課稅制度之研究，國立台灣大學經濟學系，2007年12月，頁1-3。

之所在主要在於依其借貸契約所定利息，請求公司企業清償本息。而在稅法上，資金提供者所具備之二種地位對於企業而言，意義更屬重大。原則上，支付予債權人之利息得以作爲企業經營之成本費用，自稅前盈餘中加以減除。但是，這一制度卻造成了企業主以過度的借貸取代增資。蓋以借貸之利息可以列爲成本費用，即便公司虧損，原則上亦能夠獲得利息債務的清償。而倘若以增資籌措資金，增資之資金來源股東未必能有盈餘分配。因此，乃容易造成借貸過高、股本過低，將應稅利益或者是累積盈餘挪移出公司等問題[75]。

（三）本於客觀淨所得原則所產生之成本費用列報禁止

1. 非屬經營本業必要之開支

營利事業申報其所得，得以減除必要之成本費用作爲淨額所得計算之基礎。但是，此一成本費用，乃以經營本業所必要者爲前提。就此所得稅法第 38 條規定：「經營本業及附屬業務以外之損失，或家庭之費用……，不得列爲費用或損失。」乃使得我國法制之中，非經營本業必要之開支不得列報爲營利事業所得稅之成本費用主要規定依據[76]。

---

75 H. Kruger, Liberté de gestion et endettement des entreprises en droit fiscal, LGDJ, Paris 2007, p. 235 et suivantes.

76 當然，在制度設計上禁止企業列報非經營本業的開支，就整體法政策而言不是沒有問題（家庭開支是另外一個問題，暫時在此不予討論）。以現代企業經常有多角化經營的嘗試而言，禁止列報其他營業項目不僅過度限縮與客觀淨所得的原則有背，同時也在整體稅制設計上難以自圓其說。例如貿易公司處分其閒置資產，要報繳營業稅並開立發票。但是處分閒置資產過程中所發生的必要費用卻不能報列營利事業所得稅的成本（除非這是本業必要之範圍），體系邏輯上怎麼看都不太順暢，也與保障營業自由的憲法本旨難謂一致。

2. 不超過同業通常標準之開支

(1) 製造業原物料通常耗用標準

在客觀淨所得原則之下，營利事業之成本費用倘若超過必要之範圍，固不得認列。耗用原物料行情超過市場普遍客觀標準者，其申報之成本費用亦將遭機關剔除。此可以參見所得稅法第 28 條規定：「製造業耗用之原料超過各該業通常水準者，其超過部份非經提出正當理由經稽徵機關查明屬實者不予減除。」然在另外一方面，倘若此等耗用原物料雖超過通常標準，然有正當理由得以證明者，我國實務中亦有容許列報減除之例[77]。

(2) 一般薪資標準

營利事業所得稅制中，對於聘用員工支付薪水，原則上應當得以核實列報。但在實務上，因爲此等費用經常出現灌水情形，因此事實上在我國稅制中，對於超出一般薪資標準之超額薪資申報，通常會被機關剔除。整體而言，此一部分規定主要見諸所得稅法第 32 條[78]以及營利事業所得稅查核準則第 71 條，簡單整理要旨如下：公司、合作社職工之薪資，經事先決定或約定，執行業務之股東、董事、監察人之薪資，經組織章程規定或股東大會或社員大會預先議決，不論盈虧必須支付者，准予核實認列。獨資、合夥事業之其他職工薪資，不論盈虧必須支付並以不超過規定之通

77 財政部84年10月28日台財稅第841654961號函：「鋼鐵業以電爐煉鋼法煉鋼，其耗用電力既經取得公營事業憑證，其超耗部分如能提出正當理由，經查明屬實者，可依營利事業所得稅查核準則第58條第2項規定及本部61年1月7日台財稅第30124號令規定，核實認定。」

78 該條規定：「營利事業職工之薪資、合於左列規定者，得以費用或損失列支：一、公司、合作社職工之薪資，經預先決定或約定執行業務之股東、董事、監察人之薪資，經組織章程規定或股東大會或社員大會預先議決，不論營業盈虧必須支付者。二、合夥及獨資組織之職工薪資、執行業務之合夥人及資本主之薪資，不論營業盈虧必須支付，且不超過同業通常水準者。」

常水準為限，其超過部分不予認定。**上述薪資通常水準經財政部核定[79]，高級職員如副理、單位主管、秘書、工程師、技師等，107年度月薪最高以新臺幣84,500元為限；一般職工107年度月薪最高以新臺幣59,500元為限。至年節獎金部分，於其併同當年度經認定之薪資數額後，不超過上述月薪標準按支薪月數，另加二個月為基數之累積數額者，准予核實認列。**

(3) 一定範圍以內之交際費

企業之經營需要交際支出費用，亦為客觀淨所得原則所承認。但本於前述原則，此等費用之列報及核實減除，亦設有限額，此可以參見所得稅法第37條第1項前段：「業務上直接支付之交際應酬費用，其經取得確實單據者，得分別依左列之限度，列為費用或損失」以及該條第2項：「公營事業各項交際應酬費用支付之限度；由主管機關分別核定，列入預算。營利事業經營外銷業務，取得外匯收入者，除依前項各款規定列支之交際應酬費外，並得在不超過當年度外銷結匯收入總額百分之二範圍內，列支特別交際應酬費[80]。」至於細節在此不一一討論。

四、營利事業所得稅之盈虧互抵

（一）概說

按營利事業所得稅係屬「期間稅」或「年度稅」，應當以一個會計年度為基礎，計算其盈虧：倘若有其他年度或之前年度已經實現之虧損，固然在該虧損年度中已經因無所得而免除了營利事業所得稅之納稅義務。因

79 參見財政部制頒「一百零七年度營利事業借款利率最高標準及員工薪資通常水準」。

80 另參見財政部65年7月28日台財稅第35022號函：「營利事業向百貨公司購買現金禮券，准以百貨公司出具之證明書作為原始憑證。營利事業以該項禮券作為交際應酬用者，如經查明其交際費支出與所得稅法規定相符者，應准認定。」

此理論上納稅義務人，尤其股份有限公司制度的納稅義務人就過去年度之營業活動累積有虧損，亦應當本於所得稅的年度性原則，不得在以後之年度抵減盈餘。但是，事實上這樣的年度性要求一直未能貫徹[81]，我國營利事業所得稅法制，也因此事實上存在著在計算營利事業所得稅之際，就以前年度實現之虧損在有盈餘年度得以盈虧互抵的制度。

（二）營利事業所得稅盈虧互抵之要件

原則上，根據所得稅法第 39 條規定，以往年度營業之虧損，不得列入本年度計算。**但公司組織之營利事業，會計帳冊簿據完備，虧損及申報扣除年度均使用藍色申報書或經會計師查核簽證，並如期申報者，得將經該管稽徵機關核定之前十年內各期虧損，自本年度純益額中扣除後，再行核課**。此一盈虧互抵之要件得以分析如次：

1. 納稅義務人應爲公司組織

解釋上，既然盈虧互抵制度係爲緩和公司法對於過去年度之虧損，應當在有盈餘年度計算盈餘時減除所造成的商法與稅法評價不一致問題。理論上，僅有公司法所規定之公司有其適用。不過我國實務上針對適用主體

81 未能貫徹的原因固多，但在一定層面上，和公司法對於股份有限公司盈餘的分派設計，與稅法制度之間的落差有關。蓋依公司法之規定，股份有限公司之年度盈餘，應當在彌補「過去虧損」以及「依法提列公積」之後所剩的餘額，方得構成公司真正之盈餘。此可參見公司法第232條第1項規定：「公司非彌補虧損及依本法規定提出法定盈餘公積後，不得分派股息及紅利。」倘若公司過去長期虧損，則在有盈餘之年度其盈餘尚須彌補過去之虧損及提列公積以後之餘額，方為公司之客觀淨所得。事實上就使得盈餘年度盈餘實際上係減除過去年度累積虧損之後的結果，已經與年度性的要求無涉。出於這樣的制度矛盾，我國所得稅法乃在營利事業所得稅之制度中，放寬在稅法上應稅利益之計算得在一定條件下，就過去累積之年度虧損得以互抵。

向來認定寬鬆。例如合作社[82]、財團法人等公益組織[83]，亦被容許適用盈虧互抵之規定。另外，近年針對依有限合夥法設立登記之有限合夥，亦有解釋函令放寬容許其適用盈虧互抵之規定[84]。

2. 會計帳冊簿據完備

所稱「會計帳冊簿據完備」，除該公司形式上已設置及取得相關法令規定的帳簿及憑證外，必須帳簿及憑證符合所得稅法第21條第1項：「營利事業應保持足以正確計算其營利事業所得之帳簿憑證及會計紀錄[85]。」及商業會計法第34條：「會計事項應按發生次序逐日登帳，至遲不超過二個月。」等規定。納稅義務人的會計帳冊雖有瑕疵，但瑕疵程度輕微

82 參見財政部68年6月28日台財稅第34331號函：「合作社其會計帳冊簿據完備，使用所得稅法第77條所稱藍色申報書，或委託會計師查核簽證並如期申報者，准予比照公司組織之營利事業，適用所得稅法第39條有關前3年（編者註：現為10年）虧損扣抵之規定。」

83 參見財政部84年3月1日台財稅第841607554號函：「主旨：核釋『教育文化公益慈善機關或團體免納所得稅適用標準』適用疑義。說明：三、本標準所稱『銷售貨物或勞務』，係指將貨物之所有權移轉與他人，以取得代價者，為銷售貨物；提供勞務予他人，或提供貨物與他人使用、收益，以取得代價者，為銷售勞務。四、慈善救濟團體義賣貨物或舉辦義演，其取得之代價含有捐贈收入性質，得不視為本標準所稱『銷售貨物或勞務』。五、自辦理84年度結算申報起，教育、文化、公益、慈善機關或團體銷售貨物或勞務之所得，應依本標準第2條之1（編者註：現行第3條）第1項規定課徵所得稅；銷售貨物或勞務之虧損，准比照公司組織之營利事業，如符合所得稅法第39條但書規定，得自以後5年（編者註：現為10年）度銷售貨物或勞務之所得中扣除。」

84 參見財政部108年5月16日台財稅字第10804535120號函：「依有限合夥法設立登記之有限合夥，其會計帳冊簿據完備，虧損及申報扣除年度均使用所得稅法第77條所稱藍色申報書或經會計師查核簽證，並如期申報者，可比照公司組織之營利事業，適用所得稅法第39條第1項但書有關前10年虧損扣除之規定。」

85 參見財政部90年12月20日台財稅字第0900456668號令：「公司組織之營利事業，虧損年度及申報扣除年度之營業成本經稽徵機關依同業利潤標準核定，惟其會計帳冊簿據，經稽徵機關查核認定符合本部52年11月22日台財稅發第8210號令有關認定會計帳冊簿據完備之要件者，仍准適用所得稅法第39條有關盈虧互抵之規定。」

者，亦得以適用盈虧互抵之規定[86]。進一步來說，所得稅法中盈虧互抵之制度，一定程度係在獎勵誠實申報之納稅義務人，但是由於實務上納稅義務人的帳證義務繁瑣多端，要期待長年以來會計帳冊均無疏誤，並不容易。因此，實務上尚且存在若干放寬規定，應予特別留意[87]。

3. 虧損及申報年度均使用藍色申報書或經會計師查核簽證

在我國營利事業所得稅制中，適用盈虧互抵之要件，尚且包括虧損及申報年度均使用藍色申報書或經會計師查核簽證。原則上，此一要件可以被解釋爲係爲推廣藍色申報制度或鼓勵納稅義務人維持會計紀錄正確之故。

86 參見財政部83年7月13日台財稅字第831601175號函：「公司組織之營利事業經稽徵機關查獲短漏所得稅稅額不超過新臺幣10萬元，或短漏報課稅所得額占全年所得額之比例不超過5%且非以詐術或其他不正當方法逃漏稅捐者，得視為短漏報情節輕微，免依營利事業所得稅藍色申報書實施辦法第20條第2項規定撤銷其行為年度藍色申報之許可，並免按會計帳冊簿據不完備認定，仍准適用所得稅法第39條有關前5年（編者註：現為10年）虧損扣除之規定；其屬會計師查核簽證者亦同。」

87 在此特別指的是財政部101年1月30日台財稅字第10000457660號令：「一、營利事業依所得稅法第39條規定適用以前年度虧損扣除者，其虧損及申報扣除年度均應符合『會計帳冊簿據完備』之要件。所稱『會計帳冊簿據完備』，依本部52年11月22日台財稅發第8210號令規定，應以營利事業已依同法第3章第2節、稅捐稽徵機關管理營利事業會計帳簿憑證辦法、本部對帳簿憑證有關解釋令、商業會計法及商業會計處理準則（以下簡稱帳簿憑證相關法令）規定設置帳簿，並依法取得憑證為要件。二、營利事業之進貨、費用及損失，依帳簿憑證相關法令規定應自交易相對人取得憑證而未取得（如取得非實際交易對象出具之憑證），其符合下列規定，並能提示交易相關文件及支付款項資料證明其有實際交易之事實，經稽徵機關查明屬實，且未以詐術或其他不正當方法逃漏所得稅者，**視為情節輕微，免按會計帳冊簿據不完備認定，仍得依所得稅法第39條規定適用以前年度虧損扣除：（一）其已誠實入帳，且於稽徵機關發現前由會計師簽證揭露或自行於申報書揭露。（二）其不符合前款規定，經稽徵機關查得應自交易相對人取得憑證而未取得，但當年度進貨、費用及損失依帳簿憑證相關法令規定應自交易相對人取得憑證而未取得之總金額不超過新臺幣120萬元，或占同年度進貨、費用及損失依帳簿憑證相關法令規定應自交易相對人取得憑證（含應取得而未取得憑證部分）總金額之比例不超過10%。」**

4. 如期申報營利事業所得稅

納稅義務人在我國稅制中適用盈虧互抵之制度，最後之要件在於應當如期申報營利事業所得稅。鑑於盈虧互抵制度目的之一，在於鼓勵納稅義務人之帳證健全，因此申報義務之履行亦爲重要之考慮。納稅義務人應當如期申報所得稅，而此處得以扣抵之「虧損」，也不以帳面發生者爲準[88]。

（三）盈虧互抵的制度合憲性爭議

所得稅法第 39 條第 1 項規定，針對企業所存在的跨年度盈虧互抵制度，事實上並非單純的會計計算基礎問題，實則蘊含有稅法制度的重要原理能不能在稽徵實務上被貫徹的指標性意義。首先，本於量能課稅原則所引導出來的客觀淨所得原則，企業從事交易活動所獲取的盈餘收入固然應當成爲所得稅的應稅客體。但是，爲取得此等收入所得所必須的成本費用，亦應當許其扣除。但是囿於所得稅的年度性原則，以往年度所累積的虧損，得否成爲往後年度的減除項目，就成爲問題之所在。其次，雖然在稅法上，所得稅的應稅收入係以年度爲基礎而非以企業設立至清算解散爲止的總收入爲基礎。但是這樣的年度劃分，畢竟僅具有技術性的意義。以商業活動的本旨而言，經濟行爲本來就沒有所謂的年度性可言。更何況，根據公司法的規定，公司在獲有盈餘的年度，應當先彌補虧損、提列公積方得分派盈餘。但是此處所彌補的虧損，卻又不以營業當年度發生者爲限，尚且包括歷年累積的虧損。如此一來，稅法制度與商法之間就難免面

88 按公司法規定，股份有限公司倘若有盈餘，本於資本充實之考慮，應當先彌補虧損、提列公積之後方才發放盈餘股利與股東。此處所彌補之虧損不以當年度發生者為限，而盈虧互抵之虧損亦包括由公積彌補之數額，亦即帳面上無虧損，仍得互抵之。此可以參見財政部66年5月27日台財稅第33448號函：「公司組織之營利事業，其經稽徵機關核定之以前3年（編者註：現為10年）虧損，如以現金或公積（包括盈餘公積或資本公積）彌補者，雖無帳面虧損，但仍得適用所得稅法第39條規定，自其本年度純益額中扣除後核課所得稅。」

對著價值取捨的不一致。就此而言，稅法制度理論上應當尊重商業以及經濟活動的結果，在稅法制度與商業活動發生價值取捨的衝突之際，應當以尊重商業活動的價值判斷為前提。此乃租稅中立性原則的體現，也可謂稅法制度對於經營管理不干涉原則的實現。除非另外涉及有租稅規避的情形（例如，純粹為了降低應納稅額的目的而非參與經營活動的考慮，收購會計帳面上存有鉅額虧損的公司，以刻意降低應納稅額），否則對商業上正常的累積虧損，仍宜予以承認得列為所得之減項，庶幾貼近於客觀淨所得原則之本旨。

就此而言，近年我國稅法制度中，憲法法庭新制亦曾處理有關盈虧互抵的合憲性問題。憲法法庭 111 年憲判字第 5 號判決：「財政部 66 年 3 月 9 日台財稅第 31580 號函[89]，與憲法第 19 條租稅法律主義尚無牴觸，亦不生違反憲法第 7 條平等原則之問題。惟所得稅法第 39 條第 1 項但書規定之跨年度盈虧互抵制度，有關該管稽徵機關核定各期虧損之基準，仍以法律或法律具體明確授權之命令予以明定為宜。」

陸、資產估價與重估價

一、概說

營利事業所得稅之計算，乃以營利收入減除成本、費用後之餘額作計算基礎。其中就收入面向而言，固然有賴會計帳簿之記載及勾稽，俾以核實判斷。就支出之面向言，亦以客觀上必然存在的各種商業要素作為基礎。在這樣的制度背景之下，營利事業作為營利工具的各種設備，特別是土地以外的各種設備，其估價及營利活動中所可能發生的價值貶損，就成

89 財政部民國66年3月9日台財稅第31580號函：「公司組織之營利事業適用所得稅法第39條規定，自本年度純益額中扣除前3年（編者註：現為10年）各期核定虧損者，應將各該期依同法第42條規定免計入所得額之投資收益，先行抵減各該期之核定虧損後，再以虧損之餘額，自本年度純益額中扣除。」

爲橫跨會計學與稅法學的基礎制度。也因此，所得稅法第 44 條以下特別設有「資產估價」之相關規定。所得稅法第 61 條並且規定：「本法所稱之固定資產、遞耗資產以及無形資產遇有物價上漲達百分之二十五時，得實施資產重估價；其實施辦法及重估公式由行政院定之。」

二、各類資產估價之基礎：實際成本

所得稅法中各類資產估價，本於核實課稅之原則，乃以實際成本爲基礎。僅在例外情形下，得以容許非核實的鑑定或估定方法，加以判斷。此可以參見所得稅第 44 條第 1 項規定：「商品、原料、物料、在製品、製成品、副產品等存貨之估價，以實際成本爲準；成本高於淨變現價值時，納稅義務人得以淨變現價值爲準，跌價損失得列銷貨成本；成本不明或淨變現價值無法合理預期時，由該管稽徵機關用鑑定或估定方法決定之。」同時，所得法第 65 條亦規定：「營利事業在解散、廢止、合併、分割、收購或轉讓時，其資產之估價，以時價或實際成交價格爲準。」其中所謂「實際成本」，在所得稅法第45條中存有立法定義，可供參考[90]。實際成本雖然在推論上較爲合乎核實課稅的稅法基本制度。但是事實上納稅義務人所從事之交易活動態樣繁雜、帳簿紀錄也未必均能明確顯現不同交易活動中的資產成本[91]。又例如若干成本之攤計，也未必合乎民法等私法規範

---

90 所得稅法第45條規定：「（第一項）**稱實際成本者，凡資產之出價取得，指取得價格，包括取得之代價，及因取得並為適於營業上使用而支付之一切必需費用，其自行製造或建築者，指製造或建築價格，包括自設計製造、建築以至適於營業上使用而支付之一切必要工料及費用，其係由期初盤存轉入者，指原盤存價格。**（第二項）資產之因擴充、換置、改良、修理而增加其價值或效能者，其所支付之費用，得就其增加原有價值或效能之部份，加入實際成本餘額內計算。」

91 參見財政部49台財稅發第3365號令：「1.柑桔類果樹自培養苗木以迄成木結果期間所支付之各項栽培管理費用，應作為資本支出，自開始結果年度起按25年計算攤折。2.柑桔類果樹之栽培管理費用，如工資、肥料、藥劑、農具以及栽培該項果樹之其他必要費用等，應依當年度實際支出數額，核實認定。3.果樹結果後各年度之管理費用，如經取得合法憑證，自得以各該年度營業費用或損失列支。」

之要求[92]。因此，所得稅法第46條以下規定，乃有針對不同類型之資產估價，設有個別之規範。

三、各類資產估價的進一步規定

（一）運送品

所謂運送品，其資產估價見諸所得稅法第47條規定：「運送品之估價，以運出時之成本爲成本，以到達地之時價爲時價，副產品之估價，有成本可資核計者，依本法第四十四條之規定辦理，無成本可資核計者，以自其時價中減除銷售費用後之價格爲標準。」

（二）短期投資之有價證券

短期投資之有價證券，資產估價規定於所得稅法第48條：「短期投資之有價證券，其估價準用本法第四十四條之規定辦理，在決算時之價格遇有劇烈變動，得以決算日前一個月間之平均價爲決算日之時價[93]。」

---

92 例如財政部74年5月4日台財稅第15487號函：「**主旨：營利事業籌劃社區建屋出售，利用基地周圍之公園綠地保留地，規劃作為社區內之公共設施，如係無償專供購屋客戶使用且於售屋契約中予以明訂，其用地之成本，准由社區房屋建築單位共同分攤**。說明：二、該項社區內之公共設施用地，如日後因政府變更建築線或將公園綠地保留地等核准供作其他用途或予以徵收，營利事業因而產生收益時，仍應全額列為收入依法申報課稅。（編者註：收益超過土地成本部分，係屬土地交易所得，應依所得稅法第4條第1項第16款或第4條之4與第4條之5規定辦理。）又上項土地之成本，既已由社區房屋建築單位共同分攤，如日後贈予政府時，不得再以捐贈費用列帳。」

93 財政部95年1月10日台財稅字第09504500480號令：「一、營利事業之金融商品，依第34號財務會計準則公報『金融商品之會計處理準則』（編者註：現行國際會計準則公報第39號『金融工具：認列及衡量』及企業會計準則公報第15號『金融工具』）規定，按公平價值評價產生之未實現評價損益，除屬所得稅法第48條所定『短期投資之有價證券』，準用同法第44條估價規定產生之跌價損失，得列為當期損失外，不予認定。二、上開所稱『短期投資之有價證券』，指營利事業之有價證券，依第34號財務會計準則公報及證券發行人財務報告編製準則第7條（編者註：現行第9條）等規定作會計科目重分類後，經歸類為流動資產項下『公平價值變動

（三）應收帳款及應收票據債權

應收帳款及應收票據債權之資產估價，規定於所得稅法第 49 條規定：「（第一項）應收帳款及應收票據債權之估價，應以其扣除預計備抵呆帳後之數額爲標準。（第二項）前項備抵呆帳，應就應收帳款與應收票據餘額百分之一限度內，酌量估列；其爲金融業者，應就其債權餘額按上述限度估列之。（第三項）營利事業依法得列報實際發生呆帳之比率超過前項標準者，得在其以前三個年度依法得列報實際發生呆帳之比率平均數限度內估列之。（第四項）營利事業下年度實際發生之呆帳損失，如與預計數額有所出入者，應於預計該年呆帳損失時糾正之，仍使適合其應計之成數。（第五項）應收帳款、應收票據及各項欠款債權有左列情事之一者，得視爲實際發生呆帳損失：一、因倒閉逃匿、和解或破產之宣告，或其他原因，致債權之一部或全部不能收回者。二、債權中有逾期兩年，經催收後，未經收取本金或利息者。（第六項）前項債權於列入損失後收回者，應就其收回之數額列爲收回年度之收益。」

（四）建築物裝修附屬設備及船舶機械工具器具等固定資產

建築物裝修附屬設備及船舶機械工具器具等固定資產之估價，規定在所得稅法第 50 條：「建築物裝修附屬設備及船舶機械工具器具等固定資產之估價，以自其實際成本中按期扣除折舊之價格爲標準。」

四、固定資產折舊

所謂折舊，係指財產經使用或時間經過所發生之價值貶損[94]。所得稅

列入損益之金融資產—流動』（編者註：現為透過損益按公允價值衡量之金融資產—流動）科目之有價證券。」

94 參見財政部66年8月8日台財稅第35233號函：「營利事業如非經營機器及設備租賃業務，而係從事買賣業務者，其購進之機器及設備，在未出售以前，如暫時出租，除收取之租金應作為非營業收入列帳外，該項屬於商品存貨性質之機器及設備，不得依照所得稅法之規定提列折舊。」

法第 51 條規定：「（第一項）固定資產之折舊方法，以採用平均法、定率遞減法、年數合計法、生產數量法、工作時間法或其他經主管機關核定之折舊方法爲準；資產種類繁多者，得分類綜合計算之。（第二項）各種固定資產耐用年數，依固定資產耐用年數表之規定[95]。**但爲防止水污染或空氣污染所增置之設備，其耐用年數得縮短爲二年**。（第三項）各種固定資產計算折舊時，其耐用年數，除經政府獎勵特予縮短者外，不得短於該表規定之最短年限。」

五、無形資產

無形資產，係指營利事業經營過程中，雖屬無體物但於企業經營有重要影響的要素，一般係指權利或商譽等生產或經營要素。企業會計準則公報第 18 號「無形資產」對於無形資產之定義爲「無實體形式之非貨幣性資產，包括商譽以外之無形資產以及商譽」。其中的「商譽」乃指「自企業合併取得之不可辨認及未單獨認列未來經濟效益之無形資產」。而其中的「商譽以外之無形資產」則指「同時符合具有可辨認性、可被企業控制以及具有未來經濟效益之無形資產。例如商標權、專利權、著作權及電腦軟體等」。

柒、營利事業所得稅之暫繳

一、暫繳之意義、功能、特徵及適用範圍

（一）概說

暫繳於我國稅法中，乃營利事業所得稅所特有之概念[96]。與其他稅目

95 參見財政部67年12月20日台財稅第38378號函：「固定資產取得後尚未使用前，除該項已取得之資產，須俟取得其他資產並安裝後，始能使用者外，均應依照規定提列折舊。」

96 除所得稅法中暫繳之制度外，應納稅額之扣繳（如薪資所得之扣繳）亦為於租稅之

之稽徵方式不同，所謂暫繳，乃指作爲納稅義務人之營利事業，就其所應負擔之營利事業所得稅，在課稅事實尚未全面完成、營業年度或會計年度尚未屆至之情形下，由營利事業參酌過去之營業狀況或上一年度所繳所得稅額，預先將可能發生之租稅之債，提前清償，亦即所得稅法第 67 條第 1 項所稱之「按其上年度結算申報營利事業所得稅應納稅額之二分之一爲暫繳稅額，自行向庫繳納」。待年度終了，課稅構成要件確已發生或確不發生之時，再由納稅義務人之營利事業經由結算申報溢退缺補[97]。是故，於營利事業所得稅暫繳之法律關係中，公法之債被滿足係經由二階段之行爲加以完成：前階段由營利事業參酌過去（上一年度）營業成果及所納稅額，就可能終局繳納稅額之半數辦理之暫繳，及後階段針對終局租稅債之關係所爲之結算申報、自行繳納，或由稅捐稽徵機關開立繳款書通知繳納或通知核退。

（二）營利事業所得稅暫繳之制度目的

所得稅法之所以容許在課稅之構成要件事實尚未確定之前提下由當事人預納國庫，其立法理由則謂：「營利事業之暫繳方式採用試算暫繳者不多；而預估暫繳因預估不易，徵納雙方均感困擾。爲改進營利事業所得

債法定構成要件事實尚未完全合致之情形下，由扣繳義務人預向國庫清償之情形。惟此際負擔義務者，乃公法上債之關係之第三人，仍與暫繳有所區別，容於後文討論之。

97 主要係指所得稅法第71條第1項本文之規定：「納稅義務人應於每年五月一日起至五月三十一日止，填具結算申報書，向該管稽徵機關，申報其上一年度內構成綜合所得總額或營利事業收入總額之項目及數額，以及有關減免、扣除之事實，並應依其全年應納稅額減除暫繳稅額、尚未抵繳之扣繳稅額及可扣抵稅額，計算其應納之結算稅額，於申報前自行繳納。」故此一結算稅額，方具有終局決定公法債之關係之意義。另在德國法制上亦與我國相同，採行納稅義務人自行計算申報之制度。Tipke / Lang, Steuerrecht, 17 Aufl., §21, Rn. 185. 即指出：「租稅關係之闡明（Steuererklärung）方式中，由納稅義務人自行向稅捐稽徵機關報告者，稱租稅之申報。此一申報，包括兩個部分，其一為課稅基礎事實之闡明，其二為應納稅額之計算（Berechnung der Steuer）。」

稅徵收制度之缺點及簡化手續，爰參照其他國家暫繳申報之制度，明定營利事業以上年度結算『申報』應納稅額之二分之一爲暫繳稅額，以資簡化[98]。」僅言及暫繳稅額之計算，並未述及營利事業所得稅暫繳制度，將單一公法債之關係割裂履行爲二之目的安在。惟就立法意旨加以觀察，暫繳制度之目的，與其說是基於稅法上稽徵便利之考量，不如說是由整體之財政秩序出發，觀察其在預算及公共財政上之功能，主要使租稅收入不至集中於特定時間，以維持國庫收支之穩定。在此一意義之下，雖然增加行政成本，使一階段之租稅稽徵行爲擴張至二階段，並使人民就暫繳稅額喪失期限利益，惟仍可謂係基於公共利益之考量，與憲法第 23 條之要求似無明顯之出入。

（三）營利事業所得稅暫繳之特徵

1. 不確定之公法上債之關係

營利事業所得稅之暫繳作爲法律制度，與其他繳納方式比較之下具有何等之特徵？欲深入討論此一問題，吾人不得不將因暫繳制度之存在所可能發生之公法上行爲作細部之切割分解。暫繳行爲首先係依所得稅法第 67 條第 1 項之規定，由營利事業主動在一定時間之內，就其當年度「可能」應納之稅額，參考前一年度所納稅額之半數，向稅捐稽徵機關爲申報繳納。在此一繳納行爲之中，公法之債尚未終局確定，因此此一稅額確然具備「暫時性」之要素。**實施繳納之時，公法上債之關係並未確定發生，僅具高度之蓋然性**。此一不確定之公法上債之關係乃有待於年度屆至，經

98 引號為作者所加。是故，暫繳在立法技術上可區分為由納稅義務人自行計算可能繳納稅額之「試算暫繳」；由稅捐稽徵機關就已調查得知之事實預估應納稅額並作成課稅處分之「預估暫繳」及營利事業以上年度結算「申報」應納稅額之二分之一為暫繳稅額之「申報暫繳」，我國法上之立法模式係採第三種。在德國法上，有所謂「租稅預繳」（Vorzuzahlung）之制度，乃指在租稅構成要件事實無法為即時調查之情形下，由稅捐稽徵機關就納稅義務人申報事項作保留事後查核權力之課稅核定 Vgl. Klein, Abgabenordnung Kommentar, §164. 此一制度，將於後文詳細介紹之。

由終局之結算申報加以確定。該條第 3 項雖謂公司組織之營利事業，會計帳冊簿據完備，使用第 77 條所稱藍色申報書或經會計師查核簽證，並如期辦理暫繳申報者，得以當年度前六個月之營業收入總額，依所得稅法有關營利事業所得稅之規定，按當年度稅率，計算其暫繳稅額，不適用第 67 條第 1 項按其上年度結算申報營利事業所得稅應納稅額之二分之一暫繳稅額之計算方式，惟仍係以結算申報作爲公法上債之關係終局確定之方式，故在實質上與第 1 項之規定並無何等差異。

在制度上，暫繳之法律效果係由所得稅法第 68 條加以確認，納稅義務人原則上負有主動向庫繳納之義務；倘若違反，除有加計利息等負擔外，稅捐稽徵機關應「塡具暫繳稅額核定通知書，通知該營利事業於十五日內自行向庫繳納[99]」，而其所納稅額，亦係依第67條之規定加以計算。故無論納稅義務人係主動計算暫繳，抑或經稅捐稽徵機關送達暫繳稅額核定通知書，均係就尚未終局確認之公法上債之關係負擔繳納義務，並無疑義。故暫繳之數額，與納稅義務人經結算申報所計算出應終局負擔之稅額未必一致，是否有終局之應納稅額亦屬未知，其公法上債之關係，並非終局確定[100]。

2. 二階段之國家行爲

營利事業所得稅之暫繳，在外觀上最重要之特徵爲將單一之公法之債以二階段之公法上行爲加以完成。而單一之公法之債，乃源於所得稅與時間要素之關係。按所得稅之法律關係，乃以所得（Einkommen）作爲稅基，亦即納稅義務人必須有所得，方爲租稅權力行使之對象[101]。而所得之

99 除加計利息外，所得稅法第109條原尚訂有加徵短估金之規定。惟該條文已於民國78年12月29日刪除。

100 倘若深入討論之，此尚涉及公法上權利義務關係之確定之區分，可分成形式確定及實質確定二者。暫繳之權利義務內容既係得由後續終局行為加以變更，所不發生者，當為實質確定之效果。

101 在德國法上，相當於我國所得稅法之稅目區分為「所得稅」（Einkommensteuer）

計算，其方式雖屬多端，惟均以一定時間之內之財產增益變動作爲認定之基礎，是爲分段（期）課稅之原則（Prinzip der Abschnittsbesteuerung）[102]。所得稅之課徵並非以自然人之生存期間或企業之存續期間爲基礎，而是以曆年年度（Kalenderjahres）爲準，單一年度之內，僅發生單一之公法上債之關係，曆年係分期計算，亦不得與其他年度合併計算；他年度之虧損，亦不容作爲當年度之扣除項目[103]。此外，所得稅之課徵尚應遵守對物的普遍性原則（Prinzip der sachlichen Universalität）[104]，亦即所得稅基本上係對納稅義務人的整體所得爲課徵，而非對於納稅義務人於私領域中尚未實現的收益課徵，故在未有收益或收益尚未實現之前提下，不得發動課稅權力。是故，原則上在一特定期間內已發生之原因事實，方得以作爲租稅之構成要件事實。所得稅法第 23 條前段之規定：「會計年度爲每年一月一日起至十二月三十一日止。」及第 24 條第 1 項前段之規定：「營利事業所得之計算，以其『本年度收入』總額減除各項成本費用、損失及稅捐後之純益額爲所得額。」乃明確指出單一年度內針對企業所得，僅發生單一之公法上債之關係。

雖謂在暫繳制度租稅之債之履行被區分爲二階段之權利義務關係，惟

及「法人稅」（Köperschaftsteuer）二者，然而均以所得作為課稅之客體。Tipke / Lang, Steuerrecht, 17 Aufl., §11, Rn. 19. 而德國法人稅法第7條第3項對法人所得之定義為：在一曆年中於分配股利前之所得。故所得稅或法人稅，均係標準之「期間稅」（periodische Steuer），以一定期間內財產之變動作為計算基礎。企業於年度中前半年獲利、後半年虧損，即可能不發生所得稅之繳納義務。

102 Tipke / Lang, Steuerrecht, 17 Aufl., §21, Rn. 24.; Doralt, Einkommensteuergesetz Kommentar, S. 29. 惟請留意者，乃本書係奧地利所得稅法之註釋書。

103 此一原則在我國所得稅法上容有例外，主要係因營利事業所得稅採用「藍色申報書」制度所致。所謂藍色申報書，依所得稅法第77條第2項之規定，係指「使用藍色紙張，依規定格式印製之結算申報書，專為獎勵誠實申報之營利事業而設置」。使用藍色申報書之企業，依所得稅法第39條第1項但書之規定，得享有前十年各期虧損扣除之利益。此即為「獎勵誠實申報之營利事業而設置」，故當屬曆年制之例外。

104 Doralt, Einkommensteuergesetz Kommentar, S. 29.

此二階段間存在特殊之關聯性。首先爲後階段行爲對前階段行爲之取代及變更。蓋後階段之結算申報所確定之稅額，方爲具實質確定意義之課稅處分，故於後階段行爲完成之際，前階段行爲之公法上債務關係之履行，即由後行爲取代之[105]。惟此並非表示前階段行爲完全不具獨立性，蓋縱令依結算申報之結果，納稅義務人並無應納稅額，仍無從解免其未爲暫繳之責任[106]。故知，此等藕斷絲連之二階段法律關係，實爲暫繳制度之重要特徵。

3. 暫時性之規制

在營利事業所得稅暫繳之法律關係中，最爲明顯之特徵乃在於其爲暫時性之規制行爲，而非終局之規制。暫時規制者，指納稅義務人雖然負擔繳納義務，惟此一繳納義務之內容倘與終局確定之法律關係有所出入時，乃以終局確定之關係爲準[107]。惟需留意者，乃在於暫時性規制之過程中，

105 故在推理上，未為暫繳而稽延至結算申報完成之時，此際納稅義務人即依結算申報結果履行其債務；暫繳之債乃為結算申報結果當然取代。

106 參見行政法院87年度判字第2073號判決。該案事實略為：行政訴訟原告某股份有限公司民國85年度未辦理營利事業所得稅暫繳，遭被告機關財政部台灣省南區國稅局依該公司84年度已納所得稅核定暫繳稅款為新臺幣18、673、393元，並加計一個月利息102、704元。原告不服，提起訴願、再訴願及行政訴訟，主張原告85年度營利事業所得稅結算申報，業於86年5月向被告機關辦理，課稅所得額為負121、247、36元，故85年度應無營利事業所得稅，基於「租稅實質重於形式之精神」，既無應納稅額，當然亦無須繳納暫繳申報之稅款。惟行政法院則指出，所謂「暫繳稅額」係以營利事業上年度結算申報營利事業所得稅應納稅額二分之一為暫繳稅額，而非以本年度盈虧為計算基準，即有別於依所得稅法第71條所規定之結算申報，不得以無應納稅額為由解免未辦暫繳之行政責任。與此見解不同者，為財政部86年6月22日台財稅字第820247078號函：「營利事業未依所得稅法第67條規定辦理暫繳申報，如經查明當年度1至6月份無營業額者，得免依同法第68條規定核定暫繳稅額。」惟所免除者，乃核定暫繳稅額。至於計算之基礎為何並非前一年度已納稅額、法定利息之請求等，均有賴進一步釐清。

107 惟仍應留意者，乃納稅義務人倘若依其他法律之規定享有租稅抵減之優惠者，於實務之運作上亦得於暫繳階段主張，不必待於終局之結算申報。此可見諸財政部77年3月2日台財稅第770652529號函：「營利事業辦理暫繳申報時，得就經核定之投資抵減全額抵繳；又辦理年度結算申報時，如依法享有多項投資抵減時，得就各項抵減分別計算其當年度得抵減之金額。說明：二、營利事業依所得稅法第67條規定，

爲確保暫繳義務之履行，所得稅法設有強制之規定，亦即所得稅法第 68 條之規定：「（第一項）營利事業未依前條第一項規定期間辦理暫繳，而於十月三十一日以前已依前條第一項規定計算補報及補繳暫繳稅額者，應自十月一日起至其繳納暫繳稅額之日止，按其暫繳稅額，依第一百二十三條規定之存款利率，按日加計利息，一併徵收。（第二項）營利事業逾十月三十一日仍未依前項規定辦理暫繳者，稽徵機關應按前條第一項規定計算其暫繳稅額，並依第一百二十三條規定之存款利率，加計一個月之利息，一併填具暫繳稅額核定通知書，通知該營利事業於十五日內自行向庫繳納。」針對其中加計利息部分，與暫繳稅款係屬可分之債[108]，於納稅義務人負擔遲延責任時即已發生。故此一部分，當非屬暫時性規制。

（四）暫繳之適用範圍

暫繳制度之適用範圍，可就租稅之債之客體及主體分別論述。首先於租稅之債之客體部分，適用之稅目爲營利事業所得稅，以所得爲其稅基。

辦理暫繳申報時，其經核定之投資抵減金額得全額抵繳應納暫繳稅額。三、營利事業分別得就購置機器設備、認購政府指定重要科技事業或創業投資事業，因創立或擴充而發行之記名股票或從事研究發展等投資行為，享有不同條件之投資抵減獎勵。在同一年度如同時享有多項投資抵減時，得分別計算其得抵減之數額，至各項投資抵減之總額，不受全年應納營利事業所得稅額50%之限制。」此一問題，實可由私法上債之關係之內容加以理解：暫繳稅款，倘若確於終局債之關係確定其繳納義務，當屬法定之期前清償。投資抵減之抵繳，屬公法之債抵銷之性質，當可類推適用民法第316條之規定，使債務人得提前清償。

108 關於利息等租稅之債之附隨給付，在德國法的討論中原則上亦將之當作獨立債之關係看待。BFH / NV 91, 212; BFH BStBl 92, 497. zitiert aus Klein, AO Kommentar, §3, Rn. 26. 惟在實務上構成疑難問題者，乃納稅義務人未為租稅申報，嗣後稅捐稽徵機關經查核結果，發現該納稅義務人並無應納稅額，此時得否就其未為申報之消極不作為，課徵滯報金（Verspätungszuschläge）？德國實務有採否定見解者，其理由乃附隨之債於主債務不成立時，亦併同不成立。Vgl. BFH BStBl 89, 955. zitiert aus Klein, AO Kommentar, §152, Rn. 9. 此所涉及者，乃滯報金及法定利息之屬性及結算申報之法律效果，當容另文連同前述行政法院87年度判字第2073號判決探討之。

而於適用之主體部分，乃我國境內、適用所得稅法之營利事業[109]。然爲避免行政成本過度增加，及考慮稽徵技術之問題，故在所得稅法第 69 條設有排除之規定，凡在中華民國境內無固定營業場所之營利事業，而應由營業代理人或給付人扣繳者、經核定之小規模營利事業及免徵營利事業所得稅者，均可排除暫繳義務。

捌、藍色申報

一、藍色申報之意義

在我國營利事業所得稅之申報法制中，納稅義務人所應當填具之申報書分成兩類，亦即普通申報書以及「藍色申報書」。其中藍色申報書規定在所得稅法第 77 條第 2 項前段：「藍色申報書指使用藍色紙張，依規定格式印製之結算申報書，專爲獎勵誠實申報之營利事業而設置。」其主要之制度目的，正如法條本文所揭示，乃在於「獎勵誠實申報之營利事業」，屬租稅獎勵優惠措施之一環[110]，就納稅義務人所負擔之租稅法上義務，有相當之減輕效果。

---

109 營利事業為所得稅法中課徵營利事業所得稅之基本對象，所得稅法第3條第1項規定謂：「凡在中華民國境內經營之營利事業，應依本法規定，課徵營利事業所得稅。」而所謂營利事業，並不以具有法人資格者為限。此與德國法人稅法（Körperschaftsteuergesetz）第11條之規定，在實質之內容上相近。惟德國法上係將適用之主體列舉規定，包括公司、合作社、互助保險團體、其他私法人及無權力能力團體、機關、私法上目的財產等，在適用上較不易發生爭議。Vgl. Tipke / Lang, Steuerrecht, 17 Aufl., § 11, Rn. 7.

110 就藍色申報制度而言，其主要之目的乃在於促進並獎勵納稅義務人誠實申報，並以相當程度之優惠作為獎勵之手段，性質上應較接近於技術性之租稅優惠。不過，這樣的論述應當進一步地根據藍色申報的效果內容加以區分。其中交際費用享較高之列支標準固然得以當作嚴格意義的優惠看待。**但是「盈虧互抵」就企業的經營過程觀察，畢竟企業之經營具有永續性而非年度性，因此盈虧互抵更趨近於客觀淨所得原則之下回歸企業客觀給付能力之措施。**

二、藍色申報之種類

（一）申請取得藍色申報書適用資格

藍色申報作爲稅法上特定受益資格之一種，與其他受益處分相同，原則上應當經過申請後，由稅捐稽徵機關同意爲之。此可參見所得稅法第77條第1項第2款規定：「二、藍色申報書：凡經稽徵機關核准者適用之。」

（二）自動適用藍色申報書資格

除經申請取得適用藍色申報書之資格外，納稅義務人尙可以因爲委託會計師等查核簽證申報，而自動適用此一資格。此可參見所得稅法第102條第3項所規定：「營利事業之營利事業所得稅結算申報，委託會計師或其他合法代理人查核簽證申報者，得享受本法對使用藍色申報書者所規定之各項獎勵。」

三、適用藍色申報所得以享有之優惠利益

就所得稅法之規定而言，適用藍色申報所得以享有之優惠，主要包括下列項目：

（一）交際費用享較高之列支標準（所得稅法第37條）。

（二）虧損之扣除，回溯該申報營業年度前十年（所得稅法第39條），亦即本書前曾經討論過的「盈虧互抵」制度。

（三）計算個人綜合所得總額時，倘若營利事業負責人及其配偶經營經營二個以上之獨資、合夥組織之營利事業，且均係使用藍色申報書，其中有虧損者得依所得稅法第16條規定，將核定之虧損，於核定之營利所得中減除，以其餘額爲所得額（所得稅法第16條第2項）。

公司組織之營利事業，使用藍色申報書並如期辦理暫繳申報者，得以當年度前六個月之營業收入總額，依所得稅法有關營利事業所得稅之規定，試算前半年之營利事業所得額，按當年度之稅率，計算其暫繳稅額，以符實際營業狀況，避免溢繳或提前繳稅之情形（所得稅法第67條第3

項）。

> **Q**：在我國營利事業所得稅制中，稅捐申報可以區分為普通申報及藍色申報。請問何謂「藍色申報」？種類有幾？適用藍色申報的營利事業可以享有哪些所得稅法上的優惠？營利事業因違反所得稅法所規定之誠實申報義務，遭稅捐稽徵機關撤銷「藍色申報」之適用資格者，又另外遭機關課處罰鍰。試問如此情形，有無牴觸一事不二罰之原則？

A：

（一）藍色申報之意義

在我國營利事業所得稅之申報法制中，納稅義務人所應當填具之申報書分成兩類，亦即普通申報書以及「藍色申報書」。其中藍色申報書規定在所得稅法第 77 條第 2 項前段：「藍色申報書指使用藍色紙張，依規定格式印製之結算申報書，專為獎勵誠實申報之營利事業而設置。」其主要之制度目的，正如法條本文所揭示，乃在於「獎勵誠實申報之營利事業」，屬租稅獎勵優惠措施之一環，就納稅義務人所負擔之租稅法上義務，有相當之減輕效果。

（二）藍色申報之種類

1. 申請取得藍色申報書適用資格

藍色申報作為稅法上特定受益資格之一種，與其他受益處分相同，原則上應當經過申請後，由稅捐稽徵機關同意為之。此可參見所得稅法第 77 條第 1 項第 2 款規定：「二、藍色申報書：凡經稽徵機關核准者適用之。」

2. 自動適用藍色申報書資格

除經申請取得適用藍色申報書之資格外，納稅義務人尚可以因為委託會計師等查核簽證申報，而自動適用此一資格。此可參見所得稅法第 102 條第 3 項所規定：「營利事業之營利事業所得稅結算申報，委託會計師或其他合法代理人查核簽證申報者，得享受本法對使用藍色申報書者所規定之各項獎勵。」

（三）適用藍色申報所得以享有之優惠利益

就所得稅法之規定而言，適用藍色申報所得以享有之優惠，主要包括下列項目：

1. 交際費用享較高之列支標準（所得稅法第 37 條）。
2. 虧損之扣除，回溯該申報營業年度前十年（所得稅法第 39 條）。
3. 計算個人綜合所得總額時，倘若營利事業負責人及其配偶經營經營二個以上之獨資、合夥組織之營利事業，且均係使用藍色申報書，其中有虧損者得依所得稅法第 16 條規定，將核定之虧損，於核定之營利所得中減除，以其餘額為所得額（所得稅法第 16 條第 2 項）。
4. 公司組織之營利事業，使用藍色申報書並如期辦理暫繳申報者，得以當年度前六個月之營業收入總額，依所得稅法有關營利事業所得稅之規定，試算前半年之營利事業所得額，按當年度之稅率，計算其暫繳稅額，以符實際營業狀況，避免溢繳或提前繳稅之情形（所得稅法第 67 條第 3 項）。

（四）撤銷藍色申報與一事不二罰

納稅義務人適用藍色申報書申報營利事業所得稅，意味著一定程度誠實申報或記帳義務之存在。倘若納稅義務人就此等義務有所違背，稅捐稽徵機關固得以此等嗣後出現之違法理由存在，於個別年度中否認納稅義務人適用藍色申報書之權利。然倘若納稅義務人所違反之義務已及於租稅實體法上稅捐之逃漏，特別是構成所得稅法第 110 條所稱之所得額漏報短報時，稅捐稽徵機關復享有通案性撤銷已作成之適用藍色申報許可之權力。惟有問題者，乃在於稅捐稽徵機關既已根據稅法課予納稅義務人罰鍰，又復撤銷其適用「藍色申報」之資格，有無一事兩罰情事？就此。我國學說與實務中存有不同見解：

1. 甲說：構成一事兩罰

撤銷藍色申報書之適用資格，使納稅義務人喪失優惠之資格與地位，當屬裁罰性之行政處分。

2. 乙說：不構成一事兩罰

撤銷藍色申報書，性質上並非裁罰性措施，而為單純之不利益處分，因此罰鍰之外另撤銷此一資格，並無一事兩罰情形（最高行政法院 95 年度判字第 1366 號判決參見）。

以上兩說，實務見解以乙說為主。因此，管見亦認為營利事業因違反所得稅法所規定之誠實申報義務，遭稅捐稽徵機關撤銷「藍色申報」之適用資格者，又另外遭機關課處罰鍰，並無一事兩罰情形。

玖、營利事業所得稅之稅捐優惠

理論上，雖然租稅制度一再被強調應當具有中立性，不應就產業之發展及經濟活動之選擇造成扭曲。但是實際上，各國稅制仍然習慣以租稅作爲各種產業政策之手段，並在稅法（尤其是營利事業所得稅）制度中提供各種補貼或優惠措施[111]。財政部於 107 年 3 月 21 日發布「我國現行所得稅優惠措施摘要」，針對營利事業主要得以適用之優惠措施，有所整理說明。本書以下即以此爲基礎，概要說明我國目前常見之租稅優惠。

一、涉及資金面之優惠措施

（一）公司或有限合夥投入高度創新研發活動支出，得就「抵減率 15%，抵減一年」或「抵減率 10%，抵減三年」擇一抵減營利事業所得稅（下稱營所稅）額，抵減上限爲當年度應納營所稅額 30%，以鼓勵研究發展（產業創新條例第 10 條）。

111 參見黃源浩，營利事業所得稅投資抵減的若干問題，月旦財稅實務評釋，第18期，頁8以下。

（二）我國個人、公司或有限合夥於讓與或授權自行研發所有之智慧財產權取得收益範圍內，就當年度研發支出按 200% 自當年度應課稅所得額中減除。本項加倍減除與前項投資抵減規定擇一適用（產業創新條例第 12 條之 1 第 1 項）。

（三）中小企業投入一定程度研發活動之支出，得就「抵減率 15%，抵減一年」或「抵減率 10%，抵減三年」擇一抵減營所稅額，抵減上限爲當年度應納營所稅額 30%（中小企業發展條例第 35 條）。

（四）生技新藥公司投資於符合規定之研究與發展支出金額，得於支出 35%（超過前二年度平均數，超過部分爲 50%）限度內，自有應納營所稅年度起五年內抵減各年度應納營所稅額，抵減上限爲當年度應納營所稅額 50%，但最後年度不受限（生技新藥產業發展條例第 5 條）。

（五）營利事業投資於生技新藥公司，符合規定要件，得以其投資額 20% 限度內，自有應納營所稅年度起五年內抵減各年度應納營所稅額，抵減上限爲當年度應納營所稅額 50%，但最後年度不受限。營利事業如爲創業投資事業，應由其營利事業股東按持股比例適用其原可享有之投資抵減（生技新藥產業發展條例第 6 條）。

（六）民間機構參與重大公共建設得享五年免徵營所稅、符合規定支出投資抵減。

（七）營利事業投資參與重大公共建設之民間機構符合規定要件者，得以其投資額 20% 限度內，自符合規定要件當年度起五年內抵減應納營所稅額，抵減上限爲當年度應納營所稅額 50%，但最後年度不受限（促進民間參與公共建設法第 36 條至第 40 條）。

（八）營利事業投資達一定規模從事國產電影片製作之事業符合規定要件者，得以其投資額 20% 限度內，自符合規定要件當年度起五年內抵減各年度應納營所稅額，抵減上限爲當年度應納營所稅額 50%，但最後年度不受限（電影法第 7 條）。

（九）有限合夥組織創業投資事業符合規定要件者，可於適用期間（十年）內不課徵營所稅，其當年度所得依約定盈餘分配比率逕由各合夥人依所得稅法計入當年度所得課稅；其中個人及外國營利事業合夥人取得屬於證券交易所得性質之營利所得予以免稅（產業創新條例第 23 條之 1）。

（十）個人投資成立未滿二年之高風險新創公司，對同一公司投資金額達 100 萬元，持股達二年，得就投資金額 50% 限度內自綜合所得總額中減除，每年減除金額以 300 萬元為限（產業創新條例第 23 條之 2）。

二、鼓勵人才培訓聘僱之優惠措施

（一）中小企業符合投資額及增僱員工人數要件者，增僱本國籍員工薪資按 130% 減除（24 歲以下員工，增僱薪資得按 150% 減除）（中小企業發展條例第 36 條之 2 第 1 項、第 2 項）。

（二）中小企業為基層員工加薪，加薪金額按 130% 減除（中小企業發展條例第 36 條之 2 第 3 項）。

（三）公司員工取得獎酬員工股份基礎給付，於取得當年度依時價計算 500 萬元限額內，得選擇於實際轉讓時按轉讓價格計算所得課稅（產業創新條例第 19 條之 1）。

（四）生技新藥公司得在投資於人才培訓支出金額 35%（超過前二年度平均數，超過部分為 50%）限度內，自有應納營所稅之年度起五年內抵減各年度應納營所稅額，抵減上限為當年度應納營所稅額 50%，但最後年度不受限（生技新藥產業發展條例第 5 條）。

（五）民間機構得在所參與重大公共建設投資人才培訓支出金額 20% 限度內，抵減當年度應納營利事業所得稅額；當年度不足抵減時，得延後四年（促進民間參與公共建設法第 37 條）。

三、獎勵技術精進之優惠措施

（一）生技新藥公司高階專業人員及技術投資人取得技術股或認股權憑證認購之股份，得選擇於轉讓時按轉讓價格課徵所得稅（生技新藥產業發展條例第 7 條）。

（二）我國個人、中小企業以其享有所有權之智慧財產權讓與非屬上市、上櫃或興櫃公司，所取得之新發行股票，得選擇於實際轉讓時按轉讓價格計算所得課稅（中小企業發展條例第 35 條之 1）。

（三）我國個人、公司或有限合夥事業以技術作價入股取得公司股票，得選擇於實際轉讓時按轉讓價格計算所得課稅（產業創新條例第 12 條之 1 第 2 項）。

（四）我國學研機構以其自行研發所有之智慧財產權作價取得公司股票分配予我國創作人，該創作人得選擇於實際轉讓時按轉讓價格計算所得課稅（產業創新條例第 12 條之 2）。

拾、我國稅制史上所曾經存在的「兩稅合一」制度

我國稅法制度，自 1996 年開始至 2018 年左右，曾經實施所謂「兩稅合一」（Integrated Income Tax System）制度，目前雖然已經廢除，但仍然對現存所得稅制造成一定影響。所謂兩稅合一制度，係以所得稅制中營利事業所得稅以及個人綜合所得稅兩者爲制度基礎。蓋以營利事業所得稅（在其他國家多半稱爲「法人稅」或公司稅）與個人綜合所得稅，均以「所得」作爲稅基。但在投資人投資公司成爲股東、公司獲有盈餘分配予股東之際，抽象上即可能發生同一收入在公司階段遭課徵一次所得稅（適用公司稅稅率）、盈餘分配予股東階段又再課稅一次（倘若爲自然人股東，適用累進稅率，最高級距爲 40% 稅率）的現象，因之被認爲可能發生雙重課稅的問題。因此，如何整合兩種名目上不同、課稅基礎相同之稅捐以達到避免重複課稅之效果，即成爲此一制度之核心。

在兩稅合一流行之年代，各國稅制有採取免稅法者，有採取「設算扣抵法」者。前者之要旨在於，盈餘分派給股東的第二階段收入，直接免稅。後者制度的要旨，則在於前階段公司繳納營利事業所得之後，就其已納稅額賦予抵稅之權利；在後階段的股東收取盈餘之際，股東取得者不僅爲盈餘（現金或股票股利），亦同時包括依持股比例計算出的抵稅權，所

謂「設算」者，即爲此意。我國稅制，基本係採取設算扣抵法，開始時爲全額扣抵，嗣後在2015年改爲部分扣抵，直至2018年[112]。而在初始設置之兩稅合一制度中，爲縮小營利事業所得稅與綜合所得稅稅率的差距，並避免擴大享有租稅減免與未享受租稅減免公司間的不公平，乃採取每一年度未分配盈餘加徵10%營利事業所得稅的配套措施。近年制度變革，則仍保留此一部分至加徵5%[113]。

「設算扣抵法」之具體操作如前述，係就公司分配予股東之盈餘，就公司已繳納之公司稅，依比例賦予受領盈餘之股東抵稅權，由該股東在申報自己的所得稅時抵繳自己的稅款[114]。但因爲計算上的麻煩，事實上頗受批評。在兩稅合一制度廢除以後，所得稅法殘留有營利事業保留盈餘課稅[115]、自然人股利所得得以選擇併計年度綜合所得或者分離課稅（所得稅法第15條第4項及第5項）以及營利事業獲配國內其他營利事業股利免稅（所得稅法第42條）。

112 我國財政部於107年2月7日修正公布所得稅制優化方案，自107年1月1日起，廢除兩稅合一部分設算扣抵制，改採股利所得課稅新制。

113 參見所得稅法第66條之9第1項規定：「自八十七年度起至一百零六年度止，營利事業當年度之盈餘未作分配者，應就該未分配盈餘加徵百分之十營利事業所得稅；自一百零七年度起，營利事業當年度之盈餘未作分配者，應就該未分配盈餘加徵百分之五營利事業所得稅。」公司保留盈餘加徵稅收之目的，在於確保公司除了提列公積以外，不至於保留大量現金不予分配。

114 參見已廢除之所得稅法第3條之1規定：「營利事業繳納屬八十七年度或以後年度之營利事業所得稅，除本法另有規定外，得於盈餘分配時，由其股東或社員將獲配股利總額或盈餘總額所含之稅額，自當年度綜合所得稅結算申報應納稅額中扣抵。」

115 所得稅法第66條之9第1項：「自八十七年度起至一百零六年度止，營利事業當年度之盈餘未作分配者，應就該未分配盈餘加徵百分之十營利事業所得稅；自一百零七年度起，營利事業當年度之盈餘未作分配者，應就該未分配盈餘加徵百分之五營利事業所得稅。」

第四節　所得基本稅額以及最低稅負制

壹、概說：所得稅制度的反省檢討

最低稅負制係爲使適用租稅減免規定而繳納較低之稅負，甚至不用繳稅的公司或高所得個人，都能繳納最基本稅額的一種稅制。目的在於使有能力納稅者，對國家財政均有基本的貢獻，以維護租稅公平，確保國家稅收。長期以來，我國爲達成特定經濟、社會目的，採行各項租稅減免措施。實施結果，減免範圍逐漸擴增，而減免利益有集中少數納稅義務人之情形，使租稅的公平性受到質疑。全面檢討修正不合時宜的租稅減免規定，係解決問題的根本之道。但因所得稅減免規定分散於30餘種法律當中，欲在短期內全面檢討修正，有其困難。因此透過特法之規定，至少修正一定程度之稅收偏差。

貳、實施對象

我國最低稅負制的實施對象包括營利事業及個人。本稅負，可在兼顧產業發展情況下，適度達成租稅公平，並符合社會期待。兩稅合一制度下，公司所繳納之所得稅於盈餘分配予個人股東時，可由個人股東扣抵，因此，最低稅負制度若僅於公司階段實施，無法完全彰顯公平。另考量高所得個人透過實物捐贈方式等規避個人綜合所得稅之情形甚爲嚴重，透過個人階段實施最低稅負制，可適度達到所得重分配效果。因此，我國最低稅負制之實施範圍亦包括個人。

參、基本所得額

一、概說

基本所得額即爲最低稅負之稅基，係據以計算基本稅額之金額，於營利事業部分，係指依所得稅法規定計算之課稅所得額，加計應計入最低稅負稅基之免徵、免納或停徵營利事業所得稅之所得額後之合計數；於個人部分，係指依所得稅法規定計算之綜合所得淨額，加計應計入最低稅負稅基之免徵、免納所得額或扣除金額後之合計數。

二、營利事業基本所得額

營利事業之基本所得額，爲依所得稅法規定計算之課稅所得額，加計所得基本稅額條例第 7 條第 1 項各款規定免徵、免納或停徵營利事業所得稅之所得額後之合計數。其計算公式如下：

基本所得額＝課稅所得額＋〔證券（期貨）交易之所得額－經稽徵機關核定之前五年證券（期貨）交易損失〕＋第 2 款至第 8 款免稅所得＋（國際金融（證券）業務分行（分公司）之所得額－經稽徵機關核定之前五年國際金融（證券）業務分行（分公司）損失）＋（其他經財政部公告之減免所得稅及不計入所得課稅之所得額－其他經財政部公告之減免所得稅及不計入所得課稅之所得額發生之前五年損失）

營利事業於 102 年度以後出售其持有滿三年以上屬所得稅法第 4 條之 1 規定之股票者，於計算其當年度證券交易所得時，減除其當年度出售該持有滿三年以上股票之交易損失，餘額爲正數者，以餘額半數計入當年度證券交易所得。

前開計算公式應加計之證券（期貨）交易之所得額、國際金融（證券）業務分行（分公司）之所得額及其他經財政部公告之減免、不計入所得課稅之所得額，經分別扣除損失後之餘額爲負數者，該負數不予計入。減除以前年度損失時，應按損失發生年度順序，逐年依序自同款所得額中減除。

三、個人基本所得額

（一）個人綜合所得稅的「綜合所得淨額」。

（二）海外所得：指未計入綜合所得總額之非中華民國來源所得及香港澳門地區來源所得。一申報戶全年合計數未達 100 萬元者，免予計入；在 100 萬元以上者，應全數計入（海外所得自 99 年度起計入基本所得額）。

（三）特定保險給付：受益人與要保人非屬同一人之人壽保險及年金保險給付，但死亡給付每一申報戶全年合計數在 3,000 萬元以下部分免予計入。超過 3,000 萬元者，扣除 3,000 萬元後之餘額應全數計入（前開 3,000 萬元免稅額度，自 103 年度起調整為 3,330 萬元）。

（四）私募證券投資信託基金（以下簡稱私募基金）之受益憑證之交易所得。

（五）申報個人綜合所得稅採列舉扣除額之「非現金捐贈金額」（如土地、納骨塔、股票等）。

（六）95 年 1 月 1 日以後，各法律新增的減免綜合所得稅之所得額或扣除額，經財政部公告應計入個人基本所得額者。

CHAPTER

9

加值型及非加值型營業稅法

- 第一節　營業稅概說
- 第二節　營業稅之免稅及零稅率
- 第三節　銷售額之計算與進項稅額扣抵
- 第四節　統一發票制度與稽徵程序
- 第五節　罰則

第一節 營業稅概說

壹、營業稅之應稅行爲

在加值型營業稅或「加值稅」之稽徵繳納關係中，營業人從事應稅交易（l'opération imposable），應以其營業額爲基礎，按一定之稅率計算、課徵應納稅額。就此，加值型及非加值型營業稅法（以下簡稱「營業稅法」）第 1 條規定：「在中華民國境內**銷售貨物或勞務**及進口貨物，均應依本法規定課徵加值型或非加值型之營業稅。」同法第 3 條第 1 項、第 2 項復規定：「將貨物之所有權移轉與他人，以取得代價者，爲銷售貨物。提供勞務予他人，或提供貨物與他人使用、收益，以取得代價者，爲銷售勞務。但執行業務者提供其專業性勞務及個人受僱提供勞務，不包括在內。」爲我國稅制中，加值型營業稅稅捐客體之基本規定。

所謂「營業」，在實務上包括若干判斷上之特徵，特別是不動產管理措施，也可能構成營業。財政部 81 年 1 月 31 日台財稅第 811657956 號函 [1] 乃認爲：「除土地所有權人以持有 1 年以上之自用住宅用地，拆除改

1 財政部81年1月31日台財稅第811657956號函：「二、營業稅法第1條規定：『在中華民國境內銷售貨物或勞務及進口貨物，均應依本法規定課徵營業稅。』同法第3條第1項規定：『將貨物之所有權移轉與他人，以取得代價者，為銷售貨物。』故在中華民國境內建屋出售，係屬在我國境內銷售貨物，自應依上開規定辦理。三、邇來迭據反映，營業人每多假借（利用）個人名義建屋出售，規避營業稅。與營利事業所得稅，造成依法登記納稅之業者稅負不公平，亟應予以改進遏止，以杜取巧。四、茲為明確界定應辦營業登記之範圍，及兼顧以自用住宅用地拆除改建房屋出售之事實，並維護租稅公平，特規定如次：（一）建屋出售者，除土地所有權人以持有一年以上之自用住宅用地，拆除改建房屋出售，應按其出售房屋之所得課徵綜合所得稅外，均應依法辦理營業登記，並課徵營業稅及營利事業所得稅。（二）前項土地所有權人以持有一年以上之自用住宅用地，拆除改建房屋出售者，於計算所得核課綜合所得稅時，應由該土地所有權人檢具建屋成本及費用之支出憑證暨有關契約，憑以計算其所得。五、本函發布日前，營業人假借（利用）個人名義建屋出售者，稽徵機關仍應依照本部80年7月10日台財稅第801250742號函規定，加強查

建房屋出售者外，均應依法辦理營業登記，課徵營業稅及營利事業所得稅。亦即，持有 1 年以上之自用住宅用地，拆除改建房屋者不構成『營業』，然持有土地未滿 1 年者，即可能被當作營業行爲加以評價。」不過，所謂「營業」在適用上，仍然存在著幾個特別的領域。

一、以經濟活動之「實質」作為判斷標準

在我國稅捐稽徵實務中，受到所得稅制之影響，向來也強調營業稅之應稅客體，也就是「營業」之判斷，應當以經濟活動之實質作爲判斷標準。此可以參見司法院大法官釋字第 500 號解釋所稱：「營業稅法第一條規定，在中華民國境內銷售貨物或勞務，均應依本法規定課徵營業稅。又涉及租稅事項之法律，其解釋應本於租稅法律主義之精神，依各該法律之立法目的，衡酌經濟上之意義及實質課稅之公平原則爲之，亦經本院釋字第四二〇號解釋在案。財政部七十九年六月四日台財稅字第七九〇六六一三〇三號函釋示：『高爾夫球場（俱樂部）向會員收取入會費或保證金，如於契約訂定屆滿一定期間退會者，准予退還；未屆滿一定期間退會者，不予退還之情形，均應於收款時開立統一發票，課徵營業稅及娛樂稅。迨屆滿一定期間實際發生退會而退還入會費或保證金時，准予檢附有關文件向主管稽徵機關申請核實退還已納稅款。』係就實質上屬於銷售貨物或勞務代價性質之『入會費』或『保證金』如何課稅所爲之釋示，並未逾越營業稅法第一條課稅之範圍，符合課稅公平原則，與上開解釋意旨無違，於憲法第七條平等權及第十九條租稅法律主義，亦無牴觸。」

二、營業活動與政府補助款

在我國營業稅制度中，與政府機關有關的營業活動，性質上向來不

核，賡續辦理。六、至本部73年5月28日台財稅第53875號函，有關個人出資建屋出售，其財產交易所得計課綜合所得稅之規定，適用之範圍，自本函發布日起，應以依本函規定免辦營業登記並免課徵營業稅及營利事業所得稅者為限。」此函現已廢止。

易判斷。其中涉及各種類型的補助款，有些會被當作營業，但也有非營業性質者。例如財政部 73 年 4 月 18 日台財稅第 52660 號函所指出：「台灣省農林廳乳業發展小組爲輔助學童飲用鮮乳，發給貴公司之學童乳補助款項，核屬貴公司之銷貨收入，應依法開立統一發票報繳營業稅[2]。」而補助活動，倘若亦爲銷售貨物勞務而發生[3]，仍有營業稅之繳納義務[4]。

三、公益性活動

所謂「營業」，在我國實務中所指涉之範圍，並不完全以商業性活動爲基礎，若干公益性活動，亦可能被認爲構成營業。此可參見財政部 77 年 5 月 14 日台財稅第 770533198 號函：「『在中華民國境內銷售貨物或勞務，……均應依本法規定課徵營業稅。』及『非以營利爲目的之事業、機關、團體、組織，有銷售貨物或勞務者爲營業人。』營業稅法第 1 條及第 6 條第 2 款已定有明文。貴市體育會所屬之棒球、籃球、排球等委員會舉辦球賽之門票收入，及貴市文化基金會舉辦藝文活動之門票收入，不論是否係以扣除必要費用後之盈餘供該事業用作發展該球類運動之基金抑或扣除開支後盈餘供作發展文化事業之基金，其門票收入，均屬同法第 3 條第 2 項規定之銷售勞務，依首揭規定，依法應按其收入課徵營業稅[5]。」

---

2 另應特別留意，在於現行制度鮮乳已列為免稅。

3 財政部81年4月30日台財稅第811664261號函：「××工業股份有限公司收受工業研究補助款，可免開立統一發票並免徵營業稅。說明：二、××工業股份有限公司收受財團法人○○工業發展基金會研究補助款，辦理研究工作，既經查明該研究成果確係歸屬該公司所有。該項補助款收入非因銷售貨物或提供勞務而取得，非屬營業稅課稅範圍，應照主旨辦理。」

4 財政部賦稅署75年5月6日台稅二發第7546892號函：「公司收受政府有關單位補助款，如非因銷售貨物或提供勞務而獲得者，可免開立統一發票及免徵營業稅。」

5 另見最高行政法院89年度判字第3045號判決：「查本件原告出租房屋之行為，核屬在中華民國境內銷售勞務，原告雖為公法人身分，惟其出租房屋之行為，並不屬於營業稅法第二十九條規定之免辦營業登記及同法第八條第二款及第十三款免徵營業稅之範圍，故其主張其為公法人，其出租房屋之行為不具有職業性及營業性，故不具備營業稅之構成要件云云，尚非可取。」進一步來說，倘若為公益信託關係，則

貳、營業稅之分類

加值型及非加值型營業稅法第 1 條之 1 規定：「本法所稱加值型之營業稅，係指依第四章第一節計算稅額者；所稱非加值型之營業稅，係指依第四章第二節計算稅額者。」這當中對於「加值型」與「非加值型」營業稅，並沒有明確的定義性規定。所謂加值型營業稅，係指依照交易流程中前手交易價值減去後手交易價值之餘額（增值）爲基礎之稅捐；非加值型則係依照交易額之總額來課徵的稅捐。

Q：加值稅之計算例？

A：

假設工人從山上砍下一棵樹，以 1,000 元價格賣給木材廠。木材廠不必負擔營業稅。但是交易係依照以下階段發生：

（一）木材廠以 2,000 元價格將木材賣給家具廠。家具廠應付 2,000 元以及 5% 營業稅 100 元。木材廠將 2,000 元價金入帳、100 元稅款交給國稅局。家具廠給付稅款同時，取得 100 元的抵稅權。

（二）家具廠將木材製成椅子，以 3,000 元的價格賣給大盤商。大盤商要付給家具廠 3,000 元以及 5% 營業稅 150 元。家具廠收到 3,150 元，其中 3,000 元入帳，150 元要繳給國稅局。但因為家具廠在前階段交易已經取得 100 元抵稅權，因此只需要繳交 50 元給國稅局就可以。大盤商付了 3,150 元，取得 150 元的抵稅權。

（三）大盤商將椅子以 5,000 元的價格賣給中盤商，中盤商付給大盤商 5,000 以及 5% 稅款 250 元，總計 5,250 元買回椅子。大盤商收到 5,250 元，其中 5,000 元入帳，應該繳納 250 元給國稅局。但因大

可能因本法第8條之1第1項規定：「受託人因公益信託而標售或義賣之貨物與舉辦之義演，其收入除支付標售、義賣及義演之必要費用外，全部供作該公益事業之用者，免徵營業稅。」

盤商在前階段交易已經取得 150 元的抵稅權，所以只要繳 100 元就可以。中盤商在此取得 250 元的抵稅權。

（四）中盤商又以 8,000 元價格將椅子賣給小盤商。小盤商付給中盤商 8,000 元以及 5% 稅款 400 元，總共 8,400 元。中盤商收到錢以後，8,000 元入帳，400 元應該繳給國稅局。但因為前階段交易已經取得 250 元抵稅權，所以只要繳交 400-250，也就是 150 元。小盤商取得 400 元抵稅權。

（五）小盤商最後將椅子以 10,000 元的價格賣給消費者張三，張三付出 10,000 元價格以及 500 元稅款，總共 10,500 元。小盤商將 10,000 元入帳，500 元繳給國稅局。但因為前階段已經取得 400 元抵稅權，所以只要繳交差額 100 元就可以了。

（六）最後，終局的消費者張三付了 500 元稅款，交易過程中從木材廠到小盤商，都沒有實際支付稅捐，僅有代收支付的性質。

> **Q**：營業稅法自民國 90 年起修正為「加值型及非加值型營業稅法」。請問：非加值型營業稅之適用對象為那些行業？其稅率為何？（101 調查局）

A：

非加值型營業稅，指本法第 21 條、第 22 條、第 23 條所規定之情形：

第 21 條：「銀行業、保險業、信託投資業、證券業、期貨業、票券業及典當業，就其銷售額按第十一條規定之稅率計算營業稅額。但典當業得依查定之銷售額計算之。」

第 22 條：「第十二條之特種飲食業，就其銷售額按同條規定之稅率計算營業稅額。但主管稽徵機關得依查定之銷售額計算之。」

第 23 條：「農產品批發市場之承銷人、銷售農產品之小規模營業人、小規模營業人、依法取得從事按摩資格之視覺功能障礙者經營，且全部由視覺功能障礙者提供按摩勞務之按摩業，及其他經財政部規定免予申報銷售額之營業人，除申請按本章第一節規定計算營業稅額並依第三十五條規定申報繳納者外，就主管稽徵機關查定之銷售額按第十三條規定之稅率計算營業稅額。」

Q：加值型營業稅之制度優點為何？

A：

（一）商業體系無負擔稅捐，符合稅捐中立之要求

加值型營業稅制度或加值稅制度，是二次大戰以後在法國建立起來的稅收體系，於法國稅法占有重要地位。其主要之優點在於，透過進項稅額扣抵權之制度設計，以前手稅額扣抵後手稅額之制度，達到交易過程中商人（營業人）不必實際負擔稅捐的效果，符合租稅中立性之要求。

（二）不必建立複雜的稽徵調查體系

加值型營業稅不像所得稅，必須建立完整且複雜的戶籍、帳目、商業憑證制度。原則上透過加值稅發票制度，即可以確保交易流程之申報正確。

（三）交易過程前後手互相勾稽，不易逃漏

加值稅之稽核，只要靠著交易前後手帳證資料及憑證之交叉比對，即可輕易判斷營業人所記載之內容是否屬實（所謂勾稽效果），行政作業較為便利。

（四）性質為一般性的消費稅，稅源充沛

實際負擔稅捐者為消費者，為一般性之消費稅，稅源相對充沛。

（五）實際稅捐負擔人為無名無姓之消費者，保留隱私。

參、營業稅之稅基

一、加值型營業稅之制度演變

我國加值型及非加值型營業稅，並非從立法之際即未曾變動。大體

上，以民國 20 年之立法（營業稅法），確定我國營業稅之稅目之後，至民國 74 年以前，均採取所謂「毛額型」之營業稅課徵。其稅基爲營業人從事營業之進出金額（毛額，不減除成本費用）爲客體，並無採取進項稅額扣抵制度。民國 75 年，我國改採當時已經相當成熟之歐盟 1977 年指令所採取之「加值稅」，並且引入統一發票以及進項稅額扣抵制度。不過，這並非表示現行之加值型營業稅在稅基的判斷上沒有困難。

二、加值營業稅之稅基爭議

（一）流通稅說

所謂流通稅說，係指加值型營業稅之稅捐客體，爲經濟活動中貨物以及勞務之流通。因此，從貨物、勞務之產生、批發到最後的零售，每一個階段營業人所從事的銷售行爲均爲可稅之客體。因此，我國現行的加值型營業稅是一種「多階段銷售稅」（Multi-Stage Sale Tax），生產流程中每一經手的營業人，均爲納稅義務人。在我國司法實務中，「流通稅」或者「多階段銷售稅」爲具有支配力的見解。司法院大法官曾經幾度提及此一問題，均採取所謂「多階段銷售稅」的看法。

1. 司法院大法官釋字第685號解釋

解釋文：「財政部中華民國九十一年六月二十一日台財稅字第九一〇四五三九〇二號函，係闡釋營業人若自己銷售貨物，其銷售所得之代價亦由該營業人自行向買受人收取，即爲該項營業行爲之銷售貨物人；又行政法院（現改制爲最高行政法院）八十七年七月份第一次庭長評事聯席會議決議，關於非交易對象之人是否已按其開立發票之金額報繳營業稅額，不影響銷售貨物或勞務之營業人補繳加值型營業稅之義務部分，均符合加值型及非加值型營業稅法（營業稅法於九十年七月九日修正公布名稱爲加值型及非加值型營業稅法，以下簡稱營業稅法）第二條第一款、第三條第一項、第三十二條第一項前段之立法意旨，與憲法第十九條之租稅法律主義尚無牴觸。

七十九年一月二十四日修正公布之稅捐稽徵法第四十四條關於營利事業依法規定應給與他人憑證而未給與，應自他人取得憑證而未取得者，應就其未給與憑證、未取得憑證，經查明認定之總額，處百分之五罰鍰之規定，其處罰金額未設合理最高額之限制，而造成個案顯然過苛之處罰部分，逾越處罰之必要程度而違反憲法第二十三條之比例原則，與憲法第十五條保障人民財產權之意旨有違，應不予適用。」

解釋理由書第一、第六段：「加值型營業稅係對貨物或勞務在生產、提供或流通之各階段，就銷售金額扣抵進項金額後之餘額（即附加價值）所課徵之稅（本院釋字第三九七號解釋參照）。依營業稅法第十四條、第十五條、第十六條、第十九條、第三十三條及第三十五條規定，加值型營業稅採稅額相減法，並採按期申報銷售額及統一發票明細表暨依法申報進項稅額憑證，據以計算當期之應納或溢付營業稅額（本院釋字第六六〇號解釋、同法施行細則第二十九條規定參照）。是我國現行加值型營業稅制，係就各個銷售階段之加值額分別予以課稅之多階段銷售稅，各銷售階段之營業人皆為營業稅之納稅義務人。行政法院八十七年七月份第一次庭長評事聯席會議決議，其中所稱：『我國現行加值型營業稅係就各個銷售階段之加值額分別予以課稅之多階段銷售稅，各銷售階段之營業人皆為營業稅之納稅義務人。故該非交易對象之人是否已按其開立發票之金額報繳營業稅額，並不影響本件營業人補繳營業稅之義務。』部分，乃依據我國採加值型營業稅制，各銷售階段之營業人皆為營業稅之納稅義務人之法制現況，敘明非交易對象，亦即非銷售相關貨物或勞務之營業人，依法本無就該相關銷售額開立統一發票或報繳營業稅額之義務，故其是否按已開立統一發票之金額報繳營業稅額，僅發生是否得依法請求返還之問題，既無從視同法定納稅義務人已履行其租稅義務，亦不發生法定納稅義務人之租稅義務因而免除或消滅之效果，自不影響法定納稅義務人依法補繳營業稅之義務，法定納稅義務人如未依法繳納營業稅者，自應依法補繳營業稅，核與營業稅法第二條第一款、第三條第一項、第三十二條第一項前段規定之意旨無違，符合一般法律解釋方法，並未增加法律所未規定之租稅義務，於憲法第十九條之租稅法律主義尚無違背。」

2. 司法院大法官釋字第688號解釋

理由書第二段：「營業稅法對於營業稅之課徵係採加值型營業稅及累積型轉手稅合併立法制，前者依營業稅法第四章第一節規定，係按營業人進、銷項稅額之差額課稅；後者依同法第四章第二節規定，係按營業人銷售總額課徵營業稅（本院釋字第三九七號解釋參照）。營業人原則上須以每二月爲一期，按期申報銷售額、應納或溢付營業稅額（營業稅法第三十五條參照）。爲使營業人之銷售事實及銷售額等，有適時、適當之證明方法，營業稅法第三十二條乃對營業人課以依法定期日開立銷售憑證之協力義務，規定營業人銷售貨物或勞務，應依同法所定營業人開立銷售憑證時限表（下稱時限表）規定之時限，開立統一發票交付買受人。」

3. 司法院大法官釋字第706號解釋

解釋文：「財政部中華民國七十七年六月二十八日修正發布之修正營業稅法實施注意事項（一○○年八月十一日廢止）第三點第四項第六款：『營業人報繳營業稅，以載有營業稅額之進項憑證扣抵銷項稅額者，除本法施行細則第三十八條所規定者外，包括左列憑證：六、……法院……拍賣貨物，由稽徵機關填發之營業稅繳款書第三聯（扣抵聯）。』（改列於一○○年六月二十二日修正發布之加值型及非加值型營業稅法施行細則第三十八條第一項第十一款：『……法院……拍賣或變賣貨物，由稽徵機關填發之營業稅繳款書扣抵聯。』一○一年三月六日再度修正發布該條款，此部分相同）及八十五年十月三十日台財稅第八五一九二一六九九號函：『……二、法院拍賣或變賣之貨物屬應課徵營業稅者，稽徵機關應於取得法院分配之營業稅款後，就所分配稅款填發『法院拍賣或變賣貨物營業稅繳款書』，……如買受人屬依營業稅法第四章第一節計算稅額之營業人，其扣抵聯應送交買受人作爲進項憑證，據以申報扣抵銷項稅額。三、至未獲分配之營業稅款，……如已徵起者，對買受人屬依營業稅法第四章第一節計算稅額之營業人，應通知其就所徵起之稅額專案申報扣抵銷項稅額。』部分，均違反憲法第十九條租稅法律主義，應不予援用。」

蘇永欽大法官協同意見書：「**以釋字第六八八號解釋的使用脈絡來看，本院顯然也認為對加值型營業稅這種多階段銷售稅而言，立法者既已明確決定以最終消費者為實質的納稅人**，如果基於合理的即時轉嫁及風險分配而使包作業營業人『開立銷售憑證之時限早於實際收款時，倘嗣後買受人因陷於無資力或其他事由，致營業人無從將已繳納之營業稅，轉嫁予買受人負擔，此際營業稅法對營業人已繳納但無從轉嫁之營業稅，宜為適當處理，以符合營業稅係屬消費稅之立法意旨暨體系正義。』」

（二）消費稅說

消費稅說，認為本於歐盟 1977 年第六號指令之基本精神，認為加值稅之制度要旨，在於針對生產及銷售過程中對商業體系造成之負擔最小。整體加值稅之制度本質，為一般性之消費稅，由終局之消費者負擔，而非由營業人負擔。因此，生產交易過程中的每一手營業人，僅係「繳納義務人」（Ll'assujetti），而不是「納稅義務人」（le contribuable）。貨物或勞務終局的消費者，方為真正負擔稅捐之義務人，流通過程中的發票前後手營業人，僅為代收代付的性質。

三、銷售貨物或勞務

在我國營業稅法中，正如前述，立法條文直接將應稅活動以「銷售貨物或勞務、進口貨物」稱之。這當中就出現了進一步說明「銷售」此一概念的需要。就此，加值型及非加值型營業稅法第 3 條規定：「（第一項）將貨物之所有權移轉與他人，以取得代價者，為銷售貨物。（第二項）提供勞務予他人，或提供貨物與他人使用、收益，以取得代價者，為銷售勞務。但執行業務者提供其專業性勞務及個人受僱提供勞務，不包括在內。（第三項）有左列情形之一者，視為銷售貨物：一、營業人以其產製、進口、購買供銷售之貨物，轉供營業人自用；或以其產製、進口、購買之貨物，無償移轉他人所有者。二、營業人解散或廢止營業時所餘存之貨物，或將貨物抵償債務、分配與股東或出資人者。三、營業人以自己名義代爲購買貨物交付與委託人者。四、營業人委託他人代銷貨物者。五、營業人銷售代銷貨物者。（第四項）前項規定於勞務準用之。」可謂係銷售貨物之立法定義。不過，應特別留意的在於所謂「銷售」，無論係貨物或勞務，均以對價關係之存在爲必要。近期我國實務上特別值得重視的見解，涉及損害賠償之支付金額，是否應當計入營業稅額課稅的問題。最高行政法院 109 年度上字第 655 號判決認爲，應當分別情形以觀。首先，倘若爲侵權行爲損害賠償，難以認爲金錢賠償係加害措施之對價，原則上固無營業稅的問題。但是倘若是契約債務不履行損害賠償，就應當個案判斷是否具有對價性質[6]。另方面，倘若屬於遲延利息，除非另有其他情形，否則亦非屬貨物勞務銷售之對價，值得參考[7]。

---

6 參見該判決理由四、（三）所指出：「在侵權行為損害賠償，固然有支出所得，但並非為消費、使用貨物或勞務之目的支出，既無消費，則不納入營業稅之課稅範圍。此種損害賠償義務並未與自願的貨物之利用相連結，因此也沒有表彰經濟上給付能力，而不應課予營業稅。而債務不履行損害賠償之給付是否應課徵營業稅，尚非單純以損害賠償的用語為準，必須在具體案件中，審查是否有給付交換關係。營業稅既是消費稅及所得的使用稅捐之性質，業如上述，是否有給付的交換，當以該給付所涉所得之花用是否與有意之消費相連結為標準，故債務不履行損害賠償之給付若非用來交換給付，非為有意之消費而支付，則其不是量度買受人經濟上給付能力的指標，自不應以之為營業稅之稅捐客體。例如，商店承租人因違約未於租期屆滿返還租賃物，而被出租人請求相當於租賃金額3倍之損害賠償金時，該3倍金額即屬提供勞務的對價，屬於營業稅的課稅對象。又如，出售不動產之交付遲延，而買受人受領相當於租金的損害賠償時，實質上，亦可認為是提供勞務的對價，而得為課徵營業稅對象。」

7 參見該判決理由四、（四）前段所指出：「因買受人遲延付款而加收按法定利率計算之遲延利息，依民法第233條第1項規定：『遲延之債務，以支付金錢為標的者，債權人得請求依『法定利率』計算之遲延利息。但約定利率較高者，仍從其約定利率。』以支付金錢為標的之債務若有遲延情事，債務人恆按遲延期間之長短，損失相當於法定利率之利益，亦即法律擬定債權人最低限度之損害額；但如約定利率較高者，則按約定利率計算（有關約定遲延利息，不在本件法律爭議設題內）。遲延提出對待給付，所支付之法定遲延利息的損害賠償，實則並不屬於對價的部分，因為其費用支出並非基於給付交換關係，更非基於有意之消費而支付，乃是由於遲延

肆、營業稅之稅率

在我國法制之中，營業稅之課稅客體主要為「銷售貨物、勞務、進口貨物」三者，已如前述。則在進一步的稅基計算上，營業稅亦以此三者之交易關係中所收取作為契約對價之金額或價額，亦即所謂「銷售額」為稅基，乘以固定而非累進之稅率，即得出營業稅之應納稅額（加值型及非加值型營業稅法第 14 條第 1 項）。而加值型營業稅之稅率，在本法規定中有不同稅率：

一、普通稅率

依照本法第 10 條之規定：「營業稅稅率，除本法另有規定外，最低不得少於百分之五，最高不得超過百分之十；其徵收率，由行政院定之。」目前係屬銷售額之百分之五。

二、金融業稅率

另外金融業者依據本法第 11 條第 1 項規定：「銀行業、保險業、信託投資業、證券業、期貨業、票券業及典當業之營業稅稅率如下：一、經營非專屬本業之銷售額適用第十條規定之稅率。二、銀行業、保險業經營銀行、保險本業銷售額之稅率為百分之五；其中保險業之本業銷售額應扣除財產保險自留賠款。但保險業之再保費收入之稅率為百分之一。三、前二款以外之銷售額稅率為百分之二。」

三、特種銷售稅率

所謂特種稅率，係指從事特定交易活動，其所銷售貨物或勞務適用之稅率與一般性之交易活動不同。此主要規定在本法第 12 條：「特種飲食

提出對待給付的關係，因遲延履行造成損害，故不屬於銷售貨物或勞務之代價的一部分，自不應計入營業稅法第16條第1項規定之銷售額課徵營業稅。」

業之營業稅稅率如下：一、夜總會、有娛樂節目之餐飲店之營業稅稅率爲百分之十五。二、酒家及有陪侍服務之茶室、咖啡廳、酒吧等之營業稅稅率爲百分之二十五。」

四、小規模營業人稅率

依據本法第 13 條規定，小規模營業人、依法取得從事按摩資格之視覺功能障礙者經營，且全部由視覺功能障礙者提供按摩勞務之按摩業，及其他經財政部規定免予申報銷售額之營業人，其營業稅稅率爲百分之一。農產品批發市場之承銷人及銷售農產品之小規模營業人，其營業稅稅率爲百分之零點一。本條所規定的「小規模營業人」，係指第 11 條、第 12 條所列各業以外之規模狹小，平均每月銷售額未達財政部規定標準而按查定課徵營業稅之營業人（本法第 13 條第 3 項）。

伍、營業稅之納稅義務人與營業人

一、納稅義務人

雖然在制度設計上，營業稅尤其加值型營業稅一直存在著納稅義務人究竟爲終局的消費者抑或商業流通過程中的營業人這樣的問題，不過我國法制仍然針對營業稅之納稅義務人與營業人，設有立法的定義性規定。就此本法第 2 條規定：「營業稅之納稅義務人如下：一、銷售貨物或勞務之營業人。二、進口貨物之收貨人或持有人。三、外國之事業、機關、團體、組織，在中華民國境內無固定營業場所者，其所銷售勞務之買受人。但外國國際運輸事業，在中華民國境內無固定營業場所而有代理人者，爲其代理人。四、第八條第一項第二十七款、第二十八款規定之農業用油、漁業用油有轉讓或移作他用而不符免稅規定者，爲轉讓或移作他用之人。但轉讓或移作他用之人不明者，爲貨物持有人。」

二、營業人

前述有關營業稅之納稅義務人規定，乃以「營業人」爲基礎，因此在立法上，本法亦針對「營業人」存在定義。此可以參見本法第 6 條規定：「有下列情形之一者，爲營業人：一、以營利爲目的之公營、私營或公私合營之事業。二、非以營利爲目的之事業、機關、團體、組織，有銷售貨物或勞務[8]。三、外國之事業、機關、團體、組織，在中華民國境內之固定營業場所。四、外國之事業、機關、團體、組織，在中華民國境內無固定營業場所，銷售電子勞務予境內自然人。」

第二節　營業稅之免稅及零稅率

壹、概說：營業稅免稅與零稅率之區別

所謂「免稅」，指銷售貨物或勞務時免徵營業稅，但其進項稅額不能扣抵或退還。

所謂「零稅率」，指銷售貨物或勞務所適用的營業稅稅率爲零，由於銷項稅額爲零，如有溢付進項稅額，則可以申請退還。

本法第 8 條第 2 項：「銷售前項免稅貨物或勞務之營業人，得申請財政部核准放棄適用免稅規定，依第四章第一節規定計算營業稅額。但核准後三年內不得變更。」

8　參見財政部75年11月18日台財稅第7574924號函：「主旨：貴會（編者註：○○學會）受託辦理專題研究或研習會等提供勞務之收入，應依法辦理營業登記領用統一發票報繳營業稅。說明：營業稅法第6條第2款及第2條第1款規定非以營利為目的之事業、機關、團體、組織有銷售貨物或勞務者即為營業人，亦為新制營業稅之納稅義務人，貴會受託辦理專題研究或研習會收取代價，核屬銷售勞務，應依主旨規定辦理。」

貳、營業稅之免稅

營業人從事交易活動，應納營業稅，乃以該等交易活動被劃分爲應稅行爲爲其前提。然則在社會生活所發生之交易活動中，乃有若干交易具有特殊之屬性或者政策考量，乃使此等勞務之給付或貨物之給付、進口，得以被排除於加值型營業稅之課徵範圍之外，此即構成加值稅應納稅額減免之情形，應當依銷售額繳納營業稅之貨物與勞務，在某些政策考慮之下，亦得以根據法律規定免徵營業稅。此等免徵之項目，主要規定在營業稅法第 8 條以及其他法律。歸納其種類，主要包括下列幾種政策考慮之免稅。

一、本於農、漁業政策考慮之免稅

亦即特定之貨物及勞務交易，其依法規定免徵營業稅，目的在於農業或漁業等產業之政策。例如，肥料、農藥、農田灌溉用水、漁船使用之機器、用油及未經加工生鮮農、漁產品等[9]。

二、為社會福利考慮或其他政策而免稅

亦即特定貨物勞務之消費，係社會政策之主要內容，因此免徵營業稅。例如，醫院勞務、藥品、病房、托兒所、養老院之育養勞務、慈善義演、勞保、公保等[10]。

---

9 參見加值型及非加值型營業稅法第8條第1項第2、11、19、20、21、27、28款：「下列貨物或勞務免徵營業稅：……二、供應之農田灌溉用水……十一、農會、漁會、工會、商業會、工業會依法經營銷售與會員之貨物或勞務及政府委託其代辦之業務，或依農產品市場交易法設立且農會、漁會、合作社、政府之投資比例合計占百分之七十以上之農產品批發市場，依同法第二十七條規定收取之管理費……十九、飼料及未經加工之生鮮農、林、漁、牧產物、副產物；農、漁民銷售其收穫、捕獲之農、林、漁、牧產物、副產物。二十、漁民銷售其捕獲之魚介。二十一、稻米、麵粉之銷售及碾米加工……二十七、肥料、農業、畜牧用藥、農耕用之機器設備、農地搬運車及其所用油、電。二十八、供沿岸、近海漁業使用之漁船、供漁船使用之機器設備、漁網及其用油。」

10 參見加值型及非加值型營業稅法第8條第1項第3、4、5、10、12、13、14、18、23

三、本於教育、科學及文化政策而免稅

亦即特定之貨物及勞務銷售，得以因教育、科學及文化因素考慮而免稅。例如，教育勞務、教科書、報紙、電視、廣播台等[11]。此外，文化藝術獎助條例第 30 條第 1 項規定：「經認可之文化藝術事業，得減免營業稅及娛樂稅。」亦可在一定範圍內使文化藝術事業之交易免除營業稅。

四、本於公益目的或具有公權力輔助行使性質之交易免稅

亦即特定經濟活動，並非嚴格意義之貨物、勞務交易，而具有相當之公益性質，或為政府公權力行為之輔助活動，亦得以免稅[12]。

款：「下列貨物或勞務免徵營業稅：三、醫院、診所、療養院提供之醫療勞務、藥品、病房之住宿及膳食。四、依法經主管機關許可設立之社會福利團體、機構及勞工團體，提供之社會福利勞務及政府委託代辦之社會福利勞務。五、學校、幼稚園與其他教育文化機構提供之教育勞務及政府委託代辦之文化勞務……十、合作社依法經營銷售與社員之貨物或勞務及政府委託其代辦之業務……十二、依法組織之慈善救濟事業標售或義賣之貨物與舉辦之義演，其收入除支付標售、義賣及義演之必要費用外，全部供作該事業本身之用者。十三、政府機構、公營事業及社會團體，依有關法令組設經營不對外營業之員工福利機構，銷售之貨物或勞務。十四、監獄工廠及其作業成品售賣所銷售之貨物或勞務……十八、肩挑負販沿街叫賣者銷售之貨物或勞務……二十三、保險業承辦政府推行之軍公教人員與其眷屬保險、勞工保險、學生保險、農、漁民保險、輸出保險及強制汽車第三人責任保險，以及其自保費收入中扣除之再保分出保費、人壽保險提存之責任準備金、年金保險提存之責任準備金及健康保險提存之責任準備金。但人壽保險、年金保險、健康保險退保收益及退保收回之責任準備金，不包括在內……。」

11 參見加值型及非加值型營業稅法第8條第1項第6、8、9、31款：「……六、出版業發行經主管教育行政機關審定之各級學校所用教科書及經政府依法獎勵之重要學術專門著作……八、職業學校不對外營業之實習商店銷售之貨物或勞務。九、依法登記之報社、雜誌社、通訊社、電視臺與廣播電臺銷售其本事業之報紙、出版品、通訊稿、廣告、節目播映及節目播出。但報社銷售之廣告及電視臺之廣告播映不包括在內……三十一、經主管機關核准設立之學術、科技研究機構提供之研究勞務……。」

12 參見加值型及非加值型營業稅法第8條第1項第15、16、17、24、25、26款：「十五、郵政、電信機關依法經營之業務及政府核定之代辦業務。十六、政府專賣事業銷售之專賣品及經許可銷售專賣品之營業人，依照規定價格銷售之專賣品。

五、本於金融產業特殊性質之考慮而免稅

在我國營業稅制中，金融產業主要適用者爲非加值型之營業稅。不過在若干例外情形中，其亦可能從事加值型營業稅之應稅交易活動。出於金融產業政策之考慮，此等交易活動在我國營業稅法上，亦多半爲免稅[13]。

六、其他免稅

例如土地出售，依法免徵營業稅[14]。另外，我國離島建設條例第10條第1項規定：「澎湖、金門、馬祖、綠島、蘭嶼及琉球地區之營業人，於當地銷售並交付使用之貨物或於當地提供之勞務，免徵營業稅。」亦使得離島交易例外地免徵營業稅。外國專業人才延攬及僱用法第9條第1項等，亦有免稅規定。

參、營業稅之零稅率

加值型營業稅在一般性基礎上，經常被強調得以透過「進口課稅、出口退稅」而成爲國家促進國際貿易或者外國旅客在國內消費之誘因。在這樣的意義之下，若干交易活動即被規定爲零稅率之交易。這主要規定在本法第7條。零稅率之貨物共分九款，茲分別說明之：

一、外銷貨物。所謂外銷係指應稅之貨物最終之銷貨目的地在中華民

十七、代銷印花稅票或郵票之勞務。二十四、各級政府發行之債券及依法應課徵證券交易稅之證券。二十五、各級政府機關標售賸餘或廢棄之物資。二十六、銷售與國防單位使用之武器、艦艇、飛機、戰車及與作戰有關之偵訊、通訊器材……。」

13 參見營業稅法第8條第1項第22、29、30、32款規定：「下列貨物或勞務免徵營業稅：二十二、依第四章第二節規定計算稅額之營業人，銷售其非經常買進、賣出而持有之固定資產……二十九、銀行業總、分行往來之利息、信託投資業運用委託人指定用途而盈虧歸委託人負擔之信託資金收入及典當業銷售不超過應收本息之流當品。三十、金條、金塊、金片、金幣及純金之金飾或飾金。但加工費不在此限……三十二、經營衍生性金融商品、公司債、金融債券、新臺幣折款及外幣折款之銷售額。但佣金及手續費不包括在內。」

14 營業稅法第8條第1項第1款：「下列貨物或勞務免徵營業稅：一、出售之土地。」

國境外[15]。倘若係購置外國產品，最終使用地在國內，並非外銷[16]。一般常見的機場免稅店，亦係因爲提供外銷而適用零稅率之營業稅[17]。

二、與外銷有關之勞務，或在國內提供而在國外使用之勞務。反之，倘若勞務係在國外提供而在國內使用，我國實務上傾向將之當作應稅行爲來看待[18]。另外，倘若爲公司收取國外關係企業分攤之管理費，在實務上亦承認可適用零稅率[19]。不過在推理上比較有問題的是，營業稅之應

15 參見財政部75年10月2日台財稅第7564690號函：「農民團體辦理鰻魚外銷之銷售額，依規定適用零稅率，其因外銷支付之航運費等進項稅額，准予申報扣抵或退還。」

16 參見財政部75年10月2日台財稅第7571723號函：「營業人接受國外客戶訂單，約定製造新產品之模具費，由國外客戶負擔，因模具係在國內使用，並未出口，其依約定匯入供購置模具之外匯收入，不適用零稅率之規定，模具製造商製售模具，係屬另一銷售行為，兩者均應分別開立統一發票，依規定徵收率5%課徵營業稅，尚無代收代付之適用。」

17 參見財政部82年8月3日台財稅第821491967號函：「營業人設於國際機場管制區內之營業場所，雖非依『免稅商店設置管理辦法』規定申請設立之免稅商站，惟如所銷售貨物之買受人均為出（過）境之旅客，且其作業程序、營業方式、設立地點及海關查驗報關程序均與依法設立之免稅商店相同，具外銷貨物事實者，其銷售額准憑『載有出（過）境旅客護照號碼之售貨單』作為證明文件，依營業稅法第7條第1款規定申請核准適用零稅率。」

18 財政部85年12月5日台財稅第851926021號函：「主旨：公司提供國際間文件、包裹及貨物戶到戶之快遞運輸勞務，在我國境內所發生之內陸取件及內陸送件勞務收入，應如何課徵營利事業所得稅及營業稅乙案。說明：二、營利事業所得稅方面：（略）。三、營業稅方面：公司代客運送出口之戶到戶快遞文件、包裹及貨物，在我國境內所發生之內陸取件銷售額，如取得外匯，核屬與外銷有關之勞務，應依營業稅法第7條第2款及同法施行細則第11條第2款之規定適用零稅率，惟該內陸取件勞務如未取得外匯者，尚無前開零稅率之適用，應依法課徵營業稅；至於◯◯公司代客運進口之戶到戶快遞文件、包裹或貨物，在我國境內所發生之內陸送件勞務銷售額，應依法課徵營業稅。」

19 財政部97年9月30日台財稅字第09700429580號函：「甲公司提供國外關係企業A公司有關研發、專業知識、技術服務、行銷服務、採購原物料及代訓、聘用、生產與銷售所需人員等勞務，係屬在我國境內銷售勞務，其中依約按A公司或供應商開立案關發票金額之一定百分比向A公司收取之款項，係屬在國內提供而在國外使用之勞務，其銷售額得適用零稅率，則其依約按該公司及其子公司直接發生或分攤之費

稅行爲係貨物或勞務之銷售。國內營業人出售國外專利權及商標權予國內另一營業人之收入，文義上並不在此之內，在我國法制中亦被當作銷售勞務看待[20]。

三、依法設立之免稅商店銷售與過境或出境旅客之貨物[21]。此等貨物或勞務因最終消費者爲出境之旅客，不在境內使用，因而其營業稅以零稅率計算之。此外，離島建設條例第 10 條之 1 第 3 項規定：「離島免稅購物商店銷售貨物，營業稅稅率爲零。」

四、銷售與保稅區營業人供營運之貨物或勞務。本款規定之「貨物」，首先存在有進一步的補充要件[22]。其次，所謂保稅區，在加值型及非加值型營業稅法第 6 條之 1 第 1 項有定義性之規定：「本法所稱保稅區，指政府核定之加工出口區、科學工業園區、農業科技園區、自由貿易港區及海關管理之保稅工廠、保稅倉庫、物流中心或其他經目的事業主管機關核准設立且由海關監管之專區。」進一步來說，這些區域主要指的是關稅法上所規定的保稅倉庫[23]、保稅工廠[24]，物流中心或者根據加工出口區

用及成本計算向A公司收取之款項，雖以分攤管理服務費用之名義收款，惟係屬其提供人力資源收取之代價，應按其檢附之相關交易證明文件，核實認定適用零稅率。」

20 財政部103年11月18日台財稅字第10304022020號令：「國內營業人出售註冊登記於國外之專利權及商標權予國內另一營業人，該勞務係在我國境內提供及使用，核屬在我國境內銷售勞務，其取得之收入應依法課徵營業稅，且非屬外銷有關之勞務，無零稅率規定之適用。」事實上，銷售之客體應為「權利」，既非貨物亦非勞務。如此擴張解釋，不僅違反文義，亦與租稅法律主義之精神有背。

21 參見關稅法第61條第1項：「經營銷售貨物予入出境旅客之業者，得向海關申請登記為免稅商店。」

22 參見加值型及非加值型營業稅法施行細則第7條之1第1項規定：「本法第五條所稱保稅貨物及第七條第八款、第九款所稱貨物，指經保稅區營業人登列於經海關驗印之有關帳冊或以電腦處理之帳冊，以備監管海關查核之貨物。」

23 參見關稅法第58條第1項：「進口貨物於提領前得申請海關存入保稅倉庫。在規定存倉期間內，原貨出口或重整後出口者，免稅。」

24 參見關稅法第59條第1項：「外銷品製造廠商，得經海關核准登記為海關管理保稅工廠，其進口原料存入保稅工廠製造或加工產品外銷者，得免徵關稅。」

管理條例經過經濟部許可的加工出口區、科學園區[25]、農業科技園區、自由貿易港區等場所。保稅區制度之基本精神，在於將特定經管理之區域視爲境外。因此，在若干案例中甚至會發生在區內之融資性租賃契約被容許適用零利率之情形[26]。

五、國際間之運輸。但外國運輸事業在中華民國境內經營國際運輸業務者，應以各該國對中華民國國際運輸事業予以相等待遇或免徵類似稅捐者爲限。

六、國際運輸用之船舶、航空器及遠洋漁船。其中「遠洋漁船」，其是否具有遠洋漁船之性質應以行政院農業委員會所認定者爲準[27]。此外，遠洋漁船之用途在我國實務中尚且受到一定限制[28]。

---

25 參見科學園區設置管理條例第22條第1項及第2項：「（第一項）主管機關得報經行政院核准於園區內，劃定保稅範圍，賦予保稅便利。（第二項）為確保保稅便利，前項保稅範圍內保稅貨品之加工、管理、自行點驗進出區及按月彙報、通關、產品內銷應辦補稅程序及其他應遵行事項之辦法，由主管機關會商財政部定之。」

26 在此主要指的是財政部87年3月26日台財稅第871935491號函：「園區事業○○公司，將其自用機器設備出售與國外租賃公司，再以售後租回之融資租賃方式，將該機器設備留在區內繼續使用，則該公司銷售該機器設備與國外租賃公司所取得之外匯收入，同意比照本部82年8月26日台財稅第821495466號函釋，准憑交易相關證明文件及取得外匯收入之憑證影本申請適用營業稅零稅率。」

27 參見財政部85年11月28日台財稅第851925236號函：「主旨：造船業承造遠洋漁船，在建造期間按期向訂購人收取之建造該遠洋漁船之工程款收入，可憑行政院農業委員會核發之建造文件與漁船建造合約，依營業稅法第7條第6款規定適用零稅率。說明：二、遠洋漁船之建造過程，係由訂購人於向行政院農業委員會申請核准建造後，再與造船廠簽訂建造合約書，並按該會核准之船名、噸位、動力及經營漁業種類等規範建造，始能取得相關船舶登記證及漁業執照，以從事漁撈作業。又遠洋漁船之建造成本不但金額鉅大而且工期較長，該工程款如確屬造船廠銷售遠洋漁船之銷售額，應依主旨規定適用營業稅零稅率；稅捐稽徵機關為掌握該建造完成之漁船是否確供遠洋漁船使用，可視實際需要，自行列管查核。」以及財政部77年9月17日台財稅第770661420號函：「營業稅法第7條第6款及第7款所稱遠洋漁船，應以行政院農業委員會核發漁業證照之100噸以上之漁船為限。」

28 參見財政部81年9月10日台財稅第810838167號函：「○○漁業股份有限公司銷售予○○市漁業管理處供解體之遠洋漁船，既已非供遠洋漁業使用，其銷售額尚無營業

七、銷售與國際運輸用之船舶、航空器及遠洋漁船所使用之貨物或修繕勞務。其中國際運輸航空器之勞務僅限於「修繕[29]」，非修繕之其他勞務提供不在零稅率範圍內[30]。

八、保稅區營業人銷售與課稅區營業人未輸往課稅區而直接出口之貨物[31]。

九、保稅區營業人銷售與課稅區營業人存入自由港區事業或海關管理之保稅倉庫、物流中心以供外銷之貨物。

第三節　銷售額之計算與進項稅額扣抵

壹、銷售額之計算

營業稅在一般之基礎上，乃以貨物、勞務之銷售額作爲其稅基。此等貨物或勞務之價額，原則上係契約兩方當事人私法自治之範疇，本無待規定。不過在實際之法制設計中，我國營業法仍然針對銷售額之計算設有相當繁瑣之規定，大體上可以區分爲一般稅額計算（本法第 14 條以下）以及特種稅額計算（本法第 21 條以下）。

稅法第7條第6款零稅率規定之適用，應依法計課營業稅。」

29 而且，此處所稱「修繕」亦受到嚴格解釋，參見財政部75年7月2日台財稅第7524731號函：「主旨：○○驗船協會臺灣辦事處提供檢驗服務收取之報酬，不適用營業稅法第7條第7款零稅率之規定。說明：該驗船協會在臺之服務項目為：（一）船用材料、機件之檢驗。（二）新船建造中之檢驗。（三）入級船舶之定期檢驗與發證。上述提供項目均為『檢驗』，非屬『修繕』。」

30 財政部賦稅署75年4月3日台稅二發第7522653號函：「○○航勤服務公司之營業收入項目既為提供國際航機落地後或起飛前之地勤服務，並非營業稅法第7條第7款之修繕勞務，其提供之勞務，與同法第7條零稅率之規定不符。」

31 例外就勞務之銷售，財政部91年3月13日台財稅字第0910451529號令：「海關管理之保稅工廠或保稅倉庫銷售勞務與國外客戶，並取得外匯收入者，參照本部91年2月15日台財稅字第0910451090號令，其營業稅准予適用零稅率。」

一、一般稅額計算

所謂一般稅額，乃要求營業人銷售貨物或勞務，除本章第二節另有規定外，均應就銷售額，分別按第 7 條或第 10 條規定計算其銷項稅額，尾數不滿通用貨幣 1 元者，按四捨五入計算（第 14 條第 1 項）。此處所規定之「銷售額」，爲營業人銷售貨物或勞務所收取之全部代價，包括營業人在貨物或勞務之價額外收取之一切費用。但本次銷售之營業稅額不在其內（第 16 條第 1 項）。另外，所銷售貨物如係應徵貨物稅、菸酒稅或菸品健康福利捐之貨物，其銷售額應加計貨物稅額、菸酒稅額或菸品健康福利捐金額在內（第 16 條第 2 項）。另外針對營業人銷售其向非依本節規定計算稅額者購買之舊乘人小汽車及機車，以及國際運輸事業自中華民國境內載運客貨出境者，其銷售額之計算在本法第 15 條之 1 以及第 18 條均設有特別規定，應予以特別留意。

二、特種稅額計算

所謂「特種稅額」，規定依據主要在本法第 21 條：「銀行業、保險業、信託投資業、證券業、期貨業、票券業及典當業，就其銷售額按第十一條規定之稅率計算營業稅額。但典當業得依查定之銷售額計算之。」另外在計算稅額之際，特種飲食業者之銷售額計算機關亦可能依據本法第 22 條依查定之銷售額計算：「第十二條之特種飲食業，就其銷售額按同條規定之稅率計算營業稅額。但主管稽徵機關得依查定之銷售額計算之。」此外，依查定稅額計算銷售額者，尙可能包括本法第23條所規定：「農產品批發市場之承銷人、銷售農產品之小規模營業人、小規模營業人、依法取得從事按摩資格之視覺功能障礙者經營，且全部由視覺功能障礙者提供按摩勞務之按摩業，及其他經財政部規定免予申報銷售額之營業人，除申請按本章第一節規定計算營業稅額並依第三十五條規定申報繳納者外，就主管稽徵機關查定之銷售額按第十三條規定之稅率計算營業稅額。」

貳、進項稅額扣抵

一、進項稅額之概念

加值型及非加值型營業稅法第15條第1項：「**營業人當期銷項稅額，扣減進項稅額後之餘額，爲當期應納或溢付營業稅額**。」以及同法第33條第1款：「營業人以進項稅額扣抵銷項稅額者，應具有載明其名稱、地址及統一編號之左列憑證：一、購買貨物或勞務時，所取得載有營業稅額之統一發票。」等規定，乃我國稅法中，關於持有登載有已納營業稅額銷貨發票之營業人，就應納加值型營業稅額（即所謂「銷項稅額」）及已納稅額（即所謂「進項稅額」）相互間，行使扣抵權利之基礎規定[32]。按加值稅或加值型營業稅作爲一種一般性的消費稅，原則上乃以貨物或勞務終局的消費者作爲眞正意義的稅捐債務人；因此，爲避免對於貨物或勞務生產、流通過程中轉手各方（生產廠商至大盤、大盤至中盤、中盤至小盤、小盤至零售、零售至終局消費者）造成過度之負擔，並符合租稅中立性的要求，因此對於生產交易過程中的各廠商，均容許其以（向前手買入貨物勞務時）已納之稅捐扣抵（將貨物勞務銷售於後手時發生之）應納稅捐，俾以達到「僅就交易過程中增加之價値負擔稅捐」之效果[33]。因此，此一

32 其中銷項稅額之定義於我國法上見諸加值型與非加值型營業稅法第14條第2項：「銷項稅額，指營業人銷售貨物或勞務時，依規定應收取之營業稅額。」進項稅額則規定於同法第15條第3項：「進項稅額，指營業人購買貨物或勞務時，依規定支付之營業稅額。」法國稅法上就進項與銷項稅額雖無立法定義，然在學說及實務上看法與我國法之定義亦相當近似。J. Grosclaude / P. Marchessou, Droit fiscal général, p. 327.; J.-P. Fradin / J.-B. Geffroy, Traité du droit fiscal de l’entreprise, PUF, Paris 2003, pp. 680-691.

33 亦即整體而言，營業人從事營業活動，支付價款購入或進口營業所需之貨物、勞務而向其他營業人取得進項銷貨發票，而將其使用於自身銷售之貨物、勞務後，得將其於進項勞務貨物中已支付之加值型營業稅額，扣抵其應納之銷項稅額，並於租稅申報時結算總計其應納或應退之稅額。在此一扣抵計算之法律關係中，進項銷貨發票所載明之加值型營業稅額（即主張扣抵權之營業人，對其他營業人所已支付之稅額），透過發票之登載及交付，使取得發票之營業人得以就已付之加值稅額行使扣

由廠商行使的抵稅權利，即被稱作為「進項稅額扣抵權[34]」。此一權利在整體稅法制度中，不僅構成加值稅重要之特徵，亦為實務上易於發生重要爭議問題之處。

二、進項稅額之計算

所謂「進項稅額」，係指負擔加值型營業稅繳納義務之營業人，向交易前手購入貨物或勞務時所支付之營業稅額。此可參見本法第 15 條第 3 項規定：「進項稅額，指營業人購買貨物或勞務時，依規定支付之營業稅額。」不過，此一扣抵權利，倘若係發生在交易前後手間出現進貨退出或者折讓而收回之情形時，則應在發生進貨退出或者折讓之當期進項稅額中扣減[35]。此外，在我國營業稅法制度中，此一扣抵權利雖需由負擔營業稅繳納義務之營業人為之，但在稽徵實務上，仍應特別留意本法第 15 條第 1 項後段所稱的應納或溢付營業稅額之計算。原則上，此一稅額之計算係由其銷項稅額扣減進項稅額之餘額而得，不過在營業稅法中，存在若干特別規定。例如，本法第 15 條之 1 第 1 項即規定：「營業人銷售其向非依本節規定計算稅額者購買之舊乘人小汽車及機車，得以該購入成本，按第十條規定之徵收率計算進項稅額；其計算公式如下：

$$\text{進項稅額} = \frac{\text{購入成本}}{1 + \text{徵收率}} \times \text{徵收率}$$

」，即應特別留意。

抵之權利。參見大法官釋字第397號解釋理由書所稱：「加值型營業稅係對貨物或勞務在生產、提供或流通之各階段，就銷售金額扣抵進項金額後之餘額（即附加價值）所課徵之稅，涉及稽徵技術、成本與公平，有其演進之過程。」另見黃源浩，歐洲加值稅之形成及發展——以歐洲法院裁判為中心，月旦法學雜誌，第118期，頁94。

34 參見黃源浩，進項稅額扣抵權之成立及行使，收錄於「稅法學說與判例研究（一）」，翰蘆出版，2012年7月，頁68以下。

35 本法第15條第2項：「營業人因銷貨退回或折讓而退還買受人之營業稅額，應於發生銷貨退回或折讓之當期銷項稅額中扣減之。營業人因進貨退出或折讓而收回之營業稅額，應於發生進貨退出或折讓之當期進項稅額中扣減之。」

參、進項稅額扣抵權行使之要件

營業人在交易過程中，因購入貨物或勞務而支出之進項稅額，原則上均可抵減其銷項稅額。不過，此一抵減權利之行使，應當滿足營業稅法所規定之要件，茲分別說明如次：

一、行使進項稅額扣抵權者，為營業人

加值型營業稅進項稅額扣抵銷項應納稅額之權利，其成立之基礎要件就主觀面向而言，乃在於權利行使之主體爲從事營業活動之「營業人」，而非應稅貨物、勞務終局之消費者[36]：故僅在交易標的之貨物、勞務流通關係之前後兩手均爲「營業人」之情形之下，方有可能發生進項稅額扣抵權[37]。我國加值型及非加值型營業稅法所稱之「營業人」，依該法第6條之規定，係指：「一、以營利爲目的之公營、私營或公私合營之事業。二、非以營利爲目的之事業、機關、團體、組織，有銷售貨物或勞務者。三、外國之事業、機關、團體、組織，在中華民國境內之固定營業場所。四、外國之事業、機關、團體、組織，在中華民國境內無固定營業場所，銷售電子勞務予境內自然人。」負擔繳納義務之「營業人」乃加值稅制中特有之制度，**其並非該一貨物或勞務之直接終局消費者，實際上並不負擔加值稅之納稅義務**[38]，僅因於加值稅銷貨發票上記載收受加值稅款，因而負擔將該等稅款繳納予國庫之義務，然在實質之負擔意義上，其並非嚴格

36 CJCE, 11 juillet 1991, Aff.C-97/60, Lennartz.

37 M. Cozian, Précis de fiscalité des entreprise, p. 363. 就我國法制而言，加值型及非加值型營業稅法上所規定之發票區分為二聯式及三聯式發票，前者以一般之終局消費者為開立對象，後者以從事營業活動之營業人為對象，亦足以達到區分交易前後兩手是否均為營業人之效果。

38 反面言之，倘若營業人針對特定貨物、勞務之購入，雖持有其他營業人開立之發票，然係以與經營活動無關之終局消費者地位使用此等貨物勞務，即無「營業人」之地位矣。CE 21mars 1986, n° 49-823; DF 1986, comm. 1281, concl. Fouquet.; CE 22 nov. 1978, n° 4012, Laurentin, DF 1979, comm. 1522.

意義之「納稅義務人」，此亦為加值稅作為間接稅在租稅負擔面向上最重要之特徵。

二、應提出合法之交易憑證

加值型營業稅進項稅額扣抵權的行使要件之二，在於營業人應當提出合法之交易憑證，特別是載有已納稅額的憑證。本法第 33 條規定：「營業人以進項稅額扣抵銷項稅額者，應具有載明其名稱、地址及統一編號之左列憑證：一、購買貨物或勞務時，所取得載有營業稅額之統一發票。二、有第三條第三項第一款規定視為銷售貨物，或同條第四項準用該條款規定視為銷售勞務者，所自行開立載有營業稅額之統一發票。三、其他經財政部核定載有營業稅額之憑證。」此等交易憑證，首先為交易過程中開立之統一發票，並且在原則上不得有記載「違章補開」事項[39]。至於其他經財政部核定、記載有營業稅額之憑證，實務上包括：營業稅額之海關代徵營業稅繳納證扣抵聯、員工出差取得運輸事業開立之火（汽）車、高鐵、船舶、飛機等收據或票根之影本等。此一憑證，不僅應當合乎規定，同時亦不得取具非實際交易對象所開立之發票，主張進項稅額扣抵權。此可參見行政法院 87 年度 7 月份第一次庭長法官聯席會議決議：「……營業人雖有進貨事實，惟不依規定取得交易對象開立之進項憑證，而取得非交易對象開立之進項憑證，申報扣抵銷項稅額時，該項已申報扣抵之銷項營業稅額顯未依法繳納，仍應依營業稅法第十九條第一項第一款規定，就其取得不得扣抵憑證扣抵銷項稅額部分，追補該項不得扣抵之銷項稅款。又我國現行加值型營業稅係就各個銷售階段之加值額分別予以課稅之多階段銷售稅，各銷售階段之營業人皆為營業稅之納稅義務人。故該非交易對象之人是否已按其開立發票之金額報繳營業稅額，並不影響本件營業人補

39 加值型及非加值型營業稅法施行細則第30條第1項規定：「統一發票扣抵聯經載明『違章補開』者，不得作為扣抵銷項稅額或扣減查定稅額之憑證。但該統一發票係因買受人檢舉而補開者，不在此限。」

繳營業稅之義務。」乃明確指出進項稅額扣抵權之基本前提，乃在於納稅義務人所取具之發票係交易對象所開立[40]。

三、需不屬於不得扣抵之項目

進項稅額之扣抵，基本前提乃在於營業人從事此一交易所支付之稅款，並非以終局消費者之地位消耗此等貨物或勞務，而僅係在交易過程中，將之轉手加值。因此，加值型及非加值型營業稅法第 19 條規定：「（第一項）營業人左列進項稅額，不得扣抵銷項稅額：一、購進之貨物或勞務未依規定取得並保存第三十三條所列之憑證者。二、非供本業及附屬業務使用之貨物或勞務。但爲協助國防建設、慰勞軍隊及對政府捐獻者，不在此限。三、交際應酬用之貨物或勞務。四、酬勞員工個人之貨物或勞務。五、自用乘人小汽車。（第二項）營業人專營第八條第一項免稅貨物或勞務者，其進項稅額不得申請退還。（第三項）營業人因兼營第八條第一項免稅貨物或勞務，或因本法其他規定而有部分不得扣抵情形者，其進項稅額不得扣抵銷項稅額之比例與計算辦法，由財政部定之。」加值稅或加值型營業稅進項稅額扣抵銷項應納稅額之權利，其成立之基礎要件就客觀面向而言，乃在於該一稅額係發生於應稅範圍之營業活動中，而非

40 此外，不實之交易尚可能遭稅捐稽徵機關移送處罰。參見財政部台財稅第09804577370號函：「營業人以不實進項稅額憑證申報扣抵銷項稅額之處罰原則。主旨：一、營業人以不實進項稅額憑證申報扣抵銷項稅額，而觸犯加值型及非加值型營業稅法（以下簡稱營業稅法）第51條第5款規定之案件，參照司法院釋字第337號解釋意旨，應以虛報進項稅額之營業人是否逃漏稅款為處罰要件，與開立憑證者之營業稅申報繳納情形無涉。二、營業人以不實進項稅額憑證申報扣抵銷項稅額之案件，如經查明有進貨事實者，應依營業稅法第19條第1項第1款、第51條第5款及稅捐稽徵法第44條規定補稅及擇一從重處罰；如經查明無進貨事實者，除依營業稅法第15條第1項、第3項及第51條第5款規定補稅處罰外，倘查獲有以詐術或其他不正當方法逃漏稅捐之事證，應依本部95年2月6日台財稅字第09504508090號函發布『稅捐稽徵法第41條所定納稅義務人逃漏稅行為移送偵辦注意事項』規定移送偵辦刑責。」

與經營活動無關之終局消費行爲。針對客觀範圍之判斷，受會計上之撥充法則（principe d'affectation）拘束，**亦即僅限應用於應稅營業部分之進項稅額，方得主張扣抵**。我國加值型及非加值型營業稅法第 19 條第 1 項第 2 款規定，即爲此一原則之具體化規定。[41]。故負擔繳納義務之營業人所實施之營業活動同時有應稅部分及免稅部分時，加值稅進項稅額扣抵權利亦僅就應稅部分之交易價額發生。此一原則，不僅於我國與法國租稅法制中存在，亦爲歐洲法院歷次裁判所明示。是以區別特定貨物、勞務交易關係中，應稅部分與免稅部分之數額所構成之營業額乃於營業稅法制中特別有意義：倘若負擔繳納義務之營業人雖取得發票，然並非用於應稅之營業活動或有排除規定存在時，則自始不生進項稅額扣抵權問題；倘若於稽徵過程中針對特定費用是否爲經營活動所必要發生爭執，原則上係由稅捐稽徵機關就此負擔證明之責任。

在我國稅捐稽徵實務中，進項稅額扣抵之範圍所生之爭執問題多半集中在「非供本業及附屬業務使用之貨物或勞務」此一問題上[42]。必須承認，稅捐稽徵機關在相關解釋函令中所表現出之判斷標準，甚不容易理解。例如營業人辦理業務檢討會之餐費，其進項稅額准予扣抵（財政部 75 年台稅二發字第 7523449 號函），但辦理員工伙食之進項稅額即不准扣抵（財政部 75 年台財稅字第 7526369 號函）。相形之下，供員工使用之衛生紙、香皂、消費品及茶葉等，又准予扣抵（財政部 75 年台財稅字第 7567454 號函）。或如供員工住宿支出之租金、水電瓦斯費，進項不得扣抵（財政部 75 年台財稅字第 7559760 號函），但營業人籌組球隊之費用卻可以扣

41 而法國租稅總法典第L-256-1條，亦即歐洲聯盟1977年有關針對營業額課稅統一稅基之第六號指令第2條之規定內容，亦與此意旨相同：「應納加值稅之行為，乃由繳納義務人或相類之人所實施之有償貨物交付或勞務給付行為」。

42 營業人每期向主管稽徵機關申報營業稅時，如有以購買非供本業及附屬業務使用之貨物或勞務憑證所載之不得扣抵進項稅額、扣抵銷項稅額者，經查獲，將遭依加值型及非加值型營業稅法第51條規定，除追繳稅款外，按所漏稅額處五倍以下罰鍰，詳後述。

抵（財政部 79 年台財稅字第 780713674 號函），只能說這類標準在實務運作中非常紊亂，在實際使用上應當特別留意[43]。

> **Q**：加值型營業稅之稅制設計中，進項稅額扣抵權可謂重要的制度基礎。營業人取得載有已納加值型營業稅稅額之發票，在什麼樣的要件之下可以主張進項稅額扣抵權？並請簡要說明下列營業人所取得發票，均有載明統一編號及營業人名稱，得否主張進項稅額扣抵權？
>
> 1. 股份有限公司召開股東會，購買股東會紀念品所取得發票。
> 2. 百貨公司繳納電費取得發票。
> 3. 取得非交易對象所開發票。
> 4. 公司購買五人座乘人小汽車，列為公司資產。

A：

（一）進項稅額扣抵權之概念

加值型及非加值型營業稅法第 15 條第 1 項：「營業人當期銷項稅額，扣減進項稅額後之餘額，為當期應納或溢付營業稅額。」以及同法第 33 條第 1 款：「營業人以進項稅額扣抵銷項稅額者，應具有載明其名稱、地址及統一編號之左列憑證：一、購買貨物或勞務時，所取得載有營業稅額之統一發票。」等規定，乃我國稅法中，關於持有登載有已納營業稅額銷貨發票之營業人，就應納加值型營業稅額（即所謂「銷項稅額」）及已納稅額（即所謂「進項稅額」）相互間，行使扣抵權利之基礎規定。按加值稅或加值型營業稅作為一種一般性的消費稅，原則上乃以貨物或勞務終局的消費者作為真正意義的稅捐債務人；因此，為避免對於貨物或勞務生產、流通過

43 進一步討論，參見黃源浩，股東會紀念品費用禁止扣抵之溯及效力：評最高行政法院92年度判字第30號判決，收錄於「稅法學說與判例研究（一）」，頁116以下。

程中轉手各方（生產廠商至大盤、大盤至中盤、中盤至小盤、小盤至零售、零售至終局消費者）造成過度之負擔，並符合租稅中立性的要求，因此對於生產交易過程中的各廠商，均容許其以（向前手買入貨物、勞務時）已納之稅捐扣抵（將貨物、勞務銷售於後手時發生之）應納稅捐，俾以達到「僅就交易過程中增加之價值負擔稅捐」之效果。因此，此一由廠商行使的抵稅權利，即被稱作為「進項稅額扣抵權」。

（二）進項稅額扣抵權之要件

1. 行使進項稅額扣抵權者，為營業人。加值型營業稅進項稅額扣抵銷項應納稅額之權利，其成立之基礎要件就主觀面向而言，乃在於權利行使之主體為從事營業活動之「營業人」，而非應稅貨物或勞務終局之消費者。
2. 加值型營業稅進項稅額扣抵權的行使要件之二，在於營業人應當提出合法之交易憑證，特別是載有已納稅額的憑證。本法第 33 條規定：「營業人以進項稅額扣抵銷項稅額者，應具有載明其名稱、地址及統一編號之左列憑證：一、購買貨物或勞務時，所取得載有營業稅額之統一發票。二、有第三條第三項第一款規定視為銷售貨物，或同條第四項準用該條款規定視為銷售勞務者，所自行開立載有營業稅額之統一發票。三、其他經財政部核定載有營業稅額之憑證。」此等交易憑證，首先為交易過程中開立之統一發票，並且在原則上不得有記載「違章補開」事項。
3. 需不屬於不得扣抵之項目。進項稅額之扣抵，基本前提乃在於營業人從事此一交易所支付之稅款，並非以終局消費者之地位消耗此等貨物或勞務，而僅係在交易過程中，將之轉手加值。因此，加值型及非加值型營業稅法第 19 條規定：「（第一項）營業人左列進項稅額，不得扣抵銷項稅額：一、購進之貨物或勞務未依規定取得並保存第三十三條所列之憑證者。二、非供本業及附屬業務使用之貨物或勞務。但為協助國防建設、慰勞軍隊及對政府捐獻者，不在此限。三、交際應酬用之貨物或勞務。四、酬勞員工個人之貨物或勞務。五、自用乘人小汽車。（第二項）營業人專營第八條第一項免稅貨物或勞務者，其進項稅額不得申請退還。（第三項）營業人因兼營第八條第一項免稅貨物或勞務，或因本法其他規定而有部分不得扣抵情形者，其進項稅額不得扣抵銷項稅額之比例與計算辦法，由財政部定之。」

（三）本題情形

1. 股份有限公司召開股東會，購買股東會紀念品所取得發票。不得主張進項稅額扣抵權。最高行政法院 92 年度判字第 30 號判決。
2. 百貨公司繳納電費取得發票。此為營業之必要費用，可以扣抵。
3. 取得非交易對象所開發票，不得主張進項稅額扣抵。此可以參見行政法院 87 年度 7 月份第一次庭長法官聯席會議決議。
4. 公司購買五人座乘人小汽車，列為公司資產，不得主張進項稅額扣抵，參見本法第 19 條第 1 項第 5 款。

第四節　統一發票制度與稽徵程序

壹、統一發票的要式規定

一、形式課稅原則之適用：開立發票及申報義務之履行

雖然於一般稅法領域之中，稅捐稽徵之權利義務關係所側重者乃納稅義務人應稅經濟活動之實質經濟上意義，當租稅債務人所從事之交易活動於法律形式上之外觀與經濟上之實質不一致時，稅捐稽徵機關甚或司法機關所採認者，通常爲該等應稅行為經濟上之實質意義，而非形式上之意義，是爲「實質課稅原則」（le réalisme du droit fiscal）。然則，於加值稅之稽徵範圍，尤其稅捐債權之成立及行使，所適用者並非完全之實質課稅要求。亦即，某些交易關係在稅法上之評價並未考慮經濟活動之實質意

義，而著重特定行為在法律形式上所發生之意義或法定要式之要求，是為所謂「形式課稅原則」（le formalisme du droit fiscal）適用之範疇。蓋於加值型營業稅之稽徵關係中，實際之納稅義務人、營業人與國家機關間之關係大體而言較諸所得稅或其他間接稅複雜。其原因主要來自各國加值稅或加值型營業稅之法制中，對營業人多半課予其諸多金錢給付義務以外之義務，俾以維持加值稅稽徵制度之有效運作；甚或在加值稅稽徵之直接目的以外，亦可能容有財政功能以外之其他效果。而其中與交易活動中之加值計算有關者，主要在於交易活動中憑證（發票）之開立及取得，並以向稅捐稽徵機關提出申報作為權利行使之前提要件。是故，我國加值型及非加值型營業稅法第 19 條第 1 款乃規定：「營業人左列進項稅額，不得扣抵銷項稅額：一、購進之貨物或勞務未依規定取得並保存第三十三條所列之憑證者。」乃以持有一定之憑證，尤其載有加值稅額之發票（或統一發票）[44] 作為行使扣抵權之前提，即可當作此一形式主義於我國稅制中主要之表現。

二、非直接交易對象所開立之發票，無進項稅額扣抵權之可言

加值稅制中形式主義之展現不僅表現於行使進項稅額扣抵權利之要式要求，更在於進項發票之開立人，於各國法制中或多或少被要求必須係主張扣抵權利之營業人交易關係之前手；倘若取得者，乃非直接交易對象所開立之發票，則持有發票之營業人即便確於交易關係中支出並申報進項營

---

44 在我國稱統一發票，蓋以其係以國家機關所要求之統一格式印製故耳。參見加值型及非加值型營業稅法第32條第4項：「統一發票，由政府印製發售，或核定營業人自行印製，或由營業人以網際網路或其他電子方式開立、傳輸或接收；其格式、記載事項與使用辦法，由財政部定之。」至於法國法上關於加值稅發票雖未要求依統一之格式印製，然其亦受有嚴格之形式及登載內容要求。J. Grosclaude / P. Marchessou, Droit fiscal général, p. 340. 至於就進口貨物之進項稅額扣抵，於法國稅法上係以進口報單（la déclaration d'importation）代替進項發票，見CE 16 févr. 2001, n° 195-718, Sté Precision Castparts Corporation France.

業稅額，亦無主張進項稅額扣抵權利之餘地[45]。於法國法上，此一嚴格之形式主義可由稅捐爭訟實務上，中央行政法院之一連串裁判中清楚得知，如：「在沒有銷貨發票之情形下，任何扣抵權利均不可能發生，即使交易關係確實存在亦然。」而營業人不僅應持有發票，且該作爲扣抵憑證之發票應依法定程式記載，倘有所欠缺而構成形式上之瑕疵者，亦無從主張扣抵。然應予特別留意者，乃作爲形式課稅原則所適用之主要範圍之一，然而並不表示於此一領域之中僅有形式課稅，毫無實質課稅原則之適用可能性。蓋加值稅領域中構成實質課稅原則例外之部分，乃以偏惠於國庫或稅捐稽徵機關之稽徵作業作爲其常態，並非意味著在加值稅之領域之中，適用者爲完全與實際狀況脫節之形式要求：負擔加值稅繳納義務之營業人倘若持有形式上合乎要求之發票，然實際上根本未有交易行爲發生或者其內容與發票登載者不符，仍構成進項稅額扣抵權被排斥適用之原因[46]。故所謂形式課稅，僅展現在加值稅發票之嚴格要式以及債務人之判斷二方面：無論何人，只要在加值稅發票上記載加值稅額，即成爲負擔加值稅繳納義務之債務人；沒有合乎格式要求之銷貨發票，任何扣抵權利均不能發生。

三、收銀機使用統一發票

在商業交易實務中，統一發票之使用固然使稅捐稽徵機關在營業稅稽查報繳之關係中取得一定程度之便利，然開立發票要求將交易品項逐筆載明，經常對營業人而言造成重大之交易手續上負擔。爲此，出於考慮減輕營業人負擔之考量，營業稅法乃設置收銀機使用統一發票制度，以代替逐筆開立發票。此可參見本法第 32 條第 5 項規定：「主管稽徵機關，得核定營業人使用收銀機開立統一發票，或以收銀機收據代替逐筆開立統一發

45 參前引行政法院87年度7月份第一次庭長法官聯席會議決議。

46 CE Plén. 6 déc. 1985, n° 33-193, Garage Castésien.; M. Cozian, Précis de fiscalité des entreprise, pp. 364-365. 於我國法制中，此經常為加值型營業稅法制中虛報進項稅額等爭議之來源。

票；其辦法由財政部定之。」

貳、營業稅稽徵

一、概說

加值型營業稅之稽徵，雖然在一般性的基礎上認爲因各營業人彼此之申報繳納稅捐具有相互之勾稽效果，較難以逃漏稅捐。但是，這並不表示營業稅的稽徵程序也是相同地簡便。相反地，由於營業稅之課徵有賴於營業人資格（及稅籍）之取得、統一發票之使用、帳簿之設置及憑證之開立等具體措施，這使得營業稅之課徵先天性地展現出相對於其他稅目較爲複雜的特徵，例如，爲了確保營業人在從事交易活動之際，均會開立發票交付於買受人，確保統一發票之使用及索取，即成爲稅捐稽徵實務中重要之議題[47]。

二、加值型營業稅自動報繳稽徵程序

（一）稅籍登記之義務

國家機關針對交易之活動所產生之經濟上利益所課徵之稅目，爲營業稅。與所得稅並不相同者，乃在於營業稅以營業行爲或消費行爲作爲課稅之基礎，乃以負擔納稅義務之營業額作爲計算之依據。惟營業行爲不同於其他行爲，以市場之存在作爲其前提，國家機關爲維持市場之秩序及交易關係之順暢，故在營業稅法中除一般性之納稅義務之外，亦廣泛包括各式協力義務以幫助稅賦之徵收，此等義務，亦與所得稅法上課諸自然人

47 特別可以參見加值型及非加值型營業稅法第44條規定：「（第一項）財政部指定之稽查人員，查獲營業人有應開立統一發票而未開立情事者，應當場作成紀錄，詳載營業人名稱、時間、地點、交易標的及銷售額，送由主管稽徵機關移送法院裁罰。（第二項）前項紀錄，應交由營業人或買受人簽名或蓋章。但營業人及買受人均拒絕簽名或蓋章者，由稽查人員載明其具體事實。」

單純之申報義務，有內容上之重大差異[48]。營業稅法上所定之協力義務之一，在於設籍之義務，乃要求營業人（Unternahmer）須經過登記方得從事營業行爲。加值型及非加值型營業稅法第 28 條規定：「營業人之總機構及其他固定營業場所，應於開始營業前，分別向主管稽徵機關申請稅籍登記[49]。」此爲營業稅法上納稅義務人之設籍義務。設籍登記並非取得法律上人格之手段，與營業主體私法上之地位無涉，僅爲稅捐稽徵機關徵收稅捐管理方便而設，而營業人係指從事「銷售貨物、勞務及進口貨物」（加值型及非加值型營業稅法第 1 條），其法律上之組織態樣，可能爲自然人、法人或合夥，均應依登記取得統一之稅籍後方得從事營業[50]。就違反設籍義務言，包括營業人未經登記而從事營業行爲，以及經登記之營業事項有不實時，均有裁罰之規定。前者係依加值型及非加值型營業稅法第 45 條：「營業人未依規定申請稅籍登記者，除通知限期補辦外，並得處新臺幣三千元以上三萬元以下罰鍰；屆期仍未補辦者，得按次處罰。」後者則依同法第 46 條規定：「營業人有下列情形之一者，除通知限期改正或補辦外，並得處新臺幣一千五百元以上一萬五千元以下罰鍰；屆期仍未改正或補辦者，得按次處罰：一、未依規定申請變更、註銷登記或申報暫停營業、復業。二、申請營業、變更或註銷登記之事項不實。」未辦登記，導致機關無法就營業之營業額爲完整之調查時，則有推計之效果，稅捐稽徵機關得依查得之資料逕爲核定（加值型及非加值型營業稅法第 43

48 參見黃源浩，營業稅法上的協力義務及違反義務的法律效果，收錄於「稅法學說與判例研究（一）」，頁33以下。

49 當然，這一義務並非不存在著例外。參見加值型及非加值型營業稅法第29條規定。

50 不僅如此，即令營業狀態發生異動之際，亦有登記義務。參見加值型及非加值型營業稅法第30條：「（第一項）營業人依第二十八條及第二十八條之一申請稅籍登記之事項有變更，或營業人合併、轉讓、解散或廢止時，均應於事實發生之日起十五日內填具申請書，向主管稽徵機關申請變更或註銷稅籍登記。（第二項）前項營業人申請變更登記或註銷登記，應於繳清稅款或提供擔保後為之。但因合併、增加資本、營業地址或營業種類變更而申請變更登記者，不在此限。」以及第31條：「營業人暫停營業，應於停業前，向主管稽徵機關申報核備；復業時，亦同。」

條第 1 項第 3 款）。

惟在實務上引起困難者，乃在於公司雖已爲營業登記，並經稅捐稽徵主管機關准其設籍課稅，然未經目的事業主管機關發給目的事業許可執照而從事營業行爲，得否依營業稅法之規定加以裁罰？財政部 75 年 7 月 24 日台財稅第 7556622 號函指出：「公司組織之營業人，於開始營業前，已依營利事業統一發證辦法之規定申請營業登記，並經稅捐單位核准設籍課稅，但未完成統一發證手續，辦妥營利事業登記前，即行營業，此與營利事業統一發證辦法固有未合；惟事實上稅捐單位既已准其設籍課稅，即不宜再依營業稅法第 45 條之規定處罰。至於營業人未辦妥營利事業登記，倘係因與其他法令規定不合而未獲其主管機關核准，則其先行營業之行爲，各該主管機關尚非不得依其他相關法令予以處罰。應參照該部意見辦理。」故此時原則上不生違反設籍義務問題，乃各該主管機關尚非不得依其他相關法令予以處罰之問題。而辦理設籍登記後，倘營利事業另行辦理註銷登記後又於註銷期間續行從事該一營業，亦屬營業稅法第 45 條之適用範圍（財政部 83 年 1 月 4 日台財稅第 821506638 號函）。

（二）設置帳簿（Bücher）及會計紀錄（Aufzeichnungen）義務

於營業稅稽徵之權利義務關係中，爲使營業人銷售貨物或勞務之營業額有效對稅捐稽徵機關揭露，營業稅法規定營業人應設置帳冊（Buchstelle），並且於一定期限內送交主管機關驗印，俾證明帳冊記載之眞實及連續。惟在我國營業稅法中，法律本文並未有強制性之規定納稅義務人需設置帳簿，僅在營業稅法施行細則第32條第1項有所規定：「營業人依本法第二十三條及第二十四條第一項規定申請改按本法第四章第一節規定計算稅額者，主管稽徵機關應於一個月內核定。該營業人應於主管稽徵機關指定變更課稅方式之月一日起，依照規定使用統一發票、設置帳簿，並依本法第三十五條規定按期自行申報納稅。」倘若該一納稅義務人應設置帳簿而未設置帳簿，並未有直接之營業稅法上裁罰效果，故此一義務，認眞嚴格言之並非營業稅法上之義務。

雖就營業稅法條文加以觀察，難以導出設置帳簿及會計紀錄之強制效力，然而吾人尚不得因此遽而推論，謂營業稅法乃帳簿及會計紀錄絕跡之處。首按納稅義務人已設置帳簿，然未於法定期限之內將帳簿送交主管機關驗印者，營業稅法即設有裁罰之規定。此可見諸營業稅法第 46 條之規定：「營業人有下列情形之一者，除通知限期改正或補辦外，並得處新臺幣一千五百元以上一萬五千元以下罰鍰；屆期仍未改正或補辦者，得按次處罰：一、未依規定申請變更、註銷登記或申報暫停營業、復業。二、申請營業、變更或註銷登記之事項不實。」而得知。未設帳簿，導致稅捐稽徵機關無法正確探知或稽核課稅構成要件事實者，營業稅法第 43 條亦規定：「（第一項）營業人有下列情形之一者，主管稽徵機關得依照查得之資料，核定其銷售額及應納稅額並補徵之：一、逾規定申報限期三十日，尚未申報銷售額。二、未設立帳簿、帳簿逾規定期限未記載且經通知補記載仍未記載、遺失帳簿憑證、拒絕稽徵機關調閱帳簿憑證或於帳簿爲虛僞不實之記載。三、未辦妥稅籍登記，即行開始營業，或已申請歇業仍繼續營業，而未依規定申報銷售額。四、短報、漏報銷售額。五、漏開統一發票或於統一發票上短開銷售額。六、經核定應使用統一發票而不使用。（第二項）營業人申報之銷售額，顯不正常者，主管稽徵機關，得參照同業情形與有關資料，核定其銷售額或應納稅額並補徵之。」而稅捐稽徵機關依查得資料而核定應納稅額之結果，往往即爲不利益之結果。是以在實際之結果上，吾人仍可斷言營業稅法上亦存在一定之設帳義務，或至少得將之當作一般性之租稅協力義務加以觀察。

（三）使用統一發票等憑證之義務

爲便利稽徵機關核算營利事業之營業額，在我國營業稅法中特別創設統一之銷售憑證，即統一發票，用以作爲營業額之課徵基礎。除經財政部核定之小規模營利事業得以免用統一發票者外，均應開立並交付統一發票。營業稅法第 32 條第 1 項首先規定：「營業人銷售貨物或勞務，應依本法營業人開立銷售憑證時限表規定之時限，開立統一發票交付買受人。

但營業性質特殊之營業人及小規模營業人，得製發普通收據，免用統一發票。」故合於營業稅法所規範之營業行為，均有使用發票之義務。惟違反統一發票之使用義務者，依其違反之態樣有下列不同之效果。例如加值型及非加值型營業稅法第 44 條第 1 項規定：「財政部指定之稽查人員，查獲營業人有應開立統一發票而未開立情事者，應當場作成紀錄，詳載營業人名稱、時間、地點、交易標的及銷售額，送由主管稽徵機關移送法院裁罰。」於實務上，漏開發票之行為經查獲則常係依稅捐稽徵法第 44 條之規定：「應就其未給予憑證……經查明認定之總額，處百分之五罰鍰。」或依加值型及非加值型營業稅法第 52 條規定：「（第一項）營業人漏開統一發票或於統一發票上短開銷售額，於法定申報期限前經查獲者，應就短漏開銷售額按規定稅率計算稅額繳納稅款，並按該稅額處五倍以下罰鍰。但處罰金額不得超過新臺幣一百萬元。（第二項）營業人有前項情形，一年內經查獲達三次者，並停止其營業。」

（四）自動申報之義務

所謂自動申報，係指營業人在營業稅稽徵之法律關係中，應自動向稅捐稽徵機關申報說明其銷售狀況、陳報統一發票之使用情形。加值型及非加值型營業稅法第 35 條第 1 項規定：「營業人除本法另有規定外，不論有無銷售額，應以每二月為一期，於次期開始十五日內，填具規定格式之申報書，檢附退抵稅款及其他有關文件，向主管稽徵機關申報銷售額、應納或溢付營業稅額。其有應納營業稅額者，應先向公庫繳納後，檢同繳納收據一併申報。」違反此一義務者，則依同法第 49 條之規定課處滯報金及怠報金：「營業人未依本法規定期限申報銷售額或統一發票明細表，其未逾三十日者，每逾二日按應納稅額加徵百分之一滯報金，金額不得少於新臺幣一千二百元，不得超過新臺幣一萬二千元；其逾三十日者，按核定應納稅額加徵百分之三十怠報金，金額不得少於新臺幣三千元，不得超過新臺幣三萬元。其無應納稅額者，滯報金為新臺幣一千二百元，怠報金為新臺幣三千元。」

三、查定課徵程序

營業稅課徵，除由納稅義務人按期自動申報繳納以外，亦存在第二種稽徵類型，亦即由主管稽徵機關查定計算營業稅稅額之營業人。首先，有稅捐稽徵機關按季每三個月查定課稅者，主要規定於營業稅法第 40 條第 1 項：「依第二十一條規定，查定計算營業稅額之典當業及依第二十三條規定，查定計算營業稅額之營業人，由主管稽徵機關查定其銷售額及稅額，每三個月塡發繳款書通知繳納一次[51]。」此外，亦有按月查定者，規定於同條第 2 項：「依第二十二條規定，查定計算營業稅額之營業人，由主管稽徵機關查定其銷售額及稅額，每月塡發繳款書通知繳納一次[52]。」

四、繳納、溢付稅額退還或留抵、滯納金

營業稅之稽徵繳納過程中，倘若作爲繳納義務人之營業人有溢繳情形時，得依法請求退還。此一制度乃具有公法上不當得利之特殊規定性質，而在營業稅法中設有直接規定，亦即本法第 39 條第 1 項規定：「營業人申報之左列溢付稅額，應由主管稽徵機關查明後退還之：一、因銷售第七條規定適用零稅率貨物或勞務而溢付之營業稅。二、因取得固定資產而溢付之營業稅。三、因合併、轉讓、解散或廢止申請註銷登記者，其溢付之營業稅。」在稅額溢付之情形中，營業人因而取得向稅捐稽徵機關請求返還已納稅款之權利。然而，稅捐債權債務關係經常存在著複雜之態樣，倘若營業人因本項以外之事由另外對於稅捐稽徵機關負有稅捐債務者，則稅額之退還經常不若容許營業人主張債權債務關係之抵銷較爲簡便。爲此，本法第 39 條第 2 項乃規定：「前項以外之溢付稅額，應由營業人留抵應納營業稅。但情形特殊者，得報經財政部核准退還之。」此一留抵規定，當係公法上債權債務關係抵銷之特別規定，其抵銷之客體僅限於營業人

---

51 主要包括銷售農產品之小規模營業人、農產品批發市場之承銷人、一般小規模營業人、經核定免予申報銷售額之營業人以及典當業。

52 主要適用於營業額較高之特種飲食業。

之應納營業稅款[53]。又在實務上，此一規定之抵用對象多半係下期應納稅額，解釋上僅有兩個月的提前清償利益，似亦未有容許營業人主張遲延利息之空間。

第五節　罰則

壹、概說

負擔營業稅繳納義務之營業人，倘若未能依據營業稅法及相關法律之規定履行其各項義務者，除可能遭稅捐稽徵機關以違反協力義務爲由推計估算其應納稅額之外，尙可能遭到行政處罰，此乃本法第 45 條以下罰則規定之基本原因。大體上，**營業稅法上之裁罰規定，可依其性質概分爲「行爲罰」與「漏稅罰」兩大類**。前者指違反各種營業稅法上課予營業人之作爲、不作爲義務而受處罰之求行，後者則指因違法行爲肇生逃漏稅捐效果，因而由稅捐稽徵機關依其所漏稅款按一定比例裁處之處罰。兩者

53 此外，留抵稅額亦得作為罰鍰之擔保。財政部83年12月23日台財稅第831628091號函：「○○公司重複申報扣抵銷項稅額，經○○市稅捐稽徵處依營業稅法規定補稅處罰，並對該公司部分財產禁止處分後，該公司申請以營業稅累積留抵稅額相當之金額提供擔保，要求免予禁止財產處分乙案，准予受理。說明：二、查稅捐稽徵法第11條之1規定：『本法所稱相當擔保，係指相當於擔保稅款之左列擔保品……四、其他經財政部核准，易於變價及保管，且無產權糾紛之財產。』次查營業稅法第39條第2項規定之留抵稅額，係納稅義務人依營業稅法規定之稽徵程序而溢付之營業稅，該項留抵稅額，依同條項規定，應由營業人留抵應納營業稅，情形特殊者，得報經財政部核准退還之。故該公司申請以營業稅累積留抵稅額相當之金額作為依營業稅法規定補徵之稅額及罰鍰之擔保，尚符合稅捐稽徵法第11條之1所稱相當擔保。三、至本案行政救濟確定後如有應補繳稅款，可否准該公司以該項留抵稅額抵繳乙節，經查『營業人短漏報應納營業稅額，於依稅捐稽徵法第48條之1規定補報並補繳所漏稅款時，其應補繳之稅款准以累積留抵稅額抵繳』，業經本部83年10月19日台財稅第831615281號函釋有案，本案行政救濟確定後，如有應補繳稅款，得參照上開函釋規定辦理。」

在分類上，均具有行政罰之性質，因此所適用之法律，除營業稅法之規定外，尚應適用行政罰法之相關規定[54]。

貳、一罪不二罰：行爲罰與漏稅罰之吸收關係

在營業稅稽徵範圍中，漏稅罰與行爲罰之裁處應當特別留意者，乃二者間具有「一事不二罰」原則之適用。在此可特別參見司法院大法官釋字第503號：「納稅義務人違反作爲義務而被處行爲罰，僅須其有違反作爲義務之行爲即應受處罰；而逃漏稅捐之被處漏稅罰者，則須具有處罰法定要件之漏稅事實方得爲之。二者處罰目的及處罰要件雖不相同，惟其行爲如同時符合行爲罰及漏稅罰之處罰要件時，除處罰之性質與種類不同，必須採用不同之處罰方法或手段，以達行政目的所必要者外，不得重複處罰，乃現代民主法治國家之基本原則。是違反作爲義務之行爲，同時構成漏稅行爲之一部或係漏稅行爲之方法而處罰種類相同者，如從其一重處罰已足達成行政目的時，即不得再就其他行爲併予處罰，始符憲法保障人民權利之意旨。本院釋字第三五六號解釋，應予補充[55]。」例如營業人未經商業登記而營業，其所從事之交易無法依營業稅法之規定開立統一發票，

54 主要包括裁罰權之消滅時效、裁罰前之陳述意見等。特別是行政罰法第42條規定：「行政機關於裁處前，應給予受處罰者陳述意見之機會。但有下列情形之一者，不在此限：一、已依行政程序法第三十九條規定，通知受處罰者陳述意見。二、已依職權或依第四十三條規定，舉行聽證。三、大量作成同種類之裁處。四、情況急迫，如給予陳述意見之機會，顯然違背公益。五、受法定期間之限制，如給予陳述意見之機會，顯然不能遵行。六、裁處所根據之事實，客觀上明白足以確認。七、法律有特別規定。」

55 行政罰法第24條，針對單一行為同時構成二以上構成要件之情形，規定為：「（第一項）一行為違反數個行政法上義務規定而應處罰鍰者，依法定罰鍰額最高之規定裁處。但裁處之額度，不得低於各該規定之罰鍰最低額。（第二項）前項違反行政法上義務行為，除應處罰鍰外，另有沒入或其他種類行政罰之處罰者，得依該規定併為裁處。但其處罰種類相同，如從一重處罰已足以達成行政目的者，不得重複裁處。（第三項）一行為違反社會秩序維護法及其他行政法上義務規定而應受處罰，如已裁處拘留者，不再受罰鍰之處罰。」亦仿刑法想像競合之例，從一重處斷。

我國過去行政實務上，均罰以「未依規定申請稅籍登記」（營業稅法第45條）及「未開立憑證」（同法第49條）及「漏稅」（同法第51條）之重複處罰。但在前述大法官釋字第503號解釋生效以後，對於稅法實務上之「漏稅罰」及「行爲罰」之競合，認應從一重處斷，亦即以較重之處罰吸收較輕之處罰，而不得予以營業人重複處罰[56]。

參、行爲罰

一、未辦理稅籍登記之處罰

營業人從事營業活動應納營業稅，其基本前提在於營業人負有設籍、設帳、使用憑證之義務。倘若有所違反，當應受處罰。此可參見本法第45條規定：「營業人未依規定申請稅籍登記者，除通知限期補辦外，並得處新臺幣三千元以上三萬元以下罰鍰；屆期仍未補辦者，得按次處罰。」又本條之規定，重點在於創設營業人主動作爲之義務，應認爲具有怠金之性質，並非嚴格意義之罰鍰，因此在解釋上得以連續處罰。此外，經稅捐機關准予設籍課稅但未辦妥營業登記即行營業，實務上可以免予處罰[57]。另方面，倘若營業人註銷稅籍登記之後遭查獲有營業行爲，亦得依

56 行為人之單一行為在稅法處罰上，不應當受到重複評價的「一罪不二罰」要求，不僅在我國實務上存在，在歐洲人權公約中也存在。歐洲人權公約第七議定書第4條第1項規定：「任何人不得在同一國家司法權限內對於依照該國的法律及刑事程序對已被最後判定無罪或有罪的判決而再次受到刑事程序的判決或懲罰。」條文雖然規定「刑事判決」，但事實上稅務行政處罰亦有適用，此可參見歐洲人權法院CEDH 16 2009, n° 13079/03, Ruotsalainen c/ Finland. 一案判決。中文文獻，參見黃源浩，歐洲人權公約與納稅人權利保護，財稅研究，第47卷第6期，頁148以下。

57 法務部75年6月16日法參字第7077號函復略以：「公司組織之營業人，於開始營業前，已依營利事業統一發證辦法之規定申請營業登記，並經稅捐單位核准設籍課稅，但未完成統一發證手續，辦妥營利事業登記前，即行營業，此與營利事業統一發證辦法固有未合；惟事實上稅捐單位既已准其設籍課稅，即不宜再依營業稅法第45條之規定處罰。至於營業人未辦妥營利事業登記，倘係因與其他法令規定不合而未獲其主管機關核准，則其先行營業之行為，各該主管機關尚非不得依其他相關法

本條裁處之[58]。

二、未辦理變更登記之處罰

營業人經稅籍登記後，倘若有變更事項應登記而未登記變更，或者帳簿應送驗印而未送者，亦有處罰。本法第46條規定：「營業人有下列情形之一者，除通知限期改正或補辦外，並得處新臺幣一千五百元以上一萬五千元以下罰鍰；屆期仍未改正或補辦者，得按次處罰：一、未依規定申請變更、註銷登記或申報暫停營業、復業。二、申請營業、變更或註銷登記之事項不實。」

三、未依核定使用統一發票

營業稅之課徵與統一發票之開立有不可分之關係，漏開或未開發票，均足導致營業額計算之錯誤，因此本法設有處罰規定，以確保此一義務之履行。此可參見本法第47條規定：「納稅義務人，有下列情形之一者，除通知限期改正或補辦外，並得處新臺幣三千元以上三萬元以下罰鍰；屆期仍未改正或補辦者，得按次處罰，並得停止其營業：一、核定應使用統一發票而不使用。二、將統一發票轉供他人使用。三、拒絕接受營業稅繳款書。」此一使用發票之義務，乃營業稅法上協力義務之一種，倘若未予履行，即可能發生推估營業額之問題[59]。不過在實務上，應特別留意者乃營業人雖已核定使用統一發票，但未領用，實際上亦無經營活動者，得以免罰[60]。此外，應開二聯式發票誤開爲三聯式發票，亦得依本條

令予以處罰。」

58 財政部83年1月4日台財稅第821506638號函。

59 財政部82年8月4日台財稅第821493201號函：「營業人經核定使用統一發票並按營業稅法第四章第一節規定計算稅額而不使用者，主管稽徵機關應按稅率5%計算銷項稅額，扣抵其進項稅額後予以補徵稅款，並依營業稅法第47條之規定予以處罰。」

60 財政部78年4月7日台財稅第780079908號函。

規定處罰[61]，金額錯誤之誤開發票，亦有受罰之可能[62]。

四、開立統一發票未按規定記載

營業人雖已依規定在交易過程中開立統一發票，但發票作爲一強調嚴格要式之交易憑證，倘若記載不實，亦有處罰。此參見本法第48條規定：「（第一項）營業人開立統一發票，應行記載事項未依規定記載或所載不實者，除通知限期改正或補辦外，並按統一發票所載銷售額，處百分之一罰鍰，其金額不得少於新臺幣一千五百元，不得超過新臺幣一萬五千元。屆期仍未改正或補辦，或改正或補辦後仍不實者，按次處罰。（第二項）前項未依規定記載或所載不實事項爲買受人名稱、地址或統一編號者，其第二次以後處罰罰鍰爲統一發票所載銷售額之百分之二，其金額不得少於新臺幣三千元，不得超過新臺幣三萬元。」本條規定，在實務上較大之問題在於取得虛設行號所開立之發票的處罰問題。這主要可以參見財政部84年3月24日台財稅第841614038號函：「關於營業人有進貨事實而取得虛設行號開立之發票申報扣抵銷項稅額案件，如該營業人能證明確有支付進項稅額予實際銷貨人，且經查明開立發票之虛設行號已依規定按期申報進、銷項資料，並按其申報之應納稅額繳納者，可依本部83年7月9日台財稅第831601371號函說明二（一）2規定辦理。說明：二、按營業人有進貨事實而取得虛設行號開立之發票申報扣抵銷項稅額者，如該營業人能證明確有支付進項稅額予實際銷貨之營業人，並經稽徵機關查明該稅額已依法報繳者，除應依稅捐稽徵法第44條規定處以行爲罰外，尚應依營業稅法第19條第1項第1款規定，就其取得不得扣抵憑證扣抵銷項稅額部分，追補稅款，不再處漏稅罰，前經本部83年7月9日台財稅

61 財政部78年3月16日台財稅第781142042號函。

62 財政部89年11月7日台財稅第890457667號函：「營業人開立統一發票金額書寫錯誤，未依統一發票使用辦法第24條規定作廢重開，除涉及依營業稅法第51條及第52條規定處罰者外，應依營業稅法第48條第1項規定處罰。」

第 831601371 號函說明二（一）2 核釋在案。」而在實務上，重點均在於是否實際支付進項稅額，倘若納稅義務人確能證明有實際支付者，亦有免罰之可能。參見財政部 84 年 5 月 23 日台財稅第 841624947 號函：「主旨：檢送本部賦稅署 84 年 5 月 5 日召開『研商營業人取得出借牌照營造廠商開立之不實發票違章案件查核及執行相關事宜』會議紀錄乙份，請依會議結論辦理。會議結論：（一）關於『東林專案』、『清塵專案』，營業人取得出借牌照營造廠商開立之發票案件，應依左列規定辦理：1. 建築業之營業人如有建築房屋之事實，而因礙於建築法令之規定，取得出借牌照營造廠商開立之發票充作進項憑證，且該營造廠商已依法報繳營業稅者，應依本部 83 年 7 月 9 日台財稅第 831601371 號函說明二（二）2 規定辦理，即除應依營業稅法第 19 條第 1 項第 1 款規定追補稅款及依稅捐稽徵法第 44 條規定處行爲罰外，得免依營業稅法第 51 條第 5 款規定處漏稅罰。2. 如前述營造廠商無出借牌照事實而純係出售發票謀取不法利益，並經法院判決確定者，則仍應對該取得不實發票之營業人，依本部 83 年 7 月 9 日台財稅第 831601371 號函說明二（一）2 規定及本部 84 年 3 月 24 日台財稅第 841614038 號函規定辦理，即除應依稅捐稽徵法第 44 條規定處行爲罰外，如該營業人能證明確有支付進項稅額予實際銷貨之營業人，並經稽徵機關查明開立發票之營造廠商已依規定按期申報進、銷項資料，並按其申報之應納稅額繳納者，得依營業稅法第 19 條第 1 項第 1 款規定追補稅款，免依營業稅法第 51 條第 5 款規定處漏稅罰，否則，應依營業稅法第 51 條第 5 款規定補稅並處罰。」

五、未申報銷售額之處罰

營業稅係以營業額作爲課稅之基礎，因此負擔繳納義務之營業人，倘若未申報其營業額或銷售額者，亦有處罰。此參見本法第 49 條規定：「營業人未依本法規定期限申報銷售額或統一發票明細表，其未逾三十日者，每逾二日按應納稅額加徵百分之一滯報金，金額不得少於新臺幣一千二百元，不得超過新臺幣一萬二千元；其逾三十日者，按核定應納稅額加徵百分之三十怠報金，金額不得少於新臺幣三千元，不得超過新臺幣三萬元。其無應納稅額者，滯報金爲新臺幣一千二百元，怠報金爲新臺幣三千元。」按本條之滯報金、怠報金，與罰鍰相同，均得以作爲行政執行之事由。又此一滯報金、怠報金之計算，如期間末日適逢週六、日，可延至週一起算[63]。

六、滯納之處罰

爲確保前述滯納金、怠報金制度之運作，避免營業人拖延怠惰，倘滯納達一定日期以上者，得以停止其營業[64]。此參見本法第50條：「（第一項）納稅義務人逾期繳納稅款者，應自繳納期限屆滿之次日起，每逾二日按滯納之金額加徵百分之一滯納金；逾三十日仍未繳納者，除移送強制執行外，並得停止其營業。但因不可抗力或不可歸責於納稅義務人之事由，致不能於法定期間內繳清稅捐，得於其原因消滅後十日內，提出具體證明，向稽徵機關申請延期或分期繳納經核准者，免予加徵滯納金。（第二項）前項應納稅款，應自滯納期限屆滿之次日起，至納稅義務人自動繳納或強制執行徵收繳納之日止，依郵政儲金一年期定期儲金固定利率，按日計算利息，一併徵收[65]。」

63 財政部79年9月21日台財稅第790309219號函。

64 停止營業，應留意本法第53條第1項規定：「主管稽徵機關，依本法規定，為停止營業處分時，應訂定期限，最長不得超過六個月。但停業期限屆滿後，該受處分之營業人，對於應履行之義務仍不履行者，得繼續處分至履行義務時為止。」

65 倘若營業人能提供擔保者，此一停止營業亦可撤銷。財政部85年2月29日台財稅第851897437號函：「營業人欠繳營業稅，經稽徵機關依營業稅法第50條第1項規定執行停止營業處分，營業人申請以其產品存放於金融機構之倉單，作為欠稅之質押擔保，如該擔保品，依本部63年10月18日台財稅第37670號函規定，按其提供日前一日市價之7折計值後，確能足額擔保所欠稅捐，而徵起無虞，可准予撤銷其停止營業之處分。」

肆、漏稅罰

一、一般漏稅罰

指本法第 51 條所規定之處罰：「（第一項）納稅義務人，有下列情形之一者，除追繳稅款外，按所漏稅額處五倍以下罰鍰，並得停止其營業：一、未依規定申請稅籍登記而營業。二、逾規定期限三十日未申報銷售額或統一發票明細表，亦未按應納稅額繳納營業稅。三、短報或漏報銷售額。四、申請註銷登記後，或經主管稽徵機關依本法規定停止其營業後，仍繼續營業。五、虛報進項稅額。六、逾規定期限三十日未依第三十六條第一項規定繳納營業稅。七、其他有漏稅事實。（第二項）納稅義務人有前項第五款情形，如其取得非實際交易對象所開立之憑證，經查明確有進貨事實及該項憑證確由實際銷貨之營利事業所交付，且實際銷貨之營利事業已依法補稅處罰者，免依前項規定處罰。」本條應特別留意者，乃第 1 項第 2 款係以納稅義務人未申報及未繳稅為要件[66]；而營業人短、漏開發票銷售額，逾越申報期限始被查獲者，除依營業稅法第 51 條規定處罰外，其未依規定給予他人或取得他人憑證部分，並應依稅捐稽徵法第44條規定送罰[67]。另外，營業人雖有短漏報銷售額與虛報進項稅額，但倘若事後自動報繳[68]，或是憑證因不可抗力（如火災）而毀損滅失，亦可免罰[69]。實務上常見之問題，如營建業假借個人名義建屋出售[70]，以及虛

---

66 財政部76年12月28日台財稅第760256749號函。

67 財政部79年2月19日台財稅第780323841號函。

68 財政部76年8月31日台財稅第760113115號函：「主旨：營業人短、漏報銷售額，事後自動補報並補繳所漏稅款，免予處罰基準日之認定，應與虛報進項稅額者一致處理。說明：二、營業人短報或漏報銷售額，與虛報進項稅額，同屬現行營業稅法第51條規定之漏稅行為。凡營業人在未經檢舉及稽徵機關或財政部指定之調查人員進行調查前，自動補報並補繳所漏稅款者，應適用稅捐稽徵法第48條之1免予處罰之規定。」

69 財政部79年12月11日台財稅第790437705號函。

70 財政部80年7月10日台財稅第801250742號函：「主旨：營業人假借（利用）個人名

設行號等，均爲我國營業稅法實務中經常可見之違法態樣[71]。

二、短漏開發票之漏稅罰

營業人所漏營業稅應納稅款，倘係以短漏開發票之方式爲之者，本法第52條設有處罰規定：「（第一項）營業人漏開統一發票或於統一發票上短開銷售額，於法定申報期限前經查獲者，應就短漏開銷售額按規定稅率計算稅額繳納稅款，並按該稅額處五倍以下罰鍰。但處罰金額不得超過新臺幣一百萬元。（第二項）營業人有前項情形，一年內經查獲達三次者，並停止其營業。」其主要效果除罰鍰外，尚包括停止營業，因此應特別留意本法第53條第1項規定：「主管稽徵機關，依本法規定，爲停止營業處分時，應訂定期限，最長不得超過六個月。但停業期限屆滿後，該受處分之營業人，對於應履行之義務仍不履行者，得繼續處分至履行義務時爲止。」所謂「一年內」，係指自首次查獲之日起，至次年當日之前一日止而言[72]。營業人倘若繳清其欠稅，即可撤銷停業處分[73]。

又實務上造成問題者，在於倘若營業人係以多數組織方式存在、設有

義建屋出售逃漏稅情形迭有發生，允應加強查核覈實課稅，以杜取巧而維護租稅公平。說明：二、凡具有營利事業型態之營業人，假借（利用）個人名義建屋出售者，應根據事實認定，依法課徵營業稅及營利事業所得稅，並依法處罰，其有涉及刑責者，並應依法究辦，不得適用本部65年9月6日台財稅第36032號函有關個人建屋出售課徵綜合所得稅之規定。」

71 財政部76年5月6日台財稅第7637376號函：「主旨：檢發研商『虛設行號、營業人以不實之統一發票作為進項憑證申報扣抵或退還營業稅款事宜』會議紀錄。決議：本案應分別依左列情節，予以論處：1.關於涉嫌虛設行號部分：涉嫌虛設行號之負責人及共同行為人，應依刑法偽造文書及詐欺罪暨稅捐稽徵法第41條或第43條之規定辦理。3.偽造、變造統一發票或偽造印戳之行為人，應依刑法偽造文書或偽造印文罪及稅捐稽徵法第41條或第43條之規定辦理。4.虛設行號應依稅捐稽徵法第41條或第43條規定移送法辦，所需具備之要件與證件，應力求周延，俾為司法機關之裁判佐證。」

72 財政部76年10月2日台財稅第760156760號函。

73 財政部78年9月9日台財稅第780297069號函。

分支或分公司時，其停業之範圍爲何。就此，財政部 85 年 9 月 18 日台財稅第 851917373 號函乃謂：「依營業稅法第 28 條及第 38 條第 1 項規定，營業人之總機構及其他固定營業場所，應分別向主管稽徵機關申請營業登記及報繳營業稅，故分支機構可視爲獨立之營業主體。因此，營業人之總分支機構如採分別報繳營業稅款者，如其總機構或其中一分支機構因欠繳營業稅款，經主管稅捐稽徵機關爲停業處分時，則應僅就該欠稅機構執行停業處分。惟如營業人採合併於總機構報繳營業稅款者，如總機構因欠稅應停業處分時，則總分支機構均應同時核定停業處分，並由該營業人總機構所在地主管稅捐稽徵機關通報各分支機構所在地主管稅捐稽徵機關配合辦理。」

CHAPTER

10

遺產及贈與稅法

- 第一節　遺贈稅特徵及合憲性基礎
- 第二節　遺產稅
- 第三節　贈與稅
- 第四節　遺產及贈與稅實物抵繳之法律問題
- 第五節　遺產及贈與稅法上「視同贈與」之研究

第一節 遺贈稅特徵及合憲性基礎

壹、遺產贈與稅之一般性法律特徵

一、概說

遺產及贈與稅（Erbschaft-und Schenkungsteuer），爲多數現代國家均開徵之稅目。惟其與其他之租稅具有不同之屬性，乃在其係針對死亡所發生之財產移轉而爲之租稅課徵[1]。我國「遺產及贈與稅法」第 1 條規定謂：「（第一項）凡經常居住中華民國境內之中華民國國民死亡時遺有財產者，應就其在中華民國境內境外全部遺產，依本法規定，課徵遺產稅。（第二項）經常居住中華民國境外之中華民國國民，及非中華民國國民，死亡時在中華民國境內遺有財產者，應就其在中華民國境內之遺產，依本法規定，課徵遺產稅。」即本於此旨。而德國遺產及贈與稅法（Erbschaftsteuer-und Schenkungsteuergesetz; ErbStG）第 1 條第 1 句第 1 段亦規定遺產稅之課徵對象，爲因死亡而發生之遺產繼承[2]。就國庫整體財政收入而言，遺產贈與稅雖非鉅額且重大之國庫收入項目[3]，惟在社會及經

1 精確言之，針對死亡及遺產之繼承移動所課徵者，應稱「繼承稅」，與單純針對構成遺產之財產課徵之財產稅並不相同，此節當於後文詳述。另須注意者，關為遺產稅及贈與稅二者之統合關係，我國、德國、法國及日本法制，均將遺產及贈與稅視作統一之租稅關係，而將贈與稅當作遺產稅之補充稅。關於我國以外之其他國家法制介紹，見水野勝，租稅法，有斐閣，1993年，頁53以下。

2 該條規定為：「Der Erbschaftsteuer (Schenkungsteuer) unterliegen: 1.der Erwerb von Todes wegen, 2.die Schenkungen unter Lebenden, ...」（遺產稅或贈與稅因下列原因而成立：1.因死亡發生遺產；2.生存中發生贈與），詳細評釋，參見 Moench, Erbschaft-und Schenkungsteuer, Kommentar, §1, Tz. 1ff. 法國相類稅制，被稱作「繼承稅」（le droit des successions）。

3 以民國90年度為例，當年度遺產及贈與稅實徵新臺幣（下同）227億1,041萬6,000圓，約僅占各式賦稅收入1.8%。見財政部賦稅署網頁資料，http://www.mof.gov.tw/statistic/Year_Tax/90/4091.htm，最後查閱日：2003.2。針對遺產贈與稅在稅制討論上

濟政策上，實具有重大意義[4]。是以在法制上，其仍具有一定之特徵，而與其他稅目有明顯之區隔。

二、遺產贈與稅為直接稅

在租稅性質上，遺產及贈與稅之最主要特徵，在於其爲「直接稅」之一種。所謂直接稅與間接稅之區別，係來自於租稅規範之立法者對於租稅債務負擔之預期所爲之區分，其中「直接稅」係指納稅義務人及租稅債務之歸屬人同一，不發生租稅轉嫁問題，或謂「法律上之納稅義務人與經濟上之納稅義務人相一致」[5]之稅目。在此一意義之下，遺產贈與稅非如營業稅般，會發生租稅歸屬移轉之情形。我國遺產及贈與稅法第 6 條第 1 項規定：「遺產稅之納稅義務人如左：一、有遺囑執行人者，爲遺囑執行人。二、無遺囑執行人者，爲繼承人及受遺贈人。三、無遺囑執行人及繼承人者，爲依法選定遺產管理人。」第 7 條第 1 項前段規定：「贈與稅之納稅義務人爲贈與人。」均明白顯示此一直接稅之性質。是以在此一意義之下，遺產贈與稅並不發生如同營業稅般之轉嫁效果或勾稽效果。

三、遺產贈與稅，為國稅

國家行使租稅課徵權力，所徵收之稅款依其係分配予中央政府抑或地

之意義，葛克昌教授嘗謂：「**遺產及贈與稅在各法治先進國家，無論就法學、經濟學、財政學上之探討，其熱烈之程度均遠超過實務上財政收入地位。在經濟與社會改造者眼中，將遺產稅視為社會政策之工具。在法學上，民法上因與繼承法關係密切而受關切；憲法上則攸關財產權保障，涉及對遺產課稅之憲法上界限，成為租稅法與基本權之基本課題。**」見氏著，遺產稅規劃與法治國理念，收錄於「稅法基本問題」，月旦出版，1996年，頁220。

4 水野勝，租稅法，有斐閣，1993年，頁265即指出，繼承稅（遺產贈與稅）之所以能夠存在，著重者並非單純之財產收入，而係其具有一定之社會政策意義。

5 水野勝，租稅法，有斐閣，1993年，頁30。木村弘之亮，租稅法總則，成文堂，1998年，頁48。至於直接稅制在德國法制上之引入及發展，尤其在早期稅制中之地位，參見 Vocke, Die Abgaben, Auflage und Steuer, S. 1ff. 而在稅制之中，直接稅之典型除遺產贈與稅外，尚包括所得稅此一稅目。

方政府，可區別為「國稅」與「地方稅」。此一分類乃以稅捐行政權力之劃分為其前提[6]，而遺產贈與稅在我國法制上，被劃為國稅。財政收支劃分法第 8 條第 1 項第 2 款規定：「下列各稅為國稅：二、遺產及贈與稅。」即明此旨。在比較法制上，美國法制係將遺產稅列為聯邦稅，英、德、日、法各國法制多亦將遺產稅列為中央或聯邦稅目[7]。又我國之遺產贈與稅雖被定性為國稅，惟依財政收支劃分法第 4 條所定之收支分配表，遺產及贈與稅在直轄市占徵起收入百分之五十；在縣（市）占徵起收入百分之二十。故亦與地方財源有一定之關聯性。

四、遺產稅及贈與稅具有補充關係

在租稅法律制度上，遺產稅與其他稅目在制度設計中較為特殊者，乃在於其與贈與稅間，具有一定程度之補充關係。**亦即，二者之間雖為不同之稅目，然則規範於同一法律之中，而以財產移轉之主體為基準，生前之財產移轉，課徵贈與稅；死後移轉之財產，課徵遺產稅**。是故在邏輯上，已完成贈與行為之財產不構成遺產之一部，固不發生遺產稅問題；已構成遺產之財產移轉則依遺產稅課徵，亦不發生贈與稅問題。不過，為避免被繼承人透過生前贈與（特是對配偶贈與，蓋因免贈與稅故）降低其總體遺產價值進而規避可能之遺產稅，設有歸戶計算稅額之規定[8]。

---

6 陳清秀，稅法總論，頁101。

7 水野勝，租稅法，有斐閣，1993年，頁60以下。關於德國法制中遺產及贈與稅之劃分，參見Moench, Erbschaft-und Schenkungsteuer, Kommentar, §34, Tz. 1ff. 法國法上關於遺產稅之劃分，參見 J. Grosclaude / P. Marchessou, Droit Fiscal Général, Dalloz, p. 39.

8 這主要指的是遺產及贈與稅法第15條之規定：「（第一項）被繼承人死亡前二年內贈與下列個人之財產，應於被繼承人死亡時，視為被繼承人之遺產，併入其遺產總額，依本法規定徵稅：一、被繼承人之配偶。二、被繼承人依民法第一千一百三十八條及第一千一百四十條規定之各順序繼承人。三、前款各順序繼承人之配偶。（第二項）八十七年六月二十六日以後至前項修正公布生效前發生之繼承案件，適用前項之規定。」

五、遺產及贈與稅，以金錢給付為原則，實物抵繳為例外

租稅債之關係之履行，於我國法制上乃以金錢給付爲原則，實務抵繳爲例外。此等少數例外之中，遺產及贈與稅即占其一。遺產及贈與稅法第 30 條第 4 項規定：「遺產稅或贈與稅應納稅額在三十萬元以上，納稅義務人確有困難，不能一次繳納現金時，得於納稅期限內，就現金不足繳納部分申請以在中華民國境內之課徵標的物或納稅義務人所有易於變價及保管之實物一次抵繳。中華民國境內之課徵標的物屬不易變價或保管，或申請抵繳日之時價較死亡或贈與日之時價爲低者，其得抵繳之稅額，以該項財產價值占全部課徵標的物價值比例計算之應納稅額爲限。」故知在一定前提之下，遺產贈與稅得以實物繳納，然則爲制度中之例外規範。

六、納稅義務人，負有申報協力之義務

遺產贈與稅所發生之原因事實，常係發生於納稅義務人所較亦於掌握之領域，就此等事項倘若要求稅捐稽徵機關實施職權調查，不免有所困難。是以在法制上，遺產贈與稅法特課以納稅義務人廣泛之協力申報義務。遺產及贈與稅法第 23 條首先明定：「（第一項）被繼承人死亡遺有財產者，納稅義務人應於被繼承人死亡之日起六個月內，向戶籍所在地主管稽徵機關依本法規定辦理遺產稅申報。但依第六條第二項規定由稽徵機關申請法院指定遺產管理人者，自法院指定遺產管理人之日起算。（第二項）被繼承人爲經常居住中華民國境外之中華民國國民或非中華民國國民死亡時，在中華民國境內遺有財產者，應向中華民國中央政府所在地之主管稽徵機關辦理遺產稅申報。」及第 24 條規定：「（第一項）除第二十條所規定之贈與外，贈與人在一年內贈與他人之財產總值超過贈與稅免稅額時，應於超過免稅額之贈與行爲發生後三十日內，向主管稽徵機關依本法規定辦理贈與稅申報。（第二項）贈與人爲經常居住中華民國境內之中華民國國民者，向戶籍所在地主管稽徵機關申報；其爲經常居住中華民國境外之中華民國國民或非中華民國國民，就其在中華民國境內之財產爲贈與者，向中華民國中央政府所在地主管稽徵機關申報。」明示現行法中多

方課納稅義務人以申報及闡明事實關係之義務[9]。

七、遺產贈與稅，與民法關係密切

遺產及贈與稅在法律上之特徵之一，乃在於其與民法具有密切之關係[10]。蓋以一方面言之，遺產之發生乃以民法意義之下死亡之出現作爲發生之基礎，而贈與亦爲民法債編中所規定之有名之債[11]。是以遺產贈與稅之課徵，與民法關係密切實不待言。雖在推理上，稅法領域所稱之「遺產」、「贈與」與民法概念是否相一致並非無討論之空間[12]，惟其與民法關係密切實無疑義。

貳、遺產贈與稅之合憲性基礎

一、概說

遺產贈與稅作爲租稅制度之一環，所著重者並非單純在於遺產贈與之法律關係所得支應國庫之費用，亦因其具有社會政策目的，與累進稅制及社會政策目的之租稅優惠，共同構成福利國家租稅政策之主要工具[13]。是以在討論遺產贈與稅在憲法秩序中之地位時，無可避免者，應先探討其合

9 關於稅法上申報協力義務之一般性討論，參見黃源浩，營業稅法上協力義務及違反義務之法律效果，財稅研究，第35卷第5期，頁135以下。

10 Moench, Erbschaft-und Schenkungsteuer Kommentar, S. 24.

11 關於民法上贈與之規定，參見謝銘洋，不動產贈與契約之成立與生效，收錄於「民法裁判百選」，黃茂榮編，初版，1993年，頁383。

12 關於民法上之法律概念在稅法上是否作一致使用之問題，在德國法制上尤其爭議已久。在早期德國法院之裁判中，均直接使用民法上之概念作為稅法上之借用概念，並以此認定公法上之法律關係。惟1919年德國帝國租稅通則完成立法，其中第4條規定租稅課徵應衡酌經濟上意義（經濟觀察法），方將稅法概念自民法之支配影響中解放出來。見木村弘之亮，租稅法總則，頁159以下關於借用概念之討論。至於民法與稅法之分合史，參見葛克昌，租稅規避與法學方法，稅法基本問題，頁14以下。

13 葛克昌，遺產稅規劃與法治國理念，頁228。

憲性基礎。所提出之問題亦屬直接：國家為何得課徵遺產贈與稅？尤其在現代國家日常之收支用度體系中，所得稅與營業稅等稅目已足以因應此等統治活動之開支，則課徵遺產贈與稅，具有何等憲政秩序中不可或缺之特性？實不得不為深入追究。況如前述，遺產及贈與稅於主要法治國家中均非主要之財政收入稅目，於財政支出之貢獻程度既低，則更有探知其存續於憲政秩序中之必要。

二、遺產贈與稅在憲法秩序中之依據

遺產贈與稅之課徵與其他租稅相同，亦受憲法秩序之規制。除憲法第19條要求以法律保留作為國家行使課稅權力之一般性基礎之外[14]，根據憲法第23條之反面推論，人民之自由權利為「增進公共利益所必要者」得「以法律限制之」，納稅係為滿足國家財政需求，以推展國家任務，係為增進公共利益。而課以納稅義務，人民犧牲了金錢給付，得以免除其他作為義務（如服勞役），保全了經濟行為自由，符合比例原則，自屬公共利益所必要[15]。人民雖為公共利益依法律負納稅義務（憲法第19條），但租稅種類繁多，立法者所選擇之課稅客體，是否即為增進公共利益所必要，仍有探究審查之空間，尚非單純以有法律之依據，作為判斷合憲性之標準。是故，遺產及贈與稅是否具備合憲性之基礎，有無課徵之必要，此一稅目對私經濟及私有財產之保障是否充分，應進一步檢討之。此涉及遺產及贈與稅之課稅基礎（Steuergrundlage），乃稅賦之依據問題，必須對法律解釋及立法意旨加以檢討，而作為基本權之財產權利保護及其界限，亦為此等法益經由理性衡量後所得之結果。

---

14 此即所謂租稅法律主義，乃以憲法第19條「人民有依法律納稅之義務」作為其規範基礎。參見林鳳珠，稅捐法定主義在現行稅法之實踐，國立台灣大學法律學研究所碩士論文，1985年，頁26以下。

15 Vogel, Finanzstaat, HdStR, Bd. IV., S. 1162.

（一）給付國家近鄰說

此說認爲遺產贈與稅之所以得以課徵，乃在於法律關係中國家對私人生活之貼近。蓋在社會給付國家中，國家對人民負有保護照顧義務（Daseinsvorsorgen），較之繼承人，尤其是與被繼承者關係疏遠之繼承人，對死者而言更爲接近。故繼承法上法定繼承限於一定親屬範圍之內，且對遺產稅課以一定之累進稅。但我國憲法既承認並保障私有財產制，將財產權明列爲人民基本權之一（參見憲法第 15 條），是以繼承乃純然私領域之產物，而遺產稅乃基於公共利益，爲公法上金錢給付。是故不宜將公法上遺產稅之依據，歸之於國家繼承權，而使憲法所承認及保障之私人領域遭受侵入。

（二）國家居於準親屬地位說

遺產稅之依據，亦有基於大家族之解體觀念而來。按古代之繼承，無論我國舊律或者歐洲日耳曼法，家產爲家屬團體公同共有，族產家產之繼承，不過爲財產管理人地位之更替，只要繼承時，家產仍能維持家屬團體之功能者，即應免於課稅，其用以供應家屬之撫養需要。現行法個人死亡時，財產應傳於一定親屬（法定繼承主義），雖承認遺囑自由但仍遺留部分財產於法定繼承人（特留分），均爲此種原則之遺跡。迨自今日由個人繼承，免稅理由已不存在。而國家須扮演與家族相同之社會功能，國家係基於準親屬之地位，遺產稅即爲國家代替家族家產負社會照顧扶養責任之對價。在德國，威瑪憲法第 154 條第 2 項明文規定國家有權參與繼承財產之分配，亦爲此種國家繼承權之依據。然我國憲法雖以威瑪憲法爲藍本，但並無該「國家繼承權」之規定，基於繼承爲私法關係，遺產稅爲公法關係，國家準親屬地位說在我國法上並無根據可言。

（三）社會政策工具說

國家成爲社會正義之促成者，在今日已成爲眾多改革的重要目標；社會正義往往也成爲嚴峻遺產稅之合理正當性依據，因遺產稅具有財產重分配之效果。

今日之稅法大體可分爲兩類：以財政收入爲目的之稅法，以及以誘導管制爲目的之稅法。後者又可概分爲經濟政策目的之稅法及社會政策目的之稅法。就憲法基本權保護之觀點，以財政收入爲目的之租稅，其目的非在於單純增加國庫收入，而在於國家之財政支出應如何公平地負擔於國民間。故財政收入目的之租稅產生者爲負擔之效果（Belastungswirkung），此種效果在憲法上被容許之界限爲平等原則（憲法第7條），適用於租稅負擔之結果，即量能課稅原則（Prinzip der Besteuerung nach Leistungsfähigkeit）之承認及適用。就誘導管制爲目的之租稅言，其所產生之效果則爲形成效果（Gestaltungswirkung），此種效果在憲法秩序中之衡量標準，即爲財產權之保障及行爲自由之保障（憲法第15條、第22條）。

我國之遺產及贈與稅法係以死者之遺產爲課徵對象，不以繼承人所繼承者爲對象，爲遺產稅而非繼承稅。繼承稅本質上爲利得稅（取得稅），遺產稅性質上爲財產稅。但我國不採行繼承稅制，係因遺囑制度在我國不以經法院檢證程序爲必要，爲避免繼承人規避遺產稅，尤其規避累進級距而分散遺產故然。就私有財產制國家稅制言，因財產權受憲法保障，原則上稅源求諸財產所生孳息，不及於財產（資本）本身。少數例外如地價稅、房屋稅僅課以輕度稅率，事實上是只就「應有收益（孳息）」課稅，仍非對財產本身課稅。

我國遺產及贈與稅法所採累進稅率，非僅對遺產課徵，而累進稅率最高達百分之二十（遺產及贈與稅法第13條第3款）[16]。並非單純之「應有收益稅」，而有別於地價稅、房屋稅當然具有社會改革、緩和對私有財

16 遺產及贈與稅法第13條規定：「遺產稅按被繼承人死亡時，依本法規定計算之遺產總額，減除第十七條、第十七條之一規定之各項扣除額及第十八條規定之免稅額後之課稅遺產淨額，依下列稅率課徵之：一、五千萬元以下者，課徵百分之十。二、超過五千萬元至一億元者，課徵五百萬元，加超過五千萬元部分之百分之十五。三、超過一億元者，課徵一千二百五十萬元，加超過一億元部分之百分之二十。」

產制度之反感在內。但此僅爲租稅正義之要求，並非眞正之財產重分配，蓋遺產稅所分配者，爲人民之租稅負擔，而非國民間財產權。只有不承認私有財產制之國家，而將生產工具收歸國有者，始有完整之權能進行全面性之財產權分配。由於憲法保障財產權，故沒收式之遺產稅仍爲違憲。因此，遺產稅雖具社會政策目的，但僅能算作次要目的。而其主要之目的仍在財政目的，應以量能課稅之標準予以考量。遺產稅之合憲性基礎，仍在平等原則。

（四）租稅負擔能力說

以上所述各項遺產稅合憲性依據理論，均有缺陷，而與現行憲法秩序不能完全相容。由於遺產稅起源甚古且歷久不衰，其中最主要之考量仍在於負擔能力及財政需要。就國家而言，遺產及贈與稅係經常性租稅，但對納稅義務人而言，只有在留有遺產（繼承）或贈與時才課稅，而屬於臨時性之租稅，而贈與稅係遺產稅之補充稅，遺產稅在一代間才產生一次，基於偶然繼承時取得大量財產並無相當對價，其租稅負擔能力較大[17]。按遺產爲生前之積蓄，國家如要就其課稅，向死者（遺產管理人）或繼承人、受遺贈人課徵，較之向死者生前每年增加其所得稅，犧牲痛苦感必較少。而當遺產交給繼承人或管理人時，向其課徵亦是最有利之時機。因此遺產稅在憲法秩序上最主要之合憲性基礎，不外乎國家之財政需求結合納稅義務人之負擔能力，其憲法上之主要依據，爲平等原則。而基於公共利益所生的社會政策目的，僅爲次要之依據[18]。

基於平等原則，不僅對遺產稅本身，同時也要將遺產稅與所得稅相互衡量比較。我國因行政上不易克服之困難，避免爲減少稅負分割遺產，採行遺產稅不採繼承稅。課徵方式雖有差異，基本均爲替代所得稅，遺產

17 準確言之，取得繼承之財產乃不勞而獲，具有強大之負擔能力。水野勝，租稅法，有斐閣，1993年，頁265。

18 葛克昌，遺產稅規劃與法治國理念，頁228。

稅在繼承開始時就遺產課稅，實際上即對繼承人就遺產取得課徵。就此種意義而言，遺產稅已不再是傳統認爲對死者生前所得稅之補充稅或矯正稅[19]。遺產不同於所得，具有特別課稅要件[20]，但與所得稅具有同樣之租稅負擔能力，在國家財政收入需要時，依此量能課稅原則，立法者具有裁量權以法律課徵遺產稅及其補充稅。

（五）小結

就以上諸端加以觀察，遺產贈與稅在憲法秩序中之合憲性基礎，其來源有二。其一乃作爲國家財政收入工具來源之一，具濃厚之租稅屬性，以量能課稅、平等負擔作爲審查之標準。惟遺產贈與稅亦不排除具有滿足國庫需求以外之其他目的，尤其爲社會政策之目的，亦得作爲遺產贈與稅之附帶目的。是以在探討遺產贈與稅之合憲性基礎之際，亦應附帶論及遺產贈與稅作爲社會政策之手段。

三、遺產贈與稅之社會政策目的

於憲法秩序中，「財產權利之保障」與「透過財產權利之限制拘束以達到公平」之社會政策，此二目的實則存在有矛盾之處。蓋憲法第 15 條明文規定：「人民之生存權、工作權及財產權，應予保障。」然則於經濟活動之基本秩序，尤其憲法基本國策章中，復明白顯示限制自由權利以達社會公平之效果。例如憲法第 142 條首先明定：「國民經濟應以民生主義

19 將遺產稅視作所得稅之補充稅或矯正稅之觀點，在日本法制上亦有支持見解。昭和46年8月日本稅制調查會所提出之「長期稅制之課徵手段的討論及其審議內容經過之說明」即指出，繼承稅之課徵基礎係在個人死亡之際將其財產之一部分還原於社會之故，故明確地認為繼承稅有對被繼承人生前應稅所得予以補充課徵的任務。見水野勝，租稅法，有斐閣，1993年，頁265。

20 此係指所得稅尤其綜合所得稅中，基於個人生活保障所設計之「免稅額」及「扣除額」等類型化制度。見黃源浩，稅法上的類型化方法——以合憲性為中心，國立台灣大學法律學研究所碩士論文，1999年，頁7以下。

爲基本原則，實施平均地權，節制資本，以謀國計民生之均足。」明示對私人經濟自由權利一定程度之拘束及採行國家干預之基本態度[21]。二者之間如何調和？乃以社會通念之忍受程度作爲基礎，於自由權利之侵害違反社會通念所可忍受之範圍而構成特別犧牲時，課予國家補償之義務。司法院大法官釋字第 516 號解釋理由謂：「憲法第十五條規定，人民之財產權應予保障。此一規定旨在確保個人依財產之存續狀態，行使其自由使用、收益及處分之權能，並免於遭受公權力或第三人之侵害。國家因公用或因其他公益目的之必要，雖得依法徵收人民之財產，但應給予合理之補償。此項補償乃係因財產徵收，對被徵收財產之所有人而言，係爲公共利益所受之特別犧牲，國家自應予以補償，以塡補其財產權被剝奪或其權能受限制之損失。」**在此一認識之下，遺產及贈與稅因屬所謂「機會稅」，其納稅義務人具有較大之負擔能力**，與普通之所得稅等收入稅收，乃有所不同。

四、小結

我國憲法制度，雖以私有權利保障、財產權利尊重爲主要之價值，然則其亦具有相當之社會法治國家色彩[22]。故遺產贈與稅之國庫目的屬性雖較薄弱，然無礙於其於社會政策領域發生實際效果，是故，其在憲法秩序中之功能自亦包括透過財產權利之限制拘束以達到公平，實無疑義。而就稅法制度之共通性目的來看，仍應可以確認此一稅目之目的在於促進經濟能力相同之納稅人負擔相同之稅捐，而以量能原則作爲制度之正當性目的。

21 關於憲法所揭示之基礎經濟活動法則，參見法治斌、董保城，憲法，頁373以下。

22 關於社會法治國，參見葛克昌，社會福利給付與租稅正義，國家學與國家法，頁48以下。

參、遺產贈與稅法總則

一、遺產贈與稅之稅捐客體

（一）遺產稅

遺產稅之課徵，正如其原始之字面意涵，乃以死亡後之遺產繼承關係作為課稅之客體。就此，本法第 1 條規定：「（第一項）**凡經常居住中華民國境內之中華民國國民死亡時遺有財產者，應就其在中華民國境內境外全部遺產，依本法規定，課徵遺產稅**。（第二項）經常居住中華民國境外之中華民國國民，及非中華民國國民，死亡時在中華民國境內遺有財產者，應就其在中華民國境內之遺產，依本法規定，課徵遺產稅。」乃以經常居住於中華民國之國民境內、外全部遺產為基礎，兼及於經常居住中華民國境外之中華民國國民，及非中華民國國民，死亡時在中華民國境內遺有財產者。同時，在法政策上亦及於無人承認繼承之遺產[23]。

（二）贈與稅

贈與稅在本法中，對於課稅之客體，亦以出於贈與之財產移動為對象。此可以參見本法第 3 條所規定：「（第一項）凡經常居住中華民國境內之中華民國國民，就其在中華民國境內或境外之財產為贈與者，應依本法規定，課徵贈與稅。（第二項）經常居住中華民國境外之中華民國國民，及非中華民國國民，就其在中華民國境內之財產為贈與者，應依本法規定，課徵贈與稅。」

二、總則之定義性規定

就我國遺產及贈與稅法總則之規定內容以觀，雖然這部法典所規範的

23 參見本法第2條規定：「無人承認繼承之遺產，依法歸屬國庫；其應繳之遺產稅，由國庫依財政收支劃分法之規定分配之。」

行爲內容，主要以民法上所規定之繼承關係以及贈與契約爲內容，論理上有民法之概念定義作爲制度基礎。但是立法機關考慮實務上對於租稅構成要件法律規範明確性的要求，因此仍然在本法對於所謂「財產」另外設置規定。另外，涉及涉外繼承關係中的行爲主體，亦有特別規定。這主要指的是本法第 4 條之規定：「（第一項）本法稱財產，指動產、不動產及其他一切有財產價值之權利。（第二項）本法稱贈與，指財產所有人以自己之財產無償給予他人，經他人允受而生效力之行爲。（第三項）本法稱經常居住中華民國境內，係指被繼承人或贈與人有左列情形之一：一、死亡事實或贈與行爲發生前二年內，在中華民國境內有住所者。二、在中華民國境內無住所而有居所，且在死亡事實或贈與行爲發生前二年內，在中華民國境內居留時間合計逾三百六十五天者。但受中華民國政府聘請從事工作，在中華民國境內有特定居留期限者，不在此限。（第四項）本法稱經常居住中華民國境外，係指不合前項經常居住中華民國境內規定者而言。（第五項）本法稱農業用地，適用農業發展條例之規定。」

三、遺產及贈與稅未完納之法律效果

遺產贈與稅在制度設計上，最重要之特徵之一即在於與民法上遺產制度的高度連結關係。亦即在大多數國家之相關制度中，完納遺產稅、履行清結公法上之債務負擔，爲遺產繼承關係終結之前提。因此，本法第 8 條特直接規定：「（第一項）**遺產稅未繳清前，不得分割遺產、交付遺贈或辦理移轉登記。贈與稅未繳清前，不得辦理贈與移轉登記**。但依第四十一條規定，於事前申請該管稽徵機關核准發給同意移轉證明書，或經稽徵機關核發免稅證明書、不計入遺產總額證明書或不計入贈與總額證明書者，不在此限。（第二項）遺產中之不動產，債權人聲請強制執行時，法院應通知該管稽徵機關，迅依法定程序核定其稅額，並移送法院強制執行。」

四、財產之估價

遺產贈與稅法之總則，最後尚且應當留意者，在於對於各種繼承以及贈與標的財產之估價，有自行設置之規定，不一定以民法上對財產價值判斷之規範爲基礎。其中本法第 9 條規定：「（第一項）第一條及第三條所稱中華民國境內或境外之財產，按被繼承人死亡時或贈與人贈與時之財產所在地認定之：一、動產、不動產及附著於不動產之權利，以動產或不動產之所在地爲準。但船舶、車輛及航空器，以其船籍、車輛或航空器登記機關之所在地爲準。二、礦業權，以其礦區或礦場之所在地爲準。三、漁業權，以其行政管轄權之所在地爲準。四、專利權、商標權、著作權及出版權，以其登記機關之所在地爲準。五、其他營業上之權利，以其營業所在地爲準。六、金融機關收受之存款及寄託物，以金融機關之事務所或營業所所在地爲準。七、債權，以債務人經常居住之所在地或事務所或營業所所在地爲準。八、公債、公司債、股權或出資，以其發行機關或被投資事業之主事務所所在地爲準。九、有關信託之權益，以其承受信託事業之事務所或營業所所在地爲準。（第二項）前列各款以外之財產，其所在地之認定有疑義時，由財政部核定之。」以及第 10 條規定：「（第一項）遺產及贈與財產價值之計算，以被繼承人死亡時或贈與人贈與時之時價爲準；被繼承人如係受死亡之宣告者，以法院宣告死亡判決內所確定死亡日之時價爲準[24]。（第二項）本法中華民國八十四年一月十五日修正生效前發生死亡事實或贈與行爲而尚未核課或尚未核課確定之案件，其估價適用修正後之前項規定辦理。（第三項）第一項所稱時價，土地以公告土地現值或評定標準價格爲準；房屋以評定標準價格爲準；其他財產時價之估定，本法未規定者，由財政部定之。」

24 參見司法院大法官釋字第311號解釋：「遺產稅之徵收，其遺產價值之計算，以被繼承人死亡時之時價為準，遺產及贈與稅法第十條第一項前段定有明文。對逾期申報遺產稅者，同項但書所為：如逾期申報日之時價，較死亡日之時價為高者，以較高者為準之規定，固以杜絕納稅義務人取巧觀望為立法理由，惟其以遺產漲價後之時價為遺產估價之標準，與同法第四十四條之處罰規定並例，易滋重複處罰之疑慮，應從速檢討修正。至稅捐稽徵法第四十八條之一第一項但書規定加計利息，一併徵收，乃因納稅義務人遲繳稅款獲有消極利益之故，與憲法尚無牴觸。」

五、外國稅額扣抵制度

遺產贈與稅之課徵範圍，既然以中華民國境內外之財產整體作爲客體，毫無疑問，即可能發生我國與外國法律制度中重複課稅之現象。爲此，本法特別設有外國已納稅額扣抵制度，避免重複課稅。此規定於本法第 11 條第 1 項：「國外財產依所在地國法律已納之遺產稅或贈與稅，得由納稅義務人提出所在地國稅務機關發給之納稅憑證，併應取得所在地中華民國使領館之簽證；其無使領館者，應取得當地公定會計師或公證人之簽證，自其應納遺產稅或贈與稅額中扣抵。但扣抵額不得超過因加計其國外遺產而依國內適用稅率計算增加之應納稅額。」

第二節　遺產稅

壹、遺產稅之概念

一、遺產稅之基礎

遺產稅，乃以遺產之繼承關係作爲其課稅基礎。其課徵之對象，原則上包括了被繼承人死亡遺留之全部財產[25]。此可參見遺贈稅法第 1 條規定：「（第一項）凡經常居住中華民國境內之中華民國國民死亡時遺有財產者，應就其在中華民國境內境外全部遺產，依本法規定，課徵遺產稅。（第二項）經常居住中華民國境外之中華民國國民，及非中華民國國民，死亡時在中華民國境內遺有財產者，應就其在中華民國境內之遺產，依本

25 參見最高行政法院60年判字第37號判例：「遺產稅之課徵，以人民死亡時實際遺有之財產為標的，並不問被繼承人取得是項財產之年份及原因，故被繼承人生前營利之所得，於繼承開始時，實際上尚有遺留者，自應併入遺產總額，不得更就其某一年度之所得，為計徵遺產稅之標的。被告官署對於遺產清冊所列之遺產計徵課稅外，更就被繼承人生前於五十七年度之營利所得課徵遺產稅，自欠合理。」

法規定，課徵遺產稅。」本條規定，可以進一步被分析如次：

（一）僅中華民國國民死亡時之遺產，應繳納遺產稅

我國遺產贈與稅法，係採取所謂「屬人兼屬地」主義。因此，只要是經常居住於中華民國境內之國民，即應當就其在中華民國境內境外全部遺產，依本法規定，課徵遺產稅。**倘若死亡之人爲非經常居住我國境內之我國國民（例如華僑等），或者雖非我國國民，但死亡時在我國遺有財產者，亦無礙於其遺產成爲遺產稅課徵對象**。惟在推理上有疑問者，乃在於特定財產，因被繼承人死亡成爲遺產，但在其死亡後仍發生孳息，則此等孳息應否亦構成遺產之一部分？實務見解似採否定看法[26]，應予特別留意。

（二）「經常居住於中華民國境內」之定義

在我國法制中，中華民國國民僅有在經常居住於中華民國境內之前提下，方得以發生遺產稅之繳納義務。而所謂「經常居住於中華民國境內」，在遺產及贈與稅法中設有明文規定，此可參見本法第 4 條第 3 項及第 4 項規定：「（第三項）本法稱經常居住中華民國境內，係指被繼承人或贈與人有左列情形之一：一、死亡事實或贈與行爲發生前二年內，在中華民國境內有住所者。二、在中華民國境內無住所而有居所，且在死亡事

26 參見司法院大法官釋字第597號解釋：「憲法第十九條規定，人民有依法律納稅之義務。所謂依法律納稅，係指租稅主體、租稅客體、稅基、稅率等租稅構成要件，均應依法律明定之。各該法律之內容且應符合量能課稅及公平原則。遺產及贈與稅法第一條第一項規定，凡經常居住中華民國境內之中華民國國民死亡時遺有財產者，應就其全部遺產，依法課徵遺產稅；又所得稅法第十三條及中華民國八十六年十二月三十日修正前同法第十四條第一項第四類規定，利息應併入個人綜合所得總額，課徵個人綜合所得稅。財政部八十六年四月二十三日台財稅第八六一八九三五八八號函釋示，**關於被繼承人死亡日後所孳生之利息，係屬繼承人之所得，應扣繳個人綜合所得稅等語，符合前開遺產及贈與稅法與所得稅法之立法意旨，與憲法所定租稅法律主義並無牴觸，尚未逾越對人民正當合理之稅課範圍，不生侵害人民受憲法第十五條保障之財產權問題。**」

實或贈與行爲發生前二年內，在中華民國境內居留時間合計逾三百六十五天者。但受中華民國政府聘請從事工作，在中華民國境內有特定居留期限者，不在此限。（第四項）本法稱經常居住中華民國境外，係指不合前項經常居住中華民國境內規定者而言。」此一規定所規範者，事實上爲遺產稅及贈與稅的共通要件。此一要件之判斷，首先在於國內設有住所，一律均以設有戶籍作爲主要之判斷標準。因此，倘若係我國政府駐外人員，在死亡時於國內設有戶籍者，即屬「經常居住中華民國境內[27]。」其次，雖在我國未有戶籍，但是在中華民國境內有居所，且在死亡事實或贈與行爲發生前二年內，在中華民國境內居留時間合計逾三百六十五天者，亦爲本稅所規定之被繼承人或贈與人[28]。

二、遺產稅之性質

遺產稅就其本質而言，具有相當之所得稅性質，乃以遺產關係發生後所生之財產變動作爲課稅前提。而遺產稅與贈與稅，亦有相當之連動性：原則上，生前贈與之財產課贈與稅、死後繼承之財產課遺產稅。因此，我國遺產及贈與稅法特別設置有避免重複課徵的扣抵制度，規定於本法第11條第2項：「被繼承人死亡前二年內贈與之財產，依第十五條之規定併入遺產課徵遺產稅者，應將已納之贈與稅與土地增值稅連同按郵政儲金

27 參見財政部75年8月6日台財稅第7562179號函：「據外交部75人二字第17849號函稱：『依1961年『維也納外交關係公約』第22條第1款規定：『使館館舍不得侵犯，接受國官吏非經使館館長許可，不得進入使館館舍。』是以使館館舍依國際傳統慣例均視為派遣國領域之一部分，我駐菲代表處館址應得視同我國領域。』本案○○君係我國外交部派駐菲律賓代表處秘書，於72年8月9日赴菲，並依戶籍法第28條（編者註：現行法第16條）規定將戶籍遷往該處，該處址雖在菲律賓，然依上開外交部意見，該處既得視同我國領域，則其遺產稅應依『經常居住中華民國境內之中華民國國民』身分課徵。」

28 另可參見最高行政法院62年判字第539號判例：「在中華民國領域內未設住所之華僑，所有國外遺產既免課遺產稅，則其在國外之債務自不能在國內之遺產中扣除。」

匯業局一年期定期存款利率計算之利息，自應納遺產稅額內扣抵。但扣抵額不得超過贈與財產併計遺產總額後增加之應納稅額。」

貳、遺產稅應稅範圍之構成

一、課徵原則

原則上，遺產之構成係以民法繼承編所規定之制度爲基礎：遺產係以被繼承人全體財產爲內容[29]，在死亡時當然發生。然而，遺產稅之納稅義務人應當負擔相當之申報繳納義務[30]。不過，這樣的制度原則並非意味著所有構成遺產之財產均在稅基之範圍內。我國遺產及贈與稅法，仍根據本身獨立之政策目的，設置有相當之不計入遺產範圍，應當在計算遺產稅之際就其價值予以減除。

二、不計入遺產範圍之被繼承人遺留財產

遺產稅之課徵，乃以被繼承人死亡、發生繼承關係爲其前提。而在民法上，遺產之繼承本以被繼承人遺留全部之權利義務關係爲客體，除非係專屬被繼承人一身之權利，並未排除特定財產或權利不在遺產範圍內。**但**

29 司法院大法官釋字第311號解釋：「遺產稅之徵收，其遺產價值之計算，以被繼承人死亡時之時價為準，遺產及贈與稅法第十條第一項前段定有明文。對逾期申報遺產稅者，同項但書所為：如逾期申報日之時價，較死亡日之時價為高者，以較高者為準之規定，固以杜絕納稅義務人取巧觀望為立法理由，惟其以遺產漲價後之時價為遺產估價之標準，與同法第四十四條之處罰規定並例，易滋重複處罰之疑慮，應從速檢討修正。至稅捐稽徵法第四十八條之一第一項但書規定加計利息，一併徵收，乃因納稅義務人遲繳稅款獲有消極利益之故，與憲法尚無牴觸。」

30 司法院大法官釋字第330號解釋：「遺產及贈與稅法第二十三條第一項前段規定，被繼承人死亡遺有財產者，納稅義務人應於被繼承人死亡之日起六個月內，向戶籍所在地主管稽徵機關辦理遺產稅申報。其受死亡之宣告者，在判決宣告死亡前，納稅義務人無從申報，故同法施行細則第二十一條就被繼承人為受死亡之宣告者，規定其遺產稅申報期間應自判決宣告之日起算，符合立法目的及宣告死亡者遺產稅申報事件之本質，與憲法第十九條意旨，並無牴觸。」

是，遺產稅法之設計與此不同，計算遺產稅之前提，乃以「遺產」之全體客觀範圍爲基礎，但是此處所稱之「遺產」與民法不同，應當扣除法律規定之不計入遺產總額之財產。根據遺產及贈與稅法第 16 條之規定，以下項目不計入遺產總額：

（一）遺贈人、受遺贈人或繼承人捐贈各級政府及公立教育、文化、公益、慈善機關之財產。此規定見諸本法第 16 條第 1 款，其立法目的在於鼓勵遺產之各方，包括繼承人及被繼承權人捐贈其遺產爲公益所用[31]。

（二）遺贈人、受遺贈人或繼承人捐贈公有事業機構或全部公股之公營事業之財產。此規定見於本法第16條第2款。本款規定雖與前款相同，但限縮其捐贈之對象爲「公有事業機構或全部公股之公營事業之財產」。

（三）遺贈人、受遺贈人或繼承人捐贈於被繼承人死亡時，已依法登記設立爲財團法人組織且符合行政院規定標準之教育、文化、公益、慈善、宗教團體及祭祀公業之財產。此一規定見於本法第 16 條第 3 款。同樣爲公益目的，但其捐贈之對象包括財團法人、宗教團體及祭祀公業[32]。

---

31 為此行政院制頒有「捐贈教育文化公益慈善宗教團體祭祀公業財團法人財產不計入遺產總額或贈與總額適用標準」，可供參考。

32 標準第2條規定：「（第一項）對符合左列規定之財團法人組織之教育、文化、公益、慈善、宗教團體及祭祀公業捐贈之財產，不計入遺產總額或贈與總額：一、除為其創設目的而從事之各種活動所支付之必要費用外，不以任何方式對特定之人給予特殊利益者。二、其章程中明定該組織於解散後，其賸餘財產應歸屬該組織所在地之地方自治團體，或政府主管機關指定或核定之機關團體者。但依其設立之目的，或依其據以成立之關係法令，對解散後賸餘財產之歸屬已有規定者，得經財政部同意，不受本款規定之限制。三、捐贈人、受遺贈人、繼承人及各該人之配偶及三親等以內之親屬擔任董事或監事，人數不超過全體董事或監事人數之三分之一者。四、其無經營與其創設目的無關之業務者。五、依其創設目的經營業務，辦理具有成績，經主管機關證明者。但設立未滿一年者，不在此限。六、其受贈時經稽徵機關核定之最近一年本身之所得及其附屬作業組織之所得，除銷售貨物或勞務之所得外，經依教育文化公益慈善機關或團體免納所得稅適用標準核定免納所得稅者。但依規定免辦申報者，不受本款之限制。（第二項）前項第六款前段所定財團法人，其登記設立未滿一年，或尚未完成登記設立且依遺產及贈與稅法規定對之捐贈得不計入贈與總額中者，該款之所得，係以其設立當年度之所得為準。」

（四）遺產中有關文化、歷史、美術之圖書、物品，經繼承人向主管稽徵機關聲明登記者。但繼承人將此項圖書、物品轉讓時，仍須自動申報補稅。此一規定見諸本法第16條第4款。其制度目的，當在於針對文化、藝術及美術創作者而言，其死亡之際所遺留之作品或可紀念物，經常在市場上價值不斐。倘若據以核課遺產稅，則其繼承人勢必以鉅額自有或遺產資金清償，或用以實物抵繳。爲避免對繼承人造成過重負擔，因此規定遺留作品等物在未轉讓之前，不必負擔遺產稅。

（五）被繼承人自己創作之著作權、發明專利權及藝術品。此規定見於本法第16條第5款。按此類創作物，通常具有家庭或私人紀念性質，倘若未提出於市場銷售，即便客觀市場價值再高，亦未必有個人家庭之意義。因此本法特別定予以不計入遺產範圍。

（六）被繼承人日常生活必需之器具及用品，其總價值在72萬元以下部分。此規定參見本法第16條第6款，立法理由同前款，但設有限額。

（七）被繼承人職業上之工具，其總價值在40萬元以下部分。此規定參見本法第16條第7款，立法理由同前二款。

（八）依法禁止或限制採伐之森林。但解禁後仍須自動申報補稅。此規定參見本法第16條第8款。所謂「依法禁止或限制採伐之森林」，解釋上應指依森林法規定禁止或限制採伐之林地或保安林地等。

（九）約定於被繼承人死亡時，給付其所指定受益人之人壽保險金額、軍、公教人員、勞工或農民保險之保險金額及互助金。此規定參見本法第16條第9款。列入人壽保險金之給付，性質上部分爲契約之利益，部分爲被繼承人生前儲蓄利益之返還。就此而言，解釋上均不失爲遺產之一部分。但我國遺產及贈與稅法爲達鼓勵投保保險之法律政策，特別明文規定將此類保險給付排除在遺產範圍之外[33]。

33 不止遺產及贈與稅法有如此規定，同時亦可以參見保險法第112條規定：「保險金額約定於被保險人死亡時給付於其所指定之受益人者，其金額不得作為被保險人之遺產。」

Q：人壽保險躉繳保單所獲得之保險給付，得否列為本法第 16 條第 9 款所規定之不計入遺產範圍？

A：

（一）躉繳人壽保險給付之概念

所謂「躉繳人壽保險」之保單，係指一次性投入大量金額購買之人壽保險保單。按人壽保險本具有一定之儲蓄性質，乃以預期死亡風險較低之要保人或被保險人按期給付、長期累積之收益於死亡時一次實現，以作為維持受益人日後生活所需。躉繳則與此不同，經常是在死亡風險高的時期一次性投保鉅額保險，以圖在死亡事實發生時得以將被繼承人之財產轉成保險給付，因而規避可能之遺產稅。

（二）實務見解

在我國稅捐稽徵實務中，躉繳人壽保險之保單給付，向來會被認為係租稅規避之手段，而遭到稅捐稽徵機關之調整。例如最高行政法院 101 年度判字第 87 號判決：「所謂租稅規避，係納稅義務人不選擇稅法上所考量認為通常之法形式，卻選擇與此不同之迂迴行為或多階段行為或其他異常的法形式，以達成與選擇通常法形式之情形基本上相同之經濟效果，而同時卻能減輕或排除與通常法形式相連結之稅捐負擔者，而非合法之節稅。又租稅規避行為因有違課稅公平原則，故於效果上，參諸釋字第四二○號解釋意旨，應本於實質課稅原則，就其事實上予以規避，然卻與其經濟實質相當之法形式作為課稅之基礎。**本件被繼承人以躉繳高額保險費方式投保及以該保單質押借款之過程，顯係透過形式上合法卻反於保險原理及投保常態之形式，使被繼承人經由資金躉繳高額之保險費，移動其所有財產，藉以規避死亡時將之併入遺產總額所核算之遺產稅，並使其繼承人經由保險受益人之指定，仍獲得遺產繼承之經濟實質；而其以保單向保險公司質押之借款，復可以死亡前未償債務自遺產總額中扣除，而減少遺產稅額，其所為核屬租稅規避，而非合法之節**

稅。」總體而言，躉繳之人壽保險保單倘若有躉繳投保、高齡投保、重病期間投保、短期投保、鉅額投保、舉債投保（或保單質借後將債務列為遺產減項）保險費等於保險金額等特徵，即有可能遭稅捐稽徵機關認定為規避行為[34]。

（十）被繼承人死亡前五年內，繼承之財產已納遺產稅者。此一減除項目之規定見諸本法第16條第10款。構成遺產稅課徵標的之遺產，倘若亦係透過繼承取得而其時間接近，將可能導致整體被繼承財產在短時間內負擔太重之稅捐，即便不構成重複課徵，至少也有逾越比例原則之嫌疑。因此本法特別規定得以排除在遺產範圍之外。

（十一）被繼承人配偶及子女之原有財產或特有財產，經辦理登記或確有證明者。此一減除項目見諸本法第16條第11款。排除之原因，在於遺產之繼承人與被繼承人同財共居，財產之持有與所有狀態混雜不易判斷。爲避免誤將非遺產範圍內之財產列入課徵遺產稅範圍，特別設有排除規定。

（十二）**被繼承人遺產中經政府闢爲公衆通行道路之土地或其他無償供公衆通行之道路土地，經主管機關證明者**。但其屬建造房屋應保留之法定空地部分，仍應計入遺產總額。此一減除項目見諸本法第16條第12款，減除之客體主要指發生公用地役關係的私有財產。按所謂「公用地役關係」，係指私人土地等不動產因各種法律原因所導致負擔有公共使用義務之情形，如既成道路等[35]。此外，公共設施保留地雖然亦有爲公益特別

34 參見最高行政法院100年度判字第1003號、98年度判字第1145號、98年度判字第1236號、97年度判字第81號、97年度判字第949號等案判決。

35 參見司法院大法官釋字第400號解釋理由書第三段：「公用地役關係乃私有土地而具有公共用物性質之法律關係，與民法上地役權之概念有間，久為我國法制所承認（參照本院釋字第二五五號解釋、行政法院四十五年判字第八號及六十一年判字第四三五號判例）。既成道路成立公用地役關係，首須為不特定之公眾通行所必要，而非僅為通行之便利或省時；其次，於公眾通行之初，土地所有權人並無阻止之情事；其三，須經歷之年代久遠而未曾中斷，所謂年代久遠雖不必限定其期間，但仍

犧牲之情事，但是並不在得以減除的範圍之內。

（十三）被繼承人之債權及其他請求權不能收取或行使確有證明者。此一減除項目規定在本法第 16 條第 13 款。按原則上在繼承關係中，被繼承人之所有權利與義務均透過繼承爲繼承人所概括繼受[36]。

三、其他法律所規定不計入遺產總額或免稅者

除前述規定於本法第 16 條有關不計入遺產之規定外，在遺產贈與稅之制度中，遺產之認定尚且應當排除遺產土地屬都市計畫內尚未被徵收之公共設施保留地。此一部分財產，依都市計畫法第 50 條之 1 規定免徵遺產稅。另方面，具華僑身分之被繼承人所遺依華僑回國投資條例核准投資額半數免稅者，其檢附經投審會審定之證明文件，亦得以排除在遺產之外。

四、生前贈與死後歸扣遺產稅

遺產及贈與稅法第 15 條：「（第一項）被繼承人死亡前二年內贈與下列個人之財產，應於被繼承人死亡時，視爲被繼承人之遺產，併入其遺產總額，依本法規定徵稅：一、被繼承人之配偶。二、被繼承人依民法第一千一百三十八條及第一千一百四十條規定之各順序繼承人。三、前款各順序繼承人之配偶。（第二項）八十七年六月二十六日以後至前項修正公布生效前發生之繼承案件，適用前項之規定。」

應以時日長久，一般人無復記憶其確實之起始，僅能知其梗概（例如始於日據時期、八七水災等）為必要。」

36 參見民法第1148條第1項規定：「繼承人自繼承開始時，除本法另有規定外，承受被繼承人財產上之一切權利、義務。但權利、義務專屬於被繼承人本身者，不在此限。」

貳、遺產稅應納稅額之計算

遺產稅在我國法制中，乃以被繼承人死亡時遺留之遺產，減除其債務[37]以及法律所規定之減除項目以後，以所遺留之餘額乘以稅率得算出。就目前我國稅制而言，此一應納稅額之計算，應當考慮下列諸種減除項目。

一、本於與被繼承人有夫妻關係所生之遺產減除權利

被繼承人死亡時，倘若遺有配偶，為考慮配偶未來生存以及配偶相互扶養義務之代替，現行遺產及贈與稅法就遺產之計算，設有兩種減除之項目，在計算應納稅額之際應當予以減除。這包括了本法第 17 條第 1 項第 1 款所規定的「配偶特別扣除額」以及本於民法第 1030 條之 1「夫妻財產差額分配請求權」發生的兩種減除權利。

（一）夫妻財產差額分配請求權與遺產之扣除

我國民法就夫妻之間同財共居，設置有相當複雜的夫妻財產制。其中倘若未有特別之約定，原則上夫妻應當根據民法第 1005 條之規定，適用法定財產制[38]。我國夫妻法定財產制，首先將夫妻之財產區分為「婚前財產」及「婚後財產」。一旦被繼承人死亡而發生繼承關係之際，遺留之配偶有權就婚後財產主張夫妻財產差額分配請求權[39]。因此，**本法第17條之1**

37 最高行政法院60年判字第76號判例：「被繼承人死亡未償之債務，具有確實證明者，於計算被繼承人遺產總額時，應予扣除，為遺產稅法第十四條第二款所明定。此項規定，並未附有提示債務發生原因及用途證明之條件，良以繼承人對於被繼承人舉債之原因以及借款之用途未必明瞭，更無從提出該項原因及用途之證明，故立法本旨著重於未償債務之存在，而不問債務發生之原因與用途，是以繼承人果能證明被繼承人死亡前有未償之債務，即應在遺產總額內予以扣除。」

38 該條規定：「夫妻未以契約訂立夫妻財產制者，除本法另有規定外，以法定財產制，為其夫妻財產制。」

39 其法律依據見諸民法第1030條之1第1項：「**法定財產制關係消滅時，夫或妻現存之婚後財產，扣除婚姻關係存續所負債務後，如有剩餘，其雙方剩餘財產之差額，應**

平均分配。但下列財產不在此限：一、因繼承或其他無償取得之財產。二、慰撫金。」並且參見司法院大法官釋字第620號解釋：「憲法第十九條規定，人民有依法律納稅之義務，係指國家課人民以繳納稅捐之義務或給予人民減免稅捐之優惠時，應就租稅主體、租稅客體、稅基、稅率等租稅構成要件，以法律或法律明確授權之命令定之，迭經本院闡釋在案。

中華民國七十四年六月三日增訂公布之民法第一千零三十條之一（以下簡稱增訂民法第一千零三十條之一）第一項規定：『聯合財產關係消滅時，夫或妻於婚姻關係存續中所取得而現存之原有財產，扣除婚姻關係存續中所負債務後，如有剩餘，其雙方剩餘財產之差額，應平均分配。但因繼承或其他無償取得之財產，不在此限』。該項明定聯合財產關係消滅時，夫或妻之剩餘財產差額分配請求權，乃立法者就夫或妻對家務、教養子女及婚姻共同生活貢獻所為之法律上評價。因此夫妻於婚姻關係存續中共同協力所形成之聯合財產中，除因繼承或其他無償取得者外，於配偶一方死亡而聯合財產關係消滅時，其尚存之原有財產，即不能認全係死亡一方之遺產，而皆屬遺產稅課徵之範圍。夫妻於上開民法第一千零三十條之一增訂前結婚，並適用聯合財產制，其聯合財產關係因配偶一方死亡而消滅者，如該聯合財產關係消滅之事實，發生於七十四年六月三日增訂民法第一千零三十條之一於同年月五日生效之後時，則適用消滅時有效之增訂民法第一千零三十條之一規定之結果，除因繼承或其他無償取得者外，凡夫妻於婚姻關係存續中取得，而於聯合財產關係消滅時現存之原有財產，並不區分此類財產取得於七十四年六月四日之前或同年月五日之後，均屬剩餘財產差額分配請求權之計算範圍。生存配偶依法行使剩餘財產差額分配請求權者，依遺產及贈與稅法之立法目的，以及實質課稅原則，該被請求之部分即非屬遺產稅之課徵範圍，故得自遺產總額中扣除，免徵遺產稅。」以及解釋理由書第三段：「民法第一千零三十條之一第一項規定：『聯合財產關係消滅時，夫或妻於婚姻關係存續中所取得而現存之原有財產，扣除婚姻關係存續中所負債務後，如有剩餘，其雙方剩餘財產之差額，應平均分配。但因繼承或其他無償取得之財產，不在此限』。其立法理由為：『聯合財產關係消滅時，以夫妻雙方剩餘財產之差額，平均分配，方為公平，亦所以貫徹男女平等之原則。例如夫在外工作，或經營企業，妻在家操持家務，教養子女，備極辛勞，使夫得無內顧之憂，專心發展事業，其因此所增加之財產，不能不歸功於妻子之協力，則其剩餘財產，除因繼承或其他無償取得者外，妻自應有平均分配之權利，反之夫妻易地而處，亦然』（見立法院公報第七十四卷第三十八期院會紀錄第五十八頁及第五十九頁）。

由此可知，聯合財產關係消滅時，夫或妻之剩餘財產差額分配請求權，乃立法者就夫或妻對家務、教養子女及婚姻共同生活貢獻所為之法律上評價，性質上為債權請求權。因此聯合財產關係因配偶一方死亡而消滅，生存配偶依法行使其剩餘財產差額分配請求權時，依遺產及贈與稅法之立法目的，以及實質課稅原則，該被請求之部分即非遺產稅之課徵範圍。」

乃規定，被繼承人之配偶依民法第 1030 條之 1 規定主張配偶剩餘財產差額分配請求權者，納稅義務人得向稽徵機關申報自遺產總額中扣除。此外，納稅義務人未於稽徵機關核發稅款繳清證明書或免稅證明書之日起一年內，給付該請求權金額之財產予被繼承人之配偶者，稽徵機關應於前述期間屆滿之翌日起五年內，就未給付部分追繳應納稅賦，可供參考。又推理上，夫妻財產差額分配請求權既然是以法定夫妻財產制為其前提，解釋上倘若夫妻採取的是分別財產制[40]，即不生剩餘財產分配請求之問題。

（二）本法明文規定之配偶特別扣除額

遺產稅雖以遺產作為課徵之對象，但是在相當程度中，被繼承人死亡前的家庭照顧義務，仍為法律制度所重視，俾以體現憲法制度尊重婚姻家庭保障之意旨。因此，本法除了在計算應納遺產稅之際，針對採取法定財產制之夫妻得以容許生存之配偶行使前述之夫妻財產差額分配請求權以外，另外設有配偶之特別扣除額。本法第 17 條第 1 項第 1 款規定：「左列各款，應自遺產總額中扣除，免徵遺產稅：一、被繼承人遺有配偶者，自遺產總額中扣除四百萬元。」

二、被繼承人生前負擔有扶養義務之扣除

遺產關係之發生，乃以被繼承人死亡為其前提。然則被繼承人生前可能遺留有若干扶養親屬義務，除前述已有明文規定之配偶特別扣除額以外，本法尚且針對不同層級的受扶養親屬，設有不同之減除規定。首先，本法第 17 條第 1 項第 2 款規定：「繼承人為直系血親卑親屬者，每人得自遺產總額中扣除四十萬元。其有未滿二十歲者，並得按其年齡距屆滿二十歲之年數，每年加扣四十萬元。但親等近者拋棄繼承由次親等卑親屬繼承者，扣除之數額以拋棄繼承前原得扣除之數額為限。」其次，針對被

40 參見民法第1044條：「分別財產，夫妻各保有其財產之所有權，各自管理、使用、收益及處分。」

繼承人遺有父母者，本法第 17 條第 1 項第 3 款規定每人得自遺產總額中扣除 100 萬元[41]。就扶養義務次序較爲列後者，本法第 17 條第 1 項第 5 款亦規定：「被繼承人遺有受其扶養之兄弟姊妹、祖父母者，每人得自遺產總額中扣除四十萬元；其兄弟姊妹中有未滿二十歲者，並得按其年齡距屆滿二十歲之年數，每年加扣四十萬元。」

三、基於農地維持農用法律政策之扣除

遺產之繼承，除前述涉及被繼承人家庭扶養義務之維持或代替之扣除項目，足以使得特定範圍內之親屬作爲定額扣除遺產之原因外，本法本於特定法律政策或者公共政策之維持，亦設有若干扣除規定，足使得遺產中有特定情形者，另有扣除或加成扣除之可能。這主要指的是本法第 17 條第 1 項第 6 款的規定：**「遺產中作農業使用之農業用地及其地上農作物，由繼承人或受遺贈人承受者，扣除其土地及地上農作物價值之全數。承受人自承受之日起五年內，未將該土地繼續作農業使用且未在有關機關所令期限內恢復作農業使用，或雖在有關機關所令期限內已恢復作農業使用而再有未作農業使用情事者[42]，應追繳應納稅賦。但如因該承受人死亡、該承受土地被徵收或依法變更爲非農業用地者，不在此限。**」進一步來說，遺產中的農業用地和地上的農作物，倘若由繼承人或受遺贈人繼續作農業使用，依本法規定可以扣除土地和地上農作物價值的全數而免列入課

41 另外針對扶養義務特別艱辛者，本法第17條第1項第4款規定：「第一款至第三款所定之人如為身心障礙者保護法第三條規定之重度以上身心障礙者，或精神衛生法第五條第二項規定之病人，每人得再加扣五百萬元。」因此，遺有配偶、子女（孫）以及父母之被繼承人者，皆可適用本款。

42 例外情形，參見財政部75年10月27日台財稅第7571521號函：「主旨：繼承人繼承農業用地，經依法核定免徵遺產稅後，**於5年內因依平均地權條例第58條規定自行辦理土地重劃，致有部分土地被劃定為非農業使用土地時，不再追繳其已免徵之稅賦**。說明：依內政部75年8月22日台內地字第435662號函及行政院農業委員會75年9月13日（75）農企字第58326號函辦理。」

稅[43]。但是繼承人在五年內，未將該土地繼續作農業使用，且未在有關機關所令期限內恢復作農業使用，或雖在有關機關所令期限內已恢復作農業使用而再有未作農業使用情事者，就要追繳應納稅賦[44]。但如因該承受人死亡、該承受土地被徵收或依法變更爲非農業用地者，不須追繳遺產稅。此一規定，不僅在本法中受到明文揭示，同時在農業發展條例中亦有相同意旨之規定[45]。

43 參見財政部85年6月19日台財稅第850299498號函：「主旨：關於遺產及贈與稅法第17條第1項第6款有關農業用地及其地上農作物價值，全數自遺產總額中扣除之規定，是否需所有之農業用地全部繼續經營農業生產始有其適用疑義乙案。說明：二、按『左列各款，應自遺產總額中扣除，免徵遺產稅：一、……。六、遺產中之農業用地及其地上農作物，由繼承人或受遺贈人，繼續經營農業生產者，扣除其土地及地上農作物價值之全數。但該土地如繼續供農業使用不滿5年者，應追繳應納稅賦。』為遺產及贈與稅法第17條第1項第6款（編者註：本款內容已於89年1月26日修正）所明定。準此，稽徵機關於核定遺產稅時，應就繼承人或受遺贈人繼續經營農業生產之農業用地，依首揭規定辦理，嗣後該等免稅之農業用地，如有部分未繼續經營農業生產情事，再就該未繼續經營部分追繳應納稅賦。」

44 補稅之事由，亦包括將繼承農地分割出售。此可以參見財政部92年4月25日台財稅字第0920452909號令：「繼承人於繼承之日起5年內，將繼承之農業用地分割再出售，應就分割後出售之農地，補徵遺產稅。按『左列各款應自遺產總額中扣除，免徵遺產稅：一、……。六、遺產中作農業使用之農業用地及其地上農作物，由繼承人或受遺贈人承受者，扣除其土地及地上農作物價值之全數。……承受人……未將該土地繼續作農業使用……者，應追繳應納稅賦。』為遺產及贈與稅法第17條第1項第6款所明定。本案繼承人於89年間繼承座落○○市○○段1935之2、1939之13地號等2筆農地，經核准依首揭法條規定免徵遺產稅後，繼承人於91年間將1935之2土地辦理分割為2筆（分割後地號為1935之2、1935之4）後，出售1939之13地號及分割後之1935之2地號土地，由於繼承人未就繼承之土地繼續作農業使用滿5年，自應追繳應納稅賦。查本案土地既經依法分割，參照本部90年11月15日台財稅字第0900457035號令規定，則稽徵機關應就該2筆出售之土地，補徵遺產稅。」

45 參見司法院大法官釋字第375號解釋：「農業發展條例第三十一條前段規定：『家庭農場之農業用地，其由能自耕之繼承人一人繼承或承受，而繼續經營農業生產者，免徵遺產稅或贈與稅』，其目的在於有二人以上之繼承人共同繼承農業用地時，鼓勵其協議由繼承人一人繼承或承受，庶免農地分割過細，妨害農業發展。如繼承人僅有一人時，既無因繼承而分割或移轉為共有之虞，自無以免稅鼓勵之必要。同條例施行細則第二十一條前段規定：『本條例第三十一條所稱由繼承人一人

四、其他零星之扣除項目

主要規定在本法第 17 條第 1 項第 7 款至第 11 款：「七、被繼承人死亡前六年至九年內，繼承之財產已納遺產稅者，按年遞減扣除百分之八十、百分之六十、百分之四十及百分之二十。八、被繼承人死亡前，依法應納之各項稅捐、罰鍰及罰金。九、被繼承人死亡前，未償之債務，具有確實之證明者。十、被繼承人之喪葬費用，以一百萬元計算。十一、執行遺囑及管理遺產之直接必要費用。」

參、遺產稅之納稅義務人

遺產稅之納稅義務人，主要規定在本法第 6 條：「（第一項）遺產稅之納稅義務人如左：一、有遺囑執行人者，爲遺囑執行人。二、無遺囑執行人者，爲繼承人及受遺贈人。三、無遺囑執行人及繼承人者，爲依法選定遺產管理人。（第二項）其應選定遺產管理人，於死亡發生之日起六個月內未經選定呈報法院者，或因特定原因不能選定者，稽徵機關得依非訟事件法之規定，申請法院指定遺產管理人。」

第三節　贈與稅

壹、贈與稅之概念與「視同贈與」

一、贈與稅之稅率

遺產及贈與稅法第 19 條規定：「（第一項）贈與稅按贈與人每年贈

繼承或承受，指民法第一千一百三十八條規定之共同繼承人有二人以上時，協議由繼承人一人繼承或承受』，與上開意旨相符，並未逾越法律授權範圍，且為增進公共利益所必要，與憲法尚無牴觸。」

與總額，減除第二十一條規定之扣除額及第二十二條規定之免稅額後之課稅贈與淨額，依下列稅率課徵之：一、二千五百萬元以下者，課徵百分之十。二、超過二千五百萬元至五千萬元者，課徵二百五十萬元，加超過二千五百萬元部分之百分之十五。三、超過五千萬元者，課徵六百二十五萬元，加超過五千萬元部分之百分之二十。（第二項）一年內有二次以上贈與者，應合併計算其贈與額，依前項規定計算稅額，減除其已繳之贈與稅額後，為當次之贈與稅額。」

二、年度免稅額

遺產及贈與稅法第 22 條：「贈與稅納稅義務人，每年得自贈與總額中減除免稅額二百二十萬元。」

三、免徵贈與稅之贈與

本法第 20 條第 1 項：「左列各款不計入贈與總額：

一、捐贈各級政府及公立教育、文化、公益、慈善機關之財產。

二、捐贈公有事業機構或全部公股之公營事業之財產[46]。

三、捐贈依法登記為財團法人組織且符合行政院規定標準之教育、文化、公益、慈善、宗教團體及祭祀公業之財產。

四、扶養義務人為受扶養人支付之生活費、教育費及醫藥費。

五、作農業使用之農業用地及其地上農作物，贈與民法第一千一百三十八條所定繼承人者，不計入其土地及地上農作物價值之全數[47]。受贈人

---

46 此包括農田水利會。參見財政部92年3月12日台財稅字第0920451981號令：「依據農田水利會組織通則第1條第1項規定：『農田水利會以秉承政府推行農田水利事業為宗旨。』又同法條第2項規定：『農田水利會為公法人。』對農田水利會之捐贈，可比照遺產及贈與稅法第20條第1項第2款規定不計入贈與總額。」

47 納稅義務人贈與自己名下之農地予子女，可以免納贈與稅，但向他人購買農地，登記在子女名下，其贈與標的為「資金」，則不能享受農地免稅優惠。遺產贈與稅法規定農地贈與免稅。

自受贈之日起五年內，未將該土地繼續作農業使用且未在有關機關所令期限內恢復作農業使用，或雖在有關機關所令期限內已恢復作農業使用而再有未作農業使用情事者，應追繳應納稅賦。但如因該受贈人死亡、該受贈土地被徵收或依法變更爲非農業用地者，不在此限。

六、配偶相互贈與之財產。

七、父母於子女婚嫁時所贈與之財物，總金額不超過一百萬元。」

四、贈與稅附有負擔之減除

本於核實課徵之原則，贈與稅乃以納稅人實際上得以享受到的經濟利益作爲計算基礎。因此，倘若贈與本身附有負擔，依法應將之減除，此即爲本法第 21 條所規定：「贈與附有負擔者，由受贈人負擔部分應自贈與額中扣除[48]。」

貳、遺贈稅之稽徵程序

一、自動申報

本法第 23 條：「（第一項）被繼承人死亡遺有財產者，納稅義務人應於被繼承人死亡之日起六個月內，向戶籍所在地主管稽徵機關依本法規定辦理遺產稅申報。但依第六條第二項規定由稽徵機關申請法院指定遺產管理人者，自法院指定遺產管理人之日起算。（第二項）被繼承人爲經常居住中華民國境外之中華民國國民或非中華民國國民死亡時，在中華民國

48 另參見財政部65年9月7日台財稅第36067號函：「不動產因贈與移轉而發生之土地增值稅、契稅及監證費，依法應由受贈人繳納，而實際上確係由受贈人自行繳納者，依照遺產及贈與稅法施行細則第19條規定，應自贈與總額內扣除後計課贈與稅。(2)上述土地增值稅、契稅及監證費（同前註），依法雖應由受贈人繳納，但實際上係由贈與人出資代為繳納者，依照遺產及贈與稅法第5條第1款之規定，贈與人代為繳納之各項稅費應以贈與論，併入贈與總額中計算；至於繳納之上述各項稅費，仍應依遺產及贈與稅法施行細則第19條規定自其贈與總額中扣除。」

境內遺有財產者，應向中華民國中央政府所在地之主管稽徵機關辦理遺產稅申報。」以及第 24 條：「（第一項）除第二十條所規定之贈與外，贈與人在一年內贈與他人之財產總值超過贈與稅免稅額時，應於超過免稅額之贈與行爲發生後三十日內，向主管稽徵機關依本法規定辦理贈與稅申報。（第二項）贈與人爲經常居住中華民國境內之中華民國國民者，向戶籍所在地主管稽徵機關申報；其爲經常居住中華民國境外之中華民國國民或非中華民國國民，就其在中華民國境內之財產爲贈與者，向中華民國中央政府所在地主管稽徵機關申報。」

二、繳納通知

本法第 29 條規定：「稽徵機關應於接到遺產稅或贈與稅申報書表之日起二個月內，辦理調查及估價，決定應納稅額，繕發納稅通知書，通知納稅義務人繳納；其有特殊情形不能在二個月內辦竣者，應於限期內呈准上級主管機關核准延期。」

第四節　遺產及贈與稅實物抵繳之法律問題

壹、緒論：問題之提出

租稅之債，乃公法上金錢給付之債之關係，原則上以貨幣債權作爲清償手段[49]。遺產贈與稅作爲內地稅目之典型，亦以貨幣之債爲主要之清償方式。然於遺產及贈與稅法中，民國 84 年 1 月 13 日修正公布之遺產及贈與稅法，新增第 30 條第 2 項之條文：「**遺產稅或贈與稅應納稅額在三十萬元以上，納稅義務人確有困難，不能一次繳納現金時，得於前項規**

[49] 葛克昌，憲法之國體：租稅國，國家學與國家法，1996年，頁146以下。Birk, Steuerrecht, AT, S. 33ff. 租稅之稅基（Steuergrundlagen）亦即租稅權力發動之對象，主要包括所得、消費及財產持有，無不與財產權有直接相關。

定納稅期限內，向該管稽徵機關申請，分十二期以內繳納；每期間隔以不超過二個月為限，並准以課徵標的物或其他易於變價或保管之實物一次抵繳。」乃在一定要件之下容許遺產贈與稅之繳納，例外以實物為之。然此一制度自立法施行以來結餘實務運作上引發諸多爭議，容許以實物作為繳納手段之結果，使國有財產局接管及處理之抵繳實物大幅擴張，截至民國 90 年 12 月 31 日止，累積尚未變現之抵繳實物高達新臺幣 789 億元之譜[50]，甚且於某種程度上，構成納稅義務人避稅或節稅之管道，影響國庫收入甚或課稅公平[51]。然於另一層面言之，憲法保障納稅義務人之財產權，不僅及於財產之存續，更及於特定財產之使用收益處分[52]。如是，則納稅義務人使用收益處分之權能如何與遺產及贈與稅所具備之社會正義、調節代際正義之功能相合致，首先即有思考之空間。其次，實物抵繳之法律爭議，除發生於抵繳之實物計價之標準外，多以大法官釋字第 343 號解

50 趙揚清、鍾鳳娥，以公共設施保留地及未上市（櫃）股票抵繳遺產及贈與稅問題之研究，財稅研究，第35卷第6期，頁56。謝釗益，遺產及贈與稅實物抵繳之研究，財稅研究，第29卷第2期，頁42以下。

51 參見邱正弘，遺產贈與稅法之租稅環境與節稅規劃—遺贈面面觀，實用稅務，第269期，頁37以下。李常先，論未上市（櫃）股票關於遺產贈與稅課徵之探討，實用稅務，第291期，頁62以下。

52 司法院大法官釋字第400號解釋謂：「憲法第十五條關於人民財產權應予保障之規定，旨在確保個人依財產之存續狀態行使其自由使用、收益及處分之權能，並免於遭受公權力或第三人之侵害，俾能實現個人自由、發展人格及維護尊嚴。如因公用或其他公益目的之必要，國家機關雖得依法徵收人民之財產，但應給予相當之補償，方符憲法保障財產權之意旨。既成道路符合一定要件而成立公用地役關係者，其所有權人對土地既已無從自由使用收益，形成因公益而特別犧牲其財產上之利益，國家自應依法律之規定辦理徵收給予補償，各級政府如因經費困難，不能對上述道路全面徵收補償，有關機關亦應訂定期限籌措財源逐年辦理或以他法補償。若在某一道路範圍內之私有土地均辦理徵收，僅因既成道路有公用地役關係而以命令規定繼續使用，毋庸同時徵收補償，顯與平等原則相違。至於因地理環境或人文狀況改變，既成道路喪失其原有功能者，則應隨時檢討並予廢止。行政院中華民國六十七年七月十四日台六十七內字第六三〇一號函及同院六十九年二月二十三日台六十九內字第二〇七二號函與前述意旨不符部分，應不再援用。」乃在於確定財產權保障非僅及於靜態之存續，亦包括動態之「自由使用、收益及處分之權能」。

釋作成以後，遺產及贈與法第 30 條第 2 項之適用是否以現金繳納確有困難，方以實物抵繳作爲**補充性之清償手段**？最高法院 92 年度判字第 1618 號判決採行肯定見解：「查遺產稅或贈與稅應納稅額在三十萬元以上，納稅義務人確有困難，不能一次繳納現金時，得於前項規定納稅期限內，向該管稽徵機關申請，分十二期以內繳納，並准以課徵標的物一次抵繳。固爲遺產及贈與稅法第三十條第二項所明定。惟遺產稅或贈與稅本應以現金繳納，必須現金繳納確有困難，始得以實物抵繳，此參諸司法院大法官會議釋字第三四三號解釋甚明。」同院 92 年度判字第 582 號判決謂：「遺產及贈與稅法第三十條第二項規定，明示遺產稅本應以現金繳納，必須現金繳納確有困難時，始得以實物抵繳。是以申請以實物抵繳，是否符合上開要件及其實物是否適於抵繳，自應由稅捐稽徵機關予以調查核定，非謂納稅義務人不論在何種情形下，均得指定任何實物以供抵繳。」均採肯定見解。然則此一肯定見解之推論基礎安在？是否過度限制拘束人民財產使用收益處分之權能而有逾越比例原則之情事？尤其就法律救濟之角度觀察，人民申請依前述遺產及贈與稅法第 30 條第 2 項爲實物抵繳，機關就此所爲之准駁決定，其法律屬性爲何[53]？倘若遭機關拒絕，得否進行行政救濟？其行政救濟之訴訟標的爲何？凡此種種，均非明確易解之問題，有待於深入探討，而爲本文問題意識之所在焉。

貳、實物抵繳之法制規範

一、遺產及贈與稅法第30條第2項（舊法，現行條文移列至同條第4項）之立法沿革

我國遺產及贈與稅法，制定於民國 62 年。然初始就遺產贈與稅債之關係之履行並未明確規定其手段，而與其餘公法之債相同，乃以法定貨幣

53 關於法律行為性質之爭執，參見趙揚清、鍾鳳娥，以公共設施保留地及未上市（櫃）股票抵繳遺產及贈與稅問題之研究，財稅研究，第35卷第6期，頁58。

作爲公法上金錢之債之清償手段。然於實務運作上，遺產贈與稅之納稅義務人受贈或繼承大筆土地或價值高昂之標的物，依法須先完納遺產贈與稅方得取得該等標的物之私法上處分權能[54]，即不免發生現金不足清償困難之情事，導致具有給付能力之納稅義務人因而無法履行遺產及贈與稅之法定債務。

二、請求許可實物抵繳之法定要件

（一）遺產及贈與稅應納稅額逾新臺幣30萬元

遺產贈與稅之納稅義務人申請以實物抵繳遺產贈與稅，其法定要件之一乃在於有數額之限制，需逾新臺幣30萬元方有申請之權利。所謂遺產及贈與稅應納稅額逾新臺幣30萬元[55]，除本稅於30萬元許其抵繳以外，倘若本稅未逾新臺幣30萬元，而加計罰鍰之結果逾30萬元時，是否亦許納稅義務人申請抵繳？稅捐稽徵實務上採行肯定見解。財政部67年6月29日台財稅第34182號函即指出：「納稅義務人王○○應納遺產稅額及

54 此主要見諸於遺產及贈與稅法第8條第1項之規定：「遺產稅未繳清前，不得分割遺產、交付遺贈或辦理移轉登記。贈與稅未繳清前，不得辦理贈與移轉登記。但依第四十一條規定，於事前申請該管稽徵機關核准發給同意移轉證明書，或經稽徵機關核發免稅證明書、不計入遺產總額證明書或不計入贈與總額證明書者，不在此限。」此外，大法官釋字第343號解釋由楊建華、劉鐵錚二位大法官聯袂提出之不同意見書第一段前段亦謂：「按遺產稅係因被繼承人遺有財產，繼承人因取得該項遺產而獲得利益，乃對於繼承人所獲得之遺產利益課徵稅捐。惟繼承人本身原有之資力，恆因人而異，有得以本身原有之資力繳納遺產稅者，亦有本身原有資力不足，必須處分其所繼承之遺產，始得繳納遺產稅者，遺產及贈與稅法第三十條第二項乃係體恤納稅義務人原有之資力不足所作之規定。」故知該項之立法功能，主要在於清償之便，與納稅義務人原有之資力（給付能力）無涉。

55 許以實物抵繳之稅目限於遺產及贈與稅，是故倘有其他稅目未繳，原則上不得併同主張計入實物抵繳之額度。然在稅捐稽徵實務上曾容有例外，財政部71年台財稅字第35651號函，即認納稅義務人倘係以土地房屋作為抵繳標的，得以該土地房屋應納未納之其他稅款併同本稅抵繳。惟此一函釋並未收入財政部稅制委員會所編90年度遺產及贈與稅法令彙編，已為稅捐稽徵機關所不援用。

罰鍰合計已逾新臺幣 30 萬元，依照遺產及贈與稅法第 30 條第 2 項規定應准予合併，一次以土地抵繳。」或如財政部 68 年 12 月 24 日台財稅字第 39302 號函謂：「產稅額及罰鍰已逾新臺幣 30 萬元，納稅人因經濟情況欠佳，無力一次繳納時，准依遺產及贈與稅法第 30 條第 2 項規定，申請分期繳納。」雖謂准許分期繳納，然遺產及贈與稅法第 30 條第 2 項就「分期繳納」與「實物抵繳」係規範相同之構成要件，亦足以推導出准許實物抵繳之結論。

除罰鍰得以列入遺產及贈與稅法第 30 條第 2 項所定申請實物抵繳之額度外，法定遲延利息中，依稅捐稽徵法第 48 條之 1 第 3 項所定之逾期自動補報加計之利息，亦得列入計算之範圍[56]。財政部 72 年 6 月 18 日台財稅字第 34267 號函謂：「遺產稅應納稅額及**逾期自動補報加計之利息**合計已逾新臺幣 30 萬元者，可比照本部 67 年 6 月 29 日台財稅第 34182 號函釋規定辦理。」比照辦理之結果，使遺產及贈與稅法第 30 條之計算亦可加計利息作為計算之基礎。然發生問題者，乃在於稅捐稽徵法所規範之法定利息，除納稅義務人自動報繳而依稅捐稽徵法第 48 條之 1 第 3 項所計算之利息外，尚包括稅捐稽徵法第 38 條第 3 項，因行政救濟程序終結而加計利息之情形[57]。則此一情形之法定利息，能否計入申請實物抵繳之額度？解釋上容有疑義。觀諸稅捐稽徵法第 49 條規定：「滯納金、利息、滯報金、怠報金、短估金及罰鍰等，除本法另有規定者外，準用本法

56 稅捐稽徵之法定利息，係指依稅捐稽徵法第38條第2項、第48條之1第3項所徵收之利息，乃依照郵政儲金匯業局之一年期定期存款利率計算，與民法第203條之利息不同。此等債權債務關係，乃租稅關係之附隨給付，隨租稅之債併同發生。

57 稅捐稽徵法第38條第3項規定：「經依復查、訴願或行政訴訟程序終結決定或判決，應補繳稅款者，稅捐稽徵機關應於復查決定，或接到訴願決定書，或行政法院判決書正本後十日內，填發補繳稅款繳納通知書，通知納稅義務人繳納；並自該項補繳稅款原應繳納期間屆滿之次日起，至填發補繳稅款繳納通知書之日止，按補繳稅額，依各年度一月一日郵政儲金一年期定期儲金固定利率，按日加計利息，一併徵收。」

有關稅捐之規定。但第六條關於稅捐優先及第三十八條，關於加計利息之規定，對於罰鍰不在準用之列。」並未就法定利息於不同條文之地位另做劃分。基於體系性解釋之原則，當認立法者於附隨給付之效果準用租稅之債之規範均屬相同，就利息所爲者爲一視同仁之一體規定，而認應可計入稅捐稽徵法第 38 條第 2 項之利息。

（二）納稅義務人確有困難，不能一次繳納現金

納稅義務人爲應稅之贈與行爲或繼受遺產，因而發生遺產贈與稅之納稅義務，其贈與或繼承之標的態樣繁多，非屬現金具有高度流動性者所在多有。是故納稅義務人因發生稅款支付之困難，請求以課徵標的物或其他實物抵繳。然則何謂「納稅義務人確有困難，不能一次繳納現金」？此與民法所稱之給付不能並非相同，乃係單純之支付工具周轉流通問題。故「又遺產中現金及存款不足支應應納遺產稅額，乃遺產之狀態，與納稅義務人之資力無必然關聯，不能即認納稅義務人確有困難，不能一次繳納遺產稅」，行政法院爰於 87 年度判字第 1842 號判決中，否准納稅義務人之請求[58]。納稅義務人具有給付可能，然於主觀上不願以現金爲給付，如銀行存款已足繳納遺產贈與稅而仍請求實物抵繳者，亦與此一要件不合（最高行政法院 90 年度判字第 977 號判決參見）。是故，現金繳納仍應認係遺產贈與稅納稅義務履行之主要手段，實物抵繳僅具補充性：「……遺產稅或贈與稅本應以現金繳納，必須現金繳納確有困難，始得以實物抵繳，此參諸司法院大法官會議釋字第 343 號解釋甚明。上揭條文准**以實物抵繳之目的，在彌補現金繳納之不足**，因此，申請實物抵繳，應以現金不足繳稅部分爲範圍，被繼承人遺留之財產，如包含現金、銀行存款及其他實物，而納稅義務人又無法提出其他事證，證明其確無法以該等現金、銀行

58 本件案例事實，略為納稅義務人收受有遺產稅課稅處分，已依限清償完畢。然清償完畢之後方知悉得以公共設施保留地申請抵繳遺產稅，乃以「不諳法令而先繳納遺產稅，要不因而失去抵繳權利」為由，申請機關准其抵繳而發還已納之遺產稅。

存款繳納時，應就現金及銀行存款不足繳稅部分，准以實物抵繳。」（財政部 89 年 7 月 15 日台財稅第 0890454844 號函）。

針對納稅義務人是否就遺產贈與稅之繳納確有困難，不能一次繳納現金，固為稅捐稽徵機關職權調查之範疇，是以大法官釋字第 343 號解釋因之謂：「申請以實物抵繳，是否符合上開要件及其實物是否適於抵繳，自應由稅捐稽徵機關予以調查核定。」然則發生問題者，乃在於「確有困難，不能一次繳納現金」是否為行政法上所稱之「不確定法律概念」，而容許法院就其享有審查之空間？就此，最高行政法院 92 年度判字第 486 號裁判顯採肯定見解：「所謂『一次繳納現金有困難』，應認有程度上之區別。而且容許稅捐稽徵機關針對困難之程度來做適當之反應。否則主管機關在為此認定時，必然會對『困難』之法律概念作限縮之解釋，這樣的結果並不符合眾多納稅義務人的長期利益。從另外一個角度言之，若納稅義務人僅是少部分之現金籌集不足，而有一部困難時，如因此就全部准許抵繳，顯然有違公平原則。因此遺產及贈與稅法第三十條第二項構成要件之正確解釋，應認有一部困難而適用該條款之餘地。既然因一次繳納現金有一部困難之情形也該當於遺產及贈與稅法第三十條第二項之構成要件，而有該條款之適用餘地。此屬法律之正確解釋問題，**不涉及行政機關自由裁量之概念**。」易言之，納稅義務人是否確有困難，不能一次繳納現金，並非稅捐稽徵機關享有裁量之範疇。

（三）以「課徵標的物」或「其他易於變價或保管」之實物

納稅義務人申請實物抵繳之要件之一，乃在於抵繳之實物限於「課徵標的物」[59]或「其他易於變價或保管」之實物。因實物抵繳乃補充之履行

59 舊遺產及贈與稅法第30條第2項之規定原為：「遺產稅或贈與稅應納稅額在三十萬元以上，納稅義務人確有困難，不能一次繳納現金時，得於前項規定納稅期限內，向該管稽徵機關申請核准，分二期至六期繳納，每期間隔以不超過二個月為限，並得以實物一次抵繳。」並不包括以課徵標的物抵繳之情形。惟釋字第343號解釋不

手段而具有代物清償之性質[60]，故最高行政法院91年度判字第134號判決即指出：「以實物抵繳之目的，**原在可期待其變爲現金，使其結果與以現金繳納同**。該條末段因之設有『准以課徵標的物其他易於變價或保管之實物一次抵繳』之規定，其中所謂『易於變價』，雖與『保管』同列，然非擇一即可，而排除稅稽徵機關之認定權限。倘其實物雖非不易於保管，但無從變價以供抵繳遺產稅之用者，如許抵繳，則國家反增無意義之保管負擔，即與該條前段規定意旨相違。」實物抵繳倘係以課徵標的物爲之，無前述「易於變價或保管」要件之適用固無疑問，然何種標的物方構成「其他易於變價或保管」之要件？實務上嘗有諸多標準之提出：

1. 公共設施保留地

納稅義務人爲贈與人，其所擁有非贈與標的之公共設施保留地常爲稅捐稽徵機關認定爲不易變現而不許其申請抵繳。財政部81年12月3日台財稅字第811685542號函謂：「贈與稅之納稅義務人爲贈與人者，如以其所有之公共設施預定地申請抵繳應納之贈與稅額時，該項土地既不合遺產及贈與稅法所定易於變價之要件，應否准受理抵繳。」然遺產稅之納稅義務人繼承土地爲公共設施保留地時，則有抵繳之可能（財政部76年10月9日台財稅字第761125982號函）。故知非屬標的物之公共設施保留地，常爲稅捐稽徵機關認定爲變現不易之財產。

同意見書中，楊建華及劉鐵錚大法官認其將可能造成繼承之遺產全部，均為不易變價之財產而不許抵繳，如納稅義務人本身原無資力而確有繳納之困難，則將無從解決。旋由立法院於民國84年通過修正條文，增列課徵標的物之抵繳規定，並刪除遺產及贈與稅法施行細則第43條規定：「納稅義務人依本法第三十條第二項規定申請抵繳稅款之實物，以易於變價或保管，且未經設定他項權利者為限。」之條文。是故於新制之中，以遺產贈與標的物本身為抵繳標的物，原則上即不發生「易於變價或保管」之問題矣。

60 代物清償乃民法第319條所規定：「債權人受領他種給付以代原定之給付者，其債之關係消滅。」所清償者仍為原本之公法上債權債務關係。參見陳敏，租稅債務關係之變更，政大法學評論，第30期，頁147以下。

2. 未上市股票

納稅義務人申請以上市上櫃股票作爲抵繳實物，因有公開之市場價格及買賣機制，故具備高度之流通性而易於變現固無疑問。然則抵繳實物爲未上市股票，稅捐稽徵機關之態度如何？首先，倘若未上市股票本身即爲繼承標的，稅捐稽徵機關傾向接受作爲抵繳實物：「被繼承人侯君遺產中之已擅自停業之未上市公司股票，於本部 84 年 3 月 31 日台財稅第 841614364 號函發布前，既經貴局核課遺產稅確定，依行政院 61 年台財第 6286 號令：『……解釋令發布前已確定之行政處分所持見解縱與解釋令不符，除經上級行政機關對該特定處分明白糾正者外，亦不受解釋令影響而變更…… 』，該已確定之課稅處分並不因本部上開函之發布而受影響，故納稅義務人申請以屬課徵標的物之股票抵繳應納之遺產稅，依遺產及贈與稅法第 30 條第 2 項規定，應准予受理，其抵繳價值並應依同法施行細則第 46 條第 1 項規定辦理。」（財政部 85 年 8 月 20 日年度台財稅字第 850443211 號函）。然倘若非係課徵標的物，即令與課徵標的物相同之其他與未上市股票，仍爲稅捐稽徵機關解爲不易變現而不許其抵繳（財政部 85 年 2 月 15 日台財稅字第 850010994 號函）。

3. 法定空地

法定空地乃建築法上之制度，乃建築基地中，除建築物所占地面外所留設不許爲建築之土地。此種土地，或作爲建築間隔之空間，或作爲防火巷道，均受有不許覆蓋建築之限制[61]。倘若遺產稅之標的爲此種法定空地，納稅義務人得否以之主張提出實物抵繳？財政部 86 年 9 月 20 日台財稅字第 860518181 號函指出，應視此等法定空地是否得爲移轉分割而定，非可一概而論：「納稅義務人李○○君申請以遺產中之法定空地抵繳遺產稅，可否准予受理乙案，請依說明二辦理。說明：二、本件經函准內政部

61 參見建築法第11條第2項之規定：「前項法定空地之留設，應包括建築物與其前後左右之道路或其他建築物間距離，其寬度於建築管理規則中定之。」

86 年 8 月 14 日臺 86 內營字第 8605943 號函復意見略以『按建築法第 11 條第 3 項規定，法定空地非依規定不得分割、移轉，並不得重複使用。上開條文所稱移轉應包括買賣及贈與；又法定空地之分割，應依『建築基地法定空地分割辦法』之規定辦理。本案納稅義務人申請以遺產中之法定空地抵繳遺產稅移轉作爲國有乙節，應視其可否依該辦法規定辦理分割後核處之』。查本件納稅義務人提供抵繳之土地，既屬課徵標的，依遺產及贈與稅法第 30 條規定，本可抵繳遺產稅，惟據貴局函報，該地部分爲自願保留地，部分爲臺北市○○街○○號及同號 2 至 6 樓等建物之法定空地，該等建物座落土地爲另一地號，建物及座落土地均非被繼承人所有，爲避免核准抵繳後因違反建築法等相關規定，產生無法移轉國有情事，究該地是否業自其建築基地分割或確有貴局所述法定空地之分割、移轉問題，應先究明。如經查明該地移轉國有，尙涉法定空地分割問題，請參酌上開內政部意見辦理。」

4. 都市計畫道路用地

納稅義務人申請以非屬繼承或贈與標的物之都市計畫道路用地作爲實物抵繳之標的，遺產及贈與稅法施行細則第 44 條第 1 項有明文規定：「被繼承人遺產中依都市計畫法第五十條之一免徵遺產稅之公共設施保留地，納稅義務人得以該項財產申請抵繳遺產稅款。」故在遺產稅稽徵實務上，向許納稅義務人爲申請之主張，並不以該納稅義務人有繳納困難爲要件。此參諸財政部 72 年 11 月 8 日台財稅第 37939 號函謂：「被繼承人之遺產除動產、不動產外，尙有各類存款合計金額超過核定應納遺產稅額，而納稅義務人申請以**遺產之中都市計畫道路用地抵繳稅款者**，依遺產及贈與稅法施行細則第 44 條規定，應准予受理。」即可知悉稅捐稽徵機關之一向立場。此類計畫道路用地免納遺產稅，並非遺產稅課徵之標的物，然於行政實務上容許其不以繳納現金困難爲申請實物抵繳之要件，向受質疑。故稅捐稽徵機關近期已傾向限縮其適用，並以財政部 87 年 7 月 15 日台財稅第 871951691 號函釋予以停止適用前述財政部 72 年 11 月 8 日台財稅第37939號函[62]。至於合乎遺產及贈與稅法第30條第2項（舊法，已移列至同條第4項）之要件者，仍許以道路用地申請實物抵繳。財政部90年3月12日台財稅字第0900460178號函：「有關林吳君申請以其名下所有之土地抵繳被繼承人林○○遺產稅乙案，請依台南市政府89年11月23日89南市工土字第237964號函意見：本府同意依財政收支劃分法規定就核定遺產稅應納稅額之百分之八十抵繳吳女士名下所有屬都市計畫道路等公共設施用地辦理。說明：二、本件被繼承人林○○之遺產稅應納稅額8,000餘萬元，依財政收支劃分法第8條第3項規定，台南市政府可分得徵起收入之80%，該府同意就應分得之收入，由林吳君以都市計畫道路等公共設施用地抵償，以取代其依前台灣省政府88府訴3字第144511號訴願決定應履行徵收台南市西區臨安段○○地號等土地之義務，因該等土地本係台南市政府應徵收之土地，經由此等方式，土地將直接移轉登記爲台南市政府所有，已無需日後另行編列預算徵收取得，故就台南市政府應分得收入部分，因土地未列入徵收補償計畫致不易變價之顧慮，當不復存在。貴局可依台南市政府意見辦理，由納稅義務人就台南市政府應分得收入部分（即本案80%稅款），以應徵收之土地抵償，全數移轉登記爲台南市政府所有。至其餘屬中央所有之20%稅款，如納稅義務人申請以其他符合遺產及贈與稅法第30條第2項規定之實物抵繳，應全數登記爲國有，如繳納現金，亦全數屬中央所有。」

62 然於行政訴訟實務上，所發生之爭議亦來自於此一函釋之適用關係，參見**最高行政法院91年度判字第1847號判決**：「財政部七十二年十一月八日台財稅第三七九三九號函謂：『被繼承人之遺產除動產、不動產外，尚有各類存款合計金額超過核定應納遺產稅額，而納稅義務人申請以**遺產之中都市計畫道路用地抵繳稅款者**，依遺產及贈與稅法施行細則第四十四條規定，應准予受理。』核其意旨，與遺產及贈與稅法第三十條第二項規定，必須現金繳納確有困難時，始得以實物抵繳之要件，不相符合，該項函釋有重大明顯違反上位規範之情形，財政部以八十七年七月十五日台財稅第八七一九五一六九一號函釋予以停止適用，揆諸前揭司法院解釋意旨，尚無信賴保護原則之適用。」本文將於後段討論此一裁判之妥當性。

5. 耕地

納稅義務人申請實物抵繳之標的物爲耕地，情形與前述法定空地相同，倘若得以移轉者，亦可爲實物抵繳之標的。財政部 90 年 5 月 1 日台財稅字第 0900405575 號函：「行政院農業委員會 90 年 2 月 20 日（90）農企字第 900010013 號函說明四略謂：抵稅耕地需符合農業發展條例第 31 條之規定始得辦理移轉登記。準此，納稅義務人申請以耕地抵繳遺產稅或贈與稅者，應請其檢附作農業使用證明或符合土地使用管制規定之證明文件，俾憑辦理產權移轉登記。」

6. 行政救濟中之未確定債權

除前述以實物爲抵繳標的之情形外，於我國之稅捐稽徵行政實務上尙有一特例，亦即准許以當事人正進行行政救濟中之未確定債權作爲抵繳之客體。此主要見諸財政部 87 年 5 月 28 日台財稅字第 871945969 號函：**「查納稅義務人申請以繫屬行政救濟中之債權抵繳遺產稅額，該項債權既經稽徵機關核屬被繼承人遺產，如其他要件符合遺產及贈與稅法第 30 條第 2 項規定，自應暫准予受理，惟暫不登記爲國有，嗣後如經行政救濟確定不屬於被繼承人遺產，應重行更換抵繳標的或以現金繳納。**」故知於實際行政運作中，實物抵繳之標的只要確具一定程度之變現性，即有抵繳之可能，未必以實體之財產爲限。

7. 墓地

納稅義務人遭稅捐稽徵機關核課遺產稅或贈與稅，以土地不動產作爲抵繳之標的物，然而土地上有地上物墳墓存在，得否許其爲抵繳請求？按該墓地倘若非屬遺產及贈與標的物，則自可由稅捐稽徵機關依其職權調查認定該土地是否易於保管變價，倘若無礙於流通如公開販售之公共墓園位址、納骨塔位等實則有其一定之客觀價值而爲得流通之標的，似無不合遺產及贈與稅法第 30 條第 2 項（舊法，已移列至同條第 4 項）要件之情形。然則墓地即爲遺產贈與之標的物，則臺北高等行政法院嘗於 89 年度訴字第 730 號判決中指出：「（原）遺產及贈與稅法施行細則第四十三條規定：『納稅義務人依本法第三十條第二項規定申請抵繳稅款之實物，以易於變價或保管，且未經設定他項權利者爲限。』已於八十五年四月十七日刪除，因此納稅義務人申請**以課徵標的物抵繳遺產或贈與稅者，主管稽徵機關無權調查是否易於變價或保管，亦不得因認不易於變價或保管，而不合於遺產及贈與稅法第三十條第二項規定，述明不准之理由，通知納稅義務人仍按原核定繳納期限繳納**。本件被告竟認爲被繼承人所遺土地多爲墓地，因有地上物不能抵繳，不准原告等以課徵標的物抵繳遺產稅及罰鍰，於法顯有未合。」維持前述以課徵標的物爲抵繳標的物時，不生易於變價保管問題之立場。

然則墓地之性質，究竟有別於其他不動產，乃在於墳墓及其中所埋屍體係受有刑法特別之保護。刑法第 248 條定有發掘墳墓罪、第 247 條定有侵害屍體罪，其保護法益乃在於愼終追遠之善良風俗。則倘若許可以墳墓作爲抵繳之標的物，尤其是遺產稅之納稅義務人以祖墳作爲抵繳客體之情形，此一准許抵繳之行政處分恐將因違反行政程序法第 111 條第 5 款之規定而淪於無效[63]。

Q：某甲農夫，生有兒子乙與丙二人，別無其他家屬。乙、丙二人雖已成年，但自幼關係不睦，成年後基本不相往來。某甲又深信風水陰陽之說，擔心死亡之後兩個兒子因為嫌處理自己後事麻煩，很可能採取火葬，違反自己之意願。因此在生前即規劃自己後事，購得 A 墓地一筆，遺囑交代務必在死後葬於該地。取得墓地所有權若干年後，某甲死亡。乙、丙二人料理父親後事安葬於 A 墓地以後，即面對遺產稅問題。經查某甲遺留之現款不多，主要均為土地，包括 A 墓地、B 建地以及 C 農地三筆。經核算應納稅額為新臺幣 200 餘萬元。試問：

63 該條款為：「行政處分有下列各款情形之一者，無效：五、內容違背公共秩序、善良風俗者。」

（一）設乙、丙二人無足夠存款以繳納該筆遺產稅，擬以 B 建地抵繳遺產稅。經辦國稅局認為 B 建地雖為建地，但是已被列為地方自治團體興辦公共設施保留徵收之土地，無經濟價值，擬予以拒絕。試問拒絕是否合法？

（二）設乙、丙二人雖無存款足以繳納該筆遺產稅，擬以 A 墓地抵繳遺產稅，機關予以拒絕是否合法？

A：

（一）實物抵繳之概念

租稅之債原則上係屬金錢之債，但在例外得以容許實物繳納。遺產贈與稅法第 30 條第 2 項：「遺產稅或贈與稅應納稅額在三十萬元以上，納稅義務人確有困難，不能一次繳納現金時，得於納稅期限內，向該管稽徵機關申請，分十八期以內繳納，每期間隔以不超過二個月為限。」以及同條第 4 項規定：「遺產稅或贈與稅應納稅額在三十萬元以上，納稅義務人確有困難，不能一次繳納現金時，得於納稅期限內，就現金不足繳納部分申請以在中華民國境內之課徵標的物或納稅義務人所有易於變價及保管之實物一次抵繳。中華民國境內之課徵標的物屬不易變價或保管，或申請抵繳日之時價較死亡或贈與日之時價為低者，其得抵繳之稅額，以該項財產價值占全部課徵標的物價值比例計算之應納稅額為限。」

（二）實物抵繳之標的

根據前述遺產贈與稅法之規定，抵繳標的有二：「中華民國境內之課徵標的物」以及「納稅義務人所有易於變價及保管之實物」。原則上，課徵標的物應當與納稅義務人所有之物區分。不過為考慮國庫變現不易問題，遺產贈與稅法第 30 條第 4 項後段乃規定：「中華民國境內之課徵標的物屬不易變價或保管，或申請抵繳日之時價較死亡或贈與日之時價為低者，其得抵繳之稅額，以該項財產價值占全部課徵標的物價值比例計算之應納稅額為限。」應予特別留意。

（三）本題情形

1. 乙、丙二人無足夠存款以繳納該筆遺產稅，擬以 B 建地抵繳遺產稅。根據遺產贈與稅法第 30 條第 4 項前段，遺產稅課徵標的之 B 建地，原則上不必考慮變現是否容易。但根據該項後段規定，倘若 B 建地確實變現不易，至少應當就該抵繳標的占全部遺產比例核定，不得逕予全部拒絕。因此，本題情形機關之決定並非合法。
2. 乙、丙二人無足夠存款以繳納該筆遺產稅，擬以 A 墓地抵繳遺產稅。原則上，墓地並非完全無經濟價值，臺北高等行政法院在 89 年度訴字第 730 號判決亦認為墓地作為課徵標的之際，機關無拒絕權力。不過本題情形應當特別考慮的是，A 墓地已埋有納稅義務人之父，倘若容許抵繳，難謂合乎公共秩序善良風俗。依據行政程序法第 111 條第 5 款規定，即便核准亦為無效之處分。就此而言，機關之拒絕應認係合法。

（四）向稅捐稽徵機關提出申請

納稅義務人請求以實物抵繳其應納之遺產贈與稅，與所得稅採行結算申報或暫繳之方式不同，應先提出申請，取得稅捐稽徵機關同意後方得抵繳。遺產及贈與稅法施行細則第 45 條規定：「（第一項）納稅義務人依本法第三十條第四項規定申請以實物抵繳遺產稅或贈與稅時，應於核定繳納期限內繕具抵繳之財產清單，申請主管稽徵機關核准。主管稽徵機關應於接到申請後三十日內調查核定。（第二項）申請抵繳稅款之實物，不合於本法第三十條第四項規定者，主管稽徵機關應即述明不准之理由，通知納稅義務人仍按原核定繳納期限繳納。如不准抵繳之通知書送達納稅義務人時，已逾原核定繳納期限或距原核定繳納期限不滿十日者，應准納稅義務人於通知書送達日起十日內繳納。（第三項）申請抵繳稅款之實物，如有部分不合本法第三十條第四項規定者，應通知納稅義務人就不合部分補繳現金。」然發生問題者，乃在於稅捐稽徵機關就納稅義務人所爲之准駁決定，其法律屬性爲何？行政訴訟實務乃將之當作得提起撤銷請求之標的，係屬行政處分。行政法院 69 年度判字第 819 號裁判謂：「按『遺產稅或贈與稅應納稅額在十萬元以上，納稅義務人確有困難，不能一次繳納現金時，得於前項規定納稅期限內，向該管稽征機關申請核准分二期至六期繳納，每期間隔以不超過二個月爲限，並得以實物一次抵繳』。又『被繼承人遺產中有供公共設施預定地者，納稅義務人得依遺產及贈與稅法第三十條第二項之規定以該項土地申請抵繳遺產稅款』，固爲遺產及贈與稅法第三十條第二項及同法施行細則第四十四條第一項所明定，惟納稅義務人依遺產及贈與稅法第三十條第二項規定申請抵繳稅款之實物，以易於變價或保管，且未經設定他項權利者爲限，亦爲同施行細則第四十三條所明定。本件原告申請抵繳遺產稅款之土地，係都市計畫學校及道路預定地，依財政部六十六年六月二十八日（66）台財稅字第三四一五七號函釋：『如經當地縣市政府證明該道路預定地將來必將征收補償而能符合遺產及贈與稅法施行細則第四十三條之規定時，可予受理抵繳』。本件經被告機關所屬大屯分處函准台中縣政府六十八年十月十二日六八府建都字第一四二七六八號函復稱：『大里都市計畫公共設施用地，未來是否必將征收補償，當視闢建時辦理之方式而定，目前尚難預料』，並說明：『都市計畫內公共設施用地之取得，依法可以徵收方式取得，但亦可以市地重劃方式取得，而辦理市地重劃，公共設施用地，尚有分配之可能』，有該函影本附原處分卷可稽，是原處分不准以該土地抵繳遺產稅款，自非無據。」[64]

64 然則於國內文獻中，有持不同意見者，認為實物抵繳之屬性應區分情形，部分為行政處分，部分可能為私法契約。趙揚清、鍾鳳娥，以公共設施保留地及未上市（櫃）股票抵繳遺產及贈與稅問題之研究，財稅研究，第35卷第6期，頁58。本文就此之討論，容見後述。

三、實物抵繳之法律屬性

（一）概說

於法律制度中就遺產贈與稅實物抵繳法律屬性之討論，不可避免之爭執爲實物抵繳法律屬性之歸類。尤其自行政救濟之角度觀察，不同之行政行爲模式乃經常意味著不同之救濟標的。就人民請求國家機關作成決定之角度觀察，亦有必要釐清其行爲在法律上之評價。然自大法官釋字第 343 號起，爭執及不能謂全面解決。考其爭執，除出自於實物抵繳之申請核准關係外，尙包括許其抵繳後之法律屬性。

（二）申請抵繳所為之准駁決定：行政處分

前已言及，實物抵繳之行政手續需由納稅義務人提出申請，再由稅捐稽徵機關依法定要件職權調查是否合致而作成決定[65]。此一決定，係國家機關就公法上債權債務關係之清償方式所爲之特定處置，當係行政處分。是故行政法院 81 年度判字第 1922 號裁判：「納稅義務人於獲准以實物抵繳遺產稅後，嗣改申請以現金繳納，並經核准者，該核准以現金繳納遺產稅之行爲，應認係主管稽徵機關兼依職權撤銷原核准以實物繳納遺產稅之行政處分，該原行政處分經撤銷後，除另定有失效日期外，應解爲溯及既往失其效力。」即明示抵繳之決定及嗣後之撤銷變更，均爲行政處分。

（三）抵繳為私法契約？

然與前述行政處分說不同，國內部分文獻，嘗謂實物抵繳之法律性質，可能爲私法契約之屬性。例如：「我國實務上，對於抵繳之法律性質，認屬私法契約。亦即『納稅義務人申請以土地抵繳遺產稅，經稽徵機關予以核准之行爲，則認爲應屬私法上之財產讓與契約』。因此，抵繳之

65 大法官釋字第343號解釋參見。楊得君，論稅捐債務之成立、確定與清償，國立台灣大學法律學研究所碩士論文，1996年，頁149。

財產土地如因登記資料不全，致不能登記爲國有財產時，受讓機關（財政部國有財產局）得提起民事訴訟，請求履行契約，移轉土地所有權（行政法院 69 年度裁字第 301 號裁定、財政部 62 年 9 月 5 日台財稅第 36758 號函）」[66]。或「中日學界通說，認實物抵繳之性質係代物清償」[67]。然則是否即得據此推論出抵繳爲私法契約之性質？容有進一步思考之空間，尤其應自公法上法定之債之屬性出發，做進一步之思考。

租稅法上債權債務之法律關係（Steuerschuldverhältnis），爲公法上債之關係[68]。相較於私法之債，此等債權債務關係主要以滿足國家日常財政用度作爲主要功能，而具有與私法之債不同之特徵，包括不以特定給付爲其對價、權利義務乃當然發生，並不以行政處分爲其成立要件等[69]。然公法之債與私法之債，均可區分爲債之關係成立與法律效果等不同層面[70]。是故，所謂實物抵繳之法律性質，可能爲私法契約之屬性，當係指

---

66 趙揚清、鍾鳳娥，以公共設施保留地及未上市（櫃）股票抵繳遺產及贈與稅問題之研究，財稅研究，第35卷第6期，頁58。然本文作者對此表示質疑，蓋趙、鐘二君用以佐證實物抵繳之屬性屬契約之一環，所引具之資料尚包括大法官釋字第343號解釋（同頁內文左欄第十五行）云云。然經核對，大法官釋字第343號解釋文及理由書均未有此一說，僅楊建華、劉鐵錚二位大法官提出之「不同意見書」第一段言及其屬代位清償性質。「不同意見書」原則上不能表達大法官之正式見解，由此推論其具有契約性質，不免率斷之嫌。

67 楊得君，論稅捐債務之成立、確定與清償，國立台灣大學法律學研究所碩士論文，1996年，頁150註328。楊文並於本文坦率批評此說：「……基本上，稅捐稽徵機關並無自由意思可言。故如套用私法上關於代物清償、間接給付與債務更改等因債權人、債務人雙方意思合致而消滅債之關係之方法，將稅捐法上實物抵繳之性質加以歸類為私法上債之關係消滅之方法，理論上難免扞格不入。」並主張此僅係類推適用民法上代物清償之效果耳。

68 Tipke / Lang, AO Kommentar, § 3, Tz. 9ff.

69 在此意義之下，課稅處分實為確認處分，具有確定公法債務數額之功能。另參見行政法院87年度判字第2336號判決，亦謂：「按稅捐為法定之債，乃以法律之規定，而非以行政處分為發生之依據。因此個別稅捐債務，於法律規定應納稅捐之構成要件事實發生時，即已發生。」

70 楊得君，論稅捐債務之成立、確定與清償，國立台灣大學法律學研究所碩士論文，1996年，頁2註7。

於公法之債之效果上，此等實體之權利義務關係與私法之權利義務關係內容大致相同，而具有類推適用之可能性[71]。是故，所謂實物抵繳之性質有「行政處分」與「私法契約」之不同見解，實則並無矛盾：租稅之債成立及變更之基礎決定，亦即申請抵繳所為之准駁決定，乃與課稅處分相同之**行政處分**；而准予實物抵繳後所發生之債權債務關係清償效果，乃**類推適用民法之代物清償**關係[72]。

（四）抵繳為公法上契約？

關於遺產及贈與稅法第 30 條第 4 項實物抵繳之法律屬性，所應予特別留意者，乃在於有認為抵繳應係公法契約。尤其於大法官釋字第 343 號解釋中，楊建華、劉鐵錚二位大法官所提不同意見書第一段：「按遺產稅係因被繼承人遺有財產，繼承人因取得該項遺產而獲得利益，乃對於繼承人所獲得之遺產利益課徵稅捐。惟繼承人本身原有之資力，恆因人而異，有得以本身原有之資力繳納遺產稅者，亦有本身原有資力不足，必須處分其所繼承之遺產，始得繳納遺產稅者，遺產及贈與稅法第三十條第二項乃係體恤納稅義務人原有之資力不足所作之規定，其中現金繳納，是否確有困難？許為分期繳納，究為如何分期？固須經主管稽徵機關審查後核准，惟同條項後段『並得以實物一次抵繳』，就稽徵機關而言，乃係『代物清償』之公法上強制契約，遺產稅係針對『遺產課稅』，以『遺產』中之實

71 陳清秀，稅法總論，頁289謂：「在實體法上具有意義者，乃是其法律關係與私法上法律關係相類似者，得類推適用私法上之規定。」於學理之討論上，尚應深入追究者，乃包括公法規範是否具有類推能力之問題，然於大法官釋字第474號解釋作成以後，此等問題似已於實務上得到解決。

72 楊得君，論稅捐債務之成立、確定與清償，國立台灣大學法律學研究所碩士論文，1996年，頁150註328。吾人所更應進一步認識者，乃在於早期實務見解所以有將實物抵繳解為私法上契約關係者，更在於救濟手段之考量。蓋民國89年施行新行政訴訟法以前，我國舊行政訴訟法制中並無給付之訴之規定，致使私法之救濟途徑於相當程度上取代眾多公法爭執。惟現訴訟法制既已全備，則將之解為公法關係，方屬正辨。

物抵繳，乃極爲合理之事。」明言抵繳係屬代物清償之公法上強制契約，最值重視。

所謂公法契約，乃行政契約之別稱，乃指公法上之權利義務關係經由共同之合意而發生得、喪、變更之情形[73]。於大法官釋字第343號解釋作成之民國83年間，將實物抵繳解釋爲行政契約容或有其推論上之可能性。然我國行政程序法於民國90年施行後，行政契約依行政程序法第139條之規定，應以書面爲之。而所謂書面，通說見解指係由雙方當事人簽名而載明契約兩造之權利義務關係[74]，與實物抵繳之申請核准顯有不同，故本文傾向否認實物抵繳爲行政契約。

參、實物抵繳制度之憲法問題

一、概說

依前所述，遺產贈與稅租稅之債之清償手段乃以金錢給付爲原則，實物抵繳爲例外。故實物抵繳之成立，除限於遺產贈與稅目在一定額度以上方得抵繳外，更以「納稅義務人確有困難，不能一次繳納現金」、「以『課徵標的物』或『其他易於變價或保管』之實物」爲標的、取得稅捐稽徵機關同意爲要件，固有其特定行政目的之考量。然則前已言及，憲法規範保障財產權利，除財產之靜態存續之外，更包括財產之動態運用，亦即財產之使用、收益、處分。納稅義務人所具有之各項財產（包括金錢財產與非貨幣之實物財產）以何項財產完納其稅捐，竟受此一清償手段之限制，則所應思考之問題，直接指向於實物抵繳此一制度之合憲性，特別是限制實物抵繳應具備一定要件方得爲之，是否合乎比例原則。此不僅爲人民基本權利與基本義務間之衝突，更爲國家於憲政秩序中所應扮演角色之重新思考。

73 參見吳庚，行政法之理論與實用，7版，頁289以下。

74 陳敏，行政法總論，增訂3版，頁114。

二、租稅國家與租稅之債清償方式自由

（一）憲法之國體：租稅國家

公法之原則上債以金錢給付作爲清償之手段，首先來自於租稅國家之要求。所謂租稅國家（Steuerstaat），係相對於企業者國家而言。後者乃國家自行持有生產工具、介入並參與市場之運作及生活資源之分配，並擁有大規模之國營企業，俾體現其照顧人民日常生活之功能[75]。然與企業者國家不同，租稅國家在公法關係中，人民所依法負有之各種義務，除具有不可取代之特性者外，乃以金錢之給付爲其主要之履行方式。按現代國家原則上並不自行持有生產之工具，亦不直接參與經濟上之生產活動，故以物易物之交易模式或者直接向人民徵收租稅以外之勞役，均有其事實上之困難[76]。在貨幣出現之後，透過對價值之剝奪使得國家不必事事均以直接之暴力或物理上之力量以完成國家任務，在貨幣之給予及剝奪行爲中，同樣可以達到法律上誡命（Gebot）或禁止（Verbot）之效果[77]。此一效果之出現，在法治國家中即可推導出國家機關某種程度的憲法義務。亦即，貨幣就國家權力行使尤其就手段之選擇言，憲法秩序事實上課予國家權力以義務，就公法上之債之關係，甚至其他之權限言，原則上**僅得以貨幣作爲國家權力之媒介手段**[78]，而僅有在例外之情形下（包括貨幣手段無法完成

75 葛克昌，憲法國體—租稅國，國家學與國家法，頁142。

76 葛克昌，憲法國體—租稅國，國家學與國家法，頁151以下，稱作「無勞役義務原則」。

77 所謂完成誡命之效果，指以金錢取代直接之暴力。舉例言之，要防止人民闖紅燈，可採行之手段除直接之暴力（架設拒馬、以優勢警力禁止人民通行）外，亦可以金錢之剝奪（抓到闖紅燈者即罰款）之方式為之，二者所產生之誡命效果或禁止效果，事實上相去不遠。而出於比例原則之憲法秩序要求，國家權力之行使不得過度，故以金錢取代（大部分的）直接暴力，更有其憲法上之正當性。Vol. Vogel, Finanzstaat, HdStR, Bd. IV., S. 1162.

78 換言之，現代國家並非位處於自然自由（natüraliche Freiheit）之國家，就其行政上任務之達成，不得率爾使用直接之實力。既然金錢的使用可以達到相同的誡命或禁止之效果，出於比例原則或「合乎目的的理性」（zweckorientierten Rationalität）的

行政上之目的時），方得容許國家權力之直接實現，以合乎**比例原則**侵害最小之憲法要求。在此意義之下，貨幣可謂某種程度地成爲憲法秩序所要求的國家權力的主要行使方式，僅例外之情形，如合乎遺產及贈與稅法第 30 條第 4 項之前提下，方容許以實物作爲有限度的補充清償手段。尤其吾人承認了貨幣作爲一種憲法上具有相當價值的制度之後，關於貨幣發行權限的討論亦被賦予基本的憲法秩序意義。是故，當德國學者指出，貨幣之發行在憲法上被當作是憲法委託[79]之一環時，吾人實可理解，其中尙包括國家權力行使被認爲應多方節制之原因，並使人民於公法上所負擔之義務，主要透過金錢給付履行之[80]。

（二）實物抵繳與財產權利之保障

租稅債權債務關係以金錢給付作爲主要之清償手段，於憲法秩序中所涉及之主要問題乃租稅國家原則之落實，已如前述。然在另一方面，正如大法官釋字第 343 號解釋中，聲請釋憲之一方當事人所主張者，乃在於將提出實物抵繳當作權利而非單純之清償或履行義務手段[81]，則遺產及贈與稅法第 30 條第 2 項（舊法，已移列至同條第 4 項）之規定即成爲限制拘束人民自由權利之規範。在此一意義之下，問題不得不由憲法秩序中對人

考慮，國家行為遂被認為原則上應以金錢支付之方式完成之。Vogel, aaO., S. 1161. 是故就某種行政上之不法行為，倘若罰錢即足以達成其禁止之效果時，非有正當且充分之理由，國家不得採行其他行政制裁措施。

79 BVerfGE 41 , 334; Maunz / Dürig, GG Kommentar, Art. 8 Rdnr. 2.

80 尤以經濟學之角度觀察，論者有謂實物繳納為自然經濟物物交換制度下之產物。在此制度之下，政府的收入型態即直接的獲得財物及勞務，並以所獲得的財貨與勞務為實物支出。例如，服兵役、義務勞動及非貨幣形式的租稅繳納等。而今貨幣經濟發達，任何都為間接交易，意在取得作為交易媒介的貨幣，再以之交換所需之各項財貨與勞務等實物。因此，以貨幣納稅亦隨之取代實物繳納，此乃效率原則之發揮。謝釗益，遺產及贈與稅實物抵繳之研究，財稅研究，第29卷第2期，頁43。周玉津，實物抵繳遺產稅似開倒車，稅務旬刊，第1559期，頁20。

81 參見釋字第343號解釋彭足等十一人聲請書第二、（一）段末行「剝奪人民申請抵繳權利」等語。

民自由權利限制拘束之要件及法益之權衡，提出解答。

首先應提出之問題，乃在於遺產及贈與稅法第 30 條第 2 項（舊法，已移列至同條第 4 項）所定之限制條件，所限制者爲何種基本權利？憲法秩序中所承認之基本權固然種類繁多，然與遺產贈與稅實物抵繳有關而受國家權利之拘束者，主要包括財產權及一般行爲自由二種權利，尤其是財產權利中自由利用之價值保障（Wertsgarantie des Eigentums）[82]。財產之權利包含其使用收益之處分自由，於民法規範中即可得其梗概。民法關於所有權之積極作用，亦即所有權所具備之權能，於第 765 條規定謂：「所有人，於法令限制之範圍內，得自由使用、收益、處分其所有物，並排除他人之干涉。」即明示使用、收益、處分乃財產權利尤其所有權最核心之功能[83]。然則憲法所規範之財產權利並非不受拘束，於憲政秩序所要求者，乃在於此等拘束限制應有法律之依據，並合乎比例原則[84]。其次所應討論者，乃此等限制拘束之目的何在？尤其在遺產贈與稅本即不以國庫目的爲其主要考量之前提下，更具實益。

三、實物抵繳與租稅法律主義：釋字第343號

大法官解釋有關遺產及贈與稅法之法制，故嘗作成諸多解釋。然其

82 財產權利價值保障之概念，參見董保城、法治斌，憲法新論，頁199。李惠宗，憲法要義，頁191。

83 關於財產權之一般性討論，參見蘇永欽，財產權的保障與大法官解釋，憲政時代，第24卷第3期，頁19以下。

84 此於我國法制之中，可參見最高行政法院83年度判字第2291號判決：「比例原則，係淵源於憲法上法治國家思想之一般法律原則之一種，具憲法層次之效力，故該原則拘束行政、立法及司法等行為。因而，行政機關於選擇達成行政目的之手段時，其所作成之行政處分必須符合比例原則，換言之，除該行政處分須最適合於行政目的之要求，並不得逾越必要之範圍外，尚須與所欲達成之行政目的間保持一定之比例，始足當之。否則，即屬濫用權力之違法。」是故行政程序法第7條明文規定比例原則所適用之範圍為「行政行為」，亦本於此旨。關於比例原則運用之討論，參見吳庚，行政法之理論與實用，增訂7版，頁57以下。

中討論直接及於實物抵繳之制度者，爲大法官釋字第 343 號解釋：「依遺產及贈與稅法第三十條第二項規定，遺產稅本應以現金繳納，必須現金繳納確有困難時，始得以實物抵繳。是以申請以實物抵繳，是否符合上開要件及其實物是否適於抵繳，自應由稅捐稽徵機關予以調查核定。同法施行細則第四十三條規定，抵繳之實物以易於變價或保管，且未經設定他項權利者爲限。**財政部中華民國七十一年十月四日（七一）台財稅字第三七二七七號函謂**已成道路使用之土地，非經都市計畫劃爲道路預定地，而由私人設置者，不得用以抵繳遺產稅，係因其變價不易，符合上開法律規定之意旨，均爲貫徹稅法之執行，並培養誠實納稅之風氣所必要，與憲法尚無牴觸。」並以此宣告解釋之標的財政部中華民國 71 年 10 月 4 日（71）台財稅字第 37277 號函爲「貫徹稅法之執行，並培養誠實納稅之風氣所必要」，合乎比例原則，與憲法並無牴觸。

然於大法官釋字第 343 號解釋中所引起爭執之問題，乃在於前述解釋標的之與憲法第 19 條所要求之租稅法律主義是否合致。故該號解釋聲請人理由第二段（一）部分，即提出如此質疑：「故遺產稅之抵繳事項乃屬於租稅債務內容事項，性質上應屬有關課稅之法律效果，依憲法第十九條規定之租稅法律主義，應專門保留由法律加以具體明確規定，而不得以行政命令定之。本件抵繳遺產稅、贈與稅之實物範圍爲何，自應由法律明文規定，不容以行政命令任意加以限制。本件行政法院判決所適用之財政部（七一）台財稅第三七二七七號函釋擅自將非都市計畫道路預定地之既成道路，排除於抵繳實物範圍之外，剝奪人民申請抵繳權利，自有違憲法第十九條租稅法律主義。」乃認爲涉及此等租稅之債成立及清償之手段，應有租稅法律主義之適用，而於憲政秩序中要求更直接之法律依據[85]。

前述財政部 71 年 10 月 4 日台財稅第 37277 號函限制未經列入都市計

85 此一爭執所涉及之問題，乃解釋函令之法律屬性。多數見解均認其應屬行政規則之性質（參見大法官釋字第505號解釋），則此等規範並無法律授權，用以規範課稅權力之行使，不免容有爭議。

畫之私人設置道路不得作爲實物抵繳之標的，其原因乃在於其變價不易。前已言及，容許遺產贈與稅實物抵繳之原因，乃在於因納稅義務人之個別財產狀況導致繳納困難，例外許其不以貨幣作爲公法之債清償手段。故針對非都市計畫之道路，大法官釋字第343號解釋理由書指出：「其就非經都市計畫劃爲道路預定地，而由私人設置之道路土地，所以認爲不得比照辦理，乃因該項土地既非都市計畫中之道路預定地，主管機關並無徵收之義務，即屬不易出售變價之物。自無許其抵繳遺產稅之理。」另方面言之，大法官解釋本身對於「租稅法律主義」亦於歷次解釋中闡釋其意旨，遺產贈與稅之清償手段中以非都市計畫道路用地作爲抵繳標的，倘若與大法官釋字第217號解釋相對照：「憲法第十九條規定人民有依法律納稅之義務，係指人民僅依法律所定之納稅主體、稅目、稅率、納稅方法及納稅期間等項而負納稅之義務。至於課稅原因事實之有無及有關證據之證明力如何，乃屬**事實認定問題，不屬於租稅法律主義之範圍**。」則將「是否變價不易」解爲事實認定問題，亦可得出前述財政部71年10月4日台財稅第37277號函之合憲結論。此外，行政法院83年度判字第1856號判決亦謂：「道路土地准予抵繳遺產稅者，係指依都市計畫爲道路預定地，且事實上已形成道路使用之土地而言，非經都市計畫爲道路預定地而由私人設置之道路土地，不得比照辦理。」

二、納稅義務人依遺產及贈與稅法第30條第2項（舊法，已移列至同條第4項）規定申請以不動產抵繳遺產稅，如其抵繳之意思表示有錯誤時，依法務部85年6月3日法85律決13313號函復意見，可適用民法第88條有關意思表示錯誤撤銷之規定。又依上開法務部函稱：「……民法第八十八條所謂之『過失』，實務上多解爲抽象輕過失，意即表意人如未盡善良管理人之注意義務而有錯誤或不知之情事時，即不得撤銷其錯誤之意思表示……。至當事人之錯誤或不知，如係肇因於行政機關之過失，則……難認表意人有何過失，無適用民法第八十八條第一項但書之餘地……。」準此本件黃陳XX等人申請取回之座落嘉義縣XX等地號土地，及蔡○○等人申請取回之座落台南縣○○地號土地，如經查明其於申請抵繳時，不知該等土地非道路用地而誤為道路用地據以抵繳，因其申請抵繳之錯誤係貴局誤按道路用地核課遺產稅及地政機關測量分割有誤所致，則其對該錯誤難認有過失，故得准其依民法第 88 條第 1 項前段規定撤銷以該等土地抵繳之意思表示，並依土地登記規則第 27 條、第 131 條第 1 項及其他相關規定，申請塗銷登記及改以現金繳納（財政部 85 年 7 月 23 日台財稅第 850326886 號函）。

肆、實物抵繳之行政救濟

一、概說

納稅義務人依遺產稅法第 30 條第 2 項（舊法，已移列至同條第 4 項）之規定，申請稅捐稽徵機關許其以一定之實物充作遺產及贈與稅繳納之標的，其要件及法律屬性已如前述。然於稅捐稽徵實務上所應進一步做出後續討論者，當屬因實物抵繳所發生之行政爭議案件，其救濟爭訟之程序應如何進行。尤其以新修正通過之訴願法、行政訴訟法於民國 89 年 7 月開始施行迄今，針對遺產及贈與稅之爭訟關係陸續作成重要之裁判，引起多方之矚目。則在新行政救濟法制之中，倘納稅義務人與稅捐稽徵機關間因實物抵繳發生爭執，則應以何種訴訟模式進行救濟？尤其以新訴訟法制與修正前之訴訟法制相較之下，有何具體之差異？亦有進一步深論之空間。

二、撤銷訴訟

納稅義務人申請以實物抵繳應納遺產贈與稅，遭稅捐稽徵機關否准，於我國新修正行政訴訟法施行前，行政法院向來許可納稅義務人提起撤銷之訴以謀求救濟。故如前引最高行政法院 81 年度判字第 1922 號判決，原告亦即納稅義務人一方提起訴訟，其訴之聲明乃在於請求法院判決撤銷稅捐稽徵機關所作成不許抵繳之決定，並發回原處分機關以謀另為適法處分[86]。然於新行政訴訟法實施之後，納稅義務人申請稅捐稽徵機關准許以實物抵繳應納遺產贈與稅遭否准，當係屬行政訴訟法第 5 條第 2 項所規範「申請駁回」之訴之典型[87]，則撤銷訴訟尚有無存續空間？雖不無推論上之爭議，然依我國訴訟法學者之多數見解，仍認爲得以容許依撤銷訴訟模式主張之。

依行政法院於新行政訴訟法通過後，倘納稅義務人申請以實物抵繳遺產贈與稅，其所申請之內容與作成之處分內容不合，因而欲得有變更原處分之判決者，於現行法制之中仍應提起撤銷之訴以謀獲取變更原處分之裁判而爲救濟。例如於最高行政法院 91 年度判字第 2324 號判決中，最高行政法院以：「按『申請抵繳稅款之實物，如有部分不合第三十條第二項規定者，應通知納稅義務人就不合部分補繳現金。』遺產及贈與稅法施行細則第四十五條第三項定有明文。是以納稅義務人申請抵繳稅款之實物，如有部分不合遺產及贈與稅法第三十條第二項規定者，稅捐機關應分別處理，將不合於抵繳稅款之物剔除，但合於抵繳稅款之物仍應准於抵繳。查上訴人所提供之土地中既有部分地號土地面積已逾三十坪以上，且非屬於畸零地之土地，則該部分地號土地是否合於易於變價之抵繳之要件，被上訴人自應就各筆土地詳予斟酌，而不得含混以該七筆土地並非全在三十坪以上，且大多屬於畸零地云云，遽否准上訴人全部七筆土地抵繳之聲請，被上訴人就七筆土地爲全部否准抵繳之處分，核與上引遺產及贈與稅法施行細則第四十五條第三項規定，尚有未合。」爲由撤銷原處分及決定，然則本件情形爲納稅義務人申請實物抵繳，部分項目遭稅捐稽徵機關否准剔

86 納稅義務人提起撤銷之訴得有勝訴判決而發回原處分機關另行適法處分者，稅捐稽徵機關應依行政法院於裁判中所示之法律見解另為處分，此一功能，於我國行政訴訟僅有撤銷訴訟之舊法時代，實際上發揮了相當程度之給付效果，尤以大法官釋字第368號解釋作成後運用日廣。關於訴訟類型及其所發生之功能，參見陳清秀，新行政訴訟種類之評析與展望，月旦法學雜誌，第47期，頁33以下。

87 參見陳敏，課予義務訴訟之制度功能及適用可能性，政大法學評論，第61期，頁159以下。

除，乃訴請法院撤銷處分。就當事人所提聲明內容以觀，稅捐稽徵機關所作成之處分實爲一部有利、一部不利之拒絕處分（剔除），與稅捐稽徵機關作成純然駁回之拒絕處分不同。

三、課予義務之訴

新修正行政訴訟法第 5 條之給付訴訟，學說上向被稱作課予義務訴訟，乃以原告申請機關核發授益性之行政處分，遭機關拒絕或機關有消極不作爲之情事時，訴請行政法院判決命被告機關作成行政處分或作成特定內容之行政處分。其中申請處分遭行政機關作成駁回決定，其救濟模式原則上係依行政訴訟法第 5 條第 2 項規定：「人民因中央或地方機關對其依法申請之案件，予以駁回，認爲其權利或法律上利益受違法損害者，經依訴願程序後，得向行政法院提起請求該機關應爲行政處分或應爲特定內容之行政處分之訴訟。」訴請法院判決命機關作成准予爲一定行爲不行爲之行政處分。

納稅義務人申請以實物抵繳遺產及贈與稅遭稅捐稽徵機關作成否准之決定，係屬前揭行政訴訟法第 5 條第 2 項之「人民因中央或地方機關對其依法申請之案件，予以駁回」之情形，推論上於新行政訴訟法制通過實施之後，當係依行政訴訟法第 5 條第 2 項提起申請駁回之訴訟，較能達成有效救濟之目的。然自民國 89 年迄今，各級行政法院於訴訟實務上尚未見有實物抵繳申請駁回之案例。其原因一則在於訴訟實務中就此種訴訟類型尚屬陌生，二方面正如前述，於我國行政救濟之案例中，向有以撤銷之訴代替給付之訴之情事。是故納稅義務人提起稅務爭訟，仍以撤銷之請求作爲基礎之救濟模式。行政訴訟法第 5 條第 2 項所定之申請駁回之訴於稅務訴訟中之適用，少有實例，僅臺中高等行政法院 89 年度訴字第 126 號裁判：「按人民因中央或地方機關對其依法申請之案件，予以駁回，認爲其權利或法律上利益受違法損害者，經依訴願程序後，得向高等行政法院提起請求該機關應爲行政處分，或應爲特定內容之行政處分之訴訟，行政訴訟法第五條第二項規定甚明。原告申請溢繳之稅款應加計利息退還時，尚須經被告審核是否有法律依據或其他函釋，而為准駁之行政處分，並非單純諸如稅款加減計算錯誤得逕予更正等之事實問題而不涉及行政處分者所可比擬，故本件原告之申請遭拒絕後，仍應循訴願程序請求救濟，如再遭駁回，始依行政訴訟法第五條第二項規定，提起課予義務訴訟。」針對申請溢繳之稅款應加計利息退還案件，係依行政訴訟法第5條第2項為主張。

伍、遺產及贈與稅法第47條之規範意旨及運作

一、遺產及贈與稅法第47條為絞殺禁止之規範

我國稅捐稽徵實務上，雖未如德國法制般發展出絞殺性租稅禁止之概念，然則於實際之案件操作中，司法實務並未如德國法制所討論者般直接質疑比例原則適用於租稅課徵案件之可能性，而直接運用比例原則作為審查之基礎。雖因遺產及贈與稅法第 47 條所直接發生之爭訟案件仍屬少數，然最高行政法院 91 年度判字第 2342 號裁判，針對受贈與人受贈與後另行贈與他人，導致前後二手贈與稅超出贈與物價值之案例中即指出：「另贈與稅之納稅義務人為贈與人，受贈人於受贈取得所有權後所為贈與，與原贈與人之贈與係屬二事，故被上訴人就何義道所為贈與核課贈與稅及罰鍰，與本件並無相關，不生重覆核課問題，亦**無違背比例原則與遺產及贈與稅法第四十七條規定可言**。從而被上訴人以上訴人贈與其子何俊民、何仁文各五百萬元……受贈人於受贈取得所有權後再為贈與，應負擔贈與稅，與前次贈與之贈與人應負擔贈與稅，其納稅義務人不同，無重複課稅可言；而遺產及贈與稅法第四十七條規定，前三條之罰鍰，連同應徵之稅款，最多不得超過遺產總額或贈與總額，亦係指對於同一納稅義務人而言。」此等事實，並未構成違反比例原則之遺產及贈與稅法第 47 條之案型，明示該條文實為比例原則於遺產及贈與稅法領域之適用結果。在此一認識之下，吾人當可明確指出，遺產及贈與稅法第 47 條實為絞殺性租稅禁止之規範。

二、遺產及贈與稅法第47條，不及於其他稅目

雖於憲法制度中，比例原則係適用於任何國家行爲之規範，然於我國目前稅捐稽徵實務上，僅有遺產及贈與稅法第 47 條設有最高限額之規定，於其他稅目中均欠缺實定法之直接規範基礎。故所謂「罰鍰連同應徵之稅款，最多不得超過遺產總額或贈與總額」，僅指遺產贈與稅本身，並未計入其他稅目。例如就土地增值稅與遺產稅於同一標的物發生時，最高行政法院 90 年度判字第 1547 號判決即指出：「行爲時遺產及贈與稅法第十一條規定，並無准予自應納遺產稅額內扣抵土地增值稅之適用，況土地增值稅及遺產稅分屬不同之事實行爲，納稅義務人亦有不同，原告將其合併論以超過系爭土地價值尚非妥適，亦與遺產及贈與稅法第四十七條規定有間。」認遺產及贈與稅法第 47 條之規定，尚不及於其他稅目。

三、遺產及贈與稅法第47條適用案例尚少

前述遺產及贈與稅法第 47 條之規定於我國稅捐稽徵實務中，案例相當有限。除財政部稅制委員會所發行之「遺產及贈與稅法令彙編」（90 年版）對於該條之適用未收入任何解釋函令或司法實務見解外，行政法院所受理之爭訟案件偶有納稅義務人主張依遺產及贈與稅法第 47 條之規定而認定課稅處分違法，並請求撤銷原處分者，亦常爲行政法院依職權適用其他法則作成撤銷原課稅處分之決定，致使該條之適用於實務上尚容有相當之發展空間。例如最高行政法院 91 年度判字第 2225 號判決中。納稅義務人係以遺產及贈與稅法第 47 條作爲其攻擊方法，然行政法院卻依職權適用其他法則撤銷課稅處分：「依八十五年七月三十日修正公布之稅捐稽徵法第四十八條之三規定：『納稅義務人違反本法或稅法之規定，適用裁處時之法律。但裁處前之法律有利於納稅義務人者，適用最有利於納稅義務人之法律。』上開法條所稱之『裁處』，依修正理由說明，包括訴願、再訴願及行政訴訟之決定或判決。準此，稅捐稽徵法第四十八條之三修正公布生效時仍在復查、訴願、再訴願及行政訴訟中尚未裁罰確定之案件均有該條之適用，亦經財政部以八十五年八月二日台財稅第

八五一九一二四八七號函釋在案。本件行政救濟程序既尚未確定，前開九十一年六月二十日增列之稅務違章案件減免處罰標準第十四條第七款，於本件自有適用，應予免罰。從而不問原處分及一再訴願決定理由是否正當，基於法律變更採從新從輕原則，本件應由本院將原處分及一再訴願決定併予撤銷。」並未論及遺產及贈與稅法第 47 條之適用。

陸、結論

在法律制度中，比例原則之提出及適用為現代法治國家之重要指標。國家對人民自由權利之限制，縱令確有法律之依據、合乎法律保留之要求，亦僅有在必要而不逾越其目的之前提下，方得發動國家權力。比例原則對國家行為之拘束，同樣及於稅捐課徵之權力，針對其在稅法制度上之有效適用，德國法制先後發展出絞殺性租稅禁止及半數原則，以作為比例原則在稅法上之適用基礎。本文試圖透過學說之整理，理清此一原則在遺產及贈與稅法上之適用現況，並就我國法制提出初步檢討。惟在結論上，稅捐之債雖以不具特定對待給付為特徵，然仍得檢查其手段與目的間之合理關聯性，是故無論有無類似於遺產及贈與稅法第 47 條之明確規定，比例原則均得在推論上毫無困難地運行於稅捐稽徵領域。此一結論，或可作為日後相關實務問題之參考，而有待進一步之推理深化焉。

第五節　遺產及贈與稅法上「視同贈與」之研究

壹、緒論：問題之提出

遺產贈與稅中遺產稅之課徵，乃以納稅義務人為贈與之行為作為國家權力發動之前提，並且原則上以贈與人而非受贈人作為納稅義務人。故遺產及贈與稅法第 3 條首先明定：「（第一項）凡經常居住中華民國境內之中華民國國民，就其在中華民國境內或境外之財產為贈與者，應依本法規定，課徵贈與稅。（第二項）經常居住中華民國境外之中華民國國民，及非中華民國國民，就其在中華民國境內之財產爲贈與者，應依本法規定，課徵贈與稅。」首先定義贈與稅之納稅義務人，就課稅主體爲明確規範。在另方面，除針對贈與稅之納稅義務人已由現行法作成規範外，就所謂「贈與」此一法律行爲，遺產及贈與稅法第 4 條第 2 項亦作成定義性規定：「本法稱贈與，指財產所有人以自己之財產無償給予他人，經他人允受而生效力之行爲。」然則發生問題者，乃在於「贈與」（Schenkung）此一法律行爲並非僅見諸稅法規範，於民法債編各論各種有名之債中，贈與亦有定義性規定，爲民法第 406 條所明文規定：「稱贈與者，謂當事人約定，一方以自己之財產無償給與他方，他方允受之契約。」二條文於用語上故均採行「贈與」此一概念，然則於條文之構成要件上容有出入，則二條文所稱之「贈與」指涉範圍是否相互一致，已首見疑義。猶有進者，闕在於遺產及贈與稅法第 5 條之規定，亦即學說上所稱「視同贈與」之規範條文：「財產之移動，具有左列各款情形之一者，以贈與論，依本法規定，課徵贈與稅：一、在請求權時效內無償免除或承擔債務者，其免除或承擔之債務。二、以顯著不相當之代價，讓與財產、免除或承擔債務者，其差額部分。三、以自已之資金，無償爲他人購置財產者，其資金。但該財產爲不動產者，其不動產。四、因顯著不相當之代價，出資爲他人購置財產者，其出資與代價之差額部分。五、限制行爲能力人或無行爲能力人所購置之財產，視爲法定代理人或監護人之贈與。但能證明支付之款項屬於購買人所有者，不在此限。六、二親等以內親屬間財產之買賣。但能提出已支付價款之確實證明，且該已支付之價款非由出賣人貸與或提供擔保向他人借得者，不在此限。」顯可得見遺產及贈與稅法上所稱之「贈與」，其範疇顯較民法所規範者廣泛，除典型之贈與關係外尙包括若干在外觀形式上不具備贈與形式亦可被解釋或認定爲贈與之情形。在此一認識之下，遺產及贈與稅法與民法之關係可謂互爲基礎，更具有顯然之概念上出入。對照近半世紀以來，稅法學者大力提倡稅法之思維獨立於民法之呼聲，致使此一問題有於學理上爲基礎解決之必要[88]。另方面言之，遺產及贈與稅法第5條所規定之「視同贈與」，亦具有實務運作上之意義，蓋因視同贈與案件所生之紛爭而進入行政法院之訴訟程序者，無論於行政訴訟法修正前後，均不可謂不多[89]。則問題由是生焉：民法上與稅法上之法律概念不一致，其態樣有幾？所造成在解釋及適用上之效果又爲何？「視同贈與」與民法所定之贈與究竟有何具體之區別？此等區別所造成之解釋及適用上困難又爲何？於我國行政爭訟實務中，因遺產贈與稅法第5條「視同贈與」之規定所發生之爭訟案型主要爲何？稅捐稽徵機關及行政法院適用此一條文之基本態度如何？凡此種種，均爲實務及學理上饒富爭議之問題，具高度參考之價值，而爲本文問題意識之所在焉。

貳、民法與稅法法律概念之不一致

一、概說

國家行使租稅課徵權力，向人民徵收賦稅，原則上以私法上經濟活動作爲其課徵之客體（Steuerobjekt），稱爲租稅之稅基[90]。包括收入、支出及財產持有本身等，無不以私法上亦即民事上之權利客體持有、移轉、變更作爲課稅權力發動之基礎。在此一認識之下，倘若謂「無私法上財產變動，即無課稅權力之可言」實亦不爲過。是故，民事法上之概念不可避免即成爲稅法規範所適用及掌握之客體。例如，所得稅法上之「所得」，乃

88 關於稅法與民法之關係，略可參見葛克昌，租稅規避與法學方法——稅法、民法與憲法，稅法基本問題：財政憲法篇，月旦出版，頁14以下。或見施智謀，民法之規定如何適用於租稅法（一），財稅研究，第11卷第6期，頁7以下。

89 關於行政訴訟法修正前，行政法院受理「視同贈與」爭訟案件之情形，大致可參閱林志忠，論我國稅法上視同贈與課稅之法律問題，私立東吳大學法律學研究所碩士班（乙組）學位論文，1994年。

90 參見黃秀蘭，稅捐客體之研究，國立台灣大學法律學研究所碩士論文，1985年4月，頁6以下。

買賣、租賃、僱傭等法律行爲之結果；遺產稅法上之「遺產」及「贈與」更爲民事法上所經常運用之法律概念。

然則於推論上首先發生問題者，乃在於民事上之法律關係所著重之目的及功能與公法上之法律關係畢竟有其一定之出入，二者間未必盡然相互一致。例如，民事法上違反強行禁止規定[91]之行爲，並非稅法上無意義之行爲，即可知二者在著重之功能上之出入：民事法所重視者，乃交易之秩序，稅法所重視者，乃經濟行爲之可稅性。是故，欲討論遺產贈與稅法對「贈與」或「視同贈與」之定義之前，乃有必要先解決民法與稅法法律概念不一致之問題。

二、「固有概念」與「借用概念」

在稅法領域之中，基於課稅權力之發動與私法中經濟活動有密切關係，因而大量援用民事法上之法律概念，業如前述。然則私法上之法律概念，受私法之規範，通常已形成一定之概念定則（Begriffsbestimmung）[92]，意味著此等概念，如買賣、租賃、自然人、合夥、法人等，均已由民法之法規範確定其內涵。因此，稅法規範之立法者，爲精確描述掌握課稅權力所涉及之客觀上經濟活動，於稅法領域中對於私法上交易行爲所爲之法規

91 參見財政部61年2月4日台財稅第31185號函：「未具有醫師行醫執照（編者註：現為執業執照），依醫師法第7條（編者註：現行法第8條）規定雖不得執行醫師業務，但在被查獲前既已執行醫師業務，並收取費用，而確有所得者，自應依所得稅法第2條：『凡有中華民國來源所得之個人，應就其中華民國來源之所得，依本法規定，課徵綜合所得稅』之規定辦理。本案密醫在被查獲前之執行醫師業務收入，依上開釋示原則自應課徵綜合所得稅，如其所得未有適當資料或紀錄可資查核者，應比照本部核定之當年度醫師執行業務收入費用標準逕行核定課徵或補徵，其有違反稅法有關規定者並應移罰。」其中密醫之營業固屬民事法上違反強行禁止規定之行為而為法秩序所不許，然其收入仍無礙於其作為課稅客體。

92 Maassen, Privatrechtsbegriffe in der Tatbeständen des Steuerrechts, S. 47. 轉引自沈克儉，法律行為之無效、撤銷、解除或終止對於稅捐債務之影響，國立台灣大學法律學研究所碩士論文，頁16註6。

範及概念之運用，純屬「應急措施」（Notbehelf）[93]而於稅捐課徵之領域中援引運用該等私法上之法律概念。該等私法上之法律概念，即爲「借用概念」或稱「傳來概念」，乃立法者爲描述稅法之構成要件要素，而直接或間接使用私法上之法律用語。該法律用語爲私法之構成要件中或私法之法律體系中所使用之用語，致使稅法規範因之與民法發生一定程度之相似性。此等概念，於稅法領域中適用上，通常即需與民法爲相一致之解釋。在稅法所使用之構成要件要素法律概念中，如所得（所得稅法）[94]、土地（地價稅）、房屋（房屋稅）、銷售貨物或勞務（營業稅）、不動產之買賣、承典、交換、贈與、分割（契稅）、遺產（遺產及贈與稅）等，均足以作爲稅法領域中適用借用概念之典型[95]。

相對於借用概念，稅法領域中經常有所謂「固有概念」之存在[96]。所謂固有概念，乃指此類法律概念之形成及使用係出自於稅法規範本身之目的考量，因此雖以類似於私法上之用語以構成稅法規範之內容，亦非指涉相同範圍之事物。尤其在採行目的論之法律解釋方法中，對於相同詞句之解釋，必須遵循個別法律體系所希望達成之規範效果及立法功能，因此承認私法之概念作爲構成要件要素於稅法上具有特殊機能，於是賦予其與私法規範相異之意義[97]。在此一見解之下，一項具私法特徵的概念，倘若用於稅法之構成要件時，只能依其實質意義關聯（jeweiligen Bedeutungszusammenhang）以決定其眞意，而與民法規範容忍一定範圍內

93 沈克儉，法律行為之無效、撤銷、解除或終止對於稅捐債務之影響，國立台灣大學法律學研究所碩士論文，頁16。

94 關於所得稅法上「所得」概念之討論，參見吳志中，所得概念之研究，國立台灣大學法律學研究所碩士論文。

95 沈克儉，法律行為之無效、撤銷、解除或終止對於稅捐債務之影響，國立台灣大學法律學研究所碩士論文，頁18以下。

96 施智謀，民法之規定如何適用於租稅法（一），財稅研究，第11卷第6期，頁7。

97 Maassen, Privatrechtsbegriffe in der Tatbeständen des Steuerrechts, S. 30. 沈克儉，法律行為之無效、撤銷、解除或終止對於稅捐債務之影響，國立台灣大學法律學研究所碩士論文，頁33。

意義之偏離。行政法院 74 年度判字第 610 號判決謂：「（一）土地稅法第三十五條第一項所指土地所有權人，乃指依土地法有關規定登記爲準之土地登記名義人而言，核與民法有關所有權之效力規定，以及民法有關夫妻財產制之規定及民事強制執行實務無關。蓋稅法中有關用語之概念，有屬於固有概念者，有屬於傳來概念者，其用語含義如何，應依適合於該稅法之立法旨趣解釋之，初非與民法有關用語完全相同。」即明示此旨。

三、「贈與」為稅法之固有概念

稅法上使用於民法上已經存在之概念以形成稅法規範之內容，容有「固有概念」與「借用概念」之別，已如前述。則進一步所應追究者，乃遺產及贈與稅法上所稱之「贈與」，究竟爲「固有概念」抑或「借用概念」？就此一問題而言，學說上固有採行「借用概念」之看法者[98]，然於我國司法實務上，則向採「固有概念」之說，認爲「贈與」之意義，不必與民法相一致[99]。在此一認識之下，非僅「贈與」之概念與民法第 406 條之

98 沈克儉，法律行為之無效、撤銷、解除或終止對於稅捐債務之影響，國立台灣大學法律學研究所碩士論文，頁17。贈與作為法律行為，且為民法中所定有名之債。故贈與之行為乃屬契約屬性之法律行為，並無疑義。見謝銘洋，不動產贈與契約之成立與生效，收錄於「民法裁判百選」，黃茂榮編，初版，1993年，頁383。

99 最高行政法院71年度判字第1328號判決謂：「按『凡經常居住中華民國境內之中華民國國民，就其在中華民國境內或境外之財產為贈與者，應依本法規定，課征贈與稅』。『除第二十條所規定之贈與外，贈與人在一年內贈與他人之財產總值超過贈與稅免稅額時，應於超過免稅額之贈與行為發生後三十日內，向主管稽征機關依本法規定辦理贈與稅申報』。分別為遺產及贈與稅法第三條及第二十四條所明定。本件原告以其所有座落桃園縣龍潭鄉九座寮段二六二——七號等五筆土地，提供與建築商人江勝男合建房屋，並已取得已完工部分房屋三十五戶，以及已完工部分，其中三十一戶房屋，原告於六十四年十二月二十三日，向桃園縣龍潭鄉公所申領取得建築執照之初，即以其家屬子女等名義作為房屋起造人，為原告所不爭，且有合建契約書影本、房屋配置圖、龍潭鄉公所建設課六十四年十二月二十三日核發建築執照時原告所添附『申請人面積統計表』影本各一份，附於原處分卷可稽。茲所應審究者，厥為根據原始起造房屋名義之事實，能否據以認定有贈與房屋之事實；以及該項贈與行為，是否以完成不動產所有權登記，由受贈人取得該不動產所有權，始

規定不相一致，甚且於稅法規範中尚且存在民法中所無之「視同贈與」制度，即有其體系上之特殊意義矣[100]。

參、「視同贈與」規定之法律性質

一、概說

在確認遺產及贈與稅法上所稱之「贈與」與民法第 406 條所稱之「贈與」意義及指涉範圍並非相同，而屬稅法規範之固有概念後，問題即集中於除贈與外，尚存在民法所無之「視同贈與」概念。此等規範，首先與民法常見之「視爲」之擬制（Fiktion）規定不同，乃在於其並非不得以反證加以推翻；然其又與一般性之舉證責任分配模式有所出入，乃在於其具有某些不得以舉證方式解決之認定。是以在法律制度中，遺產及贈與稅法第 5 條所規範之「視同贈與」，所涉及之效果可謂多樣且複雜，有進一步探

得據以課征贈與稅是已。查關於前者，原告既不能舉證證明，上開起造人三十一戶出資興建系爭房屋或有其他有償取得系爭房屋之法律上原因，依一般經驗法則，自係出於贈與無疑。關於後者，稅法上贈與稅之課征，係以債權契約為其課征標的，與物權契約無關，即不動產贈與亦不例外。從而不動產贈與稅之課征，祇要贈與契約成立，即應予課征，此乃遺產及贈與稅法上之固有概念，核與傳來概念，亦即民法第四百零七條之規定無關。而本件系爭房屋三十一戶其原始建造人，於申請建築之初，既已登記為原告之家屬子女等名義，且經被告機關所屬中壢分處派員實地查核，評定價格設籍登記有案。被告機關認係原告以所有財產而為贈與，乃據以課征贈與稅，按諸上述說明，原處分並無不合。」

100 於法律制度中尚須進一步討論者，尚包括民國88年修正前民法第408條原規定：「（第一項）贈與物未交付前，贈與人得撤銷其贈與。其一部已交付者，得就其未交付之部分撤銷之。（第二項）前項規定，於立有字據之贈與，或為履行道德上之義務而為贈與者，不適用之。」稅捐稽徵機關因之就尚未交付之贈與課徵贈與稅，向為行政法院所許（參見最高行政法院76年度判字第1676號裁判）。於民法第408條現已修正為：「（第一項）贈與物之權利未移轉前，贈與人得撤銷其贈與。其一部已移轉者，得就其未移轉之部分撤銷之。（第二項）前項規定，於經公證之贈與，或為履行道德上之義務而為贈與者，不適用之。」後續應如何適用之問題，惟因與本文較無直接關係，於茲從略。

究其法律性質之必要。

二、「視同贈與」為租稅規避之個別性防杜規定

所謂「租稅規避」（Steuerumgehung）或稱「脫法避稅行爲」，係納稅義務人利用民法上私法自治所賦予之經濟活動自由形成之權能以及契約自由原則，意圖免除其於稅法中所應負擔之特定稅賦，而從事之迂迴法律上安排。此等行爲，於外觀形式上似爲稅法規範所許可之安排，然卻與稅法規範之立法意旨不相一致[101]，或特定之經濟上具有意義之行爲雖符合或牴觸法律之目的，但於法律上（考慮法律解釋以文義可能性爲其界限）卻無法加以適用之情形。此時透過租稅規避否認之規範，使稅捐稽徵機關得以否認此等迂迴安排，俾達成公平課稅之目的，爲稅法秩序所許可[102]。然於方法上，可能採行如德國租稅通則第42條之一般性租稅規避否認之立法方式，亦可能採行個別性之立法方式。其中，遺產及贈與稅法第5條之立法理由即明示：「爲防杜以本條所列各款方式逃避贈與稅起見，故參照日本法例訂明視同贈與。」是故，遺產及贈與稅法第5條視同贈與之規

---

101 關於租稅規避之概念，參見葛克昌，遺產稅規劃與法治國理念，稅法基本問題——財政憲法篇，頁222以下。或見陳清秀，稅法總論，頁228以下。

102 陳清秀，稅法總論，頁236以下。此外，亦可參見最高行政法院91年度判字第1482號判決：「租稅法所重視者，應為足以表徵納稅能力之經濟事實，而非其外觀之法律行為，故在解釋適用稅法時，所應根據者為經濟事實，不僅止於形式上之公平，應就實質上經濟利益之享受者予以課稅，始符實質課稅及公平課稅之原則。就經濟事實而言，判斷系爭債券附條件買回交易為『融資』或『買賣』行為，應依其交易實質為準，不得拘泥於書面契約所用之辭句。凡投資債券之買賣雙方，其與債券本身有關之報酬與風險，諸如債券票面利息之歸屬，利率波動之風險等，倘未發生由賣方移轉於買方之效果，則不生『買賣』之實質，而係以債券作為擔保之『融資』行為；即買方融資予賣方，賣方則支付融資利息予買方。本件原告從事系爭債券附條件買回交易，如前所述，債券之報酬與風險並未移轉於買方，其經濟事實為『融資』行為。則原告所得除按債券票面利率計算持有期間之利息收入外，如有因融資交易所賺取票面利率與約定利率間之利息差額，即應核實認列利息所得，予以課稅。」亦為租稅規避行為否認之情形。

範，其目的乃在於防止租稅規避。反面言之，倘納稅義務人之特定經濟上行爲被認爲可能係規避租稅之迂迴安排，即可能發生視同贈與之問題。例如，房地產市場持續不景氣、土地公告現值又不斷提高，已使得不少賠本出售土地的地主，還要面臨國稅局以「顯不相當代價出讓財產」爲由，補課贈與稅。然只要地主可以舉出附近土地交易價格作爲證明，即可推翻此一認定，而免除贈與稅之課徵。

三、「視同贈與」與舉證責任分配規範

於稅捐稽徵領域之中，亦如同訴訟程序一般存在著舉證責任之問題[103]。在此一認識之下，視同贈與之規範亦成爲稅法領域中解決舉證責任分配問題之法則。故其中第 5 款、第 6 款所定：「五、限制行爲能力人或無行爲能力人所購置之財產，視爲法定代理人或監護人之贈與。但能證明支付之款項屬於購買人所有者，不在此限。六、二親等以內親屬間財產之買賣。但能提出已支付價款之確實證明，且該已支付之價款非由出賣人貸與或提供擔保向他人借得者，不在此限。」情形，亦構成重要之訴訟上主張基礎。是以其效果乃視同贈與所假設之事實先於行政程序中被推定爲存在，倘若納稅義務人欲主張不同於此一推定之非典型事實，則應由納稅義務人而非稅捐稽徵機關負責舉證[104]。

肆、「視同贈與」之適用要件

（一）第 1 款：在請求權時效內無償免除或承擔債務者，其免除或承擔之債務。

納稅義務人無償免除債務人清償債務之義務，倘非係已罹於時效之債權債務關係，則此一免除即對於債務人構成利益之取得，可能遭稅捐稽徵

103 參見羅子武，舉證責任於課徵遺產稅時之研究——以被繼承人死亡前，因重病無法處理事務期間之舉債與售產行為為例，財稅研究，第30卷第5期，頁543以下。
104 關於舉證責任之分配，可參見黃士洲，稅務訴訟的舉證責任，頁38以下。

機關依視同贈與之關係處理之。於稅捐實務上，本款之要件有下列：

1. 贈與不動產代繳稅捐，應依稅捐稽徵法第 5 條第 1 款課稅（財政部 65 年 9 月 7 日台財稅字第 36067 號函）。所謂贈與不動產之代繳稅捐，通常係指於不動產移轉登記時所應納之土地增值稅、契稅及印花稅等稅目。是故贈與標的土地故應作爲贈與稅之課徵對象，代繳之租稅等公法上負擔亦構成視同贈與之一部。

2. 以籌備處負責人名義興建房屋俟設立後變更爲公司所有者，不課贈與稅（財政部 65 年 8 月 6 日台財稅第 35288 號函），亦不構成本款情形。蓋公司籌備處之負責人亦爲公司資本主，而籌備處與成立後之公司法人具有同一性[105]，不發生利益移轉問題，故非贈與稅課徵對象。

（二）第 2 款：以顯著不相當之代價，讓與財產、免除或承擔債務者，其差額部分。

就本款適用之實務見解觀察，首應留意者爲共有土地分割人無償取得與原持有比例不等者，應課贈與稅（財政部 67 年 7 月 24 日台財稅字第 34896 號函）。其認定之標準，係以土地面積比例爲基礎，並非以分割後土地經濟上實際價值或便利性爲考量，殊值留意。然則因分割取得與原持有比例不等之土地係經由法院裁判而爲之者，則例外被認爲不構成本款情形（財政部 70 年 10 月 6 日台財稅字第 38460 號函）。另外，以顯不相當之對價讓與未上市公司股票，以其贈與日公司淨值差額部分爲贈與稅課徵標的（財政部 67 年 7 月 28 日台財稅字第 35026 號函）。

（三）第 3 款：以自已之資金，無償爲他人購置財產者，其資金。但該財產爲不動產者，其不動產。

本款之規定，於實務運行中爭執較少，故財政部所編遺產及贈與稅法令彙編並未收有函令。

105 施智謀，公司法，頁21以下。

（四）第 4 款：因顯著不相當之代價，出資爲他人購置財產者，其出資與代價之差額部分。

如前述顯不相當之對價讓與未上市公司股票，以其贈與日公司淨値差額部分爲贈與稅課徵標的（財政部 67 年 7 月 28 日台財稅字第 35026 號函），亦屬本款範疇。

（五）第 5 款：限制行爲能力人或無行爲能力人所購置之財產，視爲法定代理人或監護人之贈與。但能證明支付之款項屬於購買人所有者，不在此限。

（六）第 6 款：二親等以內親屬間財產之買賣。但能提出已支付價款之確實證明，且該已支付之價款非由出賣人貸與或提供擔保向他人借得者，不在此限。

CHAPTER

11

信託稅制

第一節　概說

在我國司法制度中，信託是一個經常被運用的財產工具。我國自民國 85 年制定「信託法」，當中第 1 條即明文規定：「稱信託者，謂委託人將財產權移轉或爲其他處分，使受託人依信託本旨，爲受益人之利益或爲特定之目的，管理或處分信託財產之關係。」在這樣的制度變動之下，稅法亦在各種不同稅目中設置有信託相關之規範，乃構成我國信託稅制的重要制度背景及規範依據。按信託稅制，就民法以及稅法之角度而言，先天上有其困難之處。若干學者從法制史角度出發，早已指明最初的信託制度存在，其目的即在於規避稅捐[1]。反面言之，若干國如法國對於信託制度在民法中的承認，也是因爲擔心出現稅法上規避的情形而一直猶豫不決。**所謂「信託」（Trust; la fiducie），特別是非商業性的信託契約關係，包括我國在內的大陸法系各國法制中原本並非民法上之有名契約，推理上（尤其在信託法施行前）在一定範圍內不得不承認屬於所謂「法外行爲」（contra legem）之一**。甚至在整體法律制度中，信託關係的主要要件及內容亦經常非由法律加以規範，僅在若干民事法院判例中得以發現此一契約類型。在這樣的制度前提之下，我國法制雖在民國 85 年通過信託法，嗣後並相對應地在各稅法規範中設有信託課稅之相關規定。然而，納稅義務人的想像力無窮，具體課稅規範之存在，反而成爲納稅人迂迴規避稅捐債務之重要原因或者工具。也因此，課稅實務運作中所面臨的信託課稅問題，如縷不絕。

1　蓋在中世紀英國的法律制度中，封建貴族或者享有巨額財產之資本主，為逃避稅收制度及繼承制度對於個人財產之介入侵害因而產生了信託制度。就此，方嘉麟教授亦指出：「由信託之起源可發現信託產品最初係為『規避法律』而設。這種遊走於法律邊緣、企圖自反應當時社經結構之法律束縛及負擔下掙脫的特質一直存在於信託基本概念與架構中。」參見方嘉麟，信託法之理論與實務，月旦出版，1994年，頁63。相近見解，參見 A. Arsac, La propriété fiduciaire: nature et régime, LGDJ, Paris 2015, p. 97.

第二節　信託的概念與信託課稅之基礎理論

壹、信託課稅的意義

信託之起源，一般認爲係源自中世紀英國之「用益」設計（Use），關於此用益之更早起源，有謂係源於羅馬法者，亦有謂係源自日耳曼法者。惟無論如何，用益設計於十三至十五世紀係爲規避當時英國封建制度，特別是爲規避當時土地政策下的稅賦和繼承制度所發展出來的產物。例如透過用益設計，以移轉「占有」或「所有權」予受託人而自身保留「用益」權之方式，或是使當時本於法律被禁止取得土地權利之社會階層或機構（長子以外之子女或教會）取得相當於占有或所有權之「用益」權，藉以規避稅賦、處分權之限制或債權人之追索[2]。作爲人類社會歷時久遠的經濟活動類型，信託與國家課稅權力之關係事實上相當尷尬。直言之，信託制度之存在，其最原始的目的之一即在於規避稅捐，特別是遺產稅。而在信託財產得以脫離遺產範圍之後，生前設定特定財產之信託將使得繼承人享受到長久之財產收益，反而是信託制度通行以後方被發現的好處。在一般性的基礎上，信託乃法律上權利義務交錯混合關係的一種類型，或者如國內學者所言，乃「債權、物權與組織三位一體的法律關係」。就此而言，我國信託法第1條規定：「稱信託者，謂委託人將財產權移轉或爲其他處分，使受託人依信託本旨，爲受益人之利益或爲特定之目的，管理或處分信託財產之關係。」即清楚地反映出這樣的看法。

2　龔晴鈜，論股票孳息他益信託之課稅爭議，天主教輔仁大學財經法律系碩士論文，2017年，頁6。

貳、信託課稅之基礎理論

一、信託實體理論

在主要國家的立法體例上，針對信託課稅之相關制度設計中，稅捐稽徵機關所採取之課稅措施可以區分出「信託實體理論」以及「信託導管理論」兩種主要的基本見解。所謂「信託實體理論」基本的邏輯是將信託財產予以擬制人格化，亦即將信託財產視爲獨立之稅法上權利義務關係主體或者特殊類型的法律主體（l'entité juridique）。因此，凡係由信託財產所衍生之收入、所得，其信託收益不論分配與否或受益人爲何，皆歸屬於信託財產本身而予以課稅；而在稅法上也獨立賦予其一定程度（雖未必完全）的納稅主體資格地位。進一步言之，信託財產除信託成立之際所移轉之財產外，受託人因管理或處分信託財產所取得之增加利益，亦歸屬進入信託財產。因此，信託即應就其所取得之財產負擔納稅義務。事實上，在稅捐稽徵之行政程序而言，此種課稅方式具有便於判斷納稅義務歸屬之優點，同時也兼及於形式與外觀存在之事實。但是，向信託財產課徵意味著無法整體考量受益人個人的經濟狀況，與量能課稅原則有所出入。進一步言之，以信託本身擬制爲有人格之納稅義務人而非使實際之受益人負擔納稅義務，不僅有違實質課稅精神；同時，在受益人係自然人之情形下，亦將信託收益不計入納稅義務人之年度綜合所得之中，將對委託人藉由信託制度來規避個人所得累進稅率造成誘因。因此，在目前的稅法學說中，多半認爲信託實體理論並非信託稅制所應採取之基本原則。

二、信託導管理論

相對於前述之「信託實體理論」，乃將信託本身擬制爲具有人格之稅法上主體，所謂「信託導管理論」係指將信託制度視爲委託人將信託財產移轉給受益人的單純導管。受託人爲信託財產之名義所有權人，透過信託作爲導管將信託財產之所有權及利益移轉予受益人。信託制度及受託人均爲財產移轉之導管，乃可被忽略之單純財產移轉工具，並非實質意義之稅法上權利義務主體。在這樣的理解之下，信託財產之實質所有權人為受益人，亦即所謂之「受益所有人」。因此，信託之收益應當計入受益人之收益而對受益人課稅，原則上並不對受託人及信託財產本身課稅。綜合言之，「信託導管理論」整體上係主張受託人僅發揮將信託所得分配、轉讓給受益人之導管功能或手段。因此，信託收益實際上僅在委託者與受益者間移動，故信託財產衍生之收益應對實質所得人（受益人）課稅，不應對信託財產本身課稅。相對於前述信託實體理論，信託導管理論被認為在一般性的基礎上較能解釋信託實際的運作，並與量能課稅原則之基本要求，亦即正確發現納稅義務人之經濟上給付能力較能配合。因此，在基本之信託課稅制度設計中，信託導管理論係較多國家法制原則上採取的基本原理。特別是在涉外課稅的討論當中，各國司法及稅捐稽徵機關在近年相關涉外課稅案件中，對於移轉予境外信託之應稅利益而移轉於第三國者，通常將其當作利益之直接移轉而以信託財產欠缺法人格為由忽視其地位。而在信託導管理論之中，所引導出的信託法制基本原則乃信託制度的中立性（la neutralité de la fiducie）[3]，也就是作為單純財產導管的信託設定，於納稅義務人所應當負擔的納稅義務，理論上應當無所增益、亦無所減損。在這樣的理解之下，本於信託設定及變動的財產移轉，原則上應當避免被當作真正意義之所有權變動。

第三節　所得稅法制中的信託課稅制度

壹、信託財產移動與所得稅

我國信託課稅制度，原則上傾向採取信託導管理論，僅將信託視為一種財產移轉之導管，本身並無權利能力可言。其中所得稅法制中，即展現

3 F. Estienny, La fiducie: Aspects juridiques et fiscaux, Defrénois, Paris 2018, p. 159.

出如此之精神。所得稅法第 3 條之 3 規定：「（第一項）信託財產於左列各款信託關係人間，基於信託關係移轉或為其他處分者，不課徵所得稅：一、因信託行為成立，委託人與受託人間。二、信託關係存續中受託人變更時，原受託人與新受託人間。三、信託關係存續中，受託人依信託本旨交付信託財產，受託人與受益人間。四、因信託關係消滅，委託人與受託人間或受託人與受益人間。五、因信託行為不成立、無效、解除或撤銷，委託人與受託人間。（第二項）前項信託財產在移轉或處分前，因受託人管理或處分信託財產發生之所得，應依第三條之四規定課稅。」本條規定，使得信託關係之成立所發生的財產移動，被排除在「所得」的概念範圍之外，即可謂係信託導管理論之展現。蓋因推理上，信託既然不是一個嚴格意義的法律實體，則信託財產之交付、返還等，自然無所謂「所得」之可言。

貳、所得稅法對於信託行為之規範原則

一、信託中立性原則

信託雖然在財產移轉上，特別是信託關係之成立上被當作導管來看待。但是信託財產所產生之孳息，或使用收益之盈餘，亦不失為可稅所得。本於稅收制度中立性之考慮，納稅義務入所選擇之組織型態，並不會產生過於明顯的稅法上效果。因此，信託盈餘並無免稅可言。因此所得稅法第 3 條之 2 乃明文揭示：「（第一項）**委託人為營利事業之信託契約，信託成立時，明定信託利益之全部或一部之受益人為非委託人者，該受益人應將享有信託利益之權利價值，併入成立年度之所得額，依本法規定課徵所得稅**。（第二項）前項信託契約，明定信託利益之全部或一部之受益人為委託人，於信託關係存續中，變更為非委託人者，該受益人應將其享有信託利益之權利價值，併入變更年度之所得額，依本法規定課徵所得稅。（第三項）信託契約之委託人為營利事業，信託關係存續中追加信託財產，致增加非委託人享有信託利益之權利者，該受益人應將其享有信託

利益之權利價值增加部分，併入追加年度之所得額，依本法規定課徵所得稅。（第四項）前三項受益人不特定或尚未存在者，應以受託人爲納稅義務人，就信託成立、變更或追加年度受益人享有信託利益之權利價值，於第七十一條規定期限內，按規定之扣繳率申報納稅；其扣繳率由財政部擬訂，報請行政院核定發布之[4]。」

二、信託利益歸屬原則

信託財產所獲得之收益，既然亦被認爲具有可稅性，**因此在所得稅法中，出於年度稅之制度考慮，明確劃分其收益歸屬年度，則至爲重要**。就此所得稅法第3條之4規定：「（第一項）信託財產發生之收入，受託人應於所得發生年度，按所得類別依本法規定，減除成本、必要費用及損耗後，分別計算受益人之各類所得額，由受益人併入當年度所得額，依本法規定課稅。（第二項）前項受益人有二人以上時，受託人應按信託行爲明定或可得推知之比例計算各受益人之各類所得額；其計算比例不明或不能推知者，應按各類所得受益人之人數平均計算之。（第三項）受益人不特定或尚未存在者，其於所得發生年度依前二項規定計算之所得，應以受託人爲納稅義務人，於第七十一條規定期限內，按規定之扣繳率申報納稅，其依第八十九條之一第二項規定計算之已扣繳稅款，得自其應納稅額中減除；其扣繳率，由財政部擬訂，報請行政院核定。（第四項）受託人未依第一項至第三項規定辦理者，稽徵機關應按查得之資料核定受益人之所得額，依本法規定課稅。（第五項）符合第四條之三各款規定之公益信託，其信託利益於實際分配時，由受益人併入分配年度之所得額，依本法規定課稅。（第六項）依法經行政院金融監督管理委員會核准之共同信託基金、證券投資信託基金、期貨信託基金或其他信託基金，其信託利益於實

4　其中第4項受益對象不特定之信託，因可能成為規避稅捐之工具，因此設有特別之管制規定。參見黃源浩，再訪信託課稅：以股票他益信託課稅為例，會計師季刊，第254期，頁15以下。

際分配時，由受益人併入分配年度之所得額，依本法規定課稅。」

參、公益信託

信託作爲一種民事法上經常可見的財產配置狀態，本即歷經有相當的制度存續及演變歷程。這當中，最重要的發展歷程之一，仍然在於 1996 年我國信託法的制頒施行，在當中引入了「公益信託」此一概念。根據信託法第 69 條規定：「稱公益信託者，謂以慈善、文化、學術、技藝、宗教、祭祀或其他以公共利益爲目的之信託。」乃使得信託依其目的，在行政管制之法律上有不同的規範。其中信託法第 72 條第 1 項、第 2 項復明文規定：「公益信託由目的事業主管機關監督」、「目的事業主管機關得隨時檢查信託事務及財產狀況；必要時並得命受託人提供相當之擔保或爲其他處置」，乃本於信託行政管理之考慮，設置有「目的事業主管機關」制度。在這樣的體制之下，公益信託固然有其補充國家權力不足、照顧社會弱勢或者促進教育、科學文化等領域發展的功能。所得稅法爲配合公益信託，特別給予相當之稅捐優惠。此可參見所得稅法第 4 條之 3：「營利事業提供財產成立、捐贈或加入符合左列各款規定之公益信託者，**受益人享有該信託利益之權利價値免納所得稅，不適用第三條之二及第四條第一項第十七款但書規定**：一、受託人爲信託業法所稱之信託業。二、各該公益信託除爲其設立目的舉辦事業而必須支付之費用外，不以任何方式對特定或可得特定之人給予特殊利益。三、信託行爲明定信託關係解除、終止或消滅時，信託財產移轉於各級政府、有類似目的之公益法人或公益信託。」

肆、所得稅法中信託之稽徵管理

一、記帳及憑證義務

在我國稅法制度中，所得稅法所揭示的信託課稅制度，尚且包括對於信託的稽徵管理相關措施。首先是信託的記帳及憑證義務。所得稅法第 6

條之 2 規定：「信託行爲之受託人就各信託，應分別設置帳簿，詳細記載各信託之收支項目，其支出並應取得憑證。」此等規定乃因考慮到信託本身未必受商業會計法之拘束，因此課予其一般性的記帳及憑證義務，以便利稅捐稽核。

二、應稅利益之扣繳義務

信託之要旨，既然在於以一定財產交付運用、獲得收益，則此等收益在分配之際，應當比照所得稅法的其他收益，課予收益分配人相當之扣繳義務。此可參見所得稅法第 89 條之 1 規定：「（第一項）第三條之四信託財產發生之收入，扣繳義務人應於給付時，以信託行爲之受託人爲納稅義務人，依前二條規定辦理。但扣繳義務人給付第三條之四第五項規定之公益信託之收入，除依法不併計課稅之所得外，得免依第八十八條規定扣繳稅款。（第二項）信託行爲之受託人依第九十二條之一規定開具扣繳憑單時，應以前項各類所得之扣繳稅款爲受益人之已扣繳稅款；受益人有二人以上者，受託人應依第三條之四第二項規定之比例計算各受益人之已扣繳稅款。（第三項）受益人爲非中華民國境內居住之個人或在中華民國境內無固定營業場所之營利事業者，應以受託人爲扣繳義務人，就其依第三條之四第一項、第二項規定計算之該受益人之各類所得額，依第八十八條規定辦理扣繳。但該受益人之前項已扣繳稅款，得自其應扣繳稅款中減除。（第四項）受益人爲總機構在中華民國境外而在中華民國境內有固定營業場所之營利事業，其信託收益中屬獲配之股利或盈餘者，準用前項規定。（第五項）第三條之四第五項、第六項規定之公益信託或信託基金，實際分配信託利益時，應以受託人爲扣繳義務人，依前二條規定辦理。」

三、揭露及申報義務

信託在我國稅制中，相對於其他經濟活動之主體，仍爲較簡略之行爲模式。因此，爲避免納稅人濫用信託規避稅捐，所得稅法乃設置有一般性的揭露及申報義務。此主要見諸所得稅法第 92 條之 1 規定：「信託行爲之受託人應於每年一月底前，填具上一年度各信託之財產目錄、收支計算表及依第三條之四第一項、第二項、第五項、第六項應計算或分配予受益人之所得額、第八十九條之一規定之扣繳稅額資料等相關文件，依規定格式向該管稽徵機關列單申報；並應於二月十日前將扣繳憑單或免扣繳憑單及相關憑單填發納稅義務人。每年一月遇連續三日以上國定假日者，信託之財產目錄、收支計算表及相關文件申報期間延長至二月五日止，扣繳憑單或免扣繳憑單及相關憑單填發期間延長至二月十五日止。」

四、違反義務之處罰

最後，信託關係存續中受託人倘有違反各種法定義務者，所得稅法設有罰則。此主要見諸所得稅法第 111 條之 1 規定：「（第一項）信託行爲之受託人短漏報信託財產發生之收入或虛報相關之成本、必要費用、損耗，致短計第三條之四第一項、第二項、第五項、第六項規定受益人之所得額，或未正確按所得類別歸類致減少受益人之納稅義務者，應按其短計之所得額或未正確歸類之金額，處受託人百分之五之罰鍰。但最高不得超過三十萬元，最低不得少於一萬五千元。（第二項）信託行爲之受託人未依第三條之四第二項規定之比例計算各受益人之各類所得額者，應按其計算之所得額與依規定比例計算之所得額之差額，處受託人百分之五之罰鍰。但最高不得超過三十萬元，最低不得少於一萬五千元。（第三項）信託行爲之受託人未依限或未據實申報或未依限填發第九十二條之一規定之相關文件或扣繳憑單或免扣繳憑單及相關憑單者，應處該受託人七千五百元之罰鍰，並通知限期補報或填發；屆期不補報或填發者，應按該信託當年度之所得額，處受託人百分之五之罰鍰。但最高不得超過三十萬元，最低不得少於一萬五千元。」

第四節　營業稅法中的信託課稅制度

壹、概說：信託與加值型營業稅之納稅義務

在我國加值型及非加值型營業稅的課徵中，加值型營業稅之課稅客體，主要在於在我國境內「銷售貨物或勞務」以及「進口貨物」。這兩者事實均可能發生在信託活動之過程中。也因此，為明確區分應稅之行為與信託設立之行為，即成為營業稅法制中涉及信託課稅之重要考慮。另外，針對公益信託，考量其取得公益目的之資金，手段可能包括銷售行為。因此，營業稅法中對此特別設有明文排除規定。

貳、信託成立時營業稅之排除

原則上，本於前述信託導管理論所設想之基本交易狀態，當事人所從事之信託設立，亦即將其財產劃分為信託之行為本身並非營業稅法上所規範之行為。為杜絕爭議，加值型及非加值型營業稅法第3條之1乃明文規定：「信託財產於左列各款信託關係人間移轉或為其他處分者，不適用前條有關視為銷售之規定：一、因信託行為成立，委託人與受託人間。二、信託關係存續中受託人變更時，原受託人與新受託人間。三、因信託行為不成立、無效、解除、撤銷或信託關係消滅時，委託人與受託人間。」亦即當事人出於信託設置之目的所為之財產移轉，基本被排除在營業稅法的應為行為之外。

參、公益信託從事特殊營業活動之營業稅免除

在營業稅法制度中，倘若從事交易活動者為公益信託，其獲取資金之手段可能包括消極行為[5]，亦可能包括積極行為。其中積極行為，倘若係以

5 所謂消極行為，例如將信託資金存入定存等待利息、購買股票等待配息而未有實際參與公司經營等。

義賣方式從事貨物勞務銷售，解釋上亦可能構成應稅行爲而造成與公益之目的有悖。因此，加值型及非加值型營業稅法第 8 條之 1 特別設有排除規定：「（第一項）受託人因公益信託而標售或義賣之貨物與舉辦之義演，其收入除支付標售、義賣及義演之必要費用外，全部供作該公益事業之用者，免徵營業稅。（第二項）前項標售、義賣及義演之收入，不計入受託人之銷售額。」

第五節　遺產贈與稅法中的信託課稅制

壹、概說：遺產贈與稅與信託制度的緊張關係

在我國稅制中，整體信託課稅制度在討論上應該予以特別之關注者，尚且包括遺產贈與稅與信託之關係。毫無疑問，信託這一制度當初在英國法制中開始出現的時候，主要的制度目的之一就在於規避財產主所可能發生的遺產稅。時至今日，在信託已經在法律制度中被成文化、體系化的情況之下，信託課稅制度的最重要領域，仍然與遺產贈與稅制有直接關聯。

貳、信託財產與遺贈與稅

一、因遺囑成立之信託與信託關係存續中受益人死亡

在遺產贈與稅制所涉及的信託相關議題中，問題可以分成幾個不同的面向來其中可能發生的稅法問題。首先，倘若死亡遺有遺產之被繼承人，在生前即將其財產捐助成立信託，而又未有保留受益之資格地位，則此一信託財產在推理上已經非屬遺產之一部分，理論上不生遺產稅問題。但是，倘若信託係根據遺囑、在被繼承人死亡後方成立信託者，則性質上屬於遺產之處分，課徵遺產稅。例外，即便是生前成立之信託，但是被繼承人即爲受益人時，亦應當就其預期可以取得而被繼承之信託利益，繳納

遺產稅。此可參見遺產及贈與稅法第 3 條之 2 規定：「（第一項）因遺囑成立之信託，於遺囑人死亡時，其信託財產應依本法規定，課徵遺產稅。（第二項）信託關係存續中受益人死亡時，應就其享有信託利益之權利未領受部分，依本法規定課徵遺產稅。」

二、信託之利益歸屬贈與稅

（一）信託利益作為贈與

信託之設立，雖然得以在被繼承人死亡之前爲之，但是已經成立之信託關係倘若約定有非委託人作爲受益人者，則對於受益人而言亦不失爲利益之贈與。即便在信託關係成立後，變更受益人，亦可能成爲信託利益的贈與。因此，就此亦有課徵贈稅之可能。此可參見遺產及贈與稅法第 5 條之 1 規定：「（第一項）信託契約明定信託利益之全部或一部之受益人爲非委託人者，視爲委託人將享有信託利益之權利贈與該受益人，依本法規定，課徵贈與稅。（第二項）信託契約明定信託利益之全部或一部之受益人爲委託人，於信託關係存續中，變更爲非委託人者，於變更時，適用前項規定課徵贈與稅。（第三項）信託關係存續中，委託人追加信託財產，致增加非委託人享有信託利益之權利者，於追加時，就增加部分，適用第一項規定課徵贈與稅。（第四項）前三項之納稅義務人爲委託人。但委託人有第七條第一項但書各款情形之一者，以受託人爲納稅義務人[6]。」

（二）信託利益排除贈與稅適用之情形

雖然在信託關係成立後，信託利益之歸屬可能在前述說明中，被當作贈與稅的課徵客體來看待。但是並非所有因信託關係發生之財產利益移轉，均可以被解釋爲贈與。若干是，特別是涉及信託關係成立及解消所發

---

6 另可參見遺產及贈與稅法第24條之1規定：「除第二十條之一所規定之公益信託外，委託人有第五條之一應課徵贈與稅情形者，應以訂定、變更信託契約之日為贈與行為發生日，依前條第一項規定辦理。」

生之財產變動，亦得以在解釋上被認爲與贈與無關。爲此，遺產及贈與稅法第 5 條之 2 特別就此設有規定：「信託財產於左列各款信託關係人間移轉或爲其他處分者，不課徵贈與稅：一、因信託行爲成立，委託人與受託人間。二、信託關係存續中受託人變更時，原受託人與新受託人間。三、信託關係存續中，受託人依信託本旨交付信託財產，受託人與受益人間。四、因信託關係消滅，委託人與受託人間或受託人與受益人間。五、因信託行爲不成立、無效、解除或撤銷，委託人與受託人間。」

參、信託財產價值之估算

遺產贈與稅制度中涉及信託課稅之相關問題，不可避免地需要對於信託財產價值之估算，設定基本制度及原則。由於信託成立以後，其存續期間經常爲相當長的期間。信託財產的價值、應稅利益之核算均可能有較多的變動因素。爲避免稅捐稽徵機關與納稅義務人之間之爭議，遺產贈與稅法分別針對遺產稅及贈與稅之信託財產估價，設有不同之規定。

一、信託利益或財產作為遺產稅客體之估價

前已言及，遺產及贈與稅法第 3 條之 2 第 2 項，乃要求信託關係存續中受益人死亡時，應就其享有信託利益之權利未領受部分，課徵遺產稅。此等信託利益之估算，根據遺產及贈與稅法第 10 條之 1 規定，應當依據下列原則爲之：「依第三條之二第二項規定應課徵遺產稅之權利，其價值之計算，依左列規定估定之：一、享有全部信託利益之權利者，該信託利益爲金錢時，以信託金額爲準，信託利益爲金錢以外之財產時，以受益人死亡時信託財產之時價爲準。二、享有孳息以外信託利益之權利者，該信託利益爲金錢時，以信託金額按受益人死亡時起至受益時止之期間，依受益人死亡時郵政儲金匯業局一年期定期儲金固定利率複利折算現值計算之；信託利益爲金錢以外之財產時，以受益人死亡時信託財產之時價，按受益人死亡時起至受益時止之期間，依受益人死亡時郵政儲金匯業局一年期定期儲金固定利率複利折算現值計算之。三、享有孳息部分信託利益之

權利者，以信託金額或受益人死亡時信託財產之時價，減除依前款規定所計算之價值後之餘額爲準。但該孳息係給付公債、公司債、金融債券或其他約載之固定利息者，其價值之計算，以每年享有之利息，依受益人死亡時郵政儲金匯業局一年期定期儲金固定利率，按年複利折算現值之總和計算之。四、享有信託利益之權利爲按期定額給付者，其價值之計算，以每年享有信託利益之數額，依受益人死亡時郵政儲金匯業局一年期定期儲金固定利率，按年複利折算現值之總和計算之；享有信託利益之權利爲全部信託利益扣除按期定額給付後之餘額者，其價值之計算，以受益人死亡時信託財產之時價減除依前段規定計算之價值後之餘額計算之。五、享有前四款所規定信託利益之一部者，按受益比率計算之。」

二、信託利益或財產作為贈與稅客體之估價

信託關係成立以後，設定信託的委託人得以透過受益人之指定實際上將信託之利益移轉於受益人，在此等受益關係中被認爲因受益人終局地享有信託之利益，因而構成贈與的一種類型。如此以來，贈與的金額勢必面對信託利益價值估算的問題。因此，遺產及贈與稅法第 10 條之 2 乃因此規定：「依第五條之一規定應課徵贈與稅之權利，其價值之計算，依左列規定估定之：一、享有全部信託利益之權利者，該信託利益爲金錢時，以信託金額爲準；信託利益爲金錢以外之財產時，以贈與時信託財產之時價爲準。二、享有孳息以外信託利益之權利者，該信託利益爲金錢時，以信託金額按贈與時起至受益時止之期間，依贈與時郵政儲金匯業局一年期定期儲金固定利率複利折算現值計算之；信託利益爲金錢以外之財產時，以贈與時信託財產之時價，按贈與時起至受益時止之期間，依贈與時郵政儲金匯業局一年期定期儲金固定利率複利折算現值計算之。三、享有孳息部分信託利益之權利者，以信託金額或贈與時信託財產之時價，減除依前款規定所計算之價值後之餘額爲準。但該孳息係給付公債、公司債、金融債券或其他約載之固定利息者，其價值之計算，以每年享有之利息，依贈與時郵政儲金匯業局一年期定期儲金固定利率，按年複利折算現值之總和計

算之。四、享有信託利益之權利為按期定額給付者，其價值之計算，以每年享有信託利益之數額，依贈與時郵政儲金匯業局一年期定期儲金固定利率，按年複利折算現值之總和計算之；享有信託利益之權利為全部信託利益扣除按期定額給付後之餘額者，其價值之計算，以贈與時信託財產之時價減除依前段規定計算之價值後之餘額計算之。五、享有前四款所規定信託利益之一部者，按受益比率計算之。」

肆、公益信託與遺產之排除

前已言及，我國信託法於民國 86 年開始施行以來，即設有公益信託制度。因此，如何透過遺產贈與稅之法制，促進被繼承人或者贈與人以成立信託之方式從事公益活動，即成為稅法制度中重要之考慮。就此，遺產及贈與稅法分別就信託之捐助公益，設有不同之免除遺產稅及贈與稅之規定。

一、捐助公益信託免除遺產稅之規定

被繼承人死亡遺有遺產，透過遺贈之方式捐助成立公益信託，得以在遺產及贈與稅法第 16 條之 1 所規定要件之下，免除遺產稅：「遺贈人、受遺贈人或繼承人提供財產，捐贈或加入於被繼承人死亡時已成立之公益信託並符合左列各款規定者，該財產不計入遺產總額：一、**受託人為信託業法所稱之信託業。二、各該公益信託除為其設立目的舉辦事業而必須支付之費用外，不以任何方式對特定或可得特定之人給予特殊利益。三、信託行為明定信託關係解除、終止或消滅時，信託財產移轉於各級政府、有類似目的之公益法人或公益信託。**」

二、捐助公益信託免除贈與稅之規定

與前述制度目的相同，公益信託之捐助人捐助成立信託，得以被認為不構成應稅之贈與，此可參見遺產及贈與稅法第 20 條之 1 規定：「因委託人提供財產成立、捐贈或加入符合第十六條之一各款規定之公益信託，受益人得享有信託利益之權利，不計入贈與總額。」

CHAPTER

12

土地不動產稅制

- 第一節　土地與不動產稅制之基本原則
- 第二節　現行土地不動產稅制中的主要稅目

第一節　土地與不動產稅制之基本原則

壹、憲法中所揭示的土地不產稅制基本原則

一、概說

在我國稅法制度中，土地不動產稅制的意義及地位相對於其他稅制，非常特別。事實上，憲法本文中除了憲法第 19 條所揭示的「租稅法律主義」外，另外針對土地不動產的課稅原則，已經有所揭示。憲法第 143 條第 1 項規定：「中華民國領土內之土地屬於國民全體。人民依法取得之土地所有權，應受法律之保障與限制。私有土地應照價納稅，政府並得照價收買。」第 3 項則規定：「**土地價值非因施以勞力資本而增加者，應由國家徵收土地增值稅，歸人民共享之。**」如此的規定，背後的制度脈絡或邏輯，顯然是本於孫中山「三民主義」當中所提到過的「申報地價、照價徵收、照價課稅、漲價歸公[1]」。因此，在整體土地不動產稅制中最重要的「土地增值稅」，顯然在出發點上就是本於這樣的政策精神而來。

二、土地不動產稅制憲法基礎的空洞化

（一）照價收買、照價徵稅與現代人權概念之衝突

在我國憲政體制中，土地不動產稅制雖然在憲法本文當中引入了孫文學說所設想的「申報地價、照價徵收、照價課稅、漲價歸公」，使得官方公告之土地價格成為我國財產交易制度中重要的要素，已如前述。這樣的設計制度目的在於達成平均地權的效果，但事實上在操作手段上有其難度，關鍵就在於難以解決「平均地權」這樣的政策目標與財產權保障的衝

1 憲法第142條亦規定：「**國民經濟應以民生主義為基本原則，實施平均地權，節制資本，以謀國計民生之均足。**」乃足以使得我國不動產稅制之設立，理論上具有相當程度的社會政策目的。

突關係，而在具體的結果上，使得「照價收買」淪爲空談。這當中，財產權的保障對於國家收買或徵收取得人民之財產，課予相當之義務，僅有在特定要件合致的情形下方得發動。例如，歐洲人權公約第一議定書中，所保障之權利爲財產權、受教育之權利及言論自由和行使投票之權利[2]。其中針對財產權，所主要保障者乃人民作爲納稅義務人，享有其財產之自由使用、收益及處分之權力，而不受到國家機關任意之干涉或剝奪。誠然，國家權力在一般性基礎上，出於公共利益（intérêt général）或其他合理目的之考量，有可能在必要之程度中限制納稅義務人的財產權利。但是，這樣的限制手段除了必須得到法律許可以外，更應該在合乎比例原則，也就是在保護公共利益必要的情形底下，以合乎法律安定性（la sécurité juridique）並且尊重合法性（la légalité）的方式進行課稅。在這樣的要求之中，首先被具體指出之內容乃稅捐之徵收，應當以財政上必要者爲限。因此，單純僅因土地所有權人申報價格太低（無論是否基於規避應納稅收的考量）即加以強制收買，與現代人權概念中對於財產權保護的本旨難以認爲沒有違背。因此，整體而言在原本設想的「平均地權」的兩種主要手段中，照價收買發生了合憲性疑慮的前提之下，所造成之直接效果即如前述，使得公告地價與實際的市場交易價格發生嚴重落差，乃至於遠低於市場實際之交易價格。換言之，我國近期所發生的地價稅計徵基礎「公告地價」的調升，可謂係憲法規範所選擇的公共政策與財產權保障之間在自相價值矛盾的情形下所出現的制度困境。

（二）資產價格上漲與地方財政困境

地價稅在原本制度設想中所被期待發揮的政策功能或者憲法上的正當性基礎，就另外一方面而言，也在近年的政治經濟環境中面臨重大挑戰。

---

2 進一步討論，參見黃源浩，歐洲人權公約與納稅人權利保護，財稅研究，第47卷第6期，頁130以下。

蓋如眾所周知者，乃自美國三次實施量化寬鬆政策以來，熱錢流竄全球導致大多數國家資產價格被迅速炒高。在這樣的理解之下，不動產價格之控制在一定程度上即成爲財政稅收制度中的重要考量。若干國家爲了因應這樣的現象，特別是抑制房地產價格的人爲炒作，乃採取相對應的財政及稅收上措施，例如以不動產之持有及交易爲對象，開徵新稅目等。進一步來說，倘若地價稅之地方稅收在整體財政收入上面臨無法支應財政支出之情形，我國的地方團體又在地方稅法通則施行以後被賦予一定程度的課徵地方稅的權力，爲何還有需要以調漲公告地價之方式提高地價稅收入？問題的答案也相對簡單：雖然地方稅法通則賦予給地方自治團體一定程度自行決定徵收地方稅的權力，但這些權力相對而言遠不若調升公告地價來得方便好用。首先是開徵新稅要冒政治風險，以現行地方自治團體的選舉頻率及方式言，地方首長恐怕會冒著比調漲公告地價更高的落選機會。其次，就算不考慮到政治上的因素，地方稅法通則事實上亦難以提供給地方團體豐沛、足額又復稽徵便利的優良稅源。在這樣的制度問題交錯之下，地方團體調漲公告地價之相關措施，恐亦僅能解釋爲在財政困難的前提下，對於地方首長而言成本較少的選項。

貳、現行土地與不動產稅制之基本原則

一、再生利益原則

原則上，以土地不動產爲課稅客體的相關稅制設計，當然與其他的經濟活動相同，包括了所得稅以及財產稅等面向。其中以所得稅而言，由於我國法制基本上係將土地與房屋區分成兩個不同的交易客體，其交易雖在同一個契約關係中實現，但是房屋部分係課徵不動產的財產交易所得、土地部分的交易係以土地增值稅代替所得稅的課徵。因此，主要的交易活動會以土增稅作爲土地不動產稅制中最重要的稅收。但是，這並非意味著其他領域的稅收在土地不動產稅制中不受重視。相對而言，不動產稅制除了土地增值稅以外，尚且包括財產稅性質的地價稅以及房屋稅等。就此而

言，地價稅既然以財產之持有作爲稅基，則財產稅的一般性憲法原則當然在此一稅制中應當被處理。原則上，地價稅之課徵，應當遵循的原則主要是再生利益原則。**也就是地價稅的課徵，應當以土地的市場可能租賃價格作爲基礎，而非以財產價値本身爲基礎。或者直接理解爲：摘果不伐樹、拔毛不傷鵝**[3]。

二、地方稅基維持與地方財政自主原則

在我國稅制設計中，地價稅基本被列爲地方稅之一種，亦即其課徵理論上應當爲地方自治所保障、稅捐之徵收乃以維持地方自治團體之財政收入爲原則。因此，此類稅收之制度設計，亦應當考慮憲法秩序中對於中央與地方權限劃分之原則。按地方自治於我國憲法制度中不僅爲憲法本文所明文規定，且爲司法實務中司法院大法官承認具有制度性保障之重要建制[4]。而地方自治的重要要素，厥在於一定程度的財政獨立自主。而在財政自主的理解之下，不僅地方自治團體應當被賦予一定程度之固有財源，更在於財政上普遍被承認兩個賦予地方自治團體的財政原則：財政調整原則以及財政補償原則。所謂的財政調整（la péréquation financière）原則，係指中央政府有義務，在考量到地方經濟社會發展一致性的前提下，透過補助款之手段將經濟資源在貧乏與發達地區間重新進行資源分配。而所謂

3　此可以參見司法院大法官釋字第693號蘇永欽大法官協同意見書：「所得稅法的淨額原則也會讓人聯想到租稅理論中的樹果原則（fruit and tree doctrine），也就是課稅應該摘果不伐樹，其內涵應包括兩點：一、僅以源源不息的產出為稅基；二、不摘他樹之果（美國最高法院的著名案例 LUCAS v. EARL,281 U.S. 111(1930)）」。

4　此可參見司法院大法官釋字第498號解釋解釋文前段：「**地方自治為憲法所保障之制度。基於住民自治之理念與垂直分權之功能，地方自治團體設有地方行政機關及立法機關，其首長與民意代表均由自治區域內之人民依法選舉產生，分別綜理地方自治團體之地方事務，或行使地方立法機關之職權，地方行政機關與地方立法機關間依法並有權責制衡之關係**。中央政府或其他上級政府對地方自治團體辦理自治事項、委辦事項，依法僅得按事項之性質，為適法或適當與否之監督。地方自治團體在憲法及法律保障之範圍內，享有自主與獨立之地位，國家機關自應予以尊重。」

「財政補償」（la compensation financière）原則，乃指中央政府採行任何行政或立法措施，倘足以對地方團體既有之財源造成影響者，包括任務之移轉增加地方團體之支出、地方稅稅基之廢除或調整造成稅收之缺口等，中央政府均有義務採行措施以相對應之資源挹注補償之[5]，否則此等任意影響或縮減地方團體財源之措施，即可能被評價爲侵害地方團體之自主管理權限而屬與憲法有違[6]。

第二節 現行土地不動產稅制中的主要稅目

壹、土地增值稅

一、概說：土地增值稅之意義及性質

在我國稅法制度中，本於憲法第 143 條第 3 項之規定，土地交易之所得，特別是其中所實現的自然漲價，應當課徵土地增值稅。也因此，在我國長年的土地不動產交易稅制中，特別是在所謂「房地合一稅」施行以前，土地增值稅一直成爲不動產交易之主要稅捐負擔。其課徵之客體僅包括「土地」之交易而不包括房屋，此可以參見土地稅法第 28 條所規定：「**已規定地價之土地，於土地所有權移轉時，應按其土地漲價總數額徵收土地增值稅**。但因繼承而移轉之土地，各級政府出售或依法贈與之公有土地，及受贈之私有土地，免徵土地增值稅。」直言之，土地增值稅之特徵有下列幾點：

---

5 在我國財政稅收制度中，土地增值稅因構成地方政府主要之財政收入，因此土地稅法第33條第2項，特別就土地稅領域之財政補償原則，有所明文規定：「**因修正前項稅率造成直轄市政府及縣（市）政府稅收之實質損失，於財政收支劃分法修正擴大中央統籌分配稅款規模之規定施行前，由中央政府補足之，並不受預算法第二十三條有關公債收入不得充經常支出之用之限制。**」

6 關於財政調整以及財政補償原則，參見黃源浩，法國地方稅制之危機與轉機，臺大法學論叢，第35卷第3期，頁195以下。

（一）徵收之真正客體，為「土地漲價總數額」

地價稅在制度設計中，首先應當特別被留意的特徵在於，其徵收的客體爲「土地漲價總數額」。不過，這一總數額並不是依照土地所有權人買進、賣出土地後而得到的差額而計算出來。相反地，這一差額係仰賴「土地公告現值[7]」之制度。而公告現值，原則上係一年公告一次，倘若土地之買賣在每年 1 月 1 日買進、當年 12 月 31 日前賣出，就該交易即無法課徵土地增值稅，蓋因買進時與賣出時的公告現值差額爲零。

（二）土地增值稅之性質，應為土地交易之所得稅

土地不動產之所有權人，從事交易所獲得之金錢收入，事實上亦爲所得之一種[8]。**在減除其成本費用之後，大多數國家法制均將其列入出賣人的年度綜合所得稅當中，以財產交易所得之性質併計其應納稅捐**。而在我國制度中，卻將土地與房屋之交易切割爲二：前者課徵土地增值稅而不課所

7 在此應當特別提請留意者，乃我國土地不動產稅制中，「公告地價」和「公告現值」是兩個不同的法律概念。公告地價，係政府每二年舉辦規定地價或重新規定地價時，參考當年期土地現值、前一期公告地價、地方財政需要、社會經濟狀況及民眾負擔能力按法定程序評估並於1月1日公告地價，其作用係供土地所有權人申報地價後據以課徵地價稅。就此可參見平均地權條例第13條前段：「本條例施行區域內，未規定地價之土地，應即全面舉辦規定地價。」以及第14條規定：「**規定地價後，每二年重新規定地價一次**。但必要時得延長之。重新規定地價者，亦同。」而所謂「公告現值」或「公告土地現值」，其依據在平均地權條例第46條之規定：「直轄市或縣（市）政府對於轄區內之土地，應經常調查其地價動態，繪製地價區段圖並估計區段地價後，提經地價評議委員會評定，據以編製土地現值表於**每年一月一日公告**，作為土地移轉及設定典權時，申報土地移轉現值之參考；並作為主管機關審核土地移轉現值及補償徵收土地地價之依據。」係直轄市或縣（市）政府對於轄區內土地，經常調查其地價動態，將地價相近的土地劃為同一地價區段，並估計區段地價後，提經地價評議委員會評定，據以編製土地現值表於每年1月1日公告，作為政府課徵土地增值稅之依據。進一步說明，參見陳立夫，公告土地現值之法律性質，月旦法學教室，第26期，頁36以下。

8 或者準確言之，針對所得而課徵之稅捐（Steuern auf das Einkommen）。參見陳敏，稅法總論，2019年，頁21。

得稅；後者僅課徵財產交易所得稅。這樣的制度設計，不僅與大多數法治國家的立法通例不和，也經常造成各種分配不公的爭議。因此，我國近年推動的房地合一稅制，即可謂試圖扭轉此一制度上之偏移，回歸制度本質的嘗試。

Q：有關不動產交易所得之課稅，每次均成為稅改之重要爭議問題。請問：爭議點為何？為何會產生此種爭議？請就現行稅法之相關規定說明之。（101 調查局）

A：

（一）我國不動產交易所得稅制之原始設計

在我國稅制中，因為憲法已經引入了土地課徵土地增值稅之制度，以致於對於房屋土地之交易所得，向來係拆成「土地增值稅」以及「所得稅（財產交易所得）」兩個不同稅目。土地根據土地公告現值之差額課徵、房屋根據所得稅法課徵。

（二）我國不動產交易所得稅制之原始設計所造成之問題

1. 土地增值稅無法反映土地實質漲價總數額。在我國原本的不動產稅制中，首先問題在於土地增值稅無法反映土地實質漲價總數額。蓋以土增稅之課徵客體，並非實際之交易所得，而係由政府機關每年度公告之公告現值。此一現值不僅與實際之交易價值落差甚大，甚至因每年度調整一次，因此在同一年度中完成的買進、賣出交易，即得以實際上免除土增稅之義務，頗受批評。
2. 綜合所得稅土地交易免稅，違反量能課稅之原則。亦即在房屋土地交易中，土地事實上是主要之獲利來源，但無法課徵所得稅。相反地，房屋交易不僅相對價值較低，尚且可以扣除折舊價值。因此，從事房地產交易者其利得非常容易被規避不課稅，違反量能課稅之原則。

（三）房地合一稅制之轉變

因此，針對前述情形，我國近年開始推動所謂「房地合一」稅制，試圖針對脫逸於所得稅領域的房地交易所得，在不取消土地增值稅的制度前提之下課徵所得稅。房屋及土地，以合併後的實價總額，扣除實際取得成本後，按實際獲利課徵所得稅。「房地合一」用意在使房產買賣能夠劃一屬於增值利益部分的課稅方式，取代土地交易利得按公告現值課徵土地增值稅；房屋的交易利得按實價課徵所得稅的雙軌制，進而達到不動產交易利得實價課徵的目的。

二、土地增值稅之納稅義務

（一）納稅義務人

原則上，在土地移轉而實現漲價利益的情形下，獲得土地利益之人即爲土地增值稅的納稅義務人。不過實際上土地稅法就納稅義務人的設想比較複雜，此可以參見土地稅法第 5 條規定：「（第一項）土地增值稅之納稅義務人如左：一、土地爲有償移轉者，爲原所有權人。二、土地爲無償移轉者，爲取得所有權之人。三、土地設定典權者，爲出典人。（第二項）**前項所稱有償移轉，指買賣、交換、政府照價收買或徵收等方式之移轉；所稱無償移轉，指遺贈及贈與等方式之移轉**[9]。」

（二）增值稅之申報繳納與代繳義務

我國土地稅法中有關土地增值稅之規定，除前述納稅義務人之規定

9 不過，在實務上特別留意，此處所稱之贈與特別強調係無償。倘若有償或有對價關係，並不能免除土地增值稅之納稅義務。此可以參見財政部70年5月21日台財稅第34061號函：「交通部郵政總局為興建國際水陸郵件轉運中心，經洽得私立◯大學採相互對等贈與方式，由◯大學以其所有土地◯◯坪贈與郵政總局，郵政總局以新臺幣◯◯元贈與◯大學興建禮堂，上項土地於辦理所有權移轉登記時，應依法核課土地增值稅。」

外，尚且就申報繳納及代繳義務，有所規範。其中首先在土地稅法第 5 條之 1 規定：「土地所有權移轉，其應納之土地增值稅，納稅義務人未於規定期限內繳納者，得由取得所有權之人代爲繳納。依平均地權條例第四十七條規定由權利人單獨申報土地移轉現値者，其應納之土地增值稅，應由權利人代爲繳納。」此一規定前段所規範者，乃申報義務；後段所規範者，乃代繳義務。又涉及信託關係者，另有規定，應予特別留意[10]。

（三）土地增值稅之減、免稅

1. 因繼承取得之土地、各級政府出售或依法贈與之公有土地，及受贈之私有土地

土地增值稅在土地移轉關係中得以主張的減、免稅事由，首先來自於土地稅法第 28 條但書的規定：「但因繼承而移轉之土地，各級政府出售或依法贈與之公有土地，及受贈之私有土地，免徵土地增值稅。」其中繼承移轉，另課徵有遺產稅，再行課徵土增稅難免有重複課稅之疑慮。至於各級政府[11]出售、出贈及受贈土地，則顯然是爲了公共利益的目的考慮，也避免稅捐課徵實益的欠缺[12]。

---

10 參見土地稅法第5條之2：「（第一項）受託人就受託土地，於信託關係存續中，有償移轉所有權、設定典權或依信託法第三十五條第一項規定轉為其自有土地時，以受託人為納稅義務人，課徵土地增值稅。（第二項）以土地為信託財產，受託人依信託本旨移轉信託土地與委託人以外之歸屬權利人時，以該歸屬權利人為納稅義務人，課徵土地增值稅。」

11 **此處所稱之「政府」，在過去的實務見解中認為不包括中央、地方政府以外的公法**人。此可以參見財政部82年4月26日台財稅第820146344號函：「農田水利會既非社會福利事業亦非各級政府，其受贈私人土地，應無土地稅法第28條及第28條之1規定免徵土地增值稅之適用。」又所謂「各級政府」，亦包括鄉、鎮、市公所（財政部85年3月13日台財稅第850126712號函）。

12 解釋上，此等情形亦包括公私共有土地分割政府無償取得價值增加部分免稅。此可以參見財政部87年10月1日台財稅第871967814號函：「與私人共有之省有土地，辦理共有土地分割，分割後共有人臺灣省取得之土地價值，如較原有持分比例計算所得之價值增加，且屬無補償者，就其無償取得價值增加部分，應准依土地稅法第28

2. 私人捐贈供興辦社會福利事業或依法設立私立學校使用之土地

土地移轉之發生，倘若係爲因應私人捐贈供興辦社會福利事業或依法設立私立學校，所進行之土地移轉，本於鼓勵公益事業的考慮，土地稅法第 28 條之 1 亦給予其免徵土地增值稅之待遇：「私人捐贈供興辦社會福利事業或依法設立私立學校使用之土地，免徵土地增值稅。但以符合左列各款規定者爲限：一、受贈人爲財團法人。二、法人章程載明法人解散時，其賸餘財產歸屬當地地方政府所有。三、捐贈人未以任何方式取得所捐贈土地之利益。」本條但書之規定，當屬於避免假借興辦公益事業而規避土地增值稅之設計，解釋上應屬於防杜稅捐規避手段之一種。

3. 配偶相互贈與之土地，得申請不課徵土地增值稅

配偶之間同財共居、經濟生活密切，同時配偶間之贈與亦被排除在贈與稅之課徵範圍外。本於相同之邏輯，因此土地稅法對於配偶相互贈與之土地，得申請不課徵土地增值稅。此可參見土地稅法第 28 條之 2 規定：「（第一項）**配偶相互贈與之土地，得申請不課徵土地增值稅。但於再移轉第三人時，以該土地第一次贈與前之原規定地價或前次移轉現值爲原地價，計算漲價總數額，課徵土地增值稅。**（第二項）前項受贈土地，於再移轉計課土地增值稅時，贈與人或受贈人於其具有土地所有權之期間內，有支付第三十一條第一項第二款改良土地之改良費用或同條第三項增繳之地價稅者，準用該條之減除或抵繳規定；其爲經重劃之土地，準用第三十九條第四項之減徵規定。該項再移轉土地，於申請適用第三十四條規定稅率課徵土地增值稅時，其出售前一年內未曾供營業使用或出租之期間，應合併計算。」

4. 信託關係人間移轉所有權，不課徵土地增值稅

信託關係之成立，本於前述信託導管理論之推理，並不認爲因信託關

條但書有關各級政府受贈私有土地，免徵土地增值稅之規定辦理。」

係所發生的財產移轉，皆爲眞正意義的移轉。在土地所有權之移轉情形，亦復如此。因此土地稅法第 28 條之 3 乃規定：「土地爲信託財產者，於左列各款信託關係人間移轉所有權，不課徵土地增值稅：一、因信託行爲成立，委託人與受託人間。二、信託關係存續中受託人變更時，原受託人與新受託人間。三、信託契約明定信託財產之受益人爲委託人者，信託關係消滅時，受託人與受益人間。四、因遺囑成立之信託，於信託關係消滅時，受託人與受益人間。五、因信託行爲不成立、無效、解除或撤銷，委託人與受託人間。」

5. 被徵收之土地

國家或地方自治團體，因爲興辦公共事業等公益需求，得在土地徵收條例等法律規範的前提下，依法徵收人民之土地。此一徵收關係，雖亦發生土地所有權之移轉，但與人民依其意思表示所從事之法律行爲造成土地移轉之效果，明顯有別。同時土地所有權人所受領之徵收補償，亦經常被認爲未必具有所得之屬性。因此，土地稅法第 39 條規定，特別明示規範土地徵收免除土地增值稅。此規定見諸土地稅法第 39 條：「（第一項）**被徵收之土地，免徵其土地增值稅**。（第二項）依都市計畫法指定之公共設施保留地尙未被徵收前之移轉，準用前項規定，免徵土地增值稅。但經變更爲非公共設施保留地後再移轉時，以該土地第一次免徵土地增值稅前之原規定地價或前次移轉現值爲原地價，計算漲價總數額，課徵土地增值稅。（第三項）**依法得徵收之私有土地，土地所有權人自願按公告土地現值之價格售與需地機關者，準用第一項之規定**。（第四項）經重劃之土地，於重劃後第一次移轉時，其土地增值稅減徵百分之四十。」

在我國現行土地制度中，土地之徵收除了以個別地主爲對象的一般性徵收以外，尙且存在有以特定區域土地整體重新規劃爲對象的「區段徵收[13]」。因在區段徵收之程序中，政府之相關作爲包括土地之徵收、金錢

13 所謂「區段徵收」，係指政府基於都市開發建設等開發目的需要，對於一定區域內

補償、交換等不同行為，因此涉及之土地增值稅問題並不能單純以「徵收免稅」加以理解。因此，土地稅法第 39 條之 1 乃明文規定：「（第一項）**區段徵收之土地，以現金補償其地價者，依前條第一項規定，免徵其土地增值稅。但依平均地權條例第五十四條第三項規定因領回抵價地不足最小建築單位面積而領取現金補償者亦免徵土地增值稅**。（第二項）區段徵收之土地依平均地權條例第五十四條第一項、第二項規定以抵價地補償其地價者，免徵土地增值稅。但領回抵價地後第一次移轉時，應以原土地所有權人實際領回抵價地之地價為原地價，計算漲價總數額，課徵土地增值稅，準用前條第三項之規定。」可供參考。

6. 農地移轉後仍維持農用

在土地所有權移轉之諸種情形中，現行土地法制本於若干法律政策之施行，亦對於特定之土地移轉，在移轉後仍續行維持原本使用目的之前提下，免除土地增值稅之課徵。此在土地稅制中最明顯之制度之一，即為農地移轉後仍維持農用者，給予免稅之待遇。此可以參見土地稅法第 39 條之 2 規定：「（第一項）**作農業使用之農業用地，移轉與自然人時**[14]**，得**

之土地全部予以徵收，並重新加以規劃整理後，由政府取得開發目的所需土地及公共設施用地，其餘可供建築土地，部分供作原土地所有權人領回抵價地之、讓售或撥供需地機關使用或者公開標售、標租或設定地上權，以處分土地之收入償還開發總費用之特殊徵收模式。其主要之依據參見土地徵收條例第4條第1項規定：「有下列各款情形之一者，得為區段徵收：一、新設都市地區之全部或一部，實施開發建設者。二、舊都市地區為公共安全、衛生、交通之需要或促進土地之合理使用實施更新者。三、都市土地之農業區、保護區變更為建築用地或工業區變更為住宅區、商業區者。四、非都市土地實施開發建設者。五、農村社區為加強公共設施、改善公共衛生之需要或配合農業發展之規劃實施更新者。六、其他依法得為區段徵收者。」

14 在此應當特別留意的是，倘若法人借用自然人名義登記為農地所有權人，在我國實務中被當作係脫法避稅之行為。參見財政部90年1月30日台財稅第0900450181號函：「土地稅法第39條之2第1項規定農業用地移轉得申請不課徵土地增值稅之要件為『作農業使用之農業用地』及『移轉與自然人』，如經查係非屬自然人之第三人利用自然人名義取得農業用地，則屬脫法行為，依實質課稅原則，應無上揭規定之

申請不課徵土地增值稅。（第二項）**前項不課徵土地增值稅之土地承受人於其具有土地所有權之期間內，曾經有關機關查獲該土地未作農業使用且未在有關機關所令期限內恢復作農業使用，或雖在有關機關所令期限內已恢復作農業使用而再有未作農業使用情事時，於再移轉時應課徵土地增值稅。**（第三項）前項所定土地承受人有未作農業使用之情事，於配偶間相互贈與之情形，應合併計算。（第四項）作農業使用之農業用地，於本法中華民國八十九年一月六日修正施行後第一次移轉，或依第一項規定取得不課徵土地增值稅之土地後再移轉，依法應課徵土地增值稅時，以該修正施行日當期之公告土地現值爲原地價，計算漲價總數額，課徵土地增值稅（第五項）本法中華民國八十九年一月六日修正施行後，曾經課徵土地增值稅之農業用地再移轉，依法應課徵土地增值稅時，以該土地最近一次課徵土地增值稅時核定之申報移轉現值爲原地價，計算漲價總數額，課徵土地增值稅，不適用前項規定。」

農地移轉後，倘若仍然維持農用[15]，得以免除原本應當課徵的土地增

適用。故89年1月28日以後申請依修正土地稅法第39條之2第1項規定不課徵土地增值稅之農地移轉案件，如經查明有非屬自然人之第三人利用自然人名義取得農業用地之情事，應依有關規定補徵原不課徵土地增值稅之稅額，並就個案審酌當事人有無信賴保護原則之適用。」

15 就我國稽徵實務而言，著重者可謂係農地農用之實質，因此即便因天然因素使得農地編列為其他地目，只要實際上仍為農用，仍有土地增值稅減免之適用。此可以參見財政部90年10月18日台財稅字第0900456823號函：「原為農業用地經都市計畫變更為行水區、河川區之土地，在未依水利法徵收前，於移轉時，如經查明仍作農業使用且未違反水利法規及都市計畫書管制規定者，准予適用農業發展條例規定，得申請不課徵土地增值稅；至於變更為洪水平原管制區之土地，其管制使用，依水利法第65條及第82條及洪水平原管制辦法（編者註：全名為淡水河洪水平原管制辦法）第8條，既訂有『本辦法公告後，管制區內已核定或未核定之建設計畫，應即參照本辦法之規定予以修正或訂定。』相關規定；另就洪水平原管制區內土地管制使用之程度而言，洪水平原二級管制區土地，於報經核定後尚可為建築物之改建、修繕、變更原有地形、建造工廠、房屋或其他設施，與一級管制區內應嚴格限制建築，除不得建造永久性建造物或種植多年生植物或設置足以妨礙水流之建造物外，並禁止變更地形或地目，二者之管制程度尚有差別。故是類土地，以劃定為洪水平

值稅。但是此免除規定，並非由機關主動依職權爲之，原則上應當經由土地所有權人在移轉時向機關提出申請。此可以參見土地稅法第 39 條之 3 規定：「（第一項）依前條第一項規定申請不課徵土地增值稅者，應由權利人及義務人於申報土地移轉現值時，於土地現值申報書註明農業用地字樣提出申請；其未註明者，得於土地增值稅繳納期間屆滿前補行申請，逾期不得申請不課徵土地增值稅。但依規定得由權利人單獨申報土地移轉現值者，該權利人得單獨提出申請。（第二項）農業用地移轉，其屬無須申報土地移轉現值者，主管稽徵機關應通知權利人及義務人，其屬權利人單獨申報土地移轉現值者，應通知義務人，如合於前條第一項規定不課徵土地增值稅之要件者，權利人或義務人應於收到通知之次日起三十日內提出申請，逾期不得申請不課徵土地增值稅。」

三、土地增值稅之稅率與優惠稅率

（一）一般稅率

土地增值稅之稅率，係以土地漲價倍數爲基礎的累進稅率。而在整體稅制中，原則上納稅義務人所負擔者，爲一般稅率。此一稅率係規定於土地稅法第 33 條第 1 項：「**土地增值稅之稅率，依下列規定：一、土地漲價總數額超過原規定地價或前次移轉時核計土地增值稅之現值數額未達百分之一百者，就其漲價總數額徵收增值稅百分之二十**。二、土地漲價總數額超過原規定地價或前次移轉時核計土地增值稅之現值數額在百分之一百以上未達百分之二百者，除按前款規定辦理外，其超過部分徵收增值稅百分之三十。三、土地漲價總數額超過原規定地價或前次移轉時核計土地增

原一級管制區之土地，准照前述行水區、河川區土地，適用上述優惠規定。」按此類土地因利用狀態變動導致地目變動之情形，實務上並非難以想像。除前述農地變更為河川行水地以外，尚有其他變動之案例，例如財政部105年5月2日台財稅字第10500024390號函即曾經指出，農地經變更為河川區再變更為住宅區仍作農用移轉時不課土增稅，亦值得參考。

值稅之現值數額在百分之二百以上者，除按前二款規定分別辦理外，其超過部分徵收增值稅百分之四十。」

（二）優惠稅率

土地稅法第 34 條規定：「（第一項）**土地所有權人出售其自用住宅用地者，都市土地面積未超過三公畝部分或非都市土地面積未超過七公畝部分，其土地增值稅統就該部分之土地漲價總數額按百分之十徵收之；超過三公畝或七公畝者，其超過部分之土地漲價總數額，依前條規定之稅率徵收之**。（第二項）前項土地於出售前一年內，曾供營業使用或出租者，不適用前項規定。（第三項）**第一項規定於自用住宅之評定現值不及所占基地公告土地現值百分之十者，不適用之。但自用住宅建築工程完成滿一年以上者不在此限**。（第四項）**土地所有權人，依第一項規定稅率繳納土地增值稅者，以一次爲限**。（第五項）土地所有權人適用前項規定後，再出售其自用住宅用地，符合下列各款規定者，不受前項一次之限制：一、出售都市土地面積未超過一 · 五公畝部分或非都市土地面積未超過三 · 五公畝部分。二、出售時土地所有權人與其配偶及未成年子女，無該自用住宅以外之房屋。三、出售前持有該土地六年以上。四、土地所有權人或其配偶、未成年子女於土地出售前，在該地設有戶籍且持有該自用住宅連續滿六年。五、出售前五年內，無供營業使用或出租。（第六項）因增訂前項規定造成直轄市政府及縣（市）政府稅收之實質損失，於財政收支劃分法修正擴大中央統籌分配稅款規模之規定施行前，由中央政府補足之，並不受預算法第二十三條有關公債收入不得充經常支出之用之限制。（第七項）前項實質損失之計算，由中央主管機關與直轄市政府及縣（市）政府協商之。」

四、土地增值稅自用住宅重購退稅

在我國土地增值稅之制度中，特別值得留意的是法政策上爲鼓勵自用住宅之房屋所有權人賣出舊屋後改換新屋，因此除在所得稅法中設有重購退稅制度之外，另特別設有土地增值稅自用住宅重購退稅之制度，得在納稅義務人售出舊屋、一定時間內購買新屋之際，退還售出舊屋時所已經繳納的土地增值稅。此一制度之法源依據，主要在於土地稅法第 35 條規定：「（第一項）**土地所有權人於出售土地後，自完成移轉登記之日起，二年內重購土地合於下列規定之一，其新購土地地價超過原出售土地地價，扣除繳納土地增值稅後之餘額者，得向主管稽徵機關申請就其已納土地增值稅額內，退還其不足支付新購土地地價之數額：一、自用住宅用地出售後，另行購買都市土地未超過三公畝部分或非都市土地未超過七公畝部分仍作自用住宅用地者。二、自營工廠用地出售後，另於其他都市計畫工業區或政府編定之工業用地內購地設廠者。三、自耕之農業用地出售後，另行購買仍供自耕之農業用地者。**（第二項）前項規定土地所有權人於先購買土地後，自完成移轉登記之日起二年內，始行出售土地者，準用之。（第三項）第一項第一款及第二項規定，於土地出售前一年內，曾供營業使用或出租者，不適用之。」

五、房地合一稅制與房地交易所得課稅

（一）我國原本制度之設計

在我國所得稅制度中，土地不動產交易所獲取之所得，在 105 年度以前並非在單一稅目中課徵所得稅。首先，雖然在物理上房屋與土地不可想像相互脫離，但在稅制中因受到物權法制之影響，其所得之課稅應當先區分房屋與土地。其中房地交易房屋部分如有所得，營利事業固無問題，但自然人應當列為所得稅法第 14 條第 1 項第 7 類「財產交易所得」課稅。而其中土地部分，無論自然人或法人，倘若有交易增值之所得，則與房屋分離不列入所得稅課徵範圍，另課以性質上亦為所得稅的土地增值稅。而透過土增稅法對於土地交易所得所課徵之土增稅，並非按照實際交易價格

計算，主要係根據地方縣市所公布之「公告土地現值」計算[16]。這樣的制度所造成的問題十分明顯：「公告現值」除了和實際交易價值亦即納稅人從事土地交易所獲取之所得相差甚遠，同時一個年度公告一次，意味著土地交易只要壓縮在同一個年度之內，就可以不課徵土地增值稅，因爲沒有「增值」。因此，從事不動產交易的所得，實際上所負擔的稅賦輕微，成爲我國法制中一直受到詬病的問題[17]。

（二）現行房地合一稅制

我國稅制自2016年起實施房地合一課徵所得稅制度[18]，同時停徵「特

16 根據平均地權條例第46條之規定：「直轄市或縣（市）政府對於轄區內之土地，應經常調查其地價動態，繪製地價區段圖並估計區段地價後，提經地價評議委員會評定，據以編製土地現值表於每年一月一日公告，作為土地移轉及設定典權時，申報土地移轉現值之參考；並作為主管機關審核土地移轉現值及補償徵收土地地價之依據。」因此所謂「公告現值」為每年1月1日公告，作為土地移轉及設定典權時，申報土地現值的官版價值，並作為主管機關審核土地移轉現值之依據。

17 參見最高行政法院111年度上字第234號判決所稱：「鑑於以往房屋及土地交易分別課徵所得稅及土地增值稅，致生土地實際交易價格超過公告土地現值部分之增益，無土地增值稅及所得稅負擔；同一年度買賣土地，公告土地現值尚未調整，無需繳納土地增值稅；納稅義務人運用操控房地價格，規避所得稅等缺失。為解決房地分開課稅缺失，並抑制房地炒作，健全不動產稅制，促使房屋、土地交易正常化，行為時所得稅法第4條之4第1項規定：『個人及營利事業自中華民國105年1月1日起交易房屋、房屋及其坐落基地或依法得核發建造執照之土地（以下合稱房屋、土地），符合下列情形之一者，其交易所得應依第14條之4至第14條之8及第24條之5規定課徵所得稅：一、交易之房屋、土地係於103年1月1日之次日以後取得，且持有期間在2年以內。二、交易之房屋、土地係於105年1月1日以後取得。』自105年1月1日起交易房屋、房屋及其坐落基地或依法得核發建造執照之土地，其交易所得應依第14條之4至第14條之8及第24條之5規定課徵所得稅（下稱新制）。另配合特種貨物及勞務稅條例（下稱特銷稅條例）不動產部分之停徵，將103年1月1日之次日以後取得，且持有期間在2年以內之房屋、土地交易案件，亦納入新制課稅。至非屬上開新制課稅範圍者，仍適用舊制課稅規定。」

18 在2015年12月31日前取得不動產者則採舊制，分別課徵土地增值稅及房屋交易所得稅。為配合房地合一稅制課徵房地交易所得稅，於2016年1月1日後取得不動產權利者適用之。參見所得稅法第14條之4第1項規定：「個人及營利事業交易中華民國

種貨物及勞務稅」當中的不動產交易所得稅。所謂「房地合一」，乃指房屋及土地出售時，應計算房屋、土地全部實際獲利，並減除已課徵土地增值稅的土地漲價總數額後，就餘額部分課徵所得稅，使房地交易所得按實價課稅，以圖達到租稅公平。這樣的制度變革眞正的意義在於土地交易所得的課稅，蓋以房屋交易所得本來就被列爲財產交易所得，也不會有土地增值稅造成的問題。而土地增值稅並未被廢除，只是在原本已經徵收的土增稅以外，另就土地交易所得列入所得稅課徵。不過，房地合一稅制的相關制度並不僅止於此。以下可以進一步說明：

(1) 房地合一稅之稅基

在我國現行所得稅法制中，房地合一稅爲所得稅法中針對房地財產交易所得的特別類型，並未免除納稅人土增稅之納稅義務。此可以參見所得稅法第 14 條之 4 第 1 項規定：「第四條之四規定之個人房屋、土地交易所得或損失之計算，其爲出價取得者，以交易時之成交價額減除原始取得成本，與因取得、改良及移轉而支付之費用後之餘額爲所得額；其爲繼承或受贈取得者，以交易時之成交價額減除繼承或受贈時之房屋評定現值及公告土地現值按政府發布之消費者物價指數調整後之價值，與因取得、改良及移轉而支付之費用後之餘額爲所得額。但依土地稅法規定繳納之土地增值稅，除屬當次交易未自該房屋、土地交易所得額減除之土地漲價總數額部分之稅額外，不得列爲成本費用。」相對地，本於客觀淨所得原則之精神，倘若房地交易有損失者，亦得以容許在所得中減除，此參見所得稅法第 14 條之 4 第 2 項規定：「個人房屋、土地交易損失，得自交易日以後三年內之房屋、土地交易所得減除之。」原則上，房地合一稅制並非取消土地增值稅、改課所得稅，而係將房地交易中房屋以及土地交易所得，

一百零五年一月一日以後取得之房屋、房屋及其坐落基地或依法得核發建造執照之土地（以下合稱房屋、土地），其交易所得應依第十四條之四至第十四條之八及第二十四條之五規定課徵所得稅。」

在減除土地增值稅之稅基以後，統歸於所得稅課徵。因此，其計算基礎可以區分為個人綜合所得稅以及營利事業所得稅兩個領域。

1. 個人綜合所得稅：土地收入減除成本、減除費用以及減除依土地稅法計算之土地漲價總數額後所得之餘額。此一餘額即納稅義務人的房地交易所得，採取分離課稅，納稅義務人應當在所有權完成移轉登記之次日起算 30 天內申報納稅，不列入年度所得申報。

2. 營利事業所得稅：土地收入減除成本、減除費用以及減除依土地稅法計算之土地漲價總數額後所得之餘額。此一收入係列入營利事業所得稅課徵對象，應當併入年度營利事業所得額，於次年 5 月辦理結算申報。

(2) 稅率與應納稅額之計算

房地合一稅的制度目的，在於除了原本就已經在課徵範圍內的土地增值稅以外，另就整體房屋土地交易所得課徵所得稅。而就房地交易而言，因屬高價之財產，倘若其交易所得直接計入家戶年度綜合所得，難免會造成衝高當年度稅率級距、無法眞實反映眞正給付能力問題[19]。為此我國現行房地合一稅制，採取類似分離課稅之制度，房地交易所得不併計綜合所得。此可參見主要規定在所得稅法第 14 條之 4 第 3 項：「個人依前二項規定計算之房屋、土地交易所得，減除當次交易依土地稅法第三十條第一項規定公告土地現值計算之土地漲價總數額後之餘額，不併計綜合所得總額，按下列規定稅率計算應納稅額：

一、中華民國境內居住之個人：

（一）持有房屋、土地之期間在二年以內者，稅率為百分之四十五。

（二）持有房屋、土地之期間超過二年，未逾五年者，稅率為百分之

19 參見最高行政法院111年度上字第234號判決所指出：「房地交易所得稅係屬財產交易所得稅，並非財產持有稅，為避免集中在交易年度適用累進稅率結果，造成稅負過重，新制遂按持有期間長短設定不同稅率，持有期間超過10年者，從低課稅。且為加強抑制個人短期炒作不動產，並延長個人房地短期交易所得課重稅（35%、45%）之持有期間。」

三十五。

（三）持有房屋、土地之期間超過五年，未逾十年者，稅率為百分之二十。

（四）持有房屋、土地之期間超過十年者，稅率為百分之十五。

（五）因財政部公告之調職、非自願離職或其他非自願性因素，交易持有期間在五年以下之房屋、土地者，稅率為百分之二十。

（六）個人以自有土地與營利事業合作興建房屋，自土地取得之日起算五年內完成並銷售該房屋、土地者，稅率為百分之二十。

（七）個人提供土地、合法建築物、他項權利或資金，依都市更新條例參與都市更新，或依都市危險及老舊建築物加速重建條例參與重建，於興建房屋完成後取得之房屋及其坐落基地第一次移轉且其持有期間在五年以下者，稅率為百分之二十。

（八）符合第四條之五第一項第一款規定之自住房屋、土地，按本項規定計算之餘額超過四百萬元部分，稅率為百分之十。

二、非中華民國境內居住之個人：

（一）持有房屋、土地之期間在二年以內者，稅率為百分之四十五。

（二）持有房屋、土地之期間超過二年者，稅率為百分之三十五。」

這其中特別應當說明者，乃所得稅法第 14 條之 4 第 3 項第 1 款第 5 目所規定「因財政部公告之調職、非自願離職或其他非自願性因素，交易持有期間在五年以下之房屋、土地者，稅率為百分之二十」的較低稅率規定。蓋以房地合一稅制的基本精神，除修正舊制（土地僅課徵土地增值稅）對於房地交易所得無法課徵應有稅捐、有悖於量能課稅原則的情形以外，尚且寓有鼓勵房地長期持有、遏止短期買進賣出所形成炒作之情形。因此，房地買賣期間在二年、五年及十年所適用之稅率不同。然則，房屋交易在短期發生，除有炒作之可能以外，亦可能係因經濟上或社會生活中之非自願因素所致。為此，財政部制公告有「所得稅法第十四條之四第三項第一款第五日規定因調職、非自願離職或其他非自願性因素交易持有期間在二年以下之房屋、土地情形[20]」，專門針對此種情形設有例示性之解釋。

(3) 免稅規定

納稅人所得稅法第 4 條之 5 規定：「前條交易之房屋、土地有下列情形之一者，免納所得稅。但符合第一款規定者，其免稅所得額，以按第十四條之四第三項規定計算之餘額不超過四百萬元爲限：

一、個人與其配偶及未成年子女符合下列各目規定之自住房屋、土地：

（一）個人或其配偶、未成年子女辦竣戶籍登記、持有並居住於該房屋連續滿六年。

（二）交易前六年內，無出租、供營業或執行業務使用。

（三）個人與其配偶及未成年子女於交易前六年內未曾適用本款規定。

20 財政部民國106年11月17日台財稅字第10604686990號公告：「所得稅法第十四條之四第三項第一款第五目規定個人因調職、非自願離職或其他非自願性因素交易持有期間在二年以下之房屋、土地情形，公告如下：

一、個人或其配偶於工作地點購買房屋、土地辦竣戶籍登記並居住，且無出租、供營業或執行業務使用，嗣因調職或有符合就業保險法第十一條第三項規定之非自願離職情事，或符合職業災害勞工保護法第二十四條規定終止勞動契約，須離開原工作地而出售該房屋、土地者。

二、個人依民法第七百九十六條第二項規定出售於取得土地前遭他人越界建築房屋部分之土地與房屋所有權人者。

三、個人因無力清償債務（包括欠稅），其持有之房屋、土地依法遭強制執行而移轉所有權者。

四、個人因本人、配偶、本人或配偶之父母、未成年子女或無謀生能力之成年子女罹患重大疾病或重大意外事故遭受傷害，須出售房屋、土地負擔醫藥費者。

五、個人依據家庭暴力防治法規定取得通常保護令，為躲避相對人而出售自住房屋、土地者。

六、個人與他人共有房屋或土地，因他共有人依土地法第三十四條之一規定未經其同意而交易該共有房屋或土地，致須交易其應有部分者。但經稅捐稽徵機關查明有藉法律形式規避或減少納稅義務之安排或情事者，不適用之。」

二、符合農業發展條例第三十七條及第三十八條之一規定得申請不課徵土地增值稅之土地。

三、被徵收或被徵收前先行協議價購之土地及其土地改良物。

四、尚未被徵收前移轉依都市計畫法指定之公共設施保留地。

前項第二款至第四款規定之土地、土地改良物，不適用第十四條之五規定；其有交易損失者，不適用第十四條之四第二項損失減除、第二十四條之五第三項損失減除及同條第四項後段自營利事業所得額中減除之規定。」

貳、地價稅

一、概說：地價稅之屬性

在諸多土地不動產之稅賦中，地價稅應當屬於其中相對較爲簡單的制度。**作爲財產稅的一種類型，地價稅和田賦均屬於以財產持有作爲應稅事實的稅捐：耕地課徵田賦、非耕地課徵地價稅**[21]。不過我國目前田賦已經停徵，因此相類似的財產稅捐已經不存在，只剩下本稅。又地價稅雖然係以土地財產之持有作爲應稅事實，但在計算上係以個別地主在一定區域內土地總數計繳，有累進課徵效果[22]。其目的當然在於抑制私人擁有大面積土地，進而妨礙社會經濟之均衡發展。因此在功能上，仍可謂具有一定程度的社會經濟調控目的。

---

21 參見土地稅法第14條：「已規定地價之土地，除依第二十二條規定課徵田賦者外，應課徵地價稅。」

22 陳敏，稅法總論，2019年，頁23。

二、地價稅之課稅構成要件

（一）地價稅之稅基

1. 單一行政轄區內土地總面積

地價稅之計繳，並非按照個別土地單獨對其所有權人課徵，而是以所有權人在特定行政轄區內土地總額累進計算之。此可以參見土地稅法第15條規定：「（第一項）地價稅按每一土地所有權人在每一直轄市或縣（市）轄區內之地價總額計徵之。（第二項）前項所稱地價總額，指每一土地所有權人依法定程序辦理規定地價或重新規定地價，經核列歸戶冊之地價總額。」這樣的制度設計，顯然和我國土地制度中避免土地集中在少數人手上、避免出現規模較大之地主有關。

2. 基本稅率

地價稅之制度設計重點，乃在於針對單一土地所有權人所適用的累進稅率。其目的在於使持有土地越多者，稅捐負擔越重。因此土地稅法第16條之普通稅率或基本稅率規定，即成爲地價稅重要之基本制度：「（第一項）**地價稅基本稅率爲千分之十**。土地所有權人之地價總額未超過土地所在地直轄市或縣（市）累進起點地價者，其地價稅按基本稅率徵收；超過累進起點地價者[23]，依左列規定累進課徵：一、超過累進起點地價未達五倍者，就其超過部分課徵千分之十五。二、超過累進起點地價五倍至十倍者，就其超過部分課徵千分之二十五。三、超過累進起點地價十倍至十五倍者，就其超過部分課徵千分之三十五。四、超過累進起點地價十五倍至二十倍者，就其超過部分課徵千分之四十五。五、超過累進起點地價

---

23 依平均地權條例第14條及第18條規定，土地公告地價每二年重新規定一次，累進起點地價是以每一直轄市或縣（市）土地7公畝的平均地價為基準，但不包括工業用地、礦業用地、農業用地及免稅土地在內。以台北市為例，107年至108年累進起點地價為3,938萬7,000元。

二十倍以上者，就其超過部分課徵千分之五十五。（第二項）前項所稱累進起點地價，以各該直轄市或縣（市）土地七公畝之平均地價爲準。但不包括工業用地、礦業用地、農業用地及免稅土地在內。」

3. 地價稅之特種稅率

除開前述地價稅之普通稅率外，土地之使用倘若具有特定目的，或者地主所擁有之土地面積未達一定標準者，得以適用千分之二的特種稅率。此可以參見土地稅法第 17 條規定：「（第一項）合於左列規定之自用住宅用地，其地價稅按千分之二計徵：一、都市土地面積未超過三公畝部分。二、非都市土地面積未超過七公畝部分。（第二項）國民住宅及企業或公營事業興建之勞工宿舍，自動工興建或取得土地所有權之日起，其用地之地價稅，適用前項稅率計徵。（第三項）土地所有權人與其配偶及未成年之受扶養親屬，適用第一項自用住宅用地稅率繳納地價稅者，以一處爲限。」

除前述特種稅率外，土地稅法亦考慮特定土地之利用，因產業特性之緣故，使地主必須使用大面積土地而在地價稅之計算上可能蒙受累進稅率之不利益。因此可以例外地排除累進稅率之適用，僅以固定稅率計繳。此一設計亦不失爲特種稅率之類型之一，規定於土地稅法第 18 條：「（第一項）供左列事業直接使用之土地，按千分之十計徵地價稅。但未按目的事業主管機關核定規劃使用者，不適用之：一、工業用地、礦業用地。二、私立公園、動物園、體育場所用地。三、寺廟、教堂用地、政府指定之名勝古蹟用地。**四、經主管機關核准設置之加油站及依都市計畫法規定設置之供公衆使用之停車場用地**。五、其他經行政院核定之土地。（第二項）在依法劃定之工業區或工業用地公告前，已在非工業區或工業用地設立之工廠，經政府核准有案者，其直接供工廠使用之土地，準用前項規定。（第三項）第一項各款土地之地價稅，符合第六條減免規定者，依該條減免之。」

Q：請就下列情況，依現行土地稅法規定，說明地價稅各應如何課徵？（97 會計師）

（一）農業用地。

（二）勞工宿舍用地。

（三）公共設施保留地。

（四）經主管機關核准設置之加油站。

（五）經直轄市政府核定應徵空地稅之土地。

A：

（一）非都市土地之農地，在我國制度中原本課徵田賦。但目前田賦已經停徵。至於其他農業用地，根據土地稅法第 22 條第 1 項但書規定，亦因徵收田賦而停徵：「但都市土地合於左列規定者亦同：一、依都市計畫編為農業區及保護區，限作農業用地使用者。二、公共設施尚未完竣前，仍作農業用地使用者。三、依法限制建築，仍作農業用地使用者。四、依法不能建築，仍作農業用地使用者。五、依都市計畫編為公共設施保留地，仍作農業用地使用。」

（二）勞工住宅用地，係比照自用住宅稅率。土地稅法第 17 條第 2 項規定：「國民住宅及企業或公營事業興建之勞工宿舍，自動工興建或取得土地所有權之日起，其用地之地價稅，適用前項稅率計徵。」

（三）公共設施保留地，根據土地稅法第 19 條規定：「都市計畫公共設施保留地，在保留期間仍為建築使用者，除自用住宅用地依第十七條之規定外，統按千分之六計徵地價稅；其未作任何使用並與使用中之土地隔離者，免徵地價稅。」

（四）加油站，其稅率規定於土地稅法第 18 條第 1 項第 4 款：「供左列事業直接使用之土地，按千分之十計徵地價稅。但未按目的事業主管機關核定規劃使用者，不適用之：四、經主管機關核准設置之加油站及依都市計畫法規定設置之供公眾使用之停車場用地。」

（五）空地稅，規定於土地稅法第 21 條：「凡經直轄市或縣（市）政府核定應徵空地稅之土地，按該宗土地應納地價稅基本稅額加徵二至五倍之空地稅。」

（二）地價稅之減免

地價稅之納稅義務人，在具備特定要件之前提下，亦得免除原本可能發生的稅捐債務。首先，土地被列爲都市計畫公共設施保留地[24]，因其使用收益之權能已經受到之限制，因此根據土地稅法第19條之規定，得以減徵或免徵地價稅：「都市計畫公共設施保留地，在保留期間仍爲建築使用者，除自用住宅用地依第十七條之規定外，統按千分之六計徵地價稅；其未作任何使用並與使用中之土地隔離者，免徵地價稅。」另外，公有土地供公共使用者，根據土地稅法第20條但書，亦有免徵規定之適用：**「公有土地按基本稅率徵收地價稅。但公有土地供公共使用者，免徵地價稅**[25]**。」**

---

24 而所謂的公共設施保留地，財政部87年7月15日台財稅第871954380號函、內政部87年6月30日台內營字第8772176號函有如下定義：「二、都市計畫法所稱『公共設施保留地』，依都市計畫法第48條至第51條之立法意旨，係指依同法所定都市計畫擬定、變更程序及同法第42條規定劃設之公共設施用地中，留待將來各公用事業機構、各該管政府或鄉、鎮、縣轄市公所取得者而言。已取得或非留供各事業機構、各該管政府或鄉、鎮、縣轄市公所取得者，仍非屬公共設施保留地。三、左列經都市計畫主管機關列冊或都市計畫書規定有案之土地，為非留供各事業機構、各該管政府或鄉、鎮、縣轄市所公所取得之公共設施用地，應非屬都市計畫法所稱『公共設施保留地』。（一）經依都市計畫法第30條規定所訂辦法核准由私人或團體投資興辦之公共設施用地。（二）依都市計畫法第61條第2項規定，已由私人或團體於舉辦新市區建設範圍內，自行負擔經費興建之公共設施用地。（三）配合私人或團體舉辦公共設施、新市區建設、舊市區更新等實質建設事業劃設，並指明由私人或團體取得興闢之公共設施用地。四、經各公用事業機構、各該管政府或鄉、鎮、縣轄市公所開闢使用，但尚未依法取得之公共設施用地，依前述都市計畫法之立法意旨，仍屬公共設施保留地。」

25 在我國土地稅實務中，尚且存在著一個疑難問題，亦即**私人土地供公眾使用成立既成道路，其地價稅是否仍有納稅義務**？此一類型之土地，根據土地稅減免規則第9條規定：「無償供公眾通行之道路土地，經查明屬實者，在使用期間內，地價稅或田賦全免。但其屬建造房屋應保留之法定空地部分，不予免徵。」另外，性質接近

參、房屋稅

一、概說：房屋稅之意義

房屋稅，係以房屋之持有爲課徵對象之財產稅。在我國法制中，其課徵之主要依據爲房屋稅條例，根據該條例第 3 條規定：「**房屋稅，以附著於土地之各種房屋，及有關增加該房屋使用價值之建築物，爲課徵對象**。」一般而言，要論述房屋稅相關問題之際，尚且應當留意此一稅目之財產稅屬性、地方稅屬性[26]，因此大多數的財產稅所應當適用的原則，均當然地在此一稅目中有所適用。

二、房屋稅之納稅義務人

（一）房屋稅之基本構成要件

原則上，房屋稅係以房屋之持有作爲課稅客體，因此納稅義務人原則亦應爲房屋之所有權人[27]。不過，由於房屋作爲財產的一種類型，在私法上可能之使用收益態樣繁雜而具有多種可能。因此，透過法律規定納稅義務人，當然在此一領域中有其必要。此可參見房屋稅條例第 4 條規定：「（第一項）**房屋稅向房屋所有人徵收之**。其設有典權者[28]，向典權人徵收

的騎樓，規定於同規則第10條第1項：「供公共通行之騎樓走廊地，無建築改良物者，應免徵地價稅，有建築改良物者，依左列規定減徵地價稅。一、地上有建築改良物一層者，減徵二分之一。二、地上有建築改良物二層者，減徵三分之一。三、地上有建築改良物三層者，減徵四分之一。四、地上有建築改良物四層以上者，減徵五分之一。」

26 參見房屋稅條例第6條規定：「直轄市及縣（市）政府得視地方實際情形，在前條規定稅率範圍內，分別規定房屋稅徵收率，提經當地民意機關通過，報請或層轉財政部備案。」

27 而所謂房屋，不包括不供人居住之機械設備儲藏建築：「工廠之油槽、糖槽、水泥槽、煙囪、鐵塔、磚窯等專供機械設備建築物，依照房屋稅條例第2、3條規定尚可認為非房屋稅課徵之對象」（財政部58年3月14日台財稅發第2917號函）。

28 此一條文當中所規定的「典權」，主要指的是民法第911條所規定：「稱典權者，

之。**共有房屋向共有人徵收之，由共有人推定一人繳納，其不爲推定者，由現住人或使用人代繳**。（第二項）前項代繳之房屋稅，在其應負擔部分以外之稅款，對於其他共有人有求償權。（第三項）第一項所有權人或典權人住址不明，或非居住房屋所在地者，應由管理人或現住人繳納之。如屬出租，應由承租人負責代繳，抵扣房租。（第四項）未辦建物所有權第一次登記且所有人不明之房屋，其房屋稅向使用執照所載起造人徵收之；無使用執照者，向建造執照所載起造人徵收之；無建造執照者，向現住人或管理人徵收之。（第五項）房屋爲信託財產者，於信託關係存續中，以受託人爲房屋稅之納稅義務人。受託人爲二人以上者，準用第一項有關共有房屋之規定。」

（二）違章建築與不能供人居住房屋

本於稅制中立原則之考慮，對於違反建築法所規範之建築管制規定之房屋，亦不免除其房屋稅之繳納義務[29]。房屋稅條例第 4 條第 4 項規定：「**未辦建物所有權第一次登記且所有人不明之房屋，其房屋稅向使用執照所載起造人徵收之；無使用執照者，向建造執照所載起造人徵收之；無建造執照者，向現住人或管理人徵收之。**」房屋稅既然以房屋作爲客體，其前提乃以房屋得以正常使用收益處分作爲基礎[30]。因此，倘若房屋無法爲前述之使用收益處分，房屋稅條例第 8 條乃規定：「房屋遇有焚燬、坍塌、拆除至不堪居住程度者，應由納稅義務人申報當地主管稽徵機關查實

謂支付典價在他人之不動產為使用、收益，於他人不回贖時，取得該不動產所有權之權。」

29 財政部67年3月4日台財稅第31475號函：「房屋稅係以附著於土地之各種房屋及有增加房屋使用價值之建築物為課徵對象，無照違章建築房屋，自不例外。至房屋稅之完納，僅表示納稅義務之履行，不能據以使無照違章建築房屋，變成合法。」

30 因此，充氣性之臨時建物，亦有房屋稅之可能：「公司設置之充氣式羽球館，經內政部轉交臺灣省政府建設廳查復略以：『本案充氣式羽球館係定著土地上以膜為屋頂及壁體，供人使用之空間，屬建築法第4條所稱之建築物』，應屬房屋稅課徵範圍。」（財政部86年4月9日台財稅第861891755號函）。

後，在未重建完成期內，停止課稅[31]。」

三、房屋稅之稅率

（一）房屋稅之基礎稅率

房屋稅課徵，事涉納稅義務人財產權保障以及當事人生存權之維護，其稅率之規定原則上以不損及財產本體之再生利益爲基礎，本於此一原則，房屋稅條例第5條規定：「（第一項）**房屋稅依房屋現值，按下列稅率課徵之：一、住家用房屋：供自住或公益出租人出租使用者，爲其房屋現值百分之一點二；其他供住家用者，最低不得少於其房屋現值百分之一點五，最高不得超過百分之三點六。各地方政府得視所有權人持有房屋戶數訂定差別稅率。二、非住家用房屋：供營業、私人醫院、診所或自由職業事務所使用者，最低不得少於其房屋現值百分之三，最高不得超過百分之五；供人民團體等非營業使用者，最低不得少於其房屋現值百分之一點五，最高不得超過百分之二點五。三、房屋同時作住家及非住家用者，應以實際使用面積，分別按住家用或非住家用稅率，課徵房屋稅。但非住家用者，課稅面積最低不得少於全部面積六分之一。**（第二項）前項第一款供自住及公益出租人出租使用之認定標準，由財政部定之。」具體而言，尙且可以根據房屋稅條例第5條第1項，將房屋稅之稅率區分爲三種情形：

1. 住家用房屋稅率：原則上，倘若房屋係用於住家之用，本於保障生存權的憲法意旨，應以較低稅率核課該房屋之房屋稅[32]。因此房屋稅條例

31 另參見財政部83年9月9日台財稅第831609575號函：「地上房屋據報既隨時有倒塌之虞，按工務機關或結構工程工業技師公會鑑定該等房屋之受損程度，依房屋稅條例規定減免房屋稅，惟不宜以住戶有無遷離據以認定應否免徵房屋稅。」

32 參見司法院大法官釋字第369號解釋：「**憲法第十九條規定『人民有依法律納稅之義務』，係指人民有依法律所定要件負繳納稅捐之義務或享減免繳納之優惠而言。至法律所定之內容於合理範圍內，本屬立法裁量事項，是房屋稅條例第一條、第五**

第5條第1項第1款之規定，乃以房屋現值1.2%至3.6%作爲稅率[33]。實務上對於「住家用」此一要件之解釋事實上相當寬鬆，例如盲人利用自用住宅從事按摩，如經查明未具備營利事業條件，其房屋准按住家用稅率課徵房屋稅[34]；供個人計程車登記之房屋未作其他營業用或非住家用可按住家用課徵[35]。

2. 非住家用房屋稅率：房屋之用途倘若係用於非住家之用，通常與特定營業行爲有關，在房屋稅條例中稅率即較高，自房屋現值3%至5%。

3. 房屋同時作住家及非住家用稅率：房屋同時作住家及非住家用者，應以實際使用面積，分別按住家用或非住家用稅率，課徵房屋稅。但非住家用者，課稅面積最低不得少於全部面積六分之一。

條、第六條及第十五條之規定與憲法並無牴觸。又房屋稅係依房屋現值按法定稅率課徵，為財產稅之一種；同條例第十五條第一項第九款就房屋稅之免稅額雖未分別就自住房屋與其他住家用房屋而為不同之規定，仍屬立法機關裁量之範疇，與憲法保障人民平等權及財產權之本旨，亦無牴觸。惟土地法第一百八十七條規定：『建築改良物為自住房屋時，免予徵稅。』而房屋稅條例第一條則規定：『各直轄市及各縣（市）（局）未依土地法徵收土地改良物稅之地區，均依本條例之規定徵收房屋稅』，對自住房屋並無免予課徵房屋稅之規定，二者互有出入，適用時易滋誤解，應由相關主管機關檢討房屋租稅之徵收政策修正之。」

33 不過，倘若住家用以經營民宿，是否仍適用較低稅率？就此財政部90年12月27日台財稅字第0900071529號函有明確見解：「民宿稅捐之核課，前經行政院觀光發展推動小組第34次會議決議：『鄉村住宅供民宿使用，在符合客房數5間以下，客房總面積不超過150平方公尺以下，及未僱用員工，自行經營情形下，將民宿視為家庭副業，得免辦營業登記（編者註：現為稅籍登記），免徵營業稅，依住宅用房屋稅稅率課徵房屋稅，按一般用地稅率課徵地價稅及所得課徵綜合所得稅。至如經營規模未符前開條件者，其稅捐之稽徵，依據現行稅法辦理。』請依上揭決議辦理。」

34 財政部84年7月26日台財稅第841637331號函。

35 財政部68年10月26日台財稅第37526號函。此外，在魚市場營業之魚貨承銷人及魚販以住家登記營業場所者適用住家用稅率（財政部91年12月10日台財稅字第0910457415號令）、果菜肉販流動攤販等以其住家作為名義上之營業登記場所者仍可適用住家用稅率（財政部92年2月20日台財稅字第0920451480號函）。不過，藥師之藥局即無住家用稅率之適用（財政部74年8月14日台財稅第12009號函）。

（二）地方自治團體之稅率調整權限

前已言及，房屋稅作爲財產稅的一種，在稅捐權限劃分中又被強調其具有地方稅屬性，應當特別考量地方自治之憲法價值維持，特別是地方團體的財政自主權限。也因此，在房屋稅條例當中爲使地方自治團體得有機會透過房屋稅之徵收調節地方經濟及財政狀況，因此特別在房屋稅條例第 6 條，賦予地方自治團體對於稅率享有相當之調整權限：「直轄市及縣（市）政府得視地方實際情形，在前條規定稅率範圍內，分別規定房屋稅徵收率，提經當地民意機關通過，報請或層轉財政部備案。」近年來若干地方自治團體針對房地市場之調節，有課徵所謂「豪宅稅」、「空屋稅」等情形。事實上均非眞正開徵新的稅目，而僅爲就其原本即享有的稅率調整權限有所作爲而已[36]。

四、房屋稅之免稅

（一）公有房屋的免稅

公有房屋，其所有權人爲國家或地方自治團體等公法人，對其徵收房屋稅的實益相對有限。就此房屋稅條例第 14 條規定：「公有房屋供左列各款使用者，免徵房屋稅：一、各級政府機關及地方自治機關之辦公房屋及其員工宿舍。二、軍事機關部隊之辦公房屋及其官兵宿舍。三、監獄看守所及其辦公房屋暨員工宿舍。四、公立學校、醫院、社會教育學術研究機構及救濟機構之校舍、院舍、辦公房屋及其員工宿舍。五、工礦、農林、水利、漁牧事業機關之研究或試驗所所用之房屋。六、糧政機關之糧倉、鹽務機關之鹽倉、公賣事業及政府經營之自來水廠（場）所使用之廠房及辦公房屋。七、郵政、電信、鐵路、公路、航空、氣象、港務事業，供本身業務所使房屋及其員工宿舍。八、名勝古蹟及紀念先賢先烈之祠

36 進一步討論，參見陳清秀，豪宅稅之合法性探討——臺北高等行政法院一〇二年訴字第四一七號判決評析，月旦裁判時報，第26期，頁5以下。

廟。九、政府配供貧民居住之房屋。十、政府機關為輔導退除役官兵就業所舉辦事業使用之房屋。」乃使得此等公有房屋得在合於特定要件之情形下免除房屋稅之負擔。

（二）私有房屋的免稅

房屋稅之課徵，即便作為課稅標的物之房屋為私人財產，亦可能在一定條件之下免除或減半徵收。其中免除之項目，規定在房屋稅條例第 15 條第 1 項、減半徵收則規定於同條第 2 項：「（第一項）**私有房屋有下列情形之一者，免徵房屋稅**：一、業經立案之私立學校及學術研究機構，完成財團法人登記者，其供校舍或辦公使用之自有房屋。二、業經立案之私立慈善救濟事業，不以營利為目的，完成財團法人登記者，其直接供辦理事業所使用之自有房屋。三、專供祭祀用之宗祠、宗教團體供傳教佈道之教堂及寺廟。但以完成財團法人或寺廟登記，且房屋為其所有者為限。四、無償供政府機關公用或供軍用之房屋。五、不以營利為目的，並經政府核准之公益社團自有供辦公使用之房屋。但以同業、同鄉、同學或宗親社團為受益對象者，除依工會法組成之工會經由當地主管稽徵機關報經直轄市、縣（市）政府核准免徵外，不在此限。六、專供飼養禽畜之房舍、培植農產品之溫室、稻米育苗中心作業室、人工繁殖場、抽水機房舍；專供農民自用之燻菸房、稻穀及茶葉烘乾機房、存放農機具倉庫及堆肥舍等房屋。七、受重大災害，毀損面積佔整棟面積五成以上，必須修復始能使用之房屋。八、司法保護事業所有之房屋。九、住家房屋現值在新臺幣十萬元以下者。但房屋標準價格如依第十一條第二項規定重行評定時，按該重行評定時之標準價格增減程度調整之。調整金額以千元為單位，未達千元者，按千元計算。十、農會所有之倉庫，專供糧政機關儲存公糧，經主管機關證明者。十一、經目的事業主管機關許可設立之公益信託，其受託人因該信託關係而取得之房屋，直接供辦理公益活動使用者。（第二項）**私有房屋有下列情形之一者，其房屋稅減半徵收**：一、政府平價配售之平民住宅[37]。二、合法登記之工廠供直接生產使用之自有房屋。三、農會所有之自用倉庫及檢驗場，經主管機關證明者。四、受重大災害，毀損面積佔整棟面積三成以上不及五成之房屋。（第三項）依第一項第一款至第八款、第十款、第十一款及第二項規定減免房屋稅者，應由納稅義務人於減免原因、事實發生之日起三十日內，申報當地主管稽徵機關調查核定之；逾期申報者，自申報日當月份起減免。」

五、房屋現值之評定

（一）房屋評定現值之意義

我國房屋稅制，在實際的房屋稅計算上，**並非以市場上交易的實際價值或者市場行情作爲唯一的基礎，而是採取所謂的「房屋標準價格」或者「評定現值」的制度**。此可以參見房屋稅條例第 11 條規定：「（第一項）房屋標準價格，由不動產評價委員會依據下列事項分別評定，並由直轄市、縣（市）政府公告之：一、按各種建造材料所建房屋，區分種類及等級。二、各類房屋之耐用年數及折舊標準。三、按房屋所處街道村里之商業交通情形及房屋之供求概況，並比較各該不同地段之房屋買賣價格減除地價部分，訂定標準。（第二項）前項房屋標準價格，每三年重行評定一次，並應依其耐用年數予以折舊，按年遞減其價格。」

（二）房屋評定組織：不動產評價委員會

在房屋稅之課徵關係中，對於房屋價值的正確評價以及房屋評定現值的決定，直接影響房屋稅之徵收。因此，房屋稅條例將此一工作交由「不

---

37 參見司法院大法官釋字第267號解釋：「房屋稅條例第十五條第二項第一款規定，政府平價配售之平民住宅房屋稅減半徵收，旨在對於低收入人民之住宅給予租稅優惠，財政部依據此項立法意旨，參酌當時社會經濟狀況，於中華民國六十四年十月二十七日以台財稅字第三七六三九號函，說明此種平民住宅之涵義，與憲法尚無牴觸。」

動產評價委員會」評定，並對於此一委員會之組織以及權限，特別設有完整之規範。首先就權限而言，房屋稅條例第 10 條規定：「（第一項）**主管稽徵機關應依據不動產評價委員會評定之標準，核計房屋現值。**（第二項）依前項規定核計之房屋現值，主管稽徵機關應通知納稅義務人。納稅義務人如有異議，得於接到通知書之日起三十日內，檢附證件，申請重行核計。」此外，針對此一委員會的組織，亦在房屋稅條例第 9 條中設有基本規定，可供參考：「（第一項）各直轄市、縣（市）（局）應選派有關主管人員及建築技術專門人員組織不動產評價委員會。（第二項）**不動產評價委員會應由當地民意機關及有關人民團體推派代表參加，人數不得少於總額五分之二。其組織規程由財政部定之。**」

六、房地合一課稅制度

（一）概說

在我國土地及不動產稅制中，房屋及土地之交易所得所課徵之稅捐，即使發生在同樣的一筆交易活動中，就稅收之分類而言，課徵的仍然是兩個不同的稅目：房屋出售所得列入所得稅法的財產交易所得，課所得稅。土地則根據公告現值之差額，課徵土地增值稅。如此的稅捐制度設計，不僅與交易常情有別（硬性區分土地與房屋爲兩宗不同的交易標的），最受詬病的問題是土地交易的增值，很容易被規避。特別是在我國近年房地產市場飆漲，但是從事房地交易者所獲得之利益，卻又在土地增值稅這樣的稅制中實際上使得應稅利益無法課稅。因此，針對前述情形，我國近年開始推動所謂「房地合一」稅制，試圖針對脫逸於所得稅領域的房地交易所得，在不取消土地增值稅的制度前提之下課徵所得稅。

（二）房地合一稅制的稅基

原則上，房地合一稅制並非取消土地增值稅、改課所得稅，而係將房地交易中房屋以及土地交易所得，在減除土地增值稅之稅基以後，統歸於

所得稅課徵。因此，其計算基礎可以區分爲個人綜合所得稅以及營利事業所得稅兩個領域。

1. 個人綜合所得稅：土地收入減除成本、減除費用以及減除依土地稅法計算之土地漲價總數額後所得之餘額[38]。此一餘額即納稅義務人的房地交易所得，採取分離課稅[39]，納稅義務人應當在所有權完成移轉登記之次日起算三十天內申報納稅[40]，不列入年度所得申報。

2. 營利事業所得稅：土地收入減除成本、減除費用以及減除依土地稅

38 參見所得稅法第14條之4第1項規定：「第四條之四規定之個人房屋、土地交易所得或損失之計算，其為出價取得者，以交易時之成交價額減除原始取得成本，與因取得、改良及移轉而支付之費用後之餘額為所得額；其為繼承或受贈取得者，以交易時之成交價額減除繼承或受贈時之房屋評定現值及公告土地現值按政府發布之消費者物價指數調整後之價值，與因取得、改良及移轉而支付之費用後之餘額為所得額。但依土地稅法規定繳納之土地增值稅，不得列為成本費用。」

39 參見所得稅法第14條之4第3項及第4項規定：「（第三項）個人依前二項規定計算之房屋、土地交易所得，減除當次交易依土地稅法規定計算之土地漲價總數額後之餘額，不併計綜合所得總額，按下列規定稅率計算應納稅額：一、中華民國境內居住之個人：（一）持有房屋、土地之期間在一年以內者，稅率為百分之四十五。（二）持有房屋、土地之期間超過一年，未逾二年者，稅率為百分之三十五。（三）持有房屋、土地之期間超過二年，未逾十年者，稅率為百分之二十。（四）持有房屋、土地之期間超過十年者，稅率為百分之十五。（五）因財政部公告之調職、非自願離職或其他非自願性因素，交易持有期間在二年以下之房屋、土地者，稅率為百分之二十。（六）個人以自有土地與營利事業合作興建房屋，自土地取得之日起算二年內完成並銷售該房屋、土地者，稅率為百分之二十。（七）符合第四條之五第一項第一款規定之自住房屋、土地，按本項規定計算之餘額超過四百萬元部分，稅率為百分之十。二、非中華民國境內居住之個人：（一）持有房屋、土地之期間在一年以內者，稅率為百分之四十五。（二）持有房屋、土地之期間超過一年者，稅率為百分之三十五。（第四項）第四條之四第一項第一款、第四條之五第一項第一款及前項有關期間之規定，於繼承或受遺贈取得者，得將被繼承人或遺贈人持有期間合併計算。」

40 參見所得稅法第14條之5規定：「個人有前條之交易所得或損失，不論有無應納稅額，應於房屋、土地完成所有權移轉登記日之次日或第四條之四第二項所定房屋使用權交易日之次日起算三十日內自行填具申報書，檢附契約書影本及其他有關文件，向該管稽徵機關辦理申報；其有應納稅額者，應一併檢附繳納收據。」

法計算之土地漲價總數額後所得之餘額[41]。此一收入係列入營利事業所得稅課徵對象，應當併入年度營利事業所得額[42]，於次年5月辦理結算申報。

41 參見所得稅法第24條之5第1項：「營利事業當年度之房屋、土地交易所得額，減除依土地稅法規定計算之土地漲價總數額後之餘額，計入營利事業所得額課稅，餘額為負數者，以零計算；其交易所得額為負者，得自營利事業所得額中減除，但不得減除土地漲價總數額。」以及同條第2項：「前項房屋、土地交易所得額，指收入減除相關成本、費用或損失後之餘額。但依土地稅法規定繳納之土地增值稅，不得列為成本費用。」

42 倘若為內國稅收居民企業，稅率與一般營利事業所得稅相同，為年度淨所得之20%。但是倘若為總機構在我國境外之企業，則根據所得稅法第24條之5第3項、第4項課稅：「（第三項）營利事業之總機構在中華民國境外，交易中華民國境內之房屋、土地，其交易所得額，按下列規定稅率分開計算應納稅額，其在中華民國境內有固定營業場所者，由固定營業場所合併報繳；其在中華民國境內無固定營業場所者，由營業代理人或其委託之代理人代為申報納稅：一、持有房屋、土地之期間在一年以內者，稅率為百分之四十五。二、持有房屋、土地之期間超過一年者，稅率為百分之三十五。（第四項）營利事業之總機構在中華民國境外，交易其直接或間接持有股份或資本總額過半數之中華民國境外公司之股權，該股權之價值百分之五十以上係由中華民國境內之房屋、土地所構成，其股權交易所得額，按前項規定之稅率及申報方式納稅。」

國家圖書館出版品預行編目資料

租稅法／黃源浩著. 一一三版.一一臺北市：
五南圖書出版股份有限公司, 2024.09
面； 公分
ISBN 978-626-393-766-6（平裝）

1.CST: 稅法

567.023 113013348

1UE6

租稅法

作　　者一 黃源浩（304.5）
企劃主編一 劉靜芬
責任編輯一 林佳瑩
文字校對一 呂伊真、徐鈺涵
封面設計一 封怡彤
出 版 者一 五南圖書出版股份有限公司
發 行 人一 楊榮川
總 經 理一 楊士清
總 編 輯一 楊秀麗
地　　址：106臺北市大安區和平東路二段339號4樓
電　　話：(02)2705-5066
網　　址：https://www.wunan.com.tw
電子郵件：wunan@wunan.com.tw
劃撥帳號：01068953
戶　　名：五南圖書出版股份有限公司

法律顧問　林勝安律師

出版日期　2020年9月初版一刷
　　　　　2022年9月二版一刷
　　　　　2024年9月三版一刷
定　　價　新臺幣780元